北京市教育委员会文件选编

2019

北京市教育委员会办公室　编

方志出版社
Publishing House of Local Records
2020年·北京

图书在版编目 (CIP) 数据

北京市教育委员会文件选编. 2019 / 北京市教育委员会办公室编. —北京：方志出版社，2020. 12
ISBN 978-7-5144-4557-2

Ⅰ. ①北… Ⅱ. ①北… Ⅲ. ①教育工作—文件—汇编—北京—2019 Ⅳ. ① G527. 1

中国版本图书馆 CIP 数据核字 (2020) 第 253520 号

北京市教育委员会文件选编（2019）

编　　者：北京市教育委员会办公室
责任编辑：齐　笑
出 版 者：方志出版社
地址　北京市朝阳区潘家园东里 9 号（国家方志馆 4 层）
邮编　100021
网址　http://www.zgfzcb.cn
发　　行：方志出版社图书经销中心
电话（010）67110500
经　　销：各地新华书店
印　　刷：北京中科印刷有限公司

开　　本：850 × 1168　　1/32
印　　张：37.375
字　　数：1089 千字
版　　次：2020 年 12 月第 1 版　　2020 年 12 月第 1 次印刷
印　　数：0001 ~ 2500 册

ISBN 978-7-5144 -4557-2　　定价：150.00 元

编辑说明

一、为全面贯彻党的教育方针，依法治教，实现教育管理的科学化、规范化，北京市教育委员会办公室于1996年开始编辑《北京市教育委员会文件选编》，并逐年出版。本书是一部面向北京市教育管理机构、北京地区各级各类学校及教育事业单位的资料性工具书，也是图书馆、资料室收藏的综合性文献资料。

二、《北京市教育委员会文件选编（2019）》编辑工作遵循重要性、指导性和实用性原则，共收录2019年1月1日至12月31日的各类教育工作文件200余份。

三、本书收录的文件以下行文件为主，对于部分上行文件根据需要也作了必要的收录，并附有上级或主管单位的批复或复函。

四、为方便读者使用，本书对于国务院、教育部以及北京市人大常委会、北京市人民政府及有关部门当年颁发的有关教育工作文献也作必要的收录。

五、本书采用分门别类和“先级后类”的编辑体例，设有 26 个大类。每一大类中的文件以发文时间为序排列，个别重要文件置于该类文件前。

六、本书在编辑过程中，对原文的标题和公文格式作了必要的修订和调整，省略了发文印章等。

七、本书设有分类目录和文件目录。为方便读者使用，在附录中设有文件字拼音索引。

分 类 目 录

文 件 目 录

行政规范

综合

法治建设

发展规划

基础教育

高等教育

职业教育

继续教育

学习型城市建设

民办教育

德育

体育·卫生

科学与艺术教育

校外教育

国防教育

教学研究

科研管理

招生·考试

学生管理与就业

师资建设

教育信息化

财务

学校后勤

合作交流

语言文字

教育督导

文件字拼音索引

行政规范

北京市教育委员会文件选编

（2019）

北京市中小学校幼儿园安全管理规定（试行）

（市政府　京政字〔2019〕17 号　批准施行）

第一章　总则

第一条　为全面加强北京市中小学幼儿园平安校园建设，构建学校安全风险防控体系，促进学校安全规范化管理，维护学校正常教育教学秩序，保障学生和教职工安全，根据国家和本市相关法律法规和政策规章，制定本规定。

第二条　本市普通中小学校、幼儿园、中等职业学校、特殊教育学校、专门学校（以下简称“学校”）的安全管理适用本规定。

第三条　学校安全管理坚持以人为本、生命至上、安全第一；坚持党政同责、一岗双责、齐抓共管、失职追责、尽职免责和管行业必须管安全、管业务必须管安全、管生产经营必须管安全；遵循积极预防、依法管理、综合防控、齐抓共管、各负其责、社会参与的原则。

第四条　学校及周边安全主要包括消防安全、治安安全、食品安全、卫生安全、交通安全、校舍安全、设备设施安全、教学实验安全、学生活动安全、学生欺凌和暴力以及自然灾害、突发意外事故等可能对师生造成伤害的安全威胁。

第五条　学校安全管理工作主要包括：

（一）构建学校安全领导组织体系，完善安全管理体制机制；

（二）构建学校安全管理制度体系，落实安全管理责任；

（三）构建学校安全宣传教育体系，提高师生安全防范能力；

（四）构建学校安全综合防控体系，提高安全预防水平；

（五）构建学校安全隐患排查整治体系，提升安全隐患治理能力；

（六）构建学校安全突发事件应急处置体系，提升应急管理水平；

（七）建立学校及周边安全综合治理机制，营造校园安全环境；

（八）建立学校安全事故调查处理机制，落实责任追究制度。

第二章　管理体制

第六条　各区政府全面落实本区学校安全工作领导和管理责任，将平安校园建设纳入本区平安建设规划，明确各部门、各街道乡镇安全监督管理职责，建立政府统一领导、部门齐抓共管、街道乡镇组织落实、社会协同联动的学校安全工作机制。

第七条　各街道乡镇落实属地学校安全管理责任，落实完善“街乡吹哨，部门报到”管理机制，组织协调开展校园及周边联合执法、安全隐患排查整治、社会治安综合治理，维护校园及周边环境秩序。

第八条　宣传部门对学校安全工作履行以下职责：

（一）负责统筹指导学校安全突发事件舆情应对工作，加强学校新闻发言人业务培训；

（二）负责组织协调学校及周边“扫黄打非”工作，组织查处学校周边制售含有涉政（宗教）、淫秽色情、凶杀暴力等内容非法出版物的单位和个人。

第九条　政法部门对学校安全工作履行以下职责：

（一）负责加强对学校及周边社会治安综合治理的统筹协调，将学校及周边社会治安综合治理工作纳入平安北京建设工作考核体系；

（二）负责协调各相关部门推进重大涉校矛盾纠纷的化解工作。

第十条　机构编制部门负责根据学校安全管理工作需要和本规定要求，在教育系统编制总量范围内确定安全管理人员数量。

第十一条　网信部门对学校安全工作履行以下职责：

（一）负责指导学校网络安全管理；

（二）负责指导协调涉校网络舆情应急处置；

（三）负责加强互联网法治宣传教育，管控网上各类有害信息，为学生成长创造健康的网络环境。

第十二条　教育部门对学校安全工作履行以下职责：

（一）负责制定学校安全工作考核目标，建立安全工作责任制和事故责任追究机制，加强对学校安全工作的检查指导，督促学校建立健全并落实安全管理制度；

（二）负责统筹制定学校安全教育规划和实施计划，指导学校有针对性地开展学生安全教育和应急演练；

（三）负责指导组织学校开展安全隐患排查整治，及时消除安全隐患；按规定配置安全监察员队伍；

（四）负责本系统安全突发事件的应对处置工作，指导督促学校制定安全突发事件应急预案；指导学校妥善处理学生伤害事故；

（五）负责组织开展对本级政府部门和下级政府以及学校安全工作的专项督导。

第十三条　公安机关对学校安全工作履行以下职责：

（一）负责学校及周边治安保卫工作，将校园及周边治安纳入社会治安防控体系，排查管控校园及周边治安隐患，依法严厉打击各类涉校违法犯罪活动；

（二）负责定期入校指导安全保卫工作，协助开展法治安全宣传教育，排查化解涉校矛盾纠纷，处理校园治安突发事件，依法查处围堵学校、殴打教职工、干扰学校正常教育教学秩序等校闹行为；

（三）负责落实完善上下学高峰期间勤务和日常巡逻防控制度，加强“护学岗”建设；

（四）负责完善校园周边交通标志标线和科技监控设备，建立学生上下学高峰时段交警执勤制度，对易发生交通拥堵或地处交通复杂路段的学校周边加强交通秩序维护和执法处罚力度；

（五）负责依法对校车许可申请进行审核和对校车标牌进行发放回收工作；做好校车驾驶人资格申请的受理、审查、认定工作，以及校车驾驶人审验、校车安全技术检验工作；加强对校车行驶线路的道路交通秩序管理、对校车运行情况的监督检查；依法查处校车道路交通安全违法行为。

第十四条 财政部门负责将学校安全工作经费纳入一般公共预算，优先保障学校安全风险防控经费的支出。

第十五条 人力社保部门对学校安全工作履行以下职责：

（一）负责将学校安全管理岗位设置纳入管理岗位序列；指导教育部门在学校绩效工资中适度加大对安全管理岗位的分配力度；

（二）负责加强对服务学校的劳务派遣公司、专业服务机构等第三方社会机构合法用工行为的监督管理，建立劳务派遣用工备案制度。

第十六条 生态环境部门对学校安全工作履行以下职责：

（一）负责对学校及周边环境污染防治的监督管理；

（二）负责对校园危险废物的环境污染防治提供政策指导，对放射源管理提供指导支持；

（三）负责查处危害校园的环境污染案事件。

第十七条 住房城乡建设部门对学校安全工作履行以下职责：

（一）负责指导督促学校开展校舍安全管理工作；

（二）负责指导督促学校对校舍使用安全开展检查和评估鉴定工作；

（三）负责依法加强对校舍工程建设的监督管理，查处违反法律法规和工程建设强制性标准的建设行为。

第十八条 交通部门对学校安全工作履行以下职责：

（一）负责合理调整学校周边公交线路，加大公交供给；

（二）负责统筹协调学校周边交通综合治理，加强学校周边停车管理，提高学校周边道路管养水平，实施疏堵工程，优化道路设施；

（三）负责依法对校车许可申请进行道路旅客运输资质审核，督促取得道路运输经营许可的校车服务提供者落实安全生产主体责任；依法对取得道路运输经营许可校车企业的违法行为进行处罚。

第十九条 文化旅游部门负责加强对学校周边互联网上网服务、歌舞娱乐、游艺娱乐等经营服务场所经营活动的监督管理；依法查处学校周边擅自设立的互联网上网服务营业场所、无照经营文化娱乐场所和非法出版物。

第二十条 卫生健康部门对学校安全工作履行以下职责：

（一）负责依法开展学校传染病防控和疫情处置工作，指导督促学校落实传染病防控措施，加强对学校疾病预防控制和卫生保健工作的监督指导；

（二）负责指导学校做好饮用水安全管理，开展食源性疾病预防和营养健康知识教育；

（三）负责组织开展学校公共卫生安全风险监测和公共卫生专业人员培训；

（四）负责组织医疗卫生机构救治校园安全事故中的伤患人员；

（五）负责协助开展校舍新建、改建、扩建工程的预防性卫生审查。

第二十一条 应急管理部门对学校安全工作履行以下职责：

（一）负责学校安全生产、实验室危险化学品使用安全的综合监督管理，依法依规查处学校安全生产和实验室危险化学品使用安全事故；

（二）负责配合教育部门指导学校开展安全突发事件应急工作；负责校车安全管理的综合监管工作。

第二十二条 消防救援部门对学校安全工作履行以下职责：

（一）负责开展消防安全监督检查，依法督促学校落实消防安全主体责任；

（二）负责指导学校开展日常消防安全管理、消防安全宣传教育和疏散演练；

（三）负责开展学校火灾的处置与救援，并依法进行火灾事故调查。

第二十三条 市场监管部门对学校安全工作履行以下职责：

（一）负责学校食堂供餐、学校外供餐企业供餐食品安全的监督管理和执法检查；建立学校食堂、学校外供餐企业食品安全信用档案；

指导学校、学校外供餐企业加强食品安全管理和宣传教育；依法会同有关部门对学校食品安全事故进行调查处理；

（二）负责对学校周边各类经营单位进行监督检查和专项治理；负责对学校及周边特种设备安全进行重点监督检查；

（三）负责学校采购教学仪器设备、床上用品、校服等产品质量安全的监督管理。

第二十四条 城管执法部门负责对学校周边市容环境卫生、流动无照经营、店外经营、违法建设、乱堆物料、散发小广告等违法违规行为的监督检查和专项治理。

第二十五条 保险监管部门负责加强对涉校保险业务的监督管理，依法规范保险公司经营行为。

第三章 学校安全管理

第二十六条 学校全面落实安全管理主体责任；将安全工作纳入学校总体规划和首要任务；建立学校安全工作领导组织机构和统一领导、分工负责、齐抓共管、群防群治的学校安全管理工作机制。

第二十七条 学校安全工作实行校长负责制；学校校长直接分管安全工作，学校可设一名校级干部协助校长负责学校安全工作；学校结合岗位设置，明确其他校级干部、部门负责人及全校教育教学行政后勤岗位人员的安全管理职责，建立覆盖全体教职员工的安全管理责任体系，层层签订安全责任书。

第二十八条 学校设立安全管理工作机构（部门），统筹负责学校日常安全管理工作，督促落实各岗位安全管理职责；按照师生员工总人数800人(不含)以下至少配备1名专职安全管理干部;800人(含)以上每增加800人至少增配1名专职安全管理干部；学校参照班主任补贴标准给予专职安全管理干部待遇。

第二十九条 学校按照师生员工总人数1000人（不含）以下至少配备6名专职保安员，有寄宿制的学校至少配备8名专职保安员；1000人（含）以上每增加500人至少增配1名专职保安员，有寄宿制学生的学校每增加300人至少增配1名专职保安员。

第三十条 学校聘任法治副校长；协助学校加强安全工作，开展法治安全、防治校园欺凌和暴力等宣传教育培训；协助解决学校及周边涉校安全问题；联合心理专家对有不良行为学生开展教育转化工作。

第三十一条 学校建立食品和饮用水安全管理制度；实行阳光餐饮和集中用餐陪餐制度；严格学校食堂规范化管理和校外供餐管理，严格执行食堂卫生操作规范，严格执行食堂物资采购索证、查验、登记和饭菜留样、记录制度；严格落实饮用水安全卫生标准，定期开展水质检测和饮水设备维护清洗消毒。

第三十二条 学校建立消防安全管理制度；严格落实消防安全工作责任制；实行标准化管理；对消防设施和器材加强日常维护，规范设置消防安全标志标识，保证安全出口、疏散通道和消防通道畅通。

第三十三条 学校建立交通安全管理制度；严格内部驾驶员管理，保证学校车辆安全有效；严格执行校车安全管理规定；租用校外车辆组织师生参加活动，须租用有资质的租车服务单位的车辆，并签订租车安全责任书；校内机动车行驶或停放须与学生活动区域物理隔离，如校内不具备物理隔离条件，须禁止机动车进入校园；不得出租出借校内场地停放校外机动车辆，不得利用学校用地建设对社会开放的停车场。

第三十四条 学校建立防治校园欺凌和暴力工作制度；开展预防欺凌和暴力教育，严格学生日常行为管理；公开工作机构和举报电话；对欺凌和暴力行为早发现、早预防、早控制，及时处置突发校园欺凌和暴力事件。

第三十五条 学校建立实验室安全管理制度；制定实验和设备的安全操作规程；开展实验安全教育培训，建立教育培训档案；严格落实中小学实验室规程，规范仪器设备和药品管理；严格落实实验室危险化学品安全管理规范标准，加强对危险化学品采购、储存、使用和危险废物处置的规范化管理。

第三十六条 学校建立水、电、气、热及设施设备运行安全管理制度；按规定接受行业主管部门的定期检查；定期检查设施设备运行情况，发现老化或损毁等安全隐患，及时进行维修或更换。

第三十七条 学校建立安全隐患排查整治制度；建立安全隐患台账，及时消除安全隐患；对无力解决或无法排除的重大安全隐患，及时书面报告上级主管单位或其他有权管理的单位，并采取有效措施，做好安全防范。

第三十八条 寄宿制学校建立寄宿制学生安全管理制度；专门配备宿舍安全管理人员，实行24小时宿舍值班和安全巡查制度；保证教室、宿舍、楼道、楼梯等场所的照明符合标准。

第三十九条 学校实行封闭式管理；校门实行24小时值守，门卫由配备专业器械的专职保安员持械上岗，校门口设置硬质防冲撞设施；实行外来人员出入校登记、检查制度，禁止无关人员和校外车辆进校，禁止将非教学用易燃易爆等危险物品、有毒物品、管制器具和动物等带入校园。

第四十条 学校实行上下学高峰时段校门口值班制度；组织带班干部、值周老师、保安员、家长志愿者等，配合公安机关共同维护校园门前安全秩序；小学上下学实行小黄帽路队制和接送交接制度，不得将晚离学校的低年级学生、幼儿交与无关人员。

第四十一条 学校建立安防视频监控管理系统；中小学校按要求覆盖所有重点部位，幼儿园实现公共活动区域全覆盖，并与属地公安、教育部门联网；建立安防视频监控值班监看、信息保存、调用调取、运行维护管理制度，保障安防监控系统正常运行；采集的视频图像信息保存期限达到法定时长；安装一键式报警装置并保持完好有效，与属地接警平台联网。

第四十二条 学校建立校外活动安全管理制度；成立活动安全管理机构，明确安全管理责任，制定安全应急预案，配备相应物资设备，配齐安全、医护等管理保障人员，提前对师生进行安全教育。

第四十三条 学校建立学生安全信息通报制度；将未按要求正常到校、非正常缺勤、擅自离校以及身体和心理异常学生情况等关系学生安全的信息，及时告知其监护人和校内相关负责人员。

第四十四条 学校加强学生日常和课间活动的安全管理；合理安排学生疏散时间和上下楼道顺序，安排专门人员值班巡查，防止拥挤、踩踏、伤害事故发生；加强对学校后勤维修工具、食堂厨房用具和体育器械等使用安全的管理。

第四十五条 学校建立合法用工和内部人员矛盾排查调处制度；学校领导要与劳务用工人员开展谈心谈话，全面掌握教职工思想状况；定期开展心理健康和内部矛盾排查；新录用教职工和外聘人员要进行身份核查和背景审查，不得聘用因故意犯罪而受到刑事处罚的人员、有精神病史人员入校工作。

第四十六条 学校按规定配备具有从业资格的专职医务（保健）人员或兼职卫生保健教师；寄宿制和学生人数600人以上的学校应设立卫生室，其他学校设置保健室；购置必需的急救器材和药品，保障对学生常见病的治疗，遇疑难病症及时送医救治。

第四十七条 学校建立学生健康管理制度；建立学生健康档案，定期组织开展学生体检和心理健康排查，依法保护学生的个人隐私；对有特异体质、特定疾病或异常心理状况的学生，应当给予适当关注和照顾；对生理、心理状况异常不宜在校学习的学生，应当休学，由监护人安排治疗、休养；监护人发现被监护人有特异体质、特定疾病或异常心理状况的，应当及时告知学校。

第四十八条 学校建立传染病防控管理制度；制定突发公共卫生事件应急预案；落实晨午检、因病缺勤登记追访、日常通风消毒、免疫规划管理、疫情报告、复课证明查验制度，做好登记和报告工作；积极配合疾控部门开展流行病学调查和传染病防控工作。

第四十九条 学校建立网络安全管理制度；落实网络安全主体责任，制定网络安全应急预案；保证网络安全工作值班值守，开展网络系统安全监测管理与检查维护，防范网络安全风险。

第五十条 学校建立安全工作档案管理制度，记录日常安全管理、安全责任落实、安全检查、安全隐患整改等情况，作为实施安全工作目标考核、责任追究和事故处理的依据。

第五十一条 学校不得组织学生参加抢险等应由专业人员或成人从事的活动，不得组织学生参与具有危险性的活动，不得组织学生参加商业性活动；不得将场地出租出借用于生产经营活动；不准商业广告进入校园。

第五十二条 学校加强与属地街道乡镇、社区和家长合作，建立学校安全志愿者队伍，协助开展安全工作。

第五十三条 学校举办者应当按规定为学校购买中小学幼儿园校方责任保险及附加无过失责任保险。

第四章 安全宣传教育

第五十四条 学校按规定开设安全教育课程；将安全教育作为重要教育教学内容，根据不同学龄阶段学生的生理心理特点、接受能力以及可能遇到的安全风险，增强安全教育的针对性和实效性。

第五十五条 学校在开学初、放假前，有针对性地对学生集中开展安全教育；新生入学后，应开展新生入学安全教育，帮助新生及时了解学校安全制度规定。

第五十六条 学校通过渐进式安全教育，在幼儿园和九年义务教育期间完成对学生的基本安全知识与技能的普及任务，确保学生掌握与年龄阶段相适应的基本安全知识、避险逃生能力以及自救互救技能。

第五十七条 学校开展实验室安全教育；针对不同课程实验课的特点与要求，对学生进行实验实训用品的防毒、防爆、防辐射、防污染等安全防护教育。

第五十八条 学校加强安全防范宣传教育；重点针对消防安全、治安安全、食品安全、交通安全、用电安全、用火安全和防溺水、防踩踏、防侵害、防暴恐袭击、防黑恶势力渗透、防极端天气、防自然灾害等可能造成伤害的安全威胁，使学生掌握基本防范技能和自救、互救、逃生能力。

第五十九条 有条件的学校建设专门的安全宣传教育体验教室，

配备多个主题的安全体验设施设备，组织学生开展体验式学习，增强安全教育实效。各区加强对本区安全教育基地、场馆、教室资源的统筹，有条件的区可建设综合性或专业性较强的安全教育课外活动基地。

第六十条 学校充分利用政府、社会、高校、企事业单位等公共安全教育基地、博物馆、体验馆等资源，组织学生开展参观、宣传教育和实训体验活动。

第六十一条 学校定期组织开展各类突发事件应急演练，中小学每月开展一次应急疏散演练，幼儿园每季度开展一次应急疏散演练。

第六十二条 学校将教职工安全教育培训纳入年度工作计划，每年定期组织开展岗位安全教育培训，将安全培训纳入继续教育学分；对新入职教师进行岗前安全教育培训；定期组织保安员开展安全保卫和应急处突专业训练；提高教职员工指导学生预防事故、自救、逃生、紧急避险的能力。

第六十三条 学校结合本校情况组织开展应急救援进校园活动，帮助师生掌握初级急救知识和急救技能。

第六十四条 学校开展家校安全共育，引导家长履行监护人义务，对孩子开展家庭安全教育和遵纪守法教育，关心关注孩子身心健康，支持配合学校安全教育和日常管理工作。

第五章 学校周边安全管理

第六十五条 建立学生安全区域制度；在学校周边 200 米范围内，相关部门按职责重点整治学校周边环境秩序，加强对学校周边经营服务场所、经营服务活动监管以及治安状况、交通秩序整治；禁止新建对环境造成污染的企业、设施；禁止设立互联网上网服务、歌舞娱乐、游艺娱乐、彩票专营等营业场所。

第六十六条 公安机关加强学校及周边治安综合治理；建立校园及周边治安形势会商研判、信息互通共享、联动应急处置工作机制；

加强涉校矛盾问题隐患排查化解；加强反恐防暴和应急处突能力建设；加强对校园及周边治安环境整治和巡逻防控。

第六十七条 公安机关严厉打击涉校违法犯罪；建立涉校案件摸排预防、快速出警核查、案件侦查等工作机制；加大对恶性伤害、欺凌和暴力、性侵等侵害师生人身财产安全违法犯罪案件的侦破力度。

第六十八条 公安机关建立警校合作工作机制；加强学校及周边警务室建设和民警入校指导安全防范工作；强化学校周边高峰勤务和"护学岗"机制；建立学校及周边安全网上快速巡查系统。

第六十九条 公安机关和交通部门加强学校周边交通综合治理；加强学校门前停车管理，校园门前100米（校门两侧各50米）禁止停放机动车；加大对学校门前及周边道路交通违法行为执法处罚力度；规范设置学校门前及周边道路交通标志标识标线、设施和科技监控设备；优化学校周边交通组织形式和公交站点设置，完善道路公交设施。

第七十条 市场监管部门加强学校周边食品安全专项整治；禁止学校周边无证无照餐饮经营；加强学校周边食杂店、便利店、小超市等食品销售单位的日常监管，定期开展食品安全专项检查；加大对学校周边批发市场、零售市场和农村市场等场所的整治力度，严禁销售不合格食品；严格规范网络餐饮经营行为。

第七十一条 市场监管和文化旅游部门加强学校周边非法经营行为治理；依法取缔学校周边兜售非法出版物、不合格文体用具、儿童玩具的游商和摊点；严格查处学校周边制售含有淫秽色情、凶杀暴力等内容出版物的单位和个人。

第七十二条 住房城乡建设部门加强对学校周边建设工程的执法检查，禁止任何单位或个人违规在学校围墙或建筑物边建设工程。

第六章 安全事故处理和应急管理

第七十三条 学校按照以人为本、依法依规、快速反应、注重实效的原则，制定以应急处置为核心的安全突发事件应急预案。

第七十四条 学校建立与区政府、相关部门和属地街道乡镇相衔接的安全突发事件应急处置机制，明确应急职责，规范应急程序，细化保障措施；定期组织开展应急预案演练；各相关部门和属地街道乡镇应加强对学校应急工作的指导和预案的衔接。

第七十五条 学校建立安全突发事件信息报送制度，遇有突发安全事件，按规定第一时间上报相关信息，杜绝瞒报、谎报、漏报、迟报。

第七十六条 学校建立新闻发言人制度和安全突发事件网络舆情管理制度；在相关专业部门的指导下，加强网络舆情监控，及时发布相关信息，加强正面引导，回应社会关切。

第七十七条 在发生地震、洪水、泥石流、台风等重大自然灾害和重大治安、公共卫生突发事件时，区政府及教育部门和学校应立即启动应急预案，及时转移、疏散学生，或采取其他必要防护措施，保障师生和学校安全。

第七十八条 学校发生火灾、食物中毒、治安案件等突发安全事件以及自然灾害时，应立即启动应急预案，组织教职工参与抢险、救助和防护，第一时间救治受伤学生，对受伤学生开展心理干预辅导，妥善做好善后工作。

第七十九条 学校发生学生伤亡事故，须按照《学生伤害事故处理办法》等规定的原则和程序，结合校方责任保险及附加无过失责任保险保障机制，及时实施救助；严禁借学生伤害事故，围堵学校、殴打教职工、干扰学校正常教育教学秩序等校闹行为。

第八十条 学校发生重大安全突发事件后，在市政府统一领导下，由市教育部门牵头组建市相关部门、纪检监察机关和有关专业机构、专家参加的突发事件调查组，及时组织开展调查评估工作；必要时，由教育部门牵头组织对较大、一般学校安全突发事件进行调查评估。

第八十一条 学校安全突发事件调查评估工作应对事件发生的原因、过程和造成的后果，以及事前、事发、事中、事后全过程的应对工作，进行全面客观的调查、分析、评估，提出改进措施，形成突发事件调查评估报告。

第七章　考核奖励与责任追究

第八十二条　市政府将学校安全工作作为对各区政府和各政府相关部门绩效考核的重要内容，具体考核评价办法和组织实施由市教育部门会同有关部门负责；各区政府将学校安全工作纳入对各区政府相关部门和街道乡镇的绩效考核内容；各区教育部门将学校安全工作纳入对学校的绩效考核。

第八十三条　市、区教育部门将学校安全工作作为教育督导的重要内容，加强对市政府有关部门、各区政府及有关部门、街道乡镇和学校落实安全工作职责的督导检查。

第八十四条　教育等有关部门，对于在学校安全工作中成绩显著或做出突出贡献的单位和个人，应当视情况联合或分别给予表彰奖励。

第八十五条　依据《中小学幼儿园安全管理办法》六十一条规定，政府相关部门不依法履行学校安全监督管理职责的，由上级部门给予批评；对直接责任人员由上级部门和所在单位视情节轻重，给予批评教育或行政处分；构成犯罪的，依法追究刑事责任。

第八十六条　依据《中小学幼儿园安全管理办法》六十二条规定，学校不履行安全教育管理职责，对重大安全隐患长期不整改或不采取有效措施的，有关主管部门应当责令其限期改正；拒不改正或有下列情形之一的，应当对学校负责人和其他直接责任人给予党纪、政纪或行政处分；构成犯罪的，依法追究刑事责任。

（一）发生重大安全事故、造成学生和教职工伤亡的；

（二）发生事故后未及时采取适当措施、造成严重后果的；

（三）瞒报、谎报、缓报重大事故的；

（四）妨碍事故调查或提供虚假情况的；

（五）拒绝或不配合有关部门依法实施安全监督管理职责的。

第八十七条 依据《中小学幼儿园安全管理办法》六十三条规定，校外单位或人员违反治安管理规定、引发学校安全事故的，或在学校安全事故处理过程中，扰乱学校正常教育教学秩序，由公安机关依法处理；构成犯罪的，依法追究刑事责任；造成学校财产损失的，依法承担赔偿责任。

第八十八条 对职责范围内发生学校安全事故，经查实已经全面履行有关职责，并全面落实了党委和政府有关工作部署的，不予追究相关人员责任。

第八章 保障机制

第八十九条 建立由市、区政府分管教育工作的领导为召集人、教育部门牵头、相关部门参加的学校安全工作联席会议制度，定期研究解决学校安全工作中存在的重大问题；教育部门履行联席会议办公室职责。

第九十条 建立由市、区政府分管教育工作的领导带队，由市教育、公安、交通、应急管理、卫生健康、市场监管、城管执法、消防救援等部门共同参加的学校安全联合检查机制，每年定期开展学校安全工作联合检查，对存在的重大安全隐患进行现场执法，严格处罚，并在一定范围内通报。

第九十一条 市、区政府建立学校安全预警和风险评估制度，制定学校安全风险清单，建立动态监测和数据搜集、分析机制，及时为学校提供安全风险提示，指导学校健全风险评估和预防制度。

第九十二条 建立学校安全经费投入保障机制；合理调整学校安全经费在教育经费中的投入比例，加大对人防、物防、技防经费的投入力度，优先保障学校安全风险防控经费的投入。

第九十三条 探索建立学校安全风险防控专业机构服务机制；采取政府采购、购买服务等方式，利用具备相应专业能力的组织机构，为学校安全教育和安全风险防控提供相关服务。

第九十四条 建立多元化的事故风险分担机制；完善学校校方责

任保险及附加无过失责任保险制度，规范保险范围、投保理赔程序和理赔标准；严禁以学校名义指定学生家长购买或向学生直接推销保险产品；鼓励社会组织机构设立学校安全风险基金或学生救助基金，健全学生意外伤害救助机制。

第九十五条 完善校园伤害矛盾纠纷调处机制；建立学校法律顾问制度；积极利用行政调解、仲裁、人民调解、保险理赔、法律援助等方式，依法处理校园伤害事件。

第九十六条 社会团体、企业事业单位、其他社会组织和个人应积极参与支持学校安全工作，依法维护学校安全秩序。

第九十七条 强化家长对孩子的依法监护责任，加强对孩子良好品德和行为习惯的养成教育，加强遵纪守法教育，要求学生服从学校安全管理，管教孩子不得有危及自身或他人安全的活动，约束孩子的不良行为。

第九十八条 学生在校学习和生活期间，应遵守学校纪律和规章制度，服从学校的安全教育和日常行为管理，不得有危及自身或他人安全的行为。

第九章 附则

第九十九条 本市民办中小学校幼儿园、校外教育机构、外籍人员子女学校、中外合作举办的高中和幼儿园参照执行。

第一〇〇条 本规定自 2019 年 9 月 1 日起施行。

中共北京市委教育工作委员会
北 京 市 教 育 委 员 会
中 共 北 京 市 委 老 干 部 局
北 京 市 科 学 技 术 委 员 会
首都精神文明建设委员会办公室
北 京 市 民 政 局
北京市人力资源和社会保障局
北 京 市 财 政 局
北 京 市 文 化 和 旅 游 局
北 京 市 卫 生 健 康 委 员 会
北 京 市 农 业 农 村 局
北 京 市 体 育 局
北 京 市 总 工 会
共 青 团 北 京 市 委 员 会
北 京 市 妇 女 联 合 会

关于印发《北京市关于加快发展老年教育的实施意见》的通知

京教职成〔2019〕5 号

各区人民政府、市各有关单位：

为进一步贯彻落实国务院办公厅《老年教育发展规划（2016—

2020 年）》（国办发〔2016〕74 号）等文件精神，加快发展本市老年教育事业，扩大老年教育供给，完善终身教育服务体系，我们研究制定了《北京市关于加快发展老年教育的实施意见》，经市政府同意，现予以印发。

各区人民政府、市相关部门和单位要高度重视，将发展老年教育作为积极应对人口老龄化快速发展、建设学习型社会的基础性工作，认真履行职责，密切协作配合，细化工作措施，全力以赴推进老年教育持续健康发展。

2019 年 1 月 24 日

北京市关于加快发展老年教育的实施意见

为进一步贯彻落实《国务院办公厅关于印发老年教育发展规划（2016—2020 年）的通知》（国办发〔2016〕74 号）、《教育部等九部门关于进一步推进社区教育发展的意见》（教职成〔2016〕4 号）、《北京市人民政府关于印发〈北京市“十三五”时期老龄事业发展规划〉的通知》（京政发〔2016〕59 号）、《北京市学习型城市建设行动计划（2016—2020 年）》（京教职成〔2016〕8 号）等文件精神，积极应对北京市人口老龄化快速发展的新形势，加快发展老年教育事业，扩大老年教育供给，提升老年教育服务能力，培养养老服务人才，完善终身教育体系，结合本市实际，提出如下实施意见。

一、指导思想和目标任务

（一）指导思想。全面贯彻落实党的十九大精神，以习近平新时代中国特色社会主义思想为指导，紧紧围绕统筹推进“五位一体”总体布局和协调推进“四个全面”战略布局，坚持以人民为中心的发展理念，引导老年人保持老骥伏枥、老当益壮的健康心态和进取精神，提高老年人的生命和生活质量。坚持党委领导、政府主导、社会参与、全民行动的老龄工作方针，坚持老年教育的公益性、普惠性、便捷性、参与性原则，充分调动社会各类资源参与老年教育，让老年人共享改革发展的成果，进一步实现老有所教、老有所学、老有所为、老有所乐，切实增强老年人的责任感、荣誉感、幸福感和获得感。

（二）目标任务。力争 3 ～ 5 年内，建立多部门横向协同、纵向联动的工作机制，完善覆盖市、区、街（乡镇）、居（村）四级老年教育服务体系，加强老年教育办学机构基础能力建设，提升老年教育机构服务能力，以各种形式经常性参与教育活动的老年人占老年人口总数的比例达到 40% 左右。

——扩充老年教育办学数量。推动建立北京老年开放大学，在 16 个区的社区学院（成人教育中心、社区教育中心）建立区域老年大学，街（乡镇）、居（村）成人教育学校加挂老年教育学校（点）的牌子。全市培育 100 个市级老年学习示范校（点）及一大批区级老年学习示范校（点）。加快为老服务人才培养，建成 3 ～ 5 所市级养老服务人才培训院校。

——整合优化各类教育资源。建成老年教育立体化课程资源库，推广 300 门老年教育示范性课程，初步建立北京市老年教育资源共享和学习服务的信息化公共服务平台。建成老年教育师资库。

——组建老年教育志愿者服务团队和老年学习共同体。各乡镇、街道至少组建一支老年教育志愿者团队，每个村委会、居委会培育 3 ～ 5 个老年学习共同体。

二、完善老年教育服务体系

（三）健全服务体系。依托北京开放大学建立北京老年开放大学，统筹指导全市老年大学教育教学工作，为全市各类老年教育服务机构提供课程标准、师资培训、资源开发等服务。依托各区社区学院（社区教育中心、成人教育中心）建立区域老年大学。依托街（乡镇）、居（村）社区教育机构建立老年学校、老年学习点，创造条件吸引各类社会资源进驻社区，切实把老年教育办到家门口，为老年人提供就近、便捷的教育服务。（市教委、首都文明办、市农业农村局、市财政局、市文化和旅游局、市体育局、各区政府相关部门）

（四）发挥院校优势。普通高校、职业院校应发挥学校办学优势服务老年教育，开发老年教育课程和数字化教学资源，为社区老年教育机构、养老服务机构和偏远乡镇提供支持，增设涉老专业，培养为老服务专业人才。各级各类学校积极向有组织的老年团体开放活动场地、图书馆、实训基地等资源，积极为社区、老年教育机构及养老服务机构提供学习资源支持服务。北京开放大学要充分发挥系统和远程教育的优势，建设具有地方特色的示范性老年教育体验基地。（市委教育工委、市教委、市人力社保局、市民政局、市财政局、各区政府相关部门）

（五）鼓励社会参与。鼓励企事业单位、社会组织等社会力量及个人，通过不同形式举办或参与贴近老年人生活的教育服务。支持行业企业、社会组织和个人通过独资、合资、合作等形式举办老年教育。支持社会力量通过政府购买服务、项目合作、设立老年教育发展基金等方式参与老年教育。引导养老服务机构通过远程教育、开设课程、举办讲座、展示学习成果等形式参与老年教育。（市教委、市民政局、市财政局、市总工会、各区政府相关部门）

三、提升老年教育服务能力

（六）创新教育方式。开发建设北京市老年教育资源共享和学习服务的信息化公共服务平台，整合、开发老年教育数字化学习资源，探索完善“互联网＋老年教育”服务模式，综合利用传统资源，增加老年教育的便利性，方便老年人通过广播、电视、电脑、Pad、手机、VR设备、智能机器人、电子宣传屏等多种终端开展学习。推进老年人线上线下一体化学习，增加老年人接受教育的途径，利用实训基地、养老机构、城乡社区养老服务驿站等开展体验式教学活动。鼓励各类学习网站与新媒体为老年人开展网上主题学习活动，建立老年人网上学习圈。鼓励将课堂教学与旅游、艺术、体育以及各类文化活动相结合，开展游学、体验学习、读书会、讲座、参观、作品评赏、展演、志愿服务等多种形式的老年教育活动。（市教委、市民政局、市文化和旅游局、市体育局、市委老干部局、市卫生健康委、各区政府相关部门）

（七）扩大资源供给。整合教育、文化、体育、科技等资源，建设老年教育基地,向老年人开放。鼓励多元主体通过遴选、开发、整合、推介、引进等方式,共建共享纸质、电子音像、网络、移动媒体等多种传播媒介的学习资源,建设老年教育立体化课程资源库。充分发掘社区文化、科学普及、体育健身等老年教育内涵。发挥市、区级老年大学(老干部大学)的引领、指导和示范作用,将老年大学(老干部大学)集聚的教育资源向基层辐射。促进老年教育与养老服务、旅游、文化等相关产业联动发展,建设不同主题、富有特色的养教联动基地、体验区。(市教委、市文化和旅游局、市科委、市体育局、市民政局、市委老干部局、各区政府相关部门)

(八)加强设施建设。加强各级各类老年教育机构基础设施建设,改善办学条件,营造文化氛围。培育一批具有示范作用的老年大学、老年学校、老年学习点。结合老年人学习特点和需求,建立老年教育体验式学习基地,推进老年教育特色化发展。整合社会资源,探索"医、养、文、体、教"等场所与老年人学习场所共建共享的模式。鼓励通过社会捐赠或政府购买服务等形式,改善养老机构老年人的学习环境和设施。(市民政局、市教委、市财政局、市文化和旅游局、市体育局、市委老干部局、市卫生健康委、各区政府相关部门)

(九)建设师资队伍。建设市级老年教育专家库和师资库。建立老年教育教师岗位培训制度,加大培训力度,提升老年教育师资队伍的整体能力和水平。制定激励措施,支持各级各类学校教师、学生、离退休教职工等到校外老年教育机构兼职任教或从事志愿服务。加强老年教育管理人员队伍建设。(市教委、市人力社保局、市民政局、各区政府相关部门)

(十)培养涉老人才。大力发展养老服务职业教育,鼓励职业院校增设养老服务和管理相关专业,制定专业建设标准,加快培养一支结构合理、数量充足、素质优良、技术精湛的养老服务和管理队伍。建设并完善养老服务人才培训机制,依托市级养老服务人才培训院校广泛开展涉老养老人才的培训。引导老年医学、康复、护理、营养、心理和社会工作等专业人才从事老年教育工作。(市民政局、市人力社保局、市教委、各区政府相关部门)

四、积极开发老年人力资源

（十一）培育学习团队。鼓励和培育各类社区老年学习团队，充分发挥老年人的主体作用，引导老年人参与到活动、学习的组织和管理工作中来，激发老年人自我教育、自我管理、自我服务的主动性。整合师资资源，加强专业辅导，提高老年学习团队专业水平，加强学习团队负责人能力培养，增强老年学习团队自我服务能力。搭建老年学习成果市级展示平台。（市教委、各区政府相关部门）

（十二）开展志愿服务。充分发挥各类老年社会组织的作用，依托北京老教育工作者总会、北京老医药卫生工作者协会等组建老年教育志愿者服务团队，开展专业志愿服务。成立老年宣讲团，进企业、进机关、进学校、进军队、进社区，广泛宣扬社会主义核心价值观，弘扬中华优秀传统文化，不断促进家风、家教、家训等家庭文明传承。（市民政局、市教委、团市委、市妇联、市卫生健康委、各区政府相关部门）

五、完善政策保障体系

（十三）健全工作机制。建立健全长效工作机制，把老年教育工作纳入本市教育发展规划和督导检查内容。市、区政府相关部门定期研究、协调解决老年教育事业发展和养老服务人才培养的新问题，形成政府统筹、各部门分工明确、密切配合、齐抓共管的工作机制。（市各相关部门、各区政府相关部门）

（十四）完善投入机制。对于老年教育经费，逐步建立以受教育者购买服务为主，社会资本投入为辅，政府适当补贴的机制。各区应切实加大对老年教育经费的投入，根据本区域60岁以上常住人口增长情况，建立投入动态调整机制，并进一步加强经费的绩效管理。鼓励行业企业、社会组织和个人设立老年教育发展基金、投资举办老年教育或捐资助学，支持老年教育发展。（市财政局、市教委、市民政局、各区政府相关部门）

（十五）开展科学研究。成立北京市老年教育研究基地，加强老年教育科研、政策、理论与实践研究。加大京津冀协同合作力度。积极参与老年教育国际交流与合作，引进国外老年教育先进理念、课程

和师资。（市教委、市民政局、市人力社保局、市财政局、各区政府相关部门）

（十六）营造良好环境。充分发挥广播电视、报纸杂志、门户网站等媒体作用，开设贴近老年教育的专题专栏。加大老年教育工作宣传力度，营造有利于老年教育事业发展的氛围。在全社会形成重视和支持老年教育事业发展的良好环境和舆论氛围。（市区各相关部门及单位）

全市各老年培训机构及养老机构参照此文件执行。

北京市教育委员会

关于加强中小学 APP、互联网群组、公众账号管理的通知

京教基二〔2019〕2 号

各区教委，燕山教委：

为深入贯彻全国和全市教育大会精神，全面落实立德树人根本任务，切实减轻中小学生过重课业负担，落实教育部关于严禁有害 APP 进入中小学校园的通知，加强对中小学 APP，以及用于教育教学信息交流发布的互联网群组和公众账号管理，提出如下工作要求，请各区认真贯彻执行。

一、立即开展全面排查整改

（一）排查整改时间和对象。各区要高度重视，组织专业力量，于 3 月 1 日前对中小学使用的 APP、微信群、QQ 群等互联网群组（以下简称群组）和微信公众号、微博账号等互联网公众账号（以下简称

公众账号）进行全面排查整改，并形成报告报送市教委。

（二）排查整改内容和要求。发现包含色情暴力、网络游戏、商业广告等内容及链接，利用抄作业、搞题海、公布成绩排名等应试教育手段增加学生课业负担，传播违法违规信息及其他不利于学生健康成长问题的，要立即停用、卸载APP，退订业务，解散群组，取消关注或注销公众账号，涉嫌违法违规的要报告网络信息管理和公安部门查处。同时要采用多种方式提醒家长慎重安装使用面向中小学生的APP。

二、加强对进入校园的学习类APP监管

（一）建立审查备案制度。按照凡进必审原则建立对学习类APP的双审查制度，先由学校进行选用审查，再由区教委进行备案审查。各区要结合实际建立审查标准和流程，严格审查内容及链接、应用功能等，确保APP内容在思想性、科学性和适宜性等方面符合党的教育方针和立德树人要求，体现素质教育导向。进入校园的APP要有效服务教育教学，严控数量，防止增加学生课业负担。凡未通过备案审查的APP一律禁止在校园内使用，也不得在校外组织或要求、推荐学生使用。任何单位和个人不得进校宣传、推荐和推销APP。

（二）加强日常监管。各区、学校要建立健全日常监管制度，及时掌握APP内容变化情况，发现有害信息立即处置。对违规使用、疏于管理并造成不良影响的教育行政部门、学校和教师要严肃问责。进入校园的APP不得“超标教学”“提前教学”“强化应试”，不得向学生收费，不得组织考试、竞赛、排名。要保障信息安全，防止泄露学生隐私。

三、加强对群组的管理

（一）履行管理责任。中小学群组主要用于教育教学信息交流。群组建立者、管理者应当履行管理责任，依据法律法规、用户协议和平台公约，制定信息交流规则，规范群组网络行为和信息发布。要按照群组性质类别、成员规模、活跃程度等分类管理。家校群由班主任或年级组长管理，要引导家长树立正确教育观和成才观，学习交流科学有效的家庭教育方法。师生群由任课教师或社团教师管理，要充分体现为人师表，积极引导学生健康成长。家长群由家长委员会管理，要引导家长积极参与家校合作。学生群由学生负责人管理，要弘扬社会主义核心价值观，积极传播正能量。工作群由工作负责人管理，不得发布与工作无关内容。临时设立的群组，在任务完成后由建立者及时解散。

（二）规范信息内容。群组交流信息须遵守法律法规，文明互动、理性表达，发布信息要符合党的教育方针和政策。群内不得发布学生成绩、排名，不批评或表扬学生，制造焦虑。不得发布与教育教学无关的广告、求助、募捐、拼课等信息。要尊重学生隐私，不攀比家庭背景、不晒娃，不刷屏问候、点赞，不得发红包。

四、规范对公众账号的管理

中小学公众账号主要用于宣传解读教育政策，传播正确教育观念，推广工作经验。各区、学校要提高对公众账号管理的认识，依法依规履行信息发布和运营安全管理责任。中小学和区属教育机构公众账号，须经区教委备案审核后方可使用。要加强对公众账号信息内容审核，不得发布法律法规和国家有关规定禁止的内容，加强对留言、跟帖、评论等互动环节的实时管理。不鼓励学校、教师向学生、家长推荐校外公众账号。

各区、学校要高度重视中小学 APP、群组、公众账号监管工作，建立健全管理机制，明确负责部门，落实责任到人，定期开展排查整改，坚决防止违法违规行为。要积极指导家长履行家庭教育责任，引导孩子合理使用电子产品，防止网络沉迷，保护视力健康，多带孩子走向社会、亲近自然、体验生活，促进孩子身心健康和全面发展。

2019 年 1 月 25 日

北京市教育委员会

关于印发《北京市加强乡村小规模学校和乡镇寄宿制学校建设的实施方案》的通知

京教基一〔2019〕2号

各有关区人民政府：

为落实国务院办公厅《关于全面加强乡村小规模学校和乡镇寄宿制学校建设的指导意见》，结合北京教育实际，市教委起草了《北京市关于加强乡村小规模学校和乡镇寄宿制学校建设的实施方案》。

文件在起草过程中，市教委广泛征求了区教委、乡村小规模学校和乡镇寄宿制学校的意见。文件形成后分别征求了市发展改革委、市财政局、市人力社保局、市农业农村局和市交通委等五个委办局意见，以及朝阳区、门头沟区、大兴区、房山区、昌平区、怀柔区、密云区、平谷区和延庆区等九个区政府意见。

经市政府同意，现将《北京市加强乡村小规模学校和乡镇寄宿制学校建设的实施方案》印发给你们，请结合本地区实际贯彻落实。

附件：北京市加强乡村小规模学校和乡镇寄宿制学校建设的实施方案

2019年1月30日

附件

北京市加强乡村小规模学校和乡镇寄宿制学校建设的实施方案

为落实国务院办公厅《关于全面加强乡村小规模学校和乡镇寄宿制学校建设的指导意见》(以下简称《指导意见》),结合北京教育实际,切实加强乡村小规模学校和乡镇寄宿制学校(以下简称“两类学校”)建设,制定本实施方案。

一、指导思想

以习近平新时代中国特色社会主义思想为指导,全面贯彻落实党的十九大精神,坚持新发展理念,紧紧围绕实施乡村振兴战略,推进城乡基本公共服务均等化。坚持底线思维,实施底部攻坚,突出重点,突破难点,补足短板,全面加强两类学校建设和管理,努力为乡村学生提供公平而有质量的教育。

二、工作目标

到 2020 年,两类学校布局更加合理,办学条件达到北京市中小学校办学条件标准,完成平安校园建设达标任务,教育教学管理制度更加完善,师资配置更加合理,教师专业素养不断加强,教育质量和办学水平不断提高,义务教育优质均衡发展水平进一步提升。

三、基本原则

(一)坚持问题导向。结合我市实际,重点把握《指导意见》提出的六个方面建设任务中的薄弱环节,加强两类学校建设的针对性和实效性。

(二)坚持兜住底线。按照“兜底线、补短板、强弱项”的工作思路,推动学校基础设施建设和教学装备配置,补齐两类学校办学条件短板,达到基本办学条件标准。依据教育部《义务教育学校管理标准》促进学校规范办学、科学管理,整体提升办学质量和管理水平。

(三)坚持因地制宜。根据不同区域和两类学校的实际需求,确定建设重点。建立问题清单,明确具体任务、完成时限、工作标准和责任主体，着力解决义务教育发展不平衡不充分问题。

四、重点任务

（一）统筹布局规划。各区在摸清底数的基础上，结合学龄人口分布和变化趋势，编制实施本区基础教育设施专项规划，切实做到因地制宜、方便就近、均衡合理，注重各学段资源整合利用。对于已撤并的小规模学校，确有必要恢复的，应按程序恢复。撤并后校舍主要用于发展乡村学前教育、校外教育和留守儿童关爱保护等。

（二）改善办学条件。对照中小学办学条件标准，按照“缺什么、补什么”的原则，实事求是确定建设项目和内容。乡村小规模学校要保障信息化、音体美设施设备和教学仪器配备，设置必要的功能教室。完善乡镇寄宿制学校生活条件，加强学生活动场地与设施建设。属地政府及相关部门加强学校周边交通设施规划建设，完善交通管理和安全设施，确保学生通行便利和上下学安全。

（三）强化师资建设。落实我市两类学校教师编制具体核定标准和实施办法。研究制订乡镇寄宿制学校宿管、食堂、安保等工勤服务人员及卫生人员配备标准，满足学校生活服务基本需要。根据两类学校教师现状和教师成长需求，提供多种形式、有针对性的教师研修途径与方式，不断提升教师专业素养。

（四）强化经费保障。各区要针对乡镇寄宿制学校实际需要，严格按照政府购买服务的有关规定，探索将属于政府职责范围且适宜通过市场方式提供的学校安保、生活服务等事项纳入政府购买服务范围。完善乡村小规模学校经费使用管理办法，确保规定的公用经费足额用于乡村小规模学校。

（五）提高办学水平。充分发挥乡村小规模学校小班教学优势，发挥乡镇寄宿制学校全天候育人和农村教育资源的独特优势，提高育人水平。加强控辍保学工作，完善农村留守儿童教育关爱体系。推进“互联网＋教育”，提供丰富优质的在线教育资源。积极发挥社会组织在帮扶乡村学校发展中的作用。

（六）加强组织领导。坚持市级统筹、区级主责、学校主体，各负其责。将办好两类学校纳入政府绩效考核体系，加强检查督查，确保任务目标如期完成。

五、组织实施

（一）实施推进（2019.1—2019.12）

各区制定实施方案，明确重点任务和评估办法，指导学校建立问题清单，制定具体改进方案，做到一校一案。实施过程中加强检查指导。

（二）验收总结（2020.1—2020.5）

以区为主组织验收，对照清单逐项检查落实情况。总结经验，宣传推广。

六、保障措施

（一）建立组织保障。市、区和学校成立专项工作组，确定主管领导、主管部门和组织成员，明确职责，分解任务，压实责任。

（二）强化措施保障。市、区和学校将两类学校建设工作列入年度工作计划，明确阶段目标、任务和检查评估办法 。

（三）加大经费保障。市、区和学校把两类学校建设所需经费纳入年度经费预算予以保障，并加强绩效考核管理。

（四）完善机制保障。建立推进机制，对学校建设情况实施动态管理、过程监控和效果评估。加强督导检查，建立和完善两类学校质量监测和督导评估机制。

七、工作要求

（一）高度重视，提高认识。各区和学校要将两类学校建设工作作为贯彻党的十九大精神，解决义务教育发展不平衡不充分问题的重要举措，提高对加强两类学校建设重要性和必要性的认识。

（二）加强领导，稳步推进。各区和学校要将两类学校建设和管理与义务教育学校管理标准化建设有机结合，加强顶层设计，行政、教研、科研和培训等部门要协同联动、形成合力，依照学校管理标准，聚焦两类学校管理薄弱环节攻坚突破，依标整改。

（三）健全机制，巩固成果。建立协调机制，定期召开协调会，及时解决两类学校在规划布局、经费投入、建设运行、教师队伍建设等方面突出问题。建立和完善常态化、制度化、长效化工作机制和支持系统，推动学校内涵发展和质量提升。

北 京 市 教 育 委 员 会
北京市人民政府教育督导室

关于印发《北京市幼儿园办园质量督导评估办法（试行）》的通知

京教学前〔2019〕1 号

各区教委、区政府教育督导室，燕山教委、燕山教育督导室：

为进一步完善本市学前教育督导评估工作，促进学前教育安全优质发展，我们研究制定了《北京市幼儿园办园质量督导评估办法（试行）》，现印发给你们，请结合实际认真贯彻执行。

2019 年 1 月 31 日

北京市幼儿园办园质量督导评估办法（试行）

为完善北京市幼儿园督导评估制度，加强幼儿园监督监管，提升办园水平和保教质量，保障幼儿身心健康、快乐成长，根据国家和北京市有关学前教育发展以及幼儿园管理等相关文件精神，结合本市实际，制定本办法。

一、指导思想

以习近平新时代中国特色社会主义思想为指导，全面贯彻党的十九大和全国、全市教育大会精神，落实立德树人根本任务，遵循幼儿身心发展规律，加强幼儿园监督监管，切实规范办园行为，整体提升办园水平与保教质量，推进本市学前教育普及普惠安全优质发展，促进幼儿健康快乐成长。

二、督导评估原则

（一）育人为本

认真落实立德树人根本任务，遵循学前教育发展规律，牢牢把握正确发展方向，确保党的教育方针在学前教育领域有效贯彻落实。

（二）依法依规

严格按照国家法律法规和党中央国务院及教育部相关文件要求，认真开展市区两级督导评估，督促幼儿园不断规范办园行为，提升办园水平，有效防范风险，确保每一名幼儿健康成长。

（三）聚焦质量

坚持首善标准，加强分类指导，促进幼儿园遵循幼儿身心发展规律，关注幼儿一日生活，关注师幼互动，关注家园共育，注重幼儿发展性评价，实施科学保教。

（四）强化监管

强化幼儿园安全管理、师德师风建设、幼儿保护、家园共育等管理责任。发挥督导评估在幼儿园过程性评价、办园绩效等方面的监督监管作用，为政府决策、监督管理、实施奖惩等提供科学依据。

三、督导评估对象和等级

（一）评估对象

本办法适用于全市面向3至6岁儿童提供保教服务的幼儿园（点）。评估对象包括教育部门办园、其他部门办园、地方企业办园、事业单位办园、部队办园、集体办园、民办幼儿园和社区办园点。其中，幼儿园分园、分址、分部和附设在中小学的幼儿园（班）作为独立主体参加督导评估。

（二）评估内容

督导评估以《幼儿园工作规程》为基本依据，主要内容包括人员条件、空间与设施、机构管理、保育教育、办园成效等方面（具体内容见附件）。

（三）评估等级

《北京市幼儿园办园质量督导评估标准（试行）》（以下简称《标准》）总分设为1000分，评估结果设A、B、C、D四个等级。

1.A级（优秀）

评定分值总分在850分及以上，且同时满足下列条件：第一，刚性指标（指标中带“★”的内容）得分为满分（600分）；第二，家长满意度为85%及以上。

2.B级（良好）

评定分值总分在700分及以上，刚性指标得分在550分及以上。

3.C级（合格）

评定分值总分在600分及以上，刚性指标得分在550分及以上。

4.D级（不合格）

评定分值总分在600分以下，或评定分值总分在600分及以上但刚性指标得分低于550分。

达到A、B两个等级的幼儿园，方可参与《标准》附加分项的评定。

幼儿园出现下列情形，视情节给予降级处理，直至降为不合格：（1）出现歧视、体罚、变相体罚、侮辱、虐待幼儿等行为的；（2）出现重大安全事故的；（3）出现严重儿童伤害事件的；（4）出现其他造成社会重大负面影响事件的。

四、督导评估组织实施

（一）职责分工

督导评估工作按照市级统筹、区级主责的原则，由市区两级教育督导室负责组织实施。区级负责对辖区内幼儿园进行督导评估，市级负责对区级督导评估结果进行抽查复核。

（二）组织形式

各区组织具有丰富管理经验和教学经验的学前教育专家开展督导评估，也可通过委托第三方机构等方式完成。市级组建督导评估专家组，组织开展对区级督导评估结果的抽查复核工作。

（三）评估周期

每三年为一个督导评估周期。督导评估采取综合督导评估与专职督查人员日常督查、责任督学经常性督导相结合的方式进行。在一个周期内，各区对辖区内各类幼儿园至少进行一次综合督导评估，市级对各区当年参加督导评估的幼儿园按一定比例抽查复核。

（四）评估方式

督导评估采取网上评估与实地核查相结合的方式进行。督导评估专家组依据《标准》，结合幼儿园网上填报数据、家长满意度测评、日常监督监管等情况，开展实地核查，进行综合督导评估。

（五）评估程序

1. 幼儿园自评。幼儿园对照《标准》，利用幼儿园办园质量督导评估信息管理系统完成网上自评，并做好接受实地督导评估工作准备。幼儿园网上自评应当在接受督导评估的当年 3 月底前完成。

2. 区级全面评估。区政府教育督导室对幼儿园自评情况进行审核，对幼儿园开展网上（含家长满意度调查）和实地评估。各区政府教育督导室综合幼儿园自评、家长满意度调查和实地督导评估情况，在实地督导结束 30 个工作日内，向幼儿园反馈督导评估意见。各区于当年 10 月底前形成督导评估报告，报市政府教育督导室。

3. 市级抽查复核。市政府教育督导室每年根据各区当年评估结果，对各区幼儿园办园质量督导评估工作进行随机抽查复核，于当年 12 月底前完成。

4. 结果公示。督导评估结果向社会公示，公示期为 10 个工作日。对公示结果有异议的幼儿园，主管部门核实后予以答复。

五、督导评估结果应用

各级管理部门要将督导评估结果作为对幼儿园进行日常管理、监督监管和完善政策的重要依据。教育行政部门要将督导评估结果作为对幼儿园开展绩效管理、生均补贴、表彰奖励、干部考核等的重要依据。专职督查人员、幼儿园责任督学要将督导评估结果作为对幼儿园实施动态监管的重要依据。

各区根据本办法，结合实际制定具体实施方案。

附件：北京市幼儿园办园质量督导评估标准（试行）

附件

北京市幼儿园办园质量督导评估标准（试行）

一级指标	二级指标	三级指标	三级指标内容
人员条件(200分)	人员配备（80分）	班级规模（20分）	★班级规模适宜，每班幼儿人数一般为：小班（3周岁至4周岁）25人，中班（4周岁至5周岁）30人，大班（5周岁至6周岁）35人，混合班30人。寄宿制幼儿园每班幼儿人数酌减。
		园长配备（16分）	★6个班以下的幼儿园设1名园长；6～9个班的幼儿园正副园长不少于2名；10个班及以上的幼儿园正副园长不少于3名。
		保教人员（16分）	★全日制机构保教人员与幼儿比1∶7～1∶9，每班至少配备2名专任教师和1名保育员；半日制机构保教人员与幼儿比1∶11～1∶13，每班至少配备2名专任教师。
		卫生保健人员（12分）	★按照日托机构每收托100名儿童，全托机构每收托50名儿童至少设1名专职卫生保健人员的比例配备卫生保健人员。日托机构100名儿童以下，寄宿制机构50名儿童以下，设1名专职或兼职卫生保健人员。

续表 1

一级指标	二级指标	三级指标	三级指标内容
人员条件(200分)	人员配备（80分）	其他人员（16分）	★机构至少设置1名安全员，根据相关规定配备专职保安人员。
			★至少配备会计1名、出纳1名。
			★设置食堂的机构，炊事人员与儿童配备比例：提供每日三餐一点的托幼机构应当达到1 ∶ 50，提供每日一餐二点或二餐一点的1 ∶ 80。
	任职资格（100分）	园长资格（20分）	★园长应当具有《教师资格条例》规定的教师资格、具备大专以上学历，有三年以上幼儿园工作经历和一定的组织管理能力，并取得幼儿园园长岗位培训合格证书。
		教师资格（30分）	★教师100%具有《教师资格条例》规定的教师资格证书。
		卫生保健人员资格（20分）	★医生应当取得《医师执业证书》，护士应当取得《护士执业证书》，保健员应当具有大专以上学历。
		保育员资格（10分）	★保育员100%接受过幼儿保育职业培训，并取得上岗证。

续表 2

一级指标	二级指标	三级指标	三级指标内容
人员条件 (200 分)	任职资格（100 分）	其他人员资格（20 分）	★安保人员 100% 取得保安资格。
			★财会人员应当具备从事会计工作所需要的专业能力。
			★炊事人员 100% 取得《食品从业人员健康证》。
	上岗条件（20 分）	健康合格证（12 分）	★教职工上岗前 100% 取得《托幼机构工作人员健康合格证》。
		岗前培训（8 分）	★教职工 100% 接受有关教育政策、法律、法规、师德、未成人保护等方面基本培训以及符合其岗位特点的岗前培训。卫生保健人员 100% 持有《北京市托幼机构卫生保健人员培训证》。
空间与设施（100 分）	空间条件（40 分）	生均运动空间（16 分）	★提供全日制服务的机构，应有相对独立的幼儿户外活动场地及安全防护措施，户外活动场地生均使用面积不低于 2 平方米。
			★有一定的室内运动空间，能满足特殊天气情况下幼儿运动需求。
		生均活动室空间（24 分）	★幼儿活动室具备自然采光、自然通风、供暖、避暑等条件。
			★每班活动室生均使用面积不低于 1 平方米，若活动室与睡眠室共用，生均使用面积不低于 2 平方米。

续表 3

一级指标	二级指标	三级指标	三级指标内容
空间与设施（100 分）	设施设备（60 分）	生活设施设备（18 分）	★至少配备符合儿童年龄特点的桌、椅、儿童床（提供全日制服务的机构）等幼儿生活设施；生活设施应符合安全、环保要求，不存在可能对儿童造成伤害的安全隐患。
		卫生设施设备（18 分）	★按照卫生、食药监要求配备盥洗、保健、消毒设施，食堂用具等设施设备，取得《北京市托幼机构卫生评价报告》评价“合格”。
			★设立食堂的机构需取得《食品经营许可证》；未设立食堂的机构提供幼儿餐点服务需由有合法资质的供餐公司提供。
		安全设施设备（24 分）	★消防设施设备符合消防安全技术要求，取得应急消防部门提供的《消防验收合格证明》或取得《消防安全现场检查登记表》，证明场所符合消防安全技术要求，准予使用。
			★实现公共活动区域视频监控全覆盖，在机构重点部位安装紧急报警装置。
机构管理（200 分）	园务管理（65 分）	组织架构（6 分）	★按照国家及北京市相关规定设立党组织、园务委员会、教职工大会或教职工代表大会、教研组、班组、卫生保健组、家长委员会、膳食委员会、保育员组、信息资料组、总务组等组织。

续表 4

一级指标	二级指标	三级指标	三级指标内容
机构管理（200 分）	园务管理（65 分）	制度建设（12 分）	★重视制度建设，建立岗位责任制、学习会议制度、考勤制度、奖惩制度、交接班制度、业务档案制度、工作人员工作质量评价考核制度、资料借阅制度等制度。
			能够认真按照制度要求开展工作。
			各项制度规范、合理，切合本园实际，能切实发挥制度管理的作用。
		文化建设（6 分）	注重文化育人，有明确办园理念。
			能营造体现办园理念的自然环境和人文环境，形成积极向上、宽容友善、充满爱心、健康活泼的园风园貌。
			文化建设能够与机构管理、课程、教师培养等方面相互融合。
		队伍建设（24 分）	★干部、教职工队伍建设有规划、计划，队伍建设目标明确，培养措施具体。
			★专任教师继续教育学分达标；注重为教职工提供学习与专业发展机会，重视各类教职工分类分层培养，将学习作为队伍专业发展、改进工作的重要途径；为教职工配备满足专业发展需求的教育教学资源。
			★增强保教人员法治意识，严禁歧视、虐待、体罚和变相体罚等损害幼儿身心健康的行为；注重师德师风建设，有师德师风建设制度及机制；积极落实国家及北京市关于师德师风有关要求，开展师德师风建设活动。

续表 5

一级指标	二级指标	三级指标	三级指标内容
机构管理（200 分）	园务管理（65 分）	财务管理（12 分）	★建立符合需求的财务、会计制度，财务管理工作有序，账目清楚。
			★执行收费项目和收费标准公示制度，膳食费专款专用，每学期向家长公布账目。
			★建立资产管理制度，账实相符，清楚有序。
		信息管理（5 分）	★按照相关部门要求及时报送、更新儿童信息管理系统中机构与幼儿信息。
			★确保报送信息准确。
	卫生保健（60 分）	卫生保健管理（60 分）	★取得《北京市托幼机构卫生保健工作综合评价报告》评价“合格”。
	保教管理（40 分）	日常管理（20 分）	★建立幼儿一日生活常规、保教人员工作规范以及保教管理工作制度。
			在日常各项保教工作中能从幼儿需求出发落实各项要求。
			日常管理工作能切实促进各项保教工作提升。
		教研工作（12 分）	★建立教研制度。
			根据实际确定教研专题，定期开展有一定质量教研活动。
			教研工作实效性强，教研活动能促进教师专业成长和保教质量持续提升。

续表 6

一级指标	二级指标	三级指标	三级指标内容
机构管理（200 分）	保教管理（40 分）	业务支持（8 分）	★建立园长深入班级指导保育教育活动制度；园长深入班级，每周不少于 6 ~ 8 小时，业务园长每周不少于 16 小时。
			园长、业务园长能结合深入班级情况在日常保教、教研等工作中给予支持与指导。
	安全管理（20 分）	安全制度（5 分）	★建立安全责任制度、家长接送、日常巡查记录、出入登记、安全隐患排查等安全管理制度。
			★各项安全管理制度有落实，有记录。
			安全管理制度科学、有效，能切实发挥作用。
		设施管理（6 分）	★注重设施日常维护与管理。
			★安防监控系统有专人管理，视频记录应保存 30 天，并定期查看。
		安全教育（5 分）	★重视安全教育工作，有安全教育工作计划。
			有计划地对全体幼儿及教职工开展多种形式的安全教育活动。
		应急管理（4 分）	★制定防火、防震、防暴等安全应急预案。
			定期实施防火、防震、防暴等安全演练活动，指导教职工正确应对和妥善处置各类突发事件。
			应急管理工作成效良好，幼儿及教职工能掌握一定应急逃生知识及技能。

续表 7

一级指标	二级指标	三级指标	三级指标内容
机构管理（200 分）	家园社区合作（15 分）	家园共育（9 分）	★重视家长工作，注重家园共育，建立健全家长委员会、家长工作制度。
			积极发挥家长委员会的作用，定期组织家长开放活动。
			通过多种方式向家长宣传正确的教育理念和科学育儿的知识。
		社区合作（6 分）	★重视利用自然环境和社会（社区）的教育资源，扩展幼儿生活和学习的空间。
			积极向社区及社会传播科学的育儿理念和知识，努力为幼儿成长创造良好的社会环境。
保育教育（300 分）	教育理念（20 分）	教育理念（20 分）	★认真落实立德树人根本任务，尊重幼儿身心发展规律，尊重幼儿个体差异。
			注重在一日生活中坚持保教结合的基本原则，珍视游戏和生活的独特价值，以游戏为基本活动。
			能在日常的保教实践中努力将教育理念转化为具体教育行为。
	环境创设（45 分）	精神环境（15 分）	★注重为幼儿营造宽松、自主、接纳、尊重的心理环境。
			幼儿在园有安全感和信任感，师幼关系和谐。

续表 8

一级指标	二级指标	三级指标	三级指标内容
保育教育（300 分）	环境创设（45 分）	物质环境（30 分）	★配置符合国家及本市相关部门要求和幼儿年龄特点的户外设施、材料以及室内玩教具。
			设施、材料及玩教具安全适用，数量充足、种类丰富。
			设施、材料及玩教具能满足幼儿活动需求，促进幼儿发展。
	生活活动（50 分）	幼儿活动状态（30 分）	★幼儿在生活活动中有自己动手、自我服务机会。
			幼儿在生活活动中自主、有序，情绪稳定。
			幼儿具有良好的生活、卫生习惯和基本的生活自理能力。
		观察与指导（20 分）	★保教人员注重观察幼儿的身体健康及情绪、行为习惯等变化。
			保教人员能够尊重幼儿差异，适时给予有效支持与指导。
	游戏活动（75 分）	游戏环境（25 分）	★能因地制宜地利用空间创设游戏环境，区域设置合理。
			区域游戏材料丰富、适宜，能体现趣味性、操作性、层次性。
			环境能满足幼儿发展需求，材料利用率较高，能够及时调整与更新。
		幼儿游戏状态（25 分）	★幼儿能根据自己的兴趣和意愿选择游戏内容、材料和同伴。
			幼儿在游戏过程中投入、专注，能积极与环境互动。
			幼儿在游戏过程中能主动探究，积极解决问题。

续表 9

一级指标	二级指标	三级指标	三级指标内容
保育教育（300分）	游戏活动（75分）	观察与指导（25分）	教师能有意识地观察与了解幼儿的兴趣与需要。
			能在分析判断的基础上给予幼儿适宜地回应与支持。
	教育活动（50分）	目标确定（10分）	活动目标符合本班幼儿的年龄特点和实际发展水平，并有一定的挑战性。
			教育目标具体明确，操作性强。
			活动组织实施过程中能根据幼儿的表现对目标进行动态调整。
		内容选择（8分）	★教育内容选择注重尊重幼儿已有经验。
			活动内容能密切联系生活，符合幼儿兴趣与发展需要。
		方式方法（10分）	能根据教育目标、内容、幼儿发展水平等灵活选择和运用集体、小组、个别等多种形式开展活动。
			重视幼儿学习过程，尊重幼儿学习方式和特点，注重鼓励支持幼儿通过直接感知、实际操作和亲身体验进行学习探索。
		互动情况（14分）	关注幼儿在活动开展过程中的表现，并能根据幼儿的反应灵活调整教育活动。
			通过与教师、同伴、材料等多方互动有效支持与促进幼儿学习。
		个体差异（8分）	在幼儿学习活动的过程中能尊重、接纳幼儿个体差异，注重兼顾不同发展水平的幼儿。

续表 10

一级指标	二级指标	三级指标	三级指标内容
保育教育（300分）	户外活动（40分）	运动环境（10分）	能根据幼儿年龄特点和季节特征安排户外活动，在正常情况下，幼儿户外活动时间每天不少于2小时（其中户外体育活动不少于1小时）。
			户外活动内容、形式丰富多样，有益于幼儿健康、自主发展。
			有空间开发与利用的意识，在特殊天气情况下能在保证安全的前提下积极利用室内空间满足幼儿运动需求。
		幼儿运动状态（15分）	★幼儿喜欢参加体育活动，在运动中体验快乐。
			幼儿动作发展良好，协调、灵敏。
		观察与指导（15分）	★保教人员注重观察幼儿身体及活动状态。
			根据幼儿状态及时调整活动强度、练习密度。
			注重培养幼儿良好的意志品质和运动态度。
	幼儿评价（20分）	幼儿发展评价（20分）	教师在日常活动与教育教学过程中采用自然的方法对幼儿发展进行分析和评价。

续表 11

一级指标	二级指标	三级指标	三级指标内容
办园成效（200 分）	安全办园（60 分）	安全状况（60 分）	★通过《北京市中小学幼儿园平安校园建设标准（试行）》验收。
	队伍发展（80 分）	教师稳定性（40 分）	★近 3 年内专任教师稳定率在 75% 及以上。
		职称情况（20 分）	★专任教师未评职称比例符合相关要求；专任教师二级及以上职称达到一定比例。
		骨干教师（20 分）	★教师发展呈现一定梯队，园级、区级、市级骨干教师达到一定比例。
	家长满意（60 分）	家长满意度（60 分）	★家长满意率达 85% 及以上。
附加分项（50 分）	园所荣誉（15 分）		机构在办园过程中获区级及以上国家党、政机关授予的荣誉情况。
	辐射带动（25 分）		机构在办园过程中参与市、区两级教育主管部门组织的帮扶项目情况。
	特殊需要儿童（10 分）		为特殊需要儿童提供服务情况。

北京市教育委员会

关于印发《北京市普惠性幼儿园认定与管理办法（试行）》的通知

京教学前〔2019〕2号

各区教委、燕山教委：

为进一步规范普惠性幼儿园管理，促进普惠性学前教育事业发展，我委研究制定了《北京市普惠性幼儿园认定与管理办法（试行）》，现印发给你们，请结合实际贯彻执行。各区制定的工作细则请及时报我委。

2019年1月31日

北京市普惠性幼儿园认定与管理办法（试行）

为深入贯彻党中央、国务院关于学前教育发展的系列文件精神，落实《北京市第三期学前教育行动计划》，构建以公办幼儿园和普惠性民办幼儿园为主体、公办民办并举的多种形式的学前教育公共服务体系，推进学前教育普及普惠安全优质发展，根据北京市学前教育发展实际，制定本办法。

一、认定

（一）参与范围

幼儿园、社区办园点、中小学附设幼儿班均可参与普惠性幼儿园申报。

本办法所称普惠性幼儿园包括幼儿园、社区办园点、附设幼儿班三种办学形式。

（二）申报条件

幼儿园、社区办园点、幼儿班参与申报普惠性幼儿园认定，需同时满足以下条件：

1. 登记性质为非营利性；

2. 在北京市幼儿园办园质量督导评估中评价结果获得 C 类及以上。（在本办法出台前已认定为普惠性幼儿园的，在参与新办法评估前维持原有认定。新开办的幼儿园，自招生开始，可由区教育行政部门根据其条件基础和管理情况，暂定办园质量临时类别，临时类别报市教育行政部门备案。临时类别有效期为一年。）

（三）认定程序

普惠性幼儿园由区教育行政部门负责认定。认定程序如下：

1. 申报。符合认定条件的幼儿园、社区办园点、幼儿班在申报期限内向区教育行政部门提出书面申请。申请需提交的资料明细由各区教育行政部门规定。

2. 审核与公示。区教育行政部门对申报的幼儿园、社区办园点、幼儿班进行条件审核。审核工作应于接受申报之日起 90 日内完成。区教育行政部门需通过官方门户网站对审核结果予以公示，公示期为 5 个工作日。

3. 签署承诺书。幼儿园、社区办园点、幼儿班与区教育行政部门签署书面承诺书。承诺书由幼儿园、社区办园点、幼儿班所属学校或单位和区教育行政部门分别备存。

4. 公布名单。区教育行政部门向社会公布普惠性幼儿园名单、办园地址及其收费标准，明示普惠性幼儿园标识，并将普惠性幼儿园名单报市教育行政部门备案。

二、保障

（一）市级财政向普惠性幼儿园提供生均定额补助、租金补助、扩学位补助。具体补助政策参照市级财政、教育部门制定的有关文件执行。

（二）市级财政支持普惠性幼儿园逐步提高教师工资待遇。普惠性幼儿园用于人员经费支出比例占保教费收费收入和财政生均定额补助收入之和的比例原则上不低于70%。鼓励各区指导普惠性幼儿园积极探索实施幼儿园教师最低工资指导标准。鼓励普惠性幼儿园综合考虑从业资格、工作年限、业绩考核等个人条件，在人员经费支出方面向一线在岗保教人员倾斜。

（三）实施区域发展质量奖励和普惠性幼儿园办园质量奖励。市级财政根据考核结果对普惠性幼儿园和区安排资金予以奖励，奖励办法另行制定。

（四）加强保教指导。加强对普惠性幼儿园保教指导力度，通过全员培训、幼儿园结对、派驻指导、片区教研等多种途径，不断提升普惠性幼儿园整体办园质量。

三、管理

（一）普惠性幼儿园自认定之日起，认定有效期3年。有效期满后，由区教育督导部门对幼儿园办园质量重新开展评价，区教育行政部门重新认定。有效期间，区教育行政部门采取日常督查、责任督学经常性督导相结合的方式进行动态监管。

（二）普惠性幼儿园申请退出的，应当以书面形式向所在区教育行政部门提出申请，由区教育行政部门做出答复，并依据《北京市市对区促进基础教育事业发展（学前学段）专项转移支付资金管理办法（修订）》等文件处理。

（三）普惠性幼儿园在认定有效期内办园出现重大安全隐患等违反协议行为的，由区教育行政部门责令限期整改，整改期限最长为3个月。在整改期间，停止发放生均定额补助，经整改合格的，恢复发放生均定额补助。区教育行政部门依法对相关责任人追责处理。

（四）普惠性幼儿园在办园质量评估中评定结果不合格的，由区教育行政部门责令限期整改，整改期限最长为 1 年。在整改期间，按 85% 额度发放生均定额补助，经整改合格的，恢复 100% 补助额度。

（五）普惠性幼儿园在出现违反协议行为或在办园质量督导评估中评定结果不合格之后，经整改依然不合格的，由区教育行政部门依法依规对该园享受的财政补助资金进行停拨、审计。

四、相关要求

（一）加强日常监管。区教育行政部门要充分运用学前教育管理信息系统做好普惠性幼儿园的数据统计与运行监管工作；要在日常工作中按月开展对普惠性幼儿园安全、质量方面的常态化督查，实现动态监管。

（二）加强督导评估。市区两级教育督导部门将普惠性幼儿园纳入督导评估体系，定期对普惠性幼儿园的办园质量开展督导评估。区级责任督学要对普惠性幼儿园、社区办园点、幼儿班进行经常性督导。

（三）加强财务管理。普惠性幼儿园要建立健全财务会计、资产管理制度，定期公开经费收支情况，依法接受政府财务审计。区教育行政和财政部门要健全普惠性幼儿园的资产财务监管机制，提高奖补资金使用效益，对幼儿园弄虚作假、骗取、挪用补助资金等违反财经纪律的行为，取消该园享受财政补助资格，依法依规严肃处理。

（四）加强社会监督。区教育行政部门要及时向社会公布普惠性幼儿园名单、财政扶持经费及收费情况等，并开通举报电话接受社会监督。

（五）区教育行政部门依据本办法制定工作细则，明确本区内普惠性幼儿园认定与管理的具体工作要求。

五、附则

普惠性幼儿园中教育部门办园的保障运行所需经费按原渠道执行。

本办法自 2019 年 2 月 1 日起试行。

北京市教育委员会

关于加强 2019 年度中小学合成材料面层运动场地建设管理工作的通知

京教建〔2019〕5 号

各区教委、燕山教委：

为落实教育部办公厅《关于加强中小学合成材料面层运动场地建设管理的通知》（教体艺厅函〔2018〕72 号）和本市《中小学合成材料面层运动场建设管理意见》（京教建〔2018〕17 号）等文件要求，认真执行强制性国家标准《中小学合成材料面层运动场地》（GB 36246–2018），落实区教育行政主管部门、建设单位和学校自身责任，全面做好 2019 年度中小学合成材料面层运动场地（以下简称操场）建设管理工作，现将有关工作通知如下：

一、高度重视操场建设工作，建立有效的管理体系。各区教委要充分认识抓好学校操场建设质量管理，对于确保师生健康、提升学校体育教育、维护校园安全稳定的重要意义，把这项工作作为关系民生的大事来抓，成立专项工作领导小组，细化分工，落实责任。

二、建立健全规章制度，规范工作流程。各区教委要依据自身职责，制定切实可行的规章制度，严格把好立项审批、资金审核、招投标、建设过程、竣工验收、维护使用、应急处置等重要环节的管理，要做好项目决策的风险评估并依规上报；指导和要求建设单位、学校建立相应的规章制度，制定科学合理的管理流程，在操场建设管理中做到制度明晰、流程规范、可执行性强。

三、制订年度工作计划，有序推进。各区教委既要制订项目建设计划，还要制订管理人员的培训计划，建立管理台账，并采取有效的保障措施，促进计划的有序推进。

四、摸排项目基本情况，做好前期准备工作。各区教委要对本年度计划开工的项目进行基本情况摸排，根据基础、学校周边环境、学校暑期安排等综合情况，确定项目的建设内容、规模、运动场地面层材料的类型、具体要求等，提早开展设计和招投标等前期工作，在暑期施工的要合理安排工期，减少对学校正常秩序的影响。

五、强化部门联动，建立监管机制。各区教委要加强与规划、住建、市场监督等行政监督管理部门的协作，强化属地管理的责任，积极开展巡视巡查、联合行政执法检查等活动，形成齐抓共管的监管格局。

六、做好宣传引导和信息公开。各区教委要指导和要求建设单位、学校充分发挥家委会的作用，做好与学生、家长的沟通和信息公开，可邀请家长代表参与相关工作，建立家校互信共治的工作格局。

请各区教委于3月29日前将《中小学操场建设工作领导小组管理责任制》（附件1，略）、相关规章制度、《2019年度中小学操场建设计划》（附件2，略）纸制版加盖公章后报市教委基建处。

2019年2月27日

北　京　市　教　育　委　员　会
北京市规划和自然资源委员会
北　京　市　园　林　绿　化　局

关于中小学校和幼儿园规划指标的相关管理规定在执行中相互衔接的意见

京教建〔2019〕4号

各区教委、市规划自然资源委各分局、区园林绿化局：

为贯彻《北京城市总体规划（2016年—2035年）》，做好本市基础教育设施专项规划编制并指导中小学校和幼儿园规划建设有关工作，满足新时期教育教学和改革发展的需要，针对《北京市居住公共服务设施配置指标》（以下简称“7号文”）、《北京市中小学校办学条件标准（建设部分—试行）》（以下简称“新办标”）和《北京市城市建设节约用地标准（试行）》中部分规划指标在执行过程中存在的衔接问题，研究制定意见如下：

一、规划用地指标

选址新建幼儿园时，规划用地规模应以“7号文”作为基本配置标准，有条件的地区可适当提高。

选址新建中小学校时，在中心城区和中心城区外建成区，规划用地规模应以“7号文”作为基本配置标准，有条件的地区按照“新办标”的规定执行；在中心城区外非建成区，规划用地规模应以“新办标”作为基本配置标准。

二、建筑高度指标

根据国家及本市有关规范和标准规定，幼儿园幼儿活动用房不应设在三层以上，小学主要教学用房不应设在四层以上，中学主要教学用房不应设在五层以上。为集约节约利用土地资源，尽量降低建筑基底占地面积，在选址新建、原址改建扩建中小学校和幼儿园时，可以将办公及管理用房等置于规定楼层之上，在保证使用安全和功能完善的前提下，建筑控制高度为：幼儿园不超过16米、小学不超过21米、中学不超过25米。如遇特殊高度要求的，应单独进行论证。

三、容积率指标

选址新建、原址改建扩建幼儿园时，为给幼儿提供更多室外活动空间，并考虑到学前教育发展和人口政策调整带来的学位需求，容积率应控制在0.9及以下；对于容积率超过0.9的，应由项目单位会同相关部门或专业机构对建设项目的合理性、安全性进行专项评估，制定安全管理预案，报教育主管部门审定后，方可调整控规指标。

选址新建中小学校时，在中心城区和中心城区外建成区，各类教育教学设施应按“新办标”进行配置，容积率应控制在1.0及以下；在中心城区外非建成区，按“新办标”用地面积标准规划新建的中小学校，容积率应控制在0.8及以下。原址改建扩建中小学校时，容积率应控制在1.0及以下。对于选址新建、原址改建扩建中小学校容积率超过1.0的，应由项目单位会同相关部门或专业机构对建设项目的合理性、安全性进行专项评估，并制定安全管理预案，报教育主管部门审定后，方可调整控规指标。

四、绿地率指标

选址新建中小学校、幼儿园时，为给广大青少年儿童创造良好的校园环境，应严格执行国家和本市有关规范和标准要求，绿地率不得低于30%。

原址改建扩建中小学校、幼儿园时，为优化绿地布局，美化育人环境，应合理利用屋顶绿化、垂直绿化等方式增加绿化面积，改建扩建后的绿地率不得低于改建扩建前的绿地率。

本意见自印发之日起施行。

2019年3月4日

北　京　市　教　育　委　员　会
北京市发展和改革委员会
北　京　市　财　政　局
北京市人力资源和社会保障局
中共北京市委机构编制委员会办公室

关于印发《北京市教师教育振兴行动计划实施办法（2018—2022年）》的通知

京教人〔2019〕5号

各区教委、发展改革委、财政局、人力社保局、编办，各相关高校、职业院校，各直属单位：

现将《北京市教师教育振兴行动计划实施办法（2018—2022年）》印发给你们，请结合实际认真贯彻执行。

2019年3月11日

北京市教师教育振兴行动计划实施办法（2018—2022年）

为全面贯彻教育部等五部委联合印发的《教师教育振兴行动计划（2018—2022年）》（教师〔2018〕2号）《中共北京市委 北京市人民政

府关于全面深化新时代教师队伍建设改革的实施意见》（京发〔2018〕25号）等文件精神和要求，结合深入落实首都“四个中心”城市战略定位和全面提升“四个服务”能力水平的新要求，采取切实措施建强做优教师教育，推动教师教育改革发展，全面提升教师素质能力，努力建设一支高素质专业化创新型教师队伍，特制定本实施办法。

一、指导思想和目标任务

1. 指导思想。以习近平新时代中国特色社会主义思想为指导，认真贯彻落实习近平总书记关于教育的重要论述和全国及全市教育大会精神，全面深化新时代教师队伍建设改革，主动适应首都教育现代化对教师队伍的新要求，遵循教育规律和教师成长发展规律，立足当前，着眼长远，以提升教师教育质量为核心，以加强教师教育体系建设为支撑，以教师教育改革为动力，从源头上加强教师队伍建设，着力培养造就党和人民满意的师德高尚、业务精湛、结构合理、充满活力的教师队伍。

2. 目标任务。力争到2022年，构建以师范院校为主体、非师范院校参与的开放灵活的教师培养体系。构建市、区、校三级教师专业发展支持体系，加快各级教师专业发展机构建设，全面提升教师专业发展服务能力。建立教育行政部门为主导、师范生培养院校（师范专业）为主体、教师专业发展机构为纽带、优质中小学幼儿园为基地的教师教育协作机制，形成融培养、培训、研究和服务于一体的具有北京特色的教师教育工作新模式。提升教师培养规格层次，改善师范生生源质量，深化教师教育课程改革，创新教师教育方式，优化教师教育师资队伍建设，构建教师教育质量保障体系。教师思想政治和师德教育显著加强，教师综合素质、专业化水平和创新能力显著提升，为加快推进首都教育现代化提供强有力的师资保障。

二、全面深化教师教育改革，切实提高教师教育质量

3. 全面加强思想政治教育和师德养成教育。深入学习贯彻习近平新时代中国特色社会主义思想，引导教师坚定中国特色社会主义道路自信、理论自信、制度自信、文化自信。培育和践行社会主义核心价值观，引导教师全面落实到教育教学实践中。加强中华优秀传统文化和革命文化、社会主义先进文化教育，弘扬爱国主义精神，引导广大教师热爱祖国、奉献祖国。落实国家出台的在教师培养培训中加强师德教育的文件和师德修养教师培训课程指导标准。将师德教育纳入教师教育课程体系，摆在教师教育工作首位，贯穿教师职业生涯全过程。落实教师法治培训大纲，开展法治教育，提升教师法治素养和依法执教能力。在全体教师中开展做新时代“四有”好老师和“四个引路人”的学习实践活动，创新师德教育和宣传方式。将教书育人楷模、一线优秀教师校长请进课堂，采取组织公益支教、志愿服务等方式，着力增强师范生的教师职业认同和社会责任感。借助新闻媒体等社会宣传平台，组织开展师范生和新任教师“师德第一课”，组织开展“非常向上——开学第一课”等系列活动，树立师德典型、讲好师德故事，加强引领，注重感召，弘扬楷模，形成强大正能量，努力营造全社会尊师重教氛围。

4. 提升教师培养层次。实施《北京市拓展中小学教师来源的行动计划（2018—2022年）》，多种方式扩大师范生的培养规模，加大义务教育阶段学校本科层次教师培养力度。通过支持探索本科和教育硕士研究生阶段整体设计、分段考核、有机衔接的培养模式，提升普通中学、中等职业学校教师培养层次。积极争取增加一批教育硕士专业学位授权点，引导有关高校扩大教育硕士招生规模，大力推动高级中学研究生层次教师培养。积极争取增加教育博士专业学位授权点，引导有关高校扩大教育博士招生规模，面向基础教育、职业教育教师，完善教育博士选拔培养方案，加大卓越教师的培养力度。支持一批院校的学前教育专业，扩大大专及以上层次幼儿园教师培养规模。支持相关院校扩大特殊教育专业招生规模，加大特殊教育领域教育硕士培养力度。

5. 提高师范生生源质量。全面实施师范生公费教育政策，把支持相关院校增设的相关学科教育专业（师范）、委托相关院校培养师范生等纳入公费师范生政策范围。进一步提高教育硕士奖助力度，提高全日制在读教育硕士的补助标准，多种途径吸引优质生源。师范专业实行提前批次录取，加大入校后二次选拔力度，鼓励设立面试考核环节，考察学生的综合素养和从教潜质，招收乐教适教善教的优秀学生就读师范专业。鼓励高水平综合性大学成立教师教育学院，设立师范类专业，招收学科知识扎实、专业能力突出、具有教育情怀的学生，重点培养教育硕士，适度培养教育博士。支持师范院校构建师范生国际化培养平台，培养更多具有国际视野、专业化的优秀教师。切实提高教师的地位待遇，进一步增强教师职业的吸引力。建立健全符合教育行业特点的教师招聘办法，畅通优秀师范毕业生就业渠道。

6. 深化教师教育课程改革。建立健全教师教育本专科和研究生培养的学科专业体系。鼓励支持有条件的高校自主设置“教师教育学”二级学科，加强教师教育的学术研究和人才培养。落实教师教育课程标准，整合国家中小学幼儿园主干课教材和精品课程资源、中等职业学校教师教育课程和特殊教育课程资源，优化课程结构，深化师范专业的课程改革。健全教育实践内容体系，与基础教育、学前教育和职业教育课程教学改革相衔接，强化师范生教育实践工作规范，严格过程管理；强化“三字一话”等教学基本功和教学（保教）技能训练，落实师范生教育实践不少于1个学期制度。鼓励高校针对有从教意愿的非师范类专业学生开设教师教育课程，支持学生参加必要的教育实践。建设公益性教师教育在线学习中心，提供教师教育核心课程资源，供愿意从教的在校学生及社会人员修习。落实中小学幼儿园教师培训课程指导标准，优化培训课程结构，深化中小学、幼儿园教师培训改革，提升教师实施课程改革的能力和水平。

7. 全面加强教师培训工作。完善分类、分层、分岗的培训体系，健全完善培训制度，优化培训内容，创新培训模式，突出教育教学实践能力培养，强化培训的针对性和实效性，全面提高培训质量，培养造就高素质专业化创新型教师队伍。实施新任教师规范化培训计划、优秀青年教师发展计划、中小学卓越教师培养计划，全面提升教师素质与能力。扎实推进首都名师、名校长（园长）工程，精心设计满足学员需求的个性化培养方案，搭建学习研究和人才成长共同体的高端平台，努力打造一大批师德高尚、思想先进、视野开阔、善于研究、勇于创新、在北京市乃至全国有较高知名度、发挥示范引领和辐射带动作用的名师、名校长队伍。加强市级统筹协调，整合资源，系统研发培训课程，创新培训方式，持续开展幼儿园教师的全员培训，全面提升幼儿园从业人员的整体素质。建立健全职业院校教师培训制度，建设高素质“双师型”“一体化”职业院校教师队伍。整合高水平综合大学一流学科知名专家资源，遴选优秀教师开展个性化的高端研修，重点培养一大批卓越教师和教育家型教师。

8. 全面提升乡村教师素质。深化实施《北京市乡村教师素质提升计划》，进一步完善市、区、校三级管理体制和分类、分层、分岗培训机制，充分整合高等学校、市区两级教师培训机构和中小学校优质资源，优化和健全乡村教师专业发展支持服务体系，针对乡村学校教育教学实际需要，注重新课标新教材和教育观念、教学方法培训，通过跟岗研修、送教下乡、网络研修、校本研修、学历提升等多种培训方式，全面提升乡村教师整体素质。通过公费定向培养、到岗退费等多种方式，为乡村小学培养补充全科教师，为乡村初中培养补充“一专多能”教师。实施乡村教师特岗计划，为乡村学校招聘紧缺学科教师。

9. 创新教师教育方式。落实《“教师教育＋互联网”创新行动计划》，探索利用云计算、大数据、虚拟现实、人工智能等新技术，推进教师教育信息化教学服务平台建设和应用，推动以自主、合作、探究为主要特征的教学方式变革。启动实施教师教育在线开放课程建设计划，整合教师教育国家精品在线开放课程，完善学前教育全员培训网络课程、社会主义核心价值观公共必修课网络课程等，探索建立中、小、幼、职教师研修网络课程体系，推动在线开放课程广泛应用共享。落实新一周期中小学教师信息技术应用能力提升工程，引领带动中小学教师校长将现代信息技术有效运用于教育教学和学校管理。落实师范生信息技术应用能力标准，提高师范生信息素养和信息化教学能力。依托全国教师管理信息系统，加强在职教师培训信息化管理，建设教师专业发展“学分银行”。深化实施中小学教师开放型教学实践活动计划，为全市中小学教师提供个性化、多样化的教学实践服务。深化实施协同创新学校计划，整合培训资源，以送培训上门的方式，深入远郊区学校开展整校或整学科推进的研修活动，促进教师的专业发展。支持郊区义务教育学校教师到城区优质资源校参加免费跟岗脱产培训，全方位体验城区优秀教师的教学实践和研修过程。

10. 建设教师教育改革实验区。探索建设由市、区政府统筹，教育、发展改革、财政、人力资源社会保障、编制等部门密切配合，高校与中小学协同开展教师培养培训、职前与职后相互衔接的教师教育改革实验区，带动区域教师教育综合改革，全面提升教师培养培训质量。积极落实教育部实施卓越教师培养计划 2.0 意见，加强师范院校和师范专业建设，分类推进教师培养模式改革。积极落实教育部中小学名师、名校长领航工程，探索中小学名师、名校长工作室的培养新模式。积极推动实践导向的教师教育课程内容改革和以师范生为中心的教学方法变革。发挥市级培训项目的示范引领作用，加强对教师培训需求的诊断，优化培训内容，推动信息技术与教师培训的有机融合，实行线上线下相结合的混合式培训。加强教育行政部门对新教师入职教育的统筹规划，推行集中培训和跟岗实践相结合的新教师入职教育模式。

11. 建设高水平教师教育基地。构建以师范院校为主体、非师范院校参与的开放灵活的教师培养体系，重点建设好市属师范院校，发挥教师培养的示范引领作用；支持相关院校建设好相关学科教育专业（师范）和贯通培养基地；推动一批有基础的高水平综合大学成立教师教育学院，设立师范专业，建立高素质复合型教师培养基地。整合现有资源，加强承担市级教师培训任务的院校与市级教师发展中心建设，加强培训硬件建设，提高培训课程与资源开发水平，全面提升教师培训水平；重点推进区级教师发展中心建设，促进区域内教师培训与教研、科研、电教等职能和资源整合，发挥集成优势，实现研训一体化。启动教师专业发展研修与实践基地建设，支持建设一批市级教师专业发展研修与实践基地、名师名校长工作室、技术技能大师工作室、职业院校“双师型”“一体化”教师研修基地，作为师范生实习、教师跟岗研修、校本研训组织、开展教研教改的场所和基地；建立境外教师培训基地，进一步加强优秀干部教师的境外高端培训。

12. 优化教师教育师资队伍建设。加大对培养师范生的院校和教师培训机构的教师队伍建设支持力度，纳入高层次人才支持范围；加大对教师教育师资国内外访学支持力度；对教师教育师资的工作量计算、业绩考核等评价与管理，应充分体现教师教育工作特点；在岗位聘用、职称评审、人才推选、绩效工资分配等方面，对学科课程与教学论教师实行倾斜政策。引导支持高校加大学科课程与教学论博士生培养力度。推进职业学校、高等学校与大中型企业共享师资，允许职业学校、高等学校依法依规自主聘请兼职教师，支持有条件的地方探索产业导师特设岗位计划。推进高校与中小学教师、企业人员双向交流。高校与中小学、高校与企业采取双向挂职、兼职等方式，建立教师教育师资共同体。实施骨干培训者队伍建设工程，开展专兼职教师培训者培训能力提升专项培训。通过建立中小学名师工作室、特级教师流动站、企业导师人才库，充分发挥教研员、特级教师、学科带头人、骨干教师、高技能人才在师范生培养和在职教师常态化研修中的重要作用。

13. 构建教师教育质量保障体系。建设北京市教师教育基本状态数据库，建立教师培养培训质量监测机制，发布《北京市教师教育质量年度报告》。落实《普通高等学校师范类专业认证标准》，积极协调组织相关高校申报师范类专业认证，进一步加强师范类专业建设。建立高校师范生教育质量自我评估制度。建立健全落实教育专业学位认证评估制度和动态调整机制，推动完善教育硕士培养方案，聚焦中小学教师培养，逐步实现教育硕士培养与教师资格认定相衔接。建立健全教师培训质量评估制度。对高校的教学、学科评估要考虑教师教育院校的实际，将教师培养培训工作纳入评估体系，体现激励导向。

三、强化组织实施，确保政策举措落地见效

14. 明确责任主体。要加强组织领导，把振兴教师教育作为全面深化新时代教师队伍建设改革的重大举措，列入重要议事日程，切实将实施办法落到实处。教育行政部门要加强对教师教育工作的统筹管理和指导，发展改革、财政、人力资源社会保障、编制部门要密切配合、主动履职尽责，共同为教师教育振兴营造良好的法治和政策环境。成立北京市教师教育咨询专家委员会，为教师教育重大决策提供有力支撑。

承担培养师范生任务的院校和市级教师培训机构主要承担市级培训项目，发挥高端引领和示范作用。承担培养师范生任务的教师要积极参与在职教师研训和基础教育综合改革。市级教师发展中心，承担研究教师队伍建设重大问题，为重大决策提供支撑，协助市教育行政部门统筹规划、协调管理、指导监控各级各类教师教育的专业化发展。区级教师发展中心负责区域内教师研训工作的组织实施和指导服务，配合教育行政部门安排好师范生教育实习工作。市级教师专业发展研修基地引领和指导学区（教育集团、教育集群等）内学校校本研训工作，为师范生教育实践、在职教师跟岗研训提供条件和指导。

15. 加强经费保障。要加大教师教育财政经费投入力度，提升教师教育保障水平。根据教师教育发展以及财力状况，适时提高师范生生均拨款标准。教师培训经费要列入财政预算。幼儿园、中小学和中等职业学校按照年度日常公用经费预算总额的5%安排教师培训经费。市级财政通过现行政策和资金渠道对教师教育加大支持力度。在相关重大教育发展项目中将教师培养培训作为资金使用的重要方向。积极争取社会支持，建立多元化筹资渠道。

16. 开展督导检查。建立教师教育项目实施情况的跟踪、督导机制。市级有关部门组织开展对教师教育振兴行动计划实施情况的专项督导检查，确保各项政策举措落到实处。按照北京市有关规定对先进典型予以表彰奖励，对实施不到位、敷衍塞责的，要追究相关部门负责人的领导责任。

北京市教育委员会

关于做好 2019 年高级中等学校考试招生工作的意见

京教计〔2019〕4 号

各区教委，有关委办局（总公司），有关高等学校、中专学校：

为贯彻落实全国和全市教育大会精神，进一步促进教育公平，提高教育质量，稳步推进高中阶段教育考试招生制度改革，现就做好 2019 年本市高级中等学校考试招生工作提出如下意见。

一、指导思想

深入学习贯彻习近平总书记关于教育的重要论述，紧紧围绕首都城市战略定位，以推进教育公平优质发展为出发点，坚持稳中求进，推进本市中考中招改革，办好人民满意的教育，奋力谱写新时代首都教育改革发展新篇章。

二、招生计划编制和招生政策

（一）2019 年本市各类高级中等学校招生规模为 7 万人，其中普通高中招生规模 5 万人，中等职业教育招生规模 2 万人。中等职业教育招生规模中，普通中等专业学校招生规模 0.6 万人，职业高中招生规模 0.4 万人，技工学校招生规模 0.4 万人；贯通培养项目招生规模 0.4 万人，五年制高职招生规模 0.2 万人。

（二）高级中等学校招生计划的编制按市、区两级管理权限和工作程序进行。市教委负责对全市各类高级中等学校招生计划的宏观管理、统筹和指导；市教委和市发展改革委联合下达普通中等专业学校和有关高等学校分学校分专业招生计划；市人力社保局负责安排技工学校分学校招生计划；各区教委负责安排本区普通高中和职业高中分学校招生计划。请各相关部门和学校将编制的招生计划于2019年3月29日前报市教委和北京教育考试院。全市各类高级中等学校招生计划需经市区教育部门或相关部门审核后以文件形式下达，并刊登招生简章。

（三）普通高中招生要统筹安排，适度规模。公办普通高中计划要依据《北京市中小学校办学条件标准》（京教策〔2005〕8号），每班不超过45人。同时，要适应我市高考综合改革要求，结合国家课程方案和课程标准的调整，推进走班制教学，满足学生自主选课需求，做好学校教室和教学设备等条件保障。

（四）进一步完善优质高中“市级统筹”和“校额到校”招生方式，统筹优质教育资源配置，促进义务教育优质均衡发展。校额到校批次计划占优质高中招生计划比例达到50%以上。

（五）各区要加强对普通高中中外合作办学机构和项目、艺术体育科技特长生招生项目、特色高中改革试验项目的管理，不得随意变更项目招生方式。

（六）部分优质高中可适当编制跨区招生计划，跨区招生计划重点向优质高中教育资源比较短缺的地区倾斜，原则上不得高于2018年招生规模。城乡一体化普通高中可申请在资源输出区适当编制跨区招生计划。民办高中可在全市范围招生，并根据学校实际情况编制不分区招生计划。普通中等专业学校、技工学校和获得“国家级、省部级重点中等职业学校”称号的职业高中可根据学校办学实际在全市范围招生，不对各区分配计划指标。

（七）进一步优化完善中高职衔接和高端技术技能人才贯通培养试验项目，打造中等职业教育、高等职业教育和本科层次职业教育贯通式培养立交桥，构建符合首都经济社会发展和产业转型升级需要的现代职业教育体系。

（八）按照《北京市人民政府办公厅关于转发市教委等四部门制订的〈进城务工人员随迁子女接受义务教育后在京参加升学考试工作

方案〉的通知》（京政办发〔2012〕62号）精神，认真做好进城务工人员随迁子女报考我市中等职业学校的资格审查工作。在规定时间内提出升学申请且通过资格审核的随迁子女考生，可参加2019年北京市中等职业学校的考试录取。

三、考试工作

2019年本市继续将初中毕业会考和高级中等学校招生考试分开进行。所有高级中等学校招收的学生必须参加2019年北京市高级中等学校招生考试。

（一）高级中等学校招生文化课考试由北京教育考试院统一命题。文化课考试科目为语文、数学、外语、历史、地理、思想品德、物理、生物（化学）。

中考文化课总分为540分。语文试卷总分值为100分；数学试卷总分值为100分；外语试卷总分值为100分，其中60分为卷面考试成绩，40分为听力口语考试成绩。听力口语考试采取计算机考试方式，与统考笔试分离，学生分别于2018年12月22日和2019年3月23日有两次考试机会，取两次成绩中最高成绩与笔试成绩一同组成英语科目成绩计入中考总分。

物理（含开放性科学实践活动10分）、生物（化学）（含开放性科学实践活动10分）、历史（含综合社会实践活动10分）、地理（含综合社会实践活动10分）、思想品德（含综合社会实践活动10分）五门考试科目原始分满分均为100分。学生可以选择其中三个科目参加考试（物理、生物（化学）须至少选择一门），所选三科成绩，由高到低分别按照100%、80%、60%的系数折算为实际分数（保留1位小数），即：三科折算后实际满分分别为100分、80分和60分。各科成绩相加后按四舍五入原则取整。文化课考试科目选考工作安排在初三第二学期。

（二）2019年体育考试成绩满分40分，其中现场考试30分，过程性考核10分。

（三）高级中等学校招生文化课考试时间为2019年6月24日至26日，具体时间由北京教育考试院另行通知。

四、评卷工作

2019年北京市高级中等学校招生考试坚持“统一命题、统一制卷、统一考试、分区评卷”的原则并继续采取网上评卷方式，评卷工作由各区负责组织实施。各区教委要高度重视，加强对本区评卷工作的组织领导和管理，确保评卷工作质量。统一协调安排评卷教师和服务人员，从资金设备、技术保障等多方面给予支持，确保2019年全市网上评卷工作的顺利进行。

五、招生录取

2019年高级中等学校继续实行考后知分填报志愿。招生录取分提前招生、校额到校招生、统一招生和补录四个阶段进行。被前一阶段录取的考生不再参加后一阶段的录取。

（一）提前招生：经市教委批准的中外合作办学机构和项目、贯通培养试点项目等按照批复文件的精神，可参加提前招生录取。中等职业学校按照本校专业设置和招生要求，可将本校招生总规模的30%列入提前招生。任何学校不得擅自进行提前招生录取和扩大提前招生规模。

（二）校额到校招生：校额到校招生包括校额到校和市级统筹。其中，根据市教委《关于进一步做好2016年小升初就近入学工作的通知》（京教基二〔2016〕4号），校额到校采用校内选拔方式，按考生志愿及成绩录取。录取成绩由中考文化课成绩、初中综合素质评价成绩和体育成绩组成，其中中考文化课和初中综合素质评价成绩满分540分，按7：3比例计入，两部分成绩相加后按四舍五入原则取整。校额到校招生具体志愿填报和录取办法按北京教育考试院相关文件执行。

（三）统一招生：按照考试成绩，从高分到低分，依照志愿顺序，择优录取。

（四）补录：在统一招生录取结束后，未完成招生计划的各类高级中等学校可按照北京教育考试院规定的程序进行补录工作。补录只录取参加全市高级中等学校招生考试且未被任何学校录取的考生。

六、组织管理

（一）高级中等学校考试招生工作涉及广大人民群众的切身利益，

市区相关部门和招生学校要高度重视、精心组织、严格程序、严肃纪律，确保中考中招工作平稳顺利进行。要做好中考政策解读，提高咨询服务质量。要积极回应社会关切，统一思想、凝聚共识，营造良好改革氛围。

（二）市教委继续加强对全市各类高级中等学校招生计划的宏观管理、统筹和指导，切实加大信息公开力度。各区要维护招生计划的严肃性，不得擅自调整招生计划和变更招生方式。严格依照北京教育考试院备案后的新生名册为新生建立学籍，有关部门将以招生简章和市教委的批复文件为依据进行监督检查。

（三）各区要加强对所属招生学校和初中学校的管理，认真做好中考中招工作，维护广大考生权益。各初中学校要做好初中课程教学与中考改革衔接工作，规范办学行为，确保初中教育的基本质量；加强学生选考科目指导，培养学生生涯规划和自主选择能力，引导考生从个人实际出发，合理选择考试科目和升学目标。

（四）各高级中等学校要按照招生工作有关规定，实事求是地做好招生宣传工作，严禁各高级中等学校违规提前到初中校进行各种招生及宣传活动。对于违规招生、影响招生秩序的学校，经查证核实后在全市进行通报，情节严重的按照有关规定严肃处理。各类中等职业学校要按照《教育部办公厅关于进一步完善招生工作机制规范中等职业学校招生秩序的通知》（教职成厅〔2014〕4号）的要求规范招生行为，按照招生计划在规定范围内开展招生工作。

2019年3月12日

北京市教育委员会

关于卓越教师培养计划2.0的实施意见

京教人〔2019〕6号

各区教委，各相关高校和职业院校：

为贯彻落实《教育部关于实施卓越教师培养计划2.0的意见》（教师〔2018〕13号）、市教委等五部门《关于印发〈北京市教师教育振兴行动计划实施办法（2018—2022年）〉的通知》（京教人〔2019〕5号）等相关文件要求，结合北京市的实际情况，制定本实施意见。

一、总体思路和目标要求

1. 总体思路：围绕贯彻落实全国教育大会和全市教育大会精神，立足全面落实立德树人根本任务的时代使命，坚定办学方向，坚持服务需求，构建开放灵活的教师培养体系，创新师范生培养模式，深化师范生教育课程改革，强化师范生教育实践，充分发挥师范院校在实施卓越教师培养中的引领和示范作用，培养造就一批教育情怀深厚、专业基础扎实、勇于创新教学、善于综合育人和具有终身学习发展能力的高素质专业化创新型中小学（含幼儿园、中等职业学校、特殊教育学校，下同）教师。

2. 目标要求：经过五年左右的努力，办好一批高水平、有特色的教师教育院校和教师教育（师范）专业，思想政治教育和师德教育的针对性和实效性显著增强，课程体系和教学内容显著更新，以师范生为中心的教育教学新形态基本形成，实践教学质量显著提高，协同培养机制基本健全，教师教育师资队伍明显优化，教师教育质量标准基本建立。到2035年，师范生的综合素质、专业化水平和创新能力显著提升，为培养造就更多骨干教师、卓越教师、教育家型教师奠定坚实基础。

二、改革任务和重要举措

3. 全面开展思想政治教育和师德养成教育。加强理想信念教育，深入学习贯彻习近平新时代中国特色社会主义思想，引导师范生坚定“四个自信”；全面开展社会主义核心价值体系教育，引导师范生培育和践行社会主义核心价值观；通过组织经典诵读、开设专门课程、组织专题讲座等形式，开展中华优秀传统文化和革命文化、社会主义先进文化教育，引导师范生热爱祖国、奉献祖国。将学习贯彻习近平总书记对教师的殷切希望和要求作为师范生师德教育的首要任务和重点内容,将“四有”好老师、“四个引路人”“四个相统一”和“四个服务”等要求细化落实到教师培养全过程。加强师范特色校园、学院文化建设，着力培养“学高为师、身正为范”的卓越教师。通过实施导师制、书院制等形式，建立师生学习、生活和成长共同体，充分发挥导师在学生品德提升、学业进步和人生规划方面的作用。通过开展实习支教、邀请名师名校长与师范生对话交流等形式，切实增强师范生的职业认同和社会责任感。

4. 构建开放灵活的教师培养体系。进一步发挥师范院校在师范生培养中的主体作用，重点建设好市属师范院校，发挥教师培养的示范引领作用。增加首都师范大学、北京联合大学和首都体育学院三所院校师范类本科专业招生计划,支持相关院校增设相关学科教育专业（师范），委托相关院校培养师范生，扩大师范生的培养规模。鼓励相关高校通过与普通高中贯通培养、调整专业结构等方式，重点加强中小学和幼儿园教师培养。办好一批院校学前教育专业、委托相关院校定向培养等，扩大大专及以上层次幼儿园教师培养规模。支持相关院校扩大特殊教育专业招生规模，加大特殊教育领域教育硕士培养力度。积极争取增加一批教育硕士、教育博士专业学位授权点，引导鼓励有关高校扩大教育硕士和教育博士招生规模。支持一批有基础的高水平综合大学成立教师教育学院，设立师范专业，创新教师培养形态，重点培养教育硕士，适度培养教育博士，造就高素质复合型教师。

5. 分类推进培养模式改革。适应五类教育发展需求，分类推进卓越中学、小学、幼儿园、中等职业学校和特殊教育学校教师培养改革。面向培养专业突出、底蕴深厚的卓越中学教师，重点探索本科和教育硕士研究生阶段整体设计、分段考核、有机衔接的培养模式，积极支持高水平综合大学参与。面向培养素养全面、专长发展的卓越小学教师，重点探索借鉴外国小学全科教师培养经验、继承我国养成教育传统的培养模式。面向培养幼儿为本、擅长保教的卓越幼儿园教师，重点探索幼儿园教师融合培养模式。面向培养理实一体、德业双修的卓越中职教师，重点探索校企合作“双师型”“一体化”教师培养模式，主动对接首都战略新兴产业发展需要，支持相关高校开展教育硕士（职业技术教育领域）研究生培养工作。面向培养富有爱心、具有复合型知识技能的卓越特教教师，支持相关院校重点探索特殊教育知识技能与学科教育教学融合培养、与师范院校和医学院校联合培养模式。

6. 深化师范生教育课程改革。鼓励支持有条件的高校自主设置“教师教育学”二级学科，加强教师教育的学术研究和人才培养。以《教师专业标准》《教师资格考试标准》为基础，落实《教师教育课程标准（修订）》，调整师范专业的培养方案，坚持以能力为导向，优化课程结构，培养师范生为学生学习与发展提供咨询的能力、课程开发与实施的能力，教学研究创新与专业发展的能力和终身学习的能力，深化师范专业的课程改革。大力推进师范专业的小班化教学，改进教学方法与手段，提高课堂教学效率。

7. 着力提高实践教学质量。相关院校要统筹规划教育实践课程，系统设计，构建包括师德体验、观摩见习、教学实践、班级管理实践、教研实践等贯穿培养全程的实践教学体系。要建立健全教育实践课程标准、实践计划、实践手册、实践评价等实践教学工作规范，建设教育实践管理信息系统平台，严格教育实践全过程管理。全面落实高校教师与优秀中小学教师共同指导教育实践的“双导师制”，为师范生提供全方位、及时有效的实践指导。推进师范专业教学实验室、师范生教育教学技能实训教室和师范生自主研训与考核数字化平台建设，强化师范生教学基本功和教学技能训练与考核。建立健全以指导教师评价为主，兼顾同伴评价、自我评价、学生评价和实践基地负责人评价的多主体参与评价制度，全方位评价师范生的教育实践表现，全面提升师范生教育实践能力和水平。遴选建设一批优质教育实践和企业实践基地，在师范生教育实践和专业实践、教师教育师资兼职任教等方面建立合作共赢长效机制。

8. 深化信息技术助推教育教学改革。推动人工智能、智慧学习环境等新技术与教师教育课程全方位融合，充分利用虚拟现实、增强现实和混合现实等，建设开发一批交互性、情境化的教师教育课程资源。及时吸收基础教育、职业教育改革发展最新成果，开设模块化的教师教育课程，精选中小学教育教学和教师培训优秀案例，建立短小实用的微视频和结构化、能够进行深度分析的课例库。充分利用好国家教师教育精品在线开放课程，推广翻转课堂、混合式教学等新型教学模式，形成线上教学与线下教学有机结合、深度融通的自主、合作、探究学习模式。落实师范生信息技术应用能力标准，提高师范生信息素养和信息化教学能力。创新在线学习学分管理、学籍管理、学业成绩评价等制度，大力支持名师名课等优质资源共享。利用大数据、云计算等技术，对课程教学实施情况进行监测，有效诊断评价师范生学习状况和教学质量，为教师、教学管理人员等进行教学决策、改善教学计划、提高教学质量、保证教学效果提供参考依据。

9. 完善全方位协同培养机制。支持建设市级统筹协调，高等学校与中小学协同开展培养培训、职前与职后相互衔接的教师教育改革实验区，着力推进培养规模结构、培养目标、课程设置、资源建设、教学团队、实践基地、职后培训、质量评价、管理机制等全流程协同育人。鼓励支持高校之间交流合作，通过交换培养、教师互聘、课程互选、同步课堂、学分互认等方式，使师范生能够共享优质教育资源。积极推动医教联合培养特教教师，高校与行业企业、中等职业学校联合培养中职教师。大力支持高校开展教师教育管理体制改革，构建教师培养校内协同机制和协同文化，鼓励有条件的高校依托现有资源组建实体化的教师教育学院，加强办公空间与场所、设施与设备、人员与信息等资源的优化与整合，聚力教师教育资源，彰显教师教育文化，促进教师培养、培训、研究和服务一体化。

10. 深化教师教育国际交流与合作。鼓励高校加强与境外高水平院校的交流与合作，构建师范生国际化培养平台，共享优质教师教育资源，积极推进双方联合培养、学生互换、课程互选、学分互认。鼓励高校坚持“引进来”与“走出去”相结合，形成具有北京特色、辐射区域、影响全国的师范生国际化培养模式。支持高校积极探索本科师范生与教育硕士境外培养、师范生境外教学研修、境外高水平大学教师驻校教学等多种途径，培养更多具有国际视野的、专业化的优秀教师。支持高校积极参与国际教师教育创新研究，加大教师教育师资国外访学支持力度，学习借鉴国际先进教育理念经验，扩大中国教育的国际影响。

11. 建强优化教师教育师资队伍。加大师范院校、教师教育学院、师范类专业教师队伍建设支持力度，配足配优符合卓越教师培养需要的教师队伍，纳入高层次人才支持范围。加大学科课程与教学论博士生培养力度和教师教育师资国内访学支持力度，通过组织集中培训、校本教研、见习观摩等，提高教师教育师资的专业化水平。加强教师教育学科建设，指导高校建立符合教师教育特点的教师考核评价机制，引导和推动教师教育师资特别是学科课程与教学论教师开展基础教育、职业教育研究。对教师教育师资的工作量计算、业绩考核等评价与管理，应充分体现教师教育工作特点；在岗位聘用、职称评审、人才推选、绩效工资分配等方面，对学科课程与教学论教师实行倾斜政策。通过共建中小学名师名校长工作室、特级教师流动站、企业导师人才库等，建设一支长期稳定、深度参与教师培养的兼职教师教育师资队伍。指导推动开展高等学校与中小学师资互聘，建立健全高校与中小学等双向交流长效机制。

12. 构建追求卓越的质量保障体系。落实《普通高等学校师范类专业认证标准实施办法》，积极协调组织相关高校申报师范类专业认证，进一步加强师范类专业建设。推动高校充分利用信息技术等多种手段，建立完善基于证据的教师培养质量全程监控与持续改进机制和师范毕业生持续跟踪反馈机制以及中小学、教育行政部门等利益相关方参与的多元社会评价机制，定期对校内外的评价结果进行综合分析并应用于教学，推动师范生培养质量的持续改进和提高，形成追求卓越的质量文化。

三、保障机制

13. 加强政策支持。优先支持计划实施相关高校师范生参与国际合作交流、教师教育师资国内外访学。积极争取增加教育硕士和教育博士招生计划，加强教师教育学科建设，推进教育硕士专业学位研究生培养与教师职业资格的有机衔接。将卓越教师培养实施情况特别是培养指导师范生情况作为高校教师考核评价和职称晋升、中小学工作考核评价和特色评选、中小学教师评优和职称晋升、中小学特级教师和学科带头人评选、名师名校长遴选培养的重要依据。

14. 加大经费保障。加大经费投入力度，统筹市级财政高等教育、教师队伍建设资金和中央支持地方高校改革发展资金，支持计划实施高校。根据教师教育发展以及财力状况，适时提高师范生生均拨款标准。在相关重大教育发展项目中将卓越教师培养作为资金使用的重要方向。

15. 强化监督检查。建立卓越教师培养项目实施情况的跟踪、督导机制。市级有关部门组织开展对卓越教师培养计划实施情况的专项督导检查，确保各项政策举措落到实处。

各相关高校要结合本校实际，制定落实计划 2.0 的具体实施方案，纳入学校整体发展规划。

2019 年 3 月 29 日

北京市教育委员会

关于2019年义务教育阶段入学工作的意见

京教基二〔2019〕6号

各区教委，燕山教委：

根据《中华人民共和国义务教育法》《北京市实施〈中华人民共和国义务教育法〉办法》等法律法规，按照教育部关于义务教育免试就近入学工作总体部署，为依法保障本市适龄儿童少年平等接受义务教育权利，经市政府批准，现就2019年本市义务教育阶段入学工作提出如下意见，请各区结合实际认真贯彻执行。

一、指导思想

以习近平新时代中国特色社会主义思想为指导，深入贯彻落实党的十九大精神，全面落实全国和全市教育大会精神，坚持以人民为中心发展教育，全面贯彻党的教育方针，牢固树立“四个意识”，提高“四个服务”水平，大力促进教育公平，依据相关法律法规，进一步完善义务教育入学规则，严格规范入学秩序，加强管理，确保本市义务教育阶段入学工作有序推进，努力让每个孩子都能享有公平而有质量的教育。

二、工作原则

（一）坚持政府统筹，将义务教育阶段入学工作作为政府行为予以保障。

（二）坚持区级为主，组织实施本区义务教育阶段入学工作。

（三）坚持免试、就近，确保每一个适龄儿童少年接受义务教育。

（四）坚持平稳有序、严格规范，通过巩固成果，完善制度，引导预期，努力保障入学机会均等。

三、入学条件及方式

（一）本市户籍适龄儿童少年入学。凡年满6周岁（2013年8月31日以前出生）的本市户籍适龄儿童均须参加学龄人口信息采集，免试就近入学。根据学位供给情况和户籍、房产、居住年限等因素，稳妥推进单校划片和多校划片相结合入学方式，继续推行学区制和九年一贯制对口招生，形成更加公平完善的就近入学规则。

本市户籍无房家庭，长期在非户籍所在区工作、居住，符合在同一区连续单独承租并实际居住3年以上且在住房租赁监管平台登记备案、夫妻一方在该区合法稳定就业3年以上等条件的，其适龄子女可在该区接受义务教育。具体办法由各区人民政府结合实际情况制定。

强化部门联动审核，区教委要联合相关部门共同审核入学资格。特别是对本市户籍无房家庭、合法稳定工作、实际居住等条件的审核，重点对过道房、车库房、空挂户等情况进行核查，凡不符合实际居住等条件的，均不得作为入学资格条件。

（二）完成小学教育的学生，应当进入初中继续接受并完成义务教育。各区教委要根据适龄学生人数、学校分布、学校规模等因素，按相对就近原则，合理划定学校服务范围，根据学生志愿进行派位入学。对报名人数少于招生人数的初中，学生就近登记入学；对报名人数超过招生人数的初中，在学区内随机派位入学，保证每位小学毕业生免试就近升入初中。

全市使用统一的小学和初中入学服务系统，将每一个学生入学途径和方式全程记录，教育行政部门依据权限监控。

（三）按本市户籍对待的适龄儿童少年入学。区台办认定的台胞子女、区侨务部门认定的华侨子女、持有全国博士后管理部门开具的《博士后研究人员子女介绍信》及其父（或母）《博士后研究人员进站备案证明》（加盖博士后设站单位公章）、现役军人证件及部队师（旅）

级单位政治工作部门出具的随军家属身份确认函等能确认身份函件的适龄儿童少年按本市户籍对待。

（四）非本市户籍适龄儿童少年入学。非本市户籍的适龄儿童少年因父母或其他法定监护人在本市工作或居住，需要在本市接受义务教育的，由其父母或其他法定监护人持本人在京务工就业证明、在京实际住所居住证明、全家户口簿、北京市居住证（或有效期内居住登记卡）等相关材料，到居住地所在街道办事处或乡镇人民政府审核，通过审核后参加学龄人口信息采集，并到居住地所在区教委确定的学校联系就读。学校接收有困难的，可申请居住地所在区教委协调解决。各区政府按照北京市非本市户籍适龄儿童少年接受义务教育证明证件材料审核指导要求，结合实际制定并公布实施细则。各区应建立非本市户籍适龄儿童少年接受义务教育证明证件材料联合审核机制。

（五）同等条件优先保障符合条件的残疾儿童少年就近就便入学。

（六）凡属区级以上人民政府引进人才子女入学，规范管理，严格审批。

烈士子女、台籍学生、华侨子女、现役军人子女、全国劳动模范子女按相关规定在同等条件下给予照顾。

四、工作要求

（一）实行计划管理。义务教育阶段入学实行计划管理。各区要加强入学需求前瞻预测，按照学龄人口数量、小学毕业生数量和中小学校办学规模等制定小学、初中招生计划并报市教委备案，各学校未经批准不得擅自调整计划。

（二）城六区公办学校寄宿招生计划比去年减少 10%，明年寄宿招生实行登记派位入学。公办学校寄宿招生要对招生范围、招生名额、招生方式、录取名单进行公示。

（三）民办学校与公办学校同步招生，切实纳入属地区教委统一管理。严格执行民办中小学招生简章、广告备案制度，公开公示招生计划、招生范围、招生方式、收费标准等，招收其审批机关所在区域内学生为主。对于报名人数超过招生人数的民办学校，指导学校采取电脑随机派位方式招生。

（四）严格学籍管理。北京市中小学学籍管理信息系统将依据小学和初中入学服务系统建立新生学籍。各区要加大民办学校学籍监管力度，不得招收不符合条件的学生在校就读。

（五）严肃入学纪律。各区教委和学校严格执行市教委统一规定的时间表和工作程序。严禁以考试成绩和各类竞赛证书、培训竞赛成绩、考级证明等作为招生依据。严禁以面试、评测等名义选拔学生。严禁学校和校外培训机构以培训班、校园开放日、冬夏令营等形式提前招生，选拔生源。严禁初中校违规在小学非毕业年级提前招生。严禁任何学校以实验班、特色班、国际部、国际课程班等名义招生。严禁以寄宿招生方式招收非寄宿学生。义务教育学校实行随机均衡编班，严禁分班前组织考试，严禁以任何名义设立重点班、快慢班、实验班。严禁校外培训机构曲解宣传入学政策，炒作公办学校排名，将培训成绩与入学挂钩。严禁任何学校私自招生。对于出现违规违纪行为的交有关部门依规依纪处理。

各区教委要落实责任，加强管理。对存在违规行为的公办学校严肃处理，视情节轻重给予通报批评、追究相关人员责任直至免职。对存在违规行为的民办学校，视情节轻重给予通报批评、减少招生计划、警告、停止招生、吊销办学许可证等处理。对存在违规行为的校外培训机构，视情节轻重给予警告、罚款、停止招生、停止办学、吊销办学许可证等处罚，并纳入黑名单。

各区教委是本区义务教育阶段入学工作的主责单位，要统一组织入学工作，加强对本区义务教育学校入学工作的指导、监督和检查，会同乡镇人民政府、街道办事处组织和督促适龄儿童少年在新学年开学时入校就读，防止义务教育阶段学生辍学。

市、区教委将继续对义务教育阶段入学工作开展重点督导检查。

（六）各区教委要依据本意见精神制定本区义务教育阶段入学工作实施细则，报区政府批准后向社会公布实施。要及时公布当年义务教育学校（含民办）学校性质、办学规模、经费来源、服务片区、招生计划及接收学生的结果等信息，做好入学政策宣传，让学生家长了解一般公办初中升入优质高中校额到校政策和升入优质高中预期。义务教育入学工作期间，各区要建立特殊情况会商机制和突发事件报告制度，平稳推进入学工作。

本意见自印发之日起施行。

附件：2019 年义务教育阶段入学工作时间安排表

2019 年 4 月 1 日

附件

2019 年义务教育阶段入学工作时间安排表

时间	工作内容
4 月 29 日前	完成本市小学毕业生信息核对工作
5 月 1 日起	开通义务教育入学服务平台入学政策宣传门户
5 月 6 日至 5 月 31 日	完成小学和初中入学信息采集工作
5 月 6 日至 5 月 10 日	区教委受理回户口所在区和到家庭实际居住地所在区初中入学申请、审核、登记工作
5 月 25 日至 6 月 9 日	民办学校组织、完成招生工作
6 月 15 日至 6 月 16 日	小学审核入学相关材料
7 月初	统一使用市级小升初派位系统进行派位
7 月上旬	各小学和初中发放新生入学通知书
9 月 1 日至 9 月 15 日	建立小学和初中新生学籍

北京市教育委员会

关于做好 2019 年高级中等学校招收体育艺术科技特长生工作的通知

京教体艺〔2019〕14 号

各区教委，北京教育考试院：

为促进学生全面发展，根据市教委《关于做好 2019 年高级中等学校考试招生工作的意见》（京教计〔2019〕4 号），现就 2019 年高级中等学校招收体育、艺术、科技特长生工作有关事项通知如下：

一、招生资格

具有招收特长生资格的学校包括三类：

（一）体育类：国家级体育传统项目学校、北京市体育传统项目学校、北京学生金奥运动队承办学校。

（二）艺术类：北京市中小学艺术教育特色学校、北京市学生金帆艺术团承办学校。

（三）科技类：北京市中小学科技教育示范学校、北京市学生金鹏科技团承办学校。

二、招生范围

国家级体育传统项目学校、北京学生金奥运动队承办学校、北京市学生金帆艺术团承办学校、北京市学生金鹏科技团承办学校可面向全市招生。

北京市体育传统项目学校、北京市中小学艺术教育特色学校、北京市中小学科技教育示范学校在本区范围内招生。

三、招生比例及报考资格

（一）招生比例

招收体育、艺术、科技特长生的学校，每一类特长生招生计划原则上不得超过本校当年招生计划总数的5%，且三个类别的招生计划不可通用。

东城区、西城区、朝阳区、海淀区、丰台区、石景山区中具有全市招收特长生资格的学校，须按照本校可面向全市招收特长生计划15%的比例，面向房山区（含燕山）、通州区、顺义区、昌平区、大兴区、门头沟区、怀柔区、平谷区、延庆区、密云区进行名额分配。

（二）报考资格

报考资格的认定按照北京教育考试院相关规定执行。其中，回户籍考生报考面向全市招收特长生的城区学校，其学籍和户籍须同属城区或者同属于郊区。

四、工作程序

（一）测试标准

体育类特长生测试项目包括：田径、足球、篮球、排球、棒球、垒球、游泳、乒乓球、跆拳道、武术、手球、羽毛球、健美操、艺术体操、射击、射箭、定向越野、高尔夫；舞龙、舞狮、空竹、珍珠球、毽球等民族传统项目；冰球、花样滑冰、速度滑冰、滑雪、冰壶等冰雪项目。各区参照原市级统一测试标准制定本区体育类特长生的测试标准。

各区参照艺术、科技类特长生市级测试要求制定本区艺术、科技类特长生的测试标准。

（二）组织测试

各区根据全市规定的测试时间统一组织测试，并制定本区的体育、艺术、科技特长生测试工作方案，方案包括测试时间、地点、测试项目、组织机构、安全预案等内容。4月26日前，各区将测试方案报我委。

（三）结果公示

各区于6月1日前将测试合格学生名单进行公示，并于6月11日前报我委。

五、工作要求

（一）加强组织领导，确保和谐稳定。各区要高度重视高中特长生考试招生工作，切实加强领导，细化工作方案，严格规范管理，及时发现并妥善处置苗头性、倾向性问题，确保 2019 年特长生招生工作平稳有序推进。招生学校要制定应急预案，做好各项安全保障工作，确保测试和选拔工作严谨、周密、有序进行；特别是在招生入学关键环节和关键时点，就关键政策、群众关心的疑难点做好宣传释疑工作，认真做好学生家长工作，主动争取理解支持。

（二）严格工作程序，确保公平公正。各区和学校要认真为符合报考条件的学生办理相关手续，防止漏报。严格执行《2019 年北京市高级中等学校招生简章》，通过多种形式及时主动向社会公开招生方案、招生计划、招生范围、招生程序、报名条件、咨询方式，建立健全监督举报制度，广泛接受学生、家长和社会的监督。

（三）加强规范管理，强化监督问责。严禁无计划、超计划组织招生；严禁提前组织招生，变相“掐尖”选生源；严禁自行组织或与社会培训机构联合组织以选拔生源为目的的各类考试，或采用社会培训机构自行组织的各类考试结果。市教委将组织监督检查，各区要完善违纪举报和投诉受理机制，严肃查处违规违纪行为。对于造成不良影响或严重后果的学校，视情节轻重给予约谈、通报批评等处理。在招收特长生工作中违反国家规定或者徇私舞弊的，依据《教育法》等相关法律法规，责令退回招收的人员并依法追究相关人员责任。2019 年 9 月底前，各区将本区特长生考试招生工作情况报我委。

（四）加强政策统筹，确保平稳过渡。根据教育部办公厅《关于做好 2018 年普通中小学招生入学工作的通知》（教基厅〔2018〕5 号）要求，结合实际情况，我市将于 2020 年压缩高级中学特长生招生比例。2021 年开始，相关工作按照市教委《关于进一步推进高中阶段学校考试招生制度改革的实施意见》（京教基二〔2018〕16 号）要求执行。各区要提前做好工作研究，确保各项改革政策顺畅衔接。

2019 年 4 月 9 日

北京市教育委员会

关于做好初中课程教学与初中学业水平考试衔接工作的通知

京教基二〔2019〕11号

各区教委，燕山教委：

按照《北京市教育委员会关于印发〈北京市深化考试招生制度改革实施方案〉的通知》（京教计〔2016〕15号）、《北京市教育委员会关于进一步推进高中阶段学校考试招生制度改革的实施意见》（京教基二〔2018〕16号）等文件精神，我市自2018年初一学生起初中毕业考试与高中招生考试“两考合一”，实行初中学业水平考试。为做好初中课程教学与初中学业水平考试衔接，保障教育教学秩序稳定，现提出如下工作要求。

一、开齐开足国家课程

各区、学校要严格落实教育部《义务教育课程设置实验方案》和《北京市实施教育部〈义务教育课程设置实验方案〉的课程计划（修订）》（以下简称《课程计划》）要求，开齐开足国家规定的各门课程，不得随意增加或削减课程门类，不得随意改变各门课程的周学时数和学科总学时数。要引导学生认真学习每门课程，打好共同基础，全面提升义务教育阶段育人质量。

二、统筹生物科目学时安排

为做好教考衔接，将生物学科由我市《课程计划》规定的初一至初三每周分别安排2学时、2学时和1学时，调整为初一每周安排3

学时、初二每周安排 2 学时，或者初一每周安排 2 学时、初二每周安排 3 学时。

三、做好体育与健康、艺术（音乐、美术）、信息技术和劳动技术等科目学业水平考试的组织实施

体育与健康科目学业水平考试，按照我市初中毕业升学体育考试方案及过程性考核方案等文件要求组织实施。艺术（音乐、美术）、综合实践活动中的信息技术和劳动技术等科目学业水平考试，按照国家课程标准和《中小学综合实践活动课程指导纲要》等文件要求确定考试内容，采取理论与实践相结合的考试方式，根据课程教学进度安排考试时间，成绩以等级呈现，由各区制定相应办法，自行组织实施。

四、用好国家统编教材

按照教育部统一要求，今年秋季学期义务教育阶段道德与法治、语文、历史三门学科全部使用国家统编教材。各区、学校要加强对国家统编教材使用的培训和研究，帮助教师准确把握国家统编教材的内容和要求。原选用京版历史教材（共 4 册）的区，在使用国家统编历史教材（共 6 册）后，针对教材册次和内容增加的问题，要加强历史学科任课教师培训，结合实际采用提高课堂教学效率等方式，统筹好教学安排。

五、严格教学进度

各区、学校要严格依据国家课程标准实施教学，所有学生必须按照课程标准要求完成全部学科学习任务。要合理安排教学计划，规范课程内容的深度、广度和进度，不赶进度、不增难度，不突击教学。要尊重教育规律和学生成长规律，促进学生全面健康成长。

六、加强组织保障

各区要高度重视初中课程教学与学业水平考试衔接工作，指导学校结合实际，因地制宜抓好落实。要加强师资配备、设施设备等方面的条件保障，满足正常教学需要。市、区教委将定期对初中学校课程实施情况进行评估。要面向学生、家长做好宣传解读工作，营造良好环境，保障各项工作平稳推进。

2019 年 5 月 21 日

北京市教育委员会

关于印发市级中小学教师专项绩效奖励实施办法的通知

京教基二〔2019〕13 号

各区教委，各相关学校：

现将《市级中小学教师专项绩效奖励实施办法》印发给你们，请认真贯彻落实。

2019 年 5 月 23 日

市级中小学教师专项绩效奖励实施办法

第一章　总则

第一条　为加强市级专项绩效奖励项目管理，发挥专项绩效奖励的激励导向作用，提升项目实效，依据《北京市中小学教师绩效奖励激励机制项目管理补充办法》（京教人〔2016〕9 号）等规定，制定本办法。

第二条　本奖励资金主要用于奖励承担市级主导跨区办学、市级统筹招生、贯通培养、中小学教师专业发展体验式培训和其他重点改革项目的优质中小学校的干部教师（含幼儿园），奖励对象根据需要动态调整。

第三条 新增奖励项目应与北京市教育委员会重点工作方向一致,由业务主管处室提出奖励建议及学校名单,经主任办公会研究决定。

第四条 北京市教育委员会按年度组织专家或委托第三方机构对奖励项目开展绩效考核，考核结果与奖励挂钩，当年考核不合格暂停奖励，连续两年不合格不再予以奖励。项目开展过程中出现重大安全事故和管理问题，造成不良影响的，不再予以奖励。

第五条 连续奖励六年以上、办学质量稳定、招收属地生源 80% 以上、招生计划完成率 80% 以上的市级主导跨区办学项目，经与属地区教委议定后，交由属地管理，不再纳入市级奖励。

第二章　考核内容

第六条 市级统筹招生类项目重点考核计划完成、学校管理、师资水平、学生学业表现等内容。

第七条 市级主导跨区办学类项目重点考核社会效益、学校管理、队伍建设、学生发展等内容。

第八条 中小学教师专业发展体验式培训类项目重点考核个性化培训方案制定、导师配备、培训效果等内容。

第三章　奖励标准

第九条 市级统筹招生类，统筹一和跨区“校额到校”招生学校按每生 2 万元标准给予奖励，统筹二招生学校按每生 1 万元标准给予奖励，统筹三和贯通培养招生学校按每生 0.5 万元标准给予奖励，奖励核算以实际招生数为准。

第十条 市级主导跨区办学类，综合考虑办学规模、派遣师资的层次和数量、实际办学效果等因素，市级重点支持项目每校每年奖励 200 ～ 300 万元，市级主导跨区办学项目资源输出校每跨区承办一所分校（校区）中学每年奖励 80 万元,小学每年奖励 60 万元。分校（校区）法人代表为输出学校派出，奖励系数增加 20%。

第十一条 中小学教师专业发展体验式培训类，承担市级体验式培训项目的学校，按每期每名学员3万元标准给予奖励，奖励核算以实际招生数为准。

第四章 奖励发放

第十二条 市级依据各类项目年度考核结果，按奖励标准确定奖励金额。

第十三条 区属学校奖励资金由市财政拨付到区，由区定向拨付到校。市属学校奖励资金由市财政定向拨付到校。部属高校附属中小学、幼儿园奖励资金由北京市教育委员会定向拨付到校。

第十四条 学校奖励分配要重点向法人校长、跨区派驻的执行校长、干部教师及参与支教的干部教师倾斜，上述人员绩效奖励总额不低于学校绩效奖励总额的50%。校长绩效奖励为派驻和支教人员平均数的1.5倍，每多担任一所学校法人，系数增加0.5倍，上限不超3倍。

第五章 监督与管理

第十五条 市级统筹招生类，学校应因材施教，能根据学生学情制定针对性教学方案和辅助提升计划。统筹学生与统招学生在教育教学资源配备、校园生活等方面同等待遇。

第十六条 市级主导跨区办学类，市级重点支持项目学校须派人担任承办校法人代表，并派驻不少于3人的管理团队，实行一体化管理，开展常态化教师培训、交流、教研互动等教育教学活动。市级主导的跨区办学学校要与承办校属地区教委签订合作协议，明确学年内学校管理、师资培养、课堂教学、学生交流等事项。合作协议由承办校属地区教委报送北京市教育委员会备案。

第十七条 中小学教师专业发展体验式培训类，学校能根据学员学历背景和职业发展规划制定针对性培训计划，开展个性化培训，严格学员管理。能配备与学员职业背景相符，理念新、能力强、实践水平高的导师，保证培训质量。重视培训过程记录和成果展示，形成具有推广借鉴意义的实践经验。

第十八条 相关部门将按年度对专项绩效奖励资金分配情况进行普查和重点抽查，重点检查分配方案执行、资金使用效益、成效等。

第十九条 对于弄虚作假、截留、挪用、挤占专项绩效奖励资金等违反财经纪律的行为，相关部门依据有关法律、法规处理，依法追究相关责任人的行政责任；构成犯罪的，依法追究刑事责任。

第六章 附则

第二十条 本办法由北京市教育委员会负责解释。

第二十一条 本办法自 2019 年 9 月 1 日起施行。

北京市教育委员会

关于开展北京市中小学法治教育名师工作室建设的通知

京教策〔2019〕6 号

各区教委：

为深入贯彻《中共中央 国务院关于全面深化新时代教师队伍建设改革的意见》要求，全面提升全市中小学法治教育师资质量，建设一支高素质专业化的法治教育教师队伍，经市教委主任办公会研究决定，在全市启动中小学法治教育名师工作室建设项目。现将《北京市中小学法治教育名师工作室建设项目管理办法》(以下简称《管理办法》,附件1)印发给你们,请认真贯彻落实。

请各区教委按照《管理办法》规定的条件,推选工作室实践导师小学、中学教师各1名,成员若干(具体名额详见附件2),并填写《北京市中小学法治教育名师工作室(实践导师/成员)申报表》(见附件3)加盖公章后,于2019年6月18日前,统一发至jw_fzxc@126.com(邮件名称请按"XX区+中学/小学+导师/成员"标注)。

6月底至7月初,市教委将组织现场遴选,具体时间、地点安排请关注北京市教委政务网北京教育普法专栏(http://jw.beijing.gov.cn/jypu/)。

附件:1. 北京市中小学法治教育名师工作室建设项目管理办法
2. 北京市中小学法治教育名师工作室成员推荐名额分配情况表
3. 北京市中小学法治教育名师工作室(实践导师/成员)申请表(略)

2019年6月6日

附件1

北京市中小学法治教育名师工作室建设项目管理办法

第一章　总则

第一条　为深入贯彻《中共中央 国务院关于全面深化新时代教师队伍建设改革的意见》要求,全面提高全市中小学法治教育师资质量，建设一支高素质专业化的法治教育教师队伍，特制定本管理办法。

第二条 中小学法治教育名师工作室项目主要用于加大推进中小学法治教育能力水平整体提升，重点支持中小学高素质专业化法治教师培养和队伍建设。

第三条 本项目紧密结合《中小学法治教育大纲》要求，关注教师成长需要，以理论、实践为双导向，学法理补短板，研教学达共识，力争到2020年，通过市区教育管理部门、高校、中小学校三方协同并进，打造一支法治教育业务能力强的青少年法治教育“种子教师”队伍，为培育全市优秀中小学法治教育教师做好人才储备。

第二章 组织机构

第四条 组建北京市中小学法治教育名师工作室建设领导小组，组长由北京市教委相关工作主管委领导担任，副组长由项目承办单位行政一把手担任，负责统筹推进工作室整体建设，协调解决工作中的重点难点问题。领导小组成员由市教委政策研究与法制工作处、基础教育一处、基础教育二处、人事处、北京教科院教研中心、北京教育法治研究基地（首都师范大学基地、北京教育学院基地）等部门负责人担任。领导小组办公室设在市教委政策研究与法制工作处。

第五条 北京教育法治研究基地（首都师范大学基地、北京教育学院基地）为项目具体执行单位，承担法治教育名师工作室日常管理工作。

第三章 工作室组成

第六条 实践导师

各区教委可推荐中小学教师各1人参评工作室实践导师。推荐人选须为承担法治教育课教学或教研工作满3年的特级教师或市级学科带头人、市级骨干教师，具有较强的课程领导力，热心教师团队建设。

在各区推荐的基础上，经北京市中小学法治教育名师工作室建设领导小组组织相关专家面试评议，最终确定5名小学教师和7名中学教师担任北京市中小学法治教育名师工作室实践导师。

第七条 理论导师

北京教育法治研究基地（首都师范大学基地、北京教育学院基地），整合优质法治教育资源，为各工作室配备一位法律专家作为理论导师，12位导师将同实践导师一起为工作室成员专业发展提供全过程、全方位指导和引领。在工作室建设中，理论导师将协助实践导师，确定本工作室工作重点，制定工作规范，形成各自工作室特色。

第八条 成员

领导小组办公室按各区法治教育教师人数分配名额并适当向远郊区倾斜，各区教委按名额推荐辖区教师参评工作室成员。推荐的成员需具备大专以上法学专业背景，或100学时以上国家及我市法治教育培训经历，或曾获北京市中小学教师法治教育基本能力展评一等奖，具有中小学高级教师职称或取得国家法律职业资格。以市、区学科带头人和学科骨干教师为主，向中青年一线教师倾斜。

在各区推荐的基础上，按工作室建设要求，经工作室导师、专家面试评议，最终按每个工作室3～5名成员的数量确定入选教师。

第九条 其他人员

根据工作室建设及成员研修需要，各工作室可配备辅导员、研修秘书等人员，负责日常教学管理、研修事项组织协调等，确保工作室各项任务顺利推进。

第四章 建设步骤及任务

第十条 工作室建设周期为两年。

第十一条 工作室实行双导师制，即实践导师和理论导师，工作室以实践导师姓名命名，实践导师为工作室主持人。

第十二条 建设步骤分三个阶段：

（一）筹建工作室、开展内部研修阶段。主要任务：组建名师工作室，选拔工作室导师与成员，明确分工；制订工作室建设两年规划方案；探索建立运行机制，工作室成员制定个人发展规划；导师牵头确定研修课题方向，完成相关初步实践研究准备；围绕教学模式实践与研究，组织开展导师示范课展示、各成员随堂展示课、交流座谈等。

（二）开展"理论学习"与"实践提升"专题研修阶段。主要任务：开展法学前沿知识、中小学法治教育理论与课程改革理论等读书活动，交流心得体会，提高自身理论修养;开展相关教育教学观摩、专题讲座等名师引领活动，进一步探究教学艺术技巧;推进"工作室"课题研究，辐射、带动工作室成员开展教育教学研究，撰写教学研究论文，促进深化学习研修。

（三）总结交流展示阶段。主要任务：工作室成员完成教育论文撰写，编印教育研究论文集；全面总结工作室建设工作，并撰写工作总结；评选道德与法治、思想政治优秀示范课堂，组织工作室实践成果展示交流等。

第五章 课程设置

第十三条 以各项目承办单位为主体，整合高校、科研院所法治教育专家、司法部门实务工作者和中小学法治教育名师组成教学团队，整体设计模块化课程的内容与形式。

（一）以培养中小学道德与法治课、高中思想政治课教师法治素养、提升教学能力、提高教研水平为出发点，按照《青少年法治教育大纲》对中小学法治教育内容和实施途径要求、法治教育名师专业发展需求及教育实际需要，设置"专业理念与职业道德""基本法律知识素养""教育法律知识与素养""法治教育课程理解能力""法治教育课程实施能力""法治教育课程评价能力""法治教育资源开发""法治教育研究""法治教育教师团队发展"等九大课程主题模块。

（二）课程内容与实践途径。设置必修课与选修课两类，具体包括专家讲座、案例研讨、课例分析、名师示范、教学观摩、听课评课、专题调研、实地考察、自主研修等。

1. 专家讲座

邀请法学、教育学和学科教学专家就当前中小学法治教育课主要问题、特点及发展进行系统性的讲授，为实践教学奠定理论基础。

2. 案例研讨

邀请法官、检察官、律师等从事法律实务相关人员，围绕经典案例展开解析和讨论，在具体案例情境中帮助学员理解法律背后的理念和原则，提高运用法律知识和法律推理方法分析解决实际问题的能力。

3. 课例分析

邀请长期从事道德与法治课、思想政治课一线教学教研实践的优秀教师、教研员，为学员的实际操作提供具体范例，帮助学员提高法治教育教学课例分析能力、评价能力和研究能力。

4. 名师示范

聘请具有丰富教学经验的名师进行课堂教学示范，学员通过现场观摩与课后座谈等方式与专家交流，分析领会名师在教学内容安排、教学方法使用、教学环节掌握等方面的经验与心得，提升实践教学能力。

5. 教学观摩

通过观摩教学实况、课堂展示演练、赴法院旁听庭审、组织模拟法庭、组织主题班队活动、编创法治情景短剧等多种学校法治教育形式组织实景观摩，拓展法治教育形式和途径，活动后与授课教师座谈、交流体会，反思总结实例得失，熟悉掌握评课技巧。

6. 听课评课

以小组为单位，通过主题组织备课、现场上课、集体评议，展开针对课程组织和实施中经验与问题展开讨论，提出具有针对性的指导性意见和改进建议。

7. 专题调研

带领学员赴法治教育有特点、有成效的省、区、市调研，学习当地中小学法治教育课程教学、活动组织、多学科协同、法治教育资源研发、学校社会家庭三位一体教育推进、制度建设等经验。

8. 实地考察

组织成员到全国青少年学生法治教育实践示范基地、全国青少年普法网等法治教育实践基地，检察院、法院等法治教育协同部门进行实地考察和座谈，了解法治教育实践的前沿资讯，拓展法治教育的资源网络。

9. 自主研修

工作室成员在导师指导下自主学习法治教育理论和教育教学理论，完成相应读书笔记，逐步提升自身专业能力和教育教学水平。

第六章　组织保障

第十四条　充分发挥北京市中小学法治教育名师工作室建设领导小组组织、协调、监督、保障作用，及时编制专项预算，为培养法治教师名师提供资金支持。认真履行工作室建设政策制定、过程监督和绩效考评等职责，指导基地编制《北京市中小学优秀法治教师评价标准》，为名师工作室建设提供组织保障和制度支撑。

第十五条　积极整合首都师范大学、北京教育学院等北京市教育法治研究基地法学教育和师资培训优质资源，统筹推进基地各工作室建设，努力在为学员安排高质量师资及学习资源、创设良好学习环境、组织交流实践等方面提供专业教学指导和优质服务保障。注重加强基地间、工作室间协调沟通，相互借鉴先进经验，确保参与教师实现法治素养、教研能力双提升。

第十六条　鼓励各区教委积极推荐体现辖区法治教育师资水平、有教育情怀的优秀法治教师参与全市法治名师工作室建设。各区教委、中小学校要关心教师参与工作室建设进展和收获，支持参训教师，为其研修学习、教学改革、教育科研创造有利条件，确保顺利完成各项任务。

第七章　监督考核

第十七条　切实加强对工作室建设情况的督查考核。北京市中小学法治教育名师工作室建设领导小组通过听课、查阅资料、组织座谈等多种形式，对工作室自身建设、成员成长、辐射作用发挥等方面情况进行评价。被评定为“不合格”的工作室将被摘牌。

第十八条　各成员的考核由该工作室导师依据本工作室集体制定的发展目标开展评价，年度考核“不合格”的，将停止研修学习。

第八章　附则

第十九条　本办法适用于“七五”普法期间北京市中小学法治教育名师工作室建设项目的管理。

第二十条　本办法自发布之日起实施，由北京市中小学法治教育名师工作室建设领导小组负责解释和修改。

附件 2

北京市中小学法治教育名师工作室成员推荐名额分配情况表

单位：人

序号	辖区	小学	中学
		推荐名额	推荐名额
1	东城区	3	6
2	西城区	3	7
3	朝阳区	5	6

续表

序号	辖区	小学	中学
		推荐名额	推荐名额
4	丰台区	3	5
5	石景山区	1	2
6	海淀区	4	8
7	门头沟区	1＋1	1＋1
8	房山区	3＋1	4＋1
9	通州区	4＋1	4＋1
10	顺义区	3＋1	4＋1
11	昌平区	3＋1	4＋1
12	大兴区	3＋1	4＋1
13	怀柔区	1＋1	2＋1
14	平谷区	2＋1	2＋1
15	密云区	2＋1	3＋1
16	延庆区	1＋1	2＋1
17	燕山地区	1	1
总计		53	75

北 京 市 教 育 委 员 会
北 京 市 财 政 局
北京市人力资源和社会保障局

关于印发《北京市特色高水平职业院校、骨干专业和实训基地（工程师学院和技术技能大师工作室）建设项目管理办法》的通知

京教职成〔2019〕12 号

各区教委、财政局、人力社保局，各职业院校，北京教育科学研究院：

为贯彻落实《国家职业教育改革实施方案》（国发〔2019〕4 号）和《北京市人民政府关于加快发展现代职业教育的实施意见》（京政发〔2015〕57 号）精神，全面实施《北京职业教育改革发展行动计划（2018—2020 年）》（京教职成〔2018〕4 号），推进北京市特色高水平职业院校、骨干专业（群）、实训基地（工程师学院和技术技能大师工作室）建设，设立北京“特高”建设专项资金。为规范建设资金的使用和管理，市教委、市财政局、市人力社保局联合制定了《北京市特色高水平职业院校、骨干专业和实训基地（工程师学院和技术技能大师工作室）建设项目管理办法》，现印发给你们，请遵照执行。

2019 年 6 月 12 日

北京市特色高水平职业院校、骨干专业和实训基地（工程师学院和技术技能大师工作室）建设项目管理办法

第一章　总则

第一条　为贯彻落实《国家职业教育改革实施方案》（国发〔2019〕4号）和《北京市人民政府关于加快发展现代职业教育的实施意见》（京政发〔2015〕57号）精神，全面实施《北京职业教育改革发展行动计划（2018—2020年）》（京教职成〔2018〕4号），加强北京市特色高水平职业院校、骨干专业（群）、实训基地（工程师学院和技术技能大师工作室）（以下简称“特高”）项目管理，特制定本办法。

第二条　“特高”项目是北京职业教育契合首都“四个中心”，推进产教深度融合、校企紧密合作，高水平培养高素质技术技能人才，提升北京城市服务品质，促进产业转型升级和经济社会发展的重大建设项目，由北京市特色高水平职业院校、骨干专业（群）、实训基地（工程师学院和技术技能大师工作室）三个项目组成。

第三条　特色高水平职业院校建设的目标是，重点建设10所左右办学定位准确、专业特色鲜明、社会服务能力强、综合办学水平领先、与北京经济社会发展需要契合度高、行业优势突出的世界一流职业院校，逐步形成具有国际竞争力的高素质技术技能人才培养高地。

第四条　特色高水平骨干专业（群）建设的目标是，重点建设100个左右紧贴北京产业转型发展、校企深度融合、能够支撑重点产业与区域支柱产业的专业（群），逐步打造一批特色鲜明、综合实力强、社会认可度高、招生就业好、具有示范引领作用、可推广可输出的专业品牌。

第五条　高水平实训基地（工程师学院和技术技能大师工作室）

建设的目标是，重点建设100个左右集人才培育、资源共享、技术创新、社会服务四位一体的“产教共同体”，逐步打造一批精准对接产业需求，政府主导、行业指导、企业重要主体作用突出，社会组织共同参与，体制机制创新，具有辐射引领作用的高水平专业化产教融合创新平台。

第六条 项目由市教委、市财政局、市人力社保局联合组织管理和统筹指导，项目建设单位为责任主体，负责具体实施。

第七条 项目资金遵循“择优扶强、分类指导、突出特色、动态调整、注重绩效”的原则进行管理，由原资金渠道予以保障。项目资金来源包括市区财政资金、企业投入资金和自筹资金。市区财政资金通过一般公共预算安排。

第八条 北京市特色高水平职业院校项目一次立项，骨干专业（群）、实训基地（工程师学院和技术技能大师工作室）项目分三批立项，项目建设周期为三年。

第二章 职责分工

第九条 市教委、市财政局、市人力社保局组成北京市“特高”建设领导小组，负责项目建设总体规划、经费统筹、标准制定、政策指导和监督管理。领导小组办公室设在市教委，承担日常工作。

第十条 市教委牵头并联合相关委办局负责制定职业院校“特高”建设发展规划，组织开展建设项目的评估评审、绩效管理、专题研究、结果应用；合理编报年度预算，加强项目预算执行，做好项目跟踪和监督。

第十一条 市财政局负责统筹安排“特高”建设专项资金；同时负责评审建设项目的资金预算，并根据项目成熟度安排下达下一年度资金规模额度。区财政局配合落实本级财政资金。

第十二条 项目举办方应发挥办学主体作用，在政策、资金、资源等方面提供支持，营造良好项目建设环境；指导项目建设工作，协调解决有关问题。

第十三条 项目建设单位应按照申报承诺，加强组织领导，建立健全内部“特高”建设体制机制；编制报送项目建设方案和任务书；按照批复的任务书开展项目建设；根据项目性质对建设资金进行分类管理，统筹安排，确保项目资金使用规范、安全、高效；完成项目绩效目标，按要求报送项目建设报告，并接受监控、审计和评价。

第三章　项目遴选和实施

第十四条　“特高”建设项目面向我市各职业院校，项目遴选坚持质量为先、改革导向、扶优扶强、突出特色，由各职业院校按要求申报，经资格审查、专家评审、综合评议、结果审定、公示认定后批准立项。

第十五条　项目建设单位根据建设任务和预算安排，确定绩效目标，编制项目任务书。“特高”建设项目领导小组办公室负责组织审核任务书，项目建设单位根据反馈意见修订。项目建设单位须按照批复的任务书实施建设。如需调整，须经领导小组办公室核准后报备。

第四章　绩效管理

第十六条　项目建设单位制定的绩效目标，不仅要包括产出、成本，还要包括经济效益、社会效益、生态效益、可持续影响和服务对象满意度等绩效指标。

第十七条　市区财政部门要将绩效目标设置为预算安排的前置条件，加强绩效目标审核，将绩效目标与预算同步批复下达。要对建设项目实行动态管理，依据绩效评估和考核结果调整资金分配方案，提高财政资金使用效益。

第十八条　项目资金在执行过程中本着“花钱必问效，无效必问责”的原则，市教委按照有关规定组织开展项目的年度评估、绩效跟踪、绩效评价。对绩效低下的项目将及时清理退出，完善准入与退出机制和第三方机构评价机制。

第十九条　项目建设单位应按照有关规定加强信息公开，开展资金使用绩效自我评价，做好项目绩效管理的跟踪和检查。

第五章　预算管理

第二十条　“特高”建设资金采取项目管理方式，实行总额控制、分年申报。在建设周期内，特色高水平职业院校按照每所学校最高 1 亿元的总额予以支持，特色高水平专业（群）按照每个专业（群）最高 1500 万元的总额予以支持，高水平实训基地（工程师学院和技术技能大师工作室项目）采取财政与企业按 4 ：1 配套投入的方式予以支持，同时财政投入的最高额度不超过 1500 万元。以上项目建设内容不重复支持，根据批复的任务书评审后予以资金保障。

第二十一条　北京市特色高水平职业院校专业（群）项目建设资金主要用于：人才培养模式创新、课程教学资源建设、创新人才培养模式、教材与教法改革、实践教学基地、技术技能平台、社会服务、国际交流与合作、可持续发展保障机制。

第二十二条　北京市高水平实训基地（工程师学院和技术技能大师工作室）项目建设资金主要用于：校企联合打造产教融合育人环境，整合校企优质资源建设共享型知识技术技能、人力资源和设备设施，职业院校创新创业学习培训，推进技术技能积累、传承和进步，创新职业培训内容与形式。

第二十三条　北京市特色高水平职业院校项目建设资金主要用于：加强党的建设、打造技术技能人才培养高地、打造技术创新服务平台、打造高水平专业（群）、打造高水平双师队伍、提升校企合作水平、提升服务发展水平、提升学校治理水平、提升信息化水平、提升国际化水平。

第二十四条　项目建设单位要按照批复的任务书，做实项目预算；对资金的合规性、合理性、真实性及绩效结果负责，确保资金使用规范高效；同时应积极争取学校举办方、行业企业和其他社会团体的支持，除市级财政资金支持以外，可多方筹措和落实建设资金，形成多元支持的投入机制。

第六章　支出管理

第二十五条　“特高”建设资金的支出范围一般包括直接费用和间接费用两部分。

第二十六条　直接费用是指项目建设单位在“特高”建设过程中发生的与之直接相关的费用。包括：

（一）设备费：用于在项目实施过程中购置专用仪器设备，对现有仪器设备进行升级改造，以及租赁使用外单位仪器设备而发生的相关费用。购置的仪器设备纳入资产管理范畴。设备费不超过总体项目资金的50%。

（二）材料费：用于在项目实施过程中消耗的各种原材料、辅助材料等低值易耗品的采购及运输、装卸、整理等费用。

（三）差旅费：用于在项目实施过程中开展项目考察、业务调研、培训、交流等所发生的城市间交通费、住宿费、伙食补助费和市内交通费等。差旅费原则上不超过项目经费的30%。差旅费标准按规定执行。

（四）会议费：是指在项目实施过程中为组织开展项目研讨、咨询论证，以及组织协调项目或课题等活动而发生的会议费用。会议费标准按规定执行。

（五）培训费。用于项目实施过程中为推进项目组织开展、外出参加培训直接发生的各项费用支出，包括讲课费、住宿费、伙食费、培训场地费、培训资料费、交通费等。培训费标准按规定执行。

（六）国际合作交流费：用于在项目实施过程中，按照中外双方签订的合同中约定条款需支付的合同费用，以及项目人员出国及外国专家来华开展交流与合作的费用。国际合作交流费标准按规定执行。

（七）档案/出版/文献/信息传播/知识产权事务费：用于在项目实施过程中，需要支付的出版费、资料及印刷费、图书及专用软件购买费、文献检索费、专业通信费、专利申请及其他知识产权事务等费用。

（八）数据采集费：用于在项目实施过程中开展调查、数据购买、数据分析及相应技术服务购买等费用。

（九）劳务费：用于在项目实施过程中支付给外单位项目参与人员、临时聘用人员等的劳务性费用。临时聘用人员的社会保险补助纳入劳务费科目中列支。财政供养人员及本单位人员不得列支劳务费。

（十）咨询费：用于在项目实施过程中支付给临时聘请的咨询专家的费用，咨询费由项目负责人按照项目研究实际需要编制，不得支付给参与项目相关的本单位工作人员。

（十一）课时费：用于聘请校企合作企业人员兼职参与学校教学活动支付的费用，参照项目建设单位课时费标准支付。

（十二）其他费用：用于项目实施过程中除上述支出费用之外的其他支出，包括北京地区交通费等，应当在申请预算时单独列示。

第二十七条 间接费用是指在项目建设过程中无法在直接费用中列支的相关费用，主要是指绩效支出（项目建设单位为提高工作绩效安排的相关支出），绩效支出只能用于项目成员。在年度验收合格后，间接费用按照不超过项目总经费扣除设备购置费后的3%核定，由项目建设单位制定相应的管理办法后实施。

第二十八条 间接费用的使用应在项目建设单位内部公示后支出，严禁超额提取、变相提取和重复提取。实行工资总额管理的职业院校从项目资金中列支的编制内有工资性收入人员的绩效支出，不受当年本单位工资总额限制。

第二十九条 项目资金实行负面清单管理，不得用于房屋建筑物、基础建设支出、场地租赁费支出；不得用于偿还贷款、支付罚款、捐款捐赠、赞助支出、对外投资等支出；以及国家规定不得列入的其他开支。

第三十条 项目资金根据实际情况，属于政府采购范围的，严格履行政府采购程序；属于政府购买服务内容的，依据政府购买服务指导性目录编报预算。

第三十一条 项目建设单位应加强资产配置管理，尤其在实训室建设和设备购置时，提倡仪器设备开放共享，杜绝重复购置或超标购置，提高资产使用效率。

第三十二条 项目建设单位应根据绩效目标和学校发展实际确定资金规模，本着勤俭节约、合理使用、务实高效的原则统筹使用财政资金。

第三十三条 项目资金必须专款专用，项目建设单位应切实采取措施，推进项目实施，确保执行进度。对于挪用、虚列、套取资金的行为，按照国家有关规定严肃处理，中止建设并追回资金，中止建设的项目建设单位不得再次申请。

第七章 评估考核

第三十四条 “特高”建设项目采取日常指导和定期评估相结合的方式，实行动态管理，增强建设实效。领导小组办公室负责组织开展项目年度评估和期末验收。

第三十五条 项目建设期末，项目建设单位需要进行全面自评，提交验收申请，领导小组办公室组织专家和委托第三方机构进行期末验收。对于验收结果不合格的学校，可中止或追回“特高”建设专项资金。

第三十六条 有下列行为之一的，北京市“特高”建设领导小组可视其情节轻重给予警告、限期整改、中止建设等处理。

（一）编报虚假预算，套取财政专项资金；

（二）建设期内领导班子不重视、项目执行不力，未开展实质性建设工作；

（三）擅自调整批复的任务书内容；

（四）项目经费使用不符合财务制度规定；

（五）其他违反国家法律法规和本办法规定的行为。

第八章 附则

第三十七条 “特高”其他建设项目可参照本办法执行。

第三十八条 本办法自发布之日起实行。各项目建设单位根据本办法制定本单位项目管理办法。

第三十九条 本办法由市教委、市财政局、市人力社保局按照各自职责解释，并适时进行修订。

北京市教育委员会
北 京 市 财 政 局

关于开展北京市初中开放性科学实践活动的补充通知

京教财〔2019〕7 号

各区教委、财政局，各有关单位：

为做好 2019 年初中开放性科学实践活动（以下简称科学实践活动），按照《北京市教育委员会 北京市财政局关于印发〈北京市初中开放性科学实践活动管理办法（试行）〉的通知》（京教基二〔2018〕24 号），优化完善相关工作要求，扩大学校自主权，进一步明确活动课程实施和成绩认定、经费支付标准等事项，现补充通知如下。

一、课程实施和成绩认定

科学实践活动由学校负责组织实施和成绩认定，初中学生三年内须完成 10 次科学实践活动。市区为学生参加科学实践活动搭建课程资源平台，提供条件保障，并鼓励有条件的学校充分利用现有资源，按照相关标准，开发、开设科学实践活动课程。学生参加经学校认定的科学实践活动课程，可计入活动次数，并按规定计入中考成绩。

二、经费支付标准

科学实践活动综合支付标准为217元/人次，不再划分财政供养单位和非财政供养单位，同时不再依据主讲人员类别划分不同等级。

实施经费主要用于支持资源单位提供活动服务所支出的专家费、培训费、劳务费、资料费、印刷费和材料费等项目，学校教师承担的任务开展活动课时费，由各区在支付标准总额内给予统筹。各项支出标准根据市区相关预算管理规定及政府采购要求执行。每学期活动结束后，由各区教委与相关资源单位据实集中结算实施经费。

市教委、市财政局将按照活动成本和实施情况，定期动态调整科学实践活动实施经费支付标准。

特此通知。

2019年6月13日

北京市教育委员会

关于印发《北京教育法治研究基地管理办法》的通知

京教策〔2019〕7号

各高校、相关科研机构及直属单位：

现将《北京教育法治研究基地管理办法》印发给你们，请结合实际认真贯彻落实。

2019年6月20日

北京教育法治研究基地管理办法

第一章　总则

第一条　为贯彻落实全面推进依法治国基本方略，加强北京教育法治建设，大力推进依法治教、依法治校，北京市教育委员会（以下简称“市教委”）联合北京市人大常委会法制办公室、北京市人大常委会教育科学文化卫生体育办公室、北京市司法局依托北京高校及教育科研机构建立北京教育法治研究基地（以下简称“研究基地”）。为加强研究基地的科学管理，特制定本办法。

第二条　基地建设以习近平新时代中国特色社会主义思想为指导，深入贯彻落实依法治国基本方略，落实中共中央办公厅、国务院办公厅《关于加强中国特色新型智库建设的意见》、教育部《依法治教实施纲要(2016—2020年)》，整合教育法治研究资源，组建研究队伍，发挥协同创新优势，搭建起理论联系实际的专业性研究平台，紧紧围绕影响和制约首都教育法治发展的突出问题，深入调查研究，着力推出高水平的教育法治研究成果，为全面深化首都教育综合改革，提升依法治教水平提供法治理论支撑、智力支持和决策参考。

第二章　职能任务

第三条　研究基地建设要以服务决策为导向，以提升能力为核心，以改革创新为动力，紧紧围绕法治中国首善之区建设和首都教育改革发展稳定需要，开展科学研究、人才培养、学术交流、咨询服务等重点工作，不断提升教育法治科研水平和服务能力，努力成为教育法治研究领域内的专业智库和实践基地。

第四条　研究基地要积极承担教育立法、依法行政、依法治校、法治教育等方面的委托课题研究及相关任务，针对依法治教的重大理论与实践问题，吸收实务部门工作人员参加课题组开展合作研究，产出创新性的成果，促进基础研究和应用研究协调发展，为教育法治实践提供科研支撑。

第五条 研究基地要积极承担市区两级教育机关干部依法治教能力提升培训，承担中小学干部教师法律专业学历提升项目、法治教育名师培养工程和法治专题培训，参与教师法治教育基本能力展评、学生学宪法讲宪法等重要活动，成为北京依法治教、依法治校人才培养培训基地。

第六条 研究基地要鼓励专兼职研究人员担任实务部门法律顾问，面向我市各级人大、政府及各级各类学校开展教育法治咨询服务，参与行政规范性文件、行政执法、重要合同和突发应急事件应对方案等的合法性审查，参与重要疑难案件的办理，为解决教育改革发展稳定中的重点难点热点问题提供决策支持。

第七条 研究基地要通过举办不同规模的国内、国际学术会议，建立资料库、数据库、案例库和法治教育资源网等措施，加强依法治教资源建设，促进教育法治信息沟通和成果交流。

第三章　申报确立

第八条 研究基地的申报条件：

1. 申请单位、依托单位统一为北京地区高校及同类科研机构（以下统称为高校）。可以设立为高校直属科研机构，也可以挂靠在高校二级单位。

2. 科研活动必须坚持以习近平新时代中国特色社会主义思想为指导，坚持正确的政治方向。

3. 申请单位应为教育法治研究相关学科教学单位或科研机构，带头人在国内有较高知名度，拟定的基地负责人须具有副高及以上专业技术职务，从事教育法学相关专业教学、研究或实务工作 5 年以上，工作业绩突出；人才梯队结构合理，整体实力强，具有良好的教育法治研究与实务工作基础。

4. 依托单位能够保证提供足够的运行经费，对市教委投入经费能够给予一定比例配套资金，并提供必要的技术支撑、后勤保障和国内外交流合作等条件。

第九条 符合申报条件的高校，可向市教委提出书面申请，按要求填报《北京教育法治研究基地申请书》(以下简称《申请书》)。

第十条 市教委联合相关部门对《申请书》进行审核，组织专家实地考察论证。对论证合格的，批准成立研究基地，予以命名、授牌，并与所在高校签订合作协议，每年与研究基地签订《北京教育法治研究基地建设任务书》(以下简称《任务书》)。

第十一条 《任务书》中列出的建设内容作为申请单位研究基地建设实施和评估的依据。在建设过程中，一般不做大的调整，如确需对建设内容进行调整，须报市教委同意。

第四章 组织管理

第十二条 研究基地分类设置。第一类为综合类，包括依法治教体制机制研究、依法治校体制机制研究、教育领域“放管服”改革研究等。第二类为专项类，包括教育立法研究、行政执法研究、师生权益保护研究、法治教育研究等。第三类为其他类，主要为服务和促进我市教育法治水平提升的相关研究。

第十三条 研究基地实行市教委、高校、研究基地三级管理。市教委负责研究基地建设的统一指导和管理，组织研究基地的申报评审，研究确定各研究基地项目及《任务书》，组织开展相应的监督检查、结项鉴定、成果宣传推介等。具体管理工作由市教委政策研究与法制工作处统筹。

第十四条 高校是研究基地建设管理的依托单位，主要职责是：

1. 组织本单位研究基地推荐申报工作。

2. 制订研究基地的具体建设计划和学术研究计划，并负责检查、落实。

3. 安排研究基地建设资金和必要的运行费用，提供良好的配套条件。

4. 支持研究基地的重要学术活动。

5. 给予研究基地项目申报工作相应支持。

6. 对研究基地进行日常管理，向市四部门报告研究基地工作。

第十五条 研究基地的主要职责是落实《任务书》中的各项任务，完成好四部门委托的其他相关工作。

第十六条 研究基地发生以下情况，应在事前经依托单位审批，并报市教委。

1. 以研究基地名义承接和组织全国性和国际性学术会议。

2. 聘请国外专家担任专兼职研究人员或研究基地顾问。

3. 以研究基地名义承担国际合作项目，涉及境外基金会资助或有其他境外资金支持的研究项目。

4. 研究基地负责人或首席专家发生变动。

5. 其他重要事项及活动。

第五章　检查评估

第十七条 研究基地建设每三年为一个周期。市教委联合相关单位按建设周期，组织专家实施检查评估。主要内容包括：研究基地建设的发展状况、承担科研项目的基本情况、研究成果的质量以及转化应用情况、开展决策咨询情况等。评估结果分为优秀、合格、基本合格和不合格四个等级。市教委将检查评估结果向依托单位通报。评估为合格以上和评估为基本合格但整改达标的研究基地，在自愿的基础上，可以继续申报，参与下一周期基地建设。不合格的不能参与下一期研究基地遴选。

本办法自印发之日起施行，市教委负责修订及解释。

北　京　市　教　育　委　员　会
北　京　市　财　政　局
北京市人力资源和社会保障局
中共北京市委机构编制委员会办公室

关于印发《北京市师范生公费教育实施细则》的通知

京教人〔2019〕11号

各区教委、区财政局、区人力社保局，各区委编办，各相关高校、职业院校、直属单位：

市教委、市财政局、市人力社保局、市委编办研制的《北京市师范生公费教育实施细则》已经市政府同意，现印发给你们，请认真贯彻执行。

2019年7月10日

北京市师范生公费教育实施细则

第一章　总则

第一条　为贯彻落实《国务院办公厅关于转发教育部等部门教育部直属师范大学师范生公费教育实施办法的通知》（国办发〔2018〕

75号）《中共北京市委北京市人民政府关于全面深化新时代教师队伍建设改革的实施意见》（京发〔2018〕25号）等文件精神和要求，建立健全师范生公费教育制度，吸引优秀人才从教，培养大批“四有”好教师，进一步形成尊师重教的浓厚氛围，特制定本细则。

第二条　本细则所称师范生公费教育是指北京市在首都师范大学、北京联合大学、首都体育学院三所院校培养的师范专业学生，新拓展的支持相关院校增设相关学科教育专业（师范）学生、委托相关院校培养师范专业学生实行的，由市财政承担其在校期间（规定学制年限）学费并给予生活费补助的培养管理制度。

第三条　接受师范生公费教育的学生（以下称公费师范生）由相关院校按照《北京市师范生公费教育协议书》进行教育培养，在校学习期间和毕业后须按照有关协议约定，履行相应的责任和义务。

第二章　选拔录取

第四条　市教育行政部门根据本市中小学和幼儿园教师队伍建设实际需要和相关院校的培养能力，统筹制定每年公费师范生招生计划，确定分专业招生数量，确保招生培养与教师岗位需求有效衔接。

第五条　相关院校招收公费师范生实行提前批次录取，通过面试等方式重点考察学生的综合素质、职业倾向和从教潜质，择优选拔乐教适教善教的优秀高中毕业生加入公费师范生队伍。各区、各相关院校要加大政策宣传和引导力度，通过发放招生简章、开展政策宣讲等多种方式，为高中毕业生报考公费师范生营造良好环境。

第六条　相关院校根据国家相关政策，制定在校期间公费师范生进入、退出的具体办法。公费师范生可按照所在学校规定的办法和程序，在师范专业范围内进行二次专业选择。有志从教并符合条件的非师范专业优秀学生，在入学两年内，可在市教委和学校核定的公费师范生招生计划内转入师范专业，签订协议并由所在学校按相关标准返还学费并补发生活费补助。录取后经考察不适合从教的公费师范生，在入学一年内，按照规定退还已享受的学费和生活费补助，并由所在学校根据当年高考成绩将其调整到符合录取条件的非师范专业。

第三章 就业指导和服务

第七条 完善师范生就业办法。市区教育行政部门沟通协调，配合市区人力社保部门、机构编制部门，通过优先利用空编接受等办法，在现有事业编制总量内，妥善解决公费师范生到中小学、幼儿园任教所需编制。按照事业单位新进人员公开招聘制度的要求，组织用人学校与毕业生在需求岗位范围内双向选择，开展供需见面和交流，为每位毕业的公费师范生落实任教学校和岗位。

第八条 加强公费师范生就业指导和服务。师范院校要加强就业指导课程和学科建设，聘请专家学者、市区人力社保部门相关人员、优秀校长担任就业指导老师，加强公费师范毕业生就业教育、指导和服务，采取多种方式，营造良好氛围，引导公费师范毕业生坚定教师职业信念，并全力配合市教育行政部门做好公费师范毕业生履约管理相关工作。加强网络信息服务平台建设，为用人单位招聘和公费师范毕业生求职提供高效便捷的就业信息服务。积极开展公费师范毕业生就业服务进校园活动，为公费师范毕业生送政策、送指导、送信息。

第四章 履约任教

第九条 公费师范生要严格履行协议。公费师范生入学前与学校和本市教育行政部门签订《北京市师范生公费教育协议书》（见附件1），承诺毕业后从事本市中小学校、幼儿园教育教学工作（含教育行政及相关部门审批注册的中等及中等以下的学历教育机构）满五年以上，在协议规定服务期内，可在学校间流动或从事教育管理工作。到城镇义务教育学校工作的公费师范生，应到农村义务教育学校任教服务至少一年。鼓励公费师范毕业生长期从教、终身从教。

第十条 公费师范生违反教育协议的须退还在校期间享受的专

业奖学金和培养费用（含免缴的学费、取得的生活补助等），具体标准参照相关文件执行。收缴在校期间的专业奖学金和培养费用应使用北京市行政事业单位资金往来结算票据，于每年 10 月 25 日前上缴市教育行政部门，专项用于补充教育经费，作为其他收入纳入财政预算管理。

第十一条 公费师范生有下列情形之一的，不视为违约：

（一）因身体原因不能完成学业或继续任职的（需经所在学校指定的二级甲等（含）以上医院认定），可终止协议；

（二）因健康状况未达教师资格认定体检标准，不适宜从事教师职业的〔需经市教育行政部门指定的二级甲等医院（含）以上，按照教师资格认定体检标准进行确认〕，可终止协议；

（三）因父母户口迁移至外省（区、市），需跨省到父母户口所在地的教育系统中小学校、幼儿园任教的，可跨省就业；

（四）需跨省到配偶所在地教育系统中小学校、幼儿园任教的，可跨省就业；

（五）外省（区、市）生源的免费师范毕业生回户籍所在地教育系统中小学校、幼儿园任教的，可跨省就业；

（六）志愿到西部地区、边远、贫困、少数民族地区中小学校、幼儿园任教的，可跨省就业；

（七）报考本市全日制教育硕士，并承诺硕士毕业后继续履行协议的，可以延长协议。

第十二条 公费师范生有下列情形之一的，属于违约，教育行政部门和所在学校与其解除协议，自解除协议之日起，一个月内一次性缴纳在校期间的专业奖学金和培养费：

（一）在校学习期间，自动放弃学籍的；

（二）未按规定时间取得相应学历学位证书和教师资格证书的；

（三）因触犯刑律或违反校纪被开除学籍或被学校给予退学处理的；

（四）毕业后未按规定从事中小学校、幼儿园教育工作的；

（五）服务期限未满五年的（服务年限自报到之日起开始计算），

收缴在校期间的专业奖学金和培养费，按已服务年限以每年递减 20% 的比例计算；

（六）其他违约情形。

第十三条 终止协议、跨省就业、延长协议、违约解除协议办理流程：

（一）公费师范生终止协议办理流程：由公费师范毕业生本人提出书面申请，填写《北京市公费师范生终止协议登记表》（见附件 2），提交相关证明材料原件及复印件，并按照相关程序办理。

（二）公费师范生跨省就业办理流程：由公费师范毕业生本人提出书面申请，填写《北京市公费师范生跨省就业登记表》（见附件 3），提交相关证明材料原件及复印件，并按照相关程序办理。

（三）公费师范生延长协议办理流程：由公费师范毕业生本人提出书面申请，填写《北京市公费师范生延长协议登记表》（见附件 4），提交相关证明材料原件及复印件，并按照相关程序办理。

（四）公费师范生违约解除协议办理流程：由公费师范毕业生本人提出书面申请，填写《北京市公费师范生违约处理登记表》（见附件 5），提交相关证明材料原件及复印件，缴纳在校期间的专业奖学金和培养费后，按照相关程序办理。

第十四条 公费师范生在报考、学习、转专业、就业、读研、任教等环节有弄虚作假或其他违规、违纪行为的，依据有关规定处理。

第五章 激励措施

第十五条 北京市根据经济发展水平和财力状况，对公费师范生的生活费补助标准进行动态调整。优秀公费师范生可享受其他非义务性奖学金。鼓励设立公费师范生专项奖学金。支持师范院校遴选优秀公费师范生参加国内外交流学习、教学技能比赛等活动。

第十六条 将公费师范生履约任教后的在职培训纳入中小学教师市级培训计划，落实五年一周期的教师全员培训制度，支持公费师范生专业发展和终身成长。

第十七条 要把培养优秀中小学教师的工作成效作为评价师范院校办学水平的关键指标。对在实施师范生公费教育工作中作出积极贡献的师范院校给予政策倾斜，进一步加大对师范专业的支持力度。

第十八条 支持相关院校培养学前教育专业学生，按照相关院校增加的学前教育专业招生人数，支持生均师范生教育经费。

第六章 条件保障

第十九条 各有关部门和学校高度重视，建立分工明确的责任管理体系，加强协调，密切合作，抓好落实。

第二十条 教育行政部门牵头负责公费师范生招生培养、就业指导、落实岗位、办理派遣和履约管理工作；构建市区政府、中小学校与高校共同培养公费师范生的机制，强化公费师范生教育实践；建立健全公费师范生履约动态跟踪管理机制，建立公费师范生诚信档案。人力社保部门负责落实公费师范生专项招聘政策等工作，落实已履行完履约手续的未就业公费师范毕业生人事档案接转和报到工作。机构编制部门负责在核定的中小学教师编制总额内落实公费师范毕业生到中小学任教的编制。财政部门负责落实相关经费保障。教育督导部门要将师范生公费教育工作纳入督导内容，加强督导检查并通报督导情况。

第二十一条 师范院校要根据基础教育发展和课程改革的要求，加强公费师范生职业理想和师德教育，引导公费师范生树立先进的教育理念，热爱教育事业，坚定长期从教的职业理想，为将来成为优秀教师和教育专家打下牢固根基。精心制订教育培养方案，实行“双导师”制度，安排中小学名师、高校高水平教师给公费师范生授课。强化实践教学环节，落实公费师范生在校期间教育实践时间累计不少于一个学期的制度。协助市教育行政部门负责公费师范生毕业前的履约管理工作，建立公费师范生履约管理服务平台，督促毕业前违约的公费师范生到北京市教育系统人才交流服务中心缴纳在校期间的专业奖学金和培养费用；负责将未就业公费师范毕业生档案转至北京市教育系统人才交流服务中心并告知毕业生及时办理个人档案管理信息登记。

第二十二条 支持首都师范大学统筹各类资源，建设北京市教师教育基地，打造公费师范生教育教学技能实训平台，探索优秀教师培养新模式，集中最优质的资源用于公费师范生培养，全面提高公费师范生培养质量。

第二十三条 各区教育行政部门和相关用人单位协助市教育行政部门负责公费师范生的履约管理工作，督促服务期内违约的公费师范生办理相关手续前到北京市教育系统人才交流服务中心缴纳在校期间的专业奖学金和培养费用。

第二十四条 非师范高等院校和师范院校非师范专业的应届毕业生取得教师资格并到中小学、幼儿园任教，应当履行聘任协议规定的义务，工作满5年后，由区政府参照公费师范生在校期间的培养费用（含免缴的学费、取得的生活补助）标准，给予4万元一次性补助，吸引优秀毕业生到中小学、幼儿园任教。

第七章　附则

第二十五条 本细则适用于签订《北京市师范生公费教育协议书》的公费师范生。原签订《师范生免费教育协议》且正在履约任教的免费师范生，依照原文件规定执行，不适用本细则。

第二十六条 本细则自印发之日起施行。

附件：1. 北京市师范生公费教育协议书

2. 北京市公费师范生终止协议登记表（略）

3. 北京市公费师范生跨省就业登记表（略）

4. 北京市公费师范生延长协议登记表（略）

5. 北京市公费师范生违约处理登记表（略）

附件 1

北京市师范生公费教育协议书

协议编号：

甲方：（招生学校）

地址：

法定代表人：

乙方：（学生姓名）

家庭住址：

身份证号：

丙方：北京市教育委员会

地址：

法定代表人：

北京市实行师范生公费教育，旨在培养优秀中小学教师，鼓励优秀人才长期从教。根据《北京市师范生公费教育实施细则》以及相关法律法规政策规定，甲、乙、丙三方达成以下协议，共同遵守：

一、协议签订的前提

第一条 乙方具有参加普通高等学校招生全国统一考试资格，热爱教育事业，有志于长期从教、终身从教，自愿报考甲方师范类专业。甲方和丙方经审核，认为乙方符合录取条件，同意录取乙方为公费师范生。

二、甲方的权利和义务

第二条 根据国家相关规定，制订公费师范生的招生办法和录取原则，对报考甲方师范类专业的考生进行审核，录取公费师范生。将公费师范生的录取通知书及经甲方、丙方签字盖章的本协议书一式四份一并寄送乙方。乙方或乙方及其监护人在本协议书签字后，录取通知书生效。

第三条 按照培养优秀教师的目标，制订公费师范生教育培养方案，提供优良的教育教学条件，对乙方实施教育培养，进行管理和综合评价。

第四条 按照北京市财政局核定的标准，由市财政承担乙方在校期间（规定学制年限）学费并给予生活费补助。

三、乙方的权利和义务

第五条 持本人或本人及其监护人签字的本协议书一式四份及录取通知书到甲方报到，经甲方复查合格后，正式注册入学，成为公费师范生。

第六条 按照北京市教育行政部门的相关规定及甲方的教育培养方案，接受甲方的教育培养。

第七条 在规定修读年限内免缴学费并领生活补助，同时可享受其他非义务性奖学金。延长修读年限期间，费用自理。

第八条 在校学习期间应遵守法律法规和甲方的各项规章制度。

第九条 根据甲方的相关规定，入学后两年内可在甲方规定的师范类专业内进行专业二次选择。

第十条 按时完成甲方规定的教育教学计划，达到教育培养方案的要求，取得毕业证书和教师资格证书。

第十一条 按照北京市师范生公费教育的相关政策，履行义务，毕业时由甲方推荐，在需求岗位范围内进行双向选择，毕业后在本市从事中小学校、幼儿园教育工作不少于五年。

第十二条 在协议规定服务期限内，经丙方同意，可在学校间流动或从事教育管理工作。

第十三条 公费师范毕业生经考核符合要求的，可攻读本市教育硕士专业学位，在就业前和规定服务期内，不得报考其他类型的脱产研究生。

四、丙方的权利和义务

第十四条 提出公费师范生需求建议计划，配合甲方做好招生录取工作。在录取之前向甲方提供由法定代表人签章的本协议书。

第十五条 做好接收和安排公费师范毕业生到中小学校、幼儿园任教的各项工作。在乙方毕业时，组织用人单位在需求岗位范围内进行双向选择。

第十六条 鼓励和支持乙方按协议履约任教满一学期后，可攻读非全日制教育硕士专业学位，促进其终身学习和职业发展。

第十七条 负责公费师范生的履约管理，对于违约者，要求其缴纳在校期间的专业奖学金和培养费。

五、终止、延长协议

第十八条 乙方有《北京市师范生公费教育实施细则》第十一条规定情形之一，不视为违约，终止本协议或延长本协议，免收在校期间的专业奖学金和培养费。

六、违约情形及处理

第十九条 乙方违反《北京市师范生公费教育实施细则》第十二条规定情形之一，按规定缴纳在校期间的专业奖学金和培养费。

七、附则

第二十条 本协议未尽事宜，凡属北京市及相关部门有规定的，按有关规定执行，其他事宜三方协商解决。

第二十一条 本协议经甲、丙方盖章和法定代表人签章，以及乙方或乙方及其监护人签字后生效。

乙方在签订本协议时如未满 18 周岁，须由乙方及其监护人共同签订本协议。

第二十二条 本协议书一式四份，甲、乙、丙三方各执一份，一份存入乙方个人档案，具有同等法律效力。

甲方（盖章）：

法定代表人签章：

签订日期：　　年　月　日

乙方（签字）：

签订日期：　　年　月　日

乙方监护人（签字或按指印）：
签订日期：　　年　月　日

丙方（盖章）：北京市教育委员会（章）
法定代表人签章：
签订日期：　　年　月　日

北京市教育委员会

关于印发《北京市中小学健康教育指导纲要（试行）》的通知

京教体艺〔2019〕19号

各区教委：

为贯彻落实《中共中央 国务院印发〈“健康中国2030”规划纲要〉》和《中共北京市委 北京市人民政府关于印发〈“健康北京2030”规划纲要〉的通知》（京发〔2017〕19号）对健康教育提出的工作要求，推动北京市中小学健康教育工作，结合我市健康教育工作经验和近年来北京市中小学健康教育的实际需求，广泛听取了中小学教师，教科研部门、教育、卫生、红十字会以及相关高校有关专家的意见，依据《教育部关于印发〈中小学健康教育指导纲要〉的通知》（教体艺〔2008〕12号），制定了《北京市中小学健康教育指导纲要（试行）》。

现将《北京市中小学健康教育指导纲要（试行）》印发给你们，请认真组织实施，并将工作过程中的问题和建议及时反馈市教委体卫艺处。

附件：北京市中小学健康教育指导纲要（试行）

2019 年 7 月 10 日

附件

北京市中小学健康教育指导纲要（试行）

为贯彻落实《中共中央 国务院印发〈“健康中国 2030”规划纲要〉》和《中共北京市委 北京市人民政府关于印发〈“健康北京 2030”规划纲要〉的通知》（京发〔2017〕19 号）对健康教育提出的工作要求，进一步加强中小学健康教育工作，培养学生健康意识与观念，掌握健康知识和技能，促进学生养成健康的行为和生活方式，依据《教育部关于印发〈中小学健康教育指导纲要〉的通知》（教体艺〔2008〕12 号）的精神，结合近年来北京市中小学健康教育的实际需求，制定本纲要。

一、指导思想与基本理念

（一）中小学健康教育的指导思想

坚持以党的十九大提出的“健康中国战略”的思想为指导，按照科学发展观的要求，全面贯彻党的教育方针，全面推进健康北京建设，建设健康中国首善之区。认真落实“健康第一”的指导思想，把发展学生的健康素养作为学校教育的基本目标之一，建立学校健康教育推进机制，促进学生健康成长。

（二）中小学健康教育的基本理念

1. 以发展学生的健康素养为宗旨

着眼于学生适应社会发展和个人生活的需要，从健康知识与观念、健康基本技能、健康生活方式与行为等方面发展学生的健康素养，充分发挥健康教育的育人价值，促进学生的健康成长。

2. 注重学生生活技能的养成

健康教育要高度关注学生学习过程中健康生活技能的养成，强调健康知识的理解与健康生活技能的掌握并重，通过一系列观察、交流、比较等学习活动，促进学生自觉地采纳和保持有益于健康的行为和生活方式，减少或消除影响健康的危险因素，为他们健康成长和幸福生活奠定基础。

3. 关注学生社会责任的培养

健康教育要为学生的个人生存、发展和交往等方面提供可持续的应对策略。要培养学生积极参与个人和社会事务的讨论，关注社会健康议题，辨别迷信和伪科学，宣传健康文明的生活方式，成为健康北京的促进者和实践者。

二、目标、任务与原则

（一）中小学健康教育的目标

健康教育以促进学生的健康成长为核心，以发展学生的健康素养为宗旨，通过有目的、有计划地开展学校健康教育，帮助学生提高健康意识，掌握必要的健康知识与健康技能，养成健康的生活方式与行为，减少或消除影响健康的危险因素；引导学生主动宣传健康知识，增强维护健康的社会责任感。

（二）中小学健康教育的任务

落实党的十九大提出的“健康中国战略”和《中共北京市委 北京市人民政府关于印发〈“健康北京2030”规划纲要〉的通知》（京发〔2017〕19号）的要求，把提高学生的健康素养作为根本出发点，开展面向全体学生的健康教育，提高学生的身心健康水平，减少和避免各种不利因素对学生健康的影响，培养具有社会责任感、创新精神和实践能力的社会主义建设者和接班人。

（三）中小学健康教育的原则

1. 科学性与实效性相结合原则

要根据学生身心发展的规律和特点及学生不同生长阶段的实际需求科学开展健康教育，注重健康教育的实践性与实效性，切实提高学生健康素养水平。

2. 面向全体学生与关注个体差异相结合的原则

健康教育要面向全体学生，全面提高学生的健康素养；要关注学生的个体差异，根据学生年龄、心理、性别等特点和发展需要，开展有针对性的教育和引导。

3. 知识传授与技能培养相结合的原则

健康教育要关注学生在知识学习过程中养成健康生活技能，强调健康知识与健康技能并重，做到健康知识的掌握、健康技能的提高以及健康意识的形成、健康行为和生活方式的养成相统一。

4. 个体健康责任与社会责任意识相结合的原则

健康教育要让学生能够运用所学的知识和技能，帮助个人和群体掌握卫生保健知识，树立健康观念，合理利用资源，并采纳有利于健康的行为和生活方式，推动社会范围内健康促进的更好发展。

三、主要内容

中小学健康教育的主要内容包括：个人卫生习惯，生长发育与性健康，营养与健康，疾病预防，烟草、酒精与毒品，心理健康，运动与健康，安全应急与避险等 8 个领域的具体内容。在 8 个领域具体内容的学习过程中，掌握健康知识与技能、树立健康观念与意识、养成健康生活方式与行为并做出有利于健康的决策。

中小学健康教育 8 个领域的具体内容详见附录。

各学校在开展健康教育时，应以附录为依据，进行健康教育内容的规划和组织。按照附录分学段设置的具体教育内容，从不同年龄阶段学生的身心发展特点出发，循序渐进地将健康教育内容贯穿于中小学生在校学习的全部阶段。

四、途径与方法

中小学要采取多种途径和方法开展健康教育，注重发挥不同途径和方法的综合作用，增强健康教育的实效性。

（一）将健康教育贯穿于学校教育教学全过程

各校按照本纲要提出的目标及具体内容，结合本校实际，设计健康教育的课程体系，制定相应的教学计划。全体教师应有意识地在各种教育教学过程中将健康教育的内容与学科教学、班主任工作等有机结合，开展适合学生特点的健康教育。

（二）拓展多种健康教育开展途径

中小学要通过班团队活动、学生社团活动、社会实践活动等多种途径，以课堂活动与课外活动相结合的形式，采用讨论、分享、游戏活动、角色扮演、故事叙述等多种方式开展健康教育，让学生在体验中掌握健康生活技能。

（三）用学生乐于接受的形式开展健康教育

学校要充分利用互联网、广播、宣传栏、微信、微博等载体，采取学生喜闻乐见、易于接受的形式，开展寓教于学、寓教于乐的健康教育活动。也可以通过班会、团会、校会、升旗仪式、墙报、板报等多种形式开展经常性的宣传教育活动，同时要利用团体辅导、专题讲座等方式开展健康教育专题教育，向学生传授健康知识和技能。

（四）学校、家庭和社会共同实施健康教育

学校要帮助家长树立正确的教育观念，了解和掌握学生身心发育的特点及规律，提升家庭健康教育的能力。要充分利用社会资源开展各种有益于中小学生身心健康的教育活动，学校、家庭和社会密切合作，共同促进学生健康成长。

五、组织与实施

学校健康教育是学校教育的重要组成部分，各级教育行政部门和学校管理者应以“大健康”观念为指导，全面、统筹考虑学校的健康教育工作，将健康教育教学、健康环境创设、健康服务进行有机结合，为学生践行健康行为提供支持，以实现促进学生健康发展的目标。

（一）加强对中小学健康教育工作的领导和组织管理

各级教育行政部门要切实加强对学校健康教育工作的领导，制定规章制度，明确责任部门和负责人，支持和指导中小学开展健康教育工作。学校要通过多种途径和方式，结合教育教学实际，保证健康教育时间。各级教育行政部门要将学校健康教育工作列入年度工作计划，纳入学校督导评估指标体系之中。教育督导部门应定期开展专项督导检查，可适时开展中小学健康教育示范校创建活动。

（二）重视健康教育课程建设

从不同学校实际和不同年龄阶段学生的身心发展特点及需求出

发，设置具体的健康教育内容，构建科学系统的健康教育课程体系，加强中小学健康教育内容的系统性。遵循相关学科教学与教育活动相结合、课堂教育与课外实践相结合、经常性宣传教育与集中式宣传教育相结合的模式开展健康教育。

（三）重视健康教育师资队伍建设

中小学健康教育师资以现有健康教育专兼职教师为基础。要重视健康教育教学研究工作，各级教研部门要把健康教育教学研究纳入教研工作计划，开展以知识传播与技能培养相结合的教学研究工作，不断提高教师开展健康教育的水平。

（四）加强健康教育教学资源建设

各区应加强教学资源建设，积极开发健康教育的教学课件、教学图文资料、音像制品等教学资源，增强健康教育实施效果。凡进入中小学校的自助读本或相关教育材料必须按有关规定，经审定后方可使用。

（五）重视对健康教育的评价和督导

各区教育行政部门和学校应将健康教育实施过程与健康教育实施效果作为评价重点，包括学生健康观念的建立、基本知识和技能的掌握和卫生习惯、健康行为的形成，以及学校对健康教育课程的安排、必要的资源配置、实施情况以及实际效果。做好红十字青少年的普及宣传工作，组织学生开展爱心募捐救助、红十字志愿服务、传播国际人道法等工作。

各区教育行政部门应将学校实施健康教育情况列入学校督导考核的重要指标之一，建立科学化、常态化的健康素养状况监测评估体系。

附录

北京市中小学健康教育的具体内容及要点

根据儿童青少年生长发育的不同阶段，依照小学低年级、小学中年级、小学高年级、初中年级、高中年级五个学段，把个人卫生习惯，生长发育与性健康，营养与健康，疾病预防，烟草、酒精与毒品，心理健康，运动与健康，安全应急与避险等8个领域的具体内容合理分配到五个学段中，分别为学段一（小学1～2年级）、学段二（小学3～4年级）、学段三（小学5～6年级）、学段四（初中7～9年级）、学段五（高中10～12年级）。五个学段的内容相互衔接，循序渐进，不断强化和促进健康知识与技能的掌握、健康知识与观念的树立以及健康生活方式与行为的养成。

一、学段一（小学1～2年级）健康教育的具体内容及要点

（一）掌握正确的个人卫生知识，养成有益于健康的日常生活卫生习惯和行为；掌握保护牙齿和眼睛的常识；了解环境卫生对个人健康的影响，学习垃圾分类放置的方法，初步树立维护环境卫生的意识。

（二）了解生命孕育和成长的基本知识；知道“我从哪里来”，知道性别的概念；能够认识并保护身体隐私部位，知道人与人之间的身体界限。

（三）认识生活中常见的食物种类，能够识别霉变、腐烂等不安全食物的典型特征，初步树立食品安全的意识；养成良好的饮食和饮水习惯，不挑食，不偏食。

（四）了解该年龄阶段常见传染病的传播途径；知道接种疫苗可以预防一些传染病，积极主动接种疫苗。

（五）认识烟草的危害，拒绝二手烟。

（六）能够正确、连贯、协调地完成走、跑、跳、投等基本动作；了解常见体育运动种类，遵守运动规范，避免运动伤害；保持身体正确的坐、立、行姿势，预防脊柱弯曲及异常。

（七）了解学校规则，适应学校日常生活；主动参与力所能及的事情，体验成功，逐渐形成自信乐观的生活态度；能清楚地表达自己的意愿；认识情绪的不同表现，简单识别来自身体、心理及周围环境的压力，树立控制不良情绪的意识，愿意与老师、同学、家人友好相处，具有分享、谦让意识；了解家庭成员的社会分工。

（八）掌握交通安全、用火用电安全常识；认识常见的危险标识，远离危险物品与环境；遇到紧急情况会拨打求助电话；具备儿童防拐常识，初步形成自我保护意识和自救互救能力。

二、学段二（小学3～4年级）健康教育的具体内容及要点

（一）进一步掌握正确的个人卫生知识，了解牙齿保健和用眼卫生常识，了解睡眠卫生要求，养成良好的作息习惯；了解水和空气污染的途径，知道水和空气污染对健康的影响；能做到分类放置生活垃圾，养成维护环境卫生的习惯。

（二）了解身体主要的器官及其功能，认识男女生的性别特征，学会保护自己的身体。

（三）知道食物的营养成分与来源，了解身体生长发育所需的营养成份以及偏食、挑食对健康的影响，初步做到均衡膳食；了解食品卫生基本知识，初步形成食品安全意识。

（四）了解该年龄阶段常见传染病传播途径和预防措施；了解营养不良、肥胖和视力不良对健康的危害及预防措施。

（五）了解烟草和酒精对青少年身体健康的危害，拒绝吸烟和饮酒。

（六）掌握常见体育项目如游泳、滑冰、篮球、足球等的基本动作及保护措施；了解体育锻炼对生长发育和预防疾病的作用，初步制定并实施个人的体育运动计划；掌握保持身体姿态的正确方法。

（七）有意识地制定学习与生活计划，合理安排时间，提高学习效率，形成良好的学习态度；初步了解自己的优点和缺点，形成乐观、自信的心理品质；学会合理表达自己需求的方法，接受他人对自身健康提出的合理建议；了解不良情绪对健康的影响，掌握情绪调节的基本方法，具有与家人、老师和同学主动交往的意识；认识社会分工，尊重家庭成员的工作。

（八）掌握火灾、地震发生时逃生和求助的技能；掌握常见意外伤害的预防与简单处理方法；了解防范校园欺凌与维护校园安全的基本常识；具有爱心募捐救助和红十字志愿服务的意识。

三、学段三（小学5～6年级）健康教育的内容及要点

（一）掌握青春期个人卫生知识和变声期的保健知识；了解用眼保健的常识；合理安排学习、生活和休闲时间，养成健康的生活方式；掌握甄别健康产品、信息和服务的技能；了解环境污染等环境问题的危害，树立保护环境的意识。

（二）了解青春期发育规律和特点，接纳自己的发育变化；掌握青春期保健知识和技能；具有科学知识获取和困惑求助途径。

（三）了解膳食宝塔的组成及含义，了解各种营养物质对身体健康的作用，按照膳食宝塔中营养成分的比例合理安排日常饮食，不暴饮暴食，不盲目节食，保持正常体重。

（四）了解虫媒病和地方病的危害，树立卫生防病意识。

（五）认识烟草、酒精和毒品的种类及对健康的危害，远离毒品。

（六）根据体能测试要求和报告结果，结合自身体质特点，制定体育运动方案，并付诸实施；掌握骑行安全及体育运动中自我保护的常识和措施，预防运动伤害。

（七）掌握基本的学习方法，正确对待学习成绩；了解自己的兴趣、性格特点及青春期的身心变化特点，建立和维持良好的异性同伴关系，具有团队意识和集体荣誉感；了解人际沟通的意义及作用，学习与家长、老师、同学沟通的正确态度和方法；了解情绪调适的重要性，掌握缓解压力的方法；了解不同工作对社会发展的贡献，尊重他人的工作和劳动成果。

（八）掌握中暑、煤气中毒、动物咬伤等意外伤害的预防和处理方法，了解紧急救护和求助的相关知识，能够在危险时刻进行自救和求助；提高网络安全意识；参与爱心募捐救助和红十字志愿服务、传播国际人道法等。

四、学段四（初中 7 ~ 9 年级）健康教育的内容及要点

（一）进一步掌握青春期卫生保健知识，认识到不良的卫生和生活习惯会危害健康；能够正确甄别和评估与健康有关的信息，产品和服务的能力；了解环境问题产生的原因和保护环境的措施，树立节约资源、保护环境的意识。

（二）进一步了解青春期生理和心理变化的特点，认识到性发育伴随的责任和义务，学习合理释放性冲动的方法；掌握青春期常见生理和心理问题的预防和处理方法，做好青春期生理和心理保健。

（三）了解充足的营养物质对促进儿童青少年生长发育的意义，

知道合理搭配膳食的原则和方法；了解预防食物中毒的知识，知道安全储存食物的方法。

（四）了解慢性非传染性疾病的预防知识和安全用药常识，能遵医嘱服药；能区分保健品和药品；了解预防艾滋病的基本知识。

（五）认识烟草、酒精和毒品对个人、家庭和社会的危害，学会拒绝毒品的技能。

（六）系统掌握短跑、长跑、足球、篮球、体操等常规体育项目的技术、规则及运动损伤防护措施；了解体育运动对身高、体重、心肺功能等指标的改善作用，根据科学运动的基本原则制定体育锻炼计划。

（七）积极适应初中阶段的学习环境和要求，提高学习主动性；能客观、合理地认识和评价自我，发展与完善自我；掌握人际沟通的基本方法，能与周围的人积极交往；把握同异性交往的尺度，树立合作意识；认识情绪对自己和他人的影响，主动调节自身情绪，积极应对挫折和压力；正确认识家长对自己的关爱和教育，学会与家长平等交流与沟通；具有初步的角色意识，学会换位思考；了解多种受教育途径和自己所关注的职业，能够规划中考之后的学业路径。

（八）识别性侵害的危险因素，保护自己不受性侵害；掌握食物中毒、溺水等突发事件的应急处理方法；掌握电信诈骗和网络安全的常识，预防网络成瘾；参与爱心博爱募捐、红十字志愿服务和友好合作交流活动。

五、学段五（高中 10 ～ 12 年级）健康教育的内容及要点

（一）能够识别身体发出的异常信号，及时就医；学会甄别、评估和利用有效的健康信息、产品和服务；了解影响健康的环境因素和视力不良的矫正方法，认识到环境问题对人类生存的影响，树立人与自然生命共同体意识。

（二）了解优生优育知识，认识避孕和终止非意愿妊娠的机理及利弊；掌握疏解性冲动的心理和行为方式，树立健康文明的性观念和性道德。

（三）了解中国居民膳食指南相关内容，依据食品安全和膳食平衡的原则制定饮食计划。

（四）掌握艾滋病的预防措施，能正确对待艾滋病毒感染者；认识性传播疾病和传播方式；识别药物安全标识，掌握安全用药知识，避免自己和他人滥用药物。

（五）掌握拒绝烟草、酒精和毒品的技能，远离不良嗜好人群及危险场所。

（六）掌握运动保健方法及常见运动损伤的预防和处理方法，熟练掌握 1 ～ 2 项体育运动技能，养成科学的体育锻炼的习惯，确保体育锻炼的强度，形成健康生活意识。

（七）掌握高中学习生活的特点，积极应对考试压力，树立终身学习的意识；科学评估自我的兴趣、能力、性格和价值观，丰富自我概念的内容；扩大人际交往的范围，提升人际沟通能力；掌握调节和管理情绪的方法，灵活掌握缓解压力的方法；正确认识友情与爱情，合理对待竞争与合作；能够平等对待社会中的不同群体，关爱他人并给予力所能及的帮助；明确职业发展方向，规划个人的职业发展道路，能平衡各种人生角色。

（八）了解网络交友的安全隐患，掌握网络避险措施；主动参加红十字会救助活动，并积极参加与开展传播国际人道法项目。

北京市教育委员会

关于实施教育部《普通高中课程方案（2017年版）》的课程安排指导意见

京教基二〔2019〕17号

各区教委，燕山教委：

普通高中教育是在义务教育基础上进一步提高国民素质、面向大众的基础教育，任务是促进学生全面而有个性的发展，为学生适应社会生活、高等教育和职业发展作准备，为学生的终身发展奠定基础。北京市从2019年秋季高一年级起，实施教育部《普通高中课程方案和语文等学科课程标准（2017年版）》（以下简称新课程），使用按照新课程标准编写修订后的各学科教材（以下简称新教材）。为落实全国和北京市教育大会精神，统筹做好新课程新教材实施工作，有序推进全市普通高中课程改革，现结合实际提出以下意见。

一、指导思想

坚持以习近平新时代中国特色社会主义思想为指导，深入贯彻党的十九大和十九届二中、三中全会精神，全面贯彻党的教育方针，落实立德树人根本任务，发展素质教育，立足首都城市战略定位，统筹推进普通高中课程改革、高考综合改革和普通高中多样化发展，充分发挥课程在学校育人中的核心作用，促进课程、教材、教学、考试、评价、招生等有机衔接，全面落实新课程新教材的理念和要求，切实提高育人水平，培养德智体美劳全面发展的社会主义建设者和接班人。

二、基本原则

（一）育人为本

结合我市实际，全面落实新课程要求，遵循教育规律和学生成长规律，围绕立德树人根本任务，把科学的质量观落实到教育教学全过程，打牢学生成长的共同基础，满足学生不同学习需要，进一步提高学生综合素质，发展学生核心素养。

（二）分类指导

坚持加强市级统筹、强化区级保障、学校具体实施，充分考虑不同区域、学校办学条件和教育教学实际，尊重学生发展需求，指导各区各校找准深化课程改革和高考综合改革的有机衔接路径，保障每一所普通高中都顺利推进改革并取得实效。

（三）加强统筹

坚持把立德树人融入课程教学全过程，形成必修、选择性必修和选修三类课程整体设计，既关注共同基础课程学习，也关注选择性课程学习，确保学生发展需求、选课选考、课程安排以及考试评价的内在一致。

（四）有序推进

市区校三级建立健全组织领导、系统培训、示范引领、监测督导等工作机制，完善经费投入、师资配置、专业研究、设施配备等保障机制，为深化课程改革提供有力支撑。鼓励学校在课程实施、教学组织管理、学生发展指导和选修课程建设方面积极创新。

三、培养目标

普通高中课程在义务教育基础上，进一步提升学生综合素质，着力发展学生核心素养。培养学生具有理想信念和社会责任感、科学文化素养和终身学习能力、自主发展能力和沟通合作能力，使学生成为有理想、有本领、有担当的时代新人。

四、课程设置

（一）学制和课时

1. 普通高中学制为三年。每学年 52 周，其中教学时间 40 周，社会实践 1 周，假期（包括寒暑假、节假日等）11 周。每周 35 课时，每课时按 45 分钟计。在保证科目教学时间总量不变的前提下，学校可根据教学实际需要，调整课堂教学时长，开展长短课时相结合的实践探索。

2. 每学年分两学期，每学期是否分学段安排课程，由学校根据各学科课程标准结合实际需求自主确定。

3. 学生通过 18 课时的科目内容学习可获得 1 学分，科目教学时间安排一般为 18 课时的倍数。

（二）课程类别

普通高中课程由必修、选择性必修、选修三类课程构成。

1. 必修课程，由国家根据学生全面发展需要设置，所有学生必须全部修习。

2. 选择性必修课程，由国家根据学生个性发展和升学考试需要设置。参加普通高等学校招生全国统一考试的学生，必须在本类课程规定范围内选择相关科目修习；其他学生结合兴趣爱好，也必须选择部分科目内容修习，以满足毕业学分的要求。

3. 选修课程，由学校根据实际情况统筹规划开设，学生自主选择修习。其中，一部分是国家在必修和选择性必修基础上设计的拓展、提高及整合性课程；一部分是地方课程和学校根据学生多样化需求，本地社会、经济、文化发展需要，以及学校办学特色等设计的校本课程。

（三）科目设置与安排

1. 普通高中开设语文、数学、外语、思想政治、历史、地理、物理、化学、生物学、技术（含信息技术和通用技术）、艺术（或音乐、美术）、体育与健康科目和综合实践活动等国家课程，地方课程及校本课程。

2. 结合我市实际，必修课程统一安排，选择性必修课程由学生根据高校专业科目指引、兴趣爱好和毕业学分要求自主选择，选修课程由学生自主选择、学校结合实际安排。

3. 外语包括英语、日语、俄语、德语、法语、西班牙语。学校自主选择第一外语语种。鼓励学校创造条件开设第二外语。

4. 技术包括信息技术和通用技术，其必修内容分别按 3 学分设计模块，开设年级及课时由学校按照课程标准结合实际自主确定。

5. 艺术可与音乐、美术两科相互替代，具体开设科目由学校自行确定。

6. 体育与健康的必修内容，必须在高中三学年持续开设，学校可提供模块供学生选择。

7. 综合实践活动由研究性学习、社会实践和志愿服务三部分组成，主要通过考察探究、社会服务、职业体验等方式进行，由学校统筹规划与实施。要因地制宜，科学安排综合实践活动，发挥综合实践活动在促进学生发展中的独特作用。

8. 选修课程可以在各学期适当分散安排，鼓励有条件学校在高一年级开始安排。各学校要确保高二全学年和高三学年第一学期，每个学生每周至少有 2 个课时的选修课程学习时间，其中校本课程每周安排不少于 1 课时。

9. 除综合实践活动课程外，国家课程方案规定的其他学科必修课程内容为学业水平合格性考试范围。思想政治、历史、地理、物理、化学、生物学六个选考科目的学业水平等级性考试范围为必修和选择性必修两部分内容。选修课程（含校本课程）的考核，由学校自主实施。

（四）学分要求

1. 学生完成相应课程规定课时的学习并考试（考核）合格，即可获得相应学分。普通高中学生毕业学分最低要求为 144 学分，其中必修课程 88 学分；选择性必修课程不少于 42 学分（其中参加高考的学生语文、数学、外语科目，以及选择作为学业水平等级性考试的科目应修满上限学分；对于不选考的科目，鼓励学生结合兴趣爱好选修部分模块）；选修课程（含各科目选修模块和学校根据实际开设的校本课程）不少于 14 学分（其中校本课程不少于 8 学分）。

2. 综合实践活动共 14 学分：研究性学习 6 学分，学生至少应完成 2 个课题研究或项目设计，以开展跨学科研究为主；社会实践 6 学分，包括党团活动 1 学分、军训 2 学分、社会考察 2 学分、职业体验 1 学分；志愿服务 2 学分，在课外时间进行，三年不少于 40 小时。

五、课程实施与评价

（一）制定科学合理的课程实施规划

各校要依据国家课程设置要求和本意见，结合办学目标、学生特点和实际条件，制订满足学生发展需要的课程实施规划。要开齐国家规定的各类课程，特别是综合实践活动、技术（含信息技术和通用技术）、艺术（或音乐、美术）、体育与健康等课程，开足规定的课时。科学均衡安排必修、选择性必修和选修三类课程，严格按照科目设置和学分要求安排教学工作，不得增减科目教学时间总量。严禁超课标教学、抢赶教学进度和提前结束课程。重视劳动教育，加强劳动教育在各学科教学中融合渗透，使学生养成劳动习惯、掌握劳动本领、树立热爱劳动的品质。

（二）增强课程整体建设能力

各校要开齐开足必修课程，打牢学生成长共同基础。开好选择性必修课程,开发开设丰富多彩的选修课程。鼓励各区各校因地制宜，组织区域或校际课程选修、线上课程修习，探索区域、学区、集团学生跨校选课、教师跨校兼课的流动机制，满足学生选课选考及个性化学习需求。有序扩大学校课程自主权，以课程改革促进学校多样化发展。

（三）有序推进选课走班

要指导学校制订选课走班指南，开发课程安排信息管理系统，加大对班级编排、学生管理、教师调配、教学设施配置等方面的统筹力度，提高教学管理水平和资源使用效率，构建规范有序、科学高效的选课走班运行机制。

（四）深化课堂教学改革

各区要加强对学校教学改革的指导，各校要提高课堂教学效率，培养学生适应终身发展和社会发展需要的正确价值观念、必备品格和关键能力。积极探索基于情境、问题导向的互动式、启发式、探究式、体验式等课堂教学，注重加强课题研究、项目设计、研究性学习等跨学科综合性教学。推进信息技术与教育教学深度融合,加强教学研究和指导。

（五）加强学生发展指导

学校要建立学生发展指导制度，建立专兼结合的指导教师队伍，通过学科教学渗透、开设指导课程、举办专题讲座、开展职业体验等对学生进行指导，帮助学生树立正确理想信念、正确认识自我，更好适应高中学习生活，处理好个人兴趣特长与国家和社会需要的关系，提高选修课程、选考科目、报考专业和未来发展方向的自主选择能力。

（六）完善考试评价制度

市区加强对学校学分认定的指导和管理。学生修习的学分由学校认定，学校应制定学分认定具体办法，学分认定应综合考虑学生实际修习的课时、学习表现，并达到课程标准或相关文件的要求。普通高等学校招生全国统一考试、普通高中学业水平考试、校内评价或考试要以课程方案和课程标准为依据，更好发挥立德树人导向作用。

六、组织保障

（一）加强组织领导

实施普通高中新课程新教材，深化课程改革，是一项系统工程。各区教育行政部门要结合实际制定本区普通高中课程改革工作方案和课程安排指导意见报市教委备案，各学校要制定具体课程实施方案，报上级教育行政主管部门备案。各区要周密部署，精心组织，有效衔接各项改革工作，稳妥有序推进。各学校要落实主体责任，做好实施工作。

（二）加强教师队伍建设

各区要进一步加大教师编制统筹调配力度，根据课程改革和高考综合改革需要，科学核定普通高中教职工编制，配齐配足教师，特别要满足选课走班教学、指导学生发展等方面的师资需要。结合实际改进教师奖惩机制，充分调动教师的积极性和创造性。创新教师培训方式，重点提升教师新课程实施、学生发展指导和走班教学管理能力。

（三）加强新课程新教材培训

在2018年完成新课程全员培训基础上，各区各校要聚焦新课程实施重点难点开展专题培训，认真开展校本研修，确保各学科教师全面掌握新课程内涵和要求。制定全市新教材培训方案，在2019年8月底前完成高一年级各学科教师培训工作，在2020年8月底前完成其他年级各学科教师培训工作。市级做好教研员、骨干教师新教材培训；区级制定培训方案，做好新教材全员培训；学校结合实际抓好新教材校本研修。

（四）加大教科研指导力度

市区教研科研部门要围绕新课程实施中的重点和难点问题，特别是对学科核心素养、学业质量标准在实践中转化落地等问题加强研究，深入学校、深入课堂、深入师生开展实践研究，推动教学改革深化。学校要健全校本教研制度，鼓励和支持教师创新教学方式，不断提升教学质量。

（五）加强教学设施建设

根据课程实施需要，修订完善普通高中教学设施设备、图书资料等教育技术装备标准，及时配备理化生新增仪器设备，改善教学环境和条件。配齐专用教室与场馆，保障技术（含信息技术和通用技术）、艺术（或音乐、美术）、体育与健康、综合实践活动等课程及有关学科实验的开设。鼓励建设创新实验室、社团活动室等。

（六）加强经费保障

各区要加大经费投入力度，满足课程开发、教学研究、设施设备配置、资源建设、教师培训与研修以及开展综合实践活动等必要的经费需求。市区两级加大对远郊区和薄弱学校经费投入倾斜力度，建立帮扶机制，确保每一所学校平稳有序推进课程改革。

（七）加强督导监测

市级教育行政部门对各区普通高中课程方案执行情况、课程标准落实情况和教材使用情况进行监测评估，及时指导课程改革深化工作。区教育督导部门要开展新课程新教材实施专项督导评估，并将其纳入综合督导和责任督学经常性督导，督导检查结果作为普通高中学校综合考核评价的重要依据。

（八）加强舆论宣传

统筹做好新课程实施、新教材使用和高考综合改革的宣传，全面解读政策措施，积极宣传正确教育观念和典型经验案例，努力营造深化普通高中课程改革的良好氛围。

附件：1. 北京市普通高中课程学分结构表

　　　2. 北京市普通高中课程安排指导表

2019 年 7 月 12 日

附件 1

北京市普通高中课程学分结构表

科目	必修学分	选择性必修学分	选修学分
语文	8	0 ~ 6	0 ~ 6
数学	8	0 ~ 6	0 ~ 6
外语	6	0 ~ 8	0 ~ 6
思想政治	6	0 ~ 6	0 ~ 4
历史	4	0 ~ 6	0 ~ 4
地理	4	0 ~ 6	0 ~ 4
物理	6	0 ~ 6	0 ~ 4
化学	4	0 ~ 6	0 ~ 4
生物学	4	0 ~ 6	0 ~ 4
技术（含信息技术和通用技术）	6	0 ~ 18	0 ~ 4
艺术（或音乐、美术）	6	0 ~ 18	0 ~ 4
体育与健康	12	0 ~ 18	0 ~ 4
综合实践活动	14		
地方、校本课程			≥ 8
合计	88	≥ 42	≥ 14

附件 2

北京市普通高中课程安排指导表

<table>
<tr><td rowspan="3">时间
科目</td><td colspan="4">第一学年</td><td colspan="4">第二学年</td><td colspan="3">第三学年</td></tr>
<tr><td colspan="2">上学期</td><td colspan="2">下学期</td><td colspan="2">上学期</td><td colspan="2">下学期</td><td colspan="2">上学期</td><td>下学期</td></tr>
<tr><td>学段 1</td><td>学段 2</td><td>学段 3</td><td>学段 4</td><td>学段 1</td><td>学段 2</td><td>学段 3</td><td>学段 4</td><td>学段 1</td><td>学段 2</td><td>学段 3/4</td></tr>
<tr><td>语文</td><td colspan="4">整本书阅读与研讨，当代文化参与，跨媒介阅读与交流，语言积累、梳理与探究，文学阅读与写作，思辨性阅读与表达，实用性阅读与交流 7 个任务群 /4</td><td colspan="7">（1）选择性必修：在整本书阅读与研讨，当代文化参与，跨媒介阅读与交流，语言积累、梳理与探究，中华传统文化经典研习，中国革命传统作品研习，中国现当代作家作品研习，外国作家作品研习，科学与文化论著研习中选择 0 ～ 9 个任务群（整本书阅读与研讨、当代文化参与、跨媒介阅读与交流不设学分，贯穿在其他 6 个任务群中）；（2）选修：整本书阅读与研讨、当代文化参与、跨媒介阅读与交流、汉字汉语专题研讨、中华传统文化专题研讨、中国革命传统作品专题研讨、中国现当代作家作品专题研讨、跨文化专题研讨、学术论著专题研讨等 9 个选修任务群（整本书阅读与研讨、当代文化参与、跨媒介阅读与交流不设学分，贯穿在其他 6 个任务群中）和校本课程</td></tr>
<tr><td>数学</td><td colspan="4">预备知识、函数、几何与代数、概率与统计、数学建模活动与数学探究活动 5 个主题，并融入数学文化 /4</td><td colspan="7">（1）选择性必修：在函数、几何与代数、概率与统计、数学建模活动与数学探究活动中选择 0 ～ 4 个主题，并融入数学文化；（2）选修：数理类课程，经济、社会、部分理工类课程，人文类课程，体育、艺术类课程，拓展、地方、生活、大学先修类课程等 5 类选修课程和校本课程</td></tr>
</table>

续表1

<table>
<tr><td rowspan="3">时间
科目</td><td colspan="4">第一学年</td><td colspan="4">第二学年</td><td colspan="3">第三学年</td></tr>
<tr><td colspan="2">上学期</td><td colspan="2">下学期</td><td colspan="2">上学期</td><td colspan="2">下学期</td><td colspan="2">上学期</td><td>下学期</td></tr>
<tr><td>学段1</td><td>学段2</td><td>学段3</td><td>学段4</td><td>学段1</td><td>学段2</td><td>学段3</td><td>学段4</td><td>学段1</td><td>学段2</td><td>学段3/4</td></tr>
<tr><td>英语</td><td>英语1/4</td><td>英语2/4</td><td>英语3/4</td><td colspan="8">（1）选择性必修：在英语4、英语5、英语6、英语7中选择0～4个模块；（2）选修：基础类、拓展类、实用类、提高类、第二外国语类等课程和校本课程</td></tr>
<tr><td>思想政治</td><td>中国特色社会主义/2</td><td>经济与社会/2</td><td colspan="2">政治与法治/2</td><td colspan="2">哲学与文化/2</td><td colspan="5">（1）选择性必修：在当代国际政治与经济、法律与生活、逻辑与思维中选择0～3个模块；（2）选修：财经与生活、法官与律师、历史上的哲学家等3个选修模块和校本课程</td></tr>
<tr><td>历史</td><td colspan="4">中外历史纲要/2</td><td colspan="7">（1）选择性必修：在国家制度与社会治理、经济与社会生活、文化交流与传播中选择0～3个模块；（2）选修：史学入门、史料研读2个选修模块和校本课程</td></tr>
<tr><td>地理</td><td colspan="2">地理1/2</td><td colspan="2">地理2/2</td><td colspan="7">（1）选择性必修：在自然地理基础，区域发展，资源、环境与国家安全中选择0～3个模块；（2）选修：天文学基础、海洋地理、自然灾害与防治、环境保护、旅游地理、城乡规划、政治地理、地理信息技术应用、地理野外实习等9个选修模块和校本课程</td></tr>
<tr><td>物理</td><td colspan="2">必修1/2</td><td colspan="2">必修2/2</td><td>必修3/4</td><td colspan="6">（1）选择性必修：在选择性必修1、选择性必修2、选择性必修3中选择0～3个模块；（2）选修：物理学与社会发展、物理学与技术应用、近代物理学初步等3个选修模块和校本课程</td></tr>
<tr><td>化学</td><td colspan="4">化学科学与实验探究、常见的无机物及其应用、物质结构基础及化学反应规律、简单的有机化合物及其应用、化学与社会发展5个主题/2</td><td colspan="7">（1）选择性必修：在化学反应原理、物质结构与性质、有机化学基础中选择0～3个模块；（2）选修：实验化学、化学与社会、发展中的化学科学等3个系列和校本课程</td></tr>
</table>

续表 2

<table>
<tr><th rowspan="3">时间
科目</th><th colspan="4">第一学年</th><th colspan="4">第二学年</th><th colspan="3">第三学年</th></tr>
<tr><th colspan="2">上学期</th><th colspan="2">下学期</th><th colspan="2">上学期</th><th colspan="2">下学期</th><th colspan="2">上学期</th><th>下学期</th></tr>
<tr><th>学段 1</th><th>学段 2</th><th>学段 3</th><th>学段 4</th><th>学段 1</th><th>学段 2</th><th>学段 3</th><th>学段 4</th><th>学段 1</th><th>学段 2</th><th>学段 3/4</th></tr>
<tr><td>生物学</td><td colspan="2">分子与细胞 /2</td><td colspan="2">遗传与进化 /2</td><td colspan="7">（1）选择性必修：在稳态与调节、生物与环境、生物技术与工程中选择 0 ～ 3 个模块；（2）选修：现实生活应用、职业规划前瞻、学业发展基础等 3 个方向的拓展模块和校本课程</td></tr>
<tr><td>信息技术</td><td colspan="11">（1）必修：模块 1: 数据与计算、模块 2：信息系统与社会；（2）选择性必修：模块 1：数据与数据结构、模块 2：网络基础、模块 3：数据管理与分析、模块 4: 人工智能初步、模块 5：三维设计与创意、模块 6：开源硬件项目设计；（3）选修：算法初步、移动应用设计和校本课程</td></tr>
<tr><td>通用技术</td><td colspan="11">（1）必修：技术与设计 1、技术与设计 2；（2）选择性必修：技术与生活系列、技术与工程系列、技术与职业系列、技术与创造系列；（3）选修：传统工艺及其实践、新技术体验与探究、技术集成应用专题、现代农业技术专题和校本课程</td></tr>
<tr><td>音乐</td><td colspan="6">在必修和选择性必修中选择相应模块作为必修学分内容 /1,学分组合为:（1）2（必修）＋ 1（选择性必修）；（2）2（必修）＋ 1（必修）；（3）1（必修）＋ 1（必修）＋ 1（必修）；（4）1（必修）＋ 1（必修）＋ 1（选择性必修）</td><td colspan="5">选择性必修和选修：除必修学分选择模块外余下的模块和校本课程</td></tr>
<tr><td>美术</td><td colspan="2">美术鉴赏 /1</td><td colspan="4">在选择性必修：绘画、中国书画、雕塑、设计、工艺、现代媒体艺术中选择 2 个模块作为必修学分内容 /1</td><td colspan="5">选择性必修和选修：除必修学分选择模块外余下的模块和校本课程</td></tr>
<tr><td>体育与健康</td><td colspan="11">（1）必修：12 个学分，包括必修必学（体能和健康教育）和必修选学（6 个运动技能系列），高中三年必须持续开设必修内容；（2）选择性必修：除必修学分选择模块外余下的模块；（3）选修：校本课程</td></tr>
</table>

续表 3

<table>
<tr><td rowspan="3" colspan="2">时间
科目</td><td colspan="4">第一学年</td><td colspan="4">第二学年</td><td colspan="3">第三学年</td></tr>
<tr><td colspan="2">上学期</td><td colspan="2">下学期</td><td colspan="2">上学期</td><td colspan="2">下学期</td><td colspan="2">上学期</td><td>下学期</td></tr>
<tr><td>学段1</td><td>学段2</td><td>学段3</td><td>学段4</td><td>学段1</td><td>学段2</td><td>学段3</td><td>学段4</td><td>学段1</td><td>学段2</td><td>学段3/4</td></tr>
<tr><td rowspan="3">综合实践活动</td><td>研究性学习</td><td colspan="11">6 学分，学生至少应完成 2 个课题研究或项目设计，以开展跨学科研究为主</td></tr>
<tr><td>社会实践</td><td colspan="11">6 学分，包括党团活动（1 学分）、军训（2 学分）、社会考察（2 学分）、职业体验（1 学分）</td></tr>
<tr><td>志愿服务</td><td colspan="11">2 学分，在课外时间进行，三年不少于 40 小时</td></tr>
</table>

备注：1. 课程设置不分文科、理科；

2. 表中斜杠前的文字为各学科课程模块（专题、任务群）名称，详见各学科课程标准；斜杠后的数字为该课程内容的周课时数。

北京市教育委员会
北 京 市 财 政 局

关于印发《北京市高等学校菁英奖学金项目管理办法（试行）》的通知

京教外〔2019〕22 号

各市属高校：

为贯彻落实全国教育大会精神和全市教育大会精神，进一步深化首都教育对外开放，促进高校人才培养和国际交流，市教委联合市财政局制定了《北京市高等学校菁英奖学金项目管理办法（试行）》。现印发给你们，请遵照执行。

2019 年 7 月 30 日

北京市高等学校菁英奖学金项目管理办法（试行）

第一章　总则

第一条　为落实全国教育大会精神和全市教育大会精神，根据《关于做好新时期教育对外开放工作的若干意见》和《新时期北京教育对外开放工作规划》的有关精神，为进一步深化首都教育对外开放，增进学生对不同国家、不同文化的认识和理解，促进高校人才培养和国际交流与合作，北京市教育委员会联合北京市财政局（以下简称“市教委”“市财政局”）设立北京市高等学校菁英奖学金项目。为规范项目管理，提高经费使用效率和科学管理水平，特制定本办法。

第二条　北京市高等学校菁英奖学金项目（以下简称“奖学金项目”）是指市教委向北京市属高校选派的赴国外进行课程学习、课题研究以及参加国际竞赛、学术及文化体育交流的学生提供资助的项目。

第三条　适用范围：北京市高等学校菁英奖学金项目适用于北京市属高校。

第四条　设立奖学金项目的目标：通过资助北京市属高校学生赴国外交流学习，鼓励市属高校开展不同形式的以学生为主体的国际合作与交流项目，开展友好校交流，创新培养模式，培养具有国际视野、通晓国际规则、能够参与国际事务的创新型人才，推动我市高校双一流建设发展，提高学校重点学科建设水平，提升首都教育的国际化和现代化水平，服务首都“四个中心”建设。

第二章　项目内容

第五条　奖学金项目资助对象：北京市属高校在籍高职生、本科生和研究生。

第六条　奖学金项目资助规模：市教委计划每年资助 1000 ～ 2000 名市属高校学生赴国外学习交流。

第七条　奖学金项目资助额度：A 类奖学金 20000 元人民币 / 人，一般向赴国外学习、交流一学期以上（含一学期）的北京市属高校在籍高职生、本科生和研究生提供。B 类奖学金 10000 元人民币 / 人，一般向赴国外学习、交流两周以上（含两周）至一学期的市属高校在籍高职生、本科生和研究生提供。

第八条　奖学金项目资助学生范围：

（一）在申请及派出期间均为北京市属高校的全日制在籍高职生、本科生或研究生（委托培养和定向生暂不纳入资助范围）；

（二）暂不包括正在国外学习的高职生、本科生、研究生及非高校公派留学的高职生、本科生和研究生；

（三）暂不包括前往国外实习的人员；

（四）获得中国政府其他类别公派出国留学奖学金资助或其他政府或组织类似奖学金资助的，原则上不再享受本奖学金项目的资助；

（五）凡曾获得本项目资助的学生不再享受重复资助。

第九条　参加奖学金项目学生选拔条件：

（一）具有中华人民共和国国籍；

（二）热爱社会主义祖国，拥护中国共产党的领导，自觉遵守宪法和法律；

（三）身心健康；

（四）品学兼优，且须达到项目要求的语言水平；

（五）具有良好的沟通能力，具有学成回国为祖国建设服务的事业心和责任感。

第十条 奖学金项目资助专业为各市属高校拥有的高职、本科和研究生专业学科。高校根据学校定位及学科建设目标，结合北京市重点发展的关键学科领域，优先支持高校重点发展学科专业的学生赴国外学习。

第十一条 奖学金项目遵循“公正、公平、公开”的原则，采取“个人申请、单位评审、择优录取”的方式进行选拔。各高校在校内公示拟选派学生名单，公示时间不少于5个工作日。经公示无异议，方可确定派出人选名单。

第十二条 奖学金项目由学生本人在规定时间内向所在高校提交申请材料，申请本年度菁英奖学金。

第十三条 获得奖学金项目资助的学生自行办理签证。未能获得签证者，奖学金资格自动取消。

第十四条 获得奖学金项目资助的学生出国前应与本校签订《奖学金资助协议书》(以下简称《协议书》)，并按学校规定流程办理奖学金领取手续。

第十五条 获得奖学金项目资助的学生应完成以下国外学习任务：由本奖学金项目资助到国外学校学习一学期以上（含一学期）的学生，应在国外学校修满规定的学分，并获得本校认可。学生完成国外学习任务后需提交国外学习报告或成绩单，供高校对该学生国外学习情况进行综合评价。

第十六条 获得奖学金项目资助的学生因个人身体健康问题、不适应当地学习生活等原因不能继续学习、确需提前回国者，应向派出学校提出申请，出具派出学校和国外留学院校或导师（合作者）意见以及相关证明。由学校对已发生的签证、机票、保险等费用进行核销，未发生的金额需退还。

第十七条 获得奖学金项目资助的学生领取奖学金后无法出国的，视不同情况作以下处理：

（一）因不可抗力或身体原因（须提交北京市出入境检验检疫局或北京市三级以上医院证明）而无法出国学习的，由学校对已发生的签证、机票、保险等费用进行核销，追回未发生的金额。因其他个人原因无法出国学习的，获得奖学金项目资助的学生须向学校全额退还奖学金。

（二）由于非个人原因需要变更研修或学习计划的，获得奖学金项目资助的学生应向本校提出书面申请，获得批准后方可按照新的研修或学习计划开展活动并获得相应资助。未经派出高校同意而擅自改变研修或学习计划的，奖学金资格自动取消，获得奖学金项目资助的学生须向学校全额退还奖学金。

（三）获得奖学金项目资助的学生在领取奖学金资助款后，派出前和派遣期间因有违犯中国或派往国家或地区法律、违反校规校纪行为，将取消其奖学金资格。高校对所颁发奖学金予以全部追回。

第三章　组织与实施

第十八条　奖学金项目实行市教委和实施高校二级管理。

第十九条　市教委负责制定奖学金管理办法、编制预算、下达奖学金额度，做好项目经费验收和绩效考评等工作。

第二十条　实施高校职责：

（一）奖学金项目由高校外事部门归口管理。高校应依据此管理办法制定相应的项目实施办法，细化奖学金选拔条件、评审程序、公示办法等，并将项目实施办法、外事部门名称、负责人和联系人报市教委国际合作与交流处备案。

（二）高校负责奖学金项目在本校实施，负责学生奖学金项目申请的受理、评审、奖学金发放、校内预算管理、监督和验收，保证项目目标如期完成。

（三）高校负责获得奖学金项目资助的学生在国内外学习全过程管理并建立管理档案，建立健全境外学生的安全风险预警机制，对学生进行出国前的安全教育、纪律教育和外事礼仪培训，提高学生的法律观念、风险意识和安全防范能力。及时妥善处理在外学习学生的安全事件，维护在外学习学生权益。

（四）针对一学期以上（含一学期）赴外交流学习的学生，高校综合评估学生提交国外学习报告或成绩单，确保出国前后课程衔接，学分确认。

第二十一条 奖学金项目实施程序：

（一）市教委每年4月份召开专题会议，布置下一年度奖学金发放工作。有关高校需于4月底前报送上一年度奖学金实施情况报告和下一年度奖学金项目申请报告。新项目申请报告须包括项目名称、拟派学生人数、前往国家、国外学校、学习期限、获奖类型、申请经费额度等内容。

（二）市教委、市财政局每年5月份组织专家对学校申请报告进行评审，参考高校学科评估结果和专业建设情况，结合上一年学校奖学金项目执行情况，以及新申请项目的真实性、可行性和合理性情况等内容，根据核定结果在7月底前确定下一年度各校奖学金额度。

（三）获得奖学金项目的高校根据部门预算要求列入部门年度预算。年度执行中确需追加预算的事项，由市教委、市财政局和相关实施高校共同研究确定。

第四章 经费管理

第二十二条 奖学金项目经费来源于市财政专项资金，同时鼓励多渠道筹措项目资金，鼓励高校安排配套经费予以支持。

第二十三条 项目经费使用范围：

（一）国际旅费补助：北京到目的地学校之间的往返机票费用。

（二）国外生活费补助：在国外学习交流期间发生的伙食、住宿、交通、公杂费用。标准参照财政部、外交部《关于调整因公临时出国住宿标准等有关事项的通知》（财行〔2017〕434号）和财政部、外交部《关于印发〈因公临时出国经费管理办法〉的通知》（财行〔2013〕516号）的有关规定执行。

（三）国外项目费补助：国际会议注册费或报名费、论文出版版面资助费、考察学习费、国外合作学校收取的课程费等。

（四）签证费：目的地国家驻华使馆收取的签证费用或有关部门收取的手续费。

（五）国外保险费：在国内购买国外保险的费用。

第二十四条 高校必须严格执行国家相关财政法规和本办法规定，要加强对项目经费使用的监督管理，对专项经费单独核算，专款专用，不得挪用及随意改变项目支出内容。

第二十五条 奖学金项目实施过程中，项目内容一般不予调整，如确需进行调整，需报市教委。

第二十六条 项目经费不得用于各类罚款、捐款、赞助、基本建设等方面，不得用于各种福利性支出。

第二十七条 奖学金项目纳入部门绩效管理范围。

第五章 项目验收与监督

第二十八条 高校负责本校奖学金项目经费执行情况验收。验收的主要内容是项目的完成情况以及经费使用情况。对本校派出学生的质量、学习效果和按期回国等情况进行综合评估，奖学金项目验收要列入高校的绩效管理范围并在市教委规定的时间内完成。

第二十九条 市教委对高校自我验收情况进行抽查，并对各校奖学金项目执行情况进行二级验收。对奖学金项目的总体效益和有关项目的实施情况进行评估，并根据评估结果调整下一年度资助额度，以保证奖学金项目的使用效益和北京市人才培养目标的实现。

第三十条 项目验收程序：由项目负责人向高校有关管理部门提交验收申请相关材料；高校有关管理部门对提供的材料进行审核，并提出学校验收意见后，提交项目总结报告、经费决算，报市教委国际合作与交流处；市教委国际合作与交流处组织专家采取集中评议方式对项目执行情况进行评审，确定验收结果。

第三十一条 没有通过验收的高校，在接到通知后 30 日之内，可再次提出评审申请；仍未通过评审的项目学校，市教委不再受理其下一年度奖学金项目的申请。

第三十二条 奖学金项目经费实行按年度申请，核定后拨款的方式进行。接受主管部门、财政、审计、纪检、监察等部门的检查和监督。

第六章 附则

第三十三条 奖学金项目被资助人研究成果的知识产权的归属和使用按国家有关规定执行。

第三十四条 本管理办法自2019年9月1日起执行，有效期三年。

北京市教育委员会
北 京 市 公 安 局
北京市应急管理局

关于印发《北京市普通中学危险化学品安全管理规范（试行）》和《北京市普通中学危险化学品安全管理技术指南（试行）》的通知

京教勤〔2019〕37号

各区教委、公安分局、应急管理局：

现将《北京市普通中学危险化学品安全管理规范（试行）》和《北京市普通中学危险化学品安全管理技术指南（试行）》印发给你们，请结合实际，认真贯彻执行。

附件：1. 北京市普通中学危险化学品安全管理规范（试行）

2. 北京市普通中学危险化学品安全管理技术指南（试行）

2019 年 9 月 6 日

附件 1

北京市普通中学危险化学品安全管理规范（试行）

第一章　总则

第一条　为进一步加强我市普通中学实验室危险化学品安全管理工作，防止发生危险化学品事故，切实保障师生生命和财产安全，确保教育教学活动正常进行，根据《安全生产法》《危险化学品安全管理条例》等法律法规和标准要求，制定本规范。

第二条　本规范所称危险化学品是指列入《危险化学品目录》，具有毒害、腐蚀、爆炸、燃烧、助燃等性质，对人体、设施、环境具有危害的剧毒化学品和其他化学品。

第三条　本规范适用于普通中学（包括初中、高中、完中、九年一贯制、十二年一贯制等）各类涉及危险化学品的实验教学及相关教育教学活动。

第四条　学校应将实验室、危险化学品管理纳入平安校园建设重要内容。学校应坚持安全第一、预防为主、综合治理的方针，强化安全意识、落实主体责任。

第五条　学校在采购、储存、使用、处置危险化学品的各个环节应遵守本规范及危险化学品相关的法律法规和标准。

第二章　组织机构和制度建设

第六条　学校应根据“党政同责、一岗双责”和“管业务必须管安全”的原则，建立党政主要领导为第一责任人的危险化学品安全管理组织机构，统筹危险化学品的安全管理工作。

第七条 学校应指定一名副校长协助校长负责实验室危险化学品安全管理工作，设立符合本校特色的危险化学品安全管理部门，并指定专门人员负责学校危险化学品的采购、储存、使用、处置等各环节的管理工作。利用物联网、大数据、云存储等信息化手段加强危险化学品的规范化管理。

第八条 学校危险化学品安全管理人员、教师和实验员应具备必要的化学专业知识，接受相关法律法规、化学品安全知识、卫生防护和应急救援知识培训。

第九条 学校应制定实验室危险化学品安全管理制度。

第三章 危险化学品采购管理

第十条 学校应向具有合法资质的生产经营单位采购危险化学品。购买纳入法规管控的易制毒化学品、易制爆危险化学品，应按照有关规定向当地公安部门办理相关手续。

第十一条 学校应根据课程标准和教学需求采购危险化学品，危险化学品采购量应不超过一学期使用量，学校应保存危险化学品采购记录。

第十二条 学校应向危险化学品生产经营单位索取符合国家标准的安全技术说明书（SDS）。安全技术说明书（SDS）应妥善保管，并保证方便获得。

第四章 危险化学品储存管理

第十三条 学校应建立危险化学品专用储存室。储存室不应设置在地下或半地下建（构）筑物内；储存室的设置不得与宿舍、食堂在同一建筑物内。

第十四条 危险化学品储存室应由专人负责管理，并设置明显的安全警示标识。

第十五条 危险化学品储存室应设置必要的安全和消防设施设备。

第十六条 危险化学品应当分类存放，对于化学性质互相禁忌的危险化学品，应分开存放。

第十七条 危险化学品储存柜应设置通向室外的通风装置。腐蚀性化学品柜应设置防遗撒托盘，柜体应防腐蚀。

第十八条 存放易制爆危险化学品储存场所，应当安装必要的治安防范设施，张贴治安防范标识，防止盗抢或丢失。

第十九条 实验室使用的气瓶应按有关规定妥善保管。

第二十条 学校应定期对危险化学品进行清点和处置，并统计上报危险化学品品种、数量。

第五章 危险化学品使用管理

第二十一条 教师或实验员领用危险化学品时，应以满足当次实验用量为准，不得让学生代领。

第二十二条 实验结束后，应由教师或实验员将剩余危险化学品交回储存室并作好记录。

第二十三条 自行分装或稀释配制的化学试剂应粘贴清晰的标签。

第二十四条 实验准备室、实验室应根据危险化学品种类和危险特性，设置必要的通风、监控等安全设施设备及明显的安全警示标识。安全设施设备应定期检查、维护，保证正常使用。

第二十五条 涉及强酸、强碱等危险化学品的实验准备室、实验室，应在适当位置设置洗眼器和紧急喷淋装置，并定期维护。

第二十六条 教师和实验员应熟悉和了解所使用危险化学品的性质，并备有化学品安全技术说明书（SDS）。开展实验前应做好相应的应急准备，熟悉安全操作规程和应急处置方案。

第二十七条 开展实验操作的教师、实验员和学生应做好个体防护，穿戴实验服、防护眼镜及其他必要的安全防护用品。

第二十八条 实验准备室、实验室的消防器材应设置在位置明显和便于取用的地点，且不得影响安全疏散。对有视线障碍的消防器材设置点，应设置指示其位置的发光标识。

第二十九条 实验室应在方便取用的地点设置急救箱或急救包，配备必要的急救药品、绷带、纱布、消毒药剂等。

第三十条 未经使用的，伪劣、过期、失效的以及需要抛弃、淘汰的危险化学品应分类收集，妥善保管。处置易制爆危险化学品，应遵守治安管理有关规定。

第三十一条 实验室产生的废物，应严格区分危险废物和非危险废物，禁止将危险废物混入非危险废物中。属于《国家危险废物名录》的废物，应遵守危险废物有关规定规范管理。

第三十二条 废弃气瓶应交由气体生产单位或危险气体处理单位回收处理，不得随意丢弃。

第六章 危险化学品应急管理

第三十三条 学校应成立危险化学品事故应急救援组织，并配备必要的应急救援器材、设备，组织编写危险化学品事故应急预案。危险化学品事故应急预案应报区教委备案。

第三十四条 学校应每半年至少组织一次危险化学品事故应急演练。

第三十五条 实验室人员应掌握化学品撒漏、初起火灾等常见事故的应急处置方法。掌握灭火器、灭火毯、消防砂的使用技能。熟知常用洗消药剂的配置方法。

第三十六条 学校发生危险化学品事故时，现场人员应立即启动应急预案，开展救援，防止事故蔓延、扩大，同时报告区教委，不得迟报、瞒报和漏报。

第三十七条 学校应定期开展危险化学品安全检查，排查安全隐患，并做好检查及隐患整改记录。

第七章 责任追究

第三十八条 本规范的执行情况应纳入学校工作考核之中。对于违反本规范，将视情节轻重追究学校或相关人员的责任，构成犯罪的，依法追究刑事责任。

第八章　附则

第三十九条　各学校要根据本规范，结合实际制定相应的安全管理细则。

第四十条　本规范自印发之日起试行，由北京市教育委员会负责解释。

第四十一条　小学涉及使用危险化学品的，参照本规范执行。

附件 2

北京市普通中学实验室危险化学品安全技术指南（试行）

一、组织机构要求

（一）学校应建立实验室危险化学品安全管理领导组织机构，实行校长负责制，切实履行学校危险化学品安全管理主体责任。

（二）学校应明确一名副校长协助校长负责危险化学品安全管理工作，不断完善各项管理措施。

（三）学校应安排专门人员负责危险化学品的采购、储存、使用和处置等各环节工作。

二、管理制度要求

（一）学校应制定实验室危险化学品安全管理制度，至少包括以下内容：

1. 危险化学品安全管理领导机构和责任分工；

2. 危险化学品管理制度，包括采购、储存、出入库、使用、收集处置及易制毒化学品、易制爆危险化学品的特殊管理制度等；

3. 实验室管理人员、教师、实验员和学生的教育培训制度；

4. 危险化学品安全检查和考核制度。

（二）实验室应制定危险化学品安全管理制度，至少包括以下内容：

1. 岗位安全责任制度；

2. 学生实验安全守则；

3. 实验安全操作规程；

4. 危险化学品安全隐患排查整改制度；

5. 危险化学品应急管理制度，包括应急预案和应急处置方案；

6. 个体防护装备、消防器材的配备和使用制度；

7. 压缩气瓶的使用管理制度；

8. 其他必要的安全管理制度。

三、人员及培训要求

（一）学校应至少设 2 名专（兼）职危险化学品安全管理人员。

（二）实验室管理人员、教师和实验员应具备必要的危险化学品专业知识和基础技能，包括：实验室安全管理制度、安全操作规程、危险化学品的特性和分类、隐患排查和应急处置方法。

（三）实验室管理人员、教师和实验员上岗前应接受危险化学品安全管理培训，考核合格后方可上岗。每年应接受继续教育培训，并计入相应学时学分。培训内容主要包括：

1. 有关的法律、法规、规章及标准规范；

2. 实验室安全管理、安全技术和职业卫生等知识；

3. 实验室安全管理制度；

4. 有关危险化学品特性和安全操作规程；

5. 气瓶等相关设备安全使用知识；

6. 实验室自救、互救、急救方法，疏散和现场紧急情况的处置；

7. 实验室安全设施设备、个体防护用品的使用和维护；

8. 其他需要培训的内容。

（四）进入实验室的学生，应接受相应的安全教育，掌握基本的安全知识，主要包括：

1. 学生实验安全守则；

2. 实验安全操作规程；
3. 个体防护用品使用；
4. 实验室常用仪器使用；
5. 危险化学品基础知识；
6. 实验室安全事故处理基本常识；
7. 其他安全知识。

四、采购要求

（一）实验室使用的危险化学品应通过正规渠道向具有相关资质的生产单位或经营单位采购，并留存《营业执照》《危险化学品安全生产许可证》或《危险化学品经营许可证》等资质证明文件和购买票据。

（二）学校不得购买第一类易制毒化学品。购买第二类、第三类易制毒化学品的，应按照《易制毒化学品管理条例》第十七条规定，在购买前将所需购买的品种、数量，向所在区公安机关备案。

（三）学校申请购买易制爆危险化学品，应通过本单位银行账户或者电子账户进行交易，不得使用现金或者实物进行交易，并提供以下材料：

1. 本单位《事业单位法人证书》或《工商营业执照》等合法证明复印件、经办人身份证明复印件；

2. 易制爆危险化学品合法用途说明，说明应当包含具体用途、品种、数量等内容。

（四）易制爆危险化学品购买后 5 日内，应通过易制爆危险化学品信息系统，将所购买易制爆危险化学品的品种、数量以及流向信息报所在区公安机关备案。

（五）学校购买危险化学品时，应索取符合《化学品安全技术说明书　内容和项目顺序》（GB/T16483–2008）的化学品安全技术说明书（SDS），化学品包装上应粘贴符合《化学品安全标签编写规定》（GB15258–2009）的安全标签。未附有安全技术说明书（SDS）和未粘贴安全标签的危险化学品禁止进入学校。化学品安全技术说明书（SDS）应妥善保管，并保证方便获得。

五、存放要求

（一）学校应设置专用储存室，统一保管各学科使用的危险化学品。危险化学品储存室应单独设置在实验楼内，不得与宿舍、食堂在同一建筑物内，不应设置在地下或半地下建（构）筑物内。

（二）危险化学品储存室应单独设置，不应与仪器室、设备间或准备室共用；存储的危险化学品总量不应超过一学期使用量，且总量不应超过 100L(kg)，其中易制毒化学品、易制爆危险化学品的总量不应超过 50kg，且最大包装不应超过 5L(kg)；一般化学品与危险化学品同室储存的，应分柜存放并标识，张贴品类明细。

（三）危险化学品储存室应具备的条件

1. 危险化学品储存室面积不宜低于 24 ㎡，防止阳光直射，并远离热源，设置通风设施。储存室地面应平整、防滑、防静电，不应设地沟、暗道。

2. 危险化学品储存室应设有明显的安全标识，包括：化学品危险性质的警示标识，消防安全标识，治安防范标识，禁止、警告、指令、指示等安全标识。标识应保持清晰、完整。

3. 存有可能散发易燃气体或蒸气的危险化学品储存室应设置符合《石油化工可燃气体和有毒气体检测报警设计规范》（GB50493-2009）要求的可燃气体（如乙醇）浓度报警器。存有易制爆危险化学品的储存室应设置防盗级别为乙级（含）以上的防盗安全门，安全门应向疏散方向开启，并安装视频监控装置，具体治安防范要求参见附录 1。

4. 危险化学品应储存在具有通风功能的储存柜内，并采取防静电措施；易制毒化学品、易制爆危险化学品应分别储存在具有防盗功能的专用柜内，并安装两把符合《机械防盗锁》（GA/T73-2015）规定的机械防盗锁；腐蚀性化学品应存放在具有防腐蚀功能的储存柜内，并配有防遗洒托盘。

（四）危险化学品储存应符合以下要求

1. 危险化学品存放应坚持分类、分柜、分层以及固体在上、液体在下的原则，存放建议参见附录 2。

2. 危险化学品包装不应泄漏、生锈和损坏，封口应严密，摆放应做到安全、合理、整齐。不应使用非专用容器（储存饮料及生活用品等的容器）盛放危险化学品。

3. 根据危险化学品的养护要求，对危险化学品储存场所及危险化学品采取适当的养护措施，定期检查危险化学品是否存在包装破损、渗漏、品质变化等现象，并及时处理。

4. 完善危险化学品的出入库登记、储存室人员出入登记及各类危险化学品台账，并定期对危险化学品进行清点、登记，登记资料至少保存一年。

5. 危险化学品的流向及数量应完整登记，并定期核对易制爆危险化学品存放情况，发现丢失、被盗、被抢的，应当立即报告公安机关。

六、使用要求

（一）危险化学品的发放、领取与退回应符合以下要求

1. 危险化学品的发放应有专人负责，根据实际需要的数量发放，并做好记录，包括：品种、规格、发放日期、退回日期、经手人、数量以及结存数量。

2. 使用易制毒化学品、易制爆危险化学品，应由双人领取，双人退回，并单独做好记录，包括：品种、规格、发放日期、退回日期、经手人、数量、结存数量及用途的记录。

3. 使用易制爆危险化学品，应当如实登记易制爆危险化学品出入库、领取、使用、归还、处置等信息，并录入易制爆危险化学品信息系统。

4. 学校不得出借、转让所购买的易制爆危险化学品；因学校合并、关闭等确需转让的，应当向具有许可证件或者证明文件的单位转让。双方应当在转让后五日内，将有关情况报告所在区级公安部门。

（二）实验室、准备室等危险化学品使用场所应在显著位置张贴安全管理制度、安全操作规程、安全标识和应急处置方案。

（三）实验室管理人员、教师、实验员和学生在开展实验操作时应做好安全防护，佩戴个体防护品，例如：护目镜、实验服、耐腐蚀手套、防护口罩等。

（四）自行分装或稀释配制的化学试剂应粘贴清晰的标签，液体试剂标签应注明化学品名称和浓度，固体药品应注明化学名称。

（五）实验室气瓶使用应符合以下要求

1. 气瓶的购买与回收，应通过有合法资质的单位进行。

2. 实验室气瓶的使用应符合《特种设备使用管理规则》（TSG 08-2017）的有关规定。气瓶应远离热源，有效固定，防止倾倒，严禁分装、倒瓶。

（六）实验室废物的处置

1. 未经使用的，伪劣、过期、失效的以及需要抛弃、淘汰的危险化学品以及教学活动中，化学和生物实验室产生的废物（包括无机废液，有机废液，含有或直接沾染危险废物的实验室检测样品、废弃包装物、废弃容器、清洗杂物和过滤介质等）均属于列入《国家危险废物名录》的危险废物。

2. 危险废物应和非危险废物严格区分，禁止将危险废物混入非危险废物中。危险废物的管理应遵循北京市《实验室危险废物污染防治技术规范》（DB11/T　1368-2016）。

3. 需要抛弃、淘汰的易制爆危险化学品的处置方案需报区教委和区公安机关备案，交由具有资质的专业单位处置。

4. 对低危害的一般酸碱试剂可进行中和处理，经水质检测达到《北京市水污染物综合排放标准》（DB11/307-2013）的，可直接排放入城市排水系统。

5. 学校应将暂存的危险废物及时委托具有相关危险废物处置利用资质的单位进行处置。

八、应急处置要求

（一）涉及强酸、强碱、毒害、有化学品烧伤危险的实验室、准备室应在实验台附近安装洗眼器，视具体情况安装喷淋装置。洗眼器、喷淋装置的服务半径不应大于 15m。

（二）储存室、实验室应在明显位置和便于取用的地点配备与易燃易爆物质、腐蚀性物质和毒害性物质等相应的消防器材，包括：灭火器、灭火毯、消防砂及其他必要消防器材。

（三）实验室应在方便取用的地点设置急救箱或急救包，配备必要的急救药品、绷带、纱布、消毒药剂等。

（四）学校应对危险化学品专项应急预案、应急处置方案、实验安全操作规程等进行宣传、培训和考核，并做好培训和考核记录。

（五）学校应每半年至少组织一次与危险化学品事故相关的应急演练，并做好记录。

（六）危险化学品专项应急预案，各种现场处置方案相关内容应根据情况变化及时更新完善。

附录 1

普通中学易制爆危险化学品储存室治安防范要求

<table>
<tr><th>防范类别</th><th colspan="2">要求</th><th>备注</th></tr>
<tr><td rowspan="4">人力防范</td><td colspan="2">设置治安保卫机构</td><td rowspan="4">应将设置情况报所在区公安机关备案</td></tr>
<tr><td colspan="2">配备治安保卫人员</td></tr>
<tr><td colspan="2">设置保管员</td></tr>
<tr><td colspan="2">治安保卫人员、保管员每月应有治安培训并记录</td></tr>
<tr><td rowspan="9">设备设施防范（小剂量存放场所）</td><td rowspan="6">储存室</td><td>设置乙级防盗门</td><td rowspan="9">监控视频图像应与区教委、属地公安部门联网</td></tr>
<tr><td>防入侵报警装置</td></tr>
<tr><td>专用储存柜</td></tr>
<tr><td>出入口视频监控装置</td></tr>
<tr><td>专用储存柜视频监控装置</td></tr>
<tr><td>专用储存柜机械防盗锁</td></tr>
<tr><td rowspan="3">保卫值班室</td><td>内部安全视频监控装置</td></tr>
<tr><td>出入口设置安全防盗门</td></tr>
<tr><td>窗口设置实体防护措施</td></tr>
</table>

续表

防范类别	要求		备注
设备设施防范（小剂量存放场所）	安防监控中心	单独设置或设置在保卫值班室内	监控视频图像应与区教委、属地公安部门联网
		内部安全视频监控装置	
		出入口控制装置	

附录 2

常见危险化学品分类分柜储存建议

一、易制毒化学品柜储存建议

层	危化品名称	性质
可同层	浓盐酸	第 8.1 类　酸性腐蚀品
	浓硫酸	第 8.1 类　酸性腐蚀品
	液溴	第 8.1 类　酸性腐蚀品；强氧化剂
可同层	丙酮	第 3.1 类　低闪点易燃液体
	甲苯	第 3.2 类　中闪点易燃液体

二、易制爆危险化学品柜储存建议

（一）易制爆危险化学品柜 1

层	危化品名称	性质
可同层	过氧化钠	氧化性固体，类别 1
	氯酸钾	氧化性固体，类别 1
	重铬酸钾	氧化性固体，类别 2
	硝酸银	氧化性固体，类别 2

续表

层	危化品名称	性质
可同层	硝酸钾	氧化性固体，类别 3
	高锰酸钾	氧化性固体，类别 2
	硝酸铵[1]	第 5.1 类　氧化剂
可同层	双氧水	（1）含量≥ 60% 氧化性液体，类别 1 （2）20% ≤含量＜ 60% 氧化性液体，类别 2 （3）8%< 含量 <20% 氧化性液体，类别 3
	浓硝酸[2]	氧化性液体，类别 3

备注：1. 硝酸铵，属于爆炸品，按照化学性质储存在此柜，应妥善密封保存

2. 浓硝酸，具有易挥发性，应单独密封保存

（二）易制爆危险化学品柜 2

层	危化品名称	性质
可同层	镁粉	粉末：自热物质和混合物，类别 1 遇水放出易燃气体的物质和混合物，类别 2
	铝粉	有涂层：易燃固体，类别 1 无涂层：遇水放出易燃气体的物质和混合物，类别 2
	镁条	丸状、旋屑或带状：易燃固体，类别 2
	硫	易燃固体，类别 2
	金属钠	遇水放出易燃气体的物质和混合物，类别 1
	金属钾	遇水放出易燃气体的物质和混合物，类别 1
	锌粉	自热物质和混合物，类别 1；遇水放出易燃气体的物质和混合物，类别 1
	碳化钙	第 4.3 类 遇湿易燃物品

备注：1. 碳化钙不属于易制爆危险化学品，按化学品性质存入此柜

三、其他危险化学品柜储存建议

（一）易燃品柜

层	危化品名称	性质
可同层	乙醛	第 3.1 类　低闪点易燃液体
	二硫化碳	第 3.1 类　低闪点易燃液体
	苯	第 3.2 类　中闪点易燃液体
	二甲苯	第 3.3 类　高闪点易燃液体
	煤油	第 3.3 类　高闪点易燃液体
	石油醚	第 3.2 类　中闪点易燃液体
	乙酸乙酯	第 3.2 类　中闪点易燃液体
	丙酸乙酯	第 3.2 类　中闪点易燃液体
	N, N, N′, N′ －四甲基乙二胺	第 3.2 类　中闪点易燃液体
	无水乙醇	第 3.2 类　中闪点易燃液体
	工业酒精	第 3.2 类　中闪点易燃液体
	甲醇	第 3.2 类　中闪点易燃液体

（二）腐蚀性化学品柜

层	危化品名称	性质
可同层	磷酸	第 8.1 类　酸性腐蚀品
	乙酸	第 8.1 类　酸性腐蚀品；易燃液体 类别 3
	甲醛	第 8.3 类　其他腐蚀品；易燃
可同层	氧化钠	第 8.2 类　碱性腐蚀品
	氢氧化钠	第 8.2 类　碱性腐蚀品
	硫化钠	第 8.2 类　碱性腐蚀品
	氨水	第 8.2 类　碱性腐蚀品

续表

层	危化品名称	性质
可同层	氯化铁	第 8.1 类　酸性腐蚀品
	氯化铜	第 8.3 类　其他腐蚀品
	次氯酸钠	第 8.3 类　其他腐蚀品

（三）毒害品及其他储存柜

层	危化品名称	性质
可同层	氢氧化钡	第 6.1 类　毒害品
	氯化钡	第 6.1 类　毒害品
	苯酚	第 6.1 类　毒害品
	乙酸铅	第 6.1 类　毒害品
	溴乙烷	第 6.1 类　毒害品
	丙烯酰胺	第 6.1 类　毒害品
	四氯化碳	第 6.1 类　毒害品
	二苯胺	
	对氨基苯磺酸	
	硼酸	
	硫酸镍	
	红磷	
	氯化钴	
可同层	亚硝酸钠	第 5.1 类　氧化剂，有毒
	过硫酸铵	第 5.1 类　氧化剂

北京市教育委员会

关于印发《北京市教育委员会关于进一步加强市属高校基础设施改造管理办法（试行）》的通知

京教建〔2019〕16 号

各市属高校：

为进一步规范化、制度化、科学化、精细化实施市属高校基础设施改造项目，提高市财政资金使用效益，经市教委 2019 年第 30 次主任办公会审议同意，现将《北京市教育委员会关于进一步加强市属高校基础设施改造管理办法（试行）》予以印发。请遵照执行。

附件：北京市教育委员会关于进一步加强市属高校基础设施改造管理办法（试行）

2019 年 9 月 18 日

附件

北京市教育委员会关于进一步加强市属高校基础设施改造管理办法（试行）

一、总 则

第一条 根据《市教委所属预算单位基础设施改造管理办法（试行）》（京教财〔2011〕28号），为进一步规范化、制度化、科学化、精细化实施市属高校基础设施改造项目，将定额与专项管理相结合，定额为主，专项为辅，制定本办法。

第二条 市属高校使用市财政性资金进行的基础设施改造项目，适用本办法。

二、项目范围

第三条 基础设施改造项目分为定额管理项目和专项管理项目两类。

第四条 定额管理项目即市教委综合考虑各市属高校学校类型、在校生人数、校舍面积和年限等因素，以定额方式分配各市属高校年度预算。项目范围包括：

（一）建筑的结构工程:包括对梁、板、柱、墙体等承重结构构件，屋面结构（如平改坡）、围护墙体、隔墙、女儿墙、阳台、雨棚等构件进行修缮改造。

（二）建筑的改造和防水工程：包括建筑内照明设施设备改造，栏杆、扶手更换，门窗更换，外立面改造（含保温层改造），屋面防水等工程。

（三）建筑的设施、设备工程：包括建筑给水排水设备、锅炉等供暖供热设备、电梯、空调、供配电设施、防火、防雷、建筑智能设备、餐厨配套设施等。

（四）室外工程：包括操场、球场改造工程、绿化工程、广场及道路工程、室外照明、校园安防、围墙及大门、烟囱、水塔、校园文化建设、校园市政工程等。

（五）综合改造工程：包括上述工程的综合改造项目，如节能改造等。

（六）其他：包括实施上述工程产生的监理费、大型实验设备的基础和结构配套（涉及大型设备、精密仪器及现有办公家具、实验物品的搬迁费用等）。

第五条　专项管理项目是定额管理项目范围以外的，由各市属高校向市教委申报，并经市教委或市财政局评审的项目，主要包括：

（一）抗震加固工程。

（二）新校区（或新竣工项目）配套。

（三）其他特殊事项（如涉及校园安全稳定的重大改造且定额资金难以满足的项目等）。

三、项目申报

第六条　各市属高校要建立基础设施改造项目库，分为定额项目库和专项项目库。原则上储备三年滚动项目，每年调整一次入库项目。项目库由市教委统一管理。

第七条　按照轻重缓急，坚持“计划性、保障性、可行性”原则，优先保障影响使用安全、严重影响功能和使用需求以及由于政策调整强制执行且前期条件成熟的项目。避免频繁、重复维修改造，原则上同一建筑五年内不能重复申报实施同类维修改造项目。

第八条　各市属高校根据定额管理项目子项的实际情况，可按照以下两个科目申报。

（一）工程单项合同估算价在 100 万元以下和监理单项金额在 10 万元以下的项目合并报成一个科目，政府采购方式选择“否”，名称统一为“基础设施改造—定额管理项目 1”。

（二）工程单项合同估算价在100万元（含）以上和监理单项金额在10万元（含）以上的项目合并报成一个科目，政府采购方式选择“是”，名称统一为“基础设施改造—定额管理项目2”。

第九条 其他货物和服务类政府采购项目，属于集中采购目录以内或采购限额标准以上的，无论分项金额多少，都要以定额管理项目总额为标准，按照相关规定履行政府采购程序，项目申报方式同第八条（二）。

第十条 各市属高校要做好项目规划及统筹，不得恶意、随意将同类定额项目拆分为多个子项目。单个子项目额度不能低于50万元（含）。

第十一条 抗震加固项目需由各市属高校提出申请并提供相关材料。市教委依据专业机构鉴定结果统筹列入计划。

第十二条 新校区（或新竣工项目）配套项目，需提供发展改革部门批复概算。配套经费支持不在批复概算范围内内容或在批复概算范围内但未达到功能建设标准要求的内容。特殊事项根据项目特点提供相关材料（如专业部门咨询意见等）。

四、职责分工

第十三条 市教委负责统筹管理市属高校基础设施改造，负责按照国家有关法规和标准，编制或修订市属高校基础设施改造项目管理的规定、办法和实施细则等文件。审定市属高校基础设施改造项目库和年度计划。牵头组织审定专项项目方案。指导监督基础设施改造项目的实施和资金执行情况。

第十四条 市教委综合考虑基础设施改造项目实施及绩效考评情况，确定市属高校基础设施改造项目年度预算额度。按照预算管理程序，审核和批复专项项目预算。

第十五条 基础设施改造项目中涉及信息化项目时，市教委负责提出审核意见并协助相关手续报审。

第十六条 市属高校是基础设施改造项目的责任主体，其法定代表人是项目实施的第一责任人，全面负责本学校基础设施改造项目的计划、组织、实施和监督等工作。

第十七条 市属高校依法建立健全本学校基础设施改造项目内部控制管理等各项制度。配齐、配强各专业管理人员，确保专人专岗、责任到人。

五、过程管理

第十八条 每年年初，市属高校从基础设施改造项目库中提出下一年度基础设施改造项目计划报市教委。市教委根据申报条件，统筹核定各市属高校提出的改造计划并提出整体改造计划并安排经费。年中，确定专项项目后，市教委组织下一年度项目实施部署培训。

第十九条 市属高校作为项目实施主体，应严格按照国家及本市工程招投标和政府采购的法律法规要求，依法开展工程的招投标和政府采购活动。特殊事项一事一议。

六、经费管理

第二十条 市属高校要加强成本管控，落实成本管控主体责任，严格执行项目预算及批复，严格把控功能需求与标准需求。基础设施改造项目也要综合平衡一次性投资与后续运行刚性需求，实现项目成本全周期管控。

第二十一条 基础设施改造经费严格执行市教委或市财政局批复。经费开支主要用于工程费、设备及安装费、勘察、设计和监理费等相关费用。清单编制、方案咨询、审计费、招标代理服务费、安全评估费等前期费用应在基本经费中安排列支。

第二十二条 项目所需各类经费取费标准严格执行国家和本市有关规定，其中建筑材料、通用设施设备等取费标准应按照公布信息价中的国产、中档类执行。

第二十三条 项目经费应单独建账管理，不得截留、挤占和挪用。

项目预算一经批复，预算单位不得自行调整。预算执行过程中，因项目发生终止、撤销、变更，引起预算调整的，预算单位应当按照规定的程序报批。

七、监督检查

第二十四条 市属高校要加强对基础设施改造项目执行情况的监督检查。在项目决策、工程招投标等方面接受审计、纪检、监察等部门的检查与监督。加强项目绩效管理，实行财政资金使用评价。

第二十五条 市教委和市财政局对项目进行绩效评估，将绩效考评结果作为确定次年安排基础设施改造项目经费额度的重要参考依据。

八、附则

第二十六条 本办法自 2019 年 10 月 1 日起试行。

北 京 市 教 育 委 员 会
国家税务总局北京市税务局
中共北京市委机构编制委员会办公室
北 京 市 民 政 局
北 京 市 财 政 局
北京市人力资源和社会保障局
北京市规划和自然资源委员会
北 京 市 交 通 委 员 会
北 京 市 市 场 监 督 管 理 局
北京市公安局公安交通管理局

关于印发《北京市现有民办学校变更法人登记类型实施办法（试行）》的通知

京教民〔2019〕12号

各区教委、国家税务总局北京市各区（地区）税务局、区委编办、区民政局、区财政局、区人力社保局、区规划自然资源委、区交通委、区市场监督管理局、区公安局交管局，各民办普通高校、独立学院、民办非学历高等教育机构：

为贯彻落实《教育部等五部门关于印发〈民办学校分类登记实施细则〉的通知》《北京市人民政府关于鼓励社会力量兴办教育促进民办教育健康发展的实施意见》等文件，规范民办学校变更登记为营利性法人工作，经市领导专题研究同意，现将《北京市现有民办学校变更法人登记类型实施办法（试行）》予以印发，请遵照执行。

2019 年 12 月 10 日

北京市现有民办学校变更法人登记类型实施办法（试行）

第一章　总则

第一条　根据《中华人民共和国民办教育促进法》《中华人民共和国公司法》《国务院关于鼓励社会力量兴办教育促进民办教育健康发展的若干意见》《民办学校分类登记实施细则》《营利性民办学校监督管理实施细则》《北京市人民政府关于鼓励社会力量兴办教育促进民办教育健康发展的实施意见》《北京市民办学校分类登记办法》《北京市营利性民办学校监督管理办法》等法律法规及规范性文件，结合我市实际情况，制定本办法。

第二条　变更法人登记类型（以下简称变更登记）是指现有民办学校依据相关法律法规及规范性文件，由非营利性法人变更登记为营利性法人。

现有民办学校（以下简称学校）是指 2016 年 11 月 7 日《全国人民代表大会常务委员会关于修改〈中华人民共和国民办教育促进法〉的决定》公布前我市批准设立的各级各类民办学校。

第三条　实施变更登记应坚持以下工作原则。

（一）自愿选择，自主登记。学校举办者（无举办者的则为学校）自愿选择将学校登记为非营利性或营利性法人。学校自主履行完成变更登记手续。

（二）平稳变更，保障权益。学校选择变更登记的，应当进行财务清算，依法明确资产权属，并缴纳相关税费，重新登记，继续办学。变更登记中，保障学校受教育者、教职工和举办者的知情权、表达权、监督权以及各项合法权益；保护国有资产，防止国有资产受损流失。

（三）科学指导，强化统筹。政府部门科学指导学校变更登记，加快推动条件成熟的学校完成变更登记程序。强化政府部门间的政策统筹、工作协调，部门间要沟通信息、主动衔接工作。市级层面由北京市民办教育工作联席会议统筹，区级层面由区政府调度统筹。

第二章　基本程序和要求

第四条　变更登记的基本程序应包括以下内容。

（一）预申请。学校向办学许可审批机关（以下简称审批机关）提交决策机构同意的选择意向书。

（二）财务清算。学校应当在审批机关、法人登记机关以及国有资产管理职能部门的指导下，自主清算资产，并委托会计师事务所出具清算报告。国有资产的清算与处置，须经国有资产管理职能部门批准；接受捐赠形成的资产的处置，须经法人登记机关和捐赠方同意。

（三）正式申请。学校向审批机关提交正式申请及相关材料。

（四）新办学许可申请，新营利性法人登记。学校以拟设立的营利性法人名义，向审批机关申请获得新办学许可证，同时退还原办学许可证。原办学许可证依法注销。新办学许可证备注“现有民办学校”字样。学校依法向法人登记机关申请设立新营利性法人。

新营利性法人成立后，不得以原法人名义办学，应以新营利性法人名义办学，并依法与教职工变更或重新签订劳动合同，切实保障教职工工资、社保等合法权益。在原法人和新营利性法人并存期间，审批机关和法人登记机关明确职责、加强管理。

（五）资产重组、缴纳税费。将符合规定的原法人资产转移到新营利性法人名下，并按相关规定，缴纳税费。依据实际，可进行补充财务清算。原法人完成清税工作。

（六）原法人注销登记。注销登记后，原法人权利和义务由新营利性法人享有和承担。

第五条 原法人资产由举办者投入资产、国有资产、接受捐赠形成的资产、办学积累等构成。变更登记中，原法人资产按照以下原则处置。

（一）举办者投入资产：全部转移到新营利性法人名下。

（二）国有资产：国有资产应包括国有性质单位（包括行政事业单位、国有企业及其他符合国有性质的单位）直接投入学校或供学校无偿使用的固定资产、流动资产、无形资产等各类资产；财政性资金形成的各类资产；其他属于国有性质的资产。经国有资产管理职能部门批准，可按继续使用、出让、退还或参股办学等方式处置国有资产。

（三）接受捐赠形成的资产：在法人登记机关的指导下，根据捐赠协议处置或按照有关规定转让给其他非营利性法人。

（四）办学积累：全部转移到新营利性法人名下，主要用于教育教学活动、改善办学条件和保障教职工待遇。

第六条 学校向审批机关提交变更登记的正式申请等相关材料，应包括但不限于以下内容。

（一）举办者提出变更登记的书面申请和决策机构决议，决议须经三分之二及以上决策机构组成人员同意。

（二）经决策机构同意的变更登记方案，包括教职工及受教育者权益保护的工作方案等，存在不动产过户情形的应提供不动产过户的论证报告。

（三）具有法律效力的财务清算报告，清算报告中应按举办者投入、国有资产、接受捐赠形成的资产、办学积累等类别，将各类资产登记入账。

（四）国有资产管理职能部门认可的国有资产处置情况报告。

第七条 出现以下情形，不予变更登记。

（一）对变更法人登记类型有禁止性规定的。

（二）办学条件不符合法律法规及规范性文件要求的。

（三）债权债务不清晰、资产存在争议或历史遗留问题尚未解决的。

（四）无法有效保障变更登记中受教育者、教职工和举办者的合法权益的。

（五）无法有效保障变更登记中国有资产权益的。

（六）因资不抵债无法继续办学的。

（七）申请材料或变更程序不符合要求的。

（八）变更登记条件不成熟或其他不适合变更登记情形的。

第八条 新营利性法人按照《中华人民共和国民办教育促进法》《中华人民共和国公司法》等相关法律法规规定应当登记为有限责任公司或者股份有限公司，其名称应当符合《企业名称登记管理规定》《工商总局教育部关于营利性民办学校名称登记管理有关工作的通知》《市场监管总局人力资源和社会保障部关于规范营利性民办技工院校和营利性民办职业技能培训机构名称登记管理有关工作的通知》等规定。

第九条 学校变更登记为营利性法人后，涉及原以划拨方式取得土地资产的，应依法办理土地有偿使用手续。

第十条 参照我市从事生产经营活动的事业单位转企改制的办法，处理车辆转移登记问题。变更登记中需要办理车辆转移登记的，在车辆确权基础上，由新营利性法人持新办学许可证、营业执照及法律法规规定的其他材料，到公安机关交通管理部门办理车辆转移登记。

第十一条 学校变更登记中需要资产过户的，按照国家相关规定，符合条件的享受税收优惠。

第十二条 含有义务教育和非义务教育多层次办学的学校，若非义务教育阶段选择变更登记为营利性法人，应进行学校分立，资产分割，对于符合办学条件的，按照有关程序到相应的审批机关和法人登记机关登记。

第十三条 对变更登记中的失信违规违法行为，由审批机关牵头，法人登记机关及相关部门配合，实施联合惩戒。惩戒对象可以包括法人、法定代表人和直接责任人。失信名单共享至北京市企业信用信息网等。失信违规违法行为应包括但不限于以下情形。

（一）提交虚假证明文件或采取其他欺诈手段隐瞒重要事实，骗取办学许可或法人登记的。

（二）擅自处置国有资产，或造成国有资产流失的。

（三）恶意终止办学、抽逃举办者投入资产、擅自处置办学积累或挪用办学经费的。

（四）原法人资产应转移而未能足额转移到新营利性法人名下的。

（五）偷逃税费的。

（六）违规招生的。

（七）侵害受教育者、教职工和举办者合法权益的。

第三章　附则

第十四条　对于变更登记中涉及问题比较复杂，依实际情况，制定一校一方案、一校一张工作时间表，确保变更登记平稳有序进行。

第十五条　2016 年 11 月 7 日至 2017 年 8 月 31 日期间批准设立的实施非义务教育的非营利性民办学校，可以参照本办法变更登记为营利性法人。

第十六条　遵循本办法，各区审批机关和法人登记机关根据本区域的实际情况，可制定实施细则；市、区两级审批机关和法人登记机关会同国有资产管理职能部门等，可制定财务清算实施细则。

区级政府及相关部门如制定实施细则，应向市级审批机关和法人登记机关备案。

第十七条　本办法由北京市教育委员会、国家税务总局北京市税务局、中共北京市委机构编制委员会办公室、北京市民政局、北京市财政局、北京市人力资源和社会保障局、北京市规划和自然资源委员会、北京市交通委员会、北京市市场监督管理局、北京市公安局公安交通管理局负责解释。

第十八条　本办法自印发之日起实施。

北　京　市　教　育　委　员　会
中共北京市委机构编制委员会办公室
北京市人力资源和社会保障局
北　京　市　财　政　局

关于推进中小学教师“区管校聘”管理改革的指导意见

京教人〔2019〕17号

各区教委，各区委编办，各区人力社保局、区财政局：

为深入贯彻落实《中共中央 国务院关于全面深化新时代教师队伍建设改革的意见》（中发〔2018〕4号）《国务院关于统筹推进县域内城乡义务教育一体化改革发展的若干意见》（国发〔2016〕40号）《教育部 财政部 人力资源和社会保障部关于推进县（区）域内义务教育学校校长教师交流轮岗的意见》（教师〔2014〕4号）《中共北京市委 北京市人民政府关于全面深化新时代教师队伍建设改革的实施意见》（京发〔2018〕25号）《北京市教育委员会关于印发关于进一步推进义务教育学校校长教师交流轮岗的指导意见的通知》（京教人〔2016〕15号）等文件精神和要求，进一步深化中小学教师管理体制机制改革，加强教师统筹管理，优化师资配置，促进区域内教育优质均衡发展，北京市决定推进中小学教师“区管校聘”管理改革，结合我市实际，研究制定本指导意见。

一、指导思想和工作原则

（一）指导思想

认真贯彻落实习近平新时代中国特色社会主义思想和党的十九大

精神,全面深化新时代教师队伍建设改革,全面落实中小学“以区为主”管理体制，全面深化中小学教师管理体制机制改革，切实加强区域内中小学教师的统筹管理，努力破解教师交流轮岗工作中遇到的困难和问题，为促进校长教师合理流动、优化中小学教师资源配置提供制度保障，促进义务教育优质均衡发展，大力推进教育公平，办好人民满意的教育。

（二）工作原则

坚持体制创新的原则。推进中小学教师“区管校聘”管理改革核心是创新中小学教师管理体制，在编制管理中，要在核定的教职工编制总量内，按照严控总量、盘活存量、优化结构、增减平衡的要求，采取互补余缺、有增有减的办法，统筹安排区内校长教师交流轮岗，实现“学校人”向“系统人”转变，要构建相关部门职责明确、权责分明、协同推进的工作机制，要构建基础教育现代治理体系，提升现代教育治理水平。

坚持综合改革的原则。把“区管校聘”管理改革与全面推行中小学学区制管理（集团化办学）、岗位管理、公开招聘、聘用管理、校长教师交流轮岗、职称评审、考核评价、薪酬分配等制度改革协同配套、统筹实施，形成改革政策的组合拳，有效推进综合改革。

坚持公正公平的原则。要依法依规公开实施办法、工作流程和动态信息,规范操作程序,严肃工作纪律,强化监督,切实维护教师权益,防止不规范、不公平的情况发生。

坚持“试点先行、平稳衔接、不断完善、有序推进”的原则。选择有条件和积极性的区先行开展试点，实现改革政策的平稳衔接，在总结试点经验、不断完善改革政策的基础上有序推进，充分尊重基层学校意见，努力调动广大校长和教师工作积极性，努力办人民满意的教育。

二、实施范围

区级教育行政部门所属公办中小学校在编在岗教职工。

三、主要内容

（一）创新编制管理方式。统筹区域事业单位编制资源，加大内部挖潜和购买服务力度，盘活事业编制存量，优化编制结构，向教师队伍倾斜，采取多种形式增加教师总量，优先保障教育发展需要。建立跨区域（领域、行业）调整机制，建立区级机构编制部门会同财政和教育行政部门根据生源变化和教育教学改革需要，统一城乡中小学教职工编制标准，每3年核定一次区域内中小学教职工编制总量，教育行政部门在核定的教职工编制总额内，按照在校生规模、班额等情况，充分考虑乡村小规模学校、城镇化进程和中高考综合改革的实际需要，统筹分配各校教职工编制数，实行学区内、教育集团内（跨学段）统筹配置，每年动态调整的管理机制。对适合社会力量提供的临时性、辅助性或者替代性工作岗位，可使用被派遣劳动者，按照国家有关劳务派遣的规定执行。要全面清理中小学校在编不在岗人员，严禁挤占挪用中小学教职工编制。

由各级机构编制部门会同相关部门，适时对中小学教职工机构编制执行情况和使用效益进行综合评估，并将评估结果作为改进中小学教职工编制管理、优化编制资源配置的重要依据。

（二）改进岗位管理办法。区级人力社保部门会同教育部门，根据北京市核定的中小学校职称结构比例和本区域中小学校编制总量，按照岗位设置政策，核定区域内中小学校专业技术高、中、初级岗位数量，并实行总量控制。进一步健全中小学校岗位设置动态调整机制，根据学校编制变化情况，及时调整岗位数量。教育行政部门会同人力社保部门在核定的岗位总量内，按照各学区（教育集团）内各级各类学校数、在校生规模、班额、师资结构、承担教育教学改革和任务需要等情况，将岗位打包分配到各学区（教育集团），打破岗位资源校际壁垒，实行集中管理，由各学区（教育集团）统筹具体分配到各学校，并报同级人力社保部门备案。

（三）完善公开招聘制度。由区级教育行政部门按照公开招聘的政策规定，制定符合教育教学规律、教师职业特点和岗位适应性的招聘方案并组织实施，严格执行教师准入制度，重点考查思想政治素质、职业道德、职业精神、专业素养和从教潜能等方面的内容。鼓励和支持各区探索以学区（教育集团）为单位根据岗位设置的需要和实际需求统筹招聘教师。鼓励和支持各区积极完善公开招聘考试办法，遴选出热爱教育事业、真正适合当教师的人才进入教师队伍。建立完善招聘优秀人才到学校任教的“绿色通道”。

（四）完善岗位聘用制度。进一步落实学校用人自主权，全面落实中小学教师聘用合同管理。学校在学区（教育集团）统筹分配的编制和岗位数量内科学制定本校岗位设置方案，确定管理人员、专业技术人员和工勤人员岗位结构，依法依规做好聘用合同的签订、履行。全面推行竞聘上岗制度，鼓励各区积极探索建立校内竞聘、学区（教育集团）内竞聘、跨学区（教育集团）竞聘等多种形式竞争上岗和组织统筹调剂相结合的教师资源配置模式，建立竞争择优、能上能下的用人机制。教师可以在学校内竞聘上岗、学区（教育集团）内竞聘上岗、也可跨学区（教育集团）竞聘上岗。学区（教育集团）内跨校竞聘岗位由学区（教育集团）统一公布；跨学区（教育集团）竞聘岗位由区级教育行政部门统一公布。对于校内竞聘、学区（教育集团）内跨校竞聘、跨学区（教育集团）竞聘后仍未上岗的教师，学区（教育集团）、区级教育行政部门可根据实际进行统筹调剂提供工作岗位。对没有竞聘上岗且不服从组织统筹调剂的，原工作学校给予半年至一年的待岗期，待岗期待遇不低于本市规定的职工最低工资标准。待岗期满仍不服从组织调剂未上岗的人员，单位可与其解除聘用合同。

经组织选派参加支教的教师在支教期间和结束支教任务的当年，处于孕期、产期、哺乳期以及患有重大疾病在规定的医疗期内的教师，原则上在原学校续聘。

（五）完善校长教师交流轮岗制度。各区要根据义务教育优质均衡发展和中小学布局结构调整需要，科学编制义务教育学校校长教师交流轮岗中长期规划和年度计划，制定交流轮岗工作实施方案，重点推进学区（教育集团）内校长教师资源的统筹均衡配置，组织骨干校长教师向农村学校、一般学校流动，超编学校向缺编学校流动。区域内城镇学校和优质学校校长教师每学年到农村学校、一般学校交流轮岗的比例应不低于符合交流条件教师总数的10%，其中骨干教师交流轮岗应不低于交流总数的20%。

（六）完善教师管理制度。落实学校用人自主权，学校按照有关规定做好教师考核评价、职称评聘、薪酬分配等管理工作。加强对教师的工作考核，坚持公开、公平、公正的原则，以岗位职责为依据，以思想政治、师德、能力、业绩、贡献为核心，制定不同工作岗位的分类考核指标和考核办法，建立完善学校、教师、学生、家长和社会多方参与的教师考核评价机制。突出考核教师思想政治、师德表现、工作绩效和能力水平与岗位要求的匹配度，并将考核结果作为评先评优、职称评聘、资格注册、薪酬分配以及续订聘用合同等工作的重要依据。建立完善能上能下、能进能出的竞争性用人机制，激发中小学教师队伍的活力。探索建立学区（教育集团）内相对统一的教师考核评价、职称评聘、薪酬分配办法，切实破除校长教师交流轮岗的制度性障碍。

（七）逐步建立教师退出机制。教师年度考核不合格的，学校可以降低岗位等级或调整岗位聘用。对于不服从组织安排或者安排到新岗位后年度考核仍不合格的，学校可按规定程序解除聘用合同。对教师资格定期注册不合格或逾期不注册的人员，不得再从事教学工作岗位。

四、组织保障

（一）高度重视，统一思想认识。中小学教师“区管校聘”管理改革工作事关全市基础教育综合改革与发展大局，是我市深化教师管理体制机制改革的一项重要举措。各区要充分认识加快推进“区管校聘”管理改革工作的重要性和现实意义，切实提高思想认识，进一步增强改革工作的自觉性和主动性，把推进“区管校聘”管理改革工作列入重要议事日程。

（二）加强领导，强化统筹协调。各区要加强组织领导，由各区政府牵头建立健全中小学教师“区管校聘”管理体制协调机制，制定切实可行的工作方案，明确各有关职能部门的工作职责，细化分工，落实责任，扎实推进各项工作举措落实到位。机构编制部门负责教职工编制的核定和总量管理；人力社保部门负责对学校各类岗位设置的核定和总量管理，建立健全教职工人事争议仲裁制度；教育行政部门负责辖区内教职工统筹调配和管理，指导学区（教育集团）、学校具体做好教职工的日常管理工作；财政部门负责落实本级学校教师的工资、国家和市规定的相关待遇。

（三）抓好试点，积极稳妥推进。按照“试点先行、平稳衔接、不断完善、有序推进”的原则，积极稳妥推进中小学教师“区管校聘”管理改革，2020 年选择部分区先行开展试点工作。在总结改革试点工作并取得经验的基础上，不断完善改革举措，扩大改革范围，争取用 2 ～ 3 年时间在全市中小学校全面建立“区管校聘”管理制度。

（四）加大宣传，营造良好氛围。各区、各有关部门要高度重视中小学教师“区管校聘”管理改革的宣传工作，运用各种宣传媒介，采取多种方式，向社会进行广泛宣传，争取社会各界和广大教职工的认同和支持，营造改革推进的良好社会氛围。对改革举措，要充分论证，广泛听取意见建议；对可能存在的风险因素，要先期研判，做好预案。

（五）规范程序，维护合法权益。“区管校聘”管理改革的重大决策及涉及教职工权益的其他事项，实行政策公开、程序公开、结果公开，主动接受社会监督。发挥社会公众、媒体等力量在监督中的作用。运用现代信息技术手段，提高工作透明度，增强信息公开实效，真正让权力在阳光下运行。学校制定的教职工竞聘方案、职称晋升、评先评优、考核办法等，须经教职工代表大会审议通过后实施。对聘任、职称晋升、评先评优和考核结果，须公示 5 个工作日以上，充分保障教职工的知情权、参与权和监督权。学校要建立教职工申诉制度，建立健全人事争议预防和协调解决机制，按照规定设立人事争议调解组织，让教职工有充分、畅通的诉求渠道，引导教职工合理维权。对学校违背政策和程序的聘任行为，坚决予以查处。

（六）加强督查，确保有序推进。将“区管校聘”管理改革工作纳入督导评估范围，加强督查指导。各区要将中小学教师“区管校聘”管理改革工作纳入年度目标考核体系，加强管理，严肃纪律，规范工作程序，切实维护教师合法权益，维护队伍稳定。

2019 年 12 月 23 日

北京市教育委员会

关于建设北京人文社会科学研究中心的意见

京教研〔2019〕9号

各有关高等学校：

为深入贯彻落实习近平总书记关于哲学社会科学工作的重要论述和中共中央《关于加快构建中国特色哲学社会科学的意见》精神，鼓励和引导北京高校立足中国特色社会主义伟大实践，着力构建中国特色哲学社会科学，根据《关于统筹推进北京高等教育改革发展的若干意见》《关于提升北京高校科技创新能力的意见》，决定在北京高校建设一批北京人文社会科学研究中心（以下简称人文中心），现提出如下意见：

一、指导思想

深入贯彻党的十九大精神，以习近平新时代中国特色社会主义思想为指导，以社会主义核心价值观为统领，坚持社会主义先进文化前进方向，坚持百花齐放、百家争鸣，立足中国、借鉴国外，挖掘历史、把握当代，关怀人类、面向未来，充分体现继承性、民族性、原创性、时代性、系统性、专业性，大力繁荣哲学社会科学，为构建中国特色哲学社会科学提供学理支撑，为服务北京“四个中心”功能建设和国家经济社会发展提供智力支持和人才保障。

二、建设目标

鼓励和引导高校以人文中心为依托，以立德树人为根本，融通资源，不断推进知识创新、理论创新、方法创新，提升学术原创能力和水平，推动学术理论中国化，将科研与教学紧密结合，将创新和服务有机统一，打造在国内外具有重要影响力的学术高地、创新人才培养培育高地和服务创新高地。

三、建设原则

一是坚持顶层设计、统筹布局。坚持问题导向和需求导向，加强整体顶层设计，统筹学科方向布局，围绕重大理论和现实问题，强化储备性、基础性研究，鼓励和引导基础研究和应用研究相结合，把马克思主义立场观点方法贯穿哲学社会科学各学科各领域。

二是坚持机制创新、动态调整。尊重哲学社会科学发展规律和人才成长规律，探索符合哲学社会科学研究规律的新型科研组织方式，完善评估评价机制，科学设立评价目标、指标、方法，强化目标考核和动态调整。

三是坚持分类管理、分类支持。按照哲学社会科学服务经济社会发展的领域，强化分类管理，对学理性研究、政策性研究、科普性研究进行区别化管理，为人文中心发展营造良好环境；鼓励创新，允许失败，加强绩效评价结果应用，根据人文中心建设实际需求和绩效评价结果进行分类支持。

四、建设任务

按照"高端、聚合、原创、引领"的理念，突出学术特色、提升人才培养优势、打造服务创新品牌，着力推进以下方面建设：

（一）加强基础研究，增强原始性创新能力

面向经济社会发展需要和国家重大战略需求，开展重大议题的前瞻性与战略性研究、原创性理论研究，鼓励支持具有重要文化价值和传承意义的"绝学"、冷门学科研究，提出新观点，构建新理论，指导新事件，以原创涵育学术，深化学术积累，提高学术品质，回答新时代提出的重大理论及现实问题，着力推出集大成的引领性原创成果，为加快构建既体现时代精神又具有鲜明中国特色的学术思想体系做出北京贡献。

（二）加强应用基础研究，提升社会服务效能

发挥高校学科门类齐全的优势，围绕重大现实问题，瞄准学科发

展前沿，汇聚国内外高层次人才，加强新兴交叉学科领域的研究，大力推进学术与实践、基础学科与应用学科、自然科学与人文社会科学的交叉融合，发挥资政育人作用，为国家治理现代化提出政策建议，为知识积累和思想创新提供学术支撑，推动中华优秀传统文化研究阐释工作，创造性转化和创新性发展中华优秀传统文化。

（三）创新科教融合育人育才机制，培养优势学术梯队人才队伍

充分发挥以文育人载体的作用，完善科教融合的育人育才机制，发现和培育品德高尚、视野宽广、基础研究有突破的、专注的学者，成就一批哲学社会科学理论人才和研究团队。完善学生依托任务和项目开展毕业论文研究机制，提升创新人才培养质量。鼓励和引导社会力量广泛参与，促进学术成果转化，培育一批具有影响力的学术文化成果，推动形成有利于传承发展中华优秀传统文化的体制机制和社会环境，使其成为全国相同研究领域的专门人才库和人才培养培训基地。

（四）弘扬人文精神与学术品格，打造高端人文论坛品牌

加强学术共同体建设，支持学术带头人自主聚人才建团队，培育哲学社会科学领域“北京学派”。按照平等、开放、包容、互鉴的理念，设立北京人文论坛，集聚智慧，启迪思想，促进学科交叉与学术创新，解读中国实践，构建中国理论，提炼标识性概念，营造优良学术交流环境，回应时代要求，传承弘扬中华优秀传统文化，宣传阐释新时代新思想，研究应对新机遇新挑战，打造人文对话特色品牌，提升北京人文的国际影响力。

五、组织实施

（一）加强组织领导

成立由具有社会影响力的专家学者组成的人文中心专家咨询委员会，对人文中心建设发展进行宏观指导。成立北京人文论坛理事会和组织委员会，分别对论坛的举办进行指导和组织实施。

（二）强化主体责任

依托高校作为人文中心的建设主体，应设立人文中心建设管理委员会，在人、财、物等方面给予优先或倾斜支持。人文中心应制定中

长期发展规划，明确实施路径和运行机制。

（三）加强管理创新

秉持服务发展理念，创新科研管理，制定《北京人文社会科学研究中心管理办法》，明确立项、运行、管理、经费、考核与评估等相关规定与要求。

附件：北京人文社会科学研究中心管理办法

2019 年 12 月 31 日

附件

北京人文社会科学研究中心管理办法

第一章 总则

第一条 为科学管理北京人文社会科学研究中心（以下简称人文中心），根据《北京市教育委员会关于建设北京人文社会科学研究中心的意见》，制定本办法。

第二条 人文中心是北京高校承接国家和北京市重大任务、组织高水平哲学社会科学研究、培养高水平创新人才、服务创新的重要平台。

第三条 人文中心是依托北京高校建设的相对独立的科研实体，实行“开放、协同”的运行机制和“稳定支持、动态调整”的管理模式。

第二章 职责分工

第四条 北京市教育委员会（以下简称市教委）是人文中心的宏观管理部门，主要职责是：

（一）研究制定人文中心建设意见和管理制度；

（二）组织人文中心的申报、立项、评估、验收等；

（三）对人文中心的建设进行指导；

（四）设立人文中心专家咨询委员会，对人文中心的建设、发展进行指导和咨询；

（五）统筹协调北京人文论坛的组织实施，营造学术争鸣的氛围，搭建宽松的学术环境，弘扬人文精神与学术品格。

第五条 高校是人文中心建设和运行管理的责任主体，主要职责是：

（一）组织人文中心的培育和推荐工作，负责实施过程管理，制定运行管理的实施细则；

（二）设立由主管校领导牵头，科研、人事、学科、财务、资产、外事等部门和各协同单位负责人参加的人文中心建设管理委员会（以下简称“建设管理委员会”），负责制定人文中心建设计划，并检查、落实；

（三）为人文中心提供良好的科研条件和相应的配套经费，将人文中心发展纳入学校发展重点，在人、财、物方面对人文中心给予重点支持；

（四）组织和支持人文中心的重大学术活动。

第六条 人文中心的主要职责是：

（一）制定人文中心发展规划、明确实施路径、创新组织模式、汇聚优质资源、完善管理制度、创新运行机制、承担科研任务、培养创新人才、开展交流与合作、服务社会发展；

（二）组建人文中心学术委员会，负责制定中长期学术研究计划，指导人文中心的学术发展和人才培养；

（三）积极承担国家和北京市重大科研任务，开展基础研究和应用基础研究、解决经济社会发展重大理论和现实问题；

（四）负责科研项目组织，统筹人才、经费、科研设施等资源配置；

（五）编制年度工作计划和年度工作报告。瞄准学科前沿，聚焦重大理论与实践问题，结合国内外相同领域前沿研究，提供有建设性的和有影响力的年度研究咨询报告；

（六）承办北京人文论坛，着力提升人文中心的服务创新能力。

第三章　申报与立项

第七条　高校结合自身优势和特色，围绕国家战略和北京城市战略定位，聚焦首都改革发展面临的重大理论和实践问题，整合创新资源，主动承接任务，精心开展培育。

第八条　人文中心的建设单位原则上应具备以下条件：

（一）建设领域有明确的研究方向和发展前景，特色鲜明，原创力和基础研究实力强，具有解决重大实践问题的综合研究能力和参与重大决策的能力，预期标志性成果产出潜力大；

（二）建设领域具有国内领先的学科基础，能够独立或相对独立地招收、培养研究生；

（三）具有建设凝聚力强、开放性好、层次结构合理的学术团队的能力；具有协同合作的精神和较高的组织管理水平，能积极有效协调各协同单位利益，调动各参与单位的积极性；

（四）提出的建设方案应具有明确的、切实可行的发展思路、方向、任务和目标；

（五）具备良好开展科研活动的办公、实验和资料室用房及设备条件；

（六）具有较强的经费筹措能力、后勤保障能力和学术活动条件。

第九条　人文中心主任原则上应具备以下条件：

（一）具有高尚的师德风范，潜心学术、治学严谨，在业内具有良好声誉；

（二）具有深厚的学术造诣，研究专注度高，具有原创的、一脉相承的思想体系，研究领域具有深度持续的创新能力；

（三）近年来取得的突出学术成就和应用效果，对学科发展具有重要作用，研究的活跃度高，为首都文化、社会发展做出贡献或赢得声誉，为国内外同行所公认；

（四）具备建设团队的能力和组织学术论坛的能力。

第十条 符合立项申请基本条件的人文中心填写《北京人文社会科学研究中心建设申请书》（以下简称“申请书”）。

第十一条 市教委坚持问题导向和需求导向，面向未来、实事求是、与时俱进，统筹领域建设，按照“发现一个培育一个，成熟一个建设一个”的原则，组织专家进行立项论证，择优立项建设。通过立项论证的《申请书》即视为人文中心任务书，并作为后续人文中心考核评估的重要依据。

第十二条 人文中心的建设周期为五年。

第四章 运行与管理

第十三条 依托高校应重视人文中心的建设与发展，负责落实条件保障、日常监督管理和年度评估工作，协调解决人文中心发展中的重大问题。

第十四条 人文中心实行建设管理委员会领导下的主任负责制。

第十五条 学术委员会会议每年至少召开一次。

第十六条 人文中心应围绕主要研究方向和重点任务设立自主研究选题，组织团队开展持续深入的科学研究；积极承担国家、区域和行业的重大任务，联合国内外优秀团队开展协同创新。人文中心对自主研究课题的执行情况要进行定期检查，并及时验收。

第十七条 人文中心应加强机制创新，深入推进科教融合，创新人才培养模式，完善学生依托任务和项目开展毕业论文研究机制，主动开展国内外学术交流与合作，积极与国内外高校、科研机构联合培养创新人才。

第十八条 人文中心应加强知识产权的规范管理。在人文中心完成的论文、专著和研究报告等研究成果均应标注“北京人文社会科学研究中心资助”。未按要求标注的成果不作为评估的有效材料。专利申请、成果转让、奖励申报等按国家有关规定执行。

第十九条 人文中心应建立健全各项规章制度，严格遵守国家有关保密规定。

第二十条 人文中心名称、中心主任等重大调整，应报市教委备案。

第五章 经费与保障

第二十一条 人文中心根据承担年度任务的要求，按需申报经费。市教委以项目经费形式支持人文中心完成任务所需预算经费。人文中心应积极争取中央和北京市有关部门、行业、企业、社会等各方面的配套经费支持。

第二十二条 人文中心的经费使用与管理参照《北京市财政局、北京市教育委员会关于印发〈北京市教育财政科研类项目经费管理办法〉的通知》（京财教育〔2016〕3001号）相关要求执行。各高校和人文中心应统筹规划各项经费，科学、合理地安排使用，完善内部控制机制，确保经费使用规范、安全、有效。

第六章 考核与评估

第二十三条 人文中心建设实行动态管理。考核采取定性和定量相结合的方式。定性主要评估思想活跃度、独创性思想和研究思想进展的积累状态、成果与目标的吻合度、学术风气等。定量实施“代表作制”，主要评估团队整体学术水平提升状况。

第二十四条 每年年底，高校依据年度工作计划，对人文中心进行年度考核，并将考核结果与年度研究咨询报告、年度工作报告一并报市教委备案。

第二十五条 建设满两年，市教委将组织专家或委托第三方机构对人文中心开展中期评估，重点评估人文中心发展状况和存在的问题。

第二十六条 建设期满，市教委将组织专家或委托第三方机构对人文中心开展周期验收，重点评估科研成果与贡献、团队建设、人才培养、学术交流、开放与运行管理等情况。

第二十七条 市教委根据验收结果，对人文中心进行动态支持和动态调整。通过验收的进入下一个建设周期，验收不达标且整改仍不合格者退出建设序列。

第七章 附则

第二十八条 人文中心英文名称为“Beijing Innovation Center of Humanities and Social Sciences”。

第二十九条 本办法自发布之日起施行。

综　合

北京市教育委员会文件选编

（2019）

北京市教育委员会

关于印发 2019 年工作要点的通知

京教策〔2019〕2 号

各区教委，各高等学校，机关各处室、各直属单位：

现将《北京市教育委员会 2019 年工作要点》印发给你们，请结合实际，认真贯彻落实。

2019 年 2 月 13 日

北京市教育委员会 2019 年工作要点

2019 年教育工作的基本要求是：坚持以习近平新时代中国特色社会主义思想为指导，全面贯彻党的教育方针，深入学习贯彻习近平总书记对北京重要讲话精神和关于教育的重要论述，深入贯彻落实全国和全市教育大会精神，以服务保障新中国成立 70 周年庆祝活动为主线，紧密围绕首都城市战略定位，坚持稳中求进，深化综合改革，促进教育公平，提高教育质量，补齐发展短板，提升管理水平，扎实推进教育现代化，办好人民满意的首都教育，为建设国际一流和谐宜居之都提供基础支撑，以优异的成绩庆祝新中国成立 70 周年。

一、深入学习贯彻习近平总书记关于教育的重要论述，全面落实教育大会精神

1. 坚持以习近平新时代中国特色社会主义思想统领首都教育工作。将习近平新时代中国特色社会主义思想贯彻到首都教育的方方面面，扎实推进习近平新时代中国特色社会主义思想“三进”。抓好习近平总书记关于教育的重要论述和全国、全市教育大会精神的宣讲和全覆盖学习培训。把学习贯彻教育大会精神与抓好各项工作有机结合起来，抓落实、抓管理、抓学习，加快推进首都教育现代化。

2. 将党对教育工作的全面领导落到实处。积极推进党的路线方针政策在教育系统不折不扣贯彻执行。加强教育系统党的建设，把抓好党建作为办学治校的基本功，促进党的组织和党的工作全覆盖。重大教育决策严格按程序提交教育体制改革专项小组、市委教育工作领导小组、市委全面深化改革委员会等审议。落实全面从严治党各项要求，营造风清气正的教育生态。

3. 抓好教育大会重点任务落实。出台《首都教育现代化 2035》和《加快推进首都教育现代化实施方案（2018—2022 年）》。进一步完善首都教育改革发展“4 + N”系列政策文件，健全落实工作机制，明确层层抓落实责任，确保落地见效。指导各区在 5 月底之前召开本区教育大会，进一步完善区域教育顶层设计，推动教育大会精神在全市形成生动实践。推广贯彻落实教育大会精神的典型经验做法，树立首都教育良好形象，营造全社会支持教育、发展教育的良好氛围，凝聚推动教育改革发展的强大合力。

4. 开展机关管理年活动。深入落实《市委关于集中整治形式主义、官僚主义的实施意见》，进一步加强机关作风建设，坚决纠正表态多调门高、行动少落实差、重“痕”不重“绩”等突出问题，发扬“严、实、快”的工作作风，推动教育改革发展。建立健全机关各项工作制度体系、流程体系、数据支撑体系、监督管理体系，大力改进工作方式，加强协同合作，全面提升法治化、精细化管理意识和能力。加强督查督办，严格落实通报制度，着力提升全系统管理效能。加强对直属单位工作指导，深入推进直属单位改革。

5. 着力强化学习调研。深化学习型、创新型机关建设，大兴学习、调查研究之风。密切关注国内外教育改革的新动向新趋势，围绕创新教育、未来教育、网络教育等深入开展前瞻性、战略性研究。以筹备召开人工智能与未来教育国际研讨会为契机，深入研究人工智能及互联网、大数据、云计算、区块链等新技术对教育理念和教育方式方法的深层次影响，持续推进北京数字学校及相关优质资源的共享和应用。坚持问题导向，加强和改进调查研究工作，加大对委托调研课题的指导、参与力度，更加注重自行研究和调研成果转化。

二、以服务保障新中国成立 70 周年庆祝活动为主线，办好人民满意的首都教育

6. 服务保障各项重大活动。做好庆祝新中国成立 70 周年和“一带一路”国际合作高峰论坛、世界园艺博览会、亚洲文明对话大会等重大活动服务保障工作，增强服务保障能力，提高服务保障水平，充分体现 70 年来首都教育改革发展成果和师生良好精神面貌。统筹好服务保障重大活动和推进首都教育改革发展的关系，更加自觉地做好教育民生工作，以更加公平更有质量的教育提升人民群众获得感、幸福感和满意度。

7. 切实维护教育系统安全稳定。坚持安全稳定压倒一切，严格落实安全稳定工作责任制，强化各项工作安全稳定风险评估和预案管理，坚持做好形势研判、工作部署、督导检查和应急值守等环节工作，坚决完成好各重大活动和敏感节点维稳安保工作。加强国家总体安全观教育。严格落实意识形态责任制，强化课堂、讲座、论坛、社团、网络等管理，坚决守好意识形态重要阵地。积极回应社会关切，妥善应对突发公共事件，不断提升舆情引导能力。

8. 深入推进平安校园建设。以“平安校园”建设作为中小学幼儿园安全工作总抓手，一校一案狠抓建设标准落实，年内各区实现验收达标率不低于 70%。深入开展“扫黑除恶”专项斗争。实施“雪亮工程”，不断完善人防、技防、物防措施。全面推进学校危化品安全综合治理三年行动计划，研究制定中小学实验室危化品安全管理规范。持续开展矛盾纠纷排查化解，强化校园周边治安、交通综合治理，提高防范和抵御安全风险能力。

9. 推动学前教育普及普惠安全优质发展。落实第三期学前教育行动计划，新增学位 3 万个，着力缓解入园难。健全管理机制，研究出台《普惠园认定与扶持管理办法》，制定幼儿园办园质量评价标准，完善小区配套幼儿园规划管理机制，探索民办幼儿园分类管理机制。推进落实加强学前教育管理的意见，实施清单管理，强化幼儿园监管。加大对学前教育内容监管力度，开展幼儿园“小学化”倾向治理。进一步完善无证园改造提升工作机制，推进无证园治理取得明显进展。推进学前教育教研全覆盖。

10. 推动义务教育优质均衡发展。落实推进中小学集团化办学和学区制管理两个指导意见，优化中小学集团化办学布局，集团覆盖学校新增 100 所，重点推动回龙观、天通苑、城市副中心等地区的实践探索。完成第二阶段扩优改革任务。加强优质教育资源市级统筹，在城市发展新区和生态涵养区加快推进优质学校建设，研究出台市级统筹优质学校管理制度，同步推进基本建设、师资储备、课程开发等工作。继续推进城乡中小学校一体化发展，加强农村小规模学校和乡镇寄宿制学校建设。开展第二批义务教育学校管理标准达标验收，启动先进校评选。加大对专门学校发展的指导力度。落实特殊教育提升计划，完成特教资源网一期资源建设，确定北京特殊教育中心建设方案。为1000名残疾学生提供就学辅助性服务。开展民族教育发展现状调研，组织第八届“民实杯”教学大赛，强化内地民族班教育管理服务。修订《北京市中小学校办学条件标准细则》。

11. 推动普通高中多样化发展。研究出台《关于推动普通高中多样化发展的指导意见》，优化布局结构，扩大优质高中规模，加强顶层设计和政策保障。启动普通高中多样化评估，分类引导和精准支持高中改革创新，促进普通高中办出特色、办出品质。做好新高考背景下高中教育教学组织管理工作，有序推进选课走班，完善高中学生学业水平考试和综合素质评价，促进学生发展指导与学科教学深度融合。

12. 深化考试招生制度改革。完善义务教育入学规则，取消特长生招生，全部名额用于派位，城六区逐步降低公办学校寄宿招生数量和比例。民办学校招生入学工作纳入属地教委统一管理，与公办学校同步招生，原则上以招收其审批机关所在区域内学生为主。严肃查处各类与招生入学挂钩以及设立重点班、快慢班、实验班的行为。指导各区完善划片工作办法及片区公开查询机制。稳步推进中高考改革。从今年开始到2021年，逐步将普通高中现有各类招生方式整合为统一招生、校额到校和自主招生，将优质高中50%以上的招生名额分配到一般初中校。做好高考本科招生批次合并和艺术类报考录取工作改革。

三、落实立德树人根本任务，促进学生德智体美劳全面发展

13. 健全立德树人系统化落实机制。落实《中小学德育工作指南》，构建以社会主义核心价值观为引领的大中小幼一体化德育体系。以服务保障重大活动和新中国成立70周年等重要纪念日为契机，持续开展“一十百千工程”，加强中华优秀传统文化教育、革命传统教育，加强党史、国史、改革开放史教育，引导学生坚定理想信念，厚植爱国主义情怀。深化养成教育，培养学生良好道德品质和行为习惯。加强生态文明教育、心理健康教育、法治教育。深化课程育人，加强中小学德育课程建设和管理。强化管理育人，提升辅导员、班主任等育人能力和水平。落实《加强中小学家庭教育指导服务工作的实施意见》，构建家校社协同育人机制。进一步完善民族团结进步教育常态化机制。

14. 完善实践育人体系。推动落实《依托社会大课堂完善中小学实践育人体系的指导意见》，进一步强化实践育人功能，拓宽学生实践平台，丰富社会大课堂资源。加强劳动教育，研究落实国家关于劳动教育的政策文件，深化市级学工学农实践体验活动，推动劳动教育有效实施。持续推进中小学生课后服务，提高学生综合素质。实施本科教育教学重点实验室建设计划、职业教育共享实习实训基地建设计划。推动高校加大学生实习实践比重，强化实习整体设计及过程管理。加强和改进国防教育。

15. 加强学校体育工作。提升体育课堂教学质量，强化课外体育锻炼，健全竞赛活动体系，加强学生体质健康监测，逐步推广“一校一品”体育教育改革试点，加快发展校园足球，大力推广冰雪运动，全面加强奥林匹克教育。落实《“健康中国 2030”规划纲要》要求，加强中小学生防近视、控肥胖工作，提升健康教育实效性。

16. 加强学校美育工作。完善学校美育课程体系，切实改进美育教学，发挥舞蹈和戏剧课程试点校、京剧进课堂实验学校示范作用，进一步丰富美育课程供给。推进落实戏曲进校园工作计划，扩大民族艺术进校园活动受益面。深入推进高等学校、社会力量支持小学体育美育发展项目，注重引导优质资源支持农村地区学校美育改革发展。

17. 深化中小学教育教学改革。认真贯彻落实中小学生减负 30 条，研究出台我市实施方案，多措并举、标本兼治减轻中小学生过重学业负担。研究出台《进一步深化中小学教学改革提高教育质量的若干意见》，组织召开中小学劳动、美育、德育等学科教育大会，促进课堂教学提质增效。研究出台普通高中课程实施指导意见和学科教学指导意见，指导学校统筹均衡安排每学年开设的科目和课时，探索基于学科核心素养的教学策略和评价方式。建立课程实施监测制度，对课程方案执行、课程标准落实及教材使用情况进行监测，定期反馈并推动改进。

18. 加强教材建设与管理。严格落实国家有关教材管理办法，加强各级各类学校教材编写、使用管理。推进习近平新时代中国特色社会主义思想进课程教材，用好马工程重点教材。开展中小学教材使用情况普查，严禁以校本课程教材、境外课程教材替代国家课程教材。加强义务教育统编三科教材和普通高中新教材培训。研制中小学地方教材建设规划，完善地方课程教材编写审定制度。建立健全校本课程教材区级审查机制。开展中外合作办学机构和项目引进课程教材排查。

19. 创新推进语言文字工作。落实《关于实施中华优秀传统文化传承发展工程的意见》等政策文件，推进中华经典诵读工程，践行社会主义核心价值观，弘扬优秀传统文化。推进学校语言文字工作规范化达标建设。组织开展第二十二届全国推广普通话宣传周活动。推进中小学语言能力提升计划和市民语言文化大讲堂工程。开展县域普通话普及情况调查和语言文字测试工作。

四、紧密围绕首都城市战略定位，提高教育服务经济社会发展能力

20. 推动高等教育内涵、特色、差异化发展。落实统筹推进北京高等教育改革发展的若干意见，全面支持高校“双一流”建设。深入推进市属高校分类办学，进一步研究确定学校的办学定位和发展方向。坚持“以本为本”，组建本科教育教学指导委员会，设立人才培养能力提升研究专项，建设高校优质本科课程，加强在线开放课程建设与共享。深入推动央属高校和市属高校学科结对共建，加快高精尖学科建设。分批重点建设一批一流专业，强化高校专业群建设，提升专业建设整体水平。完善专业预警机制，引导高校建立和完善专业动态调整机制。加大市属高校博士生联合培养力度，落实高校学位授权审核建设规划，有序推进新增学位授予单位和授权点工作。开展学位授权点动态调整和硕士学位授权点合格评估抽检。

21. 全面提升高校科技创新能力。积极主动服务“三城一区”建设和高精尖产业发展，深入实施高校科技创新能力提升计划，打造高质量创新平台，高质量实施科研计划项目。进一步加强高精尖创新中心建设，开展第二批立项高精尖中心的中期评估，完善运行机制和保障政策，引导实现创新成果转化及产业化发展。推进高校卓越青年科学家项目实施，探索建立保障中青年骨干人才开展科研和成长发展的机制。深入推进北京实验室建设。加强哲学社会科学研究基地的统筹规划和绩效管理。开展北京人文社会科学研究中心建设工作。建立一批北京高校科技成果转化中心，提升成果转化质量和效率。

22. 发展适应北京经济社会发展需求的职业教育。全面实施职业教育改革发展行动计划，开展 10 所左右特色高水平职业院校、30 个左右特色高水平骨干专业（群）、30 个左右工程师学院及技术技能大师工作室的遴选建设工作。为乡村医生岗位定向培养 90 名医学大专生。联合相关部门共同落实《北京市深化产教融合的实施意见》，制定“未来工匠”培育工程的文件和标准，全面推广“职业素养护照”。推进集团化办学，深化中德合作胡格教育模式改革。

23. 支持和规范民办教育发展。鼓励社会力量兴办教育。推进民办教育分类管理改革，平稳有序组织民办学校（幼儿园）分类登记工作。引导和支持民办高校打造优质品牌。研究制定民办高校章程审核工作规程、民办非学历高等教育机构办学标准及监管办法，深化民办高校年检结果应用和信息强制公开制度。加强对民办学校办学行为的监管，探索建立办学风险社会预警工作机制，依法查处违法办学行为。巩固成果，持续开展校外培训机构专项治理，指导各区完善白名单、黑名单制度，进一步健全各部门协同的校外培训市场联合执法机制，探索第三方对校外培训机构开展信用分级评估和动态管理。

24. 大力推进城教融合。加快推进《北京市学习型城市建设行动计划》十大工程。开展学习型城市示范区建设和评估；评选认定市级“市民终身学习示范基地、市级职工继续教育基地、新型职业农民培训基地”；推进第三期家庭教育和家风建设项目；开展第十批“首都市民学习之星”评选工作；继续开展第四批“学习指导师”培训工作。贯彻落实好《关于加快发展老年教育的实施意见》。

五、强化开放协同，推进教育交流合作

25. 优化教育空间布局。严格执行新增产业禁限目录。统筹空间布局，扎实推进北京建筑大学、北京城市学院、北京工商大学、北京电影学院和北京信息科技大学新校区建设，启动“北京国际奥林匹克学院”建设。推动相关高校向郊区转移，积极推进各区都有高校。强化统筹服务力度，推进良乡、沙河高教园区向结构合理、要素齐全、职住平衡、充满活力的科教及产业融合新城转化。协调部分央属高校加快新校区建设。统筹推进城市副中心基础教育设施项目按期完工。推动各区整顿压缩培训机构。

26. 积极推动京津冀教育协同发展。加强京津冀教育部门定期沟通协商，推动落实《京津冀教育协同发展行动计划（2018—2020 年）》。全力支持雄安新区教育发展，实现援建三所“交钥匙”学校开工建设，以“建 3 援 4”项目为基础，继续丰富支持项目和方式。积极推进通武廊教育协同发展，进一步强化对北三县的教育支持。紧密结合世园会举办和冬奥会筹办，与张家口开展各类教育合作。推动现有京津冀高校联盟启动 1 ～ 2 个重点项目。探索部分高职院校跨省市自主招生。

27. 统筹推进教育扶贫协作和支援合作。进一步加强教育精准扶贫工作，组织实施新疆、西藏、青海、内蒙古、河北教育扶贫项目，助力打赢脱贫攻坚战。持续实施“引智帮扶”工程，推动 23 所市属高校与本市 9 个区的 34 个低收入村结对帮扶。深化京沈、京豫、京鄂、京赣、京银、京什等教育合作交流，积极构筑教育合作共同体，实现合作互利共赢。

28. 进一步扩大对外教育合作与交流。研究出台《北京国际学校发展三年行动计划》和《北京学校国际学生管理办法》，指导各区和各级各类学校稳步推进教育对外开放。深入开展“一带一路”国际人才培养基地建设工作，实施外国留学生“一带一路”奖学金。支持高水平中外合作办学项目，试点推进外籍人员子女学校和中等及以下层次中外合作办学机构、项目的审批权限下放。加强孔子学院（课堂）质量建设。精心打造国际学生北京夏令营等品牌交流活动和境外教育推介活动。进一步加大与港澳台地区教育合作交流力度，深入推进京港澳青少年交流机制建设，做好在京港澳台侨学生管理服务工作。

六、坚持高素质专业化，全面加强教师队伍建设

29. 全面加强师德师风建设。坚持把师德师风作为评价教师队伍素质的第一标准，建立健全教育、宣传、考核、监督与奖惩相结合的师德建设长效机制。贯彻落实新时代教师职业行为十项准则，制定我市实施意见。贯彻落实教育部关于大中小幼教师违反职业道德行为处理办法和指导意见，建立健全责任追究机制，依法依规严肃惩处。积极宣传师德典型，涵养教育情怀，营造全社会尊师重教的良好氛围。

30. 全面加强教师教育。落实《北京市教师教育振兴行动计划（2018—2020 年）实施办法》，推动教师教育改革发展，解决中小学教师来源不足问题。全面落实“十三五”时期中小学、幼儿园干部教师培训规划、高校高水平教师队伍建设支持计划和职业院校教师素质提升计划，促进干部教师专业化发展，全面提高教师培训质量。创新干部教师培训方式，实施中小学（幼儿园）名师名校（园）长发展工程、名校长工作室、特级教师工作室，开展高校教学类名师团队评选，着力培育卓越干部教师。实施中小学教师开放型教学实践活动、协调创新学校计划。持续实施乡村教师支持计划、促进通州教师素质提升计划。

31. 全面优化教师管理方式。创新教师编制管理，研究制定幼儿园人员配备管理规范，建立教师编制统筹配置机制和跨区域（领域、行业）调整机制，积极探索实行高等学校人员总量管理。完善教师资格制度，推进教师资格定期注册制度改革试点。深化基础教育教师资源配置方式改革，推行“区管校聘”、交流轮岗、学区走教等方式。推进教育系统职称制度改革，进一步完善职称评价标准和方式，研究推进中专教师系列职称制度改革和科研机构专业技术职务的自主评聘改革。推行中小学校长职级制改革，促进校长队伍专业化建设。建立符合各级各类教师岗位特点的考核评价指标体系和考核评价机制，为教师减负。

32. 不断提升教师地位待遇。完善中小学教师工资正常增长机制以及与公务员工资同步调整联动机制，调整中小学教师绩效工资方案，进一步健全和完善绩效工资激励机制，优化绩效工资结构，在绩效工资分配中向一线教师、骨干教师、重要岗位和艰苦岗位倾斜，形成多劳多得、优绩优酬的分配机制。落实《北京市市属高校绩效工资管理规范》，推进高校和职业院校教师薪酬分配制度改革，不断提高教师待遇。加强普惠性民办幼儿园教师工资指导。

七、强化督导职能，提升教育治理水平

33. 深化教育督导制度建设。落实市政府教育督导委员会工作规则，调整市政府教育督导委员会成员单位及委员，召开年度工作会议，推动落实《北京市教育督导改革与发展三年行动计划（2018—2020）》等教育督导重大决策与事项。完成第十一届督学换届工作。

定期发布教育督导报告，与教育执法相结合，强化督导结果使用，狠抓落实整改。

34. 推进政府履行教育职责督导。实施市级义务教育优质均衡发展督导评估工作，做好国家级义务教育优质均衡市（县）评估认定申报工作。启动实施对市级相关部门和各区政府履行教育职责督导评价，做好迎接国家对省级人民政府履行教育职责督导评价相关工作。聚焦教育改革发展的重点领域和突出问题，开展专项督政。围绕学位问题整改、教师队伍建设等情况，开展对各区政府和行业企业执行教育法律法规情况的督导检查。

35. 强化学校督导工作。深入实施各级各类学校教育督导工作。研究出台《北京市幼儿园质量督导评估办法》，开展幼儿园办园行为督导评估。开展基础教育学校全面实施素质教育督导评估，开展职业院校技能型人才培养督导评估。组织实施市属高校本科教学工作审核评估复查工作。稳步推进责任督学挂牌督导工作，强化督学责任区建设。开展中小学生减负工作评议考核，每学期向社会公布督导结果。持续推进学校内部督导建设。

36. 科学实施教育评估监测。开展学前教育发展状况监测、国家义务教育质量监测工作，组织编制监测结果分析报告，强化监测结果运用。推进北京市职业教育质量监测标准研究，完善监测指标体系和监测工具。开展北京电影学院等 7 所市属高校本科教学工作审核评估。指导北京警察学院做好迎接教育部本科教学工作合格评估工作。组织开展北京高校本科教学基本状态数据采集工作。组织北京高校编制发布本科教学质量报告。开展北京地区硕士学位论文抽检工作。做好全市教育工作满意度调查。

八、坚持依法治教，提升服务保障能力

37. 全面推进依法治教。进一步完善行政规范性文件制发机制，切实落实公众参与、专家论证、风险评估、合法性审查、集体讨论决定的重大行政决策法定程序。全面梳理现有行政职权，进一步明确细化权力清单和责任清单。加强和改进信息公开工作。着力推进教育执法，建立健全联合执法机制，加强指导监督，层层压实执法责任。采用“双随机一公开”方式，加大行政检查力度，严厉查处教育违法行为。探索推进专门执法机构和队伍建设。落实高校放管服改革实施意见。研究制定依法治校基本标准。加强教育法治研究基地建设。

38. 进一步完善教育经费管理。完善各类教育投入政策，按照“两个只增不减，保持持续稳定增长”的要求，努力加大教育投入，确保教育优先发展。提高教育经费使用效益，探索全面推进绩效成本核算。完善政府采购制度，严格落实政府采购程序。加强内部审计工作，完善内部审计制度，加强教育系统指导监督。深入开展经济责任审计、预算执行与决算审计以及专项审计调查，推动审计监督全覆盖，强化审计结果运用。建立贫困生调查机制，完善学生资助程序，适时调整学生资助范围和标准。

39. 持续提升教育信息化水平。推进教育云和教育大数据建设，建成教育大数据平台，开发大数据分析引擎及前端展示平台，提升北京教育云环境支撑能力。落实教育信息系统集约整合工作，搭建北京教育管理服务门户，统一对外服务窗口，建设教育公共管理平台、公共服务平台及公共资源平台，年底竣工并投入试运行。培育信息技术与教育教学融合创新样板，开展第一批“双百”示范行动。加强校园网络安全管理，强化信息化保障队伍建设，大力提升信息技术安全保障能力。推动教育社会信用体系信息化建设，探索建立面向教师、学生和民办教育机构的诚信管理制度。

40. 加强学校后勤管理保障服务。提高后勤发展质量和效益，提升科学化、规范化、精细化管理水平，推动学校后勤工作转型升级。加强学校食堂建设和在校就餐管理，落实市政府“阳光餐饮”工程。推进高校后勤标准化建设工作，提升学校后勤整体服务保障能力。实施教育系统“十三五”时期节能减排行动计划和高校碳排放管理规范标准，开展市属高校能效考核和高校节能考核工作。加强后勤队伍建设和人员管理，关心关爱后勤员工的工作生活。

41. 做好就业创业精准化服务。进一步完善就业创业工作制度，加强毕业生就业创业指导与服务，强化工作监管。拓展京外重点地区、重点行业、重点单位就业市场，引导毕业生到基层就业。建立健全就业数据支撑体系，提升就业指导服务质量水平，精准帮扶北京困难家庭毕业生就业。完善“一街三园多点”创业园孵化体系建设，提升综合管理服务水平，探索建立北京高校大学生创业“线上＋线下”综合服务管理平台，努力实现创业孵化团队数量及质量双增长。全力推进高校征兵工作持续协调发展。

北京市教育委员会

关于进一步加强教育精准扶贫工作的通知

京教援合〔2019〕1号

各区教委，各市属高校，各直管直属单位：

打赢脱贫攻坚战，是全面建成小康社会最艰巨的任务，是以习近平同志为核心的党中央向国内外作出的庄严承诺。自开展脱贫攻坚战以来，全市教育系统认真贯彻落实党中央、国务院和北京市委、市政府的决策部署，以一系列教育扶贫“组合拳”有效助力受援地区教育教学水平提升，为打赢脱贫攻坚战提供了有力支持。但同时也要清醒看到，教育扶贫工作还存在着项目措施不够精准、参与主体不够充分、融合程度不够深入等问题。为进一步发挥教育扶贫阻断贫困代际传递的根本性作用，切实做到精准聚焦、精准施策，确保助力受援地区如期打赢脱贫攻坚战，现将下一步工作要求通知如下：

一、进一步提高政治站位

（一）不断强化理论引领的自觉

深入学习贯彻习近平总书记关于扶贫工作，特别是精准扶贫、精准脱贫的重要论述，深刻理解蕴含其中的为民情怀、战略思维和务实作风。要把习近平总书记扶贫理论作为抓好扶贫工作的纲和魂，自觉加强理论学习，强化理论引领，进一步提高工作的针对性、实效性。要坚持学用结合、学以致用，切实把脱贫攻坚作为衡量政治站位的标尺，把如期打赢脱贫攻坚战作为当前首要的政治责任，用精准扶贫、精准脱贫的实际成效来检视工作执行力和政治忠诚度。

（二）牢固树立精准精益的思想

要坚决贯彻精准扶贫方略，把精准理念贯穿教育扶贫全过程，加强对新时代教育扶贫特点规律的探索研究，深入开展调研，密切沟通协调，做到需求精准、对接精准、施策精准、落地精准，努力将有限的资源发挥无限的效能。要始终贯彻实事求是思想路线，坚持务求实效的工作作风，把工作是否聚焦精准、益贫带贫效果是否明显，作为衡量教育扶贫工作是否有效的重要标准，作为贯彻习近平总书记关于扶贫重要论述措施是否有力的硬性指标。

（三）切实增强首善首位的意识

要贯彻落实蔡奇同志反复强调的“北京作为首都，要在扶贫协作工作中立标杆、做示范”指示要求，时刻注意树立首位思想、坚持首善标准、展示首都形象，切实担负起扶贫攻坚的政治责任，打造扶贫攻坚的首都模式。要坚持既讲求项目规模，又注重项目效益；既要在推进力度上走在前列，又要在精准程度上走在前列；既要着重解决眼前脱贫问题，又要着眼长远持续发展。通过不断学习借鉴、消化吸收、总结提高、创造创新，切实为教育扶贫领域提供更多可参考、可复制、可推广的经验和模式。

二、进一步加强组织领导

（一）确保机制顺畅

各单位要形成主要领导亲自抓，分管领导具体抓，上下联动深入抓的工作格局，单位领导每年至少要到结对帮扶县调研考察一次，研究部署工作，完善工作机制。要明确职责分工，市教委对口支援与区域合作处负责市级项目统筹，指导各单位开展工作并加强监管。各区教委要加强市区两级项目任务统筹，指导所属学校积极开展结对帮扶。各高校、各直管直属单位要结合自身优势积极参与、主动而为。要加强协同联动，注重调动和发挥援受双方的积极性和主动性，确保援受双方相向而行、形成合力。要通过不断完善机制，构建制度化、规范化、标准化、数据化的项目管理体系，确保教育扶贫各项工作落到实处，取得实效。

（二）加强资源统筹

要兼顾首都教育和教育扶贫两个大局，科学调配、统筹安排、合理使用好各种教育资源，努力做到两不误、互促进。要充分用好自有资源，根据受援地区需求情况，制定针对性方案，采取不同支援方法，安排不同类型资源，切实把“走出去”与“请进来”有效结合，把帮“硬件”与扶“软件”有效结合，把优势资源与普通资源有效结合，做到各尽其能、“资”尽其用。要主动融合当地资源，积极探索各种潜在资源开发途径，以增强受援地区“造血”功能为目标，实现资源优势互补，带动受援地区科学技术、管理理念、人力资源开发、经济社会发展全面深入推进。

（三）创新工作思路

各单位要进一步探索创新教育精准扶贫的方法路子，不断提高教育扶贫的质量效益。要在扶贫模式上创新，以补齐贫困地区教育短板为突破口，以解决瓶颈制约为方向，充分调动各方面积极性、主动性和创造性，稳步提升教育基本公共服务水平，创造出更多的“首都教育扶贫模式”。要在扶贫项目上创新，以“三区三州”和本市扶贫协作地区为重点，用心用情、精准发力，有效促进各类教育融合发展，创新开展“互联网＋教育扶贫”，大力实施推普脱贫攻坚行动。

三、进一步提升扶贫效益

（一）深挖系统潜力优化扶贫

各区教委要认真落实市级统筹交办任务，同时要进一步拓展深化与结对县对口帮扶，精准实施帮扶项目。

要深入开展学校“手拉手”活动，聚焦结对县建档立卡贫困户学生集聚学校，扎实组织支教、送教、挂职、互访、教研等校际交流活动，在办学理念、发展规划、学校管理、队伍建设、质量提升等方面帮助结对校提升水平。充分利用书信、电子邮件、QQ、微信、电话等方式，促进结对学校学生之间交朋友、结对子，增进相互了解、相互学习、相互帮助，可通过夏令营、短期交换生、研学旅行等方式开展学生双向实地交流，鼓励开展结对学校学生家庭联谊帮扶。推进职业教育扶贫攻坚行动，组织实施“北京访学计划”，提高贫困地区中职学生职业技能。通过信息化手段建立资源共享机制，定期向结对学校推送优质教育资源，鼓励开展各种形式优质教育资源交流活动。

要按照首善标准选优派强，切实将政治觉悟高、业务素质好、工作作风硬的干部教师派到受援地区，将长短期支教教师凝聚成拳，形成团队力量，积极探索聘用退休干部教师参与支教、送教和建立名师、名校长工作室机制，认真落实相关待遇保障。

要关心关爱援建干部人才子女及家属，采取多种方式定期对子女在学业、心理方面进行辅导和关照，利用节假日看望慰问家属。

（二）强化担当推进高校扶贫

各市属高校要强化政治担当，把扶贫工作作为服务国家、服务社会、服务人民的重要阵地，作为贴近基层、了解民情的重要渠道，作为扎根中国大地办大学的重要途径，作为培养锻炼干部、转变作风的重要方式。

要认真组织实施市级交办项目任务，建立健全帮扶机制，主动对接本市结对帮扶贫困县，把先进理念、人才、技术、经验等传播到贫困地区，坚决在全国高校扶贫工作中立标杆、做示范。

要发挥高校资源优势，采取设立志愿者支教服务基地、选派骨干教师支援、开展教师培训、开设远程课堂、选派优秀大学生到当地实习、鼓励到当地创新创业、资助建档立卡贫困大学生等多种形式，大力推进教育扶贫。

要通过帮助贫困县制定产业发展规划、促进科技成果转化落地、培育发展特色产业、助推产业发展升级、拓展产品市场等途径，大力推进产业扶贫。

要发挥思想库、智囊团的作用，结合贫困县经济社会发展重大问题，为当地党委、政府科学管理和决策提供咨询服务，组织专业人才专题培训，大力推进智力扶贫。

要发挥医学专业及附属医院资源优势，帮助开展健康宣传教育，培训培养医务人员，提升医疗服务能力，大力推进健康扶贫。

要推广以购代捐扶贫模式，通过“点对点”对接供应，“面对面”联合采购等形式，逐步增加面向贫困县采购农产品比重，大力推进消费扶贫。

要动员共青团、学生会、志愿服务组织、校友会等多方力量，弘扬中华民族扶贫济困的传统美德，帮助贫困县群众树立现代文明理念，引导鼓励高校毕业生到贫困县农村服务，丰富贫困地区群众文化生活，挖掘当地民间艺术和传统技艺，借助新型传播手段传承推广，大力推进精神扶贫。

（三）发挥自身优势参与扶贫

各直管直属单位要在积极参与市级统筹扶贫项目的同时，注重发挥专业和资源优势，在师资培训、教学研究、远程教育、信息化建设、学生活动等方面与受援地区积极开展对口帮扶。要结合受援地区需求，组织精锐力量，协助拟制问题解决方案，为受援地区教育发展提供专业支撑。要依托本单位特色资源及设备设施为开展教育扶贫提供服务保障。

（四）调动社会力量广泛扶贫

各单位要广泛动员各类公益组织、社会团体、企业、爱心人士等参与教育扶贫，开展爱心捐赠活动，努力为受援地区贫困家庭学生创造良好的生活和学习环境。要做好“中国社会扶贫网”（www.zgshfp.com.cn）的推广和注册，动员广大师生员工注册为中国社会扶贫网爱心人士，通过网络献出一份爱心，助力一个受援地区建档立卡贫困户。

四、进一步完善配套机制

（一）完善过程监管机制

要牢固树立向管理要效益的理念，加强教育扶贫输入、输出之间过程的监管，建立健全工作制度，采取定期沟通、实地调研、持续跟踪等方式掌握教育扶贫动态，确保教育扶贫过程中存在问题能够及时发现并得到有效解决。

（二）完善数据统计机制

要高度重视数据统计在教育扶贫工作中的重要作用，加强对数据统计工作的组织管理，建立帮扶项目台账，细化数据统计指标，畅通信息反馈渠道，为进一步做好教育扶贫规划立项、组织实施、过程监管、考核评价等各个环节夯实数据基础，提供重要依据。

（三）完善风险防范机制

要进一步深刻领会习近平总书记关于开展扶贫领域腐败和作风问题专项治理的系列重要讲话精神。围绕“四个意识”不强、责任落实不到位、工作措施不精准、资金管理使用不规范、工作作风不扎实等问题，全面清除教育扶贫领域作风问题形成根源。要把教育扶贫工作纳入本单位全面从严治党工作当中，不断完善本单位教育扶贫工作风险防范机制，坚决纠正教育扶贫中的不正之风，坚决惩治向扶贫资金财物“动奶酪”的违纪行为，确保教育扶贫工作清风正气，展现首都教育良好形象。

（四）完善舆论宣传机制

要尊重基层干部群众首创精神，及时挖掘脱贫攻坚的先进典型和成功案例，总结推广行之有效的做法经验。要加强信息报送工作，不断强化对教育扶贫的舆论宣传，充分运用各种媒体资源，大力宣传教育扶贫工作中的创新思路、特色亮点和感人事迹，为教育扶贫汇聚更多力量、凝聚更多智慧。

2019 年 2 月 22 日

北京市教育委员会

关于印发《北京市教育系统 2019 年度防汛应急预案》的通知

京教建〔2019〕6 号

各区教委、燕山教委，各高等学校，市教委直属单位：

按照《北京市人民政府防汛抗旱指挥部关于印发〈北京市 2019 年防汛抗旱工作要点〉的通知》（京政汛发〔2019〕2 号）要求，我委制定了《北京市教育系统 2019 年度防汛应急预案》，现印发给你们。请结合各单位工作实际，认真部署落实，全力做好 2019 年度防汛工作，确保在校师生安全。

附件：1. 北京市教育系统 2019 年度防汛应急预案

2. 2019 年度防汛责任制（略）

3. 2019 年度防汛工作安全隐患排查台账（略）

2019 年 3 月 29 日

附件 1

北京市教育系统 2019 年度防汛应急预案

按照《北京市人民政府防汛抗旱指挥部关于印发〈北京市 2019 年防汛抗旱工作要点〉的通知》（京政汛发〔2019〕2 号）的要求，为做好本市教育系统 2019 年度防汛工作，制定本预案。

一、指导思想和原则

以习近平新时代中国特色社会主义思想为指导，弘扬生命至上、安全第一的思想，坚持以防为主、防抗救相结合的工作方针，坚持“属地管理、专业处置、部门联动、分工协作”的原则，建立“管理责任明确、规章制度完善、工作流程清晰，报送信息翔实、监督管理到位”的防汛工作体系，提高指挥决策、预想预防、协调调度的能力，不断提升防汛应急处置和管理水平。

二、指挥体系及职责

（一）指挥体系

北京市教育委员会防汛指挥部在北京市人民政府防汛抗旱指挥部的统一指挥和调度下，负责指导、协调、监督本市教育系统各成员单位安全度汛工作；指导本市教育系统各成员单位的危险校舍排查和改造工作；指导本市教育系统各成员单位配合属地区政府提供相关学校设施作为临时避险场所。

北京市教育委员会防汛指挥部总指挥由北京市教育委员会主任担任，执行副总指挥由主管委领导担任，副总指挥由相关委领导担任。办公室设在基本建设处，办公室主任由基本建设处处长担任，成员为基本建设处全处干部。

（二）成员单位

北京市教育委员会防汛指挥部成员单位主要包括：各区教委、燕山教委、高等学校、市教委直属单位。

（三）职能部门及成员单位的职责

1. 北京市教育委员会防汛指挥部办公室的主要职责是：贯彻落实北京市教育委员会防汛指挥部的决策部署和工作要求；指导各成员单位完善防汛指挥机构，健全以各级行政首长负责制为核心的防汛责任制体系；指导各成员单位落实防汛预案、抢险队伍、物资储备、避险措施、隐患排查、宣传教育、培训演练、应急值守等工作；指导各成员单位应对降雨、自然灾害等工作，保障在校学生安全；监督检查各成员单位的防汛工作落实情况。

2. 各区教委、燕山教委的职责

贯彻落实市、区两级防汛指挥部的决策部署和工作要求；做好与属地相关防汛部门的协调工作；指导本区教育系统各单位完善防汛指挥机构，健全以各级行政首长负责制为核心的防汛责任制体系；指导本区教育系统各单位落实防汛预案、抢险队伍、物资储备、避险措施、隐患排查、宣传教育、培训演练、应急值守等工作；指导中小学校、幼儿园做好应对降雨、自然灾害等工作，保障在校学生安全；监督检查本区教育系统各单位的防汛工作落实情况。

3. 高等学校、市教委直属单位的职责

贯彻落实市、区两级防汛指挥部的决策部署和工作要求；完善本单位防汛组织机构，落实以行政首长负责制为核心的防汛责任制体系；落实本单位防汛预案、抢险队伍、物资储备、避险措施、隐患排查、宣传教育、培训演练、应急值守等工作；做好应对降雨、自然灾害等工作，保障在校师生安全；监督检查本单位的防汛工作落实情况。

三、总体要求

（一）落实责任机制，完善管理制度。各成员单位要落实以行政首长负责制为核心的防汛责任制体系，梳理现有规章制度，完善相关管理环节，建立科学、高效的防汛指挥机构，实现精细化管理，对防汛重点部位、风险点的监管全覆盖、无死角，做好应对降雨、自然灾害的防控工作。

（二）加强日常管理，做好预防工作。各成员单位要提前储备防汛应急物资、组建应急抢险队伍、制定避险措施、排查并消除安全隐患、开展宣传教育、组织培训演练；汛期要严格执行 24 小时值班制度和领导带班制度并加强信息报送；遇有降雨预报时，各重点部位要提前部署，现场布控，发生强降雨、自然灾害等突发事件，要第一时间组织抢险救灾，并及时上报信息，达到以防为主，防抗救相结合的工作目标。

（三）强化监督检查，提升管理水平。各成员单位在汛前要对防汛重点部位、风险点等安全隐患、防汛工作责任、预案、队伍、物资、措施、人员值守落实情况开展拉网式排查，建立整改台账，实行销账管理；汛期开展巡视巡查、专项检查等活动；加强队伍建设，不断提升管理水平。

（四）做好相关工作，按时完成任务。各成员单位应提前做好防汛相关准备工作，并于 4 月 30 日前将本单位的防汛应急预案、《2019 年度防汛责任制》《2019 年度防汛工作安全隐患排查台账》的电子版发送到联系人的邮箱。

本预案由北京市教育委员会制定并负责解释。

本预案自发布之日起实施，至 2019 年度防汛工作结束废止。

法治建设

北京市教育委员会文件选编
（2019）

北京市教育委员会

关于印发2019年教育法治工作要点的通知

京教策〔2019〕3号

各区教委，各高等学校，各直属单位：

现将《2019年教育法治工作要点》印发给你们，请结合实际，认真贯彻落实。

2019年2月25日

2019年教育法治工作要点

2019年教育法治工作的总体要求是：以习近平新时代中国特色社会主义思想为指导，全面贯彻全国教育大会和全国教育法治工作会议精神，按照中央和市委市政府依法治国、依法治市工作部署，突出教育法治的规范性特点，加强重大决策合法性审查，抓好执法关键环节，夯实依法治校基础，提升普法教育效能，大力推进依法治教，不断促进教育治理体系和治理能力现代化，为办好人民满意的首都教育提供有力法治保障。

一、突出立法规范，大力加强教育法制建设

1.积极开展教育立法研究。聚焦改革发展、社会关切、群众期盼，开展教育领域热点难点问题立法研究。继续推进《北京市教育督导条例》《北京市终身学习促进条例》立法调研，做好列入市人大立法计划的前期准备工作。启动《北京市实施〈中华人民共和国民办教育促进法〉办法》修订程序，开展修法调研，力争完成立项论证报告起草工作。跟进国家教育立法计划，适时启动《北京市实施〈中华人民共和国教师法〉办法》《北京市实施〈中华人民共和国职业教育法〉办法》《北京市学前教育条例》修订调研工作。推进教育标准化建设。

2. 规范落实教育决策合法性审查。全面规范落实重大行政决策公众参与、专家论证、风险评估、合法性审查和集体讨论决定的程序要求。坚持凡是重大行政决策出台都必须提交办公会集体讨论通过，凡是拟上办公会讨论实施的重要决策文件必须进行合法性审查、公平竞争审查，未经审查或审查未通过的，不得提交讨论，落实公开征求意见机制，推进科学、民主、依法决策。坚持行政规范性文件备案制度，加大备案监督力度，做到有件必备、有备必审、有错必纠。健全行政规范性文件动态清理工作机制，及时做好行政规范性文件释、改、废工作。开展合法性审查和公平竞争审查培训。

3. 努力提升涉教育法律法规意见征询回复建议质量。重视涉教育相关法律法规草案和政策文件意见建议征询工作，严格落实征询答复工作机制和工作流程，强调法制部门和业务部门共同研究和合法性审查。探索采取外脑辅助等多种形式加强研究论证，确保反馈意见的科学性、可行性和合法性，保证其他领域涉教法律法规、政策制度与教育改革发展方向相一致。

二、突出执法规范，大力加强依法行政工作

4. 规范行使行政权力。深化教育“放管服”改革，进一步梳理行政职能和政务服务事项，做好权力清单动态调整工作。调整、公布市、区教委 2019 年版权力清单，加强统筹指导，做到协调统一。推进清单管理方式，认真履行法律赋权。严格落实方便群众办事创业证明清理工作要求，积极清除市、区教育部门各类文件和事项办理中设立或要求提供目录外各类证明的现象，做好已清理证明承接工作。

5. 进一步深化行政审批制度改革。贯彻落实国家行政审批制度改革精神，做好中央下放或取消行政审批事项承接落实工作，着力推进现有行政许可部分事项下放、调整工作，加强工作统筹。合理规范各项行政许可事项的条件标准和审查程序，及时完成有关配套文件的制定、废止或修订工作。完善行政许可事项进驻行政服务大厅工作机制，严格规范行政许可行为，提高办事效率。

6. 积极推进教育行政执法。贯彻落实《关于深化教育行政执法体制改革的意见》，探索建立市级教育行政执法专业机构，鼓励有条件的区教委整合执法力量，设立区级专门教育执法机构和执法队伍，推进行政执法信息公示和全过程记录，加强重大行政执法决定法制审核。完善教育行政执法协调机制，推进综合执法、联合执法。做好督学与执法衔接工作。开展行政执法专题培训，强化以行政执法方式加强教育管理的意识，提升教育行政执法能力与水平。完善行政处罚裁量基准，制定教育行政处罚工作手册，规范处罚程序。借助北京市行政执法信息服务平台，加强执法监察，对履行教育监管职责不积极的单位负责人实施约谈，对达不到考核标准的单位进行通报，做到执法岗年人均行政检查量不低于 50 件次，教育行政处罚该罚必罚。

7. 不断提高教育纠纷处理水平。努力从源头上减少教育纠纷案件数量。编印高等学校教师、学生处理工作手册，规范高等学校对教师、学生处理行为；加强对各类教育纠纷案件的统计分析，编印典型案例评析；组织举办高等学校法治工作人员专题培训。进一步加强教育行政部门法治机构和业务部门合议办理案件工作机制，探索采用行政调解的方式化解矛盾。在保证事实清楚、证据充分、适用法律正确的基础上，突出定性恰当、程序合法、注重时效，依法依规办理教育行政案件。加强以案促改工作，对办案中发现的问题及时整理反馈，推动教育改革。

三、突出治理规范，大力加强依法治校建设

8. 加强依法治校体制机制建设。贯彻落实教育部《关于进一步加强高等学校法治工作的意见》，推进高等学校法治进程。推进落实《关于全面推进中小学依法治校工作的指导意见》，大力强化学校相关人员依法办学、依法办事的法治思维与行为方式。开展市属高等学校章程实施情况调研和中小学校章程建设专项检查，研究章程执行和监督评价机制，督促学校依据章程加快推进现代学校制度建设。

9. 加强学校依法治理能力建设。协调相关部门推进《深化高等教育领域简政放权放管结合优化服务改革实施意见》贯彻落实，做到应放尽放，指导督促高校做好承接工作。举办中小学校长依法治校专题研讨培训班。通过以案说法、专题培训等方式提升学校管理者法治意识，提升学校治理能力。依法加强校风教风学风建设，保障师生合法权益，加大追责力度。开展未成年学生学校保护机制研究，进一步防范校园欺凌和性侵害。落实信息公开和办事公开的具体措施，确保教职工、学生、社会公众对学校重大事项、重要制度的知情权和监督权。发挥好责任督学对依法治校的监督指导作用和学前专职督查队伍辅助执法作用。

10. 组织开展依法治校标准化建设。出台北京市中小学依法治校基本标准。发挥区级主体作用，加强分类指导，推动各级各类学校扎实开展达标创建工作。依托北京教育法治研究基地，选取不同类型学校试点构建依法治校标准体系规范校。

四、突出宪法引领，大力加强法治宣传教育

11. 积极推进校园法治教育。坚持将宪法教育摆在首要位置，扎实推进全市学生“学宪法讲宪法”主题教育,组织开展好“国家宪法日”教育活动。发挥好课堂主渠道作用,依托法治教师名师工作室,加强《道德与法治》课程和教学资源建设。举办第三届中小学教师法治教育基本能力展示活动。认真落实《思想道德修养与法律基础》课程教学各项工作，重视加强大学生宪法法律知识教育，完善《北京高校法治宣传教育工作基本标准》，提高高校法治教育工作规范化、科学化水平。组织第七届全市青少年法治微视频作品征集。研究推动大中小幼法治教育科学合理衔接贯通。

12. 认真抓好教育法治理论武装。坚持领导干部带头学法，全年至少组织 4 次办公会前学法和理论中心组专题学法。教育机关举办法治讲座不少于 2 次，机关干部参加依法行政专题学习不少于 24 学时。

以《宪法》《教育法》及相关教育法律法规、行政法规等为主要学习内容，推动经常性学法、岗位学法不断深入。组织好机关干部和中小学教师依法治教“七五”轮训。按照“谁执法、谁普法”普法责任制要求，坚持教育执法人员以案释法、以案普法，不断提高依法行政能力和自身法治素养。

13. 大力丰富法治教育资源供给。加快青少年法治教育实践基地建设步伐，实现市级实践基地在各区全覆盖，推动实践基地规范化建设，丰富拓展中小学生社会大课堂资源类型。充分发挥网络新媒体普法优势，丰富教育资源。进一步提升《法治与校园》普法读物的可读性、针对性，用好《青少年法治教育》期刊及相关图书。加大“法治校园”小记者站建设力度，深入发掘法治教育经验，追踪校园法治实践动态。引进社会法治教育资源，引导发挥好大学生普法志愿者作用，积极保障“双百”进校园活动顺利实施，丰富学校法治教育形式与内容。

五、突出组织规范，大力加强教育法治工作保障

14. 建立健全教育法治领导机制。对应依法治市委员会工作职能，推动建立依法治教领导机制,完善工作制度和协调机制。贯彻落实《党政主要负责人履行推进法治建设第一责任人职责规定》精神，推进各部门党政负责人依法治教职责落实。坚持领导干部出庭应诉制度。完善法治工作综合协同推进机制，充分发挥法制工作部门对教育行政执法的监督、指导、协调作用。加大教育部门与公检法司等机关部门和法学会等社会组织的协作配合力度，增强教育法治工作合力。

15. 加强教育法治工作支持体系建设。推动实现教育行政机关聘用专职律师全覆盖，注重发挥法律顾问在制定重大行政决策、开展合法性审查、推行校园普法、实施执法处罚等方面的专业支持作用。完善学校法律服务和支持机制，积极推动法律顾问全面参与学校治理机制落实。出台北京教育法治研究基地管理办法，规范管理研究基地，提升研究基地能力水平，充分发挥研究基地智库作用。

16. 加强对教育法治建设的监督检查。进一步提升对依法治教重要性的认识,加强教育法治建设监督检查,积极改变“软指标”现象。

针对政府绩效考核中法治工作专项考核要求，探索依据相关指标体系开展内部考核，层层压实责任。利用学校党建和思想政治工作基本标准入校检查等时机，加强教育法治建设情况督导检查和教育系统“七五”普法规划落实情况监督检查，督促有关单位认真履责。

北京市教育委员会

转发教育部关于取消一批证明事项文件的通知

京教函〔2019〕167号

各区教委，各市属高等学校，北京教育考试院，各直属单位：

现将《教育部关于取消一批证明事项的通知》（教政法函〔2019〕12号）转发你们，请按通知要求认真梳理相关工作，不折不扣予以落实。

2019年4月25日

教育部

关于取消一批证明事项的通知

教政法函〔2019〕12号

各省、自治区、直辖市教育厅（教委），各计划单列市教育局，新疆生产建设兵团教育局，部属各高等学校、部省合建各高等学校，部内各司局、各直属单位：

为贯彻落实党中央、国务院关于减证便民、优化服务的决策部署，根据《国务院办公厅关于做好证明事项清理工作的通知》要求，教育部结合教育领域工作实际，对各类证明事项进行了清理。经研究，现将有关事项通知如下。

一、取消部门规章设定的10项证明事项

（一）取消《小学管理规程》（国家教育委员会令第26号）第十二条规定的，小学学生因病休学时提交的医疗单位证明，改为出示县级以上医院病历。

（二）取消《特殊教育学校暂行规程》（教育部令第1号）第十一条规定的，特殊教育学校学生因病休学时提交的医疗单位证明，改为出示县级以上医院病历。

（三）取消《〈教师资格条例〉实施办法》（教育部令第10号）第十二条规定的，申请教师资格时提交的身份证复印件。

（四）取消《〈教师资格条例〉实施办法》（教育部令第10号）第十二条规定的，申请教师资格时提交的学历证书复印件。

（五）取消《〈教师资格条例〉实施办法》（教育部令第10号）第十二条规定的，申请教师资格时提交的普通话水平测试等级证书复印件。

（六）取消《〈教师资格条例〉实施办法》（教育部令第 10 号）第十二条规定的，申请教师资格时提交的思想品德情况的鉴定或者证明材料，改为《个人承诺书》。其中，涉及需要申请人提交的无犯罪记录证明材料，改为政府部门核查。

（七）取消《高等学校知识产权保护管理规定》（教育部令第 3 号）第二十一条规定的，高校教职员工和学生的非职务专利证明。

（八）取消《中华人民共和国中外合作办学条例实施办法》（教育部令第 20 号）第三十七条规定的，申请举办中外合作办学项目时提交的验资证明（针对有资产、资金投入的）。

（九）取消《中华人民共和国中外合作办学条例实施办法》（教育部令第 20 号）第三十七条规定的，申请举办中外合作办学项目时提交的评估报告（针对外国教育机构已在中国境内合作举办中外合作办学机构或者中外合作办学项目的）。

（十）取消《社会力量办学印章管理暂行规定》（国家教育委员会、公安部令第 17 号）第五条规定的，学校刻制印章时由教育部门出具的资质证明。

二、取消部门规范性文件设定的 12 项证明事项

（一）取消《教育部　财政部关于认真做好高等学校家庭经济困难学生认定工作的指导意见》（教财〔2007〕8 号）以及《教育部办公厅关于进一步加强和规范高校家庭经济困难学生认定工作的通知》（教财厅〔2016〕6 号）规定的，高校学生申请资助时需由家庭所在地乡、镇或街道民政部门对学生家庭经济情况予以证明的环节，改为申请人书面承诺。

（二）取消《教育部　中国残联关于印发〈残疾人参加普通高等学校招生全国统一考试管理规定〉的通知》（教学〔2017〕4 号）第七条规定的，残疾人参加普通高等学校招生全国统一考试申请合理便利时提交的身份证件复印件（扫描件）。

（三）取消《教育部关于普通高中学业水平考试的实施意见》（教基二〔2014〕10 号）规定的，普通高中学生跨省（区、市）转学时提交的学业水平考试成绩证明，改为内部核查。

（四）取消《教育部关于印发〈中等职业学校学生学籍管理办法〉的通知》（教职成〔2010〕7号）第七条规定的，中等职业学校新生延期报到时提交的延误事由证明，改为延误说明。

（五）取消《教育部关于印发〈中等职业学校学生学籍管理办法〉的通知》（教职成〔2010〕7号）第十六条规定的，中等职业学校学生因病转专业时提交的县级以上医院证明，改为出示县级以上医院病历。

（六）取消《教育部关于印发〈中等职业学校学生学籍管理办法〉的通知》（教职成〔2010〕7号）第十七条规定的，中等职业学校学生因病休学提交的县级以上医院诊断证明，改为出示县级以上医院病历。

（七）取消《教育部 财政部关于印发〈国家公派出国留学研究生管理规定（试行）〉的通知》（教外留〔2007〕46号）第十三条规定的，公派研究生向留学目的地使领馆提交的《国家公派留学人员报到证明》，改为网上留存电子证照。

（八）取消《教育部 财政部关于印发〈国家公派出国留学研究生管理规定（试行）〉的通知》（教外留〔2007〕46号）第二十一条规定的，公派研究生申请提前回国时向使领馆提交的相关证明，改为申请人书面承诺。

（九）取消《教育部 财政部关于印发〈国家公派出国留学研究生管理规定（试行）〉的通知》（教外留〔2007〕46号）第二十三条规定的，公派研究生因病休学康复后申请返回留学国继续完成学业时提交的国内医疗机构体检合格证明，改为出示县级以上医院病历。

（十）取消《教育部关于印发〈关于首次认定教师资格工作若干问题的意见〉的通知》（教人〔2001〕4号）附件第四条和《教育部关于印发〈中小学教师资格考试暂行办法〉〈中小学教师资格定期注册暂行办法〉的通知》（教师〔2013〕9号）中《中小学教师资格考试暂行办法》第七条规定的，申请中小学、幼儿园教师资格考试和认定时提交的工作单位或者人事关系证明，改为居住证。

（十一）取消《教育部 人力资源社会保障部 工商总局关于印发〈营利性民办学校监督管理实施细则〉的通知》（教发〔2016〕20号）第十一条规定的，社会组织申请筹设或者正式设立营利性民办学校时提交的由会计师事务所出具的该社会组织近2年的年度财务会计报告审计结果。

（十二）取消《教育部 人力资源社会保障部 工商总局关于印发〈营利性民办学校监督管理实施细则〉的通知》（教发〔2016〕20号）第十一条规定的，民办学校举办者再申请举办营利性民办学校时提交的近2年年度检查的证明材料和有资质的会计师事务所出具的学校上年度财务会计报告审计结果。

除上述两类证明事项，经地方、基层反映，实践中还存在无明文规定但在部分地区或学校实施的以下7项证明事项，按照国办文件要求，予以取消：

（一）取消普通高等学校学生因遗失、损坏学历证书或者学位证书申请补办相应证明书时提交的登报遗失证明。

（二）取消中小学生转学或升学时提交的学籍证明，改为学校通过统一电子平台核验。

（三）取消申请举办民办学校时提交的完全民事行为能力证明，改为申请人书面承诺或者政府部门核查。

（四）取消申请举办民办学校时提交的无犯罪记录证明，改为申请人书面承诺或者政府部门核查。

（五）取消申请举办民办学校时提交的理事或董事具有五年以上教育教学经验的证明，改为申请人书面承诺并提交个人简历向社会公示。

（六）取消申请举办民办学校时提交的校舍建筑质量合格证明，改为政府部门核查。

（七）取消申请举办营利性民办学校时提交的信用证明，改为申请人书面承诺或者政府部门核查。

各地各校要坚决贯彻落实国务院文件精神，提高政治站位，将减证便民、优化服务作为办好人民满意教育的重要内容，认真执行。对本通知明确取消的证明事项，自通知发布之日起要不折不扣予以落实。在今后的日常管理中，应当进一步为广大群众办理事务提供便利，无法律法规依据不得设立证明事项，已设立的要自查自纠、立行立改，一律取消；有法律法规依据的也应当根据经济社会发展和实际需要进行简化，避免重复证明、循环证明。

此前教育部文件有与本文件不一致的，按照本文件规定执行。

2019 年 3 月 29 日

北京市教育委员会

关于印发《北京市中小学依法治校基本标准》的通知

京教策〔2019〕10 号

各区教委、市教委直属中小学校：

现将《北京市中小学依法治校基本标准》印发给你们，请认真贯彻落实，结合实际推进以下工作。

一是试点先行。选择法治基础较好的不同层次、不同类型学校，依据《基本标准》,试点建设一批依法治校规范校,发挥样本带头作用。市教委将依托北京教育法治研究基地，给予规范校建设指导支持。

二是全面达标。着力推动区内各中小学校对照《基本标准》加强制度建设，推进依法治校，开展达标实践，力争 2020 年底前全部达标。市教委将适时采取“双随机一公开”抽查等方式对达标情况进行检查。

三是示范创建。在全面达标的基础上，鼓励引导区内中小学校积极开展依法治校示范校创建工作，推进学校治理体系和治理能力现代化。市教委将按照教育部的部署，适时开展依法治校示范校评选活动。

各区各校实践中好的做法和经验请及时报送市教委。

附件：北京市中小学依法治校基本标准

2019 年 12 月 20 日

附件

北京市中小学依法治校基本标准

一级指标	二级指标	三级指标
1. 依法治校制度体系健全合法	1.1 依法制订学校章程	（1）有在主管教育部门报备通过的学校章程；及时合法修订章程；建有章程执行和监督机制、推进章程实施的工作机构。
		（2）学校章程在报备通过半个月内在学校网站或以其他合法的方式向社会公开。
		（3）师生了解学校章程制定（修订）过程及章程的基本内容。
		（4）将经过报备的章程作为学校依法自主办学、实施管理和履行公共职能的基本准则。相应的管理制度依章程制定，没有超越章程增加办学权限、限制师生权益、降低服务标准的现象和行为。
	1.2 依法完善学校管理制度	（1）依据法律、法规和学校章程建立健全包括教学、科研、学生管理、人事、后勤、资产与财务、对外合作等方面合法、规范、统一的学校管理制度体系，并汇编成册，依法公开，便于查阅。各管理制度无越权、冲突、私增师生义务、违背理性与常识的问题。
		（2）制定（修订）涉及师生切身利益的制度规定能充分征求师生意见，实施前经过适当的公示程序。
		（3）建立管理制度定期清理机制。每 2 年至少对照现行法律法规、上级文件和学校章程，对校内规章制度进行一次清理，不一致的及时修订或废止，清理结果通过学校网站、公示栏等有效方式及时公布。

续表 1

一级指标	二级指标	三级指标
2. 学校内部治理结构健全完善	2.1 依规加强党组织建设	（1）学校党组织健全，支部活动按规定正常开展。
		（2）认真落实《关于加强北京市中小学党的建设工作的意见》，领导班子配备方式符合要求，党组织发挥把方向、管大局、保落实的领导作用，在学校议事决策、执行、监督等各环节的权责和工作方式有明确的制度规定。
		（3）党组织严格贯彻党的教育方针，确保正确办学方向，领导德育和思想政治工作，把党组织工作融入学校教育教学各项工作，有相关制度规定及工作开展情况纪录。
		（4）从严治党制度健全，能按规定开展学习、教育、自查等相关活动。
	2.2 依法落实议事决策机制	（1）校务会成员符合规定，有规范的议事决策制度规定。
		（2）“三重一大”事项都经过校务会集体讨论，且能正确贯彻民主集中制原则，会议纪录清晰、详细。
		（3）按照相关规定和学校章程明确校长职责，按规定组织召开校长办公会议，落实会议决定。校长作为法定代表人及学校行政负责人，依法履行职能，无因违法违纪被有关部门处理的情况。
		（4）民办学校和中外合作办学机构健全学校董事会或理事会议事规则，依法科学民主决策。
	2.3 重视民主管理与监督	（1）教职工代表大会按规定定期召开，学校发展重大事项和涉及教职工切身利益的相关事务都经由教职工代表大会审议通过，教职工在学校建设发展中的知情权、参与权和监督权能得到有效保障。
		（2）教职工平等参与对校领导和学校管理部门的考核评议。工会组织代表教职工利益，依法开展活动，维护教职工权益。

续表 2

一级指标	二级指标	三级指标
2. 学校内部治理结构健全完善	2.3 重视民主管理与监督	（3）建立学生参与学校民主管理的渠道，建立激发和保护学生爱校建校积极性的举措。
		（4）共青团组织活动丰富，在思想引领、素质拓展、权益服务、组织提升方面发挥着积极作用；少先队组织能够开展多种活动，激发少先队员爱党爱国爱校热情。
		（5）处理涉及学生利益的问题时，能够充分征求和尊重学生意见；中等学校有组织健全、活动经常、制度完善的学生组织。
	2.4 依法做好教师管理工作	（1）有健全、合法的教师管理制度，在录取聘用、职称评定、继续教育、考核奖惩等方面有明确的方式方法及标准，且经过教职工大会表决通过；建立有保障教师权益的制度。
		（2）学校聘任教师的程序符合法律规定，依法签订聘用合同。合同中明确教师和学校的权利义务。学校、教师都能认真执行合同。依法解聘教师。
		（3）按照相关政策及规定保障教师在教育教学、科研、继续教育、进修培训等方面的合法权益和相应待遇。
		（4）落实新时代教师职业行为准则、师德考核办法、教师违反职业道德行为处理办法等相关制度规定，大力弘扬优秀教师形象，营造浓厚的尊师重教氛围。
		（5）建立教师学术研究及保护、监督相关机制，且认真实施、严格遵循。
		（6）有明确的师德考核办法、师德监督体系和师德失范行为处理办法，师德考核结果与教师职务（职称）评审、岗位聘用、教师奖惩挂钩。
		（7）对违反教师职业道德的行为依法依规处理。

续表 3

一级指标	二级指标	三级指标
2. 学校内部治理结构健全完善	2.5 注重发挥家长委员会作用	（1）学校发挥主导作用，落实组织责任，建立起制度完善、组织合理、活动经常、家长认同的家长委员会。
		（2）家长委员会对学校办学活动和管理行为履行其享有的知情权、参与权和监督权，在道德教育和法治教育、保障学生安全健康、推动减轻学生课业负担、化解家校矛盾等方面发挥积极作用，有成功案例。
		（3）学校有定期与家长委员会沟通的机制，能够听取其意见建议，并有书面记录。
	2.6 健全社会参与机制	（1）学校与所在社区、行政村建立良好的合作关系，能够积极开展社区服务，借助社会资源和力量，改善学校周边环境。
		（2）建立健全与有关部门和企事业单位合作的体制机制，按照制度规定借助社会资源和力量，开展有针对性的教育教学及管理活动。中等职业学校建立有行业、企业人员参加的学校理事会或董事会，校企合作机制健全。
		（3）建立信息公开及管理制度，落实校务公开各项要求。
		（4）对经费使用、培养目标与课程设置、教育教学质量、招生、收费等社会关注信息进行重点公开。
3. 育人环境平等公正法治安全	3.1 依法组织和实施办学活动	（1）学校办学活动全面贯彻党的教育方针，坚持立德树人、依法办学，无违法违规招生、收费现象，师生无严重违法违纪现象，发生问题依法处理。
		（2）全面严格执行国家课程方案和课程标准，按国家和北京市有关规定，选用课程教材，开足开齐规定的课程，开设必要的校本课程，无擅自开设需要上级部门批准的课程或教学项目。教育教学、考试评价依据课程标准进行，不超标抢跑教学。
		（3）无违反教材、教辅使用管理规定的问题。

续表 4

一级指标	二级指标	三级指标
3. 育人环境平等公正法治安全	3.1 依法组织和实施办学活动	（4）注重教学效果与习惯培育，努力塑造良好的校风、教风和学风，建立健全教育教学管理制度、教学质量评估和反馈机制；有明确的教师课堂教学行为规则和基本要求，无破坏教学秩序重大事件。
		（5）严格执行学籍管理规定，无借读、空挂的学生。
		（6）注重建设平等校园环境，尊重和保护学生的隐私和人格尊严，无任何对学生进行分类和实施区别对待的制度、管理措施和手段。
		（7）建立欺凌事件防范及应急处置机制，相关岗位防治学生欺凌职责、学生欺凌事件应急处理预案、学生欺凌的早期预警和事中处理及事后干预具体流程、校规校纪中对实施欺凌学生的处罚规定等规章制度合法、科学、可操作性强，经常性开展学生欺凌防治专题教育，建立并发挥学生欺凌治理委员会作用，及时有效处理欺凌事件，坚决保障学生的人身权、财产权和受教育权不受非法侵害。
		（8）认真落实《北京市中小学学生奖励和处分办法》，制定学生管理制度以学生为中心，体现公平公正和以人为本的价值理念。在学校内部建立便捷的监督和纠错机制，明确学生申诉范围，允许学生对有关事项提出异议，并进行公正调查。
		（9）坚持管理为育人服务，落实教育部关于教师惩戒相关文件精神和要求，保障教师惩戒权，保证教师依法依规实施惩戒。无有辱学生人格和剥夺学生人身自由等基本权利的管理方式，杜绝体罚、人格侮辱等侵害学生基本权利的行为，无开除义务教育阶段学生行为。
		（10）义务教育阶段学校能针对本标准未涉及内容，对照《义务教育学校管理标准》对标研判，依标整改，规范办学行为，无违规问题。

续表 5

一级指标	二级指标	三级指标
3. 育人环境平等公正法治安全	3.2 法治主导，多措并举解决学校纠纷，保障师生救济权利	（1）坚持把法治作为解决校内外矛盾冲突的基本方式，建立学校纠纷处理机制，处理程序合法正义，能够依法妥善、便捷高效地处理学校内外部各种利益纠纷，无滥用权力、明显有失公平公正的问题，无由此引发的突出社会舆情。
		（2）建立信访、调解、申诉等便于师生依法解决校内纠纷的机制，能够按法定程序、时限并体现人文关怀，合法处理。
		（3）充分发挥教职工代表大会、学生团体和法律顾问等维护师生权益的校内工作机构作用，第一时间公正介入校内矛盾纠纷化解。
		（4）按正当程序原则要求，建立健全教师、学生申诉处理的工作机构、机制和规则，允许学生聘请代理人参加申诉。
		（5）处理教师、学生申诉或纠纷，能够按规定建立运用听证方式，保证处理程序的公开、公正。
		（6）对于难以在校内完全解决的纠纷，能够按照法定程序，及时提交有关行政机关、仲裁机构、社会调解组织或者司法机关依法解决。依法维护学校权益，无违反法律规定和学校章程损害学校利益的情况。
	3.3 依法依规建立健全校园安全机制	（1）认真落实《北京市中小学校幼儿园安全管理规定（试行）》及其配套相关文件和平安校园建设标准，校内安全工作领导机构健全，校长（园长）分管安全工作，有职责明确的校园安全管理工作制度及责任体系，相应人员熟悉职责并清楚如何履职。

续表 6

一级指标	二级指标	三级指标
3. 育人环境平等公正法治安全	3.3 依法依规建立健全校园安全机制	（2）学校安全教育机制健全，与法治教育有机融合，将提高学生安全意识和自我防护能力作为素质教育的重要内容，有或聘请专业机构和专业人员定期组织应对地震、火灾、反恐等情况的应急疏散演练及基本救护常识教育。
		（3）建立涉及自然灾害、人员伤害、食品安全、恐怖袭击等学校安全事故和突发事件应急处理机制。注重预判预防，学校安全风险管理体系完备，安全风险评估管理制度、学生伤害事故处理制度能正常有效实施，安全风险的事前预防、事后化解机制完备，校园突发事件应急预案和落实机制科学合理。
		（4）学校使用的关系学生安全的设施设备、教学仪器、建筑材料、体育器械等，符合国家强制性产品认证和自愿性产品认证规定；校园实行封闭化管理，在校门口设置有硬质防冲撞设施，能采取措施有效阻止人员、车辆等非法进入校园。
		（5）学校设立安全管理工作机构和安保队伍，安全管理干部和专职保安员配备符合《北京市中小学校幼儿园安全管理规定（试行）》规定的标准。安保人员具备应急防护及应急救援能力。寄宿制学校宿舍管理人员配备符合要求。
		（6）学校安全技术防范系统完善，在校园主要区域安装视频图像采集装置且维护保养完好，做到公共区域监控无死角。周界报警装置和一键报警系统按要求完备。
		（7）合法合规采购达标的校内食品及相关的配套器械。提供校内饮食的学校，学生食品生产制作、运输、保存及配套设施、环境、人员都建立有明确的安全保证制度规定，符合国家和我市相关标准。

续表 7

一级指标	二级指标	三级指标
3. 育人环境平等公正法治安全	3.3 依法依规建立健全校园安全机制	（8）充分发挥保险在化解学校安全风险方面的功能作用，以校方责任险为核心的校园保险制度落实到位，对学生及家长开展保险意识教育。
		（9）法制副校长积极参与学校的法治建设和安全管理，在普法促安方面作用发挥明显。
		（10）当年未发生主要因学校过错导致的学生伤害事故及其他重大安全责任事故。
4. 依法治校工作体系科学合理、良好运转	4.1 健全完善依法治校工作机制	（1）保证党对依法治校工作的领导地位。建立依法治校组织领导体系和工作体系，明确党组织负责人和校长是推进依法治校工作的第一责任人，学校党组织每年至少研究一次依法治校工作。在学校整体规划、年度工作计划中均有依法治校相关内容。
		（2）明确 1 名校领导主管依法治校工作，明确专人负责学校法治事务，校务会每学期至少研究部署一次依法治校工作。学校领导班子、职能部门、工作岗位推进依法治校的职责明确，分工负责与目标考核机制健全。
		（3）将依法治校情况作为学校年度工作的专项内容，向教职工代表大会报告，并报主管教育行政管理部门。
		（4）有法律顾问参与学校治理，在学校制度合法性审查、重大事务适法评估、学校纠纷预防处理、法律知识宣传等方面作用发挥明显。
		（5）建立依法治校自查自纠机制。

续表 8

一级指标	二级指标	三级指标
4. 依法治校工作体系科学合理、良好运转	4.2 提升师生员工法治素养	（1）学校领导班子会前学法每年不少于 4 次。学校管理人员参加过法律知识学习培训，了解掌握依法治校相关内容，熟悉相关的法律规范；注重运用法治思维和法治方式深化改革、化解矛盾、推动发展，相关制度规定和行为方式无违法情形。
		（2）将法治教育作为教师校本培训的重要内容，积极组织教师参加上级部门组织的专项培训，重要和新出台的教育法律法规实现全员培训；教师知晓、履行自己的法定权利和义务，坚持做到依法执教。
		（3）加强思想政治课教师队伍建设，落实中央和我市有关要求。《道德与法治》课和《思想政治课》课教师均参加过专门的法治培训，能够承担法治教育教学任务，至少有 1 名教师接受了 100 学时以上的系统法律知识培训。
		（4）认真贯彻落实《青少年法治教育大纲》和教育系统普法规划要求，坚持课堂教育主渠道，开足上好法治课，开展丰富多彩的法治教育，注重强化遵纪守法行为习惯养成教育，注重利用社会大课堂资源和法治教育实践基地开展法治教育，注重学校、家庭、社会协同育人。
		（5）校园法治文化建设可见可查，师生学法用法氛围基本形成，每学期至少开展 1 次法治实践教育活动，初中学生每学期综合社会实践活动中至少安排 1 次法治教育活动，每名学生在校期间都参与或观摩过模拟法庭活动。
		（6）在学生综合素质评价中将法治意识、法律素养作为素质教育的重要内容体现；初中综合实践活动包含法治教育实践的内容。
		（7）学生遵守法律、遵守学生行为规范，无严重违法行为。

发展规划

北京市教育委员会文件选编

（2019）

北京市教育委员会

关于印发《北京促进人工智能与教育融合发展行动计划》的通知

京教研〔2019〕5号

各区教委，各有关高等学校、中等职业学校：

现将《北京促进人工智能与教育融合发展行动计划》印发给你们，请结合实际做好相关工作。

2019年7月15日

北京促进人工智能与教育融合发展行动计划

为贯彻落实《国务院关于印发新一代人工智能发展规划的通知》（国发〔2017〕35 号）、《教育部关于印发高等学校人工智能创新行动计划的通知》（教技〔2018〕3 号）和《中共北京市委 北京市人民政府关于印发加快科技创新构建高精尖经济结构系列文件的通知》（京发〔2017〕27 号）等文件精神，加快构建北京新一代人工智能领域人才培养体系和科技创新体系，制定本行动计划。

一、总体要求

（一）指导思想

深入学习贯彻党的十九大精神，以习近平新时代中国特色社会主义思想为指导，围绕科教兴国、人才强国、创新驱动发展等战略实施，加快构建北京新一代人工智能领域人才培养体系和科技创新体系，推进人工智能与教育相互赋能、深度融合，全面提升人工智能领域人才培养质量和成果产出及转化应用水平，实现人工智能学科建设、人才培养、理论创新、技术突破和应用示范全方位发展，为北京建设具有全球影响力的人工智能创新中心提供人才保障，为国家构筑人工智能发展先发优势和建设教育强国、科技强国、智能社会提供战略支撑。

（二）基本原则

坚持以人为本。全面落实立德树人根本任务，推进人工智能发展的工具理性与价值理性融合，更加注重完整人的培养；坚持以人为中心的人工智能发展，注重人工智能发展的人文性，加强人工智能发展的潜在风险研判和防范，探索人工智能的法律解决方案和治理模式，让人工智能更好地造福人类。

坚持前沿引领。充分发挥北京科技创新人才和资源汇聚的优势，加快优化科技创新体系、完善人才培养体系，引导科技创新和人才培养前瞻性部署，推动人工智能在理论、方法、工具、系统等方面实现变革性、颠覆性突破，构筑人工智能先发优势；加快人工智能在教育领域的创新应用，加速教育体系变革，加强智能教育研究，引领人工智能与教育融合发展的理论创新、技术突破与应用示范。

坚持统筹布局。遵循人工智能与教育发展趋势和规律，结合教育各阶段、各层次特点，统筹推动全链条人工智能领域人才培养，加快全方位人工智能领域科技创新；聚焦人工智能与教育深度融合，加快人工智能科研成果产出与转化应用，以人工智能领域人才培养和科技创新协同发展,促进教育治理全面优化、教育质量持续提升、教育公平全面实现。

坚持协同开放。深化体制机制创新，推动高校与政府、科研院所、企业间的协同合作，创新产学研合作的模式和机制，扩展人工智能与教育融合的广度与深度；鼓励开展多层次的国际交流合作，构建人工智能与教育国际开放平台，共同应对人工智能时代的机遇和挑战，共同建设智能发展国际新秩序。

（三）发展目标

到 2020 年，初步建成适应新一代人工智能发展的人才培养体系和科技创新体系，北京人工智能领域人才培养和科技创新优势进一步增强，人工智能在教育领域的应用与示范进一步扩展，人工智能成为教育变革新动力。

到 2025 年，人工智能领域人才培养质量和科技创新能力显著提升，人工智能与教育融合取得重要进展，涌现出一批国际前沿标志性原创成果，聚集起一批具有国际影响力的创新团队，有力支撑北京成为国际人工智能创新中心。

到 2035 年，北京人工智能与教育相互高效赋能，人工智能全面推动教育回归本真，教育持续支撑人工智能健康发展，为我国跻身创新型国家前列提供强有力的人才保障和科技支撑。

二、主要任务

（一）推动基础教育阶段人工智能素养教育

1. 推进人工智能素养教育及实践活动。遵循教育教学规律和中小学生身心特点，坚持立德树人，注重完整人的培养，提升人文素养，增强创新能力，弘扬科学精神，实施青少年人工智能素养提升工程，促进学生全面发展。强化实践育人功能，推动人工智能学习纳入综合社会实践活动和开放性科学实践活动，全面储备未来人才。

2. 推动优质教育资源均衡共享。坚持优质均衡发展，利用人工智能技术提升基础教育质量，突破优质均衡发展瓶颈。扩大优质教育覆盖面，缩小中心城区与远郊区以及校际间差距，精准推进基础教育携手发展，实现兼顾个性化和规模化的高质量基础教育。

（二）加强人工智能职业教育和技能培训

3. 推动人工智能技术技能人才体系构建。优化职业教育结构，聚焦技术技能人才培养，推动学历教育与技能培训并重的人工智能职业教育。深化产教融合、校企合作，加快构建以产业需求为导向、以实践能力培养为重点、产学研用结合为途径的人工智能技术技能人才体系。提升办学条件，健全育人机制，完善评价机制，规范培养过程，鼓励企业和社会力量参与举办各类职业教育。

4. 推动创新创业实践及教学资源共建共享。坚持育训结合，围绕产业发展，畅通技术技能人才成长渠道，大力开展职业院校人工智能职业技能培训，完善大数据、人工智能相关专业和课程建设，鼓励职业院校建设或校企共建北京人工智能产业创新创业实践基地。支持校企“双元”合作，动态更新人工智能数字教学资源，建设优质教学资源共享平台，进一步扩大优质资源覆盖面。

（三）完善高校人工智能领域人才培养体系

5. 加快人工智能领域学科专业建设。努力实现人工智能与教育融合，不断提升各类人才创新精神和实践能力，支持高校设置人工智能学科方向，加大人工智能领域学科投入，促进相关交叉学科发展，建设若干人工智能高精尖学科。对照国家和北京产业发展需求，积极开展“新工科”实践，建设若干人工智能一流专业。

6. 持续推进人工智能方向复合型人才培养。加快人工智能领域成果和资源向教育教学转化，加快人工智能与计算机、控制、数学、心理学等专业交叉融合，形成“人工智能＋ X”人才培养模式，培养贯通人工智能理论、方法、技术、产品与应用等的纵向复合型人才，以及掌握人工智能与经济、社会、管理、标准与法律等的横向复合型人才。

7. 加快提升教师人工智能教学水平。加强师范生学习掌握人工智能知识，加大教师人工智能知识和技能培训，推动高校教师与人工智能行业工程技术人员、高技能人才双向交流，支持高校教师参与中小学人工智能素养教育及相关研究工作，不断增强教师应用人工智能的能力。

8. 引进和培养人工智能领域高水平创新人才。面向人工智能领域重大问题和关键技术，汇聚国内外人工智能高端创新人才，打造高水平人工智能创新团队。加大对人工智能领域优秀青年科技人才培育支持力度，深入组织开展卓越青年科学家项目。

（四）优化高校人工智能领域科技创新体系

9. 深化人工智能科技创新平台建设。聚焦人工智能重大科学前沿问题，聚焦人工智能与教育融合发展的基本问题，促进学科深度交叉融合，加强人工智能法律法规和伦理道德研究，加强机器行为学研究，加快建设人工智能领域高端创新平台。围绕人工智能领域基础理论、核心关键共性技术等需求，建设若干北京实验室。

10. 统筹部署人工智能科技重大项目。加强科技项目牵引力度，继续组织实施北京高校科技重大项目，鼓励和引导高校在大数据智能、跨媒体感知计算、混合增强智能、群体智能等人工智能基础理论研究，在类脑计算、机器学习、计算机视觉、知识计算、深度推理等人工智能前沿核心技术攻克方面，进行有组织的科研创新，拓展科教融合深度。

11. 加快人工智能领域科技成果转化应用。深入推进人工智能领域产学研合作，引导高校、科研院所和企业等创新主体协同互动，建设北京高校科技成果转化促进中心，推动人工智能技术创新与转化应用。联合科技创新基金、吸引社会资本、协同企事业单位，共同组织实施人工智能重大科技成果转化项目。

（五）推动人工智能在教育领域的应用示范

12. 推动教育教学模式及环境变革。加强人工智能与教育深度融合发展策略和标准规范等方面的研究，确保人工智能应用合乎伦理规范，构建技术赋能的教学环境，探索智能技术与教育环境、教学模式、教育评价等融合路径和方法。加强人工智能在教学和管理中的应用，推动学习范式的深刻变革，加快数字校园向智能校园演进，实现校园精细化管理、个性化服务，全面提升校园治理水平，推动建设一批智能校园。创新服务供给模式，推动终身在线学习，实现终身教育定制化。

13. 加强人工智能与教育融合基础条件建设。整合各级各类教育管理服务系统，开发智能教育助理，建设集约共享、稳健可信的人工智能与教育融合管理服务平台。开发立体综合教学场、基于大数据智能的在线学习教育平台，建设以学习者为中心的教学环境，提供精准推送的教育服务。围绕北京教育综合改革的重点、热点问题，建立智能综合分析决策系统。

（六）加强人工智能与教育的国际交流合作

14. 推动高端交流平台建设。统筹国际国内创新资源，建设北京人工智能与教育全球创新中心。聚焦人工智能与教育前沿问题，广泛汇集全球思想，举办全球人工智能与教育论坛。推动成立人工智能与教育融合发展国际联盟，共同探索制定人工智能与教育融合发展国际标准。

15. 实施人才交流与合作项目。实施人工智能国际访问学者计划，资助全球人工智能领域顶尖学者与北京开展合作研究，培养杰出人工智能领域人才。设立全球性联合攻关项目，支持全球智力共同解决人工智能领域重大科学技术问题。

三、保障措施

（一）加强组织实施，统筹推进。成立北京人工智能与教育融合发展工作领导小组，并将人工智能与教育融合发展工作纳入市教育体制改革领导小组和市科技体制改革领导小组工作协商协调范围，形成共商制度。组建北京市人工智能与教育融合发展专家委员会，就人工智能与教育融合发展提供意见和建议。

（二）完善政策法规，创新机制。加强人工智能相关法律、伦理和社会问题研究，推动建立健全保障人工智能与教育融合发展的法规和伦理道德体系。加快制定引导政策、建立标准体系、完善保障法规，为人工智能与教育融合发展提供优良政策环境。

（三）做好应用示范，试点先行。加快人工智能在教育领域创新应用，布局人工智能支撑人才培养模式创新、教学方法改革、教育治理能力提升试点，构建智能化、网络化、个性化、终身化教育体系，推进教育均衡发展，提高教育质量，促进教育公平。

（四）优化资源配置，重点发展。统筹各类资源，加大支持力度，用好增量，盘活存量，优先支持人工智能与教育领域交叉学科建设、人才培养、科技创新和成果转化应用等工作。在重大科技任务、创新平台、科技项目、人才项目等实施中，加大对人工智能领域优秀人才的倾斜力度。

（五）强化监测评估，跟踪问效。明确责任单位和进度安排，制定年度和阶段性实施计划，建立目标评估、状态评估、可持续性评估的监测评估机制，加强工作动态管理。

北京市教育委员会
北 京 市 财 政 局

关于印发 2020 年度教育部门预算重点投入方向与项目指南的通知

京教计〔2019〕24 号

各区教委、财政局，市属高等学校、中等职业学校，市教委直属单位：

为更好发挥公共财政对教育事业发展的保障、支撑、引导和激励作用，结合落实《北京市“十三五”时期教育改革和发展规划（2016—2020 年）》和三年滚动预算计划，特编制《2020 年度北京市教育部门预算重点投入方向与项目指南》，现印发给你们，请遵照执行。

2019 年 8 月 30 日

2020 年度北京市教育部门预算重点投入方向与项目指南

为更好发挥公共财政对教育事业发展的保障、支撑、引导和激励作用，结合落实《北京市“十三五”时期教育改革和发展规划（2016—2020 年）》和三年滚动预算计划，特编制 2020 年度教育部门预算重点投入方向与项目指南。

一、指导思想

坚持以习近平新时代中国特色社会主义思想为指导，深入学习贯彻落实全国和全市教育大会精神，坚持优先发展教育事业，坚持稳中求进工作总基调，以提高教育质量、促进教育公平、优化教育结构、补齐教育短板为目标，以优化支出结构、加强成本控制、提高使用效益为主线，深入实施“十三五”时期教育规划和首都教育现代化五年实施方案重点任务，为加快推进首都教育现代化，办好人民满意的教育提供强有力的财力支持。

二、基本原则

——坚持规划引领，分步推进。全面落实《北京城市总体规划（2016 年—2035 年）》，落实教育改革发展规划，根据教育发展实际统筹安排，分步推进规划重点任务落实，充分发挥首都教育在“四个中心”功能建设中的作用。

——坚持优化结构，保障重点。加强教育经费统筹，由大水漫灌向精准投入转变，优先保障市委、市政府确定的重大决策和重点项目，加强教育服务首都经济社会发展能力，支持深化教育改革，集中财力补齐教育短板，更好地解决教育不平衡不充分问题。

——坚持成本控制，厉行节约。树立“过紧日子”的思想，在保持教育经费总量略有增长的前提下，结合存量项目，充分考虑需求，严控新增项目，细化支出标准，厉行勤俭节约，切实降低运行成本。

——坚持强化管理，提升绩效。健全预算编制有目标、预算执行有监控、预算完成有评价、评价结果有应用的新型绩效成本预算管理模式，全面落实巡视、审计、督查整改任务要求，严格经费管理和使用，切实提高教育经费的效益。

三、重点投入方向与项目

2020 年，教育预算投入重点是积极构建德智体美劳全面培养的教育体系等 9 个方向 27 条，其中重中之重是增加学前教育学位供给、支持基础教育扩大优质资源和深化改革、开展特色高水平职业院校和骨干专业建设、推进北京高校“双一流”建设和科技创新能力提升、提升教师队伍待遇和专业素质、提升城市副中心教育品质、优化高等教育布局等。

（一）积极构建德智体美劳全面培养的教育体系

1. 全面推动习近平新时代中国特色社会主义思想进教材进课堂进头脑。加强习近平新时代中国特色社会主义思想研究阐释。在各级各类学校广泛开展学习贯彻习近平新时代中国特色社会主义思想系列活动。支持建设马克思主义学院、学科和中国特色社会主义理论研究协同创新中心等，支持思想政治理论课建设，提升专业教师队伍水平。

2. 构建系统衔接的大中小幼一体化德育体系。系统开展爱国主义、集体主义、社会主义教育，开展国家总体安全观、民族团结进步、生态文明、中华民族优秀传统文化、依法治国等教育。加强中小学社会大课堂建设，深入开展“四个一”活动。扎实推进高校“三全育人”综合改革试点，继续完善大学生服务保障体系，加强高校网络思想政治工作中心建设。加强辅导员、班主任队伍建设。

3. 全面提升学生综合素养。加强学校体育，重点发展校园足球和冰雪项目，深入开展奥林匹克教育。加强学校美育，统筹资源开展民族艺术、高雅艺术进校园等。加强健康教育，遏制中小学生视力不良检出率和肥胖检出率，完善中小学生心理健康服务。加强科技教育，支持开展初中开放性科学实践活动和初中综合社会实践活动，实施基础教育阶段创新人才培养项目。加强劳动教育，继续实施初中学农学工和游学项目。在义务教育阶段学校全面落实课后服务要求，推进家庭教育。加强语言文字工作。

（二）持续提升基础教育发展质量

4. 扩大基础教育优质资源供给。深入实施第三期学前教育行动计划，进一步丰富办园形式，完善学前教育公共服务体系，持续增加学前教育学位供给。支持区域集团化办学、学区制改革和九年一贯制办学，在“三城一区”等统筹新建一批优质学校，实施农村教育质量提升专项计划，持续增加优质中小学数量。鼓励优质特色民办中小学发展，强化校外培训机构治理。通过打通学段限制、特色学科发展等方式，支持高中差异化、特色化发展，不断增加优质高中资源供给。

5. 以中高考改革为龙头深化基础教育改革。加强考试改革与课程教学等问题研究，全面深化教学改革，有序推进普通高中选课走班等，完善市级综合素质评价平台建设。加强落实中高考改革的技术设施、师资等建设，推进考试命题基地建设。加强教育教学资源统筹，稳妥落实国家课程方案和课程标准，完善课程监测、反馈、改进机制。加强教材管理，制定实施地方课程教材建设规划。

6. 保障特殊群体教育权益。落实政府义务教育保障责任，开展来京务工人员随迁子女教育支持，加强困境儿童教育能力建设。推进北京特殊教育中心建设，为残疾少年儿童提供适宜的教育。改善“内地民族班”所在学校和民族中小学办学条件。做好生活困难学生资助。

（三）不断完善现代职业教育体系

7. 提升技术技能人才培养质量。实施匠心育人工程。加强职业院校专业和课程建设指导，鼓励“小班化”“模块化”教学改革试验，联合行业企业建设实习实训基地等。鼓励开展四年长学制本科层次和五年长学制专科层次职业教育试点。支持开展技术技能比赛。

8. 推动职业院校加快转型发展。鼓励职业院校根据城市发展需要和区域功能定位加快转型发展。支持建设特色高水平职业院校和骨干专业（群）。遴选认定产教融合型企业，支持其在学校建立混合所有制或股份制的办学实体。支持建设工程师学院或技术技能大师工作室。

9. 提升职业教育城教融合水平。支持市民终身学习、职工继续教育、新型职业农民培训等基地建设。帮助企业开展职工技能提升、转岗、安全技能等培训。继续实施“引智帮扶工程”，精准帮扶低收入村增收。推进北京老年开放大学和各区分校建设。支持市区开放教育、社区学院建设。

（四）加快推进高校内涵特色差异化发展

10. 提升高校办学综合实力。支持进入国家一流大学和一流学科建设行列的高校和学科。加强引导，鼓励市属高校明确办学定位、加快分类发展、优化学科专业。继续支持高精尖学科建设和一流专业、专业群建设。实施民办高等教育发展促进项目，支持规范、特色发展。

11. 提升高校科技创新能力。持续支持北京高校高精尖创新中心、北京实验室、高校科技成果转化中心、北京人文社会科学研究中心、北京市哲学社会科学研究基地建设。继续实施北京高校卓越青年科学家计划项目和北京高校科技重大项目。

12. 提升高校人才培养能力。强化人才培养中心地位，建设一流培养体系。支持优质在线课程、智能教室、专业图书馆、共享实习实训基地、创新创业人才培养基地建设。深入实施高水平人才交叉培养计划。推进研究生培养模式改革，完善产学研及国内外联合培养研究生基地建设。加强毕业生精准化就业服务。完善大学生创业园孵化体系，支持优秀创业团队。

（五）全面加强教师队伍建设

13. 加强基础教育教师队伍建设。开展社会主义核心价值观与中华优秀传统文化全员培训。大力推进学前教育师资培养培训。支持扩大师范生培养规模。继续实施北京市名师、名校长（园长）发展工程，支持中青年骨干校长教师发展，大力提升乡村教师素质。专项支持承担市级统筹、跨区办学任务的校长教师。完善绩效工资方案，提高教师待遇。

14. 加强职业院校教师队伍建设。鼓励本科高校设立职业技术师范二级学院。实施职业院校教师素质提升工程，集中开展职业院校专兼职教师培训。支持职业院校在产教融合型企业建立教师创新实践基地、校长教师到产教融合型企业挂职锻炼。

15. 加强市属高校教师队伍建设。加强特聘教授、长城学者、教学名师、青年拔尖人才等高层次人才和高水平创新团队的选拔培养。继续开展多方位培训。

（六）大力推进京津冀教育协同发展

16. 有序疏解部分教育功能。深入开展“疏解整治促提升”专项行动，加快推进北京建筑大学、北京城市学院、北京工商大学、北京电影学院和北京信息科技大学新校区建设。推进良乡、沙河大学城规划建设，积极支持中央高校疏解。推进大学城教师职住平衡。

17. 支持“两翼”教育改革发展。落实城市副中心教育设施专项规划，加快推进城市副中心重点教育项目建设。深化通州区教师素质提升与基础教育质量提升支持计划。支持雄安新区“交钥匙”学校建设，深化援助项目，推动符合雄安新区定位的部分教育功能向新区疏解。

18. 深化京津冀教育合作。落实京津冀教育合作系列协议，支持各级学校在京津冀区域内开展合作。积极推进通武廊教育协同发展，进一步强化对北三县的教育支持。加强教育精准扶贫，实施推普脱贫项目，开展教育区域合作。

（七）深化教育对外交流合作

19. 加强“一带一路”教育合作。建设北京市“一带一路”国家人才培养基地，继续实施外国留学生“一带一路”奖学金项目，支持职业院校与沿线国家有关院校联合举办国际技能大赛，不断深化校际交流与合作。

20. 提升国际化人才培养能力。支持高校与世界一流大学、特色学科开展交流合作。支持职业院校开展国际化办学能力建设。支持教师尤其是基础教育阶段骨干教师出国（境）研修。

21. 扩大首都教育国际影响力。大力推进国际学校规划建设。继续实施对外交流合作品牌项目。进一步加强港澳台教育交流。办好国际语言博览会，深化汉语国际推广。

（八）加快现代教育督导体系建设

22. 加强政府履职履责督导。开展区级政府履行教育职责、教育执法、义务教育优质均衡发展等综合督政。组织地区教育发展水平督导评估。迎接国务院督导委员会办公室相关督导检查。围绕重点难点问题开展专项督导。

23. 加强学校教育教学督导。重点对幼儿园办园行为和办园质量、中小学素质教育、中高职衔接等开展督导检查。适时开展民办教育、成人教育等专项督导。加强督学队伍专业化建设。

24. 科学实施评估监测。开展学前教育发展、义务教育优质均衡发展、国家义务教育质量和职业院校评估监测。做好院校评估、专业评估和研究生专业学位水平评估。编制发布本科教学质量报告。开展硕士学位论文抽检。组织调查北京教育工作满意度。

（九）积极构建和谐稳定高效的教育发展环境

25. 加强教育舆论环境建设。深化与新闻媒体的合作，大力宣传教育系统优秀典型与改革成果。健全教育舆情监测体系，提升快速反应能力。加强网络评论员队伍建设，建设首都教育新媒体平台，积极传播首都教育正面声音。

26. 提升教育服务保障能力。加强大中小学后勤标准化建设。开展节能减排和节约型绿色生态校园建设。推动校园垃圾分类管理。加强学校传染病防控能力建设。以强化平安校园建设为统领，构建学校安全风险防控体系，促进学校安全规范化管理，构建校园安全环境。

27. 提升教育智能化水平。加强教育云基础环境体系建设，积极构建教育大数据平台，逐步提升大数据辅助决策能力。加大统筹，建设统一的教育管理与公共服务平台。加快网络化学习空间建设，培养“智能化校园”融合应用示范基地。大力推进各类政务事项网上办理、移动办理。加强教育网络和信息安全建设。

基础教育

北京市教育委员会文件选编

（2019）

北京市教育委员会

关于认定全市首批义务教育学校管理标准达标学校的通知

京教函〔2019〕101 号

各区教委、燕山教委：

为贯彻落实教育部《义务教育学校管理标准》，根据市教委《推进义务教育学校管理标准化建设实施方案》（京教基一〔2018〕3 号）的整体安排，全市于 2018 年全面启动义务教育学校管理标准化建设工作。各区教委和义务教育学校迅速行动，以提高学校管理标准化、科学化、精细化水平，促进学校治理体系和治理能力现代化为目标，坚持对标研判、依标整改，取得了积极进展。

根据全市统一部署，各区于 2018 年底组织进行了全市首批义务教育学校管理标准达标学校验收工作，市教委对各区达标验收工作进行了抽样调研。在学校申报、各区推荐的基础上，经过市教委 2019 年第 9 次主任办公会审议，认定北京市第一中学等 426 所学校为北京市首批义务教育学校管理标准达标学校（名单见附件）。

希望首批达标学校再接再厉，进一步提升学校管理效能和办学品质，发挥示范辐射作用，争创先进。希望各区教委进一步凝练和固化前期工作经验和成果，加强经验推广和成果宣传，带动和指导学校管理改进，做好第二批义务教育学校管理标准达标学校验收工作，支持和鼓励学校持续发展、提高质量，整体提升区域义务教育学校治理能力和治理水平，促进义务教育优质均衡发展。

附件：北京市首批义务教育学校管理标准达标学校名单

2019 年 3 月 14 日

附件

北京市首批义务教育学校管理标准达标学校名单

（排名不分先后）

东城区

北京市第一中学
北京市第五中学分校
北京市第十一中学分校
北京市第二十七中学
北京市第五十四中学
北京市第五十五中学
北京市第六十五中学
北京市第一六五中学
北京市第一六六中学
北京市东直门中学
北京市东城区和平里第二小学
北京市东城区和平里第四小学
北京市东城区师范学校附属小学
北京市东城区分司厅小学
北京市东城区北锣鼓巷小学
北京市东城区黑芝麻胡同小学
北京市东城区织染局小学
北京市东城区史家小学分校
北京市东城区西中街小学
北京市东城区北新桥小学
中央工艺美院附中艺美小学
北京光明小学
北京市崇文小学
北京市东城区回民小学
北京市东城区春江小学
北京市东城区培新小学
北京市东城区永生小学
北京市东城区新景小学
北京市东城区回民实验小学
北京市东直门中学附属雍和宫小学
北京市第一六六中学附属校尉胡同小学
北京市第五中学分校附属方家胡同小学

西城区

北京市第四中学
北京市第八中学
北京市第十五中学
北京市第三十九中学
北京市月坛中学
北京市三帆中学
北京市育才学校
北京市西城外国语学校
北京市宣武外国语实验学校
北京师范大学附属中学
北京小学
北京小学红山分校
北京市西城区厂桥小学
北京市西城区宏庙小学
北京市西城区奋斗小学
北京市西城区进步小学
北京市西城区登莱小学
北京市西城区黄城根小学
北京市西城区三义里小学
北京市西城区陶然亭小学
北京市西城区五路通小学
北京市西城区中古友谊小学
北京市西城区展览路第一小学
北京市西城区三里河第三小学
北京市西城区阜成门外第一小学
北京市西城区师范学校附属小学
北京第一实验小学
北京第二实验小学广外分校
北京市宣武回民小学
北京师范大学京师附小

朝阳区

北京市第十六中学
北京市第十七中学
北京市第八十中学
北京市第八十中学实验学校温榆河分校
北京市第八十中学睿德分校
北京中学
北京市润丰学校
北京市团结湖第三中学
北京市樱花园实验学校
北京市东方德才学校
北京市陈经纶中学
北京市陈经纶中学分校
北京市陈经纶中学崇实分校
北京市陈经纶中学嘉铭分校
北京市朝阳区芳草地国际学校富力分校
北京汇文中学朝阳垂杨柳分校
中国科学院附属实验学校分校
北京第二外国语学院附属中学
北京化工大学附属中学
北京市日坛中学实验学校
北京景山学校朝阳学校
东北师范大学附属中学朝阳学校
北京市朝阳区教育研究中心附属学校

北京师范大学朝阳附属学校
中国教育科学研究院朝阳实验学校
北京教育学院朝阳分院附属学校
清华大学附属中学朝阳学校
中国人民大学附属中学朝阳学校
中央美术学院附属实验学校
北京市朝阳区平房小学
北京市朝阳区新源里第四小学
中国传媒大学附属小学
府学胡同小学朝阳学校
北京市朝阳区呼家楼中心小学
北京市朝阳区第二实验小学
北京市朝阳区国美家园小学
北京市朝阳区花家地实验小学
北京市朝阳区日坛小学
北京市朝阳区劲松第四小学
北京市朝阳区实验小学
北京市朝阳区芳草地国际学校
北京市朝阳区芳草地国际学校远洋小学
北京市朝阳区芳草地国际学校世纪小学
北京市朝阳区白家庄小学
北京第二外国语学院附属小学
北京市朝阳区三里屯小学
北京市朝阳师范学校附属小学
北京明远教育书院实验小学
北京市朝阳区柏阳学校
北京市朝阳区十八里店小学
北京市朝阳区高家园小学
首都师范大学附属朝阳实验小学
对外经济贸易大学附属小学
北京市朝阳区高碑店中心小学
北京市朝阳区黑庄户中心小学
北京市朝阳区王四营中心小学
北京市朝阳区垂杨柳中心小学
北京市朝阳区实验小学新源里分校
北京第二外国语学院附属小学定福分校

海淀区

北京市十一学校
北京市十一学校一分校
北京市十一学校龙樾实验中学
北京市第十九中学
北京市第二十中学
北京市第二十中学附属实验学校
北京市一〇一中学
北京市中关村中学
北京市海淀实验中学
北京市上地实验学校
北京市建华实验学校
清华大学附属中学上地学校
人大附中西山学校
北京航空航天大学实验学校

首都师范大学附属中学
首都师范大学附属育新学校
北京交通大学附属中学
北京科技大学附属中学
北京市北外附属外国语学校
北京市海淀北部新区实验学校
北京市中科启元学校
人大附中北大附小联合实验学校
北京市海淀区五一小学
北京市海淀区七一小学
北京市海淀区万泉小学
北京市海淀区前进小学
北京市海淀区永泰小学
北京市海淀区红英小学
北京市海淀区翠微小学
北京市海淀区实验小学
北京市海淀区中关村第一小学
北京市海淀区中关村第二小学
北京市海淀区双榆树第一小学
北京市海淀区花园村第二小学
北京外国语大学附属小学
清华大学附属中学上地小学
北京石油学院附属小学
北京石油学院附属实验小学
中国人民大学附属中学实验小学
北京市海淀国际学校
北京市海淀外国语实验学校
北京市二十一世纪国际学校

丰台区

北京四中璞瑅学校
北京市第十中学
北京市第十二中学
北京市第十二中学洋桥学校
北京市第十八中学
北京市丰台区丰台第二中学
北京市丰台第八中学
中国教育科学研究院丰台实验学校
北京教育学院附属丰台实验学校
北京教育学院丰台分院附属学校
北京教育科学研究院丰台学校
北京师范大学第四附属中学
清华大学附属中学丰台学校
北京市首都师范大学附属丽泽中学
北京市赵登禹学校
北京市大成学校
北京市丰台区长辛店学校
北京市丰台区丰台第一小学
北京市丰台区丰台第五小学
北京市丰台区丰台第五小学万柳分校
北京市丰台区丰台第八小学
北京市丰台区纪家庙小学
北京市丰台区新发地小学
北京市丰台区草桥小学

北京市丰台区芳城园小学
北京市丰台区芳古园小学
首都师范大学附属云岗小学
北京小学丰台万年花城分校
北京市丰台区长辛店第一小学
北京市丰台区东高地第二小学
北京市丰台区东高地第三小学
北京市丰台区东高地第四小学
北京市丰台区西罗园第六小学
北京市第十二中学附属实验小学
首都经济贸易大学附属小学
北京市丰台区师范学校附属小学
北京舞蹈学院附中丰台实验小学
首都医科大学附属小学
北京市第十八中学附属实验小学
北京教育科学研究院丰台实验小学

石景山区

北京大学附属中学石景山学校
北方工业大学附属学校
北京市京源学校
北京市石景山区实验中学
北京教育科学研究院附属石景山实验学校
北京景山学校远洋分校
北京市古城中学
北京市石景山外语实验小学
北京市石景山区金顶街第二小学
北京市石景山区实验小学
北京市石景山区爱乐实验小学
北京市石景山区古城第二小学
北京大学附属小学石景山学校

门头沟区

北京市门头沟区新桥路中学
北京市门头沟区京师实验中学
北京市门头沟区妙峰山民族学校
北京市三家店铁路中学
北京市门头沟区大峪第一小学
北京市门头沟区大峪第二小学
北京市门头沟区大台中心小学
北京市门头沟区黑山小学
北京市第八中学京西附属小学
北京第二实验小学永定分校
北京市门头沟区三家店小学

房山区

北京四中房山分校
北京十二中朗悦学校
北京市房山区房山第二中学
北京市房山第四中学
北京市房山区房山第五中学
北京市房山区良乡第二中学
北京市房山区良乡第三中学
北京市房山区良乡第五中学
北京市房山区北洛中学
北京市房山区岳各庄中学

北京市房山区昊天学校
北京市房山区城关小学
北京市房山区城关第二小学
北京市房山区良乡小学
北京市房山区良乡第二小学
北京市房山区良乡第三小学
北京市房山区良乡第四小学
北京市房山区长阳第一小学
北京市房山区长阳第二小学
北京市房山区良乡行宫园学校
北京市房山区琉璃河镇琉璃河中心小学
北京市房山区良乡镇良乡中心小学
北京市房山区阎村镇阎村中心校
北京市房山区窦店镇窦店中心小学

通州区

北京市通州区潞河中学
北京市育才学校通州分校
北京市通州区永乐店中学
北京市通州区第六中学
北京市通州区玉桥中学
中国人民大学附属中学（通州校区）
北京市通州区梨园学校
北京市通州区牛堡屯学校
北京市通州区大杜社中学
北京市通州区陆辛庄学校
北京理工大学附属中学（通州校区）
首都师范大学附属中学（通州校区）
北京市通州区马驹桥学校
北京市通州区于家务中学
北京市史家小学通州分校
北京市通州区贡院小学
北京市通州区中山街小学
北京市通州区后南仓小学
北京市通州区芙蓉小学
北京教育科学研究院通州区第一实验小学
北京市通州区张家湾镇中心小学
北京小学通州分校
北京第二实验小学通州分校
北京市通州区东方小学
北京市通州区永顺小学
北京市通州区北苑小学
北京市通州区官园小学
北京市通州区潞苑小学
北京市通州区梨园镇中心小学
北京市通州区漷县镇中心校
北京市通州区宋庄镇中心小学
北京市通州区西集镇中心小学
北京市通州区台湖镇中心小学
北京市通州区马驹桥镇中心小学
北京市通州区于家务乡中心小学

大兴区

北京市大兴区第一中学
北京市大兴区第三中学
北京市大兴区第四中学
北京市大兴区第七中学
北京市大兴区兴华中学
北京市大兴区青云店中学
北京市大兴区榆垡中学
北京亦庄实验中学
北京市大兴区永华实验学校
北京市第八中学大兴分校
北京师范大学大兴附属中学
首都师范大学大兴附属中学
首都师范大学附属中学大兴南校区
北京建筑大学附属中学
北京市大兴区第五小学
北京市大兴区第七小学
北京市大兴区第八小学
北京亦庄实验小学
北京小学大兴分校
北京小学翡翠城分校
北京第二实验小学大兴实验学校
北京教育学院附属大兴实验小学
北京教育科学研究院大兴实验小学
北京师范大学大兴附属小学
北京市大兴区安定镇中心小学
北京市大兴区黄村镇第一中心小学
北京市大兴区亦庄镇第二中心小学

平谷区

北京市平谷中学
北京市平谷区第三中学
北京市平谷区第五中学
北京绿谷小香玉艺术学校
北京市平谷区黄松峪中学
北京市平谷区第八小学
北京第二实验小学平谷分校
北京市平谷区上营小学
北京市平谷区安固小学
北京市平谷区夏各庄小学
北京市平谷区大官庄小学
北京市平谷区北辛庄小学
北京市平谷区峪口镇中桥小学
北京市平谷区峪口镇中心小学
北京市平谷区峪口镇东凡各庄小学
北京市平谷区北杨桥中心小学
北京市平谷区黄松峪中心小学
北京市平谷区放光中心小学
北京市平谷区东交民巷小学马坊分校

顺义区

北京市第四中学顺义分校
北京市顺义区第十二中学
北京市顺义区第十三中学

北京市顺义区天竺中学
北京市顺义区张镇中学
北京市顺义区仁和中学
北京市顺义区赵全营中学
北京市顺义区裕龙小学
北京市顺义区西辛小学
北京市顺义区光明小学
北京市顺义区建新小学
北京市顺义区石园小学
北京市顺义区东风小学
首都师范大学附属顺义实验小学
北京市顺义区牛栏山第一小学
北京市顺义区南彩第一小学
北京市顺义区天竺第二小学
北京市顺义区空港第二小学
北京市顺义区仁和中心小学
北京市顺义区沿河中心小学校
北京市顺义区马坡中心小学校
北京市顺义区木林中心小学校
北京市顺义区杨镇中心小学校
北京市顺义区河南村中心小学校
北京市顺义区后沙峪中心小学校

昌平区

北京市昌平区第一中学
北京市昌平区第二中学
北京市昌平区第四学校
北京市昌平区第五学校
北京市昌平区流村中学
北京市第十五中学南口学校
北京市昌平区二毛学校
北京市昌平区天通苑学校
北京市昌平区燕丹学校
北京市昌平区实验学校
北京市昌平区前锋学校
北京市昌平区百善学校
北京市昌平区城关小学
北京市昌平区回龙观第二小学
北京市昌平第三实验小学
北京市昌平区天通苑小学
北京市昌平区巩华中心小学
北京市昌平区城北中心小学
北京市昌平区城南中心小学
北京市昌平区马池口中心小学
北京市昌平区回龙观中心小学
北京市昌平区南口镇小学
北京王府外国语学校
北京昌平凯博外国语学校
北京市私立汇佳学校
北京市昌平区硕博学校
北京市昌平区东方红学校
北京昌平新东方外国语学校

怀柔区

北京市怀柔区第三中学
北京市怀柔区第五中学
北京市怀柔区渤海中学
北京市第一〇一中学怀柔分校
北京市怀柔区第二小学
北京市怀柔区第三小学

北京市怀柔区茶坞铁路小学
北京市怀柔区琉璃庙镇中心小学
北京市怀柔区长哨营满族乡中心小学
北京市怀柔区怀北学校

密云区

北京市密云区第三中学
北京市密云区第六中学
北京市密云区太师庄中学
北京市密云区巨各庄中学
北京市密云区河南寨中学
北京市密云区古北口中学
北京市密云区第一小学
北京市密云区第二小学
北京市朝阳区实验小学密云学校
北京市密云区北庄镇中心小学
北京市密云区穆家峪镇中心小学
北京市密云区巨各庄镇中心小学
北京市密云区太师屯镇中心小学
北京市密云区古北口镇中心小学
北京市密云区檀营满族蒙古族乡中心小学

延庆区

北京市延庆区第四中学
北京市延庆区第八中学
北京市延庆区十一学校
北京市延庆区康庄中学
北京市延庆区永宁学校
北京市延庆区井庄中学
北京市延庆区第一小学
北京市延庆区第二小学
北京市延庆区第三小学
北京市延庆区第四小学
北京市延庆区康庄中心小学
北京市延庆区沈家营中心小学
北京市延庆区八达岭中心小学
北京市延庆区八里庄中心小学

燕山地区

北京市燕山向阳中学
北京市房山区燕山星城小学

北京市教育委员会

转发《教育部办公厅关于近期几起商业广告进校园事件有关情况通报》的通知

京教函〔2019〕113号

各区教委，燕山教委：

现将教育部办公厅《关于近期几起商业广告进校园事件有关情况的通报》（教基厅函〔2019〕9号）转发给你们，并提出如下要求，请认真贯彻执行。

一、高度重视

各区教委要全面落实教育部办公厅通报要求，深入贯彻《教育部办公厅关于严禁商业广告、商业活动进入中小学校和幼儿园的紧急通知》精神，以近期发生的几起商业广告进校园事件为鉴，认真剖析原因，深刻汲取教训。要将有关要求和精神不折不扣传达到每所学校、每名校长、每名教师，增强校长教师政治意识、责任意识、法治意识，切实履行守护“校园净土”责任。

二、加强风险防范

各区教委要认真开展排查整改情况“回头看”，确保不走过场、不留死角、不存隐患，坚决杜绝在我市发生商业广告、商业活动进入中小学校和幼儿园事件。要通过警示教育大会、专题培训、专项督导等形式，切实提高教育系统防范风险的意识和能力。

三、举一反三

各区教委要举一反三，落实好《教育部　共青团中央　全国少工委关于严肃规范红领巾等少先队标志标识使用的通知》《北京市教育委员会关于加强中小学 APP、互联网群组、公众账号管理的通知》等文件精神，完善各类“进校园”活动和进入校园学习类 APP 的备案审核制度。要严格把关，安排专人监管，特别注意审查学习类 APP 的公共版块、社交功能版块、微信公众号或小程序等是否存在不适宜学生健康成长的内容。要加强宣传教育，引导全社会形成关心爱护广大中小学生和幼儿健康成长的良好氛围。

2019 年 3 月 22 日

教育部办公厅

关于近期几起商业广告进校园事件有关情况的通报

教基厅函〔2019〕9 号

各省、自治区、直辖市教育厅（教委），新疆生产建设兵团教育局：

自 2018 年 10 月我部部署严禁商业广告、商业活动进入中小学校和幼儿园工作以来，各地各校认真开展排查，严格审批“进校园”活动，切实加强校园日常监管，杜绝商业行为侵蚀校园，取得了积极进展。但是，由于个别学校和地区思想不重视、活动组织不严密、学校管理不规范、日常监管不到位、全面排查不彻底，在近期仍然发生了商业广告、商业活动进入中小学校和幼儿园事件。如：2019 年 1 月，山东省菏泽市郓城县丁里长镇王集小学为表彰优秀学生发放了印有“山东梁堤头眼科”广告字样的奖状；2019 年 1 月，四川省南充市南部县第二小学发放了含有服装广告的学生综合素质报告书；2018年11月，湖北省孝感市云梦县中影国际城工作人员，在校（园）领导同意的情况下，进入城关第二小学、云梦县实验幼儿园进行了商业赠票和宣传。山东、四川、湖北等地教育行政部门已对相关单位和人员进行严肃查处和问责。

为坚决禁止商业广告、商业活动进入中小学校和幼儿园，确保校园一方净土，现对山东、四川、湖北三起事件予以通报并再次强调以下要求。

一、切实提高思想认识。各地教育行政部门要全面落实全国教育大会精神，对近期发生的几起商业广告进校园事件进行深入剖析，不断增强校长、教师政治意识、责任意识、法治意识。要将《教育部办公厅关于严禁商业广告、商业活动进入中小学校和幼儿园的紧急通知》（教基厅函〔2018〕77号）和本通报传达到每所学校、每名校长、每名教师，切实做到人人皆知、人人重视。全体中小学、幼儿园校（园）长和教师必须带着责任、带着感情、带着情怀做好中小学和幼儿园教育教学管理工作，把智慧和力量聚焦到落实立德树人根本任务上来，以德立身、以德立学、以德施教、以德育德，切实履行守护“校园净土”责任，坚决杜绝各类商业广告、商业活动进入校园。

二、牢固树起风险防范屏障。各地教育行政部门要在全面排查的基础上，对区域内所有中小学校、幼儿园排查整改情况进行“回头看”，确保不走过场、不留死角、不存隐患。要对所有进入中小学校、幼儿园或组织中小学生、在园幼儿参加的活动，向学校、学生发放的试卷、奖状、校服、教科书、教辅材料、文具教具等，以及进入校园的APP进行严格排查，特别要防范外部人员借各类活动制作、夹带、发放带有商业广告的物品。

三、构建学校管理长效机制。各地教育行政部门要通过警示教育大会、专题培训、专项督导等形式，切实提高教育系统防范风险的意识和能力，对潜在的各类风险点要明确责任人，严密活动组织，规范学校管理，强化日常监管。要完善各类“进校园”活动和进入校园APP的备案审核制度，按照“凡进必审”“谁选用谁负责”“谁主管谁负责”原则，对主题、形式、内容、方案、举办单位、参加人员、宣传物品等进行严格把关，并安排专人负责监管。对于各类进入校园或组织中小学生、在园幼儿参加的活动，须由县级及以上教育行政部门进行审批。对于再次出现类似事件的地方和学校，要予以严肃处理。

2019 年 2 月 25 日

北京市教育委员会

关于做好 2019 年 1 + 3 人才培养试验工作的通知

京教基二〔2019〕12 号

各区教委：

为促进义务教育优质均衡发展，保障小升初就近入学，推动教育公平，探索高中人才培养方式，2019 年我市继续实施 1 ＋ 3 培养试验，即学生在初二年级结束后进入试验学校，在试验学校连续完成初三及高中共四年学习。现将有关工作通知如下：

一、学校分类

（一）市级统筹类学校。计划主要面向城六区一般公办初中，分配到校（工美附中、徐悲鸿中学、张家湾中学计划不分配）。

（二）区级普通类学校。计划面向本区。

二、报名资格

具有普通高中升学资格且在同一学校具有连续两年学籍等条件的初二学生可报名参加本试验。

三、录取流程

（一）市级统筹类学校。

1. 学生自愿报名。学生选择一所试验学校在 1 + 3 培养试验报名系统报名。网址：yjrx.bjedu.cn，使用教育统一认证登录（用户名和密码与初中开放科学实践活动相同）。

2. 试验学校确定面试名单。试验学校结合学生初中综合素质评价信息，按 1 ∶ 3 比例确定面试名单，并在学校网站公布。

3. 试验学校面试。试验学校组织面试，面试结果在学校网站公布。

（二）区级普通类学校。

1. 学生自愿报名。学生选择一所试验学校在 1 + 3 培养试验报名系统报名。网址：yjrx.bjedu.cn，使用教育统一认证登录（用户名和密码与初中开放科学实践活动相同），已通过市级统筹类学校面试的学生不能报名。

2. 试验学校面试。试验学校组织面试，面试结果在学校网站公布。

四、注意事项

（一）学校层面。

1. 面试要突出素质教育导向，突出宽与活，避免学生参加各种培训班增加学习负担。

2. 严禁进行文化课笔试。

3. 严禁与社会其他教育机构合作选拔学生。

（二）学生层面。

1. 进入本试验的学生不需参加中考，直升本校高中。

2. 允许进入本试验的学生在初三中考报名前退出试验，退出的学生转回原初中校，可参加当年中考，不能参加校额到校、市级统筹、统招定向招生录取。

附件：1. 2019 年 1 + 3 市级统筹类学校计划

2. 2019 年 1 + 3 区级普通类学校计划

3. 2019 年 1 + 3 培养试验工作时间表

2019 年 6 月 12 日

附件 1

2019 年 1 + 3 市级统筹类学校计划

序号	学校	计划	范围
1	清华大学附属中学（将台路校区）	473	城六区一般公办初中（含清华附中集团内一般公办初中 20）
2	北京大学附属中学（惠新东街校区）	473	城六区一般公办初中（含北大、北大附中教职工子女 20）
3	中国人民大学附属中学丰台学校	300	城六区一般公办初中
4	中国人民大学附属中学（通州校区）	178	城六区一般公办初中（含通州区初中 10）
5	中央工艺美术学院附属中学	120	城六区初中
6	徐悲鸿中学	50	城六区初中
7	通州区张家湾中学	60	城六区及通州区初中

附件 2

2019 年 1 + 3 区级普通类学校计划

序号	区	学校	计划	范围
1	西城	北京市鲁迅中学	35	本区初中
2		北京市月坛中学	25	本区初中
3	朝阳	北京市第二外国语学院附属中学	50	本区初中
4		北京化工大学附属中学	30	本区初中
5		中央美术学院附属实验学校	25	本区初中
6		中国科学院附属实验学校分校	25	本区初中
7		北京中学	120	本区初中

续表 1

序号	区	学校	计划	范围
8	海淀	北京市第五十七中学	120	本区初中
9		北方交通大学附属中学（东校区）	70	本区初中
10		北京科技大学附属中学	60	本区初中
11		中国人民大学附属中学翠微学校	70	本区初中
12		首都师范大学第二附属中学	36	本区初中
13		北京市海淀实验中学	80	本区初中
14		北京实验学校（海淀）	72	本区初中
15		北京外国语大学附属中学	60	本区初中
16		北京师范大学第三附属中学	60	本区初中
17		北京医学院附属中学	30	本区初中
18	丰台	北京市大成学校	50	本区初中
19		北京师范大学实验中学丰台学校	30	本区初中
20	石景山	北京大学附属中学石景山学校	50	本区初中
21		北京市古城中学	20	本区初中
22	门头沟	北京市大峪中学	80	本区初中
23		首都师范大学附属中学永定分校	70	本区初中
24	通州	通州区潞河中学	80	本区初中
25	顺义	顺义牛栏山第一中学	90	本区初中
26		顺义区第一中学	45	本区初中
27		顺义区杨镇第一中学	45	本区初中
28	昌平	昌平区第一中学	60	本区初中
29		昌平区第二中学	60	本区初中
30	大兴	大兴区第一中学	80	本区初中

续表 2

序号	区	学校	计划	范围
31	平谷	北京市平谷中学	80	本区初中
32	怀柔	北京市一〇一中学怀柔分校	80	本区初中
33		怀柔区第一中学	80	本区初中
34	密云	密云区第二中学	80	本区初中
35	延庆	延庆区第一中学	70	本区初中

附件 3

2019 年 1 + 3 培养试验工作时间表

时间	工作
6 月 15 日起	1 + 3 市级统筹类、区级普通类学校开放日
6 月 24 日—6 月 30 日	学生报名市级统筹类学校
7 月 5 日	市级统筹类学校公布面试名单
7 月 13—15 日（星期六、日、一）	市级统筹类学校面试
7 月 16 日（星期二）	市级统筹类学校公布面试结果
7 月 17—18 日（星期三、四）	学生报名区级普通类学校
7 月 20—21 日（星期六、日）	区级普通类学校面试
7 月 22 日（星期一）	区级普通类学校公布面试结果
9 月	在学籍系统中完成转学

北京市教育委员会

关于印发2019年秋季北京市中小学教学用书目录的通知

京教基二〔2019〕16号

各区教委，燕山教委：

现将《2019年秋季北京市中小学教学用书目录》（以下简称《目录》）印发给你们，请按照《教育部关于印发〈中小学教科书选用管理暂行办法〉的通知》（教基二〔2014〕8号）、《教育部办公厅关于印发2019年中小学教学用书目录的通知》（教材厅函〔2019〕3号）和《北京市教育委员会关于印发〈北京市中小学教科书选用管理实施细则（暂行）〉的通知》（京教基二〔2017〕10号）要求，认真做好2019年秋季中小学教学用书选用工作。有关具体事项通知如下，请认真贯彻执行。

一、本目录包括三部分内容：一是北京市自编及实验教学用书目录；二是北京市普通高中课程改革实验教材目录；三是教育部印发的2019年普通中小学教学用书目录。

二、义务教育国家课程各学科使用教育部《2019年义务教育国家课程教学用书目录》及本通知“北京市自编及实验教学用书目录”公布的教材。道德与法治、语文、历史全部使用统编教材。

三、小学科学，一、二、三年级使用根据2017年印发的课程标准修订的教材，四至六年级仍使用原选用版本教材。

四、普通高中阶段，2019年秋季高一年级使用教育部《2019年普通高中国家课程教学用书目录（根据2017年版课程标准修订）》公布的教材，高二、高三年级使用教育部《2019年普通高中国家课程教学用书目录（根据2003年版课程标准修订）》及本通知“北京市普通高中课程改革实验教材目录”公布的教材。其中，思想政治、语文、历史教材的使用根据教育部安排另行通知。

五、特殊教育学校义务教育阶段相关学科使用教育部《2019年特殊教育学校国家课程教学用书目录》中的教材，没有新编教材的学科和年级仍使用原版本教材。

六、体育运动、学校道德与法治、语文使用国家统编教材，其他学科使用教育部《2019年体育运动学校国家课程教学用书目录》中的教材。

七、中小学国家课程和地方课程必须使用本文件所附目录中的教材。中小学教材使用应保持相对稳定，如确需更换教材版本，应严格按照中小学教材选用有关规定进行，为教材印刷、发行留足时间，确保课前到书。

八、中小学教材中不得夹带任何商业广告或教学辅助资料的链接网址、二维码等信息。

九、各区可根据本地实际和学生需求购买磁带、光盘等配套音像材料。2019年起国家统编中小学语文教材配有“中小学语文示范诵读库”，供各地按需自愿购买。鼓励教材出版单位采取互联网下载的方式免费提供与教材配套的数字音像材料。免费教科书采购按照《教育部 财政部关于全面实施城乡义务教育教科书免费提供和做好部分免费教科书循环使用工作的意见》（教材〔2017〕1号）执行。

十、各区要加强对教材使用情况的检查，对未按相关规定选用、使用教材的地方和学校要严肃处理，责令纠正。

各区教委要按照本通知要求，抓紧做好2019年秋季中小学教学用书工作，并于2019年8月20日前，将本区2019年秋季教材选用情况正式报我委。我委将适时对各区教材选用使用情况进行抽查。

附件：1. 2019年秋季北京市普通中小学自编及实验教学用书目录（略）

2. 2019 年秋季北京市普通高中课程改革实验教材目录（略）

3. 教育部 2019 年普通中小学教学用书目录

2019 年 7 月 12 日

附件 3

教育部 2019 年普通中小学教学用书目录

根据教育部办公厅《关于印发 2019 年中小学教学用书目录的通知》（教材厅函〔2019〕3 号），请登录教育部门户网站（www.moe.gov.cn）机构设置栏“教材局”下的“通知公告”中查询下载教育部 2019 年普通中小学教学用书目录。

北京市教育委员会

关于 2019 年秋季北京市普通高中思想政治、语文和历史教学用书有关事项的通知

京教函〔2019〕406 号

各区教委，燕山教委：

根据《教育部办公厅关于普通高中思想政治、语文和历史教学用

书有关事项的通知》（教材厅函〔2019〕4 号）及《教育部办公厅关于普通高中思想政治、语文和历史教学用书有关事项的补充通知》（教材厅函〔2019〕5 号），为做好本市普通高中思想政治、语文和历史教学用书工作，现就有关事项通知如下。

一、2019 年秋季高一年级使用教育部《2019 年普通高中思想政治、语文和历史教学用书目录（根据 2017 年版课程标准编写）》公布的教材 (见附件 1)。

二、2019 年秋季高二、高三年级使用教育部《2019 年普通高中思想政治、语文和历史教学用书目录（根据 2003 年版课程标准编写）》（见附件 2）、《2019 年秋季北京市普通高中思想政治、语文和历史教学用书目录》公布的教材（见附件 3）。

三、教材征订有关事项按《北京市教育委员会关于印发 2019 年秋季北京市中小学教学用书目录的通知》（京教基二〔2019〕16 号）执行。

各区教委要高度重视，抓紧安排，确保课前到书。

附件：1. 教育部 2019 年普通高中思想政治、语文和历史教学用书目录（根据 2017 年版课程标准编写）

2. 教育部 2019 年普通高中思想政治、语文和历史教学用书目录（根据 2003 年版课程标准编写）

3. 2019 年秋季北京市普通高中思想政治、语文和历史教学用书目录

2019 年 8 月 1 日

附件 1

教育部 2019 年普通高中思想政治、语文和历史教学用书目录
（根据 2017 年版课程标准编写）

（高一年级使用）

学科	主编	编写、出版单位	书名	册次	使用年级	备注
思想政治	张异宾	教育部 人民教育出版社	普通高中教科书·思想政治	必修 1 中国特色社会主义	高一年级至高三年级	国家统编教材 均有配套教师用书
				必修 2 经济与社会		
				必修 3 政治与法治		
				必修 4 哲学与文化		
				选择性必修 1 当代国际政治与经济		
				选择性必修 2 法律与生活		
				选择性必修 3 逻辑与思维		

续表

学科	主编	编写、出版单位	书名	册次	使用年级	备注
语文	温儒敏	教育部 人民教育 出版社	普通高中教科书·语文	必修 上册	高一年级至 高三年级	国家统编 教材 均有配套 教师用书
				必修 下册		
				选择性必修 上册		
				选择性必修 中册		
				选择性必修 下册		
历史	张海鹏 徐　蓝	教育部 人民教育 出版社	普通高中教科书·历史	必修 中外历史纲要（上）	高一年级至 高三年级	国家统编 教材 均有配套 教师用书
				必修 中外历史纲要（下）		
				选择性必修 1 国家制度与社会治理		
				选择性必修 2 经济与社会生活		
				选择性必修 3 文化交流与传播		

附件 2

教育部 2019 年普通高中思想政治、语文和历史教学用书目录
（根据 2003 年版课程标准编写）

（高二、高三年级使用）

学科	主编	编写、出版单位	书名	册次	使用年级	备注
思想政治	余　静 陈友芳	教育部普通高中思想政治课程标准实验教材编写组 人民教育出版社	普通高中课程标准实验教科书·思想政治 1·必修·经济生活	必修 1	1 ～ 2 年级	均有配套教师用书
	吴少荣		普通高中课程标准实验教科书·思想政治 2·必修·政治生活	必修 2	1 ～ 2 年级	
	白暴力 朱明光		普通高中课程标准实验教科书·思想政治 3·必修·文化生活	必修 3	1 ～ 2 年级	
	孙熙国		普通高中课程标准实验教科书·思想政治 4·必修·生活与哲学	必修 4	1 ～ 2 年级	
	钟哲明		普通高中课程标准实验教科书·思想政治·选修 1·科学社会主义常识	选修 1	2 ～ 3 年级	
	周金龙		普通高中课程标准实验教科书·思想政治·选修 2·经济学常识	选修 2	2 ～ 3 年级	
	李绍先		普通高中课程标准实验教科书·思想政治·选修 3·国家和国际组织常识	选修 3	2 ～ 3 年级	

续表 1

学科	主编	编写、出版单位	书名	册次	使用年级	备注
思想政治	张建军 王习胜	教育部普通高中思想政治课程标准实验教材编写组 人民教育出版社	普通高中课程标准实验教科书·思想政治·选修 4·科学思维常识	选修 4	2 ～ 3 年级	均有配套教师用书
	陈一榕 朱力宇		普通高中课程标准实验教科书·思想政治·选修 5·生活中的法律常识	选修 5	2 ～ 3 年级	
	陈　瑛		普通高中课程标准实验教科书·思想政治·选修 6·公民道德与伦理常识	选修 6	2 ～ 3 年级	
语文	童庆炳	北京师范大学出版社	普通高中课程标准实验教科书·语文 1·必修	必修 1	1 ～ 2 年级	均有配套教师用书
			普通高中课程标准实验教科书·语文 2·必修	必修 2	1 ～ 2 年级	
			普通高中课程标准实验教科书·语文 3·必修	必修 3	1 ～ 2 年级	
			普通高中课程标准实验教科书·语文 4·必修	必修 4	1 ～ 2 年级	
			普通高中课程标准实验教科书·语文 5·必修	必修 5	1 ～ 2 年级	
			普通高中课程标准实验教科书·语文·唐诗欣赏	选修模块	2 ～ 3 年级	
			普通高中课程标准实验教科书·语文·中国新诗选读	选修模块	2 ～ 3 年级	
			普通高中课程标准实验教科书·语文·20 世纪中国短篇小说选读	选修模块	2 ～ 3 年级	

续表 2

学科	主编	编写、出版单位	书名	册次	使用年级	备注
语文	童庆炳	北京师范大学出版社	普通高中课程标准实验教科书·语文·现代传记选读	选修模块	2～3 年级	均有配套教师用书
			普通高中课程标准实验教科书·语文·外国文化随笔选读	选修模块	2～3 年级	
			普通高中课程标准实验教科书·语文·中外新闻作品选读	选修模块	2～3 年级	
			普通高中课程标准实验教科书·语文·红楼梦选读	选修模块	2～3 年级	
			普通高中课程标准实验教科书·语文·外国短篇小说选读	选修模块	2～3 年级	
			普通高中课程标准实验教科书·语文·实用文体写作	选修模块	2～3 年级	
语文	袁行霈	人民教育出版社	普通高中课程标准实验教科书·语文 1·必修	必修 1	1～2 年级	均有配套教师用书
			普通高中课程标准实验教科书·语文 2·必修	必修 2	1～2 年级	
			普通高中课程标准实验教科书·语文 3·必修	必修 3	1～2 年级	
			普通高中课程标准实验教科书·语文 4·必修	必修 4	1～2 年级	
			普通高中课程标准实验教科书·语文 5·必修	必修 5	1～2 年级	

续表 3

学科	主编	编写、出版单位	书名	册次	使用年级	备注
语文	袁行霈	人民教育出版社	普通高中课程标准实验教科书·语文·中国古代诗歌散文欣赏	选修模块	2～3 年级	均有配套教师用书
			普通高中课程标准实验教科书·语文·外国诗歌散文欣赏	选修模块	2～3 年级	
语文	袁行霈	人民教育出版社	普通高中课程标准实验教科书·语文·中国小说欣赏	选修模块	2～3 年级	均有配套教师用书
			普通高中课程标准实验教科书·语文·外国小说欣赏	选修模块	2～3 年级	
			普通高中课程标准实验教科书·语文·中外戏剧名作欣赏	选修模块	2～3 年级	
			普通高中课程标准实验教科书·语文·中外传记作品选读	选修模块	2～3 年级	
			普通高中课程标准实验教科书·语文·语言文字应用	选修模块	2～3 年级	
			普通高中课程标准实验教科书·语文·先秦诸子选读	选修模块	2～3 年级	
			普通高中课程标准实验教科书·语文·中国现代诗歌散文欣赏	选修模块	2～3 年级	
			普通高中课程标准实验教科书·语文·影视名作欣赏	选修模块	2～3 年级	
			普通高中课程标准实验教科书·语文·新闻阅读与实践	选修模块	2～3 年级	

续表 4

学科	主编	编写、出版单位	书名	册次	使用年级	备注
语文	袁行霈	人民教育出版社	普通高中课程标准实验教科书·语文·演讲与辩论	选修模块	2～3 年级	均有配套教师用书
			普通高中课程标准实验教科书·语文·文章写作与修改	选修模块	2～3 年级	
			普通高中课程标准实验教科书·语文·中国文化经典研读	选修模块	2～3 年级	
			普通高中课程标准实验教科书·语文·中国民俗文化	选修模块	2～3 年级	
语文	谢　冕	山东省教研室 山东人民出版社	普通高中课程标准实验教科书·语文 1·必修	必修 1	1～2 年级	均有配套教师用书
			普通高中课程标准实验教科书·语文 2·必修	必修 2	1～2 年级	
			普通高中课程标准实验教科书·语文 3·必修	必修 3	1～2 年级	
			普通高中课程标准实验教科书·语文 4·必修	必修 4	1～2 年级	
			普通高中课程标准实验教科书·语文 5·必修	必修 5	1～2 年级	
			普通高中课程标准实验教科书·语文·唐诗宋词选读	选修模块	2～3 年级	
			普通高中课程标准实验教科书·语文·中国古代小说选读	选修模块	2～3 年级	

续表 5

学科	主编	编写、出版单位	书名	册次	使用年级	备注
语文	谢冕	山东省教研室 山东人民出版社	普通高中课程标准实验教科书·语文·19 世纪欧美经典小说选读	选修模块	2～3 年级	均有配套教师用书
			普通高中课程标准实验教科书·语文·比喻的探究	选修模块	2～3 年级	
			普通高中课程标准实验教科书·语文·语言的应用	选修模块	2～3 年级	
			普通高中课程标准实验教科书·语文·中国现当代诗歌选读	选修模块	2～3 年级	
			普通高中课程标准实验教科书·语文·唐宋八大家散文选读	选修模块	2～3 年级	
			普通高中课程标准实验教科书·语文·中国现当代小说选读	选修模块	2～3 年级	
			普通高中课程标准实验教科书·语文·莎士比亚戏剧选读	选修模块	2～3 年级	
			普通高中课程标准实验教科书·语文·新闻采写与编辑	选修模块	2～3 年级	
			普通高中课程标准实验教科书·语文·《史记》选读	选修模块	2～3 年级	
			普通高中课程标准实验教科书·语文·《论语》《孟子》选读	选修模块	2～3 年级	
			普通高中课程标准实验教科书·语文·写作	选修模块	2～3 年级	

续表 6

学科	主编	编写、出版单位	书名	册次	使用年级	备注
语文	陈佳民 柯汉琳	广东基础教育课程资源研究开发中心 广东教育出版社	普通高中课程标准实验教科书·语文1·必修	必修1	1～2年级	均有配套教师用书
			普通高中课程标准实验教科书·语文2·必修	必修2	1～2年级	
			普通高中课程标准实验教科书·语文3·必修	必修3	1～2年级	
			普通高中课程标准实验教科书·语文4·必修	必修4	1～2年级	
			普通高中课程标准实验教科书·语文5·必修	必修5	1～2年级	
			普通高中课程标准实验教科书·语文·唐诗宋词元散曲选读	选修模块	2～3年级	
			普通高中课程标准实验教科书·语文·唐宋散文选读	选修模块	2～3年级	
			普通高中课程标准实验教科书·语文·中国现代散文选读	选修模块	2～3年级	
			普通高中课程标准实验教科书·语文·短篇小说欣赏	选修模块	2～3年级	
			普通高中课程标准实验教科书·语文·戏剧欣赏	选修模块	2～3年级	
			普通高中课程标准实验教科书·语文·传记选读	选修模块	2～3年级	

续表 7

学科	主编	编写、出版单位	书名	册次	使用年级	备注
语文	陈佳民 柯汉琳	广东基础教育课程资源研究开发中心 广东教育出版社	普通高中课程标准实验教科书·语文·语言文字规范与应用	选修模块	2～3 年级	均有配套教师用书
			普通高中课程标准实验教科书·语文·《论语》选读	选修模块	2～3 年级	
			普通高中课程标准实验教科书·语文·电影文学欣赏	选修模块	2～3 年级	
			普通高中课程标准实验教科书·语文·新闻阅读与写作	选修模块	2～3 年级	
			普通高中课程标准实验教科书·语文·说话的艺术	选修模块	2～3 年级	
			普通高中课程标准实验教科书·语文·常用文体写作	选修模块	2～3 年级	
			普通高中课程标准实验教科书·语文·先秦诸子百家名著选读	选修模块	2～3 年级	
			普通高中课程标准实验教科书·语文·中国现代诗歌选读	选修模块	2～3 年级	
语文	丁　帆 杨九俊	江苏普通高中语文教科书编写组 江苏教育出版社	普通高中课程标准实验教科书·语文 1·必修	必修 1	1～2 年级	均有配套教师用书
			普通高中课程标准实验教科书·语文 2·必修	必修 2	1～2 年级	
			普通高中课程标准实验教科书·语文 3·必修	必修 3	1～2 年级	

续表 8

学科	主编	编写、出版单位	书名	册次	使用年级	备注
语文	丁　帆 杨九俊	江苏普通高中语文教科书编写组 江苏教育出版社	普通高中课程标准实验教科书·语文 4·必修	必修 4	1～2 年级	均有配套教师用书
			普通高中课程标准实验教科书·语文 5·必修	必修 5	1～2 年级	
			普通高中课程标准实验教科书·语文·唐诗宋词选读	选修模块	2～3 年级	
			普通高中课程标准实验教科书·语文·《红楼梦》选读	选修模块	2～3 年级	
			普通高中课程标准实验教科书·语文·中外戏剧名著选读	选修模块	2～3 年级	
			普通高中课程标准实验教科书·语文·传记选读	选修模块	2～3 年级	
			普通高中课程标准实验教科书·语文·写作	选修模块	2～3 年级	
			普通高中课程标准实验教科书·语文·语言规范与创新	选修模块	2～3 年级	
			普通高中课程标准实验教科书·语文·《史记》选读	选修模块	2～3 年级	
			普通高中课程标准实验教科书·语文·鲁迅作品选读	选修模块	2～3 年级	
			普通高中课程标准实验教科书·语文·现代诗歌选读	选修模块	2～3 年级	

续表 9

学科	主编	编写、出版单位	书名	册次	使用年级	备注
语文	丁　帆 杨九俊	江苏普通高中语文教科书编写组 江苏教育出版社	普通高中课程标准实验教科书·语文·现代散文选读	选修模块	2 ～ 3 年级	均有配套教师用书
			普通高中课程标准实验教科书·语文·唐宋八大家散文选读	选修模块	2 ～ 3 年级	
			普通高中课程标准实验教科书·语文·短篇小说选读	选修模块	2 ～ 3 年级	
			普通高中课程标准实验教科书·语文·新闻阅读与写作	选修模块	2 ～ 3 年级	
			普通高中课程标准实验教科书·语文·实用阅读	选修模块	2 ～ 3 年级	
			普通高中课程标准实验教科书·语文·当代语言生活	选修模块	2 ～ 3 年级	
			普通高中课程标准实验教科书·语文·《论语孟子》选读	选修模块	2 ～ 3 年级	
语文	史习江 张万彬	语文出版社	普通高中课程标准实验教科书·语文 1·必修	必修 1	1 ～ 2 年级	均有配套教师用书
			普通高中课程标准实验教科书·语文 2·必修	必修 2	1 ～ 2 年级	
			普通高中课程标准实验教科书·语文 3·必修	必修 3	1 ～ 2 年级	
			普通高中课程标准实验教科书·语文 4·必修	必修 4	1 ～ 2 年级	

续表 10

学科	主编	编写、出版单位	书名	册次	使用年级	备注
语文	史习江 张万彬	语文出版社	普通高中课程标准实验教科书·语文 5·必修	必修 5	1～2 年级	均有配套教师用书
			普通高中课程标准实验教科书·语文·唐宋八大家散文鉴赏	选修模块	2～3 年级	
			普通高中课程标准实验教科书·语文·中外现代诗歌鉴赏	选修模块	2～3 年级	
			普通高中课程标准实验教科书·语文·中国现当代散文鉴赏	选修模块	2～3 年级	
			普通高中课程标准实验教科书·语文·《红楼梦》选读	选修模块	2～3 年级	
			普通高中课程标准实验教科书·语文·汉语学习与应用	选修模块	2～3 年级	
			普通高中课程标准实验教科书·语文·写作基础	选修模块	2～3 年级	
			普通高中课程标准实验教科书·语文·《论语》选读	选修模块	2～3 年级	
			普通高中课程标准实验教科书·语文·外国文化著作选读	选修模块	2～3 年级	
			普通高中课程标准实验教科书·语文·新闻阅读与写作	选修模块	2～3 年级	
			普通高中课程标准实验教科书·语文·唐诗宋词选读	选修模块	2～3 年级	

续表 11

学科	主编	编写、出版单位	书名	册次	使用年级	备注
语文	史习江 张万彬	语文出版社	普通高中课程标准实验教科书·语文·外国优秀短篇小说选读	选修模块	2～3年级	均有配套教师用书
			普通高中课程标准实验教科书·语文·中外戏曲名剧名作选读	选修模块	2～3年级	
			普通高中课程标准实验教科书·语文·优秀电影作品欣赏	选修模块	2～3年级	
			普通高中课程标准实验教科书·语文·演讲与辩论	选修模块	2～3年级	
			普通高中课程标准实验教科书·语文·中外优秀传记选读	选修模块	2～3年级	
历史	朱汉国	人民出版社	普通高中课程标准实验教科书·历史1·必修	必修1	1～2年级	均有配套教师用书
			普通高中课程标准实验教科书·历史2·必修	必修2	1～2年级	
			普通高中课程标准实验教科书·历史3·必修	必修3	1～2年级	
			普通高中课程标准实验教科书·历史·历史上重大改革回眸·选修1	选修1	1～3年级	
			普通高中课程标准实验教科书·历史·近代社会的民主思想与实践·选修2	选修2	1～3年级	
			普通高中课程标准实验教科书·历史·20世纪的战争与和平·选修3	选修3	1～3年级	

续表 12

学科	主编	编写、出版单位	书名	册次	使用年级	备注
历史	朱汉国	人民出版社	普通高中课程标准实验教科书·历史·中外历史人物评说·选修 4	选修 4	1～3 年级	均有配套教师用书
			普通高中课程标准实验教科书·历史·探索历史的奥秘·选修 5	选修 5	1～3 年级	
			普通高中课程标准实验教科书·历史·世界文化遗产荟萃·选修 6	选修 6	1～3 年级	
历史	姬秉新 陈　其	人民教育出版社	普通高中课程标准实验教科书·历史 1·必修	必修 1	1～2 年级	均有配套教师用书
			普通高中课程标准实验教科书·历史 2·必修	必修 2	1～2 年级	
			普通高中课程标准实验教科书·历史 3·必修	必修 3	1～2 年级	
			普通高中课程标准实验教科书·历史·历史上重大改革回眸·选修 1	选修 1	1～3 年级	
			普通高中课程标准实验教科书·历史·近代社会的民主思想与实践·选修 2	选修 2	1～3 年级	
			普通高中课程标准实验教科书·历史·20 世纪的战争与和平·选修 3	选修 3	1～3 年级	
			普通高中课程标准实验教科书·历史·中外历史人物评说·选修 4	选修 4	1～3 年级	

续表 13

学科	主编	编写、出版单位	书名	册次	使用年级	备注
历史	姬秉新 陈　其	人民教育出版社	普通高中课程标准实验教科书·历史·探索历史的奥秘·选修 5	选修 5	1 ～ 3 年级	均有配套教师用书
			普通高中课程标准实验教科书·历史·世界文化遗产荟萃·选修 6	选修 6	1 ～ 3 年级	
历史	王亚民	北京师范大学出版社	普通高中课程标准实验教科书·历史 1·必修	必修 1	1 ～ 2 年级	均有配套教师用书
			普通高中课程标准实验教科书·历史 2·必修	必修 2	1 ～ 2 年级	
			普通高中课程标准实验教科书·历史 3·必修	必修 3	1 ～ 2 年级	
			普通高中课程标准实验教科书·历史·历史上重大改革回眸·选修 1	选修 1	1 ～ 3 年级	
			普通高中课程标准实验教科书·历史·20 世纪的战争与和平·选修 3	选修 3	1 ～ 3 年级	
			普通高中课程标准实验教科书·历史·中外历史人物评说·选修 4	选修 4	1 ～ 3 年级	
			普通高中课程标准实验教科书·历史·探索历史的奥秘·选修 5	选修 5	1 ～ 3 年级	
			普通高中课程标准实验教科书·历史·世界文化遗产荟萃·选修 6	选修 6	1 ～ 3 年级	

续表 14

学科	主编	编写、出版单位	书名	册次	使用年级	备注
历史	曹大为 赵世瑜	岳麓书社	普通高中课程标准实验教科书·历史 1·必修	必修 1	1 ～ 2 年级	均有配套教师用书
			普通高中课程标准实验教科书·历史 2·必修	必修 2	1 ～ 2 年级	
			普通高中课程标准实验教科书·历史 3·必修	必修 3	1 ～ 2 年级	
			普通高中课程标准实验教科书·历史·历史上重大改革回眸·选修 1	选修 1	1 ～ 3 年级	
			普通高中课程标准实验教科书·历史·20 世纪的战争与和平·选修 3	选修 3	1 ～ 3 年级	
			普通高中课程标准实验教科书·历史·中外历史人物评说·选修 4	选修 4	1 ～ 3 年级	
			普通高中课程标准实验教科书·历史·探索历史的奥秘·选修 5	选修 5	1 ～ 3 年级	
			普通高中课程标准实验教科书·历史·世界文化遗产荟萃·选修 6	选修 6	1 ～ 3 年级	

附件 3

2019 年秋季北京市普通高中思想政治、语文和历史教学用书目录

（高二、高三年级使用）

一、教科书

序号	书名	出版社	备注
1 ～ 4	普通高中课程标准实验教科书思想政治必修 1 ～ 4（经济生活、政治生活、文化生活、生活与哲学）	人民教育出版社	
5 ～ 10	普通高中课程标准实验教科书思想政治选修 1 ～ 6（科学社会主义常识、经济学常识、国家和国际组织常识、科学思维常识、生活中的法律常识、公民道德与伦理常识）	人民教育出版社	
11 ～ 15	普通高中课程标准实验教科书语文 1 ～ 5 必修	人民教育出版社	
16 ～ 30	普通高中课程标准实验教科书语文选修（中国古代诗歌散文欣赏、中国现代诗歌散文欣赏、中国文化经典研读、文章写作与修改、中国小说欣赏、外国诗歌散文欣赏、中外戏剧名作欣赏、外国小说欣赏、中外传记作品选读、先秦诸子选读、语言文字应用、影视名作欣赏、演讲与辩论、新闻阅读与实践、中国民俗文化）	人民教育出版社	
31	普通高中课程标准实验教科书语文阅读·写作必修 5	北京教育出版社	
32 ～ 35	普通高中课程标准实验教科书语文选修 1 ～ 4（史传文学·报告文学、文化论著研读、经典诗文·外国小说、语言应用·中国特色小说）	北京教育出版社	

续表

序号	书名	出版社	备注
36～38	普通高中课程标准实验教科书历史1～3必修	人民教育出版社	
39～44	普通高中课程标准实验教科书历史选修（1、2、3、4、5、6）	人民教育出版社	
45～47	普通高中课程标准实验教科书历史1～3必修	岳麓书社	
48～52	普通高中课程标准实验教科书历史选修（1、3、4、5、6）	岳麓书社	

二、教师用书

序号	书名	出版社	备注
1～4	普通高中课程标准思想政治1～4 必修教师教学用书	人民教育出版社	含光盘
5～10	普通高中课程标准思想政治1～6 选修教师教学用书	人民教育出版社	
11～15	普通高中课程标准语文1～5 必修教师教学用书	人民教育出版社	含光盘
16～30	普通高中课程标准语文选修（中国古代诗歌散文欣赏、中国现代诗歌散文欣赏、中国文化经典研读、文章写作与修改、中国小说欣赏、外国诗歌散文欣赏、中外戏剧名作欣赏、外国小说欣赏、中外传记作品选读、先秦诸子选读、语言文字应用、影视名作欣赏、演讲与辩论、新闻阅读与实践、中国民俗文化）教师教学用书	人民教育出版社	含光盘
31	普通高中课程标准语文必修5 教师教学用书	北京教育出版社	
32～34	普通高中课程标准语文选修（1、2～3、4）教师教学用书	北京教育出版社	

续表

序号	书名	出版社	备注
35 ～ 37	普通高中课程标准历史 1 ～ 3 必修教师教学用书	人民教育出版社	含光盘
38 ～ 43	普通高中课程标准历史选修（1、2、3、4、5、6）教师教学用书	人民教育出版社	含光盘
44 ～ 46	普通高中课程标准历史 1 ～ 3 必修教学挂图	人民教育出版社	
47 ～ 48	普通高中课程标准历史选修（3、6）教学挂图	人民教育出版社	
49 ～ 51	普通高中课程标准历史 1 ～ 3 必修教师用书	岳麓书社	含光盘
52 ～ 54	普通高中课程标准历史选修（1、4、6）教师用书	岳麓书社	含光盘
55 ～ 56	普通高中课程标准历史选修（3、5）教师用书	岳麓书社	
57 ～ 59	普通高中课程标准历史 1 ～ 3 必修教学设计	岳麓书社	
60	普通高中课程标准新课程与新课堂——钟红军高中历史教学实录	岳麓书社	含光盘

北京市教育委员会

关于转发教育部教材局关于进一步做好义务教育三科统编教材使用工作要求的通知

京教函〔2019〕553 号

各区教委，北京教育科学研究院：

现将《教育部教材局关于进一步做好义务教育三科统编教材使用工作的通知》（教材局函〔2019〕58 号）转发给你们，并提出如下要求，请认真贯彻落实。

一是严格规范使用统编教材。各区教委和中小学（包括公办、民办）要高度重视，充分认识用好统编教材的重大意义，依法依规做好教材征订及使用工作，确保三科统编教材在义务教育所有学校、年级、学生实现全覆盖，严禁以校本课程教材、境外课程教材替代三科统编教材。

二是切实加强教研指导和教材培训。各区教委、市区教研部门要高度重视三科统编教材教学研究，充分利用教育部提供的教学建议资源，指导任课教师准确把握统编教材的编写理念，处理好教材衔接问题。要按照分级负责、全员培训原则，确保三科统编教材培训到每位任课教师，要做好对学生和家长的解释沟通，实现教材使用的顺利过渡。

三是注重总结推广优秀成果。市区教研部门要加强三科统编教材教学资源建设，广泛征集优秀教学设计、课例、案例，及时总结推广典型经验和优秀成果，支持教师用好教材。坚持教学视导制度，定期评估三科统编教材使用情况。

对于教材使用中的经验和意见建议，请及时报送市教委基础教育二处。

附件：教育部教材局关于进一步做好义务教育三科统编教材使用工作的通知

2019 年 11 月 6 日

教育部教材局

关于进一步做好义务教育三科统编教材使用工作的通知

教材局函〔2019〕58 号

各省、自治区、直辖市教育厅（教委），新疆生产建设兵团教育局：

根据义务教育道德与法治、语文、历史三科统编教材使用安排，2019 年全国义务教育所有年级全部使用三科统编教材。为进一步做好统编教材使用工作，现就有关工作通知如下。

一、高度重视教材使用工作

在中小学使用统编教材是党中央、国务院的重大决策部署，各地要提高政治站位，统一思想，充分认识用好统编教材的重大意义。要认真组织，履职尽责，通过设立项目开展教材使用研究、加强教研和培训等方式，支持教师用好教材，切实发挥教材的铸魂育人作用。

二、加强教研指导和教材培训

各地要切实发挥教研部门作用，强化三科统编教材教研工作，做好跟进服务。要进一步加大统编教材培训力度，培训到每位任课教师。针对小学语文、道德与法治四至六年级教材的版本更替工作，我局专门委托专家进行研究，提出了小学语文、道德与法治不同版本教材衔接使用的具体教学建议（网址附后）。各地教研部门要根据本地情况，指导教师登录网站下载教学建议，组织教师学习研讨，并将其纳入教师培训内容，使教师在了解具体教学建议的基础上，准确把握统编教材编写理念，处理好教材的衔接问题。同时，要求一线教师做好解释沟通，消除学生和家长疑虑，实现教材使用的顺利过渡。

三、做好优秀案例成果推广

各地要定期评估三科统编教材使用情况，及时总结优秀教学案例，并搭建交流平台，推广典型经验和优秀成果。对教材使用中形成的经验和意见建议，请及时报送教育部教材局。

附：1. 小学语文教材衔接使用建议（略）

链接：http://www.pep.com.cn/t/xybbxj

2. 小学道德与法治教材衔接使用建议（略）

链接：http://www.pep.com.cn/t/xdbbxj

2019 年 9 月 20 日

北京市教育委员会

关于印发 2020 年春季北京市普通中小学自编及实验教学用书目录的通知

京教基二〔2019〕21 号

各区教委，各有关单位：

现将《2020 年春季北京市普通中小学自编及实验教学用书目录》印发你们，请按照《教育部关于印发〈中小学教科书选用管理暂行办法〉的通知》（教基二〔2014〕8 号）、《教育部办公厅关于印发 2019 年中小学教学用书目录的通知》（教材厅函〔2019〕3 号）、《北京市教育委员会关于印发〈北京市中小学教科书选用管理实施细则（暂行）〉的通知》（京教基二〔2017〕10 号）、《北京市教育委员会关于印发 2019 年秋季北京市中小学教学用书目录的通知》（京教基二〔2019〕16 号）和《北京市教育委员会关于 2019 年中小学循环教材使用的通知》（京教函〔2019〕357 号）等文件要求，认真做好 2020 年春季中小学教学用书选用工作。

按照《中共中央 国务院关于深化教育教学改革全面提高义务教育质量的意见》《国务院办公厅关于新时代推进普通高中育人方式改革的指导意见》精神，原列入《2019 年秋季北京市中小学自编及实验教学用书目录》的《北京市中考考试说明》《北京市普通高中学业水平考试合格性考试考试说明》不再使用。

各区在教材选用过程中要严格执行有关规定，切实加强和规范中小学教学用书管理。教材选用中出现的问题，请及时与市教委基础教育二处联系。各区教材选用工作完成后，要及时将教材选用情况报基础教育二处。

附件：2020 年春季北京市普通中小学自编及实验教学用书目录

2019 年 12 月 13 日

附件

2020 年春季北京市普通中小学自编及实验教学用书目录

第一部分　教科书

（一）小学自编及实验教科书

序号	使用年级	书名	出版社	备注
小 1	一年级	数学一年级下册	北京出版社	
小 2	一年级	九年义务教育小学实验教科书·数学一年级下册	人民教育出版社	相关实验学校用
小 3	一年级	英语一年级下册	北京出版社	
小 4	一年级	音乐一年级下册	人民音乐出版社	
小 5	一年级	美术一年级下册	人民美术出版社	
小 6	二年级	数学二年级下册	北京出版社	
小 7	二年级	九年义务教育小学实验教科书·数学二年级下册	人民教育出版社	相关实验学校用
小 8	二年级	英语二年级下册	北京出版社	

续表 1

序号	使用年级	书名	出版社	备注
小 9	二年级	音乐二年级下册	人民音乐出版社	
小 10	二年级	美术二年级下册	人民美术出版社	
小 11	三年级	数学三年级下册	北京出版社	
小 12	三年级	九年义务教育小学实验教科书·数学三年级下册	人民教育出版社	相关实验学校用
小 13	三年级	英语三年级下册	北京出版社	
小 14	三年级	音乐三年级下册	人民音乐出版社	
小 15	三年级	* 美术三年级下册（修订版）	人民美术出版社	
小 16	三年级	劳动技术（三年级下）	北京出版社	
小 17	四年级	数学四年级下册	北京出版社	
小 18	四年级	九年义务教育小学实验教科书·数学四年级下册	人民教育出版社	相关实验学校用
小 19	四年级	英语四年级下册	北京出版社	
小 20	四年级	科学第四册	北京出版社	
小 21	四年级	科学第四册	首师大出版社	
小 22	四年级	音乐四年级下册	人民音乐出版社	
小 23	四年级	美术四年级下册	人民美术出版社	
小 24	四年级	劳动技术（四年级下）	北京出版社	
小 25	五年级	数学五年级下册	北京出版社	
小 26	五年级	九年义务教育小学实验教科书·数学五年级下册	人民教育出版社	相关实验学校用

续表 2

序号	使用年级	书名	出版社	备注
小 27	五年级	英语五年级下册	北京出版社	
小 28	五年级	科学第六册	北京出版社	
小 29	五年级	科学第六册	首师大出版社	
小 30	五年级	音乐五年级下册	人民音乐出版社	
小 31	五年级	美术五年级下册	人民美术出版社	
小 32	五年级	劳动技术（五年级下）	北京出版社	
小 33	六年级	数学六年级下册	北京出版社	
小 34	六年级	英语六年级下册	北京出版社	
小 35	六年级	科学第八册	北京出版社	
小 36	六年级	科学第八册	首师大出版社	
小 37	六年级	音乐六年级下册	人民音乐出版社	
小 38	六年级	美术六年级下册	人民美术出版社	
小 39	六年级	劳动技术（六年级下）	北京出版社	

（二）初中自编及实验教科书

序号	使用年级	书名	出版社	备注
中 1	七年级	数学七年级下册	北京出版社	
中 2	七年级	* 英语七年级下册（修订版）	北师大出版社	
中 3	七年级	生物学七年级下册	北京出版社	
中 4	七年级	地理七年级下册	中国地图出版社	

续表

序号	使用年级	书名	出版社	备注
中5	七年级	*地理图册七年级下册（修订版）	中国地图出版社	
中6	七年级	*美术七年级下册（修订版）	人民美术出版社	
中7	七年级	音乐七年级下册	人民音乐出版社	
中8	八年级	数学八年级下册	北京出版社	
中9	八年级	*英语八年级下册（修订版）	北师大出版社	
中10	八年级	生物学八年级下册	北京出版社	
中11	八年级	地理八年级下册	中国地图出版社	
中12	八年级	*地理图册八年级下册（修订版）	中国地图出版社	
中13	八年级	美术八年级下册	人民美术出版社	
中14	八年级	音乐八年级下册	人民音乐出版社	
中15	九年级	数学九年级下册	北京出版社	
中16	九年级	化学九年级下册	北京出版社	
中17	九年级	美术九年级下册	人民美术出版社	
中18	九年级	音乐九年级下册	人民音乐出版社	

第二部分　教师用书

（一）小学自编及实验教材教师用书

序号	使用年级	书名	出版社	备注
小40	一年级	英语教师用书一年级下册	北京出版社	

续表 1

序号	使用年级	书名	出版社	备注
小 41	一年级	英语生词卡片（教师用）一年级下册	北京出版社	
小 42	一年级	英语课堂活动手册一年级下册	北京出版社	
小 43	一年级	数学教师用书一年级下册	北京出版社	
小 44	一年级	九年义务教育小学实验教科书·数学教师用书一年级下册	人民教育出版社	相关实验学校用
小 45	一年级	音乐教师用书一年级下册	人民音乐出版社	含光盘
小 46	一至九年级	中小学音乐教学挂图	人民音乐出版社	
小 47	一年级	美术教学参考用书一年级下册	人民美术出版社	含光盘
小 48	二年级	数学教师用书二年级下册	北京出版社	
小 49	二年级	九年义务教育小学实验教科书·数学教师用书二年级下册	人民教育出版社	相关实验学校用
小 50	二年级	英语教师用书二年级下册	北京出版社	
小 51	二年级	英语生词卡片（教师用）二年级下册	北京出版社	
小 52	二年级	英语课堂活动手册二年级下册	北京出版社	
小 53	二年级	音乐教师用书二年级下册	人民音乐出版社	含光盘
小 54	二年级	美术教学参考用书二年级下册	人民美术出版社	含光盘
小 55	三年级	数学教师用书三年级下册	北京出版社	
小 56	三年级	九年义务教育小学实验教科书·数学教师用书三年级下册	人民教育出版社	相关实验学校用
小 57	三年级	英语教师用书三年级下册	北京出版社	

续表 2

序号	使用年级	书名	出版社	备注
小 58	三年级	英语生词卡片（教师用）三年级下册	北京出版社	
小 59	三年级	英语课堂活动手册三年级下册	北京出版社	
小 60	三年级	音乐教师用书三年级下册	人民音乐出版社	含光盘
小 61	三年级	美术教学参考用书三年级下册	人民美术出版社	含光盘
小 62	四年级	数学教师用书四年级下册	北京出版社	
小 63	四年级	九年义务教育小学实验教科书·数学教师用书四年级下册	人民教育出版社	相关实验学校用
小 64	四年级	英语教师用书四年级下册	北京出版社	
小 65	四年级	英语课堂活动手册四年级下册	北京出版社	
小 66	四年级	科学教学参考书第四册	北京出版社	
小 67	四年级	科学教师用书第四册	首师大出版社	
小 68	四年级	音乐教师用书四年级下册	人民音乐出版社	含光盘
小 69	四年级	美术教学参考用书四年级下册	人民美术出版社	含光盘
小 70	五年级	数学教师用书五年级下册	北京出版社	
小 71	五年级	九年义务教育小学实验教科书·数学教师用书五年级下册	人民教育出版社	相关实验学校用
小 72	五年级	英语教师用书五年级下册	北京出版社	
小 73	五年级	英语课堂活动手册五年级下册	北京出版社	
小 74	五年级	科学教学参考书第六册	北京出版社	
小 75	五年级	科学教师用书第六册	首师大出版社	

续表 3

序号	使用年级	书名	出版社	备注
小 76	五年级	音乐教师用书五年级下册	人民音乐出版社	含光盘
小 77	五年级	美术教学参考用书五年级下册	人民美术出版社	含光盘
小 78	六年级	数学教师用书六年级下册	北京出版社	
小 79	六年级	英语教师用书六年级下册	北京出版社	
小 80	六年级	英语课堂活动手册六年级下册	北京出版社	
小 81	六年级	科学教学参考书第八册	北京出版社	
小 82	六年级	科学教师用书第八册	首师大出版社	
小 83	六年级	音乐教师用书六年级下册	人民音乐出版社	含光盘
小 84	六年级	美术教学参考用书六年级下册	人民美术出版社	含光盘
小 85	小学通用	小学书法课本教师用书（下册）	人民美术出版社	小学六个年级用

（二）初中自编及实验教材教师用书

序号	使用年级	书名	出版社	备注
中 19	七年级	数学教师用书七年级下册	北京出版社	
中 20	七年级	英语教师教学用书七年级下册	北师大出版社	含光盘
中 21	七年级	* 英语课堂活动手册七年级下册（修订版）	北师大出版社	
中 22	七年级	生物学教师用书七年级下册	北京出版社	
中 23	七年级	* 地理教师教学用书七年级下册（修订版）	中国地图出版社	含光盘
中 24	七年级	美术教学参考用书七年级下册	人民美术出版社	含光盘

续表

序号	使用年级	书名	出版社	备注
中 25	七年级	音乐教师用书七年级下册	人民音乐出版社	含光盘
中 26	八年级	数学教师用书八年级下册	北京出版社	
中 27	八年级	英语教师教学用书八年级下册	北师大出版社	含光盘
中 28	八年级	* 英语课堂活动手册八年级下册（修订版）	北师大出版社	
中 29	八年级	生物学教师用书八年级下册	北京出版社	
中 30	八年级	* 地理教师教学用书八年级下册（修订版）	中国地图出版社	含光盘
中 31	八年级	美术教学参考用书八年级下册	人民美术出版社	含光盘
中 32	八年级	音乐教师用书八年级下册	人民音乐出版社	含光盘
中 33	九年级	数学教师用书九年级下册	北京出版社	
中 34	九年级	化学教师用书九年级下册	北京出版社	
中 35	九年级	音乐教师用书九年级下册	人民音乐出版社	含光盘
中 36	九年级	美术教学参考用书九年级下册	人民美术出版社	含光盘

高等教育

北京市教育委员会文件选编

（2019）

北京市教育委员会

转发教育部办公厅关于进一步加强高校教学实验室安全检查工作文件的通知

京教高〔2019〕1号

各普通高等学校：

现将《教育部办公厅关于进一步加强高校教学实验室安全检查工作的通知》（教高厅〔2019〕1号）转发给你们，请按照以下要求，认真贯彻执行。

一、高度重视教学实验室安全工作，要将《教育部办公厅关于进一步加强高校教学实验室安全检查工作的通知》传达到学校全体教职员工。

二、对照《高校教学实验室安全工作检查要点（2019版）》，因校制宜制定本校教学实验室安全工作标准和具体实施方案。

三、全面开展教学实验室安全风险隐患排查和风险防范管控，做到严查实验室安全管理体制机制建设与运行，严查实验室师生安全教育，严查实验室危险源监管体系建设与运行，严查安全设施配置与保障体系建设，严查安全应急能力建设，确保师生安全和校园稳定。

请各校于3月11日前将形成材料电子版（加盖校章）发至邮箱。市教委将择期组织专家对各校落实情况进行检查。

2019年2月26日

教育部办公厅

关于进一步加强高校教学实验室安全检查工作的通知

教高厅〔2019〕1号

各省、自治区、直辖市教育厅（教委），新疆生产建设兵团教育局，有关部门（单位）教育司（局），部属各高等学校、部省合建各高等学校：

2018年12月26日，北京交通大学发生实验室爆炸事故，3名研究生不幸遇难。高校教学实验安全工作直接关系广大师生的生命财产安全，关系学校和社会的安全稳定。为深入贯彻落实国务院领导同志关于北京交通大学“12·26”实验室爆炸事故重要指示批示精神，深刻吸取事故教训，有效防范类似事故发生，确保高校师生安全和校园稳定，现就加强高校教学实验室安全检查工作要求通知如下。

一、严查教学实验室安全管理体制机制建设与运行

高校教学实验室安全管理体制是明确安全职责的基本依据。高校要严格按照“党政同责，一岗双责，齐抓共管，失职追责”和“管行业必须管安全，管业务必须管安全”的要求，构建由学校、二级单位、教学实验室组成的三级联动的教学实验室安全管理责任体系。要对照安全检查结果，完善安全管理体制，确保安全责任逐级落实到岗位、落实到人头、贯穿全部环节。

确保安全管理机制运行流畅是实现教学实验室安全的重要基础。高校要科学分析不同专业门类教学实验室、不同岗位、不同人员的安全风险因素和行为，推动科学、规范和高效管理，实现对教学实验室安全的全过程、全要素、全方位的管理和控制，建设教学实验室全生命周期安全运行机制。要对照安全检查结果,优化安全管理机制,确保安全管理环节严密、分工细密、衔接紧密,有效防范安全事故发生。

二、严查教学实验室师生安全教育

广大师生的实验室安全意识和安全防护能力是教学实验室安全工作的关键。高校要以中央领导同志关于安全生产系列重要指示精神为指引,按照“全员、全程、全面”的要求,开展面向师生的教学实验室安全相关法律法规规章和标准内容教育,通过案例式教学、规范性培训和定期的检查考核等方式,提高教学的针对性和实效性。要对照安全检查结果,积极查漏补缺,丰富教学内容,创新方式方法,严格教学实验室安全准入制度,以本科生的规范动作预防后续学习、工作中的常规性错误。

三、严查教学实验室危险源监管体系建设与运行

加强对教学实验室危险源,特别是重大危险源的监管是确保师生安全的必然要求。高校要对危险源,特别是重大危险源涉及的采购、运输、储存、使用和废弃物处置等环节安全风险进行全时段、全方位管控,形成危险源安全风险分布档案和相应数据库。要对照安全检查结果,制定危险源分级分类处置方案,对排查出的安全隐患要分级分类,做到底数清、情况明,通过挂牌、整改、销号的闭环管理,实现对安全隐患的逐项消除。

四、严查教学实验室安全设施配置与保障体系建设

必要的物质和人员、条件等保障体系是教学实验室安全的基本要素。高校要确保必要的安全防范设施和装备齐全有效,配齐配强教学实验室安全队伍,切实保证教学实验室安全经费投入,建设全校统一的教学实验室安全管理信息化系统,施行学校教学实验室安全工作年度报告制度等。要对照安全检查结果,牢固树立“隐患就是事故”的观念,及时更新或升级安全设施,及时补充安全工作编制和人员,充分利用信息化手段提升安全工作水平。

五、严查教学实验室安全应急能力建设

教学实验室安全应急能力是在事故发生时,全力保障师生生命财产安全，防止事态扩大和蔓延的最后防线。高校要统筹制定教学实验室安全应急预案，坚持动态调整完善，做到“横向到边、纵向到底、不留死角”；要建立健全应急演练制度，不断提高现场救援时效和实战处置能力；要切实做好应急人员、物资和经费的保障工作，确保突发事件预防、现场控制等工作的及时开展。要对照安全检查结果，充分吸取经验教训，不断完善应急预案，建立健全应急管理机制，定期开展应急演练，确保能应急、有实效。

请各省级教育行政部门，有关部门（单位）教育司（局），将本通知精神和要求迅速传达到本地区、本部门高校，认真抓好贯彻落实。各高校要将本通知传达到学校全体教职员工，因校制宜制定本校教学实验室安全工作标准和具体实施方案。有关落实情况，请与年度高校教学实验室安全报告同时报我部。

附件：高校教学实验室安全工作检查要点（2019 版）

2019 年 1 月 10 日

附件

高校教学实验室安全工作检查要点（2019 版）

为进一步加强高校教学实验室安全检查工作的实效性，经研究，特制订高校教学实验室安全检查要点，供参考。

一、教学实验室安全管理体制机制

（一）教学实验室安全管理责任体系建设情况

关注要点：

1. 教学实验室安全管理机制运行情况（校院均有完整、明确的实验室安全管理组织架构图，显示各级安全管理责任及任务分工）；

2. 专职教学实验管理人员情况（校院均有专职的实验室管理人员，

专职实验室管理人员具有一定资质，岗位责任明确）；

3. 兼职教学实验室安全员情况（每个实验室均配备有安全管理员，安全管理员的职责清晰）。

（二）教学实验室安全责任人逐级分层落实情况

关注要点：

1. 校领导安全责任落实情况（高校党政主要负责人是学校安全工作第一责任人；分管高校教学实验室工作的校领导协助第一责任人负责教学实验室安全工作，是教学实验室安全工作的重要领导责任人；其他校领导在分管工作范围内对教学实验室安全工作负有监督、检查、指导和管理职责）；

2. 部门负责人安全责任落实情况（学校教学实验室安全管理机构和专职管理人员负责学校教学实验室的日常安全管理；学校二级单位党政负责人是本单位教学实验室安全工作主要领导责任人）；

3. 教学实验室负责人安全责任落实情况（教学实验室负责人是本实验室安全工作的直接责任人，负责实验室安全的日常管理）。

（三）教学实验室安全管理制度及各项实验安全操作规范情况

关注要点：

1. 实验室管理制度；

2. 实验室安全操作规程；

3. 岗位安全责任制（各级签订安全责任书）；

4. 实验室安全培训及安全告知制度；

5. 实验室安全检查制度；

6. 劳动保护 / 安全防护用品配备制度；

7. 实验室应急管理制度；

8. 实验室设备安全管理制度；

9. 实验室特种设备专项管理制度；

10. 实验室关键岗位持证上岗制度；

11. 实验室安全例会制度；

12. 实验室安全经费投入制度；

13. 实验室危险化学品安全管理制度；

14. 实验室废弃物安全管理制度；

15. 实验室安全奖惩制度；

16. 实验室安全档案及台帐管理制度；

17. 实验室涉及使用新材料、新设备、新工艺、新仪器必须进行安全培训的规定；

18. 消防、应急设施管理制度；

19. 生物、辐射安全管理制度；

20. 事故处理和责任追究制度。

（四）教学实验室全生命周期安全运行机制建设及运行情况

关注要点：

1. 明确和落实教学实验室建设项目的安全设施必须与主体工程同时设计、同时施工、同时投入生产和使用；

2. 对实验教学过程中需要使用的物品，建立采购、运输、存储、使用、处置等全流程安全监控制度和运行情况；

3. 教学实验室安全定期评估制度建立和运行情况；

4. 教学实验室安全事故隐患排查、登记、报告、整改等制度建立和运行情况。

（五）教学实验室全生命周期安全运行机制建设及运行情况

关注要点：

1. 明确和落实建设项目立项、规划、设计、施工、验收等环节的安全责任和运行情况；

2. 对实验教学过程中需要使用的物品，建立采购、运输、存储、使用、处置等全流程安全监控制度和运行情况；

3. 教学实验室安全定期评估制度建立和运行情况；

4. 教学实验室安全事故隐患排查、登记、报告、整改等制度建立和运行情况。

（六）教学实验室安全管理队伍建设情况

关注要点：

1. 是否有专业高效的实验室安全管理队伍；

2. 是否建立安全队伍培养、培训、管理机制。

（七）教学实验室安全信息化建设情况

关注要点：

1. 全校统一的教学实验室安全管理信息化系统建设情况；

2. 危险源信息数据登记、记录全流向、闭环化管理与运行情况；

3. 安全信息汇总、分析、发布、监督、追踪等综合有效管理情况。

二、教学实验室安全宣传教育

（一）教学实验室安全准入制度建设落实情况

关注要点：

1. 学校建立的教学实验室安全准入制度（安全测评考试、风险评估等）；

2. 教学实验室安全管理过程中严格执行和落实制度中对实验室安全的各项要求（定期安全检查、安全相关会议、安全处罚情况等）。

（二）针对进入教学实验室的师生进行安全技能和操作规范培训、考核情况

关注要点：

1. 教学实验室安全教育培训计划（新入教学实验室人员安全教育记录等）；

2. 教学实验室安全培训内容、培训考核、实验室安全培训归档。

（三）教学实验室安全知识宣传工作情况

关注要点：

1. 教学实验室安全教育和安全告知情况；

2. 实验室安全教育手册；

3. 实验室安全守则、安全操作规程、应急指南的明示情况。

（四）教学实验室实验教学情况

关注要点：

1. 教师和学生在实验过程中，按照操作规程验证确认安全防范措施执行的规范性；

2. 教师和学生在实验过程中，按照教学实验室现场化学品安全技术说明书要求及个人安全防护用品制度配戴个人安全防护用品；

3. 教师和学生对教学实验室场所中的安全设施、安全装备的演示

或使用中，按照操作规程验证确认安全设施、安全装备的演示或使用的规范性。

三、教学实验室危险源管理

（一）教学实验室危险源排查与记录情况

关注要点：

1. 教学实验室应定期进行实验室危险源辨识并建立危险源清单(清单的制定、检查周期、方法、保管等是否符合规范要求或自行建立了相关的管理办法)；

2. 清单项目是否合规合理，记录是否完整，其中危险源排查是否包括（但不限于）以下几个方面：(1) 化学品；(2) 剧毒品；(3) 易制毒化学品；(4) 易制爆化学品；(5) 电气；(6) 气瓶；(7) 高温或低温；(8) 高压或低压；(9) 化学反应；(10) 运动设备等。

（二）教学实验室危险源监控及采取整改措施记录情况

关注要点：

1. 按照相关规范制定教学实验室危险源控制措施；

2. 按照相关规范设置实验室危险源监测系统；

3. 定期进行实验室隐患排查与整改，并保存完整记录。

（三）教学实验室重大危险和多发易发危险应急处置措施办法制定情况

关注要点：

教学实验室根据危险源的特点，依据国家相关的法律规定确定重大危险和多发易发危险并编制应急处置措施办法并定期进行相关演练（如有危化品的实验室，应制定相应化学品的安全应急处理规范）。

四、教学实验室安全设施与环境

（一）教学实验室的设施、设备布局情况

关注要点：

1. 涉及安全通道、安全出口、消防设施、报警装置、隔离防护设施的平面布局位置情况；

2. 定期对教学实验室设备、设施的安全性检查；

3. 教学实验室涉及易燃易爆、有毒有害、放射物质、生物污染等危险物品的器材储存、放置位置应当合理；

4. 教学实验室安全用电应符合国家标准（导则）和行业标准；

5. 教学实验室通风系统符合国家法律标准的相关规定；

6. 教学实验室管理符合现场管理的相关标准；

7. 针对不同的危化品教学实验室，应按照国家消防要求和火灾种类，配备相应的灭火器，如液体用、固体用、精密仪器、活泼金属等。

（二）教学实验室安全标志标识的设置情况

关注要点：

1. 教学实验室应在相关位置设置安全标志标识（在房间和走廊应有安全逃生图，在地面和墙面应有带荧光或反光指示箭头）；

2. 安全标志标识应符合国家安全标志标识标准；

3. 安全标志标识应与教学实验室现场实际情况吻合（有化学品使用或存放的房间，应在门外有明显标识）。

（三）教学实验室危险物品、废弃物品的采购、运输、储存、使用和废弃物处置情况

关注要点：

1. 学校应通过具有安全生产经营许可证的销售单位进行危险物品采购；

2. 学校危化品仓库管理和使用管理应符合国家有关规定和标准；

3. 学校应委托具有相应资质的第三方负责危险物品、废弃物品的运输、处置；

4. 针对易制毒化学品和剧毒品，严格按国家相应规定进行购买、使用、登记、储存。

（四）教学实验室个人安全防护用品的配备情况

关注要点：

1. 教学实验室配发个人安全防护用品的目录；

2. 教学实验室个人安全防护用品的选型适用于所在实验，符合国家法规标准要求，数量和存放位置合理（针对不同的危化品，应配备

相应的防护用品，如防强酸手套、活性炭口罩、防护面罩、自呼吸防护面罩等）；

3. 教学实验室个人安全防护用品的定期更新记录。

五、教学实验室安全应急能力建设

（一）教学实验室根据国家相关法律规定编制并及时修订安全应急预案情况

关注要点：

1. 针对教学实验室可能发生的事故，根据国家相关法律规定编制应急救援预案；

2. 如实验项目发生变化，及时对应急预案进行修订并做好相关记录。

（二）教学实验室定期进行安全应急演练及记录情况

关注要点：

1. 教学实验室应定期进行安全应急演练，并保存演练的完整记录；

2. 定期总结评估应急演练的效果，完善相关应急措施。

（三）教学实验室安全应急资源储备情况

关注要点：

1. 教学实验室应急资源涉及应急组织架构及人员、物资、经费、安全急救设施和个人防护器材配备；

2. 校内外安全应急可调配的其他资源。

北京市教育委员会

转发教育部办公厅关于进一步规范和加强研究生培养管理文件的通知

京教研〔2019〕2号

各有关市属高校：

现将教育部办公厅《关于进一步规范和加强研究生培养管理的通知》（教研厅〔2019〕1号，以下简称《通知》）转发给你们。各高校要充分认识到学位与研究生教育面临的新形势、新任务，加强各部门统筹协调、明确责任、分工落实，切实加强对学位与研究生教育的科学管理，要严格按照《通知》的精神，认真贯彻各项工作要求，落实学校的主体责任，突出立德树人根本任务，加强导师队伍建设，进一步完善并严格执行各项制度，健全预防和处置学术不端的机制，全面提高学位授予和研究生培养质量。

2019年3月15日

教育部办公厅

关于进一步规范和加强研究生培养管理的通知

教研厅〔2019〕1 号

各省、自治区、直辖市教育厅（教委），新疆生产建设兵团教育局，有关部门（单位）教育司（局），部属各高等学校、部省合建各高等学校：

近年来，教育行政部门陆续出台了一系列文件，采取了一系列举措，健全研究生培养管理体系，促进研究生培养单位规范管理，提高研究生培养质量。总体上看，各研究生培养单位质量保证和监督体系不断完善，培养机制、质量监督保障制度建设取得了很大进展，形成了国务院学位委员会、省级学位委员会、学位授予单位三级质量管理保障体制，构建了研究生培养单位质量保证为基础，教育行政部门监管为引导，学术组织、行业部门和社会机构积极参与的内部质量保证和外部质量监督体系。人才培养规模稳步提升、结构不断优化，形成了学术型与应用型人才并重的培养格局，培养了大批服务于国家和地方经济社会发展、科学技术进步、文化传承创新的优秀人才，国际影响不断扩大。另一方面，个别研究生培养单位在研究生培养过程、师德师风、学位授予等方面仍有学术不端、论文作假等问题发生，暴露了导师责任还未完全落实，研究生学习和自我管理主动性还不足，管理制度还不细密，政策举措还不到位，制度执行不够严格、监督管理不够透明。为进一步规范和加强研究生培养管理，现将有关要求通知如下。

一、切实落实质量保证主体责任。培养单位要切实加强党对学位与研究生教育工作的领导，严格按照《关于加强学位与研究生教育质量保证和监督体系建设的意见》（学位〔2014〕3号）精神，增强查摆问题、堵塞工作疏漏、保证培养质量的紧迫感和自觉性，迅速行动，全面梳理和健全内部质量保证体系，没有制订相关制度的必须立即制订，已经制订的制度要根据实际情况的新变化新要求及时依规修改，切实加强执行检查。完善与本单位办学定位相一致的人才培养和学位授予质量标准，严格落实各环节管理职责，把抓督查、抓执行贯穿管理全过程。

二、突出立德树人根本任务和要求，严格执行培养制度。培养单位要切实加强研究生思想政治教育，促进研究生德智体美劳全面发展。加强培养过程管理和学业考核，确保培养方案的严格执行。落实以教学督导为主、研究生评教为辅的研究生课程教学评价监督机制，对研究生教学活动全过程和教学效果进行监督。加强学术规范和学术道德教育，把论文写作指导课程作为必修课纳入研究生培养环节。

三、狠抓学位论文和学位授予管理。培养单位要珍惜用好办学自主权，加强自律，科学合理设置培养要求和学位授予条件，重点抓住学位论文开题、中期考核、评阅、答辩、学位评定等关键环节，严格执行学位授予全方位全流程管理，进一步强化研究生导师、学位论文答辩委员会和学位评定委员会责任。对不适合继续攻读学位的研究生要落实及早分流，加大分流力度。

四、切实加强导师队伍建设。培养单位要进一步提高对建设高素质导师队伍重要性的认识。导师是培养质量第一责任人，要把培养人放到第一位，既要做学术训导人，指导和激发研究生的科学精神和原始创新能力，更要做人生领路人，言传身教引导研究生树立正确的世界观人生观价值观，恪守学术道德规范，增强社会责任感。培养单位要把落实立德树人根本任务、增强导师培养人才的责任心和事业心作为着力点，筑牢质量第一关口。建立完善导师培训体系，切实提高导师指导和培养研究生的能力。加强师德师风建设，对违反师德、行为失范的导师，实行一票否决，并依法依规坚决给予相应处理。健全导师评价机制，对于未能切实履行职责的导师，培养单位视情况采取约谈、限招、停招、取消导师资格等处理措施。

五、健全预防和处置学术不端的机制。培养单位要突出学术诚信审核把关，加大对学术不端、学位论文作假行为的查处力度，举一反三，防范在前，层层压实责任，强化日常监督。对学术不端行为坚决露头即查、一查到底、有责必究、绝不姑息，实现“零容忍”，依法依规从快从严查处。对当事人视情节给予纪律处分和学术惩戒。对违反法律法规的，应及时移送有关部门查办。探索建立学术论文、学位论文馆际和校际学术共享公开制度，以公开促进学术透明，主动接受社会监督。

六、切实增强教育行政部门督导监管责任。国务院学位委员会、教育部进一步优化学术型与应用型人才培养结构，委托国务院学位委员会学科评议组等专家组织及时修订不同学位不同类型研究生的学位基本要求，进一步完善优化研究生培养指导性方案，深化研究生培养制度改革。省级学位委员会和省级教育行政部门要切实加大对本地区研究生教育质量的监管力度，做好学位授权点合格评估等研究生教育质量监督工作，加大专项检查、抽查、盲评等质量监督力度，对在本地区研究生教育领域的问题要早调查、早发现、早整改，坚决查处违规违纪和师德失范行为。

七、强化学位论文抽检结果使用。教育部对连续或多次出现“存在问题学位论文”的学位授予单位和学位授权点，将加大对涉事单位主要负责人约谈力度，视情况开展专项检查、核减招生计划、暂停直至撤销相关学位授权。

八、加大评估和问题单位惩戒力度。教育部 2019 年将强化运用学位授权点合格评估、学位论文抽检等手段，把学位授予管理环节问题较多，师德师风、校风学风存在突出问题的学位授予单位作为重点检查对象。对于情节严重、无法保证研究生教育质量的学科或专业学位类别，坚决撤销学位授权。对问题严重的培养单位，视情况限制申请新增学位授权。

2019 年 2 月 26 日

北京市教育委员会

转发教育部办公厅关于实施一流本科专业建设“双万计划”的通知

京教函〔2019〕170号

各市属本科高校：

现将教育部办公厅《关于实施一流本科专业建设“双万计划”的通知》（教高厅函〔2019〕18号）转发给你们，请根据通知要求，做好国家级一流本科专业申报与建设工作。

2019年5月6日

教育部办公厅

关于实施一流本科专业建设“双万计划”的通知

教高厅函〔2019〕18号

各省、自治区、直辖市教育厅（教委），新疆生产建设兵团教育局，有关部门（单位）教育司（局），部属各高等学校、部省合建各高等学校：

为深入落实全国教育大会和《加快推进教育现代化实施方案（2018—2022年）》精神，贯彻落实新时代全国高校本科教育工作会议和《教育部关于加快建设高水平本科教育 全面提高人才培养能力的意见》、“六卓越一拔尖”计划2.0系列文件要求，推动新工科、新医科、新农科、新文科建设，做强一流本科、建设一流专业、培养一流人才，全面振兴本科教育，提高高校人才培养能力，实现高等教育内涵式发展，经研究，教育部决定全面实施“六卓越一拔尖”计划2.0，启动一流本科专业建设“双万计划”，现将有关事项通知如下。

一、主要任务

2019—2021年，建设10000个左右国家级一流本科专业点和10000个左右省级一流本科专业点。

二、建设原则

面向各类高校。在不同类型的普通本科高校建设一流本科专业，鼓励分类发展、特色发展。

面向全部专业。覆盖全部92个本科专业类，分年度开展一流本科专业点建设。

突出示范领跑。建设新工科、新医科、新农科、新文科示范性本科专业，引领带动高校优化专业结构、促进专业建设质量提升，推动形成高水平人才培养体系。

分“赛道”建设。中央部门所属高校、地方高校名额分列，向地方高校倾斜；鼓励支持高校在服务国家和区域经济社会发展中建设一流本科专业。

“两步走”实施。报送的专业第一步被确定为国家级一流本科专业建设点；教育部组织开展专业认证，通过后再确定为国家级一流本科专业。

三、建设方式

1. 国家级一流本科专业建设工作分三年完成。每年3月启动，经高校网上报送、教育主管部门或高校提交汇总材料、高等学校教学指导委员会提出推荐意见等，确定建设点名单，当年10月公布结果。

2. 省级一流本科专业建设方案由各省级教育行政部门制订，按照建设总量不超过本行政区域内本科专业布点总数的20%，分三年统筹规划，报教育部备案后与国家级一流专业建设同步组织实施。每年9月底前，各省级教育行政部门将本年度省级一流本科专业建设点名单报教育部，当年10月与国家级一流本科专业建设点名单一并公布。

3. 入选省级一流本科专业建设点的专业，如同时入选国家级一流本科专业建设点，按照国家级一流本科专业建设点公布。空出的省级一流本科专业建设点名额可延至下一年度使用。

4. 根据2019、2020年一流本科专业点建设情况，2021年将对各专业类国家级一流本科专业的建设数量和建设进度进行统筹。

四、报送条件

（一）报送高校需具备的条件

1. 全面落实“以本为本、四个回归”。坚持立德树人，切实巩固人才培养中心地位和本科教学基础地位，把思想政治教育贯穿人才培养全过程，着力深化教育教学改革，全面提升人才培养质量。

2. 积极推进新工科、新医科、新农科、新文科建设。紧扣国家发展需求，主动适应新一轮科技革命和产业变革，着力深化专业综合改革，优化专业结构，积极发展新兴专业，改造提升传统专业，打造特色优势专业。

3. 不断完善协同育人和实践教学机制。积极集聚优质教育资源，优化人才培养机制，着力推进与政府部门、企事业单位合作办学、合作育人、合作就业、合作发展，强化实践教学，不断提升人才培养的目标达成度和社会满意度。

4. 努力培育以人才培养为中心的质量文化。坚持学生中心、产出导向、持续改进的基本理念，建立健全自查自纠的质量保障机制并持续有效实施，将对质量的追求内化为全校师生的共同价值追求和行为自觉。

（二）报送专业需具备的条件

1. 专业定位明确。服务面向清晰，适应国家和区域经济社会发展需要，符合学校发展定位和办学方向。

2. 专业管理规范。切实落实本科专业国家标准要求，人才培养方案科学合理，教育教学管理规范有序。近三年未出现重大安全责任事故。

3. 改革成效突出。持续深化教育教学改革，教育理念先进，教学内容更新及时，方法手段不断创新，以新理念、新形态、新方法引领带动新工科、新医科、新农科、新文科建设。

4. 师资力量雄厚。不断加强师资队伍和基层教学组织建设，教育教学研究活动广泛开展，专业教学团队结构合理、整体素质水平高。

5. 培养质量一流。坚持以学生为中心，促进学生全面发展，有效激发学生学习兴趣和潜能，增强创新精神、实践能力和社会责任感，毕业生行业认可度高、社会整体评价好。

五、报送办法

国家级一流本科专业建设点以学校为单位组织报送。教育部直属高校直接报教育部，其他中央部门所属高校经主管部门同意后报教育部；地方高校由省级教育行政部门统一报教育部。各地各高校报送专业点数（比例）分年度下达。

六、组织保障

（一）构建三级实施体系。教育部等 14 个“六卓越一拔尖”计划 2.0 负责部委（单位）统筹一流本科专业建设“双万计划”组织实施工作，指导各地、各高校落实有关文件要求，加强一流本科专业建设，推动构建国家、地方、高校三级实施体系。

（二）完善经费保障。中央部门所属高校应当统筹利用中央高校教育教学改革专项等中央高校预算拨款和其他各类资源，各地应当统筹地方财政高等教育资金和中央支持地方高校改革发展资金，支持一流本科专业建设。

（三）建立动态调整机制。教育部和省级教育行政部门加强对计划实施过程跟踪，针对一流本科专业建设中存在的问题，提出改进意见建议，对于建设质量不达标、出现严重质量问题的专业建设点予以撤销。

七、关于 2019 年国家级一流本科专业建设点报送工作

1. 报送数量。中央部门所属高校、部省合建高校 2019 年度报送的专业点数不超过本校本科专业布点数 25%；各省级教育行政部门 2019 年度报送专业点数量不超过本地所属地方高校本科专业布点总数的 15%。

2. 在线登录账号和密码。高校使用“高等教育质量监测国家数据平台”的登录账号及密码。各省级教育行政部门、中央有关部门（单位）教育司（局）须明确工作联系人，于 2019 年 4 月 15 日前将姓名、单位、座机、手机、电子邮件、传真号码报至教育部高等教育司文科处，获取报送系统登录账号及密码。

3. 在线报送时间和网址。在线报送时间为 2019 年 4 月 20 日—6 月 30 日，请登录“国家级一流本科专业建设报送系统”（网址：http://udb.heec.edu.cn），按照系统提示填报。

4. 在线审核和提交。各省级教育行政部门、中央有关部门（单位）教育司（局）须在 2019 年 6 月 30 日前，登录报送系统，严格按照限额，完成所属高校报送信息的在线审核和提交工作。

5. 纸质材料报送。高校在线报送完成后，请导出《国家级一流本科专业建设点信息汇总表》，加盖本校公章。教育部直属高校、部省合建高校材料直接报教育部；中央部门所属高校材料加盖主管部门公章后报教育部；地方高校材料由省级教育行政部门加盖公章后统一报送教育部。请于 2019 年 7 月 1 日前（以邮戳时间为准），将材料寄北京市西城区西单大木仓胡同 35 号教育部高等教育司文科处，邮编：100816。

附件：1. 国家级一流本科专业分专业类建设规划

2. 国家级一流本科专业建设点信息采集表（略）

2019 年 4 月 2 日

附件 1

国家级一流本科专业分专业类建设规划

专业类代码	专业类	拟建设数量
0101	哲学类	18
0201	经济学类	126
0202	财政学类	38
0203	金融学类	206
0204	经济与贸易类	144
0301	法学类	137
0302	政治学类	43
0303	社会学类	95
0304	民族学类	6
0305	马克思主义理论类	57
0306	公安学类	34
0401	教育学类	189
0402	体育学类	147
0501	中国语言文学类	228
0502	外国语言文学类	609
0503	新闻传播学类	236
0601	历史学类	77
0701	数学类	192
0702	物理学类	100

续表 1

专业类代码	专业类	拟建设数量
0703	化学类	148
0704	天文学类	6
0705	地理科学类	119
0706	大气科学类	11
0707	海洋科学类	16
0708	地球物理学类	12
0709	地质学类	13
0710	生物科学类	158
0711	心理学类	72
0712	统计学类	85
0801	力学类	21
0802	机械类	407
0803	仪器类	56
0804	材料类	240
0805	能源动力类	68
0806	电气类	120
0807	电子信息类	437
0808	自动化类	123
0809	计算机类	577
0810	土木类	215
0811	水利类	41
0812	测绘类	41

续表 2

专业类代码	专业类	拟建设数量
0813	化工与制药类	141
0814	地质类	40
0815	矿业类	39
0816	纺织类	26
0817	轻工类	32
0818	交通运输类	77
0819	海洋工程类	14
0820	航空航天类	24
0821	兵器类	14
0822	核工程类	12
0823	农业工程类	29
0824	林业工程类	9
0825	环境科学与工程类	158
0826	生物医学工程类	31
0827	食品科学与工程类	106
0828	建筑类	139
0829	安全科学与工程类	35
0830	生物工程类	72
0831	公安技术类	23
0901	植物生产类	83
0902	自然保护与环境生态类	17
0903	动物生产类	21

续表3

专业类代码	专业类	拟建设数量
0904	动物医学类	26
0905	林学类	43
0906	水产类	14
0907	草学类	8
1001	基础医学类	9
1002	临床医学类	80
1003	口腔医学类	25
1004	公共卫生与预防医学类	26
1005	中医学类	28
1006	中西医结合类	8
1007	药学类	80
1008	中药学类	30
1009	法医学类	8
1010	医学技术类	85
1011	护理学类	48
1201	管理科学与工程类	268
1202	工商管理类	674
1203	农业经济管理类	23
1204	公共管理类	247
1205	图书情报与档案管理类	17
1206	物流管理与工程类	103
1207	工业工程类	48

续表 4

专业类代码	专业类	拟建设数量
1208	电子商务类	100
1209	旅游管理类	143
1301	艺术学理论类	4
1302	音乐与舞蹈学类	198
1303	戏剧与影视学类	216
1304	美术学类	157
1305	设计学类	474

北京市教育委员会

关于公布 2018 年度市属普通高等学校本科专业备案和审批结果的通知

京教函〔2019〕201 号

各市属普通本科高等学校：

根据教育部高教司《关于 2018 年度普通高等学校本科专业设置工作的通知》（教高司函〔2018〕26 号）要求，我委组织市属普通高等学校开展了 2018 年度本科新设专业申报工作。根据教育部《关于公布 2018 年度普通高等学校本科专业备案和审批结果的通知》（教高函〔2019〕7 号）精神，现将 2018 年度市属普通高等学校本科专业备案和审批结果予以公布。请各校充分利用现有办学条件，加强新增本科专业建设，切实保证人才培养质量，推进高校特色发展。

附件：2018年度市属普通高等学校本科专业备案或审批结果

2019年5月8日

附件

2018年度市属普通高等学校本科专业备案或审批结果

一、新增备案本科专业名单

主管部门、学校名称	专业名称	专业代码	学位授予门类	修业年限	备注
北京联合大学	机器人工程	080803T	工学	四年	
北京联合大学	物联网工程	080905	工学	四年	
北京联合大学	交通运输	081801	工学	四年	
北京工业大学	智能制造工程	080213T	工学	四年	
北京建筑大学	地理空间信息工程	081205T	工学	四年	
北京建筑大学	机器人工程	080803T	工学	四年	
北京建筑大学	智能建造	081008T	工学	四年	
北京信息科技大学	大数据管理与应用	120108T	管理学	四年	
北方工业大学	智能建造	081008T	工学	四年	
北京印刷学院	智能科学与技术	080907T	工学	四年	
北京石油化工学院	新能源科学与工程	080503T	工学	四年	

续表1

主管部门、学校名称	专业名称	专业代码	学位授予门类	修业年限	备注
北京石油化工学院	大数据管理与应用	120108T	管理学	四年	
北京石油化工学院	生物制药	083002T	工学	四年	
北京石油化工学院	机器人工程	080803T	工学	四年	
北京石油化工学院	电子商务	120801	管理学	四年	
北京石油化工学院	物联网工程	080905	工学	四年	
首都医科大学	卫生检验与检疫	101007	理学	四年	
首都医科大学	助产学	101102T	理学	四年	
首都体育学院	体能训练	040208T	教育学	四年	
北京工商大学	大数据管理与应用	120108T	管理学	四年	
北京物资学院	供应链管理	120604T	管理学	四年	
北京物资学院	数据科学与大数据技术	080910T	理学	四年	
北京电影学院	播音与主持艺术	130309	艺术学	四年	
中国戏曲学院	艺术管理	130102T	艺术学	四年	
北京城市学院	小学教育	040107	教育学	四年	
北京城市学院	地理信息科学	070504	理学	四年	
首都师范大学科德学院	小学教育	040107	教育学	四年	
北京工商大学嘉华学院	数据科学与大数据技术	080910T	工学	四年	
北京工商大学嘉华学院	计算机科学与技术	080901	工学	四年	
北京工业大学耿丹学院	应用心理学	071102	教育学	四年	

续表 2

主管部门、学校名称	专业名称	专业代码	学位授予门类	修业年限	备注
北京第二外国语学院中瑞酒店管理学院	人力资源管理	120206	管理学	四年	
北京吉利学院	知识产权	030102T	法学	四年	
北京吉利学院	审计学	120207	管理学	四年	
北京吉利学院	网络工程	080903	工学	四年	
北京吉利学院	广播电视编导	130305	艺术学	四年	
北京吉利学院	小学教育	040107	教育学	四年	
北京吉利学院	国际经济与贸易	020401	经济学	四年	

二、新增审批本科专业名单

主管部门、学校名称	专业名称	专业代码	学位授予门类	修业年限	备注
首都医科大学	眼视光医学	100204TK	医学	五年	
北京城市学院	航空服务艺术与管理	130208TK	艺术学	四年	新专业

三、撤销本科专业名单

主管部门、学校名称	专业名称	专业代码	学位授予门类	修业年限	备注
北京建筑大学	地理信息科学	070504	理学	四年	
首都体育学院	表演	130301	艺术学	四年	

北京市教育委员会
关于进一步做好“双培计划”“外培计划”有关工作的通知

京教高〔2019〕2号

各有关高校：

北京市开展的“双培计划”“外培计划”已取得显著成效，获得学生、家长、学校和社会各界的广泛认可。为进一步推动“双培计划”“外培计划”创新发展，提高“双培计划”“外培计划”人才培养质量，现就进一步强化“双培计划”“外培计划”学生管理工作提出以下意见：

一、全面提升“双培计划”“外培计划”学生培养质量

1. 重视学生思想政治意识引领

开展“双培计划”“外培计划”的高校，要紧密围绕立德树人的根本任务，不断提高政治站位，引导“双培计划”“外培计划”学生树牢“四个意识”，坚定“四个自信”，做到“两个维护”，着力增强学生服务国家发展、北京“四个中心”建设的意识和能力。各高校要守好意识形态前沿阵地，杜绝不正当言论在“双培计划”“外培计划”学生中传播，坚决抵御和防范传教渗透，营造风清气正的学习生活环境，培养社会主义建设者和接班人。

2. 重视学生专业能力培养

开展“双培计划”“外培计划”的高校，要进一步完善人才培养计划，制定科学、系统、针对性强的人才培养方案，不断加快专业建设和调整，完善课程教材体系，提高教师教学能力，丰富实践教学资源，引导学生积极开展科学研究和创新创业，构建德智体美劳全面培养的教育体系，提高“双培计划”“外培计划”学生专业能力、创新水平和综合素质。

开展“外培计划”的市属高校，要进一步强化与联合开展人才培养的海外高校之间的联系，不断完善人才培养改革联动机制，根据“外培计划”学生培养目标和人才特性，制定个性化培养方案，提高人才培养质量。

3. 重视学生身心健康发展

开展“双培计划”“外培计划”的高校，要高度关注学生身心健康，对于学生情绪波动、低沉消极等现象，要及时发现、及时通报，有教师干预处理，进行必要心理辅导，保证学生情绪稳定积极，人格健全完善。各高校要做好后勤保障，妥善解决学生食宿；丰富校园文化活动，支持学生参加健康积极的社会活动；完善学生外出管理机制，妥善安排学生假期生活，保证学生人身安全。

二、完善“双培计划”“外培计划”学生管理保障体系

1. 强化统筹 明确分工

“双培计划”“外培计划”学生的派出高校与接收高校要加强合作，共同研制人才培养方案，制订完善学生管理办法。高校之间要明确职责分工，认真梳理学生在校学习生活的各个方面情况，将涉及的职责明确到固定部门和主体，做到事事有校管。

2. 完善制度 防范风险

各校要完善“双培计划”“外培计划”学生管理体系，对学生管理实现制度化、规范化、长效化，对于各种可能出现的突发事件要有工作预案，确保及时、高效、有序地处理相关问题。

3. 加强督查

“双培计划”“外培计划”学生管理工作采取市级、校级、院系三级监管监查。学校和院系需确立监管制度，明确监管目标，完善监管流程，强化风险预警和应急整改方案。北京市教委对“双培计划”“外培计划”学生管理工作进行每年一次的定期检查和抽查方式的不定期检查。

三、近期工作要求

1. 请各校按本通知要求，对本校“双培计划”“外培计划”学生管理工作进行全面的梳理总结，排查风险点，形成完备的制度体系，并于 6 月 30 日前将双培、外培工作总结及校内制度体系情况报送至电子邮箱。

2. 市教委将于近期组织专家组进行相关情况检查，督促学校完善工作体系，提高工作水平。

2019 年 5 月 15 日

北京市教育委员会

关于开展 2019 年北京市级一流本科专业申报与遴选工作的通知

京教函〔2019〕203 号

各有关高等学校：

根据教育部办公厅《关于实施一流本科专业建设“双万计划”的通知》（教高厅函〔2019〕18 号，以下简称“通知”）文件精神，经研究，我委 2019 年将面向在京本科高校开展北京市级一流本科专业申报与遴选工作。现将有关事项通知如下：

一、建设原则

突出聚焦引领作用。紧密围绕国家战略和北京“四个中心”城市定位，聚焦经济社会发展需求、北京市重点发展的十大高精尖产业，大力建设示范性本科专业，引领带动高校优化专业结构、促进专业建设质量提升，推动形成高水平人才培养体系。

分年度面向全部在京本科高校。在不同类型的普通本科高校建设一流本科专业，鼓励分类发展、特色发展、错位发展。

二、建设方式

（一）在京本科高校 2019 年申报数量，原则上不超过本校已审批备案的专业布点总数的 7%，按比例计算少于 1 个的按 1 个专业名额申报。

（二）6 月 15 日前，将北京市级一流本科专业申报汇总表（见附件 1）、建设点信息采集表（见附件 2）及对应专业人才培养方案电子版发送至 jwgjcbj@126.com，同时报送纸质版一份（人才培养方案仅报送电子版）至市教委高教处。

（三）我委将组建市级一流本科专业专家评审组，对各校申报专业进行遴选。

（四）遴选结果将在市教委高教处主页上进行公示，公示时间为 5 个工作日。

（五）入选的市级一流本科专业报教育部备案。

三、报送条件

（一）报送高校需具备的条件

1. 高校坚持立德树人，切实巩固人才培养中心地位和本科教学基础地位，把思想政治教育贯穿人才培养全过程，着力深化教育教学改革，全面提升人才培养质量。

2. 高校紧密围绕国家战略和北京“四个中心”城市定位，聚焦经济社会发展需求、北京市重点发展的十大高精尖产业，主动适应新一轮科技革命和产业变革，着力深化专业综合改革，优化专业结构，积极发展新兴专业，改造提升传统专业，打造特色优势专业。

3. 高校不断完善协同育人和实践教学机制。积极集聚优质教育资源，优化人才培养机制，着力推进与政府部门、企事业单位合作办学、合作育人、合作就业、合作发展，强化实践教学，不断提升人才培养的目标达成度和社会满意度。

4. 高校努力培育以人才培养为中心的质量文化。坚持学生中心、产出导向、持续改进的基本理念，建立健全自查自纠的质量保障机制并持续有效实施，将对质量的追求内化为全校师生的共同价值追求和行为自觉。

（二）报送专业需具备的条件

1. 专业定位明确。服务面向清晰，适应国家和北京市经济社会发展需要，符合学校发展定位和办学方向。

2. 专业管理规范。切实落实本科专业国家标准要求，人才培养方案科学合理，教育教学管理规范有序。近三年未出现重大安全责任事故。

3. 改革成效突出。持续深化教育教学改革，教育理念先进，教学内容更新及时，方法手段不断创新，以新理念、新形态、新方法引领带动专业建设。

4. 师资力量雄厚。不断加强师资队伍和基层教学组织建设，教育教学研究活动广泛开展，专业教学团队结构合理、整体素质水平高。

5. 培养质量一流。坚持以学生为中心，促进学生全面发展，有效激发学生学习兴趣和潜能，增强创新精神、实践能力和社会责任感，毕业生行业认可度高、社会整体评价好。

四、组织保障

（一）市教委高教处牵头负责市级一流本科专业建设项目的组织实施工作。

（二）各校要高度重视一流本科专业建设，建立由校领导牵头，教务、科研、人事、国际交流与合作及申报专业所在院系等部门共同参与的协同工作机制，推进构建国家、北京市、高校三级实施体系，不断深化一流本科专业建设内涵。

（三）我委将加强对一流本科专业建设过程的指导和监督，对于建设质量不达标、出现严重质量问题的专业建设点予以撤销。

附件：1. 北京市级一流本科专业申报汇总表（略）

2. 北京市级一流本科专业建设点信息采集表（略）

2019 年 5 月 15 日

北京市教育委员会

关于开展2019年市属高校国家级一流本科专业申报工作的通知

京教函〔2019〕204号

各市属普通本科高校：

根据教育部办公厅《关于实施一流本科专业建设“双万计划”的通知》（教高厅函〔2019〕18号，以下简称“通知”）文件精神，经研究，现将2019年市属高校国家级一流本科专业申报工作有关事项通知如下：

一、建设原则

通过大力建设示范性本科专业，引领带动高校凝聚特色、优化专业结构、促进专业建设质量提升，推动形成高水平人才培养体系，分三年开展一流本科专业点建设，鼓励高校分类发展、特色发展。

二、建设方式

（一）各校2019年申报专业数量，原则上不超过本校已审批备案的专业布点总数的15%，按比例计算少于1个的按1个专业名额申报；

（二）各校请于6月15日前，在“国家级一流本科专业建设报送系统”上完成填报；

（三）各校请于6月18日前，将导出的《国家级一流本科专业建设点信息汇总表》以及《国家级一流本科专业建设点信息采集表》一式一份，加盖本校公章，报送市教委高教处。

三、报送条件

根据通知要求，须严格符合以下条件：

（一）报送高校需具备的条件

1. 高校坚持立德树人，切实巩固人才培养中心地位和本科教学基础地位，把思想政治教育贯穿人才培养全过程，着力深化教育教学改革，全面提升人才培养质量。

2. 高校紧密围绕国家战略和北京“四个中心”城市定位，聚焦经济社会发展需求、北京市重点发展的十大高精尖产业，主动适应新一轮科技革命和产业变革，着力深化专业综合改革，优化专业结构，积极发展新兴专业，改造提升传统专业，打造特色优势专业。

3. 高校不断完善协同育人和实践教学机制。积极集聚优质教育资源，优化人才培养机制，着力推进与政府部门、企事业单位合作办学、合作育人、合作就业、合作发展，强化实践教学，不断提升人才培养的目标达成度和社会满意度。

4. 高校努力培育以人才培养为中心的质量文化。坚持学生中心、产出导向、持续改进的基本理念，建立健全自查自纠的质量保障机制并持续有效实施，将对质量的追求内化为全校师生的共同价值追求和行为自觉。

（二）报送专业需具备的条件

1. 专业定位明确。服务面向清晰，适应国家和北京市经济社会发展需要，符合学校发展定位和办学方向。

2. 专业管理规范。切实落实本科专业国家标准要求，人才培养方案科学合理，教育教学管理规范有序。近三年未出现重大安全责任事故。

3. 改革成效突出。持续深化教育教学改革，教育理念先进，教学内容更新及时，方法手段不断创新，以新理念、新形态、新方法引领带动专业建设。

4. 师资力量雄厚。不断加强师资队伍和基层教学组织建设，教育教学研究活动广泛开展，专业教学团队结构合理、整体素质水平高。

5. 培养质量一流。坚持以学生为中心，促进学生全面发展，有效激发学生学习兴趣和潜能，增强创新精神、实践能力和社会责任感，毕业生行业认可度高、社会整体评价好。

四、组织保障

（一）各校要高度重视一流本科专业建设，建立由校领导牵头，教务、科研、人事、国际交流与合作及申报专业所在院系等部门共同参与的协同工作机制，推进构建国家、北京市、高校三级实施体系，不断深化一流本科专业建设内涵。

（二）我委将加强对一流本科专业建设过程的监督，对于建设中出现的问题及时予以指导。

2019 年 5 月 15 日

北京市教育委员会

关于公布北京高校高精尖学科建设名单的通知

京教函〔2019〕196 号

各有关高等学校：

为贯彻落实《国务院统筹推进世界一流大学和一流学科建设总体方案》（国发〔2015〕64 号）和《中共北京市委 北京市人民政府关于统筹推进北京高等教育改革发展的若干意见》（京发〔2018〕12 号）精神，根据工作部署，市教委开展了高精尖学科申报遴选工作。在高校申报、专家委员会评审基础上，经研究决定，现公布北京高校高精尖学科建设名单。

各高校要全面贯彻习近平总书记系列重要讲话精神，落实全国和全市教育大会精神，按照北京市工作统一要求，聚焦一流目标，坚持内涵建设，深化综合改革，多措并举，推动高精尖学科加快发展，为国家和北京市经济社会发展提供更高质量的人才保障和科技支撑。

附件：北京高校高精尖学科建设名单

2019 年 5 月 16 日

附件

北京高校高精尖学科建设名单

（按学校代码排序）

北京大学：智慧医疗工程与技术、人工智能、分子光谱学

中国人民大学：新时代中国经济学、科技金融

清华大学：环境学科、先进材料及其加工技术、安全科学与工程

北京交通大学：新一代信息技术及应用

北京工业大学：机械工程、控制科学与工程、光学工程、材料科学与工程

北京航空航天大学：网络空间安全、人工智能、先进无人飞行器

北京理工大学：数字表演与创意学、空天智能信息网络科学与技术、光机电微纳制造科学与技术

北京科技大学：安全科学与工程、人工智能科学与工程

北方工业大学：控制科学与工程

北京化工大学：新能源材料与器件、生物安全

北京工商大学：应用经济学、食品科学与工程、工商管理

北京服装学院：设计学

北京邮电大学：网络空间治理、信息材料科学与工程

北京印刷学院：设计学、新闻传播学

北京建筑大学：土木工程、建筑学、测绘科学与技术

北京石油化工学院：机械工程

北京电子科技学院：网络空间安全
中国农业大学：农业绿色发展、作物智能育种生物学
北京农学院：园艺学
北京林业大学：生态修复工程学、城乡人居生态环境学
北京协和医学院：群医学
首都医科大学：口腔医学、临床医学、基础医学
北京中医药大学：中医生命科学、系统中药学
北京师范大学：认知神经学、陆地表层学、文化遗产与文化传播
首都师范大学：教育学、马克思主义理论、艺术类学科群、中国语言文学、历史学
首都体育学院：体育学
北京外国语大学：外语教育学
北京第二外国语学院：旅游管理、外国语言文学
北京语言大学：国别区域学、中国语言文学
中国传媒大学：互联网信息、文化产业
中央财经大学：金融安全工程、战略经济与军民融合
对外经济贸易大学：数字贸易
北京物资学院：管理科学与工程
首都经济贸易大学：统计学、应用经济学、工商管理
外交学院：中国特色国际关系与外交学
中国人民公安大学：国家安全学
国际关系学院：国家安全学
北京体育大学：运动康复医学
中央音乐学院：音乐人工智能与音乐信息科技
中国音乐学院：音乐与舞蹈学
中央美术学院：视觉艺术管理
中国戏曲学院：戏剧与影视学
北京电影学院：电影学、艺术学理论
北京舞蹈学院：音乐与舞蹈学
中央民族大学：城市民族学、民族艺术学、质谱成像与代谢组学

中国政法大学：证据科学

北京信息科技大学：仪器科学与技术、机械工程

华北电力大学：清洁能源学

中国矿业大学：城市工程地球物理、城市地下空间工程

中国石油大学：城市能源供给安全与保障、清洁低碳能源工程

中国地质大学：城市地质环境与工程

北京联合大学：北京学、工商管理

中国科学院大学：智能科学与技术、工程科学、地质与地球物理学

北京市教育委员会

关于公布2013—2015年北京高等学校教育教学改革立项项目结题验收结果（第三批）的通知

京教高〔2019〕3号

各有关高等学校：

为了进一步提高北京高等学校人才培养质量，根据市教委《关于开展2013—2015年北京高等学校教育教学改革立项工作的通知》（京教函〔2013〕338号），我委组织了北京高等学校教育教学改革立项工作，共支持北京高校教改立项项目841项。

近期，我委根据各学校及课题组的结题申请，组织了第三批结题验收工作。经过专家评审和认定，共有203项课题符合结项要求，准予结项。其中，重点课题8项，联合项目12项，面上项目183项，

现将第三批结题验收结果予以公布。

此外，为进一步落实全国教育大会及北京市教育大会精神，推动形成更高水平的人才培养体系，我委鼓励各高校切实将教育教学改革研究成果运用到人才培养过程之中，发挥北京高等学校教育教学改革项目的实际作用，通过研究与实践提升教育教学水平，培养造就一大批高素质专门人才和拔尖创新人才。

附件：2013—2015 年北京高等学校教育教学改革立项项目验收结果（第三批）

2019 年 6 月 25 日

附件

2013—2015 年北京高等学校教育教学改革立项项目验收结果（第三批）

重点项目

序号	推荐单位	项目负责人	项目名称
1	中国人民大学	旋天颖	探索国际性人才培养的四阶段接力模式
2	中国人民大学	龙永红	基于信息化和管理重心下移背景下的本科教学质量保障体系建设
3	北京交通大学	张星臣	面向国家重点行业和区域经济发展的品牌专业建设研究与实践
4	中国石油大学（北京）	张士诚	面向石油工业重大战略需求，构建以校内教育国际化为主体的国际化人才培养体系

续表

序号	推荐单位	项目负责人	项目名称
5	北京电子科技职业学院、北京培黎职业学院、北京信息职业技术学院、北京联合大学应用科技学院、北京吉利学院、北京农业职业学院、北京城市学院	安江英	北京市高职英语口语教学改革研究与实践
6	北京协和医学院	杨萍	临床医学生入学考试引入“客观结构化临床考试”的研究
7	北京第二外国语学院	曹卫东 李洪波	“一带一路”背景下“非通用语＋”外语人才培养教学改革
8	中国矿业大学（北京）	杨仁树	以学生创新能力培养为核心的本科生全程导师制的探索与实践

联合项目

序号	推荐单位	项目负责人	项目名称
1	中央财经大学、韩国首尔市立大学	樊勇	复合型税务应用人才培养模式改革研究—中韩两国比较与借鉴
2	中央财经大学、中国高等院校市场学研究会、中国人民大学	王俊杰	构建符合实践的北京地区营销学科协同型教学生态体系
3	北京工商大学、北京师范大学	张政	商务英语专业翻译硬能力培养的探索与实践

续表 1

序号	推荐单位	项目负责人	项目名称
4	北京联合大学、北京信息科技大学	刘在云	大数据背景下的北京市属高校学生学习行为与效果关联性研究
5	北京石油化工学院、北京燕山石化公司	吴波	优质工程实践教学资源共享机制的研究
6	国家开放大学、北京师范大学、英国贝德福德大学	杜若 陈桄	基于泛在学习的交互式数字教材的建设与应用模式探索
7	中国劳动关系学院、北京大学	阳辉	与专业融合的大学生生命教育模式研究与实践
8	中国劳动关系学院、中国人民解放军装甲兵工程学院、廊坊师范学院、首都师范大学	董连忠	北京市大学英语学业考试质量评价研究
9	北京政法职业学院、北京伟之杰保安服务有限公司、华信中安（北京）保安有限公司	杨春	“校政企行”安保职教联盟整体构建研究
10	北京汇佳职业学院、北京市求实学校等七所中职校、北京青年政治学院、北京科技职业学院	王雁	北京市学前教育专业中高职衔接与现代职教体系构建研究

续表 2

序号	推荐单位	项目负责人	项目名称
11	北京经贸职业学院、北京华拓金升信息技术研究院	葛红	首都民办高职院校校企合作会计人才培养模式研究与实践
12	中央财经大学、韩国首尔市立大学	樊勇	复合型税务应用人才培养模式改革研究—中韩两国比较与借鉴

面上项目

序号	推荐单位	项目负责人	项目名称
1	北京大学	裴坚	北京大学化学学院实验课程教学效果评估
2	北京大学	付志明	“一带一路”外国语言与文化系列公共课程
3	北京大学	刘建波	北京大学实践教学改革探索
4	北京大学	王亚章	北京大学综合评价选拔的理念与实践
5	北京大学	王韵	以能力为导向的长学制医学生生物医学阶段考核评价体系的构建与研究
6	中国人民大学	陈崎	夯实基础，理顺机制，突出特色—中国人民大学思想政治理论课程教育教学改革研究
7	中国人民大学	徐楠	大学汉语教学改革与实践—以中国人民大学为例
8	中国人民大学	王英健	构建公共艺术教育课程体系，提升学生人文艺术素养
9	中国人民大学	宋大我	学生课外读史读经典教育教学模式的创新与实践
10	中国人民大学	郝立新	中国人民大学本科思想政治理论课“三位一体”新教学模式探索
11	中国人民大学	杜小勇	专业自主分流的大类培养模式与个性化复合型创新人才培养体系机制的深化与完善
12	中国人民大学	田宏杰	新生研讨课：人大模式的探索与创新

续表 1

序号	推荐单位	项目负责人	项目名称
13	中国人民大学	许勤华	项目导向跨学科研究性试点课程建设
14	北京交通大学	张鸿儒	土木工程专业本科综合实践能力提升培养模式研究
15	北京交通大学	杨娜	土木工程本科生专业能力提升综合改革研究
16	北京交通大学	王健强	电气工程国际化人才培养方式探讨
17	北京交通大学	赵宏	“互联网＋”时代软件创新创业人才培养模式研究
18	北京科技大学	王荣明	“科教融合”加强学科专业建设的探索与实践
19	北京科技大学	石志国	面向冶金工业 4.0 的实习实践课程综合改革与探索
20	北京科技大学	张敏	面向大学生创新能力培养的《计算机应用实践》教学体系构建
21	北京科技大学	于成文	新生心理素质教育 MOOC 课程建设研究
22	北京科技大学	李翠平	面向工程教育认证的采矿工程专业建设
23	北京林业大学	史宝辉	基于中西文化教育的大学英语教学改革
24	北京林业大学	岳瑞锋	基于现代信息技术的数学公共课教学模式和考核体系研究
25	北京林业大学	林金星	自主学习与创新型森林生物学教学体系与方法研究
26	北京林业大学	兰超	基于生态美学的创新设计人才培养模式研究与实践
27	北京林业大学	陈劭	以强化工程素质为导向的行业院校机电类创新人才培养探索与实践
28	北京师范大学	姜海军	历史学专业平台开放课程建设
29	北京师范大学	曲如晓	经济学科立体化课程体系与教学研究

续表 2

序号	推荐单位	项目负责人	项目名称
30	北京师范大学	陈英和	大学生批判与创新能力培养——心理学课程改革探索
31	北京师范大学	保继光	微分方程本科通识课程的建设与改革
32	北京师范大学	王引书	大类招生背景下物理实验教学的调整与实践
33	北京师范大学	过常宝	关于加强教育国际化的构想和实践：以创建海外系列“中文学院”为中心
34	中国传媒大学	许一新	传媒类本科专业人才培养方案的研究与实践
35	中国传媒大学	金雪涛	高校学部制改革背景下的本科教学运行管理研究
36	中国传媒大学	王晓红	北京市高等教育新闻传播类专业资源共享及协同发展路径研究
37	中国传媒大学	黄祥林	复合型传媒科技创新人才培养的探索与实践
38	中国传媒大学	侯隽	新媒体背景下招生信息门户研究与应用
39	中国传媒大学	段鹏	媒介融合背景下传播学教学改革
40	中国传媒大学	刘开贤	大学物理（非物理类）课堂教学改革——演示实验走进课堂教学的研究与实践
41	中国传媒大学	刁生虎	传媒艺术类专业中国古代文学教学模式转变研究
42	中国传媒大学	刘杰锋	“翻转课堂”教学模式在实践教学中的应用——以中传电视台转播人才培养为例
43	中央财经大学	黄志烨	具有财经特色的《工程造价》系列课程全面教学改革与实践
44	中央财经大学	史建平	新生代财经人才培养的教研环境研究——理念、技术和服务变革
45	中央财经大学	李洋	面向金融信息安全人才培养的攻防实战演练系统建设研究
46	中央财经大学	耿勇	财经类院校供应链管理与金融融合创新人才培养课程体系优化研究
47	中央财经大学	李涛	互联网背景下经济学创新人才培养路径研究

续表 3

序号	推荐单位	项目负责人	项目名称
48	中央财经大学	刘俊勇	行动学习在成本管理会计教学中的应用研究
49	中国政法大学	霍政欣	国际型卓越法律人才培养机制研究
50	中国政法大学	朱晓武	“互联网＋”时代企业模拟与实践能力培养研究
51	中国政法大学	孔庆江	“国际型、多语种”卓越法律人才培养机制研究
52	中国政法大学	刘贞晔	高校通识教育课程综合专题教学模式研究——以相关国际政治课程为中心的探索
53	中央戏剧学院	刘峰	现代戏剧影视道具技术实践教学研究
54	中央戏剧学院	高雄杰	新技术背景下影视导演教学中技术基础课程体系创新构建研究
55	中央戏剧学院	黄凯	音乐戏剧导演艺术特性研究
56	中国矿业大学（北京）	钱旭	煤矿机电类本科专业虚拟仿真的实践教学体系建设
57	中国矿业大学（北京）	吕坤	高等教育大众化背景下数理公共基础课教学和课程体系优化研究
58	中国石油大学（北京）	詹亚力	高校内部专业办学质量评估与预警体系建设研究
59	中国石油大学（北京）	杨晓光	工商管理类人才培养“321”模式改革的探索与实践
60	中国石油大学（北京）	程林松	石油工程专业全英语课程教学探索与实践
61	中国石油大学（北京）	曹培强	行业高校大学生思想政治理论课传播模式探索
62	中国石油大学（北京）	詹亚力	"卓越工程师教育培养计划"全程产学合作人才培养模式的推广应用研究
63	中国石油大学（北京）	叶迎春	具有石油石化特色的现代安全工程专业人才培养模式探索
64	中国石油大学（北京）	刘洛夫	资源勘查工程专业全英语课程教学研究与实践

续表 4

序号	推荐单位	项目负责人	项目名称
65	中国石油大学（北京）	张永学	全日制工程硕士研究生实践能力和国际竞争力培养体系研究与建设
66	中国石油大学（北京）	陈小宏	建构教师自发参与的教学发展体系
67	中国石油大学（北京）	刘建军	面向工程认证的大学数学课程教学模式研究
68	中国石油大学（北京）	董贵成	论导师在研究生良好思想道德养成中的关键作用
69	中国石油大学（北京）	陈雷	大学生体质健康及测试成绩有效提升方案研究
70	中国石油大学（北京）	徐方富	以学术为引领、能源为载体、人文性、工具性兼备的大学英语课程体系建设
71	中国地质大学（北京）	高世臣	大学数学基础课分类教学的探索与实践
72	中国地质大学（北京）	徐能雄	具有地质工程特色的创新型本科人才培养模式探索与实践
73	北京电子科技学院	李冬冬	面向党政部门的信息安全保障人才培养模式的研究
74	北京电子科技学院	李雪梅	学做交融的教学模式在电子技术基础课程教学改革中的应用研究
75	北京协和医学院	杨华	3D 实时重建模拟解剖培训体系在八年制医学本科生耳鼻喉科解剖及模拟手术操作教学中的应用研究
76	北京协和医学院	高小惠	构建青年教师培养项目管理体系
77	北京协和医学院	黄晓明	标准化病人（SP）教学研究及团队建设
78	北京协和医学院	许琪	神经系统疾病基础与临床
79	北京协和医学院	刘华平	护理 MOOCs 的开发与设计
80	外交学院	王振玲	教材教法评价——《口译听力课程建设》

续表 5

序号	推荐单位	项目负责人	项目名称
81	外交学院	谭继军	“大东欧”地区课程体系的建立与改革
82	外交学院	许宏晨	对比阅读与英语专业本科生思辨能力发展跟踪研究
83	外交学院	宗薇	以计算思维能力培养为导向的计算机课程改革
84	中国人民公安大学	田全华	公安技术类专业主干学科与核心课程研究
85	中国人民公安大学	李艳	公安大学人才培养与通识教育改革
86	中国人民公安大学	李春华	公安大学实训卷宗库建设与实训教学改革
87	中央民族大学	郭卫平	民族高校校内教学质量保障体系构建的探索与实践
88	中央民族大学	刘成有	宗教学专业人才国际化培养模式的探索与实践
89	中央民族大学	黄锐	情境模拟实验教学法在《大学生就业创业指导》课程中的使用
90	中央民族大学	王文东	北京高校少数民族学生宗教观教育深化内涵改革的探索与研究
91	中央民族大学	王继业	通过“创客”实践培养高素质电子信息工程人才
92	中央民族大学	安静	在人文北京的语境下以“教—学—研—调”的模式全面提升学生的人文素养和学习能力
93	中央民族大学	周宜君	构建教学方式与学生课程学习考核相结合的评价体系
94	中央民族大学	杨慧	社会工作专业方法类课程“服务学习型”考试方式改革研究
95	中央民族大学	色尕	佤族舞蹈教学内容的规范化建设
96	中华女子学院	王练	基于学校教学质量年报的质量保障体系构建与实践
97	中华女子学院	王玉	学前教育专业全过程实践模式的构建研究

续表6

序号	推荐单位	项目负责人	项目名称
98	中华女子学院	丁占罡	《麦克白》著译赏析课程教材改革
99	中华女子学院	侯典牧	“女性领导力与个性发展”课程的创建与实践
100	中华女子学院	苗伟东	《中国近现代史纲要》课程教学中女性文化资源融入教学模式
101	中国劳动关系学院	任国友	公共安全管理紧缺人才培养模式与实践
102	中国劳动关系学院	田振坤	计算机课程项目教学理论与实践研究
103	北方工业大学	郭涛	北京市属高校大学英语教学质量保障体系现状分析及构建研究
104	北方工业大学	徐继宁	多目标融合的专业综合教学团队发展建设模式探讨
105	北京工商大学	林刚	以系统思维培养为目标的全案例教学资源平台建设——以广告学专业为例
106	北京服装学院	常炜	面向未来的设计师通识基础课程系统研究
107	北京服装学院	王永进	“艺术与科技”专业创新教学模式探索与实践
108	北京服装学院	张巨俭	基于微信平台的服装艺术教育资源应用推广
109	北京印刷学院	程光耀	卓越工程师人才培养国际化教育研究
110	北京印刷学院	史民峰	艺术教育创新实践体系与人才培养模式的构建
111	北京印刷学院	张文红	媒介融合背景下卓越新闻传播人才培养模式研究
112	北京印刷学院	张晓东	中美艺术类国际实验班教学体系构建研究
113	北京建筑大学	赵希岗	传统手工艺与现代设计实践教学
114	北京石油化工学院	戴波	以能力培养为导向的工程应用型人才培养模式探索与实践
115	北京石油化工学院	孟波	地方院校“以学生为中心”的应用型人才培养模式综合改革的探索与实践

续表 7

序号	推荐单位	项目负责人	项目名称
116	北京石油化工学院	王腾	基于成果导向教育的制药工程专业人才培养模式改革的探索与实践
117	北京石油化工学院	陈飞	成果导向下的高分子材料与工程专业人才培养模式改革与实践
118	首都医科大学	王晓民	临床医学专业学位 5 + 3 + X 改革模式研究与实践
119	首都医科大学	谢春晖	医学院校大学英语课程体系构建研究
120	首都师范大学	田国秀	本硕合作学习：促进学生主动求知的教育教学模式研究
121	北京第二外国语学院	张超	京津冀养老与健康产业管理人才协同培养机制与模式研究
122	北京物资学院	赵娴	产业依托，校企协同，推进定制化、专业化、国际化人才培养模式的创新与实践
123	北京物资学院	姜旭	物流系统虚拟仿真实验教学示范中心的模式构建与应用研究
124	中国音乐学院	马可	民族管弦乐合奏课程建设比较研究
125	中国戏曲学院	张尧	戏曲类专业标准建设与研究
126	中国戏曲学院	张文振	戏曲院校教务管理实践与研究
127	中国戏曲学院	王莹	戏曲院校学分制改革与探索
128	北京舞蹈学院	覃超	国乐与中国古典舞教学实践研究
129	北京舞蹈学院	田湉	《梨园舞蹈形态基础》课程建设
130	北京舞蹈学院	周立新	美术设计专业结构调整与专业建设
131	北京联合大学	张明贤	大学生核心能力培养的跟踪评价体系构建——基于完全学分制下的探索
132	北京联合大学	叶晓	教育信息化背景下在线开放课程教育管理机制的研究与实践——以北京联合大学为例

续表 8

序号	推荐单位	项目负责人	项目名称
133	北京吉利学院	任广新	应用型本科物流管理专业人才培养模式的研究
134	首都师范大学科德学院	姜贞	论中国电影教育中通识教育的现状与发展
135	北京工业大学耿丹学院	陆娟	《会计学》教学方法改革研究——以耿丹学院为例
136	北京工商大学嘉华学院	孙雪梅 李向燕	“Fink 整合模式”在专业实验课中的应用——以《股票投资实训》为例
137	北京工商大学嘉华学院	刘庆梅	创意 x 商业力——应用型创意创新人才培养模式改革研究
138	北京工商大学嘉华学院	刘杨	独立学院校企合作人才培养模式研究——以嘉华学院金融与贸易系为例
139	北京工商大学嘉华学院	高娟	独立学院应用型人才的培养与实践教学探索——以财务与管理学院为例
140	北京电子科技学院	傅仕诤	密码人才的计算机系统思维培养模式探索与实践
141	北京电子科技职业学院	张晓辉	高等职业教育环境监测与治理技术专业国际化教学标准开发研究
142	首钢工学院	李铁军	服务京津冀协同发展，高职金属材料专业人才培养模式的改革与实践
143	北京电子科技职业学院	黄敦华	高等职业教育自控与电气专业群专业技术平台课程的研究与实践
144	北京电子科技职业学院	杨洪雪	基于国际化认证的高职计算机网络专业“双证融通”课程体系研究
145	北京电子科技职业学院	尹大川	北京高职院校学生体质健身通道的标准化设计与应用研究
146	北京电子科技职业学院	刘岩	交互式情境化课堂研究与实践
147	北京电子科技职业学院	马红麟	素质教育理念下高职学生实践创新能力培养的多维体系建设——以电子信息类专业人才培养为例

续表 9

序号	推荐单位	项目负责人	项目名称
148	北京电子科技职业学院	刘正宏	民族文化资源在传媒艺术专业建设中的应用研究
149	北京电子科技职业学院	王京	探索翻转学期式教学，创新人才培养模式，校企共育高端汽车技术技能带头人
150	北京电子科技职业学院	王幼	高职院校普通话水平测试取证与教学结合的研究
151	北京电子科技职业学院	刘红达	“2 + 3 + 2”贯通人才培养模式的英语课程衔接研究与实践
152	北京电子科技职业学院	宋建桐	高端技术技能贯通培养——汽车智能监测与诊断技术专业软技能培养的研究
153	北京电子科技职业学院	肖莹	搭建绿色能源技术国际化人才培养体系培养高端技术技能人才
154	北京电子科技职业学院	王婧	2 + 3 + 2 贯通式培养模式下移动应用开发类课程的信息化教学改革研究
155	北京电子科技职业学院	李珂	《服装陈列设计》课程实践教学研究
156	北京汇佳职业学院	王静	环艺专业基于工作过程的课程体系建设研究
157	北京汇佳职业学院	李良忠	北京高职院校休闲体育专业核心课程标准研究
158	北京汇佳职业学院	徐恒亮	项目化课程下的工作室教学模式创新探索
159	北京汇佳职业学院	张燕	民办高职院校大学英语的专业化教学改革研究与实践
160	北京汇佳职业学院	杨志刚	北京市高职院校携手发展计划的实施与成效分析——以汇佳北科携手项目为例
161	北京汇佳职业学院	范丽萍	就业导向的学前专业公共英语课程改革研究
162	北京汇佳职业学院	李荣辉	高职《计算机应用基础》课程项目化改革探索与实践
163	北京汇佳职业学院	韩沫	民办院校健美操课程改革与实践研究

续表 10

序号	推荐单位	项目负责人	项目名称
164	北京经贸职业学院	申永贞	“翻转课堂”教学模式在高职思政课教学中的应用研究
165	北京劳动保障职业学院	张耀嵩	《高等职业教育办学体制机制研究》
166	北京劳动保障职业学院	李琦	国家骨干高职院校“云平台”人才培养模式创新——基于人力资源管理专业的实验研究
167	北京劳动保障职业学院	季琼	校－行－企协同创新的高职教育人才培养模式研究
168	北京劳动保障职业学院	王江涛	高职文科专业“工作过程导向”课程开发研究
169	北京劳动保障职业学院	谈玲芳	面向首都养老服务业的高技能人才培养培训体系研究
170	北京青年政治学院	周敏	“互联网＋”背景下高职媒体资产管理专业人才培养模式研究
171	北京青年政治学院	刘卫红	信息化视角下高职旅游类专业教学资源建设与应用研究——中外国情文化英语教学资源的构建
172	北京青年政治学院	周颖	高职院校思想政治理论课大规模在线开放课程模式创新研究
173	北京政法职业学院	李伟	一课堂教学质量和效果建设与提升计划
174	北京政法职业学院	鲁玉兰	以社会服务项目为依托，探索法律高等职业教育项目化导向课程建设之路径
175	北京政法职业学院	谢利苹	公共英语教学改革的研究与实践
176	北京北大方正软件职业技术学院	马爱娟	“岗位导向”高职行业英语“实训化”教学模式研究
177	北京北大方正软件职业技术学院	朱松	基于 CDIO 理念的高职软件专业课程体系改革与教学资源建设
178	北京培黎职业学院	金若沙	融合·协同·交互——大数据时代基于校企合作的高职营销专业改革探索

续表 11

序号	推荐单位	项目负责人	项目名称
179	北京培黎职业学院	周涛	“互联网＋”背景下高职会计专业学生职业技能培养的研究
180	北京市东城区职工业余大学	张燕农	“职业化转型”背景下的教学体系建设研究
181	北京市东城区职工业余大学	陈辉	成人高校非专业背景大专学生学习特点与教学策略的研究——以东城职大幼儿艺术教育专业为例
182	北京宣武红旗业余大学	李媛媛	北京独立设置成人高校加强和改进思想政治理论课教学研究
183	石景山区业余大学	傅伟如	成人高校管理类专业学生创新与实践能力的系统性模拟实训研究

北京市教育委员会

关于开展 2019 年北京高等教育“本科教学改革创新项目”建设工作的通知

京教高〔2019〕4 号

各有关高校：

为落实《中共北京市委北京市人民政府印发〈关于统筹推进北京高等教育改革发展的若干意见〉的通知》（京发〔2018〕12 号）精神，进一步深化北京高等教育综合改革，创新人才培养机制，推动优质教育资源和成果共享，加快构建一流培养体系，提高教师育人水平，促进学生全面成长，经研究，市教委将开展2019年北京高等教育“本科教学改革创新项目”建设工作，有关事项通知如下：

一、建设目标

紧密结合国家发展战略和北京市经济社会发展需求，发挥学校办学优势及特色，以育人为核心，开展教育教学改革，支持一批本科人才培养建设项目，有效发挥教学改革在提升人才培养能力中的重要作用。

二、申报条件

2019年北京高等教育“本科教学改革创新项目”面向在京普通本科高校。申报项目可以是综合性育人改革，也可以是专业、课程、教材等单项改革项目，具体形式不限。申报项目需具备以下四个基本条件：

1. 申报项目应坚持问题导向，能够切实解决人才培养中的具体问题；

2. 申报项目具备一定的建设基础，已经取得了初步成果；

3. 申报项目具有较为完善的改革建设思路和创新点；

4. 申报项目预期建设成效显著，成果有较好的推广性。

三、项目类型

2019年北京高等教育“本科教学改革创新项目”分为一般项目、重点项目和重大项目三类，各类项目建设周期均为2～3年。

一般项目由各校自行组织评审（2019年北京高等教育“本科教学改革创新项目”一般项目申报限额见附件1），报市教委审核备案后认定。

重点项目由学校统一申报，每校原则上限报一项。鼓励跨校联合改革建设项目进行申报。市教委将组织专家评审确定。

重大项目由市教委根据各校重点项目申报实际情况，结合市教委年度重点工作和建设方向，在重点项目中进行遴选确定。

四、申报方式

2019年北京高等教育“本科教学改革创新项目”申请采取网上填报与纸质材料提交相结合的方式。网上申报平台正在测试过程中，具体填报方式另行通知，可参照以下要求提前准备申报材料。

1. 申报学校推荐公文（一式一份并上传扫描件）。

2. 2019 年北京高等教育“本科教学改革创新项目”申请书（见附件 2，可在平台直接填报提交，其中重点项目需提交纸质版申请书一式三份）。

3. 2019 年北京高等教育“本科教学改革创新项目”申请汇总表（见附件 3，一式一份并上传扫描件）。

2019 年北京高等教育“本科教学改革创新项目”网络填报内容及纸质版材料报送截止时间为 2019 年 9 月 27 日，请各单位于 7 月 5 日前将 2019 年北京高等教育“本科教学改革创新项目”工作联系人信息表（见附件 4）反馈至邮箱。

五、项目管理

2019 年北京高等教育“本科教学改革创新项目”经学校申报及相应评审后由市教委统一公布。市教委将给予立项项目政策和资金支持。项目经过相应建设周期并通过验收程序后，市教委将公布验收结果，同时发放结题验收证书。

建设项目均需在平台直接填报并提交项目建设中期报告及结题报告。一般项目由各校自行组织中期检查及结题验收，重点和重大项目由市教委统一组织中期检查及结题验收，重点和重大项目在结题验收时还应提交纸质版结题报告一式三份。

建设项目目标、内容、进度安排及项目负责人不得随意调整，项目实施过程中如确需调整或变更的，项目所在学校应在平台提交申请，经市教委批准后方可调整变更。

各高校要加强对项目的统筹及监督，原则上要给予立项项目配套建设经费支持，把握好项目建设进度，确保项目建设取得预期目标。

在做好市级教学改革创新项目基础上，各高校要进一步完善校内本科教学改革支持体系，积极开展系统性、前瞻性、持续性研究及探索，加快构建体现北京高等教育优势与特色的一流人才培养体系。

附件：1. 2019 年北京高等教育“本科教学改革创新项目”一般项目申报限额

2. 2019 年北京高等教育“本科教学改革创新项目”申请书（略）

3. 2019 年北京高等教育“本科教学改革创新项目”申请汇总表（略）

4. 2019 年北京高等教育“本科教学改革创新项目”工作联系人信息表（略）

2019 年 6 月 25 日

附件 1

2019 年北京高等教育“本科教学改革创新项目”一般项目申报限额

编号	学校名称	限额
1	北京大学	4
2	中国人民大学	4
3	清华大学	4
4	北京交通大学	3
5	北京科技大学	3
6	北京化工大学	3
7	北京邮电大学	3
8	中国农业大学	4
9	北京林业大学	3

续表 1

编号	学校名称	限额
10	北京中医药大学	3
11	北京师范大学	4
12	北京外国语大学	3
13	北京语言大学	3
14	中国传媒大学	3
15	中央财经大学	3
16	对外经济贸易大学	3
17	国际关系学院	3
18	中央音乐学院	2
19	中央美术学院	2
20	中央戏剧学院	2
21	中国政法大学	3
22	华北电力大学	3
23	中国矿业大学（北京）	3
24	中国石油大学（北京）	3
25	中国地质大学（北京）	3
26	北京航空航天大学	4
27	北京理工大学	4
28	北京电子科技学院	2

续表 2

编号	学校名称	限额
29	北京协和医学院	2
30	外交学院	2
31	中国人民公安大学	2
32	北京体育大学	2
33	中央民族大学	3
34	中华女子学院	2
35	中国青年政治学院	1
36	中国劳动关系学院	2
37	中国科学院大学	2
38	中国社会科学院大学	2
39	中国消防救灾学院	1
40	北京工业大学	3
41	北方工业大学	3
42	北京工商大学	3
43	北京服装学院	3
44	北京印刷学院	3
45	北京建筑大学	3
46	北京石油化工学院	3
47	北京农学院	3
48	首都医科大学	3

续表 3

编号	学校名称	限额
49	首都师范大学	3
50	首都体育学院	3
51	北京第二外国语学院	3
52	北京物资学院	3
53	首都经济贸易大学	3
54	中国音乐学院	2
55	中国戏曲学院	2
56	北京电影学院	2
57	北京舞蹈学院	2
58	北京信息科技大学	3
59	北京联合大学	3
60	北京警察学院	2
61	北京城市学院	2
62	北京吉利学院	1
63	首都师范大学科德学院	1
64	北京工商大学嘉华学院	1
65	北京邮电大学世纪学院	1
66	北京工业大学耿丹学院	1
67	北京第二外国语学院中瑞酒店管理学院	1

北京市教育委员会

关于做好 2019 年度市属高等学校本科专业设置工作的通知

京教高〔2019〕5 号

各市属高等学校：

根据《教育部高教司关于开展 2019 年度普通高等学校本科专业设置工作的通知》（教高司函〔2019〕30 号），现将 2019 年度市属高等学校本科专业申报有关工作通知如下：

一、申报范围

市属高等学校（含中外合作办学机构，下同）新增本科专业、调整专业学位授予门类或修业年限、拟撤销专业等，须在规定期限内申报，集中进行备案或审批。

二、申报程序

（一）需求调研。高校申报专业应充分调研社会需求，加强与用人单位沟通，明确社会对新设专业的具体要求，根据需求确定（或预测）新设专业必要性和培养规模。

（二）校内审议。申报高校要认真对照《普通高等学校本科专业类教学质量国家标准》，成立校内专业设置评议专家组织，对拟申报专业进行审议，论证是否符合专业设置要求以及首都经济社会发展需求，并形成审议意见。

（三）校内公示。申报高校要在学校主页的显要位置公示拟申报专业及申报材料，公示时间不少于一周，并开通监督举报电话和邮箱。公示无异议方可进入下一程序。

（四）网络申报。7 月 1 日—31 日，申报高校指定专门人员进行网络申报。设置审批类专业（指尚未列入本科专业目录的新专业及国家控制布点专业），登录教育部网上服务大厅（网址：http://zwfw.moe.gov.cn，以下简称网上服务大厅）；设置备案类专业，登录普通高等学校本科专业设置与服务平台（网址：http://www.bkzy.org，以下简称平台）。按照网上操作提示，填写并导出专业申请表（表样见附件，略），经学校负责人签字并盖章后，连同校内专家组审议意见一并上传（扫描件），同时填报本校 2018 年停招专业名单和 2019 年拟停招专业名单。

（五）网络公示。8 月 1 日—31 日，高校的专业申报材料分别在网上服务大厅和平台进行公示。高校可根据公示期间的意见，决定撤销申报或继续申报。

（六）报送材料。申报专业公示期满后，对确认继续申报的专业，请于 9 月 12 日前报送材料。对于备案专业，需将学校专业设置申请公文（含备案专业汇总表）扫描成 pdf 格式发至电子邮箱；对于审批专业，除需发送上述 pdf 材料外，还需将在网上服务大厅上提交的专业申报材料（纸质版一式三份）报送至高教处。申报医学类、公安类专业征求的相关部门意见，一并报至高教处。

三、申报要求

（一）坚持需求导向。各校要坚持需求导向，主动服务国家战略和北京经济社会发展需要，积极面向新一代科技革命和产业变革、面向社会事业和改善民生、面向国家对外开放战略，大力发展新工科、新医科、新农科、新文科专业。切实做好人才需求调研，以详实的人才需求调研数据作为增设专业的理由和基础。

（二）坚持标准导向。《普通高等学校本科专业类教学质量国家标准》是专业设置的重要依据，各校要依据标准设置专业。

（三）坚持特色导向。各校要加强专业建设规划，按照自身办学定位和办学特色合理增设专业。

附件：普通高等学校本科专业设置申请表（2019 年修订，略）

2019 年 7 月 15 日

北京市教育委员会

关于进一步强化北京高校教风学风考风建设的通知

京教函〔2019〕459号

各有关高校：

为深入贯彻落实市委、市政府《关于统筹推进北京高等教育改革发展的若干意见》（京发〔2018〕12号）、教育部《关于加快建设高水平本科教育全面提高人才培养能力的意见》（教高〔2018〕2号）等文件精神，进一步强化高校教风学风考风建设，形成教学相长、师生互促的良好育人环境，不断提高北京高等教育人才培养质量，现就相关问题通知如下：

一、全面净化教学风气

严把教学政治关，以高水平的思想政治工作体系贯通教学体系、课程体系、教材体系、管理体系，结合高校办学特色明确符合党和国家需求的人才培养目标，提升高校人才培养质量。强化课程思政建设，在每一门课程中有机融入思想政治教育元素，重点建设育人效果显著的精品专业课程，打造课程思政示范课堂，形成专业课教学与思想政治理论课教学紧密结合、同向同行的育人格局。不断加强师德师风建设，完善诚信承诺和失信惩戒机制，引导广大教师教书育人和自我修养相结合，做到以德立身、以德立学、以德施教，更好担当起学生健康成长指导者和引路人的责任。不断提高教师教学能力，以教学内容的完善、教学手段的更新、教学质量的提高，激发学生学习热情，促使学生主动融入课堂、参与教学互动，形成教学相长、相互促进的良好局面。

二、营造良好学习风气

营造校园奋发向上、求真务实的学习氛围，倡导学生之间相互帮助、相互激励、良性竞争、共同发展的健康风气。健全完善学生学业引导机制，通过教师引导、同学互助等多种方式，使学生从入学之初开始，形成明确的学习目标，端正学习态度，不断完善学业规划，自加压力，自主优化学习进度，持续提高学习能力。营造良好课堂氛围，在教师引导下，形成研讨式、探究式的全员参与教学模式，激发学生创新思维。严肃课堂纪律，保证学生出勤率，严格执行学生请假制度，提高课堂学习效率，杜绝学生旷课、替课、玩手机、瞌睡发呆等懒学怠学现象。

三、完善考试评价机制

加强考试管理，严格过程考核，加大过程考核成绩在课程总成绩中的比重。健全能力与知识考核并重的多元化学业考核评价体系，完善学生学习过程监测、评估与反馈机制。综合应用笔试、口试、非标准答案考试等多种形式，全面考核学生对知识的掌握和运用，以考辅教、以考促学，激励学生主动学习、刻苦学习。严肃考风考纪，坚决杜绝考试作弊和替考现象，对于参与考试作弊和替考的学生要依校规校纪严肃处理，对于包庇纵容作弊替考行为或对类似现象不作为的教师要问责。加强对毕业设计（论文）选题、开题、答辩等环节的全过程管理，对形式、内容、难度进行严格监控，提高毕业设计（论文）质量。

各高校要根据本通知精神，完善管理机制，提高管理水平，重点加强学校教风、学风、考风建设，全面提高本校人才培养质量。

2019 年 9 月 4 日

北京市教育委员会

关于开展2019年度高等学校教学实验室危险化学品安全管理专项检查工作的通知

京教函〔2019〕484号

各普通高等学校：

根据《教育部高等教育司关于开展2019年度高等学校教学实验室危险化学品安全管理专项检查的通知》要求，现开展2019年度高等学校教学实验室危险化学品安全管理专项检查工作，有关事项通知如下：

一、检查内容

1. 实验室安全管理体制机制与实际运行情况；
2. 实验室安全培训、教育与准入落实情况；
3. 实验室危险化学品等危险源管理体系与实际运行情况；
4. 实验室安全设施与个人防护的配置与保障体系建设情况；
5. 实验室安全演练与应急能力建设情况；
6. 实验室安全检查与隐患整改落实情况。

二、工作要求

此次专项检查以高校自查为主，市教委组织专家抽查为辅。请各校按照通知要求立即开展自查工作，认真查找问题，制定并落实整改措施，并做好迎接教育部和市教委专家现场抽检的准备工作。市属高校须于10月18日前向市教委高教处提交2019年度高等学校教学实验室危险化学品安全管理专项检查工作总结。近期我委将组织专家入校抽查，时间另行通知。

附件：教育部高等教育司关于开展2019年度高等学校教学实验室危险化学品安全管理专项检查的通知

2019年9月20日

教育部高等教育司

关于开展2019年度高等学校教学实验室危险化学品安全管理专项检查的通知

各省、自治区、直辖市教育厅（教委），新疆生产建设兵团教育局，有关部门（单位）教育司（局），部属各高等学校、部省合建各高等学校：

为深入贯彻党中央、国务院关于安全生产工作的系列重要指示精神，落实教育部关于切实维护高等学校安全稳定的统一部署，加强高等学校教学实验室安全管理水平，根据《国务院安委会2019年下半年重点工作任务落实分工方案》要求，以及教育部办公厅《关于进一步加强高校教学实验室安全检查工作的通知》（教高厅〔2019〕1号）的精神，现开展2019年度高等学校教学实验室危险化学品安全管理专项检查工作。现将具体事项通知如下：

一、检查内容

1. 实验室安全管理体制机制与实际运行情况；
2. 实验室安全培训、教育与准入落实情况；
3. 实验室危险化学品等危险源管理体系与实际运行情况；
4. 实验室安全设施与个人防护的配置与保障体系建设情况；
5. 实验室安全演练与应急能力建设情况；
6. 实验室安全检查与隐患整改落实情况。

二、组织方式

此次专项检查以高校自查为主，专家抽查为辅。教育部高等教育司委托教育部高等学校实验室建设与实验教学指导委员会组织专家组，抽选部分教育部直属高等学校、部省合建高等学校和地方高等学校进行现场检查，在不影响学校正常教学工作前提下，重点查阅实验室危险化学品安全管理的有关文档、查看危险化学品等重大危险源的全流程监管情况。原则上在校工作 1 天，9 月 30 日前完成首批高校的检查工作。

三、工作要求

各地、各部门要按照通知精神，通知并自行组织开展所属高等学校教学实验室危险化学品安全管理的现场检查工作，各高等学校按通知要求立即安排自查工作，认真查找问题，制定并落实整改措施。各省、自治区、直辖市教育厅（教委），新疆生产建设兵团教育局，有关部门（单位）教育司（局），部属各高等学校、部省合建各高等学校须于 10 月 31 日前通过“高校教学实验安全工作年度报告管理系统”（以下简称“管理系统”）（http://222.27.186.5/gxsys）向我司提交 2019 年度高等学校教学实验室危险化学品安全管理专项检查工作总结。

各高等学校要以此次专项检查为契机，做好教学实验室危险化学品隐患排查，建立实验室管理长效机制，使教学实验室做到风险可控，安全稳健高效运行。

2019 年 9 月 9 日

北京市教育委员会

关于公布 2019 年入选北京高等学校高水平人才交叉培养“实培计划”项目的通知

京教函〔2019〕485 号

各有关高校：

为深化高等学校创新创业教育改革，继续贯彻实施好北京高等学校高水平人才交叉培养计划，根据市教委《关于印发北京高等学校高水平人才交叉培养计划的通知》（京教高〔2015〕1 号），市教委、市财政局《关于印发〈北京高等学校高水平人才交叉培养“实培计划”项目管理办法（试行）〉的通知》（京教高〔2015〕11 号），以及市教委、市财政局《关于实施北京高等学校高水平人才交叉培养毕业设计（创业类）支持计划的通知》（京教高〔2015〕17 号）精神，市教委组织开展了 2019 年“实培计划”项目的征集遴选工作，经过项目征集、学校申报、双方遴选、市教委组织认定等环节，现将入选 2019 年北京高等学校高水平人才交叉培养“实培计划”项目名单（见附件，可在市教委高教处官方网站 http://jw.beijing.gov.cn/gjc/ 下载。）予以公布，并将有关事项通知如下：

一、项目高校要严格按照“实培计划”相关文件要求，建立健全本校项目管理制度和管理办法（含经费使用），做好入选项目的实施管理工作。

二、项目高校要加强对入选项目的过程管理和绩效考核，做好相关资料的留存备案，市教委将对项目完成情况组织检查验收，检查验收结果作为下一年度项目分配的重要依据。

附件：1. 2019 年大学生毕业设计（科研类）项目入选名单（略）
2. 2019 年大学生毕业设计（创业类）项目入选名单（略）
3. 2019 年大学生科研训练计划深化项目入选名单（略）

2019 年 9 月 20 日

北京市教育委员会

关于开展“重点建设一流专业”遴选建设的通知

京教函〔2019〕493 号

各有关高等学校：

为贯彻《国务院关于印发统筹推进世界一流大学和一流学科建设总体方案的通知》（国发〔2015〕64 号）、《教育部关于加快建设高水平本科教育全面提高人才培养能力的意见》（教高〔2018〕2 号）、《中共北京市委北京市人民政府印发〈关于统筹推进北京高等教育改革发展的若干意见〉的通知》（京发〔2018〕12 号）等文件要求，落实教育部全国教育大会、新时代本科教育工作会，以及北京市教育大会等会议精神，我委拟遴选支持一批北京高校“重点建设一流专业”。现将相关事宜通知如下：

一、建设目标

面向在京中央部属高校和市属高校各遴选50个左右“重点建设一流专业”(市属高校已于2017年遴选27个开展建设)。通过5年建设，推动入选专业提高建设水平、提升人才培养质量，主动支持北京“四个中心”建设、提升“四个服务”水平，助力北京经济社会发展和十大高精尖产业建设。同时，发挥入选专业辐射带动作用，带动北京地区高校相同相近专业发展，形成高校专业合作建设长效机制，增强北京高等教育国际竞争力和影响力。

二、遴选建设原则

坚持“育人为本、服务区域、合作共赢”的基本原则。“重点建设一流专业”的遴选建设，要突出育人导向，深化教育教学改革，创新高水平人才培养机制，提升高校立德树人能力；要突出服务导向，积极满足北京地区经济社会发展需要，培养行业产业急需的高素质建设人才；要突出合作导向，支持高校专业间交流合作、资源共享、共赢发展，提高建设效率，提升北京地区高校参与国际交流的广度和深度。

三、建设内容

对遴选出的“重点建设一流专业”，各高校应结合自身实际，有针对性地在以下五方面进行重点建设，提高人才培养能力、服务经济发展能力、合作带动能力：

（一）充分挖掘专业发展潜能，进一步对接北京经济社会发展需求，更新教育教学理念，打造与之相适应的德智体美劳全面培养的教育体系，将立德树人、思想政治教育、创新创业教育融入人才培养全过程。

（二）建设优秀教学资源体系，构建与国际对接、富有特色的课程体系，推进信息技术、人工智能等前沿科技与教育教学的融合。鼓励支持高水平教师联合开发优质教学资源，提高资源共享的广度和深度，积极打造北京高等教育教学资源体系，提高优质教学资源使用效益。

（三）加强教学团队建设，培育一批国内顶尖、国际有影响力的教学名师，培养专业领域中的一流人才。充分发挥名师、团队传帮带作用，优化专业教师结构，在教学改革和资源建设等方面形成集群合力。鼓励高校与国内外科研机构、企业合作组建教学团队，推进高校间相关专业组建跨校教学团队。

（四）坚持协同共进，拓展社会服务领域和发展空间。鼓励校校合作、校企合作、校地合作、高校与海（境）外名校的合作等，鼓励参与其他类型、层次教育的合作，实现专业的交叉融合。充分发挥专业、行业领域的优势，构建北京高校协同育人体系，提高人才培养质量。

（五）加强国际交流合作，提高国际化办学水平，提升国际影响力。鼓励教师赴海外研修课程，推进专业、课程、教材、师资及实践创新教育的整体改革及国际化，鼓励学生海外访学。

四、申报条件

（一）申报专业须为《普通高等学校本科专业目录（2012 年）》中的正式专业，符合北京经济发展实际需求，已纳入本校专业建设规划并进行重点建设，成效良好、潜力突出。

（二）具有较为雄厚的师资力量、较为完备的教学条件，在国内同类专业领域具有鲜明特色和明显优势，毕业生社会声誉好。

（三）专业建设能密切联系经济社会发展，在与其他高校、相关部门、科研院所、行业企业的合作育人方面有健全的体制机制。

（四）建设思路清晰，目标明确，方案科学可行，管理有保障，成效可测量，具有创新性和先进性，有调动教师积极参与教学改革、辐射带动其他高校相关专业建设的政策和措施。

五、推荐办法

（一）各高校推荐“重点建设一流专业”候选专业不超过 3 个。请各校依据“重点建设一流专业”的建设内容和要求，结合本校实际情况，参照“重点建设一流专业”遴选指标体系（见附件 1），统筹推荐。

（二）各校请于 10 月 23 日前，将《北京高校“重点建设一流专业”建设项目推荐汇总表》《北京高校“重点建设一流专业”建设项目申报书》《北京高校“重点建设一流专业”数据采集表》（附件 2 ～ 4）各 1 份报送至市教委高教处，电子版发送至电子邮箱。文件电子版请到市教委高教处主页下载。

六、遴选与公示

组建北京高校“重点建设一流专业”遴选专家组，集中对各校申报专业进行评审。

遴选结果将在市教委高教处主页上进行公示，公示时间为 5 个工作日。

七、方案确认

对于遴选出的北京高校“重点建设一流专业”，需于公布结果文件正式印发 30 日内，提交专业建设详细方案，经专家组确认后，正式启动建设。

八、组织实施

（一）北京市划拨专项资金，支持北京高校“重点建设一流专业”发展，建设周期 5 年。

（二）市教委高教处牵头负责北京高校“重点建设一流专业”项目的组织工作。

（三）各申报高校建立由校领导牵头，教务、科研、人事、国际交流与合作及申报专业所在院系等多部门共同参与的协同工作机制。

九、绩效管理

市教委高教处对“重点建设一流专业”建设项目实行全过程管理，建立项目年度检查制度和验收评估制度。对实施不力、进展缓慢、缺乏实效的建设项目提出警告，第二年建设经费酌减；连续两年提出警告，则不予支持，同时将取消该专业“重点建设一流专业”资格。

建设周期结束后，组织专家对各专业进行考核，通过考核的专业，正式授牌“北京高校重点建设一流专业”；未通过考核的专业，取消该专业“重点建设一流专业”资格。

十、工作要求

（一）各高校要高度重视一流专业建设工作，结合北京需求和工作实际，科学规划、突出重点、统筹推进，做好申报和建设等相关工作，不断深化一流专业建设内涵的同时，带动和辐射北京高等教育改革发展，提高服务首都经济社会发展的贡献力。

（二）项目实施过程中，高校要加强组织管理，切实履行职责，特别要注重资金管理和绩效管理，保证一流专业建设项目的实施取得预期效益。

附件：1. 北京高校“重点建设一流专业”遴选指标体系
2. 北京高校“重点建设一流专业”建设项目推荐汇总表（略）
3. 北京高校“重点建设一流专业”建设项目申报书（略）
4. 北京高校“重点建设一流专业”数据采集表（略）

2019 年 9 月 24 日

附件 1

北京高校“重点建设一流专业”遴选指标体系

评价维度	评价内容	评价要点
支撑服务	1. 战略支撑	a. 对国家发展战略的支撑与贡献
		b. 对首都发展战略的支撑与贡献
	2. 专业特色	a. 专业建设和管理机制
		b. 与全国、北京同专业比较具有的特点
	3. 社会需求	a. 契合北京经济社会发展的需求
		b. 契合北京行业、企业发展的需求
	4. 专业定位	a. 专业定位服务北京“四个中心”建设
		b. 对本专业领域的支撑与贡献

续表

评价维度	评价内容	评价要点
人才培养	5. 教书育人	a. 立德树人措施与成效
		b. 学生德智体美劳全面发展的情况
	6. 教师队伍	a. 专任教师队伍的数量与结构
		b. 教师发展平台与机制，年度出境学术交流人数
	7. 教学资源	a. 课程、教材、课件等的数量与结构
		b. 教学与信息技术融合情况
	8. 双创与实践	a. 双创教育的资源与效果
		b. 实践教育基地建设及使用情况
	9. 学生交流	a. 学生出境学习、实习、交流情况及吸引留学生情况
		b. 接收市属高校学生交流情况
辐射带动	10. 资源共享	a. 与北京其他高校资源的共建、共享情况及机制
		b. 与北京行业、企业资源共享情况及机制
	11. 协同创新	a. 与北京其他高校之间的协同创新情况
		b. 与北京行业、企业、科研院所协同创新情况
	12. 拓展服务	a. 辐射北京市基础教育、终身教育发展情况
		b. 辐射其他北京经济社会领域发展情况
建设方案	13. 建设目标	a. 找准与国际或国内一流专业差距
		b. 建设目标合理，具一定引领性
	14. 建设思路	a. 建设思路明确并具有创新性和先进性
		b. 辐射带动其他高校专业发展的具体措施
	15. 实施计划	a. 实施计划明确、具体
		b. 完善的保障机制

北京市教育委员会

关于开展北京高校“优质本科课程”和“优质本科教材课件”建设的通知

京教函〔2019〕512号

各有关高等学校：

为贯彻《教育部关于加快建设高水平本科教育全面提高人才培养能力的意见》（教高〔2018〕2号）、《中共北京市委北京市人民政府印发〈关于统筹推进北京高等教育改革发展的若干意见〉的通知》（京发〔2018〕12号）等文件要求，落实全国教育大会、北京教育大会、新时代本科教育工作会等会议精神，市教委决定开展北京高校“优质本科课程”和“优质本科教材课件”项目建设工作。现将有关事项通知如下：

一、建设目标

遴选建设一批能够体现北京高等教育优势特色、教学成效显著、适用范围广、受学生欢迎的优质课程和教材课件，有力支撑高校专业发展建设和实践创新教育改革，不断提升北京高等教育人才培养质量，紧密服务北京城市功能定位和产业结构升级，为首都经济社会发展提供助力。

二、建设方案

北京高校“优质本科课程”和“优质本科教材课件”由高校遴选申报，市教委评审确定后，予以支持建设。

（一）申报条件

申报“优质本科课程”的课程，应面向本科生开设，课程思政建设成果突出，广受学生欢迎，有一定的社会影响力。鼓励在线课程、线上线下相结合课程申报；支持较好利用前沿教学科技手段的课程、较好结合虚拟仿真项目和社会实践项目的课程、校际共享效果较好的课程申报；重点支持围绕北京“四个中心”定位、服务十大高精尖产业发展相关领域的课程申报。原则上要求申报的课程由北京高校专任教师讲授，近5年在学校连续开设3年以上。

申报“优质本科教材课件”的教材课件，应适用于本科生教育，内容翔实、逻辑严谨，对课程和专业建设的支撑效果显著，与同类教材课件相比有优势特色。教材课件形式不限，可包括文字教材课件、电子教材课件、网络教材课件、多媒体教材课件，鼓励立体化教材课件申报。原则上要求申报的教材课件由北京高校专任教师编著或制作，近5年内出版或在教学中深入应用。

（二）遴选方式

北京高校“优质本科课程”和“优质本科教材课件”均分为一般项目和重点项目两类。其中，一般项目由各校自行组织评审，报市教委审核备案后认定（申报限额见附件1）；重点项目由学校推荐，原则上每校课程、教材课件各限报1项，市教委组织专家评审后确定。

（三）建设方式

对于经学校申报、专家评议、市教委认定的“优质本科课程”和“优质本科教材课件”，市教委将予以政策倾斜和专项资金支持，保证项目更好地发展建设，为高素质人才培养服务。

对于获评北京高校“优质本科课程”的主讲教师，认定为“北京高校优秀专业课（公共课）主讲教师”，市教委将给予相应政策支持。

三、申报方式

课程和教材课件负责人填写《北京高校优质本科课程申报书》（见附件2）、《北京高校优质本科教材课件申报书》（见附件3），经所在学校同意，纸质材料加盖学校公章后，报市教委审核审议。申报教材课件，需提供样书一本（套）或刻录课件的光盘一套。

各校负责填报《北京高校优质本科课程推荐汇总表》（见附件4）、

《北京高校优质本科教材课件推荐汇总表》(见附件5),加盖学校公章,报市教委高教处。

以上各申报书、汇总表电子版发送至邮箱。报送的申报材料不予退还。相关文件及表格请在市教委高教处网页（http://jw.beijing.gov.cn/gjc）下载。材料申报截止日期为2019年11月1日。

附件：1. 北京高校优质本科课程和教材课件一般项目推荐限额表（略）
2. 北京高校优质本科课程申报书（略）
3. 北京高校优质本科教材课件申报书（略）
4. 北京高校优质本科课程推荐汇总表（略）
5. 北京高校优质本科教材课件推荐汇总表（略）

2019年10月9日

北京市教育委员会

关于公布2019年北京高等教育“本科教学改革创新项目”的通知

京教函〔2019〕552号

各普通本科高等学校：

为贯彻《中共北京市委 北京市人民政府印发〈关于统筹推进北京高等教育改革发展的若干意见〉的通知》（京发〔2018〕12号）精神，进一步强化教育教学工作，形成教学奖励项目与科研奖励项目、教学人才项目与科研人才项目、教育教学成果与科学研究成果同等重要、相互促进、融合发展的新局面，我委组织了 2019 年北京高等教育“本科教学改革创新项目”申报及评审工作，现将市教委立项项目予以公布（见附件）。

各高校要加强本科教学改革创新项目管理，做好经费支持及政策保障工作，把握好项目建设进度，确保项目建设取得预期目标。在此基础上，进一步完善校内本科教学改革支持体系，积极开展系统性、前瞻性、持续性研究及探索，加快构建体现北京高等教育优势与特色的一流人才培养体系。

附件：2019 年北京高等教育“本科教学改革创新项目”立项项目名单

2019 年 11 月 6 日

附件

2019 年北京高等教育“本科教学改革创新项目”立项项目名单

序号	项目名称	项目负责人	项目主持学校	类型备注
1	清华大学本科通识课程体系改革探索与实践	彭刚	清华大学	重大项目
2	ICT 领域“四融合”新工程教育体系设计与实践	乔建永	北京邮电大学	重大项目
3	新时代思政课质量和水平提升路径研究	王洪元	北京林业大学	重大项目
4	中医学领军人才培养模式改革创新项目	徐安龙	北京中医药大学	重大项目
5	本科生学业发展的动因系统模型研究	涂清云、张生	北京师范大学	重大项目

续表 1

序号	项目名称	项目负责人	项目主持学校	类型备注
6	基于“课程思政”的卓越新闻传播人才培养创新	高晓虹	中国传媒大学	重大项目
7	新时代高校劳动教育实施体系建构	刘向兵	中国劳动关系学院	重大项目
8	促进医学教育协同发展的区域协作机制研究	管仲军	首都医科大学	重大项目
9	回望党办大学初心，挖掘红色资源——基于延河联盟的高校思政教育研究与实践	张军	北京理工大学	重大委托项目
10	“五位一体”的课程思政体系建设	苏海佳	北京化工大学	重大委托项目
11	北京市属高校创新型人才培养管理机制研究与改革实践	黄先开	北京工商大学	重大委托项目
12	构建中国特色经济学人才培养体系	董志勇	北京大学	重点项目
13	大类招生培养与管理的全体系构建	龙永红	中国人民大学	重点项目
14	新工科背景下面向行业未来的复合型工程人才培养模式探索与实践	薛庆国	北京科技大学	重点项目
15	新工科背景下“化工＋”人才培养模式的探索与实践	刘清雅	北京化工大学	重点项目
16	新农科的发展理念及发展方式研究与改革实践	王涛	中国农业大学	重点项目
17	北京地区行业特色型大学“通专融合”培养模式：方案设计与改革探索	孙国辉	中央财经大学	重点项目
18	服务国家战略 构建“一精多会”“一专多能”复合型国际化人才培养模式	蒋先玲	对外经济贸易大学	重点项目
19	学训一体 实践前置：创新德法兼修法治人才培养机制	刘坤轮	中国政法大学	重点项目

续表 2

序号	项目名称	项目负责人	项目主持学校	类型备注
20	“三制”合力驱动能源工业一流本科人才培养的探索与实践	刘波	中国矿业大学（北京）	重点项目
21	新工科背景下“普及化、规范化、复合型、高阶性”的创新能力培养体系研究	梁永图	中国石油大学（北京）	重点项目
22	不忘初心，以本为本，构建有效的多部门协作联动机制，切实提升本科教育质量	王果胜	中国地质大学（北京）	重点项目
23	“分类卓越、个性成长”的专业方向“课程树”建设及在人才培养中的实践	樊尚春	北京航空航天大学	重点项目
24	“育教研创”一体化本科大类人才培养体系创新与实践	王晓锋	北京理工大学	重点项目
25	构建混合教学模式引领一流专业建设基于外交学概论课程的探索与实践	高飞	外交学院	重点项目
26	强化使命担当，突出“五个起来”，打造首都高精尖新产业创新人才培养新高地	王丹	北京工业大学	重点项目
27	服务区域经济发展的人才培养模式研究	陶晓波	北方工业大学	重点项目
28	基于大类招生培养的地方普通高校复合应用型人才培养模式研究	刘益	北京印刷学院	重点项目
29	聚焦行业需求，注重创新引领 建筑类高校“三位一体”人才培养体系研究与实践	李俊奇	北京建筑大学	重点项目
30	基于“政产学研用”深度融合的 AI-Bio-IM 医药健康产业学院的构建与实践	韩占生	北京石油化工学院	重点项目
31	新农科背景下提高都市农林人才培养质量关键问题的研究与改革	刘京国	北京农学院	重点项目

续表 3

序号	项目名称	项目负责人	项目主持学校	类型备注
32	基于“卓越教师计划 2.0”的教师教育课程建设与人才培养机制创新实践研究	王海燕	首都师范大学	重点项目
33	基于全球胜任力的财务管理专业综合育人模式研究	计金标	北京第二外国语学院	重点项目
34	一核心 三坚持 全过程育人的教改模式	李久林	首都经济贸易大学	重点项目
35	中国音乐学院中国乐派“8＋1”课程体系金课建设	袁昊昱	中国音乐学院	重点项目
36	新时代全面发展创新人才培养体系的研究及实践	米洁	北京信息科技大学	重点项目
37	以立德树人为根本，高水平应用型本科人才培养体系研究与实践	齐再前	北京联合大学	重点项目
38	影视制作通才教育中的导师制	李伟	北京电影学院	重点项目
39	构建基于“互联网＋”大赛的北京高校双创教育资源共享平台的研究与实践	王菡	北京邮电大学	重点委托项目
40	“数据科学＋”复合型人才培养模式研究与实践	王建稳	北方工业大学	重点委托项目
41	新文科建设背景下跨学科专业人才培养模式研究	李小牧	北京第二外国语学院	重点委托项目
42	互联网＋视阈下英美报刊选读教学教改创新实践	于江霞	首都师范大学	重点委托项目
43	守正创新，打造新时代基础医学 专业拔尖人才培养新模式	王韵	北京大学	
44	数学基础学科拔尖人才培养创新项目研究	李若	北京大学	
45	古典语文学跨学科课程模块建设	李四龙	北京大学	
46	北京大学计算机专业小班课教学改革	郭耀	北京大学	

续表 4

序号	项目名称	项目负责人	项目主持学校	类型备注
47	文史哲融通型拔尖人才培养体系与机制改革	姜萌	中国人民大学	
48	公共外语教学改革与国际组织人才培养	田丽丽	中国人民大学	
49	面向智能时代的未来卓越法治人才培养体系与机制改革	王轶	中国人民大学	
50	“新文科”、新模式——面向未来的卓越新闻传播人才培养体系构建	胡百精	中国人民大学	
51	创新历史教育与提升本科生人文素养：以“《资治通鉴》导读”课为例	张国刚	清华大学	
52	基于学习产出教育理念的环境监测课程改革	余刚	清华大学	
53	建立教学档案袋制度 探索教学质量提升新路径	王红	清华大学	
54	信息技术在本科教学与管理的创新应用及实践	戴胜华	北京交通大学	
55	集群化在线开放课程建设及智慧教学质量研究与实践	房海蓉	北京交通大学	
56	分类培养、因材施教，新工科背景下适应交通强国战略的人才培养模式研究	景云	北京交通大学	
57	学科前沿进课堂，电气类专业本科生实践教育体系构建与实践	王喜莲	北京交通大学	
58	依托学科优势的传统工科专业人才培养体系改革与实践	尹升华	北京科技大学	
59	围绕“立德树人”探索多维协同的新时代经管人才培养模式	闫相斌	北京科技大学	
60	聚焦节能环保的“大系统”观人才培养模式改革	冯妍卉	北京科技大学	
61	面向智能机器人类创新型人才的五位一体培养方式的研究	曹政才	北京化工大学	

续表 5

序号	项目名称	项目负责人	项目主持学校	类型备注
62	“新工科”背景下的产学合作育人模式研究与实践	杨卫民	北京化工大学	
63	高校思政课“立体课堂”教学模式改革创新研究	张馨	北京化工大学	
64	无线物联网高新标杆课程体系研究与实践	彭木根	北京邮电大学	
65	AI 驱动的信息通信类人才培养新模式的研究与实践	尹长川	北京邮电大学	
66	面向新经济的计算机类专业＋人工智能创新型人才培养模式的研究与实践	卞佳丽	北京邮电大学	
67	基于新工科的农业机械化及其自动化专业培养方案改革	徐丽明	中国农业大学	
68	完善创新型人才培养的全过程育人体系	于静娟	中国农业大学	
69	构建“七维一体”大学数学教学生态环境，助力农业现代化创新人才培养	甄苓	中国农业大学	
70	涉农高校彰显优势和特色的社会科学人才“六位一体”培养体系创新与实践	叶敬忠	中国农业大学	
71	基于质量的新时代农林人才培养	骆有庆	北京林业大学	
72	以学生为中心的新时代农林人才培养	安黎哲	北京林业大学	
73	人工智能背景下的行业特色高校教学改革	黄国华	北京林业大学	
74	中医核心思维教育模式与评价机制研究	翟双庆	北京中医药大学	

续表 6

序号	项目名称	项目负责人	项目主持学校	类型备注
75	混合式 CBL + TBL 教学法在中医院校中医专业西医临床课实践教学中应用的研究	王玫	北京中医药大学	
76	“互联网+”背景下中医药院校专业课程“线上教育”与“线下教育”融合研究	闫永红	北京中医药大学	
77	分析类课程教改创新与高校一流学科建设探究	薛庆营	北京师范大学	
78	基于一流学科建设的地理学本科课程体系改革探索	朱华晟	北京师范大学	
79	以“4 + 5 质量跟踪体系”建设为抓手，创新汉语言文学师范专业人才培养机制	过常宝	北京师范大学	
80	生物化学与分子生物学综合实验金课建设与实践	杨冬	北京师范大学	
81	以实践性学术能力为核心的教育学专业人才培养探索	余清臣	北京师范大学	
82	高校混合式英语教学模式发展性评估研究	李莉文	北京外国语大学	
83	德语专业课程思政的实践与探索	吴江	北京外国语大学	
84	北外—武大政治学本科专业教学及联合培养实践探索	田小惠	北京外国语大学	
85	“法语+英语+外交学”复合型复语型国际化创新拔尖人才培养	戴冬梅	北京外国语大学	
86	以服务国家战略和北京发展为目标的“外语+”国际化人才培养课程体系研究	穆杨	北京语言大学	
87	面向本科通识教育的人工智能系列课程体系设计和教学改革方案	于东	北京语言大学	

续表 7

序号	项目名称	项目负责人	项目主持学校	类型备注
88	基于新文科建设的整合人文社会科学本科教学改革项目	云国强	北京语言大学	
89	新商科背景下经济学基础学科教学改革与创新	宋晓玲	北京语言大学	
90	中国语言文学新文科建设研究	张晶	中国传媒大学	
91	服务国家战略的非通用语人才培养模式改革探究	李烨辉	中国传媒大学	
92	立德树人——戏剧影视“专业课程思政”建设	关玲	中国传媒大学	
93	教学与科研有机融合思路下培养拔尖创新人才的实现路径研究	陈斌开	中央财经大学	
94	基于产教融合的新商科拔尖创新人才培养模式的改革与实践	林嵩	中央财经大学	
95	新时代中国金融类本科专业金课集群建设	李建军	中央财经大学	
96	新文科背景下多学科交叉融合的工商管理类人才培养模式的创新与实践研究	陈德球	对外经济贸易大学	
97	产学研协同下的金融工程一流专业建设创新与实践	余湄	对外经济贸易大学	
98	以 OBE 为核心的专业建设综合改革	洪俊杰	对外经济贸易大学	
99	涉外法治人才本科阶段多语种外语能力培养模式的创新与实践	田力男	中国政法大学	
100	通识教育的推理论证训练模式探索	费多益	中国政法大学	
101	“闻道 寻道 问道 践道”的课外综合育人项目	吕芳	中国政法大学	

续表 8

序号	项目名称	项目负责人	项目主持学校	类型备注
102	国家安全法学人才培养的综合改革探索	毕雁英	国际关系学院	
103	《语言思辨实践工坊》课程建设方案	杨丛与	国际关系学院	
104	全英文慕课西方文明史课程与教材建设	刘俊阳	国际关系学院	
105	对话学习者——大学英语精读教学模式创新研究	边永卫	国际关系学院	
106	音乐能力的多维度训练与专业化培养——视唱练耳课程教学改革	郝维亚	中央音乐学院	
107	新时期一流艺术人才培养与质量标准体系建设研究	孙韬	中央美术学院	
108	主题性创作在传统造型学科实践性教学	王颖生	中央美术学院	
109	中央美术学院设计学院本科人才培养系统性改革创新项目	宋协伟	中央美术学院	
110	戏剧教育与当代中小学生美育素质教育研究	周艳	中央戏剧学院	
111	通专结合，以美育人——戏剧基础理论金课建设	陈敏	中央戏剧学院	
112	中国国家戏剧院团市场化的改革与创新研究	马述智	中央戏剧学院	
113	紧跟北京市和国家能源战略需求的能动专业发展探索	沈国清	华北电力大学	
114	能源电力转型背景下多元化人才培养体系的构建与实践	王增平	华北电力大学	
115	面向新工科建设的阶梯式一体化工程能力培养体系研究	杨世关	华北电力大学	
116	坚持立德树人，构建城市地下空间工程一流人才培养体系	单仁亮	中国矿业大学（北京）	

续表 9

序号	项目名称	项目负责人	项目主持学校	类型备注
117	新工科校企协同的“三全育人”模式研究与实践	李晶	中国矿业大学（北京）	
118	新工科背景下能源类创新人才培养模式改革探索	杨胜利	中国矿业大学（北京）	
119	依托世界能源大学联盟的能源学术英语能力建设	赵秀凤	中国石油大学（北京）	
120	打破人才培养校企壁垒，探寻产学融合人才培养机制	邱萍	中国石油大学（北京）	
121	以学习质量为中心的混合式教学模式探索	范永开	中国石油大学（北京）	
122	《新能源概论》课程思政教学改革探索	许浩	中国地质大学（北京）	
123	上方山 GIS 专业 3S 野外综合实习创新实训基地及课程建设	郑新奇	中国地质大学（北京）	
124	地质学一流人才培养机制的构建与实践	张招崇	中国地质大学（北京）	
125	能力达成导向的协同创新智能开放实验实践人才培养体系探索	李阳	北京航空航天大学	
126	新工科背景下飞行器控制与信息工程专业的人才培养体系建设	赵丹培	北京航空航天大学	
127	本科工程领导力培养项目的探索与实践	赵海云	北京航空航天大学	
128	“一制二式三化”的物理实验教学新模式探索	王文玲	北京航空航天大学	
129	理工融合拔尖创新人才培养体系探索与实践	李炳照	北京理工大学	
130	面向领军人才培养的工科大学生跨学科育人模式研究与实践	冯慧华	北京理工大学	

续表 10

序号	项目名称	项目负责人	项目主持学校	类型备注
131	明辨思维型泛工科融合创新人才培养模式探索实践	龙腾	北京理工大学	
132	“医工融合”拔尖创新人才培养架构与实践	李勤	北京理工大学	
133	新工科创新创业人才培养生态体系建设	孟凡臣	北京理工大学	
134	“四位一体”建设保密管理专业“金课”	孙宝云	北京电子科技学院	
135	电子通信主干课课程思政教学模式研究与改革	杨亚涛	北京电子科技学院	
136	基于团队自主学习模式的新时代高校思政课改革实践与探索	赵剑民	北京电子科技学院	
137	当代大学生核心心理品质及有效培养模式的研究	宗敏	外交学院	
138	基于情境单元的英语多模态语料建设及教学应用	吉洁	外交学院	
139	新工科和新文科理念下的公安专业建设—以治安学和交通管理工程专业为例	马社强	中国人民公安大学	
140	公安执法实验教学中心转型建设研究	翟金鹏	中国人民公安大学	
141	北京体育大学运动项目学院融合“四化”人才培养模式创新研究	谢慧松	北京体育大学	
142	我国体能训练专业认证标准研究	周爱国	北京体育大学	
143	媒介融合背景下体育解说人才培养研究与实践	薛文婷	北京体育大学	
144	北京普通高等院校自主培养少数民族预科生模式研究	闫建敏	中央民族大学	

续表 11

序号	项目名称	项目负责人	项目主持学校	类型备注
145	新文科建设下的民族学人才培养模式改革——以“孝通班”为例	罗惠翾	中央民族大学	
146	民族高校“铸牢中华民族共同体意识”教育研究基地建设	麻国庆	中央民族大学	
147	专业教育与思政教育相融合的中国特色新闻传播人才培养模式探索	毛湛文	中央民族大学	
148	构建新时代女大学生领导力开发与培养的立体模式	侯典牧	中华女子学院	
149	新媒体时代高校思政课“四维驱动”混合式教学模式研究——以“概论课”为例	韩冰	中华女子学院	
150	新时代本科女子高校通识教育课程体系的构建	刘振辉	中华女子学院	
151	劳动关系跨专业综合课程改革项目	闻效仪	中国劳动关系学院	
152	产学研全流程融合“四劳”应用型法治人才培养模式研究	姜颖	中国劳动关系学院	
153	神经生物学实验	孙坚原	中国科学院大学	
154	基于学科进展的物理化学教学实验的优化与更新	王雪飞	中国科学院大学	
155	计算机组成原理敏捷教学模式探索与实践	张科	中国科学院大学	
156	混合式教学模式在英语课程中的应用研究	王蕙	中国社会科学院大学	
157	一流大学科教融合与个性化人才培养研究——以中国社会科学院大学为例	刘文瑞	中国社会科学院大学	

续表 12

序号	项目名称	项目负责人	项目主持学校	类型备注
158	以科研育人为抓手的马克思主义理论教育模式创新与质量提升	秦国伟	中国社会科学院大学	
159	基于大工程的土木工程专业复合型创新人才培养体系构建与实践探索	张建伟	北京工业大学	
160	跨专业大类招生的材料本科人才培养研究	崔素萍	北京工业大学	
161	瞄准时代需求，以服务智慧北京为目标的计算机专业改革建设	杜金莲	北京工业大学	
162	依托优质国际办学资源，提升创新人才培养能力——以北工大都柏林学院为例	张优良	北京工业大学	委托项目
163	精准资助育人模式的创新与实践探索	高国伟	北方工业大学	
164	面向新工科创新人才培养的 MSP 教学模式	王力	北方工业大学	
165	理实联合科教融合虚实结合智能建造专业人才培养模式探索与实践	宋志飞	北方工业大学	
166	基于“以学生为中心”的线上线下混合式教学模式构建——以新闻学为例	王擎	北京工商大学	
167	基于化妆品工程实际的创新性教学实践	赵华	北京工商大学	
168	新形势下创新型本科人才培养的数学基础课程改革与实践	梁登峰	北京工商大学	
169	市属高校港澳台学生国情教育课程建设研究与实践	席宇梅	北京服装学院	
170	设计学类专业毕业设计品质控制与系统建设	彭璐	北京服装学院	
171	科学与人文和谐发展的大学数理化教学改革与实践	章江华	北京服装学院	

续表 13

序号	项目名称	项目负责人	项目主持学校	类型备注
172	基于 OBE 教育教学理念的国际化服装人才培养整合式课程体系研究	衣卫京	北京服装学院	
173	基于蓝墨云班课移动教学平台混合式教学改革研究	黄孝章	北京印刷学院	
174	构建“新时代美术教育”教学研究创新模式	杨大禹	北京印刷学院	
175	新工科背景下印刷包装虚拟仿真实践平台的构建及其人才培养模式的研究	杨永刚	北京印刷学院	
176	特色鲜明的建筑环境与能源应用工程专业一流人才培养研究与实践	李锐	北京建筑大学	
177	新工科背景下数学类基础课程教学改革研究	张长伦	北京建筑大学	
178	基于新工科和人工智能两翼驱动的建筑行业高校人才培养路径研究	魏东	北京建筑大学	
179	基于多方合作教育的大数据学院专业群建设创新机制研究	张晓明	北京石油化工学院	
180	互联网＋教育背景下工程制图教学中教师教学行为及本科生学习成果研究	丁乔	北京石油化工学院	
181	突出教学设计、评价改进和支持平台建设的以学生为中心课程教学范式改革	戴波	北京石油化工学院	
182	OBE 理念下都市农林高校经管类人才培养体系的研究与创新	刘笑冰	北京农学院	
183	应用型农林本科院校实践教学体系的构建与实践	宋备舟	北京农学院	
184	基于增强大学生体质健康的体育课内外一体教学模式化研究	闫晓军	北京农学院	
185	强化在线考试题库建设完善过程评价学习机制	朱淼	首都医科大学	
186	基于专科院系平台的临床本科教学体系的构建	赵丽莉	首都医科大学	

续表 14

序号	项目名称	项目负责人	项目主持学校	类型备注
187	以器官系统为基础，以疾病为核心，以学生成长为中心教学改革探索和实践	王松灵	首都医科大学	
188	“四维协同、三轮驱动”思政课育人模式创新与实践	王淑芹	首都师范大学	
189	师范生师德养成体系建设研究	刘慧	首都师范大学	
190	“卓越教师培养计划”背景下舞蹈教师教育金课体系建设	田培培	首都师范大学	
191	区块链视域下体育在线开放课程建设理论与实践探索—以首都体育学院为例	高天	首都体育学院	
192	《流行病学》教学案例库建设	王超	首都体育学院	
193	首都体育学院本科专业建设与发展研究	王文生	首都体育学院	
194	面向学生的文旅大数据开放教研平台应用路径研究	钟栎娜	北京第二外国语学院	
195	以高质量人才培养为导向的本科生转专业制度创新研究	曲鑫	北京第二外国语学院	
196	新文科下的阿拉伯语高端人才培养模式研究	侯宇翔	北京第二外国语学院	
197	基于“企业家课堂”的校企协同育人模式探索	刘永胜	北京物资学院	
198	推动习近平新时代中国特色社会主义思想进教材进课堂进头脑的有效途径研究	高亚春	北京物资学院	
199	创新型、复合型、应用型卓越法律人才培养模式创新与实践	吴长军	北京物资学院	
200	面向物流信息类人才的“多元并举、三进阶式”实践育人体系构建研究	周丽	北京物资学院	

续表 15

序号	项目名称	项目负责人	项目主持学校	类型备注
201	德法兼修：新时代思政教育深度融合于法治人才培养的探索与创新	张世君	首都经济贸易大学	
202	教育信息化 2.0 改革解决教学困境研究	刘经纬	首都经济贸易大学	
203	数据科学与大数据技术专业融合型、立体化实践教学模式研究	任韬	首都经济贸易大学	
204	中国音乐学院本科招生体系建设研究	杨毅鹭	中国音乐学院	
205	中国乐派作曲技术理论教材建设研究——中国乐派作品研究部分	金平	中国音乐学院	
206	虚拟仿真技术在影视制作教学中的应用探索	陈军	北京电影学院	
207	录音艺术专业双导师制本科专业课程	刘嘉	北京电影学院	
208	“互联网＋教育”背景下舞蹈科学虚拟仿真实验教学模式研究	温柔	北京舞蹈学院	
209	外源与内生双重视角下艺术类高校教学质量保障体系研究	季鲁玉	北京舞蹈学院	
210	地方高校“人工智能＋协同育人”工程认知模式设计与实践	李学华	北京信息科技大学	
211	面向高质量发展的质量管理工程人才培养模式	曲立	北京信息科技大学	
212	基于 PBL ＋ TOPCARES-CDIO 指标体系的工程认证形成性评价建设与探索	王磊	北京信息科技大学	
213	面向工程教育专业认证的互联网＋一体化教学平台建设创新模式研究	侯霞	北京信息科技大学	
214	基于国际认证范式的新商科人才培养模式优化及质量提升的探索实践	郑丽	北京联合大学	

续表 16

序号	项目名称	项目负责人	项目主持学校	类型备注
215	“慕课”视域下地方高校混合式教学管理机制的研究与实践	林妍梅	北京联合大学	
216	大学专业课程教学中数学元素全域检索与案例构建研究	于深	北京联合大学	
217	产教融合背景下“pai 型”人才培养模式的探索及实践研究—以大数据学院为例	王辉	北京城市学院	
218	新工科背景下基于工程协同的智能建造专业集群建设	张卫华	北京城市学院	
219	艺术设计学科“学习路线图”综合改革研究与实践	王利民	北京城市学院	
220	基于设计思维教学的艺术设计课程教学模式改革与实践应用	郭丽	北京吉利学院	
221	民办应用型本科人工智能专业课程实践体系构建——以北京吉利学院为例	施一飞	北京吉利学院	
222	从专业竞赛切入 全面推动专业建设——影视专业人才培养模式的新探索	王锟	首都师范大学科德学院	
223	新时代金融学专业国际化人才培养研究与实践	孙雪梅	北京工商大学嘉华学院	
224	基于 CDIO 工程教育理念的专业建设研究与实践	夏素霞	北京邮电大学世纪学院	
225	“四位一体”目标下的学校体育改革与实践研究	戴雄	北京工业大学耿丹学院	
226	基于“数字建筑”产业需求的工程管理人才培养模式创新实践	张淑红	北京工业大学耿丹学院	
227	旅游酒店教师 5H 认证培训	曾丽婷	北京第二外国语学院中瑞酒店管理学院	

北京市教育委员会

关于转发教育部关于一流本科课程建设的实施意见

京教函〔2019〕581号

各市属本科高等学校：

现将教育部《关于一流本科课程建设的实施意见》（教高〔2019〕8号）转发给你们，请根据文件要求，不断更新理念，进一步推进现代信息技术与教学的深度融合，全面提升本校课程建设质量，同时做好“一流本科课程”的申报准备工作。

2019年11月13日

教育部

关于一流本科课程建设的实施意见

教高〔2019〕8号

各省、自治区、直辖市教育厅（教委），新疆生产建设兵团教育局，有关部门（单位）教育司（局），部属各高等学校、部省合建各高等学校：

课程是人才培养的核心要素，课程质量直接决定人才培养质量。

为贯彻落实习近平总书记关于教育的重要论述和全国教育大会精神，落实新时代全国高等学校本科教育工作会议要求，必须深化教育教学改革，必须把教学改革成果落实到课程建设上。现就一流本科课程建设提出如下实施意见。

一、总体要求

（一）指导思想

以习近平新时代中国特色社会主义思想为指导，贯彻落实党的十九大精神，落实立德树人根本任务，把立德树人成效作为检验高校一切工作的根本标准，深入挖掘各类课程和教学方式中蕴含的思想政治教育元素，建设适应新时代要求的一流本科课程，让课程优起来、教师强起来、学生忙起来、管理严起来、效果实起来，形成中国特色、世界水平的一流本科课程体系，构建更高水平人才培养体系。

（二）总体目标

全面开展一流本科课程建设，树立课程建设新理念，推进课程改革创新，实施科学课程评价，严格课程管理，立起教授上课、消灭“水课”、取消“清考”等硬规矩，夯实基层教学组织，提高教师教学能力，完善以质量为导向的课程建设激励机制，形成多类型、多样化的教学内容与课程体系。经过三年左右时间，建成万门左右国家级和万门左右省级一流本科课程（简称一流本科课程“双万计划”）。

（三）基本原则

——坚持分类建设。依据高校办学定位和人才培养目标定位，建设适应创新型、复合型、应用型人才培养需要的一流本科课程，实现不同类型高校一流本科课程建设全覆盖。

——坚持扶强扶特。着力引导“双一流”建设高校、部省合建高校发挥引领示范作用，重点打造一批高水平课程，为卓越拔尖人才培养提供有力支撑。重点支持已有建设基础、取得明显教学成效的课程，让优的更优、强的更强。重视特色课程建设，实现一流本科课程多样化。

——提升高阶性。课程目标坚持知识、能力、素质有机融合，培养学生解决复杂问题的综合能力和高级思维。课程内容强调广度和深度，突破习惯性认知模式，培养学生深度分析、大胆质疑、勇于创新的精神和能力。

——突出创新性。教学内容体现前沿性与时代性，及时将学术研究、科技发展前沿成果引入课程。教学方法体现先进性与互动性，大力推进现代信息技术与教学深度融合，积极引导学生进行探究式与个性化学习。

——增加挑战度。课程设计增加研究性、创新性、综合性内容，加大学生学习投入，科学“增负”，让学生体验“跳一跳才能够得着”的学习挑战。严格考核考试评价，增强学生经过刻苦学习收获能力和素质提高的成就感。

二、建设内容

（一）转变观念，理念新起来。以新理念引领一流本科课程建设。牢固树立“三个不合格”理念，竖起“高压线”，不抓本科教育的高校不是合格的高校，不重视本科教育的书记校长不是合格的书记校长，不参与本科教学的教授不是合格的教授。推动课程思政的理念形成广泛共识，构建全员全程全方位育人大格局。确立学生中心、产出导向、持续改进的理念，提升课程的高阶性，突出课程的创新性，增加课程的挑战度。

（二）目标导向，课程优起来。以目标为导向加强课程建设。立足经济社会发展需求和人才培养目标，优化重构教学内容与课程体系，破除课程千校一面，杜绝必修课因人设课，淘汰“水课”，立起课程建设新标杆。“双一流”建设高校、部省合建高校要明确要求两院院士、国家“千人计划”“万人计划”专家、“长江学者奖励计划”入选者、国家杰出青年科学基金获得者等高层次人才建设名课、讲授基础课和专业基础课，建设一批中国特色、世界水平的一流本科课程。聚焦新工科、新医科、新农科、新文科建设，体现多学科思维融合、产业技术与学科理论融合、跨专业能力融合、多学科项目实践融合，建设一批培养创新型、复合型人才的一流本科课程。服务区域经济社会发展主战场，深化产教融合协同育人，建设一批培养应用型人才的一流本科课程。

（三）提升能力，教师强起来。以培养培训为关键点提升教师教学能力。高校要实现基层教学组织全覆盖，教师全员纳入基层教学组织，强化教学研究，定期集体备课、研讨课程设计，加强教学梯队建设，完善助教制度，发挥好“传帮带”作用。实现青年教师上岗培训全覆盖，新入职教师必须经过助课、试讲、考核等环节，获得教师教学发展中心等学校培训部门颁发的证书，方可主讲课程。实现教师职业培训、终身学习全覆盖，推动教师培训常态化，将培训学分作为教师资格定期注册、教师考核的必备条件。

（四）改革方法，课堂活起来。以提升教学效果为目的创新教学方法。强化课堂设计，解决好怎么讲好课的问题，杜绝单纯知识传递、忽视能力素质培养的现象。强化现代信息技术与教育教学深度融合，解决好教与学模式创新的问题，杜绝信息技术应用的简单化、形式化。强化师生互动、生生互动，解决好创新性、批判性思维培养的问题，杜绝教师满堂灌、学生被动听的现象。

（五）科学评价，学生忙起来。以激发学习动力和专业志趣为着力点完善过程评价制度。加强对学生课堂内外、线上线下学习的评价，强化阅读量和阅读能力考查，提升课程学习的广度。加强研究型、项目式学习，丰富探究式、论文式、报告答辩式等作业评价方式，提升课程学习的深度。加强非标准化、综合性等评价，提升课程学习的挑战性。“双一流”建设高校、部省合建高校要扩大学生课程学习选择面，强化课程难度与挑战度。

（六）强化管理，制度严起来。以提高制度执行力为重点严格课程管理。高等学校要严格执行教授为本科生授课制度，连续三年不承担本科课程的教授、副教授，转出教师系列。严格执行国家对高校的生师比要求，完备师资队伍。严格执行课程准入制度，发挥校内教学指导委员会课程把关作用，拒绝“水课”进课堂。严格考试纪律，严把考试和毕业出口关，坚决取消“清考”。严格课程质量评估，在专业认证、教学评估中增加课程评价权重。

（七）政策激励，教学热起来。以教学贡献为核心内容制定激励政策。加大课程建设的支持力度，加大优秀课程和教师的奖励力度，加大教学业绩在专业技术职务评聘中的权重，营造重视本科课程改革与建设的良好氛围。

三、实施一流本科课程双万计划

（一）认定万门左右国家级一流本科课程。注重创新型、复合型、应用型人才培养课程建设的创新性、示范引领性和推广性，在高校培育建设基础上，从2019年到2021年，完成4000门左右国家级线上一流课程（国家精品在线开放课程）、4000门左右国家级线下一流课程、6000门左右国家级线上线下混合式一流课程、1500门左右国家虚拟仿真实验教学一流课程、1000门左右国家级社会实践一流课程认定工作，具体推荐认定办法见附件。

（二）认定万门左右省级一流本科课程。各省级教育行政部门根据区域高等教育改革发展需求，参照本实施意见要求，具体组织实施本地区一流本科课程建设计划。推荐国家级一流课程，注重解决本地区高校长期存在的教育教学问题，因地制宜、因校制宜、因课制宜建设省级一流本科课程，并报我部备案。

四、组织管理

（一）教育部负责统筹指导一流本科课程建设工作，组织有关专家和机构研究制定一流本科课程建设、应用与管理的相关标准规范。公布国家级一流本科课程推荐认定结果。

（二）省级教育行政部门研究制定省级一流本科课程建设实施方案，制定推动本地区一流本科课程建设与教学改革配套政策，建设省级一流本科课程。加强省级课程服务平台的管理，积极推动一流本科课程开放共享。

（三）高校要优化课程体系，做好一流本科课程建设规划。组建优秀教师团队建设一流本科课程。建立校内课程建设激励机制，健全支持政策，完善课程管理和评价机制。“双一流”建设高校、部省合建高校要率先建设一流本科课程。

（四）高等学校教学指导委员会要加强课程建设理论研究和分类指导，组织制订相关专业一流本科课程建设指南，引导高校汇聚优秀教师联合建设课程群，共享优质课程资源。

（五）课程服务平台承担一流本科课程服务和数据安全保障的主

体责任，配合开展课程审查和线上教学活动。要不断更新并提升技术和数据服务水平，监控和打击不良学习行为。加强课程平台间的交流与合作。

（六）中央部门所属高校统筹利用“中央高校教育教学改革专项”等各类资源支持一流本科课程建设。地方高校统筹地方财政高等教育资金和中央支持地方高校改革发展资金支持一流本科课程建设。

附件：“双万计划”国家级一流本科课程推荐认定办法

2019 年 10 月 24 日

附件

“双万计划”国家级一流本科课程推荐认定办法

一、推荐范围

普通本科高校纳入人才培养方案且设置学分的本科课程均可推荐，包括思想政治理论课、公共基础课、专业基础课、专业课以及通识课等独立设置的本科理论课程、实验课程和社会实践课程等。

二、推荐类型与计划

（一）线上一流课程。即国家精品在线开放课程，突出优质、开放、共享，打造中国慕课品牌。完成 4000 门左右国家精品在线开放课程认定，构建内容更加丰富、结构更加合理、类别更加全面的国家级精品慕课体系。

（二）线下一流课程。主要指以面授为主的课程，以提升学生综合能力为重点，重塑课程内容，创新教学方法，打破课堂沉默状态，焕发课堂生机活力，较好发挥课堂教学主阵地、主渠道、主战场作用。认定 4000 门左右国家级线下一流课程。

（三）线上线下混合式一流课程。主要指基于慕课、专属在线课程（SPOC）或其他在线课程，运用适当的数字化教学工具，结合本校实际对校内课程进行改造，安排 20% ～ 50% 的教学时间实施学生线上自主学习，与线下面授有机结合开展翻转课堂、混合式教学，打造在线课程与本校课堂教学相融合的混合式“金课”。大力倡导基于国家精品在线开放课程应用的线上线下混合式优质课程申报。认定 6000 门左右国家级线上线下混合式一流课程。

（四）虚拟仿真实验教学一流课程。着力解决真实实验条件不具备或实际运行困难，涉及高危或极端环境，高成本、高消耗、不可逆操作、大型综合训练等问题。完成 1500 门左右国家虚拟仿真实验教学一流课程认定，形成专业布局合理、教学效果优良、开放共享有效的高等教育信息化实验教学体系。

（五）社会实践一流课程。以培养学生综合能力为目标，通过“青年红色筑梦之旅”、“互联网＋”大学生创新创业大赛、创新创业和思想政治理论课社会实践等活动，推动思想政治教育、专业教育与社会服务紧密结合，培养学生认识社会、研究社会、理解社会、服务社会的意识和能力，建设社会实践一流课程。课程应为纳入人才培养方案的非实习、实训课程，配备理论指导教师，具有稳定的实践基地，学生 70% 以上学时深入基层，保证课程规范化和可持续发展。认定 1000 门左右国家级社会实践一流课程。

三、推荐条件

推荐课程须至少经过两个学期或两个教学周期的建设和完善，取得实质性改革成效，在同类课程中具有鲜明特色、良好的教学效果，并承诺入选后将持续改进。符合相关类型课程基本形态和特殊要求的同时，在以下多个方面具备实质性创新，有较大的借鉴和推广价值。

（一）教学理念先进。坚持立德树人，体现以学生发展为中心，致力于开启学生内在潜力和学习动力，注重学生德智体美劳全面发展。

（二）课程教学团队教学成果显著。课程团队教学改革意识强烈、理念先进，人员结构及任务分工合理。主讲教师具备良好的师德师风，具有丰富的教学经验、较高学术造诣，积极投身教学改革，教学能力强，能够运用新技术提高教学效率、提升教学质量。

（三）课程目标有效支撑培养目标达成。课程目标符合学校办学定位和人才培养目标，注重知识、能力、素质培养。

（四）课程教学设计科学合理。围绕目标达成、教学内容、组织实施和多元评价需求进行整体规划，教学策略、教学方法、教学过程、教学评价等设计合理。

（五）课程内容与时俱进。课程内容结构符合学生成长规律，依据学科前沿动态与社会发展需求动态更新知识体系，契合课程目标，教材选用符合教育部和学校教材选用规定，教学资源丰富多样，体现思想性、科学性与时代性。

（六）教学组织与实施突出学生中心地位。根据学生认知规律和接受特点，创新教与学模式，因材施教，促进师生之间、学生之间的交流互动、资源共享、知识生成，教学反馈及时，教学效果显著。

（七）课程管理与评价科学且可测量。教师备课要求明确，学生学习管理严格。针对教学目标、教学内容、教学组织等采用多元化考核评价，过程可回溯，诊断改进积极有效。教学过程材料完整，可借鉴可监督。

四、推荐方式

除线上一流课程、虚拟仿真实验教学一流课程继续按有关文件实施外，线下一流课程、线上线下混合式一流课程和社会实践一流课程采用以下推荐方式。

（一）推荐总额

教育部按照国家级线下一流课程、线上线下混合式一流课程和社会实践一流课程三年计划总数确定推荐总额，分别下达至中央部门所属高校和各省级教育行政部门。

（二）分赛道推荐

按照中央部门所属高校、地方高校的办学定位和培养目标特点分赛道推荐，名额分列。部省合建高校推荐课程纳入中央部门所属高校赛道。

（三）推荐方式

中央部门所属高校、各省级教育行政部门根据教育部下达的三年推荐额度，在规定的年度上限数额内推荐。教育部直属高校直接报教育部，其他中央部门所属高校、部省合建高校经主管部门同意后报教育部；地方高校由省级教育行政部门统一报教育部。

（四）推荐材料要求

课程团队须提交申报书、时长10分钟内的说课视频（包括教学理念、课程设计、课程实施、改革成效等）和其他佐证材料。

五、认定方式

教育部分年度组织专家对推荐课程进行认定，经公示后向社会发布。对课程团队成员存在师德师风问题、学术不端问题、五年内出现过重大教学事故，课程内容存在思想性科学性问题的，实行一票否决。

六、认定课程管理

教育部对认定的国家级一流课程实施动态管理，对课程实际应用、教学效果和共享等进行跟踪监测。认定为国家级一流课程的课程须继续建设五年，其建设和改革成果在指定的网站上集中展示和分享，且定期更新资源和数据。对于未持续更新完善、出现严重质量问题、课程团队成员出现师德师风等问题的课程，将予以撤销。

北京市教育委员会

关于公布北京高校“重点建设一流专业”名单的通知

京教函〔2019〕680号

各有关高等学校：

为贯彻落实《国务院关于印发统筹推进世界一流大学和一流学科

建设总体方案的通知》(国发〔2015〕64号)、《教育部关于加快建设高水平本科教育全面提高人才培养能力的意见》(教高〔2018〕2号)、《中共北京市委 北京市人民政府印发〈关于统筹推进北京高等教育改革发展的若干意见〉的通知》(京发〔2018〕12号)等文件精神，我委于2017年和2019年分两批开展了“重点建设一流专业”遴选工作。经北京地区高校自主申报、专家组评审、公示等程序，共遴选出100个北京高校“重点建设一流专业”，现将名单予以公布(见附件1)。

各高校要依据《北京市教育委员会关于开展“重点建设一流专业”遴选建设的通知》(京教函〔2019〕493号)的要求，结合自身实际情况，研究制定入选专业建设方案，明确专业建设目标和具体实施路径，切实推动相关专业的发展建设。

北京高校“重点建设一流专业”建设周期为五年。北京市将加大政策资金支持力度，引导激励入选专业主动服务国家战略和北京经济社会发展，不断提升专业建设水平，培养高素质的社会主义建设者和接班人。北京市将组织专家逐年对项目实施情况进行考核，并依据考核结果调整下一年度经费支持方式和力度，保证项目建设效果。

附件：北京高校“重点建设一流专业”名单

2019年12月25日

附件

北京高校“重点建设一流专业”名单

序号	学校名称	专业名称	专业负责人
1	北京大学	计算机科学与技术	郭耀
2	北京大学	临床医学	王维民

续表1

序号	学校名称	专业名称	专业负责人
3	清华大学	水利科学与工程	张建民
4	清华大学	艺术与科技	王之纲
5	中国人民大学	马克思主义理论	王易
6	中国人民大学	经济学	刘守英
7	中国人民大学	法学	王轶
8	北京师范大学	人文地理与城乡规划	周尚意
9	北京师范大学	学前教育	洪秀敏
10	中国农业大学	植物保护	彭友良
11	中国农业大学	动物医学	沈建忠
12	北京交通大学	交通运输	张星臣
13	北京交通大学	轨道交通信号与控制	唐涛
14	北京交通大学	物流管理	施先亮
15	北京科技大学	材料科学与工程	谢建新
16	北京科技大学	能源与动力工程	冯妍卉
17	北京化工大学	高分子材料与工程	张晨
18	北京邮电大学	通信工程	杨鸿文
19	北京邮电大学	信息安全	杨义先
20	北京林业大学	林学	赵秀海
21	北京林业大学	风景园林	王向荣

续表 2

序号	学校名称	专业名称	专业负责人
22	北京中医药大学	中医学	谷晓红
23	北京外国语大学	英语	张剑
24	北京外国语大学	阿拉伯语	刘欣路
25	北京语言大学	汉语言（来华留学生）	张浩
26	中国传媒大学	广播电视学	高晓虹
27	中央财经大学	金融学	李建军
28	中央财经大学	会计学	吴溪
29	中央财经大学	统计学	刘扬
30	对外经济贸易大学	国际经济与贸易	洪俊杰
31	对外经济贸易大学	会计学	陈德球
32	中央音乐学院	音乐表演	俞峰
33	中央美术学院	雕塑	吕品昌
34	中央戏剧学院	表演	陈刚
35	中国政法大学	法学	卢春龙
36	中国政法大学	政治学与行政学	杨阳
37	华北电力大学	新能源科学与工程	董长青
38	中国矿业大学（北京）	地球物理学	彭苏萍
39	中国矿业大学（北京）	城市地下空间工程	刘波

续表 3

序号	学校名称	专业名称	专业负责人
40	中国石油大学(北京)	化学工程与工艺	朱建华
41	中国石油大学(北京)	油气储运工程	侯磊
42	中国地质大学(北京)	宝石及材料工艺学	郭颖
43	北京航空航天大学	电子信息工程	张晓林
44	北京航空航天大学	自动化	吕金虎
45	北京理工大学	计算机科学与技术	黄河燕
46	北京理工大学	车辆工程	林程
47	北京理工大学	光电信息科学与工程	郝群
48	北京协和医学院	临床医学	王辰
49	外交学院	英语	石毅
50	中央民族大学	民族学	麻国庆
51	北京工业大学	机械工程	高国华
52	北京工业大学	电子科学与技术	张万荣
53	北京工业大学	材料科学与工程	崔素萍
54	北京工业大学	土木工程	杜修力
55	北方工业大学	电子信息工程	张卫平
56	北方工业大学	自动化	王力
57	北京工商大学	食品科学与工程	孙宝国

续表 4

序号	学校名称	专业名称	专业负责人
58	北京工商大学	会计学	谢志华
59	北京工商大学	金融学	杨德勇
60	北京服装学院	服装与服饰设计	邹游
61	北京服装学院	服装设计与工程	张辉
62	北京印刷学院	印刷工程	金杨
63	北京印刷学院	编辑出版学	张文红
64	北京建筑大学	建筑学	欧阳文
65	北京建筑大学	土木工程	韩淼
66	北京石油化工学院	环境工程	陈家庆
67	北京石油化工学院	制药工程	王学重
68	北京石油化工学院	安全工程	高建村
69	北京农学院	园艺	张杰
70	北京农学院	动物医学	李焕荣
71	首都医科大学	临床医学	康骅
72	首都医科大学	护理学	吴瑛
73	首都医科大学	口腔医学	白玉兴
74	首都医科大学	预防医学	陈瑞
75	首都师范大学	小学教育	刘慧

续表 5

序号	学校名称	专业名称	专业负责人
76	首都师范大学	地理信息科学	邓磊
77	首都师范大学	生物科学	马力耕
78	首都体育学院	体育教育	尹军
79	首都体育学院	武术与民族传统体育	丁传伟
80	北京第二外国语学院	翻译	蔡坚
81	北京第二外国语学院	旅游管理	邹统钎
82	北京物资学院	物流管理	张旭凤
83	首都经济贸易大学	会计学	顾奋玲
84	首都经济贸易大学	金融学	尹志超
85	首都经济贸易大学	经济学	杨春学
86	首都经济贸易大学	工商管理	柳学信
87	中国音乐学院	音乐表演	黄虎
88	中国音乐学院	作曲与作曲技术理论	金平
89	中国戏曲学院	表演	舒桐
90	北京电影学院	戏剧影视导演	王瑞
91	北京电影学院	表演	张辉
92	北京电影学院	影视技术	刘戈三
93	北京舞蹈学院	舞蹈编导	万素

续表 6

序号	学校名称	专业名称	专业负责人
94	北京舞蹈学院	舞蹈表演	郭磊
95	北京信息科技大学	测控技术与仪器	董明利
96	北京信息科技大学	通信工程	李学华
97	北京信息科技大学	机械设计制造及其自动化	黄民
98	北京联合大学	旅游管理	严旭阳
99	北京联合大学	软件工程	张建成
100	北京联合大学	档案学	沈蕾

北京市教育委员会

关于公布“优质本科课程”和“优质本科教材课件”遴选结果的通知

京教函〔2019〕692 号

各本科高等学校：

根据《北京市教育委员会关于开展北京高校“优质本科课程”和“优质本科教材课件”建设的通知》(京教函〔2019〕512 号)，市教委组织了“优质本科课程”和“优质本科教材课件”的申报和评选工作，现将 2019 年遴选结果予以公布。

对于获评北京高校“优质本科课程”的主讲教师，认定为“北京高等学校优秀专业课（公共课）主讲教师”，我委将颁发证书以兹鼓励，并给予相应政策支持。

各高校要进一步加强本科课程及教材课件建设，充分发挥“优质本科课程”和“优质本科教材课件”的引导和示范作用，进一步激发教师对本科教学的积极性，不断更新教学理念，推进课程创新与课程建设，提高教材课件的规范性和前沿性，有力支撑高校专业发展建设和实践创新教育改革，不断提升北京高等教育人才培养质量。

附件：1. 2019 年北京高校“优质本科课程”名单（略）

2. 2019 年北京高校“优质本科教材课件”名单（略）

2019 年 12 月 30 日

职业教育

北京市教育委员会文件选编

（2019）

北　京　市　教　育　委　员　会
北京市人力资源和社会保障局

关于公布2019年新增“3 + 2”中高职衔接办学项目的通知

京教职成〔2019〕1号

各区教委，各有关职业院校：

为深入贯彻全国教育大会和全市教育大会精神，全面实施《北京职业教育改革发展行动计划（2018—2020年）》，拓宽高素质技术技能人才发展通道，强化职业教育服务北京经济社会发展的能力，结合北京城市总体规划和京津冀协同发展战略需要，市教委及市人力社保局组织对2019年拟新增的“3＋2”中高职衔接申报项目进行了论证评议。经专家小组集中评审、评委会评议，从65个申报项目中择优确定43个项目，自2019年起具有“3＋2”中高职衔接办学资格，现将2019年新增“3＋2”中高职衔接办学项目名单予以公布，并就下一步有关工作通知如下：

一、坚持“整体设计、系统培养、需求导向、突出特色”的原则。合作院校要发挥中高职集成优势，加强一体化人才培养方案设计，在重订教学计划、重构课程体系、重组教学模块上进一步完善，注重文化基础和综合素质培养，关注学生心理健康，按照学生综合素养和可持续发展的职业能力递进规律，研究制定课程体系，强化特色凝练，实现衔接创新。

二、全过程强化校企合作，深化产教融合。在中高职紧密合作基础上，强化与市场需求的无缝对接，在校企、校校的多元、系统和深入合作中，打造极具特色的“3 + 2”中高职衔接品牌专业，并开拓新业态、新技术和特色产业人才培养，发挥职业教育服务城市安全运行、民生紧缺行业和生活服务品质以及新兴产业和高精尖产业发展的重要支撑作用。

三、加强衔接办学管理，强化质量提升。加强对教育资源、管理力量和师资队伍的整体统筹，精心组织，强化衔接办学管理，加强专兼职教师队伍的整合，不断总结和改进教学方法和手段，加强教育教学质量监控，做好学生录取、转段、毕业等各阶段学籍管理工作，以精细化管理进一步保障人才培养质量提升，深化中高职衔接办学的内涵发展。

附件：2019 年新增“3 + 2”中高职衔接办学项目名单

2019 年 1 月 8 日

附件

2019 年新增“3 + 2”中高职衔接办学项目名单

序号	中职学校	中职专业	高职学院	高职专业
1	北京水利水电学校	工程造价	北京工业职业技术学院	工程造价
2	北京水利水电学校	给排水工程施工与运行	北京劳动保障职业学院	安全技术与管理（城市管理与监察）
3	北京水利水电学校	机电技术应用（订单培养）	北京劳动保障职业学院	机电一体化技术（订单培养）
4	北京商贸学校	制冷和空调设备运行与维修	北京电子科技职业学院	供热通风与空调工程技术

续表 1

序号	中职学校	中职专业	高职学院	高职专业
5	北京商贸学校	数字媒体技术应用	北京信息职业技术学院	虚拟现实应用技术
6	北京商贸学校	学前教育	北京财贸职业学院	学前教育
7	北京商贸学校	人力资源管理事务	北京劳动保障职业学院	人力资源管理
8	北京金隅科技学校	建筑装饰	北京工业职业技术学院	建筑装饰工程技术
9	北京金隅科技学校	无人机操控与维护技术	北京电子科技职业学院	飞机机电设备维修
10	北京金隅科技学校	轨道交通机电设备安装与维修	北京交通运输职业学院	城市轨道交通机电技术
11	北京市求实职业学校	网络信息安全	北京信息职业技术学院	信息安全与管理
12	北京市电气工程学校	园林技术	北京城市学院	环境艺术设计
13	北京市对外贸易学校	国际商务（外贸报关报检）	北京农业职业学院	国际经济与贸易（国际关务管理）
14	北京市自动化工程学校	网络信息安全	北京信息职业技术学院	信息安全与管理
15	北京市密云区职业学校	客户信息服务	北京信息职业技术学院	电子商务
16	北京新城职业学校	计算机应用	北京经济管理职业学院	计算机网络技术
17	北京市大兴区第一职业学校	计算机应用	北京农业职业学院	计算机应用技术
18	北京市大兴区第一职业学校	学前教育	北京财贸职业学院	学前教育
19	北京市东城区古城职业高中	物业管理	北京社会管理职业学院	物业管理

续表 2

序号	中职学校	中职专业	高职学院	高职专业
20	北京市信息管理学校	计算机网络技术	北京信息职业技术学院	云计算技术与应用
21	北京市昌平职业学校	大数据技术应用	北京信息职业技术学院	大数据技术与应用
22	北京市昌平职业学校	休闲体育服务与管理（冰雪运动）	北京体育职业学院	体育运营与管理（冰雪运动服务与推广）
23	北京市昌平职业学校	通用航空器维修	北京电子科技职业学院	飞机机电设备维修
24	北京市昌平职业学校	无人机应用技术	北京工业职业技术学院	无人机应用技术
25	北京市经济管理学校	计算机网络技术(云计算技术应用)	北京信息职业技术学院	云计算技术与应用
26	北京市经济管理学校	机器人技术与应用	北京信息职业技术学院	电子信息工程技术(智能机器人)
27	北京市经济管理学校	经济信息管理	北京经济管理职业学院	电子商务(商务数据分析)
28	北京市经济管理学校	会计（税务事务）	北京经济管理职业学院	税务
29	北京市经济管理学校	电子商务(跨境电子商务)	北京经济管理职业学院	电子商务
30	北京市劲松职业高中	商务英语	北京信息职业技术学院	商务英语（国际商务）
31	北京市丰台区职业教育中心学校	影像与影视技术	北京经济技术职业学院	计算机应用技术
32	北京市丰台区职业教育中心学校	影视化妆	北京经济技术职业学院	广告设计与制作

续表 3

序号	中职学校	中职专业	高职学院	高职专业
33	北京铁路电气化学校	电力机车运用与检修	北京工业职业技术学院	机电一体化
34	北京市经贸高级技术学校	航空服务	北京经济管理职业学院	国际商务
35	北京市仪器仪表高级技工学校	电气自动化设备安装与维修	北京电子科技职业学院	飞机机电设备维修
36	首钢技师学院	汽车维修	首钢工学院	汽车检测与维修技术
37	首钢技师学院	机械设备装配与自动控制	首钢工学院	机械设计与制造
38	首钢技师学院	计算机网络应用	首钢工学院	计算机应用技术（大数据）
39	首钢技师学院	电气自动化设备安装与维修	首钢工学院	电气自动化技术
40	首钢技师学院	环境保护与检测	首钢工学院	环境工程技术
41	首钢技师学院	电气自动化设备安装与维修	首钢工学院	机电一体化技术
42	北京市实验技工学校	计算机网络应用	北京劳动保障职业学院	计算机网络技术
43	北京市实验技工学校	会计	北京劳动保障职业学院	财务管理

北 京 市 教 育 委 员 会
北京市发展和改革委员会
北 京 市 财 政 局
北京市人力资源和社会保障局
北京市人民政府教育督导室

关于公布北京市特色高水平职业院校及第一批特色高水平骨干专业（群）和实训基地（工程师学院、技术技能大师工作室）建设名单的通知

京教职成〔2019〕3号

各区教委、发展改革委、财政局、人力社保局、区政府教育督导室，各职业院校，有关单位：

根据《北京职业教育改革发展行动计划（2018—2020年）》相关要求，市教委、市发展改革委、市财政局、市人力社保局、市政府教育督导室等五部门组织开展了北京市特色高水平职业院校、第一批特色高水平骨干专业（群）、实训基地（工程师学院、技术技能大师工作室）（以下简称“特高”项目）的遴选工作。

经北京市特色高水平职业院校建设项目评审委员会评议、公示、北京市特色高水平职业院校建设领导小组审定，确定北京电子科技职业学院等12所职业院校为北京市特色高水平职业院校建设单位，北京农业职业学院都市园艺专业群等48个专业（群）为第一批北京市

特色高水平骨干专业（群）建设单位，北京工业职业技术学院华为信息与网络工程师学院等40个实训基地为第一批北京市职业院校实训基地（工程师学院、技术技能大师工作室）建设单位。现将遴选结果予以公布。

“特高”项目是北京职业教育改革发展行动计划的重要任务，各学校要履行建设主体责任，按照“国内一流、国际领先”的建设标准，进一步完善建设方案，明确时间表和任务书，确保项目建设有序推进，认真执行各项建设任务。

项目建设周期三年，市教委将会同有关部门开展“特高”项目建设年度绩效评估和检查验收，“特高”项目建设评估考核不合格的将中止建设并取消建设资格。

附件：1. 北京市特色高水平职业院校建设名单

2. 第一批北京市特色高水平骨干专业（群）建设名单

3. 第一批北京市职业院校实训基地（工程师学院、技术技能大师工作室）建设名单

2019年1月24日

附件1

北京市特色高水平职业院校建设名单

北京电子科技职业学院

北京市昌平职业学校

北京财贸职业学院

北京市商业学校

北京工业职业技术学院

北京信息职业技术学院

北京农业职业学院

北京交通运输职业学院

北京市丰台区职业教育中心学校

北京市工业技师学院

北京劳动保障职业学院

北京戏曲艺术职业学院

附件2

第一批北京市特色高水平骨干专业（群）建设名单

序号	专业（群）名称	学校名称
1	都市园艺专业群	北京农业职业学院
2	高星级饭店运营与管理专业	北京市外事学校
3	高端装备智能制造技术专业群	北京电子科技职业学院
4	智能制造专业群	北京市工业技师学院
5	“互联网＋”财经专业群	北京市商业学校
6	城市运行智能设备应用技术专业群	北京工业职业技术学院
7	城市轨道交通专业群	北京交通运输职业学院
8	轨道交通技术专业群	北京铁路电气化学校
9	工程测量技术专业	北京工业职业技术学院
10	烹饪服务专业群	北京市工贸技师学院
11	软件与信息服务专业群	北京信息职业技术学院
12	老年服务与管理专业	北京劳动保障职业学院
13	科技金融专业群	北京财贸职业学院
14	智慧会计专业群	北京财贸职业学院
15	健康养老专业群	北京社会管理职业学院
16	护理专业	北京卫生职业学院
17	航空服务专业	北京市昌平职业学校
18	汽车运用与维修专业	北京市昌平职业学校
19	学前教育专业	北京青年政治学院
20	学前教育专业	北京市求实职业学校

续表 1

序号	专业（群）名称	学校名称
21	餐饮服务专业群	北京市劲松职业高中
22	大数据技术与应用服务专业群	北京电子科技职业学院
23	艺术教育专业群	北京市商业学校
24	宝玉石鉴定与加工专业	北京经济管理职业学院
25	现代殡葬技术与管理专业	北京社会管理职业学院
26	城市运行与保障专业群	北京市工贸技师学院
27	智能建筑电气专业群	北京市电气工程学校
28	网络与通信专业群	北京信息职业技术学院
29	电气自动化设备安装与维修专业	首钢技师学院
30	数字媒体艺术专业群	北京市信息管理学校
31	计算机网络技术专业	北京市信息管理学校
32	动物医学专业群	北京农业职业学院
33	环保检测产业类专业群	北京市工业技师学院
34	工艺美术专业	北京轻工技师学院
35	食品加工与检验专业	北京轻工技师学院
36	餐饮艺术与管理专业群	北京市丰台区职业教育中心学校
37	水利水电工程施工专业	北京水利水电学校
38	汽车服务与管理专业群	北京交通运输职业学院
39	新媒体应用技术专业群	北京市新媒体技师学院
40	学前教育专业	北京汇佳职业学院
41	电子技术应用专业	北京电子信息技师学院
42	安全保卫专业群	北京政法职业学院
43	中餐烹饪与营养膳食专业	北京市延庆区第一职业学校

续表 2

序号	专业（群）名称	学校名称
44	智能制造运用专业群	北京市密云区职业学校
45	康护医养专业群	北京京北职业技术学院
46	城市运行管理专业群	北京市城市管理高级技术学校
47	城市轨道交通专业群	北京交通职业技术学院
48	平面媒体印制技术专业	北京市房山区第二职业高中

附件 3

第一批北京市职业院校实训基地（工程师学院、技术技能大师工作室）建设名单

序号	项目名称	院校名称	合作单位名称
1	华为信息与网络工程师学院	北京工业职业技术学院	华为技术有限公司
2	钟连盛景泰蓝工作室	北京电子科技职业学院	北京市珐琅厂有限责任公司
3	北京奔驰汽车制造工程师学院	北京电子科技职业学院	北京奔驰汽车有限公司
4	首都航天智能制造工程师学院	北京市工业技师学院	首都航天机械有限公司
5	京东智能设备工程师学院	北京工业职业技术学院	京东大学
6	菜百商学院	北京财贸职业学院	北京菜市口百货股份有限公司
7	首农西郊农场园艺工程师学院	北京农业职业学院	北京市西郊农场有限公司

续表 1

序号	项目名称	院校名称	合作单位名称
8	西门子智能制造工程师学院	北京经济管理职业学院	西门子（中国）有限公司
9	北京工艺美术师学院	北京市工艺美术高级技工学校	北京工美集团有限责任公司
10	肖永亮数字视效工作室	北京经济管理职业学院	凤凰数字媒体产业教育集团
11	王连友智能制造工作室	北京市工贸技师学院	中国航天科技集团公司五院卫星制造厂
12	周海宽古书画装裱与修复工作室	北京国际职业教育学校	故宫博物院
13	卫建平智能装配工作室	首钢技师学院	北京首钢机电有限公司
14	施耐德电气工程师学院	北京市电气工程学校	施耐德电气（中国）有限公司
15	神州泰岳信息安全工程师学院	北京信息职业技术学院	北京神州泰岳软件股份有限公司
16	联想工程师学院	北京市昌平职业学校	联想（北京）有限公司
17	阿里巴巴数字贸易学院	北京市商业学校	阿里巴巴（中国）网络技术有限公司
18	爱慕时装技术学院	北京市工贸技师学院	爱慕股份有限公司
19	大董餐饮文化学院	北京市劲松职业高中	大董（上海）品牌管理有限公司
20	边精一古建营造工作室	北京交通运输职业学院	北京市房修二古代建筑工程有限公司
21	崔奇铭玉雕工作室	北京轻工技师学院	北京崔奇铭玉雕设计咨询工作室
22	新道云财务会计师学院	北京市商业学校	（用友）新道科技股份有限公司

续表 2

序号	项目名称	院校名称	合作单位名称
23	格林彩虹矫形工程师学院	北京社会管理职业学院	北京格林彩虹假肢矫形器装配中心
24	张洪超汽车装配工作室	北京汽车技师学院	北京新能源汽车股份有限公司
25	海尔智能技术应用学院	北京市电气工程学校	海尔智能家电科技有限公司
26	京东产教融合学院	北京市昌平职业学校	北京京东世纪贸易有限公司
27	曲思义电影调色工作室	北京市丰台区职业教育中心学校	北京派来特影视科技有限公司
28	李兵汽车试制工作室	北京市顺义区人力资源和社会保障局高级技工学校	北京汽车股份有限公司汽车研究院
29	杨银喜传统酱菜技艺工作室	北京商贸学校	北京六必居食品有限公司怀柔酿造厂
30	中铁天佑工程师学院	北京铁路电气化学校	中国铁路北京局集团有限公司
31	新大陆物联网工程师学院	北京市信息管理学校	新大陆科技集团有限公司
32	燕东微电子工程师学院	北京信息职业技术学院	北京燕东微电子有限公司
33	北汽新能源汽车工程师学院	北京汽车技师学院	北京汽车新能源股份有限公司
34	北京饭店外事服务学院	北京市外事学校	北京饭店（北京）
35	完美世界动漫游戏创意设计师学院	北京市信息管理学校	完美世界教育科技（北京）有限公司
36	金色摇篮幼教学院	北京市经贸高级技术学校	金色摇篮教育科技有限公司

续表 3

序号	项目名称	院校名称	合作单位名称
37	北京国创成形技术工程师学院	北京金隅科技学校	北京机科国创轻量化科学研究院有限公司
38	刘俊数字化设备管理技术工作室	北京市仪器仪表高级技工学校	北京燃气绿源达清洁燃料有限公司
39	王仪智能终端维修工作室	北京市应用高级技工学校	北京京宏景通讯技术有限公司
40	中国数字文创工程师学院	北京市黄庄职业高中	中国数字文化集团

北京市教育委员会

关于 2019 年开展高端技术技能人才贯通培养试验的通知

京教职成〔2019〕4 号

各区教委，各有关高等院校、中等职业学校，北京教育科学研究院、北京教育考试院：

为全面贯彻落实全国和全市教育大会精神，依据市政府《关于加快发展现代职业教育的实施意见》(京政发〔2015〕57 号)、市教委等五部门印发的《北京职业教育改革发展行动计划(2018—2020 年)》(京教职成〔2018〕4 号)，深入推进教育领域综合改革，切实加强校企合作产教融合，探索培养高端技术技能人才的新路径，经市教委 2019 年第 1 次主任办公会审议通过，按照“做精做简”的工作原则，决定 2019 年继续开展高端技术技能人才贯通培养试验，现将有关事项通知如下：

一、指导思想

坚持立德树人、全面发展，深化职业教育体制机制改革；坚持职业教育的培养方向，探索实施素质教育的新途径；促进教育公平，完善职业教育体系，构建人才培养“立交桥”，为学生成长成才提供更多更好的发展机会；紧密围绕对首都战略定位具有明显支撑和服务作用的产业领域，聚焦十大高精尖产业，优化调整专业设置，培养高端技术技能人才；为提升北京城市治理水平和服务品质、促进北京经济社会发展和产业转型升级提供有力人才支撑。

二、项目类别

（一）高端贯培项目

以北京市重点高职院校和中职学校为招生单位，与本科高校和国内外企业协作，选择对接产业发展的优势专业开展高等职业教育和本科专业教育（其中本科教育通过专升本转段录取）。

（二）校企深度合作人才培养项目

以北京市国家中职改革发展示范学校为招生单位，支持其与国内知名企业开展深度合作，本科阶段对接市属本科高校，三方合作培养契合北京城市定位和紧缺人才需求的高端技术技能人才（其中本科教育通过专升本转段录取）。

（三）非通用语人才培养项目

以北京第二外国语学院为招生单位，培养高层次、高素质、高水平的非通用语外语人才（其中本科教育通过专升本转段录取）。

（四）基础教育师资培养项目

以北京第二外国语学院、北京城市学院为招生单位，培养高素质的中小学教师；以北京市学前教育专业的传统优势职业院校为招生单位，培养专业意识强、发展能力好的学前教育教师（其中本科教育通过专升本转段录取）。

三、招生管理

（一）招生对象

符合当年中考升学资格的本市正式户籍考生。

（二）招生计划（见附表）

2019年计划招生4020人，其中：高端贯培项目招生计划2770人，校企深度合作人才培养项目招生计划360人，非通用语人才培养项目招生计划100人，基础教育师资培养项目招生计划790人。

（三）招生录取

贯通培养试验各项目在全市范围招生，不对各区分配计划指标。通过提前招生或统一招生方式录取，按项目和专业类别设置最低录取分数线。具体招生录取办法按考试院有关文件执行。

四、学籍管理

（一）对于高等职业院校和本科高校招录的学生，1至3学年执行中等职业学校学籍管理办法，4至7学年执行高等学校学籍管理办法，完成5年学习任务成绩合格者、按相应学段实际学习时间取得高等职业教育毕业证书；完成高等职业教育阶段学习通过专升本考试进入本科阶段学习，完成6至7学年学习任务成绩合格者，取得普通高等教育本科层次（专升本）毕业证书。

（二）对于中等职业学校招录的学生，1至3学年执行中等职业学校学籍管理办法，4至7学年执行高等学校学籍管理办法；完成3年学习任务，成绩合格者取得普通中等职业教育毕业证书；4至5学年进入高等职业教育阶段学习，成绩合格者取得高等职业教育毕业证书；完成高等职业教育阶段学习通过专升本转段考试进入本科阶段学习，完成6至7学年学习任务成绩合格者，取得普通高等教育本科层次（专升本）毕业证书。

（三）依据学生个人意愿，允许学生在完成中等职业教育或高等职业教育学段后选择毕业退出贯通培养项目，由学籍所在学校颁发相应学段的毕业证书，毕业后学生不再具有贯通培养资格。本科院校招录的学生只能在完成高等职业教育学段后选择毕业。

五、教育教学

（一）整合优质教育资源，聚焦创新人才培养

1. 基础文化教育阶段各学校可根据自身实际，引进优质高中课程予以强化；基础文化课应区别于普通高中的课程框架，要为专业培养

目标服务，并将职业认知和职业素养渗透其中，努力构建以初中毕业生为起点的高端技术技能人才培养体系。本科教育阶段与市属本科高校联合培养。

2. 学生入学后基础文化课程教育阶段不分专业，进入专业课程教育阶段可按学校规定申请相应专业。

3. 试验院校要与合作院校、合作企业或其他合作单位建立联合培养机制，共同设计一体化人才培养方案。整合校内外教师、设施、实验、实训等资源，构建整体设计、系统培养、贯通实施、校企合作、协同育人的人才培养新机制。

（二）深化教育教学改革，着力提升学生面向未来的核心素养

1. 基础文化课程按照素质教育的理念搭建课程体系，开展通识教育，引入大学先修课程和创新创业课程，培育和践行社会主义核心价值观，提升学生的人文素养、科学素养、健康素养，增强学生创新精神、实践能力和社会责任感，培养学生国际交往能力和可持续发展能力。

2. 专业教育课程瞄准高精尖产业人才需求，通过与国内外高水平大学、国际大型企业的合作联合培养，共同制定人才培养方案和计划，培养国际化、高水平、创新型、复合型人才。

3. 试验院校要重视校企合作，进一步推动产教融合。支持各院校与国内外知名企业共同成立工程师学院，探索“人才共育、师资共建、设备共用、技术共享”的校企深度合作运行机制，发挥工程师学院和技术技能大师工作室在高端技术技能人才培养中的重要作用。

4. 全方位推动教学组织、教学方法、教育科研、教学评价、教学资源开发利用创新，推行小班化教学、选课制、走班制、学分制、导师制，实施启发式、参与式、讨论式、探究式等教学改革，充分激发学生学习兴趣，切实增强学生自主学习能力。

六、组织领导

（一）加强组织领导

1. 市教委成立贯通培养试验工作领导小组，相关处室按照责任分工指导相关学校做好改革试验的各项工作，协调解决试验推进过程中的重大问题，指导各区、各试验院校做好相关政策解读。领导小组办

公室设在职业教育与成人教育处，统筹协调开展试验的具体组织实施工作。

2. 各区教委要加强对招生工作的领导，做好初中毕业生升学辅导工作。北京教育考试院要研究制定招生录取办法和转段考试办法，并认真组织实施。北京教育科学研究院要加强对试验实施过程的跟踪研究和质量监测。

（二）保障经费投入

各试验院校开展改革试验所需经费，按照财政相关预算管理规定予以保障。

（三）明确各方责任

1. 试验院校是贯通培养试验的责任主体，要成立由主要校领导任组长、分管领导任副组长，相关部门参加的工作领导小组。要积极与各合作单位建立紧密联系，签订合作协议，明确各方责任，建立健全协作机制，推进资源共享，实现优势互补。科学制定实施方案与工作计划，精心组织实施，做好项目风险评估和相关调整预案，扎实推进各项工作。

2. 试验院校要加强教师培训力度，按照素质教育的目标和要求，逐步建立适应贯通培养试验项目的教师队伍，尤其要注重基础文化课程阶段的教师队伍建设。支持试验院校聘请高水平外籍教师参与改革试验，逐步将外籍教师教授的课程从语言类课程向专业技术类课程转移。

3. 对接试验院校的本科高校要积极参与一体化人才培养方案的整体设计，要提前谋划接收贯通培养项目学生的相关事宜，做好与试验院校在招生录取、专业建设、课程改革、质量评价等方面的衔接工作，确保人才培养质量。

4. 贯通培养试验工作中的重大问题，试验院校要及时上报市教委。

附件：2019 年北京市高端技术技能人才贯通培养试验招生计划表

2019 年 1 月 28 日

附件

2019年高端技术技能人才
贯通培养试验招生计划情况表

项目名称	招生规模	招生院校	对接本科高校	招生专业	招生总数	最低分数线
高端贯培项目	2770	北京电子科技职业学院	北京信息科技大学 北方工业大学 北京工商大学 北京服装学院	高端装备与智能制造技术、智能网联汽车技术、未来网络与大数据技术、生物医药与基因工程技术、智慧电子商务技术、数字媒体艺术设计	800	430
		北京工业职业技术学院	北方工业大学 北京建筑大学	智能设备应用技术、新能源汽车技术、工程造价、人工智能、无人机应用技术、大数据云计算、商务数据分析应用	400	
		北京财贸职业学院	首都经济贸易大学 北京建筑大学 北京工商大学	管理会计、财务大数据应用、国际金融、金融投资与财富管理、智慧商业运营管理、人力资源管理、国际休闲旅游策划与管理、视觉传达与设计、室内设计、智慧建筑管理	400	
		北京信息职业技术学院	北京信息科技大学	软件技术、信息安全与管理、大数据技术与应用	240	

续表 1

项目名称	招生规模	招生院校	对接本科高校	招生专业	招生总数	最低分数线
高端贯培项目	2770	北京劳动保障学院	北京信息科技大学 首都经济贸易大学	智慧养老与健康管理、人力资源管理、社会保障、智慧城市设施安全管理、智能楼宇信息技术	240	430
		北京政法职业学院	北方工业大学	国内安全保卫、法律文秘、司法信息安全、司法助理、法律事务	200	
		北京农业职业学院	北京农学院 北京工商大学	风景园林、城市花艺景观设计、宠物医师、生物应用技术、食品营养与安全、旅游管理	180	
		北京卫生职业学院	首都医科大学	护理	70	460
		北京铁路电气化学校	北京信息科技大学	轨道交通车辆运用、轨道交通供电、轨道交通设备与控制	240	430
校企深度合作人才培养项目	360	北京国际职业教育学校	北京联合大学	文物保护与修复（与故宫博物院合作培养）	50	430
		北京市昌平职业学校		大数据技术与应用（与联想集团合作培养）	50	
		北京市昌平职业学校		智能汽车技术与应用（与上汽大众集团合作培养）	30	

续表 2

项目名称	招生规模	招生院校	对接本科高校	招生专业	招生总数	最低分数线
校企深度合作人才培养项目	360	北京市昌平职业学校	北京联合大学	人工智能技术及应用（与百度集团合作培养）	30	430
		北京市商业学校		云财务会计（与新道科技股份有限公司合作培养）	50	
		北京市商业学校		电子商务（与阿里巴巴集团合作培养）	30	
		北京市商业学校		新能源汽车技术与市场营销（与祥龙博瑞集团合作培养）	30	
		北京市丰台区职教中心学校		智能汽车技术与应用（与北汽新能源公司合作培养）	30	
		北京市丰台区职教中心学校		非遗传承与设计（与首创乾元有限公司合作培养）	30	
		北京市丰台区职教中心学校		餐饮艺术与管理（与便宜坊集团合作培养）	30	420
非通用语人才培养项目	100	北京第二外国语学院	北京第二外国语学院	捷克语、拉脱维亚语、立陶宛语、阿尔巴尼亚语	100	520

续表 3

项目名称	招生规模	招生院校	对接本科高校	招生专业	招生总数	最低分数线
基础教育师资培养项目	790	北京第二外国语学院	北京第二外国语学院	英语（中小学英语教师）	100	460
		北京城市学院	北京城市学院	小学教育（含北京国际艺术学校定向招生）	90	
		北京财贸职业学院	首都师范大学	学前教育	90	
		北京市昌平职业学校	首都师范大学	学前教育	90	
		北京城市学院	北京城市学院	学前教育	90	430
		北京市丰台区职教中心学校	北京城市学院	学前教育	60	
		北京国际职业教育学校	北京城市学院	学前教育	60	
		北京市商业学校	北京联合大学	学前教育	90	
				音乐学（师范类）、科学教育	60	
				小学教育	60	460

北京市教育委员会

关于公布2019年新增高等职业教育专业名单的通知

京教函〔2019〕42号

各高等职业教育院校：

根据教育部《普通高等学校高等职业教育（专科）专业设置管理办法》和《关于做好2019年高等职业学校拟招生专业申报工作的通知》（教职成司函〔2018〕129号）文件要求，我委组织对学校申报的2019年新增高等职业教育专业进行了综合评议，并报请教育部备案审核。根据教育部公布的备案审批结果，现将2019年北京市新增高等职业教育专业名单予以公布（附件1），同时公布部分学校申请撤销的专业名单（附件2）。

各学校要紧密对接人才市场需求和产业发展实际，瞄准高水平、高质量、有特色的专业建设目标，大力推进产教深度融合、校企深度合作，着力营造产教融合特色育人环境，把先进企业文化、大国工匠精神、社会主义核心价值观融入人才培养全过程，强力打造高水平师资队伍，积极学习借鉴国际先进经验，改革创新人才培养模式，不断优化专业课程体系，完善人才培养方案，努力培养大批符合社会需要的高素质技术技能型人才。

附件：1. 2019年北京市新增高等职业教育专业名单

2. 2019年北京市撤销高等职业教育专业名单

3. 教育部关于公布2019年高等职业教育专业备案和审批结果的通知（教职成函〔2019〕1号）

2019年1月28日

附件 1

2019 年北京市新增高等职业教育专业名单

序号	学校名称	专业名称	专业代码	修业年限
1	北京工业职业技术学院	虚拟现实应用技术	610216	3
2	北京电子科技职业学院	汽车试验技术	560705	3
3	北京信息职业技术学院	虚拟现实应用技术	610216	3
4	北京交通运输职业学院	工程造价	540502	3
5	北京交通运输职业学院	大数据技术与应用	610215	3
6	北京交通运输职业学院	网络营销	630803	3
7	北京交通职业技术学院	无人机应用技术	560610	3
8	北京交通职业技术学院	新能源汽车技术	560707	3
9	北京戏曲艺术职业学院	钢琴调律	650215	3
10	北京经济管理职业学院	应用英语	670203	3
11	北京经济管理职业学院	工艺美术品设计	650119	3
12	北京青年政治学院	早期教育	670101K	3
13	北京青年政治学院	游戏设计	650121	3
14	北京政法职业学院	知识产权管理	690208	3
15	北京社会管理职业学院	影视多媒体技术	660208	3
16	北京京北职业技术学院	广播影视节目制作	660203	3
17	北京城市学院	社会工作	690101	3
18	北京城市学院	工艺美术品设计	650119	3
19	北京北大方正软件技术学院	信息安全与管理	610211	3
20	北京北大方正软件技术学院	虚拟现实应用技术	610216	3
21	北京北大方正软件技术学院	国际商务	630503	3

续表

序号	学校名称	专业名称	专业代码	修业年限
22	北京经贸职业学院	数字媒体艺术设计	650104	3
23	北京经贸职业学院	珠宝首饰技术与管理	580112	3
24	北京经济技术职业学院	大数据技术与应用	610215	3
25	北京汇佳职业学院	物联网应用技术	610119	3
26	北京科技经营管理学院	早期教育	670101K	3
27	北京吉利学院	新能源汽车技术	560707	3
28	北京吉利学院	工业机器人技术	560309	3
29	北京科技职业学院	大数据技术与应用	610215	3
30	北京培黎职业学院	食品营养与检测	590107	3
31	北京艺术传媒职业学院	摄影摄像技术	660213	3
32	北京网络职业学院	计算机网络技术	610202	3
33	北京网络职业学院	大数据技术与应用	610215	3

附件 2

2019 年北京市撤销高等职业教育专业名单

序号	学校名称	专业名称（全称）	专业代码	修业年限	备注
1	北京工业职业技术学院	煤矿开采技术	520501	3	专业整合
2	北京工业职业技术学院	计算机辅助设计专业	580110	3	专业整合
3	北京工业职业技术学院	地下与隧道工程技术	540302	3	连续三年未招生

续表

序号	学校名称	专业名称（全称）	专业代码	修业年限	备注
4	北京农业职业学院	酿酒技术	590102	3	与首都城市功能定位不符
5	北京农业职业学院	机械产品检测检验技术	560111	3	与首都城市功能定位不符
6	北京农业职业学院	机械设计与制造	560101	3	与首都城市功能定位不符
7	北京培黎职业学院	移动互联应用技术	610115	3	连续三年未招生
8	北京培黎职业学院	影视动画	660209	3	连续三年未招生
9	北京培黎职业学院	社会工作	690101	3	连续三年未招生
10	北京培黎职业学院	商务英语	670202	2	人才培养时间短，不能满足社会需求

附件 3

教育部

关于公布 2019 年高等职业教育专业设置备案和审批结果的通知

教职成函〔2019〕1 号

各省、自治区、直辖市教育厅（教委），新疆生产建设兵团教育局：

根据《普通高等学校高等职业教育（专科）专业设置管理办法》（教职成〔2015〕10 号），我部对 2019 年经各省级教育行政部门备案的高等职业教育（以下简称高职）专业设置情况进行了汇总，并依法组织对申请 2019 年新设的国家控制高职专业进行审批。现将汇总备案结果和审批结果予以公布。

一、2019年，经各省级教育行政部门备案的高职专业和我部审批同意新设的国家控制高职专业共计744个，专业点58085个。

二、经各省级教育行政部门备案的非国家控制高职专业点57860个，备案结果数据库已与招生来源计划管理系统相衔接，数据共享。汇总备案结果可在全国职业院校专业设置管理与公共信息服务平台（网址：www.zyyxzy.cn）查询。专业名称、代码及修业年限以平台公布的内容为准。

三、截至2018年11月1日，我部共受理2019年拟新设的国家控制高职专业点申请469个。经过专家评议和公安部、司法部、卫生健康委、中医药局等行业主管部门审核，同意2019年新设的国家控制高职专业点225个，自2019年起可以招生，其专业名称、专业代码、修业年限等均以本通知公布的内容为准。不同意2019年新设的国家控制高职专业点244个。

请各省级教育行政部门严格按照本通知公布的备案和审批结果合理安排高职招生计划。

附件：2019年新设国家控制的高职专业审批结果

2019年1月10日

附件

2019年新设国家控制的高职专业审批结果（北京市部分）

1. 同意设置的国家控制专业点					
1.4 教育类					
序号	省份	学校名称	专业代码	专业名称	修业年限
1	北京市	北京青年政治学院	670101K	早期教育	3
2	北京市	北京科技经营管理学院	670101K	早期教育	3

北京市教育委员会

关于公布2019年中等职业学校新增专业备案名单的通知

京教函〔2019〕45号

各区教委，各有关中等职业学校：

根据《北京市教育委员会关于做好2019年中等职业学校新增专业申报备案工作的通知》（京教函〔2018〕664号）和《北京市中等职业学校专业设置管理办法实施细则（试行）》（京教职成〔2010〕13号）要求，我委组织专家对部分中等职业学校申报的2019年新增专业（技能方向）进行了综合评议，研究确定对16所学校37个新增专业（技能方向）进行备案（附件1），从2019年起列入招生计划，同时撤销8所学校14个专业（附件2）。

各学校要紧密对接人才市场需求和产业发展实际，瞄准高水平、高质量、有特色的专业建设目标，大力推进产教深度融合、校企深度合作，着力营造产教融合特色育人环境，把先进企业文化、大国工匠精神、社会主义核心价值观融入人才培养全过程，强力打造高水平师资队伍，积极学习借鉴国际先进经验，改革创新人才培养模式，不断优化专业课程体系，完善人才培养方案，努力培养大批符合社会需要的高素质技术技能型人才。

各学校要及时办理新增专业收费许可手续，填写《北京地区中等职业教育学校收取学费标准申报表》（附件3）一式3份（盖校章），于2019年3月底前报送至市教委职成处。本通知及附件可登录北京职成教网（http://jw.beijing.gov.cn/bjzj/）通知公告栏下载。

附件：1. 北京市中等职业学校2019年新增专业（技能方向）备

案一览表

2. 北京市中等职业学校 2019 年撤销专业备案一览表

3. 北京地区中等职业教育学校收取学费标准申报表（略）

2019 年 1 月 30 日

附件 1

北京市中等职业学校 2019 年
新增专业（技能方向）备案一览表

序号	学校名称	专业类别	专业名称	专业技能方向	专业代码	学制（年）	备注
一、普通中专							
1	北京水利水电学校	土木水利类	给排水工程施工与运行	燃气集团培养方向	041100	四	新增方向
2		加工制造类	机电技术应用	北京市自来水集团有限责任公司机电设备运行与维修方向订单培养	051300	四	新增方向
3		文化艺术类	数字影像技术	数字影视动画制作	141900	三	
4	北京市经济管理学校	财经商贸类	会计	云财务会计	120100	四	新增方向
5		轻纺食品类	食品生物工艺	食品加工技术	071100	三	新增方向
6		信息技术类	移动技术应用	电子竞技	092811	三	目录外
7		信息技术类	大数据技术应用		092411	三	目录外

续表 1

序号	学校名称	专业类别	专业名称	专业技能方向	专业代码	学制（年）	备注
8	北京商贸学校	轻纺食品类	食品生物工艺	食品生物技术	071100	三	新增方向
9		加工制造类	制冷和空调设备运行与维修	冰雪运动场馆制冷和空调技术	052900	三	
10	北京金隅科技学校	教育类	学前教育	保育员	160100	四	
11		加工制造类	机电设备安装与维修	飞机机电设备维护与维修	051600	四	新增方向
12		加工制造类	机电设备安装与维修	城市轨道交通	051600	四	新增方向
13		加工制造类	数控技术应用	三维数字化设计与 3D 打印	051400	四	新增方向
14	北京市自动化工程学校	交通运输类	城市轨道交通车辆运用与检修	城市轨道交通车辆驾驶、城市轨道交通车辆检修	080800	四	
15		信息技术类	数字媒体技术应用	虚拟现实技术应用	090200	三	
16	中央芭蕾舞团舞蹈学校	文化艺术类	舞蹈表演	芭蕾舞表演	140900	六	面向小学毕业生
二、职业高中							
17	北京市昌平职业学校	信息技术类	人工智能技术及应用	智能机器人装调与维护	092911	三	目录外
18		交通运输类	汽车运用与维修	智能汽车技术	082500	三	新增方向
19		文化艺术类	社会文化艺术	社会文化音乐、美术、舞蹈、戏剧	140100	三	
20		休闲保健类	形象管理		110611	三	目录外

续表 2

序号	学校名称	专业类别	专业名称	专业技能方向	专业代码	学制（年）	备注
21	北京市昌平职业学校	资源环境类	应急管理与消防技术		022411	三	目录外
22		文化艺术类	珠宝玉石加工与营销	珠宝首饰设计与营销	142700	三	
23	北京市信息管理学校	文化艺术类	动漫游戏	游戏设计制作	141700	三	新增方向
24		财经商贸类	互联网金融		123511	三	目录外
25	北京市劲松职业高中	财经商贸类	跨境电子商务		122411	三	目录外
26		体育与健身	休闲体育服务与管理	健身指导与管理	150200	三	
27	北京市求实职业学校	交通运输类	飞机维修	民航设备维护	082200	三	
28	北京市密云区职业学校	信息技术类	机器人技术与应用	工业机器人应用与维护	092611	三	目录外
29		交通运输类	无人机操控与维护技术		083311	三	目录外
30	北京市门头沟区中等职业学校	交通运输类	无人机操控与维护技术	无人机装调、无人机维修、无人机航拍、无人机植保	083311	三	目录外
31		交通运输类	航空服务		082300	三	

续表 3

序号	学校名称	专业类别	专业名称	专业技能方向	专业代码	学制（年）	备注
32	北京市延庆区第一职业学校	体育与健身	冰雪体育服务	滑雪指导员、场地维护维修员	150511	三	目录外
33	北京市房山区房山职业学校	农林牧渔类	园林绿化		011600	三	面向残疾人
34		财经商贸类	电子商务		121100	三	面向残疾人
35		财经商贸类	会计	企业会计	120100	三	面向残疾人
36	北京新城职业学校	旅游服务类	娱乐设施运营与维护		131111	三	目录外
三、独立设置的成人中专学校							
37	北京市农业广播电视学校	财经商贸类	电子商务	农村电子商务应用	121100	三（学分制）	面向北京郊区农民，非全日制、不脱产

附件 2

北京市中等职业学校 2019 年撤销专业备案一览表

序号	学校名称	专业类别	专业名称	专业代码	学制（年）	备注
1	北京商贸学校	旅游服务类	旅游服务与管理	130200	四	
2		财经商贸类	商务英语	121300	四	
3		信息技术类	计算机应用	090100	四	
4		财经商贸类	商业与金融（BTEC）	122211	四	目录外
5	北京金隅科技学校	加工制造类	工程材料检测技术	050300	四	
6		加工制造类	电气技术应用	053100	三	
7	北京市丰台区职业教育中心学校	医药卫生类	医学生物技术	101000	三	
8	北京市求实职业学校	公共管理与服务类	办公室文员	180100	三	
9		财经商贸类	国际商务	121200	三	
10	北京市劲松职业高中	信息技术类	计算机网络技术	090500	三	
11	北京市门头沟区中等职业学校	旅游服务类	会展服务与管理	130600	三	
12	北京市电气工程学校	交通运输类	公路运输管理	082900	三	

续表

序号	学校名称	专业类别	专业名称	专业代码	学制（年）	备注
13	北京市海淀区四季青成人中等专业学校	交通运输类	汽车运用与维修	082500	三	
14		信息技术类	计算机应用	090100	三	

北京市教育委员会

关于开展2019年北京市职业院校教学计划诊断与改进工作的通知

京教函〔2019〕136号

各区教委、各职业院校：

为学习贯彻全国深化职业教育改革电视电话会议与《国家职业教育改革实施方案》（国发〔2019〕4号）精神，落实教育部《关于全面推进职业院校教学工作诊断与改进制度建设的通知》（教职成司函〔2017〕56号）与《北京职业教育改革发展行动计划（2018—2020年）》（京教职成〔2018〕4号）要求，我委决定在开展课堂教学诊断和调研的基础上，开展北京市职业院校教学计划诊断与改进工作。现就有关事项通知如下：

一、目的意义

教学计划是职业院校专业人才培养的关键环节。教学计划的制定应围绕经济社会发展和职业岗位能力的要求，突出职业教育属性，充分体现出职业教育与普通教育是两种不同类型的教育。

教学计划诊断与改进工作的开展，有利于深化职业教育改革，推动我市职业教育高质量发展，将“培养什么人、怎样培养人、为谁培养人”的要求落到实处；有利于全面了解职业院校教学管理与教学计划制定情况，总结特色经验，研究发现问题，完善教学管理制度和运行机制；有利于职业院校各专业打破学科思维、重构教学计划、合理设计教学模块、科学构建课程体系、推动教学与实训的融合。对进一步深化产教融合、校企合作，规范职业院校教学管理，提高人才培养质量，推进特高项目建设，提升北京市专业建设水平，建立全市各专业教学标准，形成人才培养的“北京方案”具有重要意义。

二、工作内容

（一）诊改内容

以教学计划诊断与改进工作为重点，全面查摆各职业院校在坚持立德树人、落实教学中心地位、校企协同育人、教学管理体制机制方面的工作情况。包括教学管理制度建设、专业设置与管理、教学计划制定与修订、课程与资源建设、教材建设与管理、实践教学体系建设、产教融合衔接等方面内容。引导和帮助职业院校在人才培养工作上建立自我诊断、自我改进和自我完善的长效机制。

（二）诊断方式

采取各院校自我诊断与专家组检查诊断相结合的方式进行。各院校对教学管理、教学计划、教材管理等内容进行自我诊断；在此基础上，市教委组织专家组进行诊断。

（三）诊改范围

高等职业学院、中专学校、职业高中各专业（不含连续三年未招生专业）。

三、工作要求

（一）高度重视

各区教委、各职业院校要高度重视教学计划诊断与改进工作，将此项工作作为特高项目建设的切入点；作为规范教学管理，创新人才培养模式，促进专业建设，提高人才培养质量的重要抓手。

（二）统筹推进

各职业院校要成立教学诊改工作组，全面统筹安排诊改工作，为诊改工作提供组织保障、技术保障及经费保障，确保诊改工作的顺利开展。

（三）健全机制

各职业院校要建立教学工作诊改制度，完善内部质量监控及保障体系，通过诊改促进学校自主发展、内涵发展和特色创新。

四、工作安排

教学计划诊断与改进工作自 4 月 10 日启动，分如下阶段进行：

（一）自我诊断阶段：各院校对教学管理、教学计划（诊断评分表见附件 1）及教材管理情况进行诊断，并形成自我诊断报告，5 月 15 日前提交相关材料。

（二）反馈诊改意见阶段：在院校自我诊断的基础上，市教委组织专家组开展诊断，并反馈诊改意见。必要时，入校进行调研。

（三）院校改进阶段：各院校根据自我诊断及专家组诊改意见，进行教学管理及教学计划的改进。

（四）复审阶段：市教委组织专家组对各院校教学管理及教学计划改进情况进行复审。

五、材料提交

各院校确定一名工作联系人，汇总并提交以下材料：

（一）材料一

1. 教学管理文件（含专业建设与管理、教学计划管理、实习管理、教材管理等文件，附教学管理文件清单）；

2. 学校教材选用清单（见附件 2）。

（二）材料二

1. 学校开设专业清单（见附件 3）；

2. 各专业教学计划（附专业人才需求调研报告、专业核心课程标准、教学计划修订说明等。按专业大类进行分组，每组单设一个文件夹，文件夹名称为：学校名＋组号＋专业大类名。专业分组见附件 4）。

（三）材料三

1. 教学计划诊断评分汇总表（见附件 5）；

2. 学校教学计划自我诊断报告（不少于 3000 字，格式见附件 6）。

以上材料须提交电子版，电子版材料提交规则：每所院校建一个文件夹（以学校名命名），材料一、材料二、材料三单独建立子文件夹（各材料命名方式参见附件 7）。5 月 15 日 17 时前发送至邮箱。

附件：1. 教学计划诊断评分表（略）

2. 学校教材选用清单（略）

3. 学校开设专业清单（略）

4. 教学计划诊断与改进分组表（略）

5. 教学计划诊断评分汇总表（略）

6. 教学计划自我诊断报告参考格式（略）

7. 材料命名方式范例（略）

2019 年 4 月 2 日

北京市教育委员会

关于开展北京市中等职业学校英语课程学业水平测试工作的通知

京教职成〔2019〕8 号

各有关区教委，各有关中等职业学校：

根据《教育部办公厅关于建立职业院校教学工作诊断与改进制度

的通知》（教职成厅〔2015〕2号）及《教育部关于深化职业教育教学改革全面提高人才培养质量的若干意见》（教职成〔2015〕6号）文件要求，落实《国务院关于印发国家职业教育改革实施方案的通知》（国发〔2019〕4号）精神，深入推进我市中等职业学校教学工作诊断与改进制度建设，提高我市中等职业学校公共基础课程教学质量，我委决定2019年继续以英语课程为试点开展北京市中等职业学校文化基础课程学业水平测试工作。

中职公共基础课程学业水平测试是我市推动建立和完善职业院校内部质量监测评价的一项重要工作，是构建以人文素质、职业技能和可持续发展能力为核心的职业教育质量评价体系的重要组成，测试评价结果拟纳入我市中等职业学校教育质量年度报告，面向社会公开发布。具体测试实施委托北京教科院职业教育研究所承担。

现将《北京市中等职业学校英语课程学业水平测试工作方案》印发给你们，请有关区教委、有关学校根据方案，做好相关工作。

2019年4月18日

北京市中等职业学校英语课程学业水平测试工作方案

为落实《国务院关于加快发展现代职业教育的决定》（国发〔2014〕19号）和《教育部办公厅关于建立职业院校教学工作诊断与改进制度的通知》（教职成厅〔2015〕2号）及《教育部关于深化职业教育教学改革全面提高人才培养质量的若干意见》（教职成〔2015〕6号），深入推进我市职业院校教学工作诊断与改进制度建设，提高中等职业学校公共基础课程教学质量，北京市2019年继续开展中等职业学校英语课程学业水平测试工作。具体工作方案如下：

一、测试目的及意义

通过开展北京市中等职业学校英语课程学生学业水平测试，对北京市中等职业学校英语课程教学进行诊断，充分发挥评价的引导和激励作用，切实促进北京市中等职业学校英语课程教学改革和学生学习质量提升，完善北京市中等职业学校公共基础课程教学质量评估体系。

二、测试工作安排

（一）测试内容与方式

本次测试内容为教育部颁行的《中等职业学校英语课程教学大纲》（以下简称《教学大纲》）要求的基础模块教学内容，包括《教学大纲》对语言知识与语言技能的要求。

采用纸笔测试方式，全市统一命题、统一测试时间、统一阅卷。

（二）测试时间

2019 年 6 月的第 4 周，具体时间按照测试通知执行。

（三）测试工作程序

1. 测试前培训

测试前由北京教育科学研究院组织《北京市中等职业学校英语课程学业评价标准》培训及测试工作组织实施培训。

2. 测试报名

各有关中等职业学校根据要求完成《北京市中等职业学校英语课程学业水平测试报名表》填写，并于 2019 年 5 月 17 日前将报名表（详见附件 1 和附件 2）电子版与纸质版上交。

3. 试卷领取

测试前一天下午，各参加测试学校由专门负责人到指定地点领取试卷；试卷取回学校后，按要求放保密室保存试卷。

4. 测试工作

各学校的测试工作，实行校长负责制。安排好人员，在规定时间，按照要求组织开展好本校英语课程学业水平测试，确保测试顺利进行。

英语学业水平测试办公室将安排人员进行考场巡视。

5. 试卷密封与送卷

各学校在测试完成后按照要求对试卷进行回收、装袋，填写记录单，密封，并在规定时间内交回英语学业水平测试办公室。

6. 阅卷评分工作

由英语学业水平测试办公室组织相关教师，开展英语课程学业水平测试阅卷工作。

（四）测试成绩应用

本次中等职业学校英语课程学业水平测试成绩将为全面了解我市中等职业学校英语课程教学质量提供有效数据支撑，为开展全市及学校英语教学改革提供重要参考，是建设与完善全市中等职业学校公共基础课程教学质量评价体系的重要内容。

三、测试学校及测试对象

（一）测试学校

北京市独立设置的公办中等职业学校（不含技工学校、成人中专和艺术、体育类中等专业学校）

（二）测试对象

各学校在本校完成基础模块教学的年级中，自主选取不少于30%的学生作为测试对象。各专业参加测试的学生比例不得低于本专业年级学生总人数的30%。

四、口语测试试点工作

为进一步落实《中等职业学校英语教学大纲》要求，全方位诊断我市中等职业学校英语教学质量，促进英语教学改革深化与质量提升，我委于2019年启动北京市中等职业学校英语学业水平测试口语测试试点工作。具体内容如下：

（一）试点学校

试点学校包括北京水利水电学校、北京市商业学校、北京铁路电气化学校、北京市劲松职业高中、北京市电气工程学校、北京市信息管理学校、北京市丰台区职业教育中心学校、北京市昌平职业学校、北京市房山区第二职业高中、北京市延庆区第一职业学校和北京市密云区职业学校等11所中职学校。

（二）测试对象

各试点学校参加北京市中等职业学校英语学业水平测试纸笔测试的学生为本次口语测试对象。

（三）测试流程

口语测试分为两个阶段。第一阶段，各试点学校在北京市学业水平测试办公室规定的测试时间，组织本校学生参加线上线下口语测试并上报成绩。第二阶段，北京市学业水平测试办公室在各试点学校学生中随机抽取10%的学生进行成绩复核。

（四）考官要求

各试点学校按照北京市学业水平测试办公室要求，选派教师参加口语测试考官培训。培训合格者由北京市学业水平测试办公室颁发口语考官证书并负责本校口语测试第一阶段线下测试工作。

（五）口语测试成绩应用

本年度口语测试为试点测试，本年度学生测试成绩不计入学生学业水平测试总成绩。

五、测试工作要求

各区教委、各有关中等职业学校要高度重视此项工作，认真落实相关工作安排，确保此次英语课程学业水平测试工作圆满完成。

六、联系人及练习方式（略）

附件：1. 北京市中等职业学校英语课程学业水平测名表（略）

2. 北京市中等职业学校英语课程学业水平测试报名总表（略）

北京市教育委员会

关于公布2018年北京市职业教育教学改革项目立项名单的通知

京教函〔2019〕163号

各区教委，各职业院校、成人教育机构，各有关单位：

根据《北京市教育委员会关于开展2018年北京市职业教育教学改革项目立项工作的通知》（京教函〔2018〕685号）工作要求，我委组织开展了职业教育与成人教育教学改革项目立项申报及评审工作，经过院校申报、专家组初审和会审以及网上公示等环节，研究确定2018年北京市职业教育与成人教育教学改革项目立项208项，现将名单予以公布（见附件）。

各项目牵头单位要加强对立项项目支持，做好项目管理和跟踪指导，确保改革项目顺利进行。

各项目负责人要严格按照立项原则要求，组织项目参与人员进一步优化项目方案，扎实推进项目实施，注意及时总结和应用项目研究的阶段性成果，不断提升人才培养质量。

2018年北京市职业教育教学改革项目研究期限为3年，届时我委将组织对立项项目进行验收结题。

附件：2018年北京市职业教育教学改革项目立项名单（略）

2019年4月22日

北京市教育委员会

关于公布2019年成人中等职业学历教育招生专业的通知

京教职成〔2019〕9号

各区教委，各有关中等职业学校：

为贯彻落实国务院《国家职业教育改革实施方案》（国发〔2019〕4号）、《北京职业教育改革发展行动计划（2018—2020年）》（京教职成〔2018〕4号）和《北京市教育委员会关于发挥职成院校办学优势广泛开展职业技术技能培训的通知》（京教职成〔2018〕9号）等文件精神，进一步拓展中等职业学校办学功能，加大职业培训力度，加快技术技能型人才培养，提高劳动者素质，促进就业与再就业，2019年本市中等职业学校成人中专班和独立设置的成人中等专业学校继续面向社会招生，现将招生专业予以公布（附件），并提出如下要求，请认真贯彻落实。

一、各学校要严格按照《北京市教育委员会关于2019年北京市成人中专招生工作的通知》（京教职成〔2019〕2号）及成人中专学费标准等文件规定开展招生、学籍备案和收取学费。

二、各学校要依据教育部最新修订的公共基础课程教学大纲、《中等职业学校专业教学标准（试行）》等教学管理文件要求，修订完善人才培养方案，健全成人教育教学管理制度，以提升综合职业能力为目标，结合成人学习特点制定专业教学计划、设计教学模块，积极推行学分制等弹性学习制度，探索建立“学分银行”制度和学习成果认证制度，鼓励学生终身学习，为成人学生半工半读、工学交替、分阶段完成学业创造条件。

附件：2019 年北京市成人中等职业学历教育招生专业一览表

2019 年 5 月 19 日

附件

2019 年北京市成人中等职业学历教育招生专业一览表

学校名称	专业名称
一、普通中专学校	
北京金隅科技学校	城市轨道交通信号
	机电设备安装与维修（城市轨道交通）
	楼宇智能化设备安装与运行
	数控技术应用（三维数字化设计与 3D 打印）
	工程造价
	建筑装饰
	计算机与数码产品维修
	航空服务（空港地面服务）
	学前教育（保育员）
	机电设备安装与维修（飞机机电设备维护与维修）
北京市园林学校	园林技术
	景区服务与管理
	宠物养护与经营

续表1

学校名称	专业名称
北京市园林学校	导游服务
	古建筑修缮与仿建
	园林绿化
	花艺设计与制作
	文物保护技术
北京商贸学校	会计（税务代理）
	金融事务（投资理财）
	物流服务与管理（航空物流）
	食品生物工艺（食品营养与安全）
	电子商务
	学前教育（保育员）
北京水利水电学校	水利水电工程技术
	给排水工程施工与运行
	机电技术应用
	建筑工程施工
	工程测量
	工程造价
北京市对外贸易学校	国际商务
	商务英语
	民航运输
	学前教育（保育员）
	会计

续表 2

学校名称	专业名称
北京市对外贸易学校	网络信息安全
	会展服务与管理
	电子商务
	智能终端电子产品维护与维修
北京市商业学校	会计
	金融事务（银行金融）
	旅游服务与管理
	商务助理（商务管理）（国际班）
	互联网金融
	高星级酒店服务与管理（国际酒店）（国际班）
	航空物流服务与管理
	市场营销（汽车服务与管理）
	汽车运用与维修
	城市轨道交通运营管理
	互联网信息技术服务
	电子商务
	美术设计与制作（网络美工）
	珠宝玉石加工与营销
	眼视光与配镜
	移动商务
	学前教育（保育员）
	老年人服务与管理

续表 3

学校名称	专业名称
二、职业高中	
北京市东城区古城职业高中	汽车运用与维修
	物业管理
北京市信息管理学校	计算机网络技术
	计算机网络技术（网络信息安全）
	物联网技术应用
	网站建设与管理
	计算机应用（大数据技术应用）
	会计
	金融事务
	电子商务
	商务英语
	互联网金融
	动漫游戏（游戏设计制作）
	动漫游戏
	美术设计与制作
	影像与影视技术
	铁道运输管理
	航空服务
	中餐烹饪与营养膳食
	西餐烹饪
	计算机与数码产品维修
	机器人技术与应用

续表 4

学校名称	专业名称
北京市健翔学校	计算机应用
	工艺美术
	民间传统工艺
北京市劲松职业高中	高星级饭店运营与管理
	影像与影视技术
	乐器修造
	电子商务
	老年人服务与管理
	中餐烹饪与营养膳食
	西餐烹饪
	美发与形象设计
	数字影像技术
	家政服务与管理
	商务英语
	跨境电子商务
	休闲体育服务与管理
北京市电气工程学校	制冷和空调设备运行与维修
	楼宇智能化设备安装与运行
	城市轨道交通车辆运用与检修
	电子与信息技术

续表 5

学校名称	专业名称
北京市电气工程学校	电气运行与控制
	软件与信息服务
	数字广播电视技术
	园林技术
	园林绿化（中草药种植与应用）
	观光农业经营
	新能源技术服务
	供热通风与空调施工运行
北京市求实职业学校	文秘
	商务助理
	金融事务
	会计
	连锁经营与管理
	计算机网络技术
	数字媒体技术应用
	动漫游戏
	航空服务
	民航运输
	学前教育（保育员）
	网络信息安全
	电子竞技运动与管理
	飞机维修（民航设备维护）

续表 6

学校名称	专业名称
北京市丰台区职业教育中心学校	影视化妆
	物联网技术应用
	老年人服务与管理
	中餐烹饪与营养膳食
	西餐烹饪
	旅游服务与管理
	高星级饭店运营与管理
	影像与影视技术
	动漫游戏
	服装设计与工艺
	珠宝玉石加工与营销
	汽车运用与维修
	计算机网络技术
	学前教育（保育员）
	会计
	电子商务
	公关礼仪
	航空服务
	数字影像技术
	园林技术
	互联网安全防御
	非遗产品设计与应用

续表 7

学校名称	专业名称
北京市黄庄职业高中	学前教育（保育员）
	计算机网络技术（信息安全）
	计算机网络技术（物联网应用技术）
	美发与形象设计
	服装设计与工艺
	义齿设计与制作（口腔修复工艺）
	会计
	金融事务
	计算机动漫与游戏制作
	影像与影视技术（影视拟音制作）
	钟表维修
	电子商务
	计算机应用
北京市古城旅游职业学校	中餐烹饪与营养膳食
	旅游服务与管理
	高星级饭店运营与管理
	旅游服务与管理（冰雪服务与运营）
北京新城职业学校	学前教育（保育员）
	计算机应用
	电子商务
	数字媒体技术应用
	旅游服务与管理

续表 8

学校名称	专业名称
北京新城职业学校	汽车运用与维修
	中餐烹饪与营养膳食
	西餐烹饪
	娱乐设施运营与维护
北京市怀柔区职业学校	学前教育（保育员）
	汽车运用与维修
	机械加工技术（数控加工方向）
	会展服务与管理
	航空服务（空港服务）
	旅游服务与管理
	计算机动漫与游戏制作
	计算机网络技术
北京市延庆区第一职业学校	中餐烹饪与营养膳食
	西餐烹饪
	计算机应用
	学前教育（保育员）
	高星级饭店运营与管理
	旅游服务与管理
	建筑工程施工
	电气技术应用
	汽车运用与维修
	汽车车身修复
	汽车美容与装潢

续表 9

学校名称	专业名称
北京市延庆区第一职业学校	汽车整车与配件营销
	美容美体
	美发与形象设计
	园林技术
	园林绿化
	影像与影视技术
	计算机网络技术
	冰雪体育服务
北京市门头沟区中等职业学校	中餐烹饪与营养膳食
	高星级饭店服务与管理
	旅游服务与管理
	汽车运用与维修
	计算机网络技术
	动漫游戏
	美术设计与制作
	学前教育
	物业管理
	会展服务与管理
北京市房山区房山职业学校	旅游服务与管理
	电子商务（物流方向）
	学前教育（保育员）
	会计

续表 10

学校名称	专业名称
北京市房山区房山职业学校	计算机应用
	社会文化艺术
	中餐烹饪与营养膳食
	园林绿化（残疾人）
	电子商务（残疾人）
	会计（残疾人）
北京市房山区第二职业高中	建筑工程施工
	计算机应用
	汽车制造与检修（汽车钣金与涂装）
	家政服务与管理
北京市密云区职业学校	计算机网络技术
	计算机平面设计
	数控技术应用
	汽车运用与维修
	客户信息服务
	新能源汽车运用与维修
	中餐烹饪与营养膳食
北京市昌平职业学校	园林技术（生态装饰）
	园林绿化（花卉装饰、栽培养护、观光农业信息传播）
	食品生物工艺（食品营养与检测）
	宠物养护与经营（宠物美容、宠物行为训练、宠物医师助理）
	汽车运用与维修（汽车机电维修、汽车维修业务接待、汽车保险、电动汽车销售、电动汽车检测与维修）

续表 11

学校名称	专业名称
北京市昌平职业学校	学前教育（保育员）
	中餐烹饪与营养膳食（中式烹调、中式面点、营养配餐）
	西餐烹饪（西餐烹调、西式面点制作、西点烘焙）
	金融事务（银行、证券、投资理财、中小企业创业与经营）
	旅游服务与管理（旅行社导游、旅行社计调、5A 级景区讲解服务、智慧旅游）
	休闲体育服务与管理（冰雪运动、现代马术）
	美容美体（美容、化妆、形象设计）
	城市轨道交通车辆运用与检修(城市轨道交通车辆驾驶、城市轨道交通车辆检修）
	飞行技术与航务管理（飞行技术、航务管理）
	通用航空器维修（航空器机械维修、航空器电子维修）
	计算机平面设计（桌面排版技术、图文信息处理、平面广告设计与制作、工程效果设计、数码照片艺术处理）
	计算机网络技术（综合布线设计与施工、网络设备安装与调试、网络管理与维护、网络产品营销、网络与信息安全、数据恢复、物联网技术）
	计算机动漫与游戏制作（动画片制作、电脑游戏制作与运营）
	数字影像技术（摄影与摄像、视频宣传片制作、影视后期特效制作、三维动画制作）
	电子商务（网店美工与设计、网店运营与管理、网络营销、网站建设与管理）
	无人机应用技术（多旋翼无人机飞行与控制、无人机的安装调试、无人机维护）
	大数据技术应用（大数据采集、大数据分析、数据可视化、大数据产品营销）

续表 12

学校名称	专业名称
北京市昌平职业学校	航空服务（民航安全检查、航空乘务、空港地面服务）
	城市轨道交通运营管理（城市轨道交通客运服务、车站管理、高铁乘务员）
	形象管理（美容师、化妆师、造型师）
	社会文化艺术（社会文化音乐、美术、舞蹈、戏剧）
	应急管理与消防技术
	人工智能技术及应用（智能机器人装调与维护）
	珠宝玉石加工与营销（珠宝首饰设计与营销）
	汽车运用与维修（智能汽车技术与应用）
三、独立设置的成人中专学校	
北京市农业广播电视学校	果蔬花卉生产技术（果树栽培）
	果蔬花卉生产技术（花卉栽培）
	果蔬花卉生产技术（蔬菜栽培）
	农村经济综合管理（农村经济管理）
	农村经济综合管理（村级经济管理）
	农村经济综合管理（乡镇企业经营与管理）
	现代农艺技术
	园林技术（园林规划设计与施工）
	会计
	物流服务与管理
	家政服务与管理
	物业管理
	计算机应用

续表 13

学校名称	专业名称
北京市农业广播电视学校	旅游服务与管理
	人口与计划生育管理
	法律事务
	农产品营销与储运
	社会文化艺术
	农村经济综合管理（农民专业合作社）
	循环农业生产与管理（农村新能源利用技术）
	农村经济综合管理（家庭农场）
	给排水工程施工与运行（给水排水运行与维护）
	休闲体育服务与管理（休闲体育）
	农业机械使用与维护（现代农业设施）
	农业机械使用与维护（智能农业装备）
	电子商务(农村电子商务应用)
北京市海淀区职业学校	计算机应用
北京市经济贸易学校	机电技术应用
	服装制作与生产管理
	计算机应用
	计算机网络技术
	电子技术应用
	会计
	商品经营
	市场营销

续表 14

学校名称	专业名称
北京市经济贸易学校	电子商务
	商务英语
	物流服务与管理
	高星级饭店运营与管理
	美术设计与制作
	工商行政管理事务
	物业管理
北京百年农工子弟职业学校	楼宇智能化设备安装与运行
	制冷和空调设备运行与维修
	电气技术应用
	物业管理
北京市广播电视中等专业学校	舞蹈表演
	机械加工技术
	机电技术应用
	汽车制造与检修
	计算机应用
	会计
	商务英语
	工商行政管理事务
	物业管理
	建筑工程施工

北京市教育委员会

关于学习贯彻落实《国家职业教育改革实施方案》和孙春兰副总理在全国深化职业教育改革电视电话会议上讲话精神的通知

京教职成〔2019〕10号

各区教委，各职业院校，有关单位：

近日，教育部发布《关于印发孙春兰副总理在全国深化职业教育改革电视电话会议上的讲话的通知》（教职成〔2019〕9号）及《关于深入学习贯彻〈国家职业教育改革实施方案〉的通知》（教职成〔2019〕11号）（以下简称两个《通知》），就推动职业教育大改革大发展作出部署，把奋力办好新时代职业教育细化为具体行动。为做好两个《通知》的学习宣传和贯彻落实，推进北京市职业教育改革创新，现提出工作要求如下：

一、加强学习，提升职业教育发展的共识

两个《通知》都强调，职业教育与普通教育是两种不同教育类型，具有同等重要地位。党的十八大以来，以习近平同志为核心的党中央把职业教育摆在前所未有的突出位置，密集出台有关职业教育的政策制度，全面深化职业教育改革。北京市坚决将思想和行动统一到党中央、国务院的决策部署上来，坚持需求导向，注重服务功能；坚持问题导向，注重优化调整；坚持目标导向，注重质量提升；坚持战略导向，注重开放协同，制定了《北京职业教育改革发展行动计划（2018-2020年）》等文件，积极落实各项有关部署。各区教委、职业院校、有关单位要加强政策理论学习，采取集体学习与个人学习相统一、集体研讨与专题研讨相结合、案例分析与实际调研相融入的方式，贯彻落实两个《通知》和有关文件，引导广大师生正确认识职业教育的发展阶段与发展趋势，统一思想，凝聚共识，增强信心，攻坚克难，推动北京市职业教育改革创新。

二、主动谋划，促进重点任务的落地实施

（一）落实立德树人根本任务。职业院校要坚持把立德树人作为中心环节，把思想政治工作贯穿教育教学全过程，实现全程育人、全方位育人，培养德智体美劳全面发展的高素质技术技能人才。要积极主办并参与世界级、国家级、市级教学能力比赛、教学成果奖、学生技能大赛、创新创业大赛等各级各类比赛与评选，以赛带练、以赛促学，提升教师与学生的获得感、成就感。要加强课程体系建设，构建并完善以学生为中心、以能力为导向、以课程为主体的育人格局，打造一体化育人体系。

（二）推进职业院校内涵发展。职业院校要深入贯彻落实习近平总书记视察北京时的重要指示精神，根据北京市十大高精尖产业需求，提升规划管理水平、强化发展内涵、提高发展质量。各院校要积极申报或深入建设《北京职业教育改革发展行动计划（2018—2020年）》确定的“四个一”发展目标，要借鉴国际先进经验，探索开发与国际先进标准相对接、体现北京特色和水平的职业教育教学体系；要加强与“一带一路”沿线国家的交流与合作，配合国家战略项目“走出去”，输出优质职业教育资源。

（三）推动实施改革重点任务。各有关单位要抓好“1＋X”证书制度试点、职业培训、课程和教材建设、“双师型”教师队伍建设、“数字校园”建设、示范性职教集团建设等职业教育改革重点任务的落地实施。职业院校要积极参与技能等级证书标准的研发工作，推动书证融通，试点院校要按照证书标准，将培训内容有机融入专业人才培养方案。各单位要注意在任务实施过程中凝练特色，总结经验，形成一批具有北京特点的可借鉴、可复制、可推广的典型。

三、凝心聚力，做好政策的宣传贯彻落实

（一）强化党委责任。职业院校要坚持马克思主义指导地位，加强党的全面领导，压实主体责任，履行“一岗双责”，充分发挥基层党组织的政治优势、组织优势、密切联系群众优势，把新时代中国特色社会主义教育事业发展新理念新思想新战略深入贯彻到院校事业发展的方方面面。将党建工作与院校事业发展同部署、同落实、同考评。

（二）加强政策宣传。各单位要掀起宣传研究两个《通知》有关精神的热潮，要开展各级各类研究交流与宣传解读活动。职业院校领导要带头宣讲学习体会和院校下一步的建设思路，及时总结学习做法、建设做法、研究成果等，为院校的职业教育改革创新营造良好氛围。

（三）完善配套措施。各单位要在职责范围内完善落实两个《通知》的具体措施。区教委要根据教育部、北京市要求制定各区工作办法和管理建议，加强统筹协调，明确责任机制，为落实两个《通知》提供保障；职业院校要按照各级要求认真做好实施工作，积极探索、制定、完善校内的学习宣传计划与任务落实细则，严格把关，动态调整，确保有秩序、有步骤推进落实工作。

附件：1. 教育部关于印发孙春兰副总理在全国深化职业教育改革电视电话会议上的讲话的通知

2. 教育部关于深入学习贯彻《国家职业教育改革实施方案》的通知

2019 年 6 月 14 日

附件 1

教育部

关于印发孙春兰副总理在全国深化职业教育改革电视电话会议上的讲话的通知

教职成〔2019〕9 号

各省、自治区、直辖市教育厅（教委），各计划单列市教育局，新疆生产建设兵团教育局，有关单位：

2019 年 4 月 4 日，全国深化职业教育改革电视电话会议召开，就职业教育战线以习近平新时代中国特色社会主义思想为指导，深入学习贯彻国务院印发的《国家职业教育改革实施方案》，推动职业教育大改革大发展作出部署。中共中央政治局常委、国务院总理李克强作出重要批示。中共中央政治局委员、国务院副总理孙春兰出席会议并讲话。

为推动职业教育战线深入学习贯彻全国深化职业教育改革电视电话会议精神，现将孙春兰副总理在会上的讲话印发给你们，请组织本地区各级教育行政部门、各职业院校结合实际认真学习贯彻落实。

各地学习贯彻情况请及时报我部。

2019 年 5 月 5 日

孙春兰副总理在全国深化职业教育改革电视电话会议上的讲话

（2019年4月4日）

今天，我们召开全国深化职业教育改革电视电话会议，主要任务是深入贯彻习近平总书记关于教育的重要论述，认真落实李克强总理《政府工作报告》和重要批示精神，对贯彻落实《国家职业教育改革实施方案》作出部署。

刚才，教育部、国家发展改革委、财政部、人力资源社会保障部的负责同志作了发言，提出了落实方案的配套政策和工作举措，希望大家认真贯彻。江苏、贵州两省的负责同志以及天津渤海化工集团、广东顺德职业技术学院负责同志介绍了经验，讲得都很好，对我们办好职业教育很有启发，希望各地认真学习借鉴。下面，我讲几点意见。

一、切实把思想统一到党中央、国务院关于职业教育的决策部署上来

以习近平同志为核心的党中央高度重视职业教育，习近平总书记亲自主持中央全面深化改革委员会会议，审议《国家职业教育改革实施方案》，1月底国务院正式印发，明确了深化职业教育改革的重大制度设计和政策举措。李克强总理在《政府工作报告》中对发展职业教育提出很多政策措施，对这次会议又作出重要批示。王沪宁同志多次批示要求推动职业教育改革发展。党中央、国务院对职业教育的重视和部署，社会各界普遍反映，改革力度之大前所未有，职业教育迎来了新的发展机遇。我们要深刻认识职业教育在经济社会发展大局中的重要地位，扎实推动党中央、国务院关于职业教育改革的决策部署落地见效。

职业教育与普通教育是两种不同类型的教育，具有同等重要地位。发展职业教育是发达国家尤其是制造业强国的成功经验，通过制订和实施职业教育的国家战略，形成了体系完备、各具特色的职业教育模式，比如德国的“双元制”，日本的官产学研体系、美国的合作教育等，为产业建设、解决就业、提升国家竞争力提供了重要支撑。从我国情况看，当前经济正处在转型升级的关键时期，需要大量的技术技能人才，特别是先进制造业、现代服务业等领域高素质技术技能人才缺口很大，而职业教育培养培训的学生数量远低于市场需求。这就要求职业教育加快改革发展，进一步对接市场，优化调整专业结构，更大规模地培养培训技术技能人才，有效支撑我国经济的高质量发展。

发展职业教育，也是深化教育改革的重要突破口。一段时间以来，在传统教育观念以及激烈就业竞争的影响下，学生都往普通本科高校特别是“名校”挤。高等教育的竞争压力逐渐传递到基础教育，加上教育资源在区域、城乡、校际之间的不平衡，引发了择校热、减负难、大班额等很多问题，造成了教育焦虑的“剧场效应”。解决这些问题，需要更新教育理念，正确认识普通教育与职业教育的不同功能，树立正确的教育观、就业观、人才观，推动不同类型教育之间政策相互衔接，拓宽学生发展通道。现在普通高校大都看重学术评价，希望办成研究型大学、培养研究型人才，但社会需求决定了人才结构应该是合理分布的，不必也不可能都成为研究型的专家，更多的需要从事技术技能性工作。德国 60% 的学生初中毕业后进入了职业学校，高中毕业后又有 20% 进入应用技术大学，这种提前分流的做法，既有效避免了“千军万马挤独木桥”的现象，又满足了社会对各类人才的需求，符合社会分工的合理安排。

近年来，经过全国职教战线的共同努力，我国职业教育发展比较快，但与人民群众的期待特别是经济社会发展的需要相比，还存在一些亟待解决的突出问题：一是社会上对职业教育存在偏见，技术技能人才发展渠道窄、总体待遇较低，不少学生将职业教育视为低人一头的无奈选项。二是职业院校教学质量不高，办学特色不鲜明，很多参照普通教育的办学标准和模式，专业、教材、课程与生产生活实际脱节，企业、社会参与办学的积极性不高。三是评价体系有待完善，重普通教育、轻职业教育的问题比较突出，毕业生在落户、就业、晋升、收入等方面普遍难以享受同等待遇。这些问题需要在今后的工作中加以解决。

二、落实好职业教育改革的重点任务

《国家职业教育改革实施方案》贯彻全国教育大会精神，以提升职业教育质量为主线，提出了一系列针对性很强的改革举措，主要包括：建立一批制度标准，完善国家职业教育制度体系，完善学校设置、师资队伍、教育教学相关标准和职业培训标准；实施一批重大项目，实施中国特色高水平高职学校和专业建设计划，打造一批高水平实训基地等；启动一批改革试点，开展“1＋X”证书制度、推进职业教育国家“学分银行”建设、构建符合国情的国家资历框架、探索本科层次职业教育、培育产教融合型企业等试点。推出一批扶持政策，落实生均经费标准，扩大奖助学金覆盖面，对进入目录的产教融合型企业给予组合式激励。《政府工作报告》提出高职院校扩招100万，对高职奖助学金进行扩面提标，设立中职国家奖学金，大幅增加中央财政对高职院校的投入等等。这些举措含金量高，是需要多方面改革创新才能落实的重要政策。各地各部门一定要吃透党中央、国务院决策部署的精神，全面落实职业教育改革的各项任务。这里，我着重强调几项重点工作。

一是提高职业教育的质量。我国职业教育有近千个专业、近10万个专业点，但在教师、教材、教法上存在不少薄弱环节，成为影响职业教育质量的重要因素。职教改革方案针对这些问题，提出了具体的政策措施，各地各职业院校要认真落实，加大“三教”改革力度。

我国职业院校有132万专职教师，其中“双师型”45万、占比不到40%。解决“双师型”教师不足的问题，需要在教师的选聘、编制、管理等方面加强改革创新。过去，处级以下企业编制的人员不可以转为学校事业编制，现在职教改革方案提出，“职业院校、应用型本科高校相关专业教师原则上从具有3年以上企业工作经历并具有高职以上学历的人员中公开招聘”。各院校要抓紧实施，从企业一线聘请教师，对各级技能大赛获奖选手等优秀高职毕业生，也可以突破学历障碍聘请到高职院校当老师，优化教师的能力结构。短期内，还可以通过网络化教学，推出一批高水平的课程模块，推动相关专业的课程资源开放共享，以弥补教师的缺口。

教材建设的重点是解决陈旧老化的问题，教育部将启动新一轮国家规划教材建设。各地要对职业院校教材情况进行摸底排查，职业院校也要做好自查，对滞后于实践发展的教材，该停用的要停用，该更新的要抓紧更新。要紧盯技术和产业升级需求，及时将新技术、新工艺、新规范纳入教材，探索使用新型活页式、工作手册式教材并配套信息化资源，引入典型生产案例，把教材每3年大修改调整一次、每年小修改调整一次的要求落到实处。当然，教材更新主要是指自然科学相关专业的新技术要及时吸纳到教材教案中，基本理论和原理是不变的。要建立教材信息资源库，将国家、省两级规划教材纳入信息库，为职业院校选用教材提供服务。

在教法方面，要坚决扭转"理论灌输多、实操实训少"的状况。要强化教学、实训相融合的教学方式，做到学校里老师教学生、企业中师傅带徒弟并重，推广现代学徒制、企业新型学徒制等做法，普及项目教学、情景教学、模块化教学等方式，探索学生三天在企业、两天在学校的"3＋2"人才培养模式。从今年开始，教育部要会同有关部门和行业企业组织，对职业院校办学质量进行监测评估，年内出台《全国职业教育考核管理办法》，有关报告要及时向社会公开。

二是开展产教融合建设试点。产教融合是职业教育的精髓和改革方向。国外的职业学校大部分都位于企业附近，主要设置与周边产业高度相关的专业，这种区域性、深层次的产教融合，保证了职业院校的学生能够满足企业发展的需要。从我国的情况看，不少职业院校人才培养脱离企业需要，产教融合不深入，企业参与缺乏激励政策，导致校企合作存在"一头热""独角戏"等问题。

配合职教改革方案的实施，国家发展改革委、教育部研究制定了《建设产教融合型企业的实施办法（试行）》，遴选出第一批培育的24家产教融合型企业。各地要做好产教融合型企业的组织申报工作，梳理现有的校企合作资源，严格遴选标准，对进入目录的，落实好"金融＋财政＋土地＋信用"组合式激励、教育费附加抵免等政策措施。

今后还要陆续遴选企业进入，力争到2022年培育1万家左右的产教融合型企业。同时，要把“引教入企”和“引企入教”结合起来，让企业在专业设置、课程教材、培养方式、岗位资格认定等方面有更大的话语权，充分调动企业参与职业教育的积极性。

实训基地是产教融合的重要载体。从国外经验看，无论是校内还是校外实训基地，都需要企业参与，如果只有财政投入，解决了前期硬件问题，后期的更新和维护跟不上，校企间的资源也流动不起来。各地要对实训基地建设情况全面摸底，通过组合投融资、多校联建、校企共建等方式，加强仪器设备等实训条件建设，创新运营模式和共享机制。实训基地建设不能平均用力，要突出关键领域，推动区域性实训基地建设，形成示范效应。

三是稳妥推进“1＋X”证书制度试点。把学历证书和职业技能等级证书结合起来，是职教改革方案的一大亮点，也是重大创新。职业教育以职业为基础、以就业为导向，不能片面追求学历，职业技能等级证书就是要突出技能水平，强化技能评价在办学模式、教学方式、人才培养等方面的引领作用，深化复合型技术技能人才培养培训模式和评价模式改革，体现职业教育的类型属性。

教育部会同国家发展改革委、财政部、市场监管总局等部门正在制定试点方案，已遴选首批社会化培训评价组织，涉及物流管理、老年照护、网页开发、建筑模型、汽车维修等领域，研究论证相关证书标准。各地要认真组织职业院校、应用型本科高校参与试点，指导监督当地培训与考核工作，并在政策、资金和项目等方面对试点院校给予支持。试点涉及的院校要按照证书标准，将证书培训内容有机融入专业人才培养方案，优化课程设置和教学内容，把1和X有机衔接起来，提高职业教育质量和学生就业能力。有的学校虽然没有参加这轮试点，也要积极探索高质量的社会化评价，完善管理和运行制度，为下一步工作奠定基础。

需要注意的是，职业技能等级证书是能力评价，不是行业准入，不能助长“考证热”，增加学生的负担。现在我国社会化评价制度还不健全，试点工作一开始就必须把牢质量关，严格规范考核标准、评价流程和监督办法。在试点中，国务院职业教育工作部际联席会议要加强指导，及时调整完善X证书标准和内容设置，增强评价的权威性公正性。教育部、人力资源社会保障部要站位全局、积极探索，推动“1+X”证书制度从试点做起，由少到多、由易到难，循序渐进、逐步完善。培训评价组织要切实负起责任，积极开发企业认可度高、受社会欢迎的职业技能等级证书，并维护好证书质量与声誉，把品牌树立起来。

书证融通是“1+X”证书制度的优势所在。教育部正在研究职业教育国家“学分银行”试点方案，对学历证书和职业技能等级证书体现的学习成果进行登记和存储，推动学习成果的认定、积累和转换。今年参与“1+X”试点的院校要同步参加“学分银行”试点，建立个人学习账号，实现学习成果可追溯、可查询、可转换，为技术技能人才持续成长、终身学习拓宽通道。

这里我强调一下高职扩招工作。今年高职扩招100万，社会上非常关注生源问题。《政府工作报告》提出要鼓励更多应届高中毕业生和退役军人、下岗职工、农民工等报考，拓展了高职招生的范围。近期，我到四川凉山调研，看到职业教育在教育扶贫方面发挥了重要作用，高职扩招要注意向贫困地区特别是深度贫困地区倾斜。在解决生源问题的同时，也要针对不同群体的特点，制定切合实际的招生办法和培养途径，坚持宽进严出、保证质量，避免高职院校沦为普通培训学校。

现在普通高考是进入高职的主渠道，去年高考录取率81.1%，高职可录取的优质生源有限。要完善“职教高考”制度，实施“文化素质+职业技能”的考试招生办法，探索单独招生、优先录取机制，实现中高职贯通、普职融通，提高学生自主选择职业教育的积极性和荣誉感。从国际上看，很多国家普通教育、职业教育之间没有壁垒，技能人才可申请进入应用型大学深造，通过考试获得相应的学位。

这次高职扩招，要针对不同生源的特点，提供多样化入学方式。对中职学生，要扩大中高职贯通培养规模，取消中职升高职的比例限制，允许往届学生报名参加；对普通高中毕业生，要加大高职单独招生宣传力度，通过奖助学金、学费减免等办法，吸引更多人选择高职教育；对退役军人、下岗职工、农民工群体，要在入学评价、录取标准等方面制定不同政策，还可采取订单式培养、在职教育、带薪培训等方式；对各类技能特长人才，只要有学习意愿，就要不拘一格，通过免试入学等特殊政策，帮助他们进行技能深造。

高职扩招后，学生结构会发生很大变化，文化、技能、年龄差异较大。对这些情况要做好政策储备，加强分类教学、分类管理，探索弹性学时、灵活学制，防止扩招后报到率下降、培养质量下降，把扩招政策的正面效应充分释放出来。教育部正抓紧制定扩招方案，印发后各地要认真落实，确保扩招工作平稳有序进行。

三、加强职业教育改革的组织领导

职业教育改革系统性强，涉及方方面面。各地要精心组织实施，把各方的力量调动起来，防止和克服形式主义、官僚主义，落实责任、真抓实干，推动新时代职业教育不断创新发展。

一要完善体制机制。职业教育涉及部门很多，国务院职业教育工作部际联席会议在原有基础上扩大了范围，加大了统筹力度。各地党政主要负责同志要关心重视职业教育，健全相应的工作机制，专题研究部署，解决具体问题，近期要把高职扩招、改革试点等比较紧迫的工作抓起来。现在职业教育主要由政府举办，要由注重“办”职业教育向“管理与服务”过渡，支持企业和社会力量举办高质量职业教育，形成多元化的办学格局。国家职业教育指导咨询委员会要广泛吸纳各方面专家参加，提出重大政策研究建议，对教育管理、教学质量、办学方式、师资培养等进行指导、考核、评估，积极为发展职业教育献计出力。

办好职业院校，关键在于学校党委书记和校长。各地要选好配强领导班子，不能把职业院校作为安排照顾干部的地方，书记、校长要懂教育特别是懂职业教育，有责任心，敢于担当。职业院校的质量很大程度上体现为办学特色、专业优势，不能简单照搬普通高校的办学方式，不能贪大求全、千校一面，一定要同市场需求、周边产业相结合，产教融合、特色发展，提高竞争力和吸引力。

二要加强政策保障。职业教育由于实验实习设备设施等成本较高，相对普通教育需要的投入更大，加上今年要完成高职扩招、奖学金扩面提标等新任务，职业教育经费不足的矛盾更加突出。中央财政将加大职业教育的投入，新增教育经费向职业教育倾斜，实施中国特色高水平高职学校和专业建设计划。地方财政也要加强支持，保障经费投入，完善支出结构，落实高职、中职生均拨款政策，扩大职业院校奖助学金的覆盖面。

各地要加强政策引导，结合当地资源优势和产业特点，鼓励普通本科高校向应用型转变，把办学思路转到服务地方经济社会发展上来，培养更多的应用型、技术型人才。现在不少企业反映，自己辛辛苦苦培养出来的技能人才，很容易被挖走，各地要在稳定劳动关系上加强探索，通过完善学徒关系、规范服务期限协议等，适度提高劳动力市场的约束性，让更多企业愿意投身职业教育教育，加大技能人才培养投入。

三要营造良好社会氛围。要加强职教改革方案的宣传，准确传递国家重视职业教育的导向，阐释好重大政策举措，继续办好职业教育活动周、各类职业院校技能竞赛，展示大国工匠、能工巧匠和高素质劳动者的风采。技术技能人才发展需要全社会关心，各地要抓紧清理歧视性政策，推动职业院校毕业生在落户、就业、参加机关事业单位招聘、职称评审、职级晋升等方面，与普通高校毕业生享受同等待遇，不断提高收入水平和社会地位。

同志们，深化职业教育改革，事关经济社会发展全局，事关新时代教育发展。让我们更加紧密地团结在以习近平同志为核心的党中央周围，深化改革、务实进取，不断提升职业教育现代化水平，以优异成绩庆祝新中国成立 70 周年！

附件 2

教育部

关于深入学习贯彻《国家职业教育改革实施方案》的通知

教职成〔2019〕11 号

各省、自治区、直辖市教育厅（教委），各计划单列市教育局，新疆生产建设兵团教育局，有关单位：

国务院印发《国家职业教育改革实施方案》（以下简称“职教 20 条”），把奋力办好新时代职业教育细化为具体行动。为做好“职教 20 条”的学习宣传和贯彻落实，推动职业教育大改革大发展，现就有关事项通知如下。

一、深刻领会“职教 20 条”主要内涵和精神实质

党的十八大以来，以习近平同志为核心的党中央把职业教育摆在了前所未有的突出位置。李克强总理就深化职业教育改革作出重要批示，提出明确要求。“职教 20 条”明确职业教育和普通教育是两种不同的教育类型，具有同等重要地位。教育战线要切实把思想和行动统一到党中央、国务院决策部署上来，推动职业教育改革不断深化。

（一）以习近平总书记关于教育的重要论述为根本遵循

要以习近平总书记关于教育的重要论述武装头脑、指导实践、推动工作，落实好高度重视、加快发展的工作方针，把职业教育摆在经济社会发展和教育改革中更加突出的位置；落实好服务发展、促进就业的办学方向，对接科技发展趋势和市场需求，推动校企形成命运共同体；落实好建设中国特色职业教育体系的工作目标，健全德技并修、工学结合的育人机制，努力培养数以亿计的高素质劳动者和技术技能人才，努力完善职业教育和培训体系，努力让每个人都有人生出彩的机会。

（二）为全面建成社会主义现代化强国提供有力支撑

我国正处于决胜全面建成小康社会和建成社会主义现代化强国的历史交汇期。2035 中长期目标和 2050 远景目标对职业教育提出了新的更高要求。加快发展现代职业教育，既有利于缓解当前就业压力，也是解决高技能人才短缺的战略之举。职业教育要主动适应供给侧结构性改革需要，加强技术技能积累，努力站在服务国家战略最前沿，为建设现代产业体系提供支撑。要强化人才的有效供给和适度超前储备，为社会成员就业创业、在岗提升提供保障。要以现代职业教育的大改革大发展，加快培养国家发展急需的各类技术技能人才，让更多青年凭借一技之长实现人生价值，让三百六十行人才荟萃、繁星璀璨。

（三）把职业教育摆在更加突出的重要位置

我国教育总体已进入世界中上行列，正是加快推进教育现代化的关键阶段。没有职业教育现代化也就没有教育现代化。深化职业教育改革，可以为其他教育改革探索经验，有效分解高考压力，为学生提供多样化成长成才路径。要下大力气抓好改革，力争经过 5—10 年的努力，促进教育链、人才链、产业链有机衔接，大幅提升新时代职业教育现代化水平。

二、逐项推进“职教 20 条”重点任务的改革攻坚

“职教 20 条”坚持目标导向和问题导向，针对长期以来“单纯的学历教育”或“简单的技能教学”两个倾向，提出了一系列解决长期制约职业教育发展的体制机制难题的政策措施。职业教育战线要以深化改革和狠抓落实为重点，逐项落实“职教 20 条”提出的各项任务。

（一）完善现代职业教育体系

要提高中等职业教育发展水平，保持高中阶段教育职普比大体相当，设立中等职业教育国家奖学金，完善中职生均拨款、免学费和国家助学金政策，为打赢脱贫攻坚战作贡献。要推进高等职业教育高质量发展，改革高职院校办学体制，提高办学质量，建设一批引领改革、支撑发展、中国特色、世界水平的高等职业学校和骨干专业（群）。要扩大高素质技术技能人才培养培训规模，扩大高职院校奖助学金覆盖面、提高补助标准，鼓励更多中等职业学校和普通高中毕业生、退役军人、下岗职工、农民工等接受高等职业教育，2019 年大规模扩招 100 万人。要完善高层次应用型人才培养体系，推动具备条件的普通本科高校向应用型转变，开展本科层次职业教育试点，探索长学制培养高端技术技能人才。要面向在校学生和社会成员广泛开展职业培训，积极承接职业技能提升行动，引导行业企业深度参与。要鼓励职业院校联合中小学开展劳动和职业启蒙教育。

（二）提升技术技能人才培养质量

要将标准化建设作为统领职业教育发展的突破口，狠抓教师、教材、教法，建立健全学校设置、师资队伍、教学教材、信息化建设、安全设施等办学标准，促进校企“双元”育人，提升受教育者的职业适应能力和可持续发展能力。要落实立德树人根本任务，深化专业、课程、教材改革，提升实习实训水平，努力实现职业技能和职业精神培养高度融合。要多措并举打造“双师型”教师队伍，加强职业技术师范院校和专业建设，探索组建高水平、结构化教师教学创新团队，组织选派骨干教师海外研修，推动校企人员双向流动。要建立职业教育质量评价体系，严把教学标准和毕业学生质量标准两个关口，狠抓制度、标准、规范落实。

（三）实施好“1 + X”证书制度试点工作

要主动适应新科技革命和产业变革对高素质复合型技术技能人才的需求，从 2019 年开始，在职业院校、应用型本科高校等启动“学历证书+若干职业技能等级证书”制度试点（简称“1 + X”证书制度试点）。要加强规范引导，尽快制订工作方案和具体管理办法，培育一批优质的培训评价组织，做好职业院校内职业技能等级证书的实施、管理、监督和考核。要突出重点领域，在先进制造业、现代服务业等技术技能人才紧缺领域抓紧启动试点，源源不断为各行各业培养亿万高素质的产业生力军。要结合“1 + X”证书制度试点，探索建设“学分银行”，探索构建符合国情的国家资历框架，有序开展学历证书和职业技能等级证书所体现的学习成果的认定、积累和转换，加快学历证书和职业技能等级证书互通衔接，为技术技能人才持续成长拓宽通道。

（四）完善有利于职业教育发展的相关配套政策

要支持企业和社会力量兴办职业教育，会同有关部门制定落实产教融合型企业认证和组合式激励政策，鼓励有条件的企业特别是大型企业举办高质量职业教育。要建设一批示范性职业教育集团（联盟），建设一批高水平职业教育实训基地。要建立民办职业教育负面清单制度，鼓励发展股份制、混合所有制等职业院校和各类培训机构。要完善“文化素质＋职业技能”的考试招生办法，为学生接受高等职业教育提供多种入学方式和学习方式。要在中央财政大幅增加对职业教育投入的同时，督促地方落实职业教育经费投入机制，加强地方财政支持力度，新增教育经费要向职业教育倾斜。

（五）厚植各方支持职业教育的良好环境

要加强党对职业教育工作的全面领导，充分发挥党组织在职业院校的领导核心和政治核心作用，将党建工作与学校事业发展同部署、同落实、同考评。要牵头落实好国务院职业教育工作部际联席会议制度各项职责，做好职业教育工作的统筹规划、综合协调、宏观管理，形成政策合力。要组建国家职业教育指导咨询委员会，为职业教育改革提供重大政策咨询。要持续办好职业教育活动周等活动，多渠道总结提炼和宣传推介优秀案例，讲好职教故事，培育和传承好工匠精神。

三、扎实做好全面深化职业教育改革组织实施工作

教育战线要把学习贯彻落实“职教 20 条”精神，作为当前和今后一个时期教育工作的重要任务，按照全国深化职业教育改革电视电话会议要求，周密部署、统一安排、逐项落实、压实责任，确保新时代职业教育改革发展各项任务落到实处。

（一）加强学习宣传

各地教育行政部门要制订学习宣传和贯彻落实方案，按照“职教 20 条”逐项分解，确定任务分工，并及时向本地党委和政府汇报，列入党委和政府专题研究和重点部署的工作内容，推动地方全面加强对职业教育工作的领导，研究提出本地区职业教育改革发展思路、战略和重点工作，提出深化改革、开展试点等的具体方案。各地要迅速掀起宣传研究“职教 20 条”精神的热潮，教育行政部门要在地方主流媒体和各种新兴媒体主动发声，主要负责人、分管负责人要撰写专题文章、主动解读宣讲，职业院校、行业企业、研究机构等开展学习交流、课题研究和宣传解读。要组织职业院校广大干部和师生员工通过多种方式深入学习领会，形成思想共识。要联系地方主流媒体广泛宣传职业教育方针政策、经验做法、成果贡献等，营造有利于改革发展的良好氛围。

（二）抓好重点任务

各省级教育行政部门要抓紧推动分省签订部省落实职业教育改革发展备忘录。要组织实施好重点项目，体现改革导向，抓好中国特色高水平高职学校和专业建设计划、高水平实训基地建设、产教融合建设试点、薄弱学校改善基本办学条件、应用型本科高校转型、本科层次职业教育试点、“1 + X”证书制度试点、职业培训、课程和教材建设、“双师型”教师队伍建设、“数字校园”建设、示范性职业教育集团（联盟）建设、“鲁班工坊”项目等。要注意提炼总结，形成一批可复制、可推广的典型经验，不断完善国家顶层设计与地方实践协同推进的工作机制。

（三）强化实施考核

各级教育行政部门要切实负起统筹规划、综合协调和宏观管理职业教育的责任，推动区域职业教育发展。要完善地方职业教育工作联席会议制度，加强与发展改革、工业和信息化、财政、人力资源社会保障、农业农村、国资、扶贫、税务等有关单位联系，形成工作合力。要建立健全地方职业教育指导咨询机构，最大限度凝聚各方共识。要加强督促检查，压紧压实责任，并每半年向我部汇报进展情况。我部将会同有关单位，通过国务院大督查、教育督导等方式，对各地职业教育改革发展情况进行督查，督查结果将作为对地方政府工作考核的重要依据上报国务院，对真抓实干的地方进行重点激励。

各地学习贯彻情况、落实方案，请于2019年6月底前报我部，我部汇总后向国务院报告。

2019年5月6日

北京市教育委员会

关于公布2019年北京市职业院校技能大赛教学能力比赛获奖结果的通知

京教函〔2019〕509号

各区教委，各职业院校：

为全面贯彻党的教育方针，落实立德树人根本任务，适应“互联网+职业教育”发展需求，促进教师综合素质、专业化水平和创新能力全面提升，我委组织开展了2019年北京市职业院校技能大赛教学能力比赛。经专家组评审，共评选出一等奖28项，二等奖43项，三等奖63项，优秀组织奖10项，现将获奖名单予以公布（见附件1、2）。

请各区教委、各职业院校进一步巩固北京市职业院校技能大赛教学能力比赛成果，加大宣传和投入力度，运用大数据、人工智能等现代信息技术，构建以学习者为中心的教育生态，坚持“以赛促教、以赛促学，以赛促改、以赛促建”，推动本市职业教育教学改革创新。

附件：1. 2019年北京市职业院校技能大赛教学能力比赛获奖名单

2. 2019年北京市职业院校技能大赛教学能力比赛优秀组织奖名单

2019年9月27日

附件 1

2019 年北京市职业院校技能大赛
教学能力比赛获奖名单

（排名不分先后）

一、中等职业教育组

序号	学校	参赛作品	参赛团队成员
一等奖			
1	北京市昌平职业学校	化学反应规律及其应用	苏佳玲、贾光宏、田群山、龚敏妍
2	北京市信息管理学校	A Gorgeous Trip in China!	王秀雅、冯莉丽、刘芳、王棕灏
3	北京市商业学校	中国文化、中国表达——体悟 24 式太极拳中的慧识与自信	王猛、李娜、白云舞、王珂
4	北京市昌平职业学校	客舱服务及特殊情况处置	黄攀、张晗、李颖、杨依仑
5	北京市丰台区职业教育中心学校	幼儿园典型区角视觉设计	王合香、刘娅京、王菲、周钟乔
6	北京市电气工程学校	曳引机正反车控制线路接线与测试	苏全、桑舸、王连风
7	北京市商业学校	幼儿园游戏设计与实践	李新颜、王欣、王悦、左旭
8	北京市昌平职业学校	“数”说运营 “绩”成大业——思源农特馆数据化运营	于芳、纪晓远、方荣卫、崔华楠
9	北京市黄庄职业高中	晚宴盘发	何新、范丽鹏、蔡红芳、张玲
10	北京市丰台区职业教育中心学校	电动汽车高压系统检测与维护	周娜、王鸿波、罗丽君、李萍林

续表 1

序号	学校	参赛作品	参赛团队成员
二等奖			
1	北京市经济管理学校	腹有诗书气自华	关丽丽、王凤
2	北京市经济管理学校	Welcome to Our Jiankou Great Wall Relics Park.	陈娜、刘月月、唐才苹
3	北京市商业学校	China’s products going global through the Internet	陈文凤、李力、伊冲、李燕
4	北京市对外贸易学校	Before boarding(登机之前)	吕文苹、许雅婷、赵娜
5	北京市劲松职业高中	学生摄影社团 LOGO 设计与制作	罗丽、裴春录、侯克春
6	北京市昌平职业学校	篮球技战术	李小虎、朱厚颖、侯翔、段福生
7	北京市求实职业学校	搭建家庭网络	刘佳、何琳、沈天瑢
8	北京铁路电气化学校	城轨供电系统成套开关柜的维护	朱晓强、陈会茹、许誉尹、魏宝举
9	北京市丰台区职业教育中心学校	外国人最喜爱的中国菜	高明、李凯、郑阳、牛楚轩
10	北京市昌平职业学校	故宫景区讲解服务	李华、刘扬、段志禹、叶玉曼
11	北京市劲松职业高中	视觉魅力助力新媒体营销	姜滢、李俊、黎军
12	北京市昌平职业学校	贵宾犬的运动装造型	孙嘉、高鑫、王艳、纪婷
13	北京市海淀区卫生学校	静脉给药法	陈俞睿、刘雪莲
14	北京市外事学校	西餐宴会服务	高永荣、尉京菁
三等奖			
1	北京市劲松职业高中	unit5 It is time to change!Unit6 Tell me when the pain started.	刘欣雨、赵静、李蕊

续表 2

序号	学校	参赛作品	参赛团队成员
2	北京市求实职业学校	概率与统计初步	曹鹿玲、刘彦、杨娟
3	北京商贸学校	Go,goal,gou, 快来校园购！	孙涛、马媛、崔萍、陈静
4	北京市黄庄职业高中	《消费和消费观》《企业中的劳动者》	韩丰、杨洋、古春燕、李宜
5	北京市丰台区职业教育中心学校	《Join a club and improve English》	陈慧瑛、孙雪莲、施丹、卢乐英
6	北京市黄庄职业高中	1. Welcome to the English club!2. How can I improve my English?	田毅、尤凤娇、袁绍暄、李晋岩
7	北京金隅科技学校	传承与创新	杨海霞、刘玉学、阮成德、王迪
8	北京市电气工程学校	中式圆形花园设计	张昕煜、梁爽、张燕、曾小冬
9	北京水利水电学校	小检测大安全——水质指标检测	李良会、刘晓晴、郑仕杰
10	北京金隅科技学校	液压基本回路的设计与组装	张冉佳、马蔷、王墨
11	北京市求实职业学校	《利用 X 射线检查仪识别违禁物品》《利用手工金属探测仪实施人身检查》	崔丹妮、王斌、郑亚楠、杨珂
12	北京市黄庄职业高中	幼儿园身体保健教育活动组织幼儿园心理健康教育活动组织	李静、孙慧鸣、陈玉萍
13	北京市对外贸易学校	行政事业单位会议服务	梁剑锋、唐洁、高敏、郭芳冰
14	北京市求实职业学校	原始凭证的辨识与整理	吴丽勇、丁辉、侯庆辉、贺潇仪
15	北京市经济管理学校	面包中大肠菌群检测—平板计数法	刘莹、念红丽、闫秋丽、侯亚南
16	北京市黄庄职业高中	小规模纳税人税费计算及缴纳	叶慧、张培、文萍

续表 3

序号	学校	参赛作品	参赛团队成员
17	北京商贸学校	出纳“江湖”现金“拼图”	张丽娟、王悦、刘明石、赵龙祥
18	北京市电气工程学校	室内照明设备的安装与节能改造	郑小红、李隽、蔡思远
19	首钢技师学院	三相异步电动机星三角降压启动控制线路的装调与维修	王鹏、曹宇、萧尧、高贺
20	北京商贸学校	食品安全的“微基”	敖海英、徐静、梁佳、王雨
21	北京市房山区房山职业学校	纸浆变变变	韩燕、张辉、韩雪、孙艳梅
22	北京市电气工程学校	数字电路模块	赵维、冯永、刘畅

二、高等职业教育组

序号	院校	参赛作品	参赛团队成员
		一等奖	
1	北京电子科技职业学院	万山磅礴看主峰 擘画强国宏图景——党领导下的强国之路	胡际童、李梅、倪志勇
2	北京信息职业技术学院	维系精神纽带、铸牢道德基础——弘扬社会主义核心价值观和道德观	林瑜琛、林广梅、张星、张欢欢
3	北京交通运输职业学院	Entertain foreign guests to visit the company 接待外宾参观公司	赵巍巍、谢玉华、张金阳、刘伯超
4	北京电子科技职业学院	鲜果贮藏与加工关键技术	姜斌、宋金慧、汪洋
5	北京工业职业技术学院	BIM 环境下的桥梁施工放样与安全监测	赵小平、郑阔、王宇轩
6	北京财贸职业学院	柱梁结构平法识图与钢筋算量	邹雪梅、柳书田、刘扬、卢造

续表 1

序号	院校	参赛作品	参赛团队成员
7	北京电子科技职业学院	智慧点亮生活——人工智能数控电源开发及应用	裴春梅、朱恭生、蔡志芳
8	北京卫生职业学院	循环系统常见疾病病人的护理	王燕燕、闫瑞芹、贾小莹、张丹羽
9	北京经济管理职业学院	摄影摄像中的声、光、景	赵泾钧、李志伟、刘淼晶、郑宇麟
10	北京体育职业学院	冰雪运动下肢部损伤急救与防护	刘杨、鹿国晖、王婷婷
11	北京经济管理职业学院	导游词撰写及讲解 - 以京杭大运河为例	王业娜、王杨、王若军、韩红梅
12	北京电子科技职业学院	宫廷花丝球精做——花丝瓣的掐、填、攒、焊技艺	刘尧远、徐彬、钮冬蕊
13	北京电子科技职业学院	跨境选品、产品发布与 Listing 优化	耿慧慧、李志刚、王萍、李鹏
14	北京戏曲艺术职业学院	寒江冷月祭忠魂——舞蹈《八女投江》	吴蕾、暴蕾、李乔
15	北京交通运输职业学院	变电站一次系统事故处理	朱晓晨、曹大涌、钮旻旻、李经智
16	北京农业职业学院	生命科学的支点，生物医药产业的基石—动物实验技术	曹靖、马建民、张洁
17	北京电子科技职业学院	分拣单元安装与调试	马冬宝、张赛昆、崔健
18	北京经济管理职业学院	平台赋能为企业管理按下快捷键	李瑞玲、王宁、于久洪
二等奖			
1	北京财贸职业学院	弘扬中国精神	李萌、吕晓梅、王平、姜睿
2	北京电子科技职业学院	国际金融职业能力培养之英语综合运用能力	高岩、常乐、于海霞

续表 2

序号	院校	参赛作品	参赛团队成员
3	北京工业职业技术学院	电文解密与人脸识别——矩阵预算与特征向量	郭艳芬、谭颖琦、李晋芳
4	北京工业职业技术学院	内化于江南风物中的文学	张悦、蔡雯清、王欢、林晶
5	北京社会管理职业学院	以梦为马，劳动最美，不负韶华	何付霞、杨静、张楠、孟凡明
6	北京劳动保障职业学院	红歌、红操、红夕阳——老年健美操的创编与实践	吴学文、张志伟、冯宝晶
7	北京劳动保障职业学院	电磁制动器的维护与调试	王晖、王强、罗艳军
8	北京电子科技职业学院	智行合一，技创未来——巧诊动力电池断电故障	王谷娜、宋建桐、陈俊杰
9	北京工业职业技术学院	骨科夹板的设计与 3D 打印	杨晓雪、郭勇、李兆坤、马瑞
10	北京农业职业学院	园林植物造景技法	李玉舒、陈博、于玲、周肖红
11	北京交通运输职业学院	古建筑修缮——以斗拱为例	徐立起、王雯、王红梅、沈扶鹏
12	北京交通运输职业学院	高速公路应急与安全分析	安文洁、陈征皞、任伟龙、田迎
13	北京卫生职业学院	粪便标本中寄生虫的检验	王燕梅、张静、姜俊如、聂静
14	北京信息职业技术学院	智慧园区环境数据采集与设备控制	殷燕南、贾春霞、姚伟、宁帅
15	北京社会管理职业学院	运筹出奇——人力资源管理中的经济学	刘红杰、赵学慧
16	北京劳动保障职业学院	教你算工资	石玉峰、肖红梅、王巧莲
17	北京信息职业技术学院	JavaScript 中基于事件响应的交互动画实现	吕昕、万忠、范美英

续表 3

序号	院校	参赛作品	参赛团队成员
18	北京财贸职业学院	品璀璨宫殿艺术，树大国文化自信，弘深厚爱国情怀——故宫随行导游讲解	李丽虹、刘雁琪、陈昱霖、王悦
19	北京青年政治学院	书记员工作实务	任春玲、温慧卿、李勤、叶承芳
20	北京青年政治学院	企业主要经济业务的凭证处理	杨敏捷、王京、杨文杰、张红琴
21	北京农业职业学院	讲好国门第一景，献礼祖国七十华诞	王春梅、贾艳琼、何艳琳、孟宪畅
22	北京财贸职业学院	产品成本构成要素的归集与分配	王智慧、田光大、杜海霞
23	北京卫生职业学院	项目二丸剂的制备	洪巧瑜、于慧、武莹
24	北京工业职业技术学院	精益求精的工匠精神——汽车发动机的精准控制	侯勇、高吕和、王昫、郭凯
25	北京社会管理职业学院	多维合作体系下的小腿假肢对线与试样	张强、周大伟、刘岩、李红
26	北京卫生职业学院	中医处方调剂	王妍、陈巧芬、阎萍、卜训生
27	北京农业职业学院	风景压花画的设计与制作	许佳、高琼、张盾、李娜
28	北京交通运输职业学院	新车推介	王彦峰、唐晓蕾、刘瑞华、曹子嘉
29	北京劳动保障职业学院	中医适宜技术——拔罐法在老年常见疼痛类疾病中的应用	杨佳敏、邹亮、王婷
三等奖			
1	北京经济管理职业学院	赏艺术之美扬文化自信	郭朝红、李翔、臧惠杰
2	北京卫生职业学院	From Fat to Fit（从肥胖到健康）	张欣硕、李丹、刁琪俊

续表 4

序号	院校	参赛作品	参赛团队成员
3	北京工业职业技术学院	妙笔生花伴你行——实用英语写作	周咏梅、郑立、于天娇、王颖
4	北京经济管理职业学院	数之美——导数的应用	滑会超、李学敏、胡庆华
5	首钢工学院	创业者素质	付士静、朱兰、李小燕
6	北京京北职业技术学院	走进“三动”的《思想道德修养与法律基础》课	郭翠霞、张洁、王飞
7	北京农业职业学院	Enjoy a well-planned trip	钱志伟、王雪然、李伟丽、程靖
8	北京财贸职业学院	素质拓展训练	靳强、叶玲、夏伟、高燕洁
9	北京北大方正软件技术学院	Supercalifragilisticexpialidocious Experience On-board Service	孙青、王芳、曹念念
10	北京卫生职业学院	电子表格应用	曹玉娥、陈九香、刘艺鸣
11	北京农业职业学院	篮球单手肩上投篮	王东、马波、姜华
12	北京电子科技职业学院	判天地之美，析万物之理——磁场和电磁感应原理在智能建筑中的应用	郑晓丽、孙世菊、林惠莉
13	北京经济管理职业学院	奋发“图”强 ~ 框架结构主体施工图识读及 BIM 建模应用	李宁、陈传玺
14	北京交通运输职业学院	诊断排除 CAN 总线故障	悦中原、李卓、侯红宾、景忠玉
15	北京农业职业学院	植保精准施药技术与装备	李小明、李军辉、刁维芹、王松林
16	北京经济管理职业学院	单片机控制 LED 灯和数码管显示	李芳、侯艳霞、侯佳丽
17	北京信息职业技术学院	电动汽车电池电机故障检修	李俊亚、蒋鸣雷、赵晶

续表 5

序号	院校	参赛作品	参赛团队成员
18	北京农业职业学院	节水优先，智慧灌溉	冯吉、杨林林、韩敏琦、潘家翀
19	北京农业职业学院	乡村振兴大背景下乡村治理的新问题	任晓娜、王力红、宋丽芳、李振
20	北京社会管理职业学院	水润万家，益达千巷——给排水系统维护与管理	曹可心、李晶、王宏强、韩晓婷
21	首钢工学院	中小型企业网络的规划组建	林瑜、韩辉、张一驰、石伟辰
22	北京经济管理职业学院	趣味幼儿英语教学法	杨红全、张竞、刘素琴、胡晓琳
23	北京经济技术职业学院	CSS 盒子模型布局网页	郝兆丽、王秀清、刘红颖
24	首钢工学院	招之有道，选亦有方—人才招聘甄选全流程体验	李凤、朱瑞杰、王春祺、于静慧
25	北京科技职业学院	Culture +	翁珲珲、卢娣娣
26	北京社会管理职业学院	人体的奥秘——神经反射	孙琪、陈娟
27	北京汇佳职业学院	学前儿童心理发展	王俞、李荣辉、罗小妹、王丽朗
28	北京京北职业技术学院	《我和我的祖国》校园快闪宣传片摄制	梁思懿、王啸龙、常疌
29	首钢工学院	特装展台	梁苏莹、张超、王佳、李卉
30	北京经济管理职业学院	财务分析与应用	郝万丽、周璇、李鹤
31	北京劳动保障职业学院	仰望星空，脚踏实地——从战略地图到创业设计	贾娜、孟南、王巍
32	北京财贸职业学院	人身保险规划与展业	刘淙淙、范嵩、侯会军

续表 6

序号	院校	参赛作品	参赛团队成员
33	北京电子科技职业学院	大鼠糖尿病模型构建与应用	岳明星、简伟杰、李滓
34	首钢工学院	皮带机+供料仓系统控制与装调	廖雪梅、侯冠男、高贺
35	北京劳动保障职业学院	新能源汽车故障诊断	谭小锋、王显廷、许建强
36	北京经济管理职业学院	海报设计与制作	李鹏、邹勤、马雪梅
37	北京北大方正软件技术学院	生命体征的评估及护理	朱玉梅、马娇娟、王军
38	北京网络职业学院	MV 作品创作实训	黄荣、高景帅
39	北京科技职业学院	商品主图、标题、详情页初探	李红园、侯伟
40	北京京北职业技术学院	电竞赛事入场券排版设计	张红兰、胡肖璇、杨金霞、张博
41	北京网络职业学院	游戏 UI 界面设计项目实训	张璐、孙吉兰

附件 2

2019 年北京市职业院校技能大赛教学能力比赛优秀组织奖名单

昌平区教育委员会
丰台区教育委员会
朝阳区教育委员会
石景山区教育委员会
北京电子科技职业学院
北京经济管理职业学院
北京农业职业学院
北京交通运输职业学院
北京工业职业技术学院
北京市商业学校

北京市教育委员会

关于做好北京市高端技术技能人才贯通培养试验项目专升本转段工作的通知

京教函〔2019〕537号

各有关学校：

按照我委《关于开展高端技术技能人才贯通培养试验的通知》（京教职成〔2015〕5号）文件精神，为做好高端技术技能人才贯通培养试验项目（以下简称“贯通培养项目”）专升本转段工作，结合工作实际，现将有关事项通知如下：

一、资格确认

贯通培养项目高职阶段培养院校要严格依据学生学籍信息进行转段学生资格审核，组织符合条件的学生按照北京教育考试院具体工作要求，在规定时间内进行贯通培养项目专升本转段报名。

二、转段考试办法

贯通培养项目专升本转段考试采取综合评价的方式进行，考试方案包括专业课考试、平时科目考试以及能力突出项目。专业课考试由本科接收院校根据贯通培养项目人才培养方案，结合本科专业培养需要，从学生高职阶段专业课程中选择2门科目进行考试，试卷由本科院校负责命制。平时科目考试，重点考查学生在高职阶段学习期间的平时成绩，由高职阶段培养院校向本科接收院校提供学生高职所有学习科目成绩，平时科目成绩量化办法由双方共同研究确定，平时科目成绩占总成绩的比例原则上不低于50%。能力突出项目主要包括学生思想品德、技术技能等方面，由高职阶段培养院校组织学生填报相关信息和证明材料，提供给本科接收院校使用，本科院校在考试方案中制定评价标准，折合一定分值累加计入学生总成绩。

由本科接收院校牵头，高职阶段院校参与，共同研究制定贯通培养项目专升本转段考试方案。转段考试方案报我委备案后，在双方学校网站公示，并告知所有符合条件的学生。

三、录取备案

各本科接收院校按照转段考试方案组织考试后，根据考试总成绩和合格标准提出专升本拟录取名单。拟录取名单要在本科院校和高职院校网站上进行公示，公示无异议后，本科院校将拟录取名单报北京教育考试院备案。

四、招生计划

我委将按照北京教育考试院备案的录取名单，明确各本科院校贯通培养项目专升本招生计划。同时，我委将统筹考虑本科院校发展定位、办学条件、招生类型确定年度本科招生总规模。

五、工作要求

（一）加强组织领导。贯通培养项目专升本转段考试工作在我委统一领导下，本科接收院校作为责任主体，要牵头与高职培养院校共同成立专门工作组，明确责任分工，细化工作方案，加强沟通协调，及时研究解决转段工作中遇到的问题，确保此项工作顺利进行。

（二）做好政策解读。各有关学校要加强政策学习，做好政策宣传，采取多种形式将考试方案向学生和家长进行解读，加强正面引导，确保政策落实到位。

（三）严肃招生纪律。各有关学校要严格按照考试要求做好相关工作，确保公平公正。我委将会同北京教育考试院对考生资格审核、转段考试等各环节全过程监督，对违反招生工作有关规定的行为和个人，将依法依规严肃处理，情节严重的追究相关法律责任。

2019 年 10 月 28 日

北京市教育委员会

关于公布2019年北京市职业院校技能大赛获奖人员和单位的通知

京教函〔2019〕674号

各区教委，各职业院校：

2019年北京市职业院校技能大赛由市教委、市教科院、市职教学会联合举办，其中高职组完赛14个专业大类的64个学生分赛项，中职组完赛9个专业大类的55个学生分赛项，有79所职业院校的3962名中、高职学生参加了市级比赛。经组委会审定，现将市级比赛获奖人员和单位名单予以公布。

各区教委、各职业院校要高度重视技能大赛工作，制定相关鼓励措施，开展校内比赛，引导教师和学生积极参与相关赛事活动，重视职教师生专业技术技能水平的提升；进一步总结、交流经验，扩大宣传，把技能大赛作为推动学校专业建设和教学改革重要手段，不断提升技术技能人才的培养质量。

附件：2019年北京市职业院校技能大赛获奖名单（略）

2019年12月21日

继续教育

北京市教育委员会文件选编

（2019）

北京市教育委员会

关于公布高等学校在京函授（夜大学）办学专项检查结果及后续整改要求的通知

京教函〔2019〕16号

各普通高等学校、独立设置成人高等学校：

为贯彻党的十九大和全国教育大会精神，坚持立德树人，办好新时代高校继续教育，推进“放管服”改革，转变治理方式，落实属地统筹，强化正向引导，提高办学质量，根据北京市教育委员会《关于开展高等学校学历继续教育办学专项检查的通知》（京教函〔2018〕331号），我委组织专家，对在京举办高等学历继续教育的88所各类高校及其校本部、校外函授教育辅导站、校外学历教育教学站（以下简称“校外教学站”）进行了以问题为导向的梳理和专项检查。本次专项检查分为高校根据办学“负面清单”梳理自查、专家组进校检查质询和高校初步整改三个阶段。现将检查结果、后续整改要求及复检工作安排通知如下：

一、专项检查结果

（一）主办高校检查结果

本次专项检查覆盖所有在京开展函授（夜大学）教育的京内外高校共79所，经按“负面清单”全面对照检查，共有15所高校通过专项检查，53所高校经初步整改后通过专项检查，部分高校需要继续整改，另有9所高校放弃参加专项检查，各高校具体检查结果见附件1。

（二）各高校校本部、校外教学站和函授站检查结果

为落实“全覆盖”要求，北京此次专项检查首次将各高校的校本

部办学纳入专项检查范围。各高校在京共设置校本部、校外教学站192个，其中44个校外教学站通过专项检查，60个站初步整改后通过专项检查，44个校外教学站需要继续整改，35个校外教学站由主办高校自行撤销，另有9个主办高校的校外教学站未参加本次专项检查，具体检查结果见附件2。

二、专项检查后续整改要求

（一）明确定位 坚守责任

高校继续教育以习近平新时代中国特色社会主义思想为指导，全面贯彻党的十九大精神和全国教育大会重要部署，坚持立德树人办学宗旨，明确高校继续教育也是人才培养重要组成部分的办学定位，围绕解决“培养什么人，怎样培养人，为谁培养人”这一根本问题，整体规划布局学校继续教育提质转型发展，办好与学校品牌声誉质量相契合的新时代高校继续教育。

（二）认真反思 健全机制

高校要以专项检查及后续整改为契机，全面贯彻党的十九大精神，落实全国教育大会部署，及时反思查找严重影响继续教育办学质量的主观原因、机制漏洞和管理短板等；及时清理各种过时（或不合规、不严谨）的管理规定（或合作协议）；明确办学主体责任，依法依规办学；切实落实培养方案，严格执行教学计划，严肃考风考纪，健全全过程监督责任制度；对照办学“负面清单”定期开展教学站点自检自查；建立对教学及管理问题的问责机制。

（三）措施到位 落实整改

为便于高校做好后续整改，针对各校在专项检查中存在的主要问题，专家组按照“工作体检”要求，对应“负面清单”，对各主办高校分别提出“专项检查整改意见”（见附件3）。各高校要根据整改意见，对存在的问题进行再梳理，提出落地有效的整改措施，并将学校整改报告经学校领导班子研究通过后（盖校章），于2019年1月31日（周四）前报送我委608办公室（两套）。

（四）后续复检工作安排

1. 我委将于2019年上半年（3月至5月）组织专项复检。对检查结果为“需要继续整改”的高校及相关教学站进行复检；对“初步整改后通过”的高校及相关教学站进行抽检；对“通过专项检查”高校视具体问题进行抽查。具体复检安排专家组将提前两周通知相关高校。

2. 复检阶段不另发通知，完成复检后公布结果。

3. 对未通过复检的高校及各类校外教学站，将提出暂停年度招生或撤销资质等建议。

4. 未参加本次专项检查的各类高校（含非在京高校），需在拟恢复学历继续教育办学前六个月，向我委正式备案。

5. 高校明确撤销（或已不再继续招生），未参加本次专检的各类校外教学站，今后在京（合作）办学，主办高校需要重新备案。

6. 高校自行撤销的各类校外教学站中仍有在籍学生的，要切实保障其合理学习要求，妥善做好后续工作。

2019 年 1 月 11 日

附件 1

主办高校检查结果

（根据教育部高校代码排序）

一、通过专项检查的主办高校

1. 北京大学
2. 中国人民大学
3. 北京工商大学
4. 北京邮电大学
5. 北京建筑大学
6. 中国农业大学
7. 北京农学院
8. 北京协和医学院
9. 北京中医药大学
10. 北京师范大学
11. 北京外国语大学
12. 中央财经大学
13. 长江大学
14. 北京青年政治学院
15. 北京市总工会职工大学

二、初步整改后通过的主办高校

1. 北京交通大学
2. 北京工业大学
3. 北京航空航天大学
4. 北京理工大学
5. 北方工业大学
6. 北京化工大学
7. 北京印刷学院
8. 首都医科大学
9. 首都师范大学
10. 首都体育学院
11. 北京第二外国语学院
12. 北京语言大学
13. 中国传媒大学
14. 对外经济贸易大学
15. 首都经济贸易大学
16. 中国人民公安大学
17. 国际关系学院
18. 北京体育大学
19. 中国音乐学院
20. 中国戏曲学院
21. 北京电影学院
22. 北京舞蹈学院
23. 中央民族大学
24. 中国政法大学
25. 中国民航大学
26. 沈阳药科大学
27. 华东交通大学
28. 重庆大学
29. 北京工业职业技术学院
30. 北京信息职业技术学院
31. 北京信息科技大学
32. 中国矿业大学（北京）
33. 中国地质大学（北京）
34. 北京城市学院
35. 首钢工学院
36. 北京农业职业学院
37. 中国劳动关系学院
38. 北京财贸职业学院
39. 北京经济管理职业学院
40. 北京劳动保障职业学院
41. 北京社会管理职业学院
42. 北京交通运输职业学院
43. 北京市海淀区职工大学
44. 北京市东城区职工业余大学
45. 北京宣武红旗业余大学
46. 北京市石景山区业余大学
47. 北京市朝阳区职工大学
48. 北京医药集团职工大学
49. 北京教育学院
50. 北京市丰台区职工大学
51. 北京市西城经济科学大学
52. 首都联合职工大学
53. 北京服装学院

三、需要继续整改的主办高校

（注：在京举办高等学历继续教育，未在一、二类中公布的高校）

四、未参加专项检查的主办高校

1. 中央美术学院
2. 武汉大学
3. 中华女子学院
4. 四川电子机械职业技术学院
5. 陕西航天职工大学
6. 中国第五冶金建设公司职工大学
7. 北京开放大学
8. 石家庄职工大学
9. 中国环境管理干部学院

附件2

各类教学站点检查结果

（根据教育部高校代码排序）

一、通过专项检查的校本部、校外教学站和函授站

1. 北京大学校本部（含医学部）
2. 中国人民大学校本部
3. 北京交通大学校本部
4. 北京交通大学北京宣武红旗业余大学校外教学站
5. 北京工业大学北京劳动保障职业学院校外教学站
6. 北京工业大学北京建工集团党校校外教学站
7. 北京航空航天大学校本部
8. 北方工业大学北京广播电视大学昌平分校校外教学站
9. 北京化工大学北京市昌平区成人学校校外教学站
10. 北京工商大学校本部
11. 北京邮电大学校本部
12. 北京建筑大学校本部
13. 中国农业大学校本部
14. 北京农学院校本部
15. 北京林业大学北京开放大学房山分校校外教学站
16. 北京协和医学院校本部
17. 首都医科大学燕京医学院
18. 北京中医药大学校本部
19. 北京师范大学校本部
20. 北京外国语大学校本部
21. 北京语言大学北京市东城区职工大学校外教学

站

22. 中国传媒大学校本部
23. 中国传媒大学北京西城经济科学大学校外教学站
24. 中央财经大学校本部
25. 对外经济贸易大学校本部
26. 对外经济贸易大学北京市海淀区向导培训学校校外教学站
27. 对外经济贸易大学北京市昌平成人学校校外教学站
28. 对外经济贸易大学首都联合职工大学校外教学站
29. 中国人民公安大学校本部
30. 北京舞蹈学院校本部
31. 中央民族大学校本部
32. 中央民族大学北京市音乐舞蹈学校校外教学站
33. 华北电力大学北京电力校外教学站
34. 长江大学北京向导培训学校函授站
35. 北京信息职业技术学院校本部
36. 北京信息科技大学校本部
37. 北京青年政治学院校本部
38. 中国劳动关系学院北京市总工会职工大学校外教学站
39. 北京经济管理职业学院北京开放大学房山分校校外教学站
40. 北京经济管理职业学院北京市密云区职业学校校外教学站
41. 北京市东城区职工业余大学校本部
42. 北京市总工会职工大学校本部
43. 北京市总工会职工大学北汽福田汽车股份有限公司校外教学站
44. 北京市总工会职工大学北京现代汽车有限公司校外教学站

二、初步整改后通过的校本部、校外教学站和函授站

1. 北京交通大学北京市东城区职工业余大学校外教学站
2. 北京航空航天大学北京市海淀区向导培训学校校外教学站
3. 北京科技大学校本部
4. 北京科技大学顺义社区教育中心校外教学站
5. 北方工业大学校本部

6. 北方工业大学北京北汽出租汽车集团职工教育培训中心校外教学站
7. 北方工业大学北京市房山区房山职业学校校外教学站
8. 北京化工大学校本部
9. 北京印刷学院北京市房山区第二职业高中校外教学站
10. 北京印刷学院北京市工贸技师学院校外教学站
11. 中国农业大学北京市农业广播电视学校顺义区分校校外教学站
12. 北京林业大学北京市海淀区向导培训学校校外教学站
13. 首都医科大学校本部
14. 首都师范大学（校内办学）
15. 首都体育学院校本部
16. 北京第二外国语学院校本部
17. 北京语言大学校本部
18. 北京语言大学北京市海淀区向导培训学校校外教学站
19. 首都经济贸易大学校本部
20. 中国人民公安大学公安部管理干部学院教学站
21. 国际关系学院校本部
22. 北京体育大学校本部
23. 中国音乐学院校本部
24. 中国戏曲学院校本部
25. 北京电影学院校本部
26. 中国政法大学校本部（学院路）
27. 中国民航大学北京飞机维修工程有限公司函授站
28. 沈阳药科大学继续教育学院北京分院
29. 华东交通大学北京铁路电气化学校函授站
30. 北京工业职业技术学院校本部
31. 北京信息职业技术学院北京市应用高级技工学校校外教学站
32. 中国地质大学（北京）校本部
33. 北京城市学院校本部
34. 首钢工学院校本部
35. 北京农业职业学院北京市平谷区建筑职业技能培训学校校外教学站
36. 北京农业职业学院通州区东大文化培训学校校

外教学站
37. 中国劳动关系学院校本部
38. 北京财贸职业学院校本部
39. 北京社会管理职业学院校本部
40. 北京交通运输职业学院校本部
41. 北京市海淀区职工大学校本部
42. 北京市东城区职工业余大学华夏管理学院校外教学站
43. 北京宣武红旗业余大学校本部
44. 北京宣武红旗业余大学北京市顺义区成人教育学校校外教学站
45. 北京市石景山区业余大学校本部
46. 北京市朝阳区职工大学校本部
47. 北京医药集团职工大学校本部
48. 北京教育学院校本部
49. 北京教育学院北京市大兴区教师进修学校校外教学站
50. 北京教育学院北京市房山区教师进修学校校外教学站
51. 北京教育学院北京市海淀区职工大学校外教学站
52. 北京教育学院北京市通州区教师研修中心校外教学站
53. 北京教育学院北京市延庆区教育科学研究中心校外教学站
54. 北京市丰台区职工大学校本部
55. 首都联合职工大学校本部
56. 首都联合职工大学国家图书馆分校教学站
57. 首都联合职工大学中国歌剧舞剧院分校教学站
58. 首都联合职工大学北京市大兴社区学院校外教学站
59. 首都联合职工大北京市西城区阎岭舞蹈艺术培训学校校外教学站
60. 首都联合职工大学北京百汇演艺学校校外教学站

三、需要继续整改的校本部、校外教学站和函授站

1. 北京交通大学北京汽车工业控股有限责任公司干

部学校校外教学站
2. 北京交通大学北京市顺义区社区教育中心校外教学站
3. 北京交通大学京煤集团党校校外教学站
4. 北京工业大学校本部
5. 北京航空航天大学北京市西城区索尔培训学校校外教学站
6. 北京理工大学校本部
7. 北京理工大学宣武红旗业余大学校外教学站
8. 北京科技大学北京国际青年研修学院校外教学站
9. 北京科技大学北京华大研修学院校外教学站
10. 北京化工大学北京市工业技师学院校外教学站
11. 北京服装学院校本部
12. 北京印刷学院校本部
13. 北京石油化工学院校本部（电子商务中新区建设办公室北京财经专修学院）
14. 北京石油化工学院北京中芯国际集成电路制造有限公司校外教学站
15. 北京林业大学校本部
16. 北京林业大学北京市海淀区思德培训学校校外教学站
17. 中国传媒大学北京现代音乐研修学院校外教学站
18. 对外经济贸易大学现代管理大学校外教学站
19. 对外经济贸易大学北京经贸职业学院校外教学站
20. 北京物资学院校本部
21. 外交学院校本部
22. 中国音乐学院北京现代音乐研修学院校外教学站
23. 北京舞蹈学院北京现代音乐研修学院校外教学站
24. 中央民族大学通州区东大文化培训学校校外教学站
25. 中央民族大学北京航空旅游专修学院校外教学站
26. 中央民族大学北京市丰台区职工大学校外教学站
27. 华北电力大学校本部

28. 华北电力大学北京市海淀区达德职业技能培训学校校外教学站
29. 北京信息职业技术学院北京市新媒体技师学院校外教学站
30. 北京信息科技大学北京市工贸技师学院校外教学站
31. 北京信息科技大学北京科技职业学院校外教学站
32. 中国石油大学（北京）海淀校外教学站
33. 中国石油大学（北京）大兴校外教学站
34. 中国石油大学（北京）崇文校外教学点
35. 中国石油大学（北京）丰台校外教学站
36. 中国地质大学（北京）北京市商业学校校外教学站
37. 北京联合大学校本部
38. 中国劳动关系学院北京经贸职业学院校外教学站
39. 北京市崇文区职工大学校本部
40. 中国民航管理干部学院北京吉利学院校外教学站
41. 中国民航管理干部学院北京经济技术职业学院校外教学站
42. 北京市西城经济科学大学校本部
43. 首都联合职工大学科技分校教学站
44. 首都联合职工大学北京美国英语语言学院校外教学站

四、主办校自行撤销（各类校外教学站）

1. 中国人民大学书资教育培训中心教学站
2. 中国人民大学北京经济管理职业学院校外教学站
3. 中国人民大学北京国际青年研修学院校外教学站
4. 北京航空航天大学北京市顺义区现代人职业技能培训学校校外教学站
5. 北京石油化工学院北京市城市管理高级技术学校校外教学站
6. 中国农业大学北京农业职业学院校外教学站
7. 中国农业大学北京水利水电学校校外教学站

8. 中国农业大学北京市海淀区达德职业技能培训学校校外教学站
9. 中国农业大学北京房山区农业机械化学校校外教学站
10. 北京师范大学北京市新东方烹饪职业技能培训学校校外教学站
11. 北京师范大学北京万通汽修学校校外教学站
12. 北京师范大学北京宣武红旗业余大学校外教学站
13. 中央民族大学首都联合职工大学校外教学站
14. 长沙理工大学北京交通运输职业学院函授站
15. 重庆大学中建一局培训中心函授站
16. 中国矿业大学（北京）北京市电气工程学校校外教学站
17. 北京联合大学首都师范大学科德学院校外教学站
18. 北京联合大学北京电子信息技师学院校外教学站
19. 北京联合大学北京市商业学校校外教学站
20. 北京联合大学北京市昌平区成人学校校外教学站
21. 北京联合大学北京网络职业学院校外教学站
22. 北京联合大学现代管理大学校外教学站
23. 北京联合大学北京现代音乐研修学院校外教学站
24. 北京联合大学北京财贸职业学院校外教学站
25. 中国劳动关系学院西城区吉米专业形象设计职业技能培训学校校外教学站
26. 北京经济管理职业学院（校本部南校区）中德诺浩汽车学院教学站
27. 北京劳动保障职业学院北京市应用高级技工学校校外教学站
28. 北京劳动保障职业学院北京市新媒体技师学院校外教学站
29. 北京劳动保障职业学院北京市工艺美术高级技工学校校外教学站
30. 北京劳动保障职业学院

北京市市政管理学校校外教学站

31. 北京宣武红旗业余大学北京市工艺美术高等技工学校校外教学站

32. 北京市总工会职工大学北京市燃气集团有限责任公司校外教学站

33. 北京市西城经济科学大学北京市自动化工程学校校外教学站

34. 首都联合职工大学北京经贸职业学院校外教学站

35. 首都联合职工大学北京国际经贸研修学院校外教学站

五、未参加专项检查的校本部、校外教学站和函授站

1. 中央美术学院
2. 武汉大学
3. 中华女子学院
4. 四川电子机械职业技术学院
5. 陕西航天职工大学
6. 中国第五冶金建设公司职工大学
7. 北京开放大学
8. 石家庄职工大学
9. 中国环境管理干部学院

北京市教育委员会

关于公布北京高校学历继续教育优秀毕业论文（设计）遴选结果的通知

京教函〔2019〕340 号

各普通高校，独立设置成人高校，国家开放大学，北京开放大学：

根据《北京市教育委员会关于遴选北京高校学历继续教育优秀毕业论文（设计）的通知》（京教函〔2019〕138 号）要求，经各校推荐、网上初评、专家会评、市教委审核并公示，遴选出33所高校的优秀毕业论文（设计）62篇，评选出优秀指导教师64名，另评选出优秀组织奖15个，现将名单予以公布（见附件1、2）。

为全面贯彻习近平新时代中国特色社会主义思想和党的十九大、全国教育大会的会议精神，落实立德树人根本任务，不断提升学历继续教育教学质量，北京高校学历继续教育优秀毕业论文（设计）遴选工作将每年组织一次。各高校要以本次遴选为契机，全面深化教学改革，进一步加强论文管理和指导工作，不断完善毕业论文写作要求，积极发挥优秀毕业论文（设计）的示范作用，调动和增强学生、指导教师的积极性和主动性，培养学生综合素质、实践能力、创新能力，提高学历继续教育人才培养质量。

附件：1. 北京高校学历继续教育优秀毕业论文（设计）遴选结果及优秀指导教师名单

2. 优秀组织奖获奖名单

2019年7月15日

附件1

北京高校学历继续教育优秀毕业论文（设计）遴选结果及优秀指导教师名单

（按照高校代码排序）

序号	学校	论文题目	论文作者	指导教师
1	北京大学	企业文化对企业管理的影响研究——以GSK广州数控设备有限公司为例	阳绪川	郭婷
2	北京大学	汪曾祺笔下的昆明	潘雪飞	黄嘉庆

续表1

序号	学校	论文题目	论文作者	指导教师
3	北京大学	艾司奥美拉唑钠有关物质测定方法的改进及验证	蔡永钢	高海月
4	北京大学	口腔导诊护士胜任力评价指标的构建	刘萌	王志稳
5	中国人民大学	企业并购商誉减值的审计应对	王祖诚	刘松青
6	中国人民大学	我国中小型钢铁企业出口的问题与对策研究	张坤瑜	郑兰平
7	中国人民大学	中国粮食贸易发展的现状、问题与建议	李世豪	喻志军
8	北京交通大学	港铁主要枢纽站与其他交通方式的接驳分析	吴成森	朱广宇
9	北京交通大学	机车走行部轴承检修工艺研究	卜令麟	彭俊彬
10	北京工业大学	商业银行开展消费金融业务的场景化探索	许心欣	郭萍
11	北京航空航天大学	网上服装销售系统的设计与实现	沈鹏	傅翠娇
12	北京理工大学	胶囊式咖啡机大身注塑模设计	黄坚义	荣辉
13	北京理工大学	智慧停车	李志	刘琼昕
14	北京科技大学	农民帮 APP 前端的设计与开发	孙配超	刘勇
15	北方工业大学	悠惠万家超市存货风险管理问题分析	柳敬茹	王丽新
16	北京化工大学	MAC 工艺在北京上庄污水处理厂的应用	杨凯芳	刘晓宇
17	北京化工大学	一种新型油田用抽油机示功图采集方法	王玉臣	牟综磊
18	北京服装学院	编织艺术在服装设计中的应用与研究	宋庭秋	王可、王威仪
19	北京服装学院	解构风格服装设计中的肌理表情	刘春念	王威仪、朱雯

续表 2

序号	学校	论文题目	论文作者	指导教师
20	北京邮电大学	上海申达股份有限公司财务状况的分析研究	沈智慧	王玉梅
21	北京邮电大学	电子商务平台设计与实现	祝柏林	李英
22	北京邮电大学	基于地理位置的生活服务推荐 App	张春生	高大永
23	北京建筑大学	钢筋混凝土框架办公楼设计	郑丕建	赵东拂、李文革
24	中国农业大学	加味四君子散对奶牛生产性能的影响	卢洪彬	常建宇
25	中国农业大学	犬气管灌洗的临床应用	石磊	蔡泽川
26	北京林业大学	浅谈风景道的规划设计——以东营市垦利区黄河国家风景道为例	郭石超	王思元
27	北京协和医学院	11 例改良半开放湿敷对特应性皮炎患者的临床报道	郭海涛	余梦清
28	北京协和医学院	1 例产后暴发性 I 型糖尿病的护理	张蒙蒙	董颖越
29	北京中医药大学	何首乌炮制的历史沿革和研究进展	张洁	王如峰
30	北京中医药大学	中医药治疗轮状病毒性婴幼儿腹泻的临床进展及 TLR3 信号传导途径的研究展望	胡秀华	郭霞珍
31	北京中医药大学	针刺疗法减含顺铂化疗方案所致化疗诱导的恶心呕吐国内临床研究概述	芦殿荣	陈枫
32	北京师范大学	自闭症儿童语言应用能力训练的个案研究	邬静	冯婉桢
33	北京师范大学	超大型企业网互联网协议地址管理的问题分析及解决方案	张阔	刘晓娟
34	北京师范大学	浅谈《西游记》中的龙王形象	杜畅	黄淑芬

续表 3

序号	学校	论文题目	论文作者	指导教师
35	首都师范大学	数字媒体技术在交互式微课中的开发实践——以《多媒体应用设计师》职业培训为例	魏征	吴陶
36	北京外国语大学	A Tentative Study on the Strategies Used in Translating the English Attributive Clauses into Chinese（英语定语从句汉译策略初探）	刘昱含	唐锦兰
37	北京外国语大学	Enhancing Senior High Students' VocabularyRetentiont through Word Formation Instruction（通过构词法提升高中生英语词汇记忆的研究）	徐国剑	邓亚峤
38	北京语言大学	论《中日韩共用常见 808 汉字表》在汉语国际教育词汇教学中的活用	裴洪	赵雪梅
39	北京语言大学	趣味性教学法在来疆青少年留学生汉语教学中的应用研究	于丽琴	赵雪梅
40	北京语言大学	ESA 模式课程规划应用的有效性分析	金璐	王小萍
41	中国传媒大学	浅谈互联网背景下高职建筑类教材出版的现状及创新	石伟	方毅华
42	中国传媒大学	音乐选秀类节目《天籁之战》的分析研究	关雪涛	王谦
43	中央财经大学	Z 医院现行货币资金控制制度存在的问题与对策	刘尊辉	陈守忠
44	中央财经大学	论内部审计对企业的重要性——以 D 食品加工企业为例	齐婧文	江轩宇
45	中央财经大学	人工智能时代财务会计向管理会计工作转型的思考	韩小静	陈守忠

续表 4

序号	学校	论文题目	论文作者	指导教师
46	对外经济贸易大学	我国商业银行微小企业贷款风险防范研究	陈尧	黄映红
47	对外经济贸易大学	我国二维码产业发展现状研究——以Idcode 生态体系建设为例	胡冰	蔡英辉
48	北京物资学院	浅谈会展公司存货管理内部控制	刘永旺	顾煜
49	中央美术学院	基于超导磁悬浮技术的未来建筑设计展望——未来悬浮住宅	孙中华	朱力
50	中央美术学院	“心经”字体设计	闫波	王广福
51	中央美术学院	“卍字纹”的造型探究与设计运用	郭培培	孙海英
52	北京电影学院	毕业短片《紫娃》创作总结	折苗	孟浩军
53	北京信息科技大学	煤矿应急管理系统的设计与实现	刘志成	王晓波
54	中国石油大学（北京）	基于 J2EE 的考勤管理系统的设计与实现	武晶建	刘文胜
55	北京市东城区职工业余大学	千里马广告公司企业形象设计	王跃跃	许舒云
56	北京市崇文区职工大学	草莓大道设计方案	刘亚	罗卫锋
57	北京市崇文区职工大学	VIVO 智能手机系列平面广告创意设计	赵珩	黄舒梅
58	北京市朝阳区职工大学	儿童绘本的手工演绎——将儿童绘本应用于手工剪纸的学习与实践	王宗婷	罗莲
59	国家开放大学	关于上海市浦东新区高桥镇镇北村网格化管理的探讨	周宇峰	沈文莉

续表 5

序号	学校	论文题目	论文作者	指导教师
60	国家开放大学	提升保定农行县域竞争力的研究	杜信生	门莉
61	国家开放大学	安徽利辛地区方言研究	张晶晶	韩国庆
62	北京市丰台区职工大学	汽车销售企业存货管理中的问题与对策研究——以某集团东风标致 4S 店的备件管理为例	黄伟	陶玉侠

附件 2

优秀组织奖获奖名单

（按照高校代码排序）

北京大学
中国人民大学
北京理工大学
北京邮电大学
中国农业大学
北京中医药大学
北京师范大学
北京外国语大学
北京语言大学
中国传媒大学
中央财经大学
北京电影学院
北京信息职业技术学院
北京信息科技大学
国家开放大学

北京市教育委员会

关于公布高等学校在京函授（夜大学）办学专项检查复检结果的通知

京教函〔2019〕486 号

各普通高等学校，独立设置成人高等学校：

为进一步贯彻习近平新时代中国特色社会主义思想，落实党的十九大及全国教育大会、全市教育大会精神，立德树人，落实属地责任，转变治理方式，强化正向引导，提高办学质量，办好北京高等继续教育，根据《北京市教育委员会关于开展高等学校学历继续教育办学专项检查的通知》（京教函〔2018〕331 号）及《北京市教育委员会关于公布高等学校在京函授（夜大学）办学专项检查结果及后续整改要求的通知》（京教函〔2019〕16 号）要求，在 2016—2017 年度对教育部现代远程教育 40 余所试点高校（含国家开放大学、教育公共服务体系）在京学历教育办学专项检查取得明显成效基础上，我委 2018 年以来，组织了对在京 88 所各类高校及其 192 个校本部成人学历教育（夜大学）、函授教育教学辅导站、学历教育校外教学站进行问题导向的全覆盖专项检查和整改复检。

现将我委 2019 年专项检查整改的复检结果公布如下，并提出工作要求。

一、复检结果

（一）北京科技大学等 10 所高校认真组织整改，措施到位，效果明显，通过在京办学复检。

（二）华北电力大学等 21 所高校发挥主导主责作用，分别对其在京办学系统的 28 个校本部（夜大学）、函授教育教学辅导站、学历教育校外教学站垂直指导、监督，补齐各种“短板”，取得成效，通过整改复检。

（三）中国石油大学（北京）等 13 所高校通过落实整改，整合资源，规划布局，自行撤销其在京办学系统的 17 个函授教育教学辅导站、学历教育校外教学站。

以上各类复检结果见附件。具体“复检反馈建议”随本通知分别发至相关高校。

二、工作要求

（一）提高政治站位，坚持办学方向

高等继续教育是高等学校人才培养体系的重要组成部分。办好高等学校继续教育，要以习近平中国特色社会主义思想为指导，全面贯彻党的十九大精神，提高政治站位，坚持党对教育全面领导，紧密围绕“为谁培养人，培养什么人，怎样培养人”的根本问题，依法依规办学，在认识和制度机制上建立“防火墙”，抵制、防范偏离办学方向，有悖教育规律的做法。不忘初心，牢记使命，立德树人，守正创新，努力办好与“首善之区”相适应，与学校品牌声誉相契合的北京高等继续教育。

（二）保持清醒认识，巩固整改成效

1. 通过在京办学专项检查的高校及其各类办学站，仅是对照办学“负面清单”的底线要求进行的。整改工作总体上也仅是初见成效，距离“办好继续教育”的目标要求还有很大差距。遵循教育规律，依法依规办学，净化育人环境，提升教育质量的责任永远在路上。对此，无论是首批通过还是复检通过的高校及其各类办学站，都要保持清醒认识。每年、每学期、每一特定工作或时间节点，都要组织自查，找出动态工作“短板”，通过针对性整改措施，及时有效纠正，巩固专项检查成效，以高度的对事业的责任感和实际行动维护促进北京高等继续教育协调健康发展。

2. 专家组根据专项检查程序和复检要求，对复检高校或函授教育辅导站、学历教育校外教学站复检情况分别提出了复检反馈建议，有关高校或相关高校校本部（夜大学）、函授教育教学辅导站、学历教育校外教学站，要由主办高校负责，及时按照复检反馈建议，再作梳理，补上“短板”，健全校级（学院）整改责任监管流程，防止反弹。

3. 已撤销的高校在京函授教育教学辅导站、学历教育校外教学站，不再具有(合作)办学资质。自2019学年起(含2019年)不得在京招生、办学。违反规定，将进行问责。

4. 相关主办高校，对已撤销函授教育辅导站或学历教育校外教学站中仍在读（有学籍）的学生，应及时妥善做好其学业等后续安排，保障学生学习权益。

三、落实统筹引导，坚持内涵发展

北京开展的专项检查（包括整改复检），得到在京办学高校及时响应和全程配合。通过自查梳理，进校检查，问题整改和针对性集中复检四个阶段，进一步明确高校继续教育办学方向，提高依法依规办学认识，夯实主体责任，加强核心价值观教育，规范招生环节，落实培养方案，改善办学条件、补齐办学监管流程等方面制度机制短板，基本消除区域范围内、阶段性办学隐患，一定程度上提升了办学质量，净化了首都教育育人环境。历时两年的函授（夜大学）学历教育办学专项检查达到预期效果。

我委将按照“办好继续教育”总体要求，聚焦服务首都核心功能战略定位，落实立德树人根本任务，坚持稳中求进，内涵发展总基调，通过统筹引导，放管结合，优化服务，进一步提升北京继续教育综合办学水平、教育质量和治理能力，办好与“首善之区”相适应，人民满意的新时代北京高等继续教育。

附件：专项检查复检结果

2019年9月20日

附件

专项检查复检结果

（根据高校代码排序）

一、通过复检的主办高校

1. 北京科技大学
2. 北京石油化工学院
3. 北京林业大学
4. 北京物资学院
5. 外交学院
6. 华北电力大学
7. 中国石油大学（北京）
8. 北京联合大学
9. 北京市崇文区职工大学
10. 中国民航管理干部学院

二、通过复检的校本部、校外教学站和函授站

1. 北京交通大学北京汽车工业控股有限责任公司干部学校校外教学站
2. 北京交通大学北京市顺义区社区教育中心校外教学站
3. 北京交通大学京能集团党校校外教学站
4. 北京工业大学校本部
5. 北京理工大学校本部
6. 北京理工大学宣武红旗业余大学校外教学站
7. 北京化工大学北京市工业技师学院校外教学站
8. 北京服装学院校本部
9. 北京印刷学院校本部
10. 北京石油化工学院校本部
11. 北京石油化工学院北京中芯国际集成电路制造有限公司校外

教学站

12. 北京林业大学校本部
13. 对外经济贸易大学现代管理大学校外教学站
14. 对外经济贸易大学北京经贸职业学院校外教学站
15. 北京物资学院校本部
16. 外交学院校本部
17. 北京舞蹈学院北京现代音乐研修学院校外教学站
18. 中央民族大学通州区东大文化培训学校校外教学站
19. 中央民族大学北京航空旅游专修学院校外教学站
20. 华北电力大学校本部
21. 华北电力大学北京市海淀区达德职业技能培训学校校外教学站
22. 中国地质大学（北京）北京市商业学校校外教学站
23. 北京联合大学校本部
24. 中国劳动关系学院北京经贸职业学院校外教学站
25. 北京市崇文区职工大学校本部
26. 中国民航管理干部学院北京吉利学院校外教学站
27. 北京市西城经济科学大学校本部
28. 首都联合职工大学科技分校教学站

三、主办高校自行撤销的校外教学站和函授站

1. 北京科技大学北京国际青年研修学院校外教学站
2. 北京航空航天大学北京市海淀区向导培训学校校外教学站
3. 北京航空航天大学北京市西城区索尔培训学校校外教学站
4. 北京林业大学北京市海淀区思德培训学校校外教学站
5. 中国传媒大学北京现代音乐研修学院校外教学站
6. 中国音乐学院北京现代音乐研修学院校外教学站
7. 中央民族大学北京市丰台区职工大学校外教学站
8. 北京信息职业技术学院北京市新媒体技师学院校外教学站

9.北京信息科技大学北京市工贸技师学院校外教学站

10.北京信息科技大学北京科技职业学院校外教学站

11.中国石油大学（北京）海淀校外教学站

12.中国石油大学（北京）大兴校外教学站

13.中国石油大学（北京）崇文校外教学站

14.中国石油大学（北京）丰台校外教学站

15.中国民航管理干部学院北京经济技术职业学院校外教学站

16.首都联合职工大学北京美国英语语言学院校外教学站

17.长沙理工大学北京函授站

学习型城市建设

北京市教育委员会文件选编
（2019）

北京市教育委员会

关于公布第十批首都市民学习之星名单的通知

京教函〔2019〕527号

各区教委，各高等院校、中等专业学校：

依据《北京市教育委员会关于开展第十批首都市民学习之星评选工作的通知》（京教职成〔2019〕6号）精神，在网上个人自荐、社会举荐、部门推荐的基础上，经专家组评审、征求意见、社会公示，市教委认定李涛等113人为第十批首都市民学习之星，现予以公布。

希望第十批荣誉获得者站在新时代的起点上，不忘初心，牢记使命，深入落实全国、全市教育大会精神，围绕北京“四个中心”建设以及城教融合、京津冀协同发展，充分发挥终身教育在首都经济社会发展、人力资源素质提升中的重要作用。崇尚学习，发扬成绩，砥砺前行，践行终身学习理念，弘扬工匠精神，强化创新创业教育，依学治理，以学修身，掌握科学学习方法、提高学习效能，做到“干中学、学中干，学以致用、用以促学、学用相长”，争做学习型城市建设的表率和榜样。各区、各单位要加大典型宣传力度，营造大众创业、万众创新的浓厚氛围，汇聚学习资源，搭建交流学习平台，促进全民学习浓厚氛围，掀起学习新高潮，传播学习正能量，努力使“人人学习、时时能学、处处可学”成为现实，全面提升全体市民素质，为建设国际一流的和谐宜居之都打下坚实基础，促进首都学习型城市建设工作再上新台阶。

2019年10月23日

附件

第十批首都市民学习之星名单

（113人，排名不分先后）

李涛	北京市第一七九中学
王玉梅	东城区体育馆路街道
林又华	中国京剧院（原国家京剧院）一团
杨柳	北京国际职业教育学校
郭静竹	北京大学人民医院
杜丽娜（女）	西城区大栅栏街道大安澜营社区
王恩荣	西城区德胜街道
袁云清	西城区广安门内街道
张燕（女）	北京市电气工程学校
孔繁佳（女）	北京星火国创企业管理有限公司
殷金凤（女）	朝阳区呼家楼街道呼家楼北社区
孙世英	朝阳区环境卫生服务中心第一清洁车辆场
付彦青（女）	朝阳区麦子店街道枣营社区
杨亚清（女）	朝阳区融媒体中心
李自柱	北京市朝阳区人民法院知识产权庭
许培军（女）	海淀区翠微小学
于燕涛	海淀区环境卫生服务中心车辆修理厂
刘聪（女）	国家税务总局北京市海淀区税务局
张淑华（女）	海淀区青龙桥街道福缘门社区居委会
李军民（女）	北京大北农科技集团股份有限公司
傅以诠	石景山区人大常委会
戎梅（女）	石景山区业余大学
孔震英（女）	丰台区芳庄第二幼儿园
尹喜军	丰台区长辛店街道合成公社区居委会

史奎宏	丰台区职工大学
何石明	丰台区丰台第二中学
吴国英（女）	通州区玉桥街道办事处
王占利	通州区教师研修中心
周广兵	通州区退役军人事务局
王汉生	北京北张岱新科蔬菜产销专业合作社
崔桂霞（女）	平谷区王辛庄镇东杏园村
张春海	密云区檀营生态城
赵晓翠（女）	密云区日尚小商品城
孟凡颖（女）	门头沟区中医医院
王维	门头沟区琉璃渠中小学劳动艺术教育基地
周黎	北京雁栖湖生态发展示范区管理委员会
邵雪松（女）	房山区西潞街道苏庄三里社区
张进刚	房山区周口店镇黄山店村
伊然（女）	昌平区回龙观镇龙泽苑社区居委会
吴洋	北京市农业广播电视学校昌平分校
周顺海	延庆区香营乡“金剪子”果树服务队
杜安山	顺义区马坡镇马坡花园（退休）
李进辉	北京燕京啤酒集团公司
尹可	国家税务总局北京市顺义区税务局
冯骏	国网北京市电力公司顺义供电公司
韩菲（女）	北京市顺义区人民检察院
李永进	顺义区疾病预防控制中心
陈山山（女）	北京亦辰园果蔬专业合作社
吴学芳	原北京市密云县政法委员会（退休）
丁其强	房山区燕山发展和改革委员会
张玺（女）	天坛公园
李武军（女）	北京海关隶属北京朝阳海关
张新阳（女）	国家税务总局北京市税务局第三税务分局
肖克	北京市第一中级人民法院

雷晓东	北京市地质勘察技术院
林长军	北京市应急管理局
郑佳（女）	北京市地热研究院
李玮（女）	北京市食品安全监控和风险评估中心（北京市食品检验所）
石玉恒	北京市突发事件预警信息发布中心
邓中伟	市政府外事办公室
万晨	中共北京市委宣传部
邢永杰（女）	北京市人民检察院第一分院
郭高轩	北京市水文地质工程地质大队（北京市地质环境监测总站）
杨晶晶（女）	北京市工商行政管理局经济技术开发区分局
田伟	北京积水潭医院
阴赪宏	首都医科大学附属北京妇产医院
王丽京（女）	中国评剧院有限责任公司
胡杰	北京电视台
朱艳婷（女）	北京人民广播电台
杨小军	北京艺术博物馆
武望婷（女）	首都博物馆
李翀（女）	北京市建筑工程研究院有限责任公司
郭晓斌	北京市首都公路发展集团有限公司京沈高速公路分公司
祁欣	北京静态交通投资运营有限公司
伍宏京	北京首华建设经营有限公司
鲁斌	北京城建建设工程有限公司
倪亮	北京公共交通控股（集团）有限公司第四客运分公司1路
苏毅鸥（女）	北京二商京华茶业有限公司
赵冬岩	北京国融工发投资管理有限公司
孙琪	北京市地铁运营有限公司运营三分公司

任志强	北京现代汽车有限公司
赵凯	北京建工四建工程建设有限公司
高峰	北京京环汽车服务有限公司
柳金龙	北京固废物流有限公司
齐春舰	首发集团京开分公司
马云新	北京建工土木工程有限公司
路清泉	北京市轨道交通建设管理有限公司
张志君	北京国家游泳中心有限责任公司
安东山	北京市地铁运营有限公司机电分公司
林周宝	北京首开股份有限公司首开志信分公司
籍龙杰	北京建工环境修复股份有限公司
文新理	北京北冶功能材料有限公司
徐芳（女）	首钢京唐钢铁联合有限责任公司热轧作业部
严振湘	首钢集团有限公司矿业公司杏山铁矿
黄志军	北京福田康明斯发动机有限公司
兰振辉	北京京通水务有限公司
王浩	大兴区礼贤镇大马坊村
贯新苗（女）	北京印刷学院
王珏祎（女）	北京市朝阳区养老保险行政事务受理中心
蔡丽娜（女）	中国铁建国际集团有限公司
李红（女）	中国铁建国际集团有限公司
吕扬（女）	中国医学科学院药物研究所
朱学骏	北京大学第一医院
马壮寰	北京第二外国语学院
林泰	清华大学马克思主义学院
杨再春	北京体育大学
张纯	北京大学第三医院
李守军	中国医学科学院阜外医院
李训虎	中国政法大学
周姝辰（女）	北京体育大学

王红蕾（女）　　北京市商业学校
郑仕杰（女）　　北京水利水电学校
王建民　　　　　中国杂技团有限公司 北京市杂技学校

北京市教育委员会

关于公布第三批北京市民终身学习示范基地、北京市职工继续教育基地和北京市新型职业农民培训基地认定名单的通知

京教函〔2019〕563号

各区教委，各有关单位：

为贯彻落实《北京市学习型城市建设行动计划（2016—2020年）》（京教职成〔2016〕8号）提出的“市民终身学习示范基地建设工程”“创新职工素质提升工程”和“新型职业农民培训工程”任务要求，2019年我委在全市范围内继续组织开展了第三批“北京市民终身学习示范基地”“北京市职工继续教育基地”和“北京市新型职业农民培训基地”认定工作。在各区教委及有关部门推荐申报基础上，我委组织专家组对各申报基地资料进行了综合评议，并选择部分基地进行了实地考察，研究确定了三类基地认定名单并通过了社会公示，现予以正式公布。

各认定基地要紧密结合区域发展需求，切实发挥基地功能，努力拓展基地资源，丰富培训项目，完善课程体系，创新服务模式，提升

管理水平，为市民终身学习、职工继续教育和高素质农民培养不断提供更加优质的教育培训服务，为促进全社会终身学习与可持续发展发挥示范作用。

附件：1. 第三批北京市民终身学习示范基地认定名单
2. 第三批北京市职工继续教育基地认定名单
3. 第三批北京市新型职业农民培训基地认定名单

2019 年 11 月 12 日

附件 1

第三批北京市民终身学习示范基地认定名单

（排名不分先后）

北京国际职业教育学校
中国华侨历史博物馆
北京满堂香国际茶文化发展有限公司
北京莱市口百货股份有限公司
北京市财会学校
北京市朝阳区规划艺术馆
北京艺十文化服务有限公司
北京市求实职业学校
北京市电气工程学校
北京市黄庄职业高中
北京市大兴区旧宫镇成人学校
北京市大兴区采育镇成人学校
北京市大兴区亦庄镇成人学校
北京市房山区第二职业高中
北京市房山区房山职业学校
现代管理大学
北京市房山区青龙湖镇社区成人职业学校
北京市房山区西潞街道社区成人职业学校
北京市房山区城关街道社区成人职业学校
北京市密云区溪翁庄镇成人学校
北京市平谷区食品药品安全监控中心
中国共产党北京市昌平区委员会老干部局
北京市昌平区龙泽园街道办事处龙泽苑社区居民委员会

北京顺旅水上公园投资发展有限公司
北京焦庄户地道战遗址纪念馆
北京中农富通园艺有限公司
北京新城职业学校
北京市通州区宋庄成人文化技术学校
北京市通州区台湖成人文化技术学校
北京三山蔬菜产销专业合作社
北京响水湖长城旅游有限公司
北京卫生职业学院
北京市经济管理学校培训学校
首钢工学院
北京经济管理职业学院

附件2

第三批北京市职工继续教育基地认定名单

（排名不分先后）

北京市通州区马驹桥成人文化技术学校
北京市密云区职业学校
北京开放大学延庆分校
北京顺义中建教育培训学校
北京市房山区总工会工人俱乐部
北京市房山区房山职业学校
北京市房山区阎村镇社区成人职业学校
北京市大兴区采育镇成人学校
北京市大兴区亦庄镇成人学校
北京市大兴区北臧村镇成人学校
北京市海淀区卫生学校教育培训中心
北京市经济管理学校
北京市园林学校
北京汇佳职业学院

附件 3

第三批北京市新型职业农民培训基地认定名单

（排名不分先后）

北京黑山寨果品专业合作社农民田间学校
北京金六环农业园
北京市农业广播电视学校大兴分校
北京市大兴区庞各庄镇成人学校
北京市房山区大安山乡社区成人职业学校
北京市房山区南窖乡社区成人职业学校
北京市房山区蒲洼乡社区成人职业学校
北京市房山区青龙湖镇社区成人职业学校
北京市密云区农业职业技术学校
北京互联农业发展有限责任公司
北京野馨科技发展有限公司
北京硕丰磊白山药产销专业合作社
北京龙湾巧嫂果品产销专业合作社
北京兴农天力农机服务专业合作社
北京小白河种植专业合作社
北京立军老诶种植专业合作社
北京大山鑫港核桃种植专业合作社
北京农业职业学院

北京市教育委员会

关于开展学习型城区建设监测项目工作的通知

京教函〔2019〕593号

各区教委：

为落实《教育部等七部门关于推进学习型城市建设的意见》有关要求，根据教育部职成司《关于进一步开展学习型城市建设监测项目工作的通知》（职成司函〔2019〕100号）精神，要求各省、直辖市建立实施监测的工作机制，对所辖区域开展学习型城市建设自监测工作。现将我市开展学习型城区建设监测项目实践（以下简称“项目”）的有关事项通知如下：

一、开展学习型城市建设监测项目的重要意义

加快学习型城市建设是贯彻落实习近平总书记关于教育的重要论述和党的十九大精神的实际行动，十九届四中全会颁布《中共中央关于坚持和完善中国特色社会主义制度、推进国家治理体系和治理能力现代化若干重大问题的决定》，明确提出“构建服务全民终身学习的教育体系：发挥网络教育和人工智能优势，创新教育和学习方式，加快发展面向每个人、适合每个人、更加开放灵活的教育体系，建设学习型社会。”开展学习型城区建设监测项目，建立“项目”监测工作机制，对于健全服务全民终身学习的现代教育体系，提高学习型城市建设质量和水平，推动学习型城市建设创新发展具有重要的促进作用。各区教育行政部门要高度重视，加强组织领导，采取有力措施，做好统筹协调和组织实施工作。

二、开展学习型城市建设监测项目的目标任务

根据教育部印发的《全国学习型城市建设监测指导性指标体系》，结合我市实际制定了《北京市学习型城区建设监测指标体系》，具体的目标任务是：

（一）各区要建立学习型城区建设监测常态化工作机制，科学衡量学习型城市建设的进程、质量和水平，为北京学习型城市建设监测提供依据。

（二）组织动员相关部门参加学习型城区监测项目。

（三）搭建监测工作信息化交流与服务平台，逐步建立学习型城区建设过程和建设水平的动态信息数据库。

三、学习型城市监测项目的组织实施

（一）各区要成立学习型城区建设监测项目工作组，制定工作计划和方案，落实人员负责收集、分析监测数据，开展项目的全面研究，撰写监测工作项目研究报告。

（二）北京教科院终身学习与可持续发展教育研究所负责监测工作的组织协调工作，并做好监测过程中的沟通联络和工作指导服务。在各区监测数据和报告的基础上形成北京市学习型城市建设监测总报告。

（三）各区要建立学习型城市建设监测工作的跨部门协调工作机制，制定工作计划和方案，落实人员、经费等保障条件。

四、工作要求

（一）各区教育行政部门要积极组织本区域相关部门参与监测工作。对照指标体系，分析存在的问题，制定措施，并提出推进工作的意见，加快推动本区域学习型城区建设工作。

（二）各区要按照监测指标体系，客观、全面、完整地收集、上报本地监测数据，撰写监测报告和学习型城区建设发展报告。表中数据填报截止到 2018 年底，并于 2019 年 12 月 10 日前将学习型城区监测数据表、学习型城区建设监测报告报送市教委职成处。

附件：1.《北京市学习型城区建设监测指导性指标体系（试行）》
2. 学习型城区建设监测指导性指标体系定量数据填报表
3. 北京市学习型城市建设监测指标体系定性描述表（略）
4. 北京市学习型城区建设监测工作负责人联系表（略）

2019 年 11 月 21 日

附件 1

北京市学习型城区建设监测指导性指标体系（试行）

指标类型	关键指标	数据填写	信息性质说明
1. 背景性指标	1.1 人均 GDP		统计部门数据
	1.2 社区养老服务机构和设施数		民政部门资料
	1.3 每万人拥有社会组织数量（个）		民政部门数据
	1.4 每万人年专利授权量		统计部门数据
	1.5 新增劳动力平均受教育年限		统计部门数据
	1.6 城镇登记失业人员就业率		统计部门数据
	1.7 公共教育经费支出占 GDP 的比例		财政部门统计数据
	1.8 人均教育、文化消费支出数		统计部门数据
	1.9 万元 GDP 能耗		统计部门数据
	1.10 人均公园绿地面积增长率		统计部门数据

续表1

指标类型	关键指标	数据填写	信息性质说明
2. 基础性指标	2.1 区委区政府将学习型城区建设列入当地经济社会发展规划	附件2	区委区政府出台的相应文件或主要领导相关报告、讲话
	2.2 对学习型城区建设工作广泛宣传	附件2	各类媒体、网站、会议、讲座和其他宣传活动的记载
	2.3 建有多部门共同参与的推进学习型城区建设的领导、管理和组织机制	附件2	列出名称、成立时间；工作部署等相关文件
	2.4 建有推进学习型城区建设工作指导服务机构	附件2	列出名称、成立时间和主要开展的工作
	2.5 建立了学习型城区建设评价、督导、激励等相关制度	附件2	评估、监测、督导制度等文件及其实施情况
	2.6 学前三年毛入园率		教育部门统计数据
	2.7 高中阶段教育入学率		教育部门统计数据
	2.8 规模以上企业员工培训参与率		相关成人继续教育统计数据
	2.9 对农民工、失业者、低技能者、残疾人等弱势群体开展教育培训的情况	报告	相关政策、文件及实施情况
	2.10 老年教育开展情况	附件2	相关政策、文件及实施情况（含老年大学，老年教育学校、分校、教学点数量等三级网络情况；年教育培训数量；养教结合开展情况）

续表 2

指标类型	关键指标	数据填写	信息性质说明
2. 基础性指标	2.11 家庭教育开展情况	报告	相关政策、文件及实施情况
	2.12 城乡居民社区教育年参与率		相关成人继续教育统计数据
	2.13 人均城乡社区教育经费		近三年，分年度统计数据
	2.14 平均每万名城乡居民拥有社区学习场所面积		相关成人继续教育统计数据（三级社区教育机构用于社区教育培训、学习的场地面积 / 常住人口数）
	2.15 社区教育专职管理、教学、学习指导师队伍总人数占常住人口的万人比		教育部门统计数据
	2.16 终身学习活动周举办的活动数量和覆盖面；举办社区、市民主题教育活动数量	报告	相关活动开展情况
	2.17 已培育认定的市、区学习品牌数量和学习之星数量		市、区二级分别的统计数据
	2.18 已培育、认定的市民终身学习示范基地、职工继续教育基地		市、区二级基地数量和培训人次
	2.19 示范性成人学校建设、新型职业农民培训基地数量		市、区二级基地数量和培训人次

续表 3

指标类型	关键指标	数据填写	信息性质说明
2. 基础性指标	2.20 近三年学习型街道（乡镇）及学习型社区（新村）等区域性学习型组织建设情况	报告	相关文件；评估、认定数量及认定率
	2.21 近三年学习型机关、企业、事业单位、学校及社会组织等单位性学习型组织建设情况	报告	相关文件；评估、认定数量及认定率
3. 发展性指标	3.1 普通教育学校服务社会、社区情况	附件 2	资源开放情况；服务社会、社区形式和成效
	3.2 区域内职业院校年度校均开展继续教育培训、社区教育人天数		教育统计数据及相关材料
	3.3 推动高等学校服务区域发展的情况	报告	本辖区高校数量及服务社区教育、全民学习的活动内容、数量和人次
	3.4 区级市民学习平台与网络建设水平		相关数据（学习平台与网站数量、课程门数，资源数量，学时量，网站点击量）
	3.5 探索建立学分积累与转换，促进不同类型学习成果互认和衔接	附件 2	相关政策、文件及进展情况
	3.6 全民阅读推动与发展情况	报告	相关数据与报告（含街道图书馆〈室〉、社区书屋、农家书屋、职工书屋的数量）

续表 4

指标类型	关键指标	数据填写	信息性质说明
3. 发展性指标	3.7 开展示范性学习型社区建设情况	附件 2	相关文件、材料
	3.8 开展示范性学习型组织、学习型社团建设情况	附件 2	相关文件、材料
4. 特色性指标	4.1 学习型城区建设有效服务、助推区域发展战略和中心工作	附件 2	相关文件、资料和经验案例（研究成果）材料，并注明年度时间
	4.2 在推进学习型城区建设的体制、机制等方面有创新	附件 2	相关文件、资料和经验案例（研究成果）材料，并注明年度时间
	4.3 在培育示范性、创新性项目以及品牌建设方面成绩突出	附件 2	相关文件、资料和经验案例（研究成果）材料，并注明年度时间
	4.4 近五年来城区获得与学习型城区有关的市级以上的荣誉称号	附件 2	相关文件或奖项、证书

注：指标体系中共包含 4 大类，43 项指标

已参评北京市建设学习型城市示范区的区，将在 4.3、4.4 中得到加分

附件 2

学习型城区建设监测指导性指标体系定量数据填报表

	关键指标	信息性质说明	数据填写
定量指标	1.1 人均 GDP	统计部门数据	
	1.2 社区养老服务机构和设施数	民政部门资料	
	1.3 每万人拥有社会组织数量（个）	民政部门数据	
	1.4 每万人年专利授权量	统计部门数据	
	1.5 新增劳动力平均受教育年限	统计部门数据	
	1.6 城镇登记失业人员就业率	统计部门数据	
	1.7 公共教育经费支出占 GDP 的比例	财政部门统计数据	
	1.8 人均教育、文化消费支出数	统计部门数据	
	1.9 万元 GDP 能耗	统计部门数据	
	1.10 人均公园绿地面积增长率	统计部门数据	
	2.6 学前三年毛入园率	教育部门统计数据	
	2.7 高中阶段教育入学率	教育部门统计数据	
	2.8 规模以上企业员工培训参与率	相关统计数据	
	2.12 城乡居民社区教育年参与率	相关统计数据	
	2.13 人均城乡社区教育经费	近三年，分年度统计数据	
	2.14 平均每万名城乡居民拥有社区学习场所面积	三级社区教育机构用于社区教育培训、学习的场地面积 / 常住人口数	

续表

	关键指标	信息性质说明	数据填写
定量指标	2.15 社区教育专职管理人员、教师、学习指导师总人数占常住人口的万人比	教育部门统计数据	
	2.17 已培育认定的市、区学习品牌数量和学习之星数量	市、区二级分别的统计数据	
	2.18 已培育、认定的市民终身学习示范基地、职工继续教育基地	市、区二级基地数量和培训人次	
	2.19 示范性成人学校建设、新型职业农民培训基地数量	市、区二级基地数量和培训人次	
	3.2 本区职业院校年度校均开展继续教育培训、社区教育人次	教育统计数据	
	3.4 区级市民学习平台与网络建设水平	相关数据（课程门数，资源数量，学时量，网站点击量）	

民办教育

北京市教育委员会文件选编

（2019）

北京市教育委员会

转发国务院教育督导委员会办公室关于近期几起校外培训机构违规开展培训查处情况紧急通报的通知

京教基二〔2019〕3号

各区教委、燕山教委：

现将国务院教育督导委员会办公室《关于近期几起校外培训机构违规开展培训查处情况的紧急通报》（教电〔2019〕59号）转发给你们，并提出以下要求，请一并遵照落实。

一、要进一步深化认识，加强组织领导，持续发力、常抓不懈，积极推进校外培训机构专项治理第三阶段工作，结合本区实际完善制度机制建设，实现对培训机构长效管理。

二、要健全培训机构违规行为发现机制，多渠道监测预警，及时发现和消除违规行为苗头，加强部门协同联合执法，对顶风违规培训机构严格执法、坚决查处，发现一起，严查一起。

三、要重视舆论宣传，及时向社会公布专项治理进展、查处违规培训机构情况，努力营造培训机构不敢违规、不想违规的氛围，切实维护良好教育生态。

2019年3月11日

国务院教育督导委员会办公室

关于近期几起校外培训机构违规开展培训查处情况的紧急通报

教电〔2019〕59号

各省、自治区、直辖市人民政府办公厅：

近期，河北省石家庄市“耀华文化艺术培训学校”、湖北省武汉市“慧泉培训学校”违规超前超标开展培训，甚至围绕“小升初”举行考试等情况，引发社会广泛关注，影响十分恶劣。河北省教育厅、湖北省教育厅及石家庄市教育局、武汉市教育局态度坚决、主动作为、行动迅速，均及时进行了严肃查处，现对以上教育行政部门工作态度予以肯定。

校外培训机构专项治理是中央关心、群众关切、社会关注的大事，经过各地2018年艰苦卓绝的努力，专项治理取得重要阶段性成效。但受多方面因素影响，违规培训行为很容易出现反复。当前，各地今年中小学招生入学工作即将启动，一些培训机构寻找时机，通过夸大事实、虚假宣传等手段干扰正常招生秩序，搅动家长焦虑情绪，影响社会安全稳定，各地要采取强有力的措施，坚决遏制，严肃查处，切实巩固治理成果，着力完善长效机制，确保专项治理工作取得决定性胜利。

一、切实提高政治站位。要从坚决落实“两个维护”的高度，牢固树立“四个意识”，务必贯彻中央三令五申要求，把切实减轻中小学生课外负担，持续遏制违规校外培训行为作为重要工作任务，加强组织领导，强化统筹协调，压实工作责任，持续发力、常抓不懈，对于不作为、慢作为的部门要严肃问责，坚决维护良好教育生态，营造良好育人环境。

二、不断强化执法检查。各级政府要组建市场监管、公安、应急管理、教育等部门参加的联合执法队伍，充分利用现有执法力量，加大对校外培训机构的监管力度，通过定期执法检查、暗访等方式，并畅通举报渠道，发挥媒体监督作用，及时发现苗头性问题，避免出现监管盲区，因小失大。

三、坚决严肃查处个案。当前要聚焦整治超前超标培训及培训结果与招生入学挂钩的有关培训行为。对一些培训机构顶风违规培训的行为绝不姑息，要第一时间予以严肃查处，直至吊销办学许可证和营业执照，并及时通报全省，以儆效尤，警示校外培训机构规范经营。

四、广泛做好宣传引导。面向社会主动发声，及时解读相关政策，公布治理进展、违规机构查处情况等，广泛接受各方监督。特别是招生入学工作期间，要全方位立体化宣传入学政策，做到家喻户晓，不给违规校外培训行为可乘之机，形成全社会共同支持治理的良好氛围。

2019 年 2 月 22 日

北京市教育委员会

关于印发《防范虚假招生行为净化民办高校招生环境专项工作方案》的通知

京教民〔2019〕4 号

民办普通高校、独立学院及民办非学历高等教育机构：

现将《防范虚假招生行为 净化民办高校招生环境专项工作方案》

印发给你们，请认真遵照执行。

2019 年 5 月 20 日

防范虚假招生行为 净化民办高校招生环境专项工作方案

每逢招生季，一些非法办学机构（俗称“野鸡大学”）鱼目混珠，欺骗性招生，强制性收费，严重扰乱教育市场正常秩序，严重损害教育系统整体形象。为切实维护广大考生和家长的合法权益，营造民办教育良好的发展环境，依据相关法律法规，拟在每年招生季定期开展“防范虚假招生行为，净化民办高校招生环境”专项工作。特制定本方案。

一、工作目的

通过开展专项工作，推动民办高校（包括民办普通高校、独立学院、民办非学历高等教育机构）诚信招生、规范招生，坚决防范打击故意混淆学校用名，采用多种手段欺骗学生及家长，违规招生、违规办学等欺骗性招生行为，维护群众的合法权益。进一步完善组织领导，健全工作机制，加强部门协同，净化教育环境，促进民办高校健康有序发展。

二、工作时间

每年春、秋季招生季。

三、重点任务

（一）防范各类未经许可办学的“野鸡大学”

工作对象：

1. 无办学资质但有实质性招生和办学行为的机构。

2. 已经终止办学或被依法取缔但仍有网站活动的机构。

3. 假借公办高校名义从事违法办学行为的机构。

（二）依法查处民办高校与“野鸡大学”违规合作行为

工作对象：

1. 民办高校及其二级单位与无资质办学机构合作，开展各种违规招生或办学行为。

2. 民办高校在明知承租方开展违规招生、违规办学的情况下，仍然为其出租场地或提供其他便利。

3. 民办高校为无资质办学机构提供师资、管理等各种服务。

（三）规范民办高校招生宣传

工作对象：

1. 学校存在夸大或虚假宣传行为。例如，承诺百分之百就业、承诺就业高酬、承诺百分之百考试通过率、夸大宣传中外合作办学等。

2. 学校招生广告、简章混淆或误导学生。例如，混淆“学历”和“非学历”区别等。

3. 其他违背诚信宣传、侵害受教育者合法权益等内容。

四、主要措施

（一）加大招生宣传监测和检查力度，曝光典型案件

首次实行民办高校招生简章和广告备案告知承诺责任制，进一步加大违规招生查处力度。进一步严格招生监测，对混淆学历、夸大宣传等信息进行密集监测。在原有监测范围基础上，2019 年进一步扩大监测范围，对“高薪就业”“保过学历”“直通硕”等热频词进行实时监测。

及时核实监测到的民办高校违法违规招生线索，将招生监测结果作为年检重要内容，对违规招生、发布虚假信息、欺骗考生的民办高校一票否决，依法进行处置，严格追究其法律责任。对监测到的涉及“野鸡大学”违法违规行为，及时移送相关部门，依法依规合力查处，同时通过新闻媒体曝光典型案件的查处过程。

（二）实施信用管理，建立健全“一白两黑”名单制度

在政府网站、微信公众号，公布当年具有招生资格的民办高校“白名单”，向社会公众公布查处的违规招生的民办高校“黑名单”，增强社会公众鉴别能力。在教育系统内部通报近年来涉及虚假招生的企业

或个人“黑名单”，防止与之合作办学，并逐步建立民办高校信用管理工作机制。

（三）严格执行年检制度，加大年检结果使用力度

强化日常监管，坚持日常巡查和专项检查相结合，严格执行年检制度，年检结果每年六月向社会公示，增强民办高校依法办学、规范办学、诚信办学意识。进一步完善民办高校年检制度和年检结果使用办法，加大对民办高校办学行为的监管力度。对年检结果为暂缓通过和不通过的学校，停止办理办学许可证有效期延续手续，依法停止其招生资格。

（四）建立部门协同查处机制，加大“野鸡大学”防范打击力度

一是建立部门协同违规行为发现机制，加强部门协同，多渠道监测预警违规招生行为，化被动处理为主动发现。二是畅通违规问题移交机制，对于违规预警信息，教育部门研判后按照职责及时移交相关部门查处，有关部门定期转送违规线索至教育部门核处。三是加强协同各部门联合执法，健全教育部门牵头，公安、网信、市场监管、文化执法、广播电视等部门联合执法机制，坚决查处“野鸡大学”虚假招生行为。

五、工作保障

（一）加强组织领导

统一思想认识，统筹各方力量，明确责任分工。建立部门间沟通协调和信息对接机制，及时研究解决工作中出现的重点难点问题。

（二）完善工作机制

教育部门会同有关部门开展专项工作，将违规线索按照职责转送有关部门核查处理，并接受其他部门转送的违规线索，形成部门间衔接有序的联合查处机制。健全部门间工作联动、形势研判和应急反应机制，妥善处置突发事件，维护社会稳定。

（三）强化宣传引导

做好招生报考政策解读，根据民办高校招生中考生和家长不清楚、易混淆的涉及招生录取方式、学历证书性质、收退费等问题，制作“民办高校招生‘十问十答’”，将政策解释清楚、到位，主动

服务考生和家长，保护其正当权益，维护民办高校招生秩序，确保招生规范有序。

北京市教育委员会

关于北京市民办高等学校及其他民办非学历高等教育机构2019年秋季招生政策的通告

京教民〔2019〕8号

为规范民办高校招生工作，维护受教育者合法权益，促进北京民办高校健康发展，根据《民办教育促进法》《民办教育促进法实施条例》《广告法》《北京市实施〈中华人民共和国民办教育促进法〉办法》，现将北京市民办普通高校及市教委审批的民办非学历高等教育机构2019年秋季招生政策通告如下。

一、民办普通高校是经教育部或北京市政府批准、具有颁发普通高等教育本科或专科学历证书资格，并已颁发《民办学校办学许可证》的民办高校（含独立学院，下同）。北京市民办普通高校本（专）科教育的招生，严格执行教育部和北京市关于普通高等院校招生管理规定，一律纳入全国普通高等学校统一考试招生录取体系。民办普通高校在国家招生计划之外自行招收非学历教育学生，在办理入学手续前必须向学生和家长公示获得证书的性质、收费项目、标准和退费办法（学校制定的收退费办法不得与教育行政部门和价格管理部门的规定相抵触），并与学生签署相关协议。

二、民办非学历高等教育机构以开展高等教育自学考试助学等文化教育培训、职业培训为教学内容。民办非学历高等教育机构招收参加自学考试助学的学生，只有学完国家高等教育自学考试规定的全部课程，参加北京市自学考试，考试合格后，方可取得国家承认学历的高等教育自学考试毕业证书。民办非学历高等教育机构不具备颁发国家承认的学历证书的资格。

三、根据2018年度北京民办高等学校及其他民办非学历高等教育机构办学状况年度检查结果以及相关学校整改情况，2019年北京市具有招生资格的民办非学历高等教育机构共有45所（学校名单附后）。

四、民办高校开展办学活动所使用的名称必须与《民办学校办学许可证》上核准的名称一致，不得使用不规范的简称或以二级学院或其他内部机构的名义对外开展招生宣传活动。

五、民办高校招生简章应载明学校名称、办学性质（学历或非学历）、办学地点、招生专业、取证方式、证书名称、证书性质、收费标准及退费办法等，内容必须真实、准确、规范、合法，不得有法律、法规、规章禁止的内容。招生简章和广告需报市教委备案，学校以各种形式（含报刊、广播、电视、网络等）向社会发布的招生简章或广告的内容应与报市教委备案的内容一致。

六、北京市民办高校的入学通知书分为两类：一类是民办普通高校按全国普通高校招生规定，考生参加当年高考，达到录取分数线后，由省级招生部门办理录取手续，由录取学校寄发的普通本科、高职（专科）学历教育录取通知书；另一类是由民办普通高校和民办非学历高等教育机构自行组织，招收非学历教育学生，由学校寄发的非学历教育学习通知书。

北京生源在接到普通本科、高职（专科）学历教育录取通知书后，可登录北京教育考试院网站查询录取结果。外地生源可向所在地区高招办进行查询。

七、凡未经省级招生部门办理录取手续的考生，均不能注册普通高校学生学籍。

附件：2019年北京市具有招生资格的民办非学历高等教育机构名单

2019年6月21日

附件

2019年北京市具有招生资格的民办非学历高等教育机构名单

一、全日制民办非学历高等教育机构（16所）

北京现代音乐研修学院
北京工商管理专修学院
北京国际标准舞研修学院
北京北大资源研修学院
北京航空旅游专修学院
北京应用技术专修学院
北京八维研修学院
北京文理研修学院
北京财经专修学院
北京东方文化艺术研修学院
北京涉外经济专修学院
北京影视研修学院
北京华嘉专修学院
北京华夏管理研修学院
北京瀚林职业研修学院
北京演艺专修学院

二、非全日制民办非学历高等教育机构（29所）

北京金融研修学院
北京国际青年研修学院
北京彼得·德鲁克管理研修学院
北京机械工程师进修学院
北京华大研修学院
北京东方老年研修学院
中关村创新研修学院
北京摄影函授学院
北京经济研修学院
北京长城研修学院
北京民生财富研修学院
北京国际汉语研修学院
北京计算机专修学院
北京京海研修学院
北京高等秘书研修学院
中国教育国际交流研修学院
北京汉语国际推广中心
北京管理软件进修学院
北京美容研修学院
北京蒙代尔企业家研修学院
北京韩红艺术研修学院
中国现代教育研修中心
北京当代艺术研修学院
北京军地专修学院
北京经济技术研修学院
北京翻译研修学院
北京礼仪专修学院
北京商务研修学院
北京高等珠宝研修学院

北京市教育委员会

关于学科类校外线上培训备案相关工作的通告

京教民〔2019〕10 号

各相关学科类校外线上培训机构：

按照《教育部等六部门关于规范校外线上培训的实施意见》（教基函〔2019〕8 号）要求，全国校外线上培训管理服务平台（http://xspx.eduyun.cn）已正式公告上线。为保证北京市相关工作顺利实施，通告如下：

一、请营业执照登记地址或 ICP 备案在北京市，面向中小学生、利用互联网技术实施学科类校外线上培训的备案责任主体（以下简称备案责任主体），于 10 月 31 日之前，通过全国校外线上培训管理服务平台提交基本备案审查材料。相关要求见《北京市校外线上培训备案实施细则（试行）》。

二、请备案责任主体及时关注北京市教委官方网站（http://jw.beijing.gov.cn）和“首都教育”微信公众号，按要求办理备案等相关工作。

三、备案材料提交过程中如遇政策问题，可扫描下方二维码（略）提出；如遇平台操作或技术问题，可在平台帮助中心查看常见问题解答，也可拨打 400-8980-910。

特此通告。

附件：北京市校外线上培训备案实施细则（试行）

2019 年 9 月 29 日

附件

北京市校外线上培训备案实施细则（试行）

第一条 为落实《教育部等六部门关于规范校外线上培训的实施意见》总体部署和工作要求，结合北京市实际情况，制定本实施细则。

第二条 本实施细则适用于营业执照登记地址或 ICP 备案在北京市，且面向中小学生、利用互联网技术（全部或部分线上方式）实施的学科类校外线上培训。

中小学生指北京市各类公办、民办义务教育学校，普通高中，中职学校的在校学生（幼儿园、高职、本科及以上层次教育的学生不含其中）。

学科类指中小学语文、数学、英语、物理、化学、政治、历史、地理、生物等教学科目。

第三条 纳入备案范围的校外线上培训及其备案责任主体：

（一）机构自建或采购后自行运营的服务平台由机构申请备案。

（二）综合性第三方服务平台，由平台主办者申请备案，平台主办者和履行教学服务义务的主体共同对备案内容和结果负责。

（三）上述两类之外的校外线上培训，由与被培训者存在服务合同关系的主体申请备案。

涉及人工智能教学、教辅、工具等各类新平台、新形式的教学主体，也可主动申请备案。

第四条 已经开展的校外线上培训的备案责任主体应当在 2019 年 10 月 31 日前，主动提交备案材料。北京市教委会同相关部门审查备案材料，于 2019 年 12 月 31 日之前完成。因材料不齐或不符合要求被退回重新申报的，北京市教委自收到备案材料之日起 60 日内完成审查。

第五条 新成立的或需重新申请备案审查或相关信息发生变更的校外线上培训，备案责任主体须及时提交备案或变更材料。北京市教委牵头组织相关部门定期进行集中审查。

第六条 备案责任主体登录全国校外线上培训管理服务平台（http://xspx.eduyun.cn），提交包括机构基本信息、业务信息、培训人员、课程内容等备案材料。

鼓励校外线上培训机构提交奖项证明、社会公益活动情况，以及其他可以证明企业防范风险能力和教育教学水平的相关材料，接收邮箱：xwxsbs@jw.beijing.gov.cn。

第七条 通过备案审查的校外线上培训机构，仅代表其在提交材料审查时符合相关要求。在后续运营过程中，校外线上培训机构应主动接受学生、家长和社会各界监督。

第八条 对申请备案的校外线上培训机构实施动态监管。对未经备案从事面向中小学生学科类线上培训的主体，依法依规予以查处。

第九条 实施信用承诺制度，推行信用分级分类监管，将信用承诺履行情况，作为事中、事后监管的重要依据。

第十条 本实施细则自发布之日起施行，并由北京市教委负责解释。

北京市教育委员会

关于第二批具有招生资格的民办非学历高等教育机构名单的通告

京教民〔2019〕14号

今年上半年，市教委等七部门完成了民办高等学校及其他民办高等教育机构2018年度办学状况检查工作。44所民办非学历高等教育机构顺利通过年检，获得年度招生资格，名单已在6月25日《北京市民办高等学校及其他民办非学历高等教育机构2019年秋季招生政策的通告》（京教民〔2019〕8号）中发布。

年检结论为“暂缓通过”的民办非学历高等教育机构，近期向市教委申请整改复检，其中4所机构完成整改并通过复检，准予年度招生，其年检结论由“暂缓通过”调整至“基本通过”。名单如下：

北京珠宝首饰研修学院

北京世华管理专修学院

北京明园研修学院

北京新亚研修学院

特此通告。

2019年10月24日

北京市教育委员会

关于停止北京自修大学等5所学校办学许可的通告

京教民〔2019〕16号

根据《中华人民共和国民办教育促进法》等有关规定，经调查核实并在媒体上公告，北京自修大学、北京生物研修学院、中国继续教育联合学院、北京京华医科大学、北京外企研修学院等5所学校，多年无实际办学行为、未正常参加民办高校办学状况年度检查，从即日起，对上述5所学校的办学许可予以停止。

2019年12月27日

德　育

北京市教育委员会文件选编
（2019）

北京市教育委员会

转发教育部、中共中央宣传部《关于加强中小学影视教育的指导意见》的通知

京教基一〔2019〕1号

各区教委、燕山教委：

为深入贯彻习近平新时代中国特色社会主义思想和党的十九大精神，落实全国教育大会和全市教育大会精神，充分发挥优秀影片促进中小学生德智体美劳全面发展的重要作用，教育部、中共中央宣传部近期出台了《关于加强中小学影视教育的指导意见》(教基〔2018〕24号)，现转发给各区，并就相关工作要求通知如下，请各区认真贯彻执行。

一、提高认识，深刻领会中小学影视教育的重要意义

当前，电影事业快速发展，不同类型的优秀影片大量涌现，蕴含着丰富的思想、艺术和文化价值。利用优秀影片开展教育，是加强社会主义核心价值观教育的时代需要，是落实立德树人根本任务的有效途径，是丰富学校育人载体的重要举措。开展中小学影视教育，对加强学校德育工作，提高学生人文底蕴和综合素质，培养学生良好的审美观念和鉴赏能力，促进学生身心健康发展，具有十分重要的作用和意义。

二、明确目标，推动落实中小学影视教育各项任务

各区教委要指导学校做好优秀影片遴选工作，注重遴选思想性强，体现社会主义核心价值观，并符合学生身心特点和认知规律的优秀影片，确保鲜明正确的价值导向，引导学生学习影视中的英雄人物、先进人物和美好事物，不盲目追星，加强文明观影教育；要把影视教育纳入学校教育教学计划，与学科教学、班队会、主题教育活动等相结合，保障每名学生每学期至少免费观看两次优秀影片；要创新教育活动形式，通过开展影视赏析、评论、配音、表演、创作等活动，深化教育实效；要拓展学生观影渠道，充分利用少年宫、学生校外活动场所等社会大课堂资源，以及北京市中小学数字德育平台展播的数百部优秀少儿影片（http://moral.bjedu.cn/baibuswf/）等网络资源，组织开展优秀影片展映活动。

三、加强管理，加大对中小学影视教育的支持保障力度

各区要健全工作制度机制，积极争取宣传部门和影片放映机构的支持，为学校开展影视教育做好服务保障；要指导学校加强对观影活动的组织管理，加强对学生在人员密集场所的安全自护教育，做好安全保障工作，确保观影活动安全有序开展；要加强影视教育师资队伍建设，提高教师开展影视教育的能力和水平；要在影视教育的活动安排、人员培训、经费投入、资源开发与利用等方面予以保障；要鼓励学校创新教育形式，丰富教育内容，注重挖掘提炼影视教育的典型经验和做法，加强宣传推广，发挥好示范引领作用。

2019年1月4日

教　　育　　部
中共中央宣传部

关于加强中小学影视教育的指导意见

教基〔2018〕24 号

各省、自治区、直辖市教育厅（教委）、党委宣传部，新疆生产建设兵团教育局、党委宣传部：

为深入学习贯彻习近平新时代中国特色社会主义思想和党的十九大精神，落实全国教育大会精神，充分发挥优秀影片在促进中小学生德智体美劳全面发展中的重要作用，现就加强中小学影视教育提出如下指导意见。

一、重要意义

优秀影片具有生动、形象、感染力强等显著特点，蕴含着丰富的思想、艺术和文化价值。利用优秀影片开展中小学生影视教育，是加强中小学生社会主义核心价值观教育的时代需要，是落实立德树人根本任务的有效途径，是丰富中小学育人手段的重要举措。近年来，各地积极开展中小学生影视教育，受到广大中小学生热烈欢迎，取得了良好成效。但总体上看，我国中小学生影视教育工作基础还比较薄弱，一些地方存在思想认识不到位、条件保障不完善、活动开展不经常、体制机制不健全等问题，导致影视教育的针对性和实效性还不够强。

长期以来，我国一批优秀的经典影片影响和感染了一代又一代人，激励青少年学习英雄人物、先进人物和美好事物，在学习生活中养成好的思想品德追求。当前电影事业快速发展，不同类型的优秀影片大量涌现，在满足人民群众精神文化需求、提高全民族文化素养、传播社会主流价值观、弘扬中华优秀传统文化、增强国家文化软实力等方面发挥了重要作用，也为中小学开展影视教育工作进一步提供了丰富的资源和载体。通过加强中小学影视教育，着力在坚定理想信念、厚植爱国主义情怀、加强品德修养、增长知识见识、培养奋斗精神、增强综合素质上下功夫，努力构建德智体美劳全面培养的教育体系，对于激发学生对党、国家和人民的热爱，增强对“四个自信”的理解与认同，对于从小养成良好思想道德、心理品质和行为习惯，形成正确的世界观、人生观、价值观，对于提高学生审美和人文素养，形成健康文明的生活方式等具有重要意义。

二、工作目标

加强中小学影视教育，必须遵循中小学生年龄特点和认知规律，统筹影视教育资源，强化观影条件保障，完善工作协调机制，推动各地各校因地制宜开展影视教育活动，让中小学生在影视教育中感受世界、开阔视野、体验情感，促进他们身心健康和全面发展。

力争用 3 ~ 5 年时间，全国中小学影视教育基本普及，形式多样、资源丰富、常态开展的中小学影视教育工作机制基本建立，中小学生影视教育活动时间得到切实落实，适合中小学生观看的优秀影片得到充分保障，学校、青少年校外活动场所和社会观影资源得到有效利用，形成中小学影视教育的浓厚氛围。

三、主要任务

1. 纳入教育教学计划。各地教育行政部门要会同宣传部门加强对中小学影视教育工作指导，把影视教育作为中小学德育、美育等工作的重要内容，纳入学校教育教学计划，与学科教学内容有机融合，与校内外活动统筹考虑，灵活安排观影时间和方式，使观看优秀影片成为每名中小学生的必修内容，保障每名中小学生每学期至少免费观看两次优秀影片。有条件的地方可以开发影视教育的地方课程和校本课程，进一步丰富课程内容，优化影视教育的方式方法。

2. 遴选推荐优秀影片。各地要注重遴选思想性、艺术性强，弘扬民族精神和时代精神，符合青少年身心特点和认知规律的优秀影片，推荐给广大中小学生观看。教育部将会同中共中央宣传部每年向全国中小学生推荐优秀影片片目，各地可优先从中选取影片进行放映。中国儿童少年电影学会要加强对儿童电影创作指导，指导支持影视制片机构拍摄有益于未成年人健康成长的优秀电影。全国中小学生影视教育协调工作委员会要做好优秀影片的评选、推荐和促进发行等工作。国家电影数字节目管理中心要加强电影数字平台儿童专区建设，定期向影视制片机构征集优秀影片，建立少年儿童影片资源库，提供给农村、社区和校园院线进行放映。

3. 改善学生观影条件。有条件的中小学校，可依托现有礼堂、阶梯教室等改扩建放映场地，利用原有电教设施或购置专门放映设备，为学生观影提供良好环境。学校可在指定网站点播或下载优秀影片，组织学生在教室进行集体观看。具备放映条件的示范性综合实践基地、少年宫、研学实践教育基（营）地、青少年学生校外活动中心、乡村（社区）青少年校外活动站、乡村学校少年宫等校外活动场所，要利用现有的场所和设施设备，积极组织开展影片放映工作，并主动为附近不具备放映条件的中小学校提供观影服务。

4. 拓展学生观影渠道。各地宣传部门要积极实施中小学生观影普惠计划，推动当地影片放映机构创造条件为城市中小学生开设电影专场，制定合理放映计划，科学安排场次和时间，精心组织观影活动。要组织农村放映队深入农村中小学校进行电影放映，实现农村学生免费观影活动全覆盖。要推动电视台相关影视频道，定期开展优秀影片展映活动，让学生在家也能欣赏到优秀影片。要组织开展特种电影公益放映活动，让盲、聋等残疾儿童少年与健全孩子一样，感受优秀影片魅力。

5. 丰富影视教育活动。教育部、中共中央宣传部定期举办全国中小学生电影周活动和影视教育论坛。各地教育行政部门和学校要积极开展校园影视教育活动，通过电影赏析、电影评论、电影表演、电影配音、微电影创作、影视节（周）活动等，营造浓厚校园影视文化氛围，让中小学生在看电影、评电影、拍电影、演电影中收获体会和成长。要教育引导学生深入学习影视作品中的英雄人物、先进人物和美好事物，正确看待影视从业人员，不盲目追星。学校在组织开展重大节庆纪念日、主题班会、少先队、共青团、学生社团、社会实践等活动中，可利用优秀影片进行理想信念、革命传统、社会主义核心价值观、中华优秀传统文化等教育，增强教育活动的感染力和吸引力。

6. 强化师资队伍建设。各地教育行政部门、宣传部门要结合中小学校影视教育工作的实际需要，将电影放映、电影理论、电影鉴赏、微电影创作等专业知识纳入中小学德育和校外教育教师培训内容，提高教师的艺术素养和审美能力，培养一批专兼职结合的影视教育教师队伍。邀请影视教育专家，通过建立学校影视教育工作室、开展电影主题讲座等形式，讲授电影知识，传播电影文化，提高教师开展影视教育的能力和水平。

7. 加强观影活动管理。各地中小学校、承担影片放映任务的青少年校外活动场所，要建立健全影视教育管理模式和规章制度，加强对观影活动的组织管理，研究制定安全预案，细化管理职责和要求，组织开展应急疏散演练，确保集体观影活动安全开展。电影院线等影片放映机构要针对中小学生实际，合理安排放映场地，加强用电、消防、卫生等相关安全检查，切实做好观影活动的各项安全工作。

四、保障措施

1. 加强组织领导。各地教育行政部门和宣传部门要在当地党委、政府的统一领导下，建立中小学影视教育工作协调机制，把影视教育工作纳入重要议事日程，结合地方实际统筹推进中小学影视教育工作。要进一步增强阵地意识，对各类影视教育活动内容进行严格把关，大力弘扬社会主义核心价值观，确保鲜明正确的价值导向，传播正能量。

2. 加强服务保障。各地宣传部门和影片发行放映机构要坚持公益性原则，在片源、票价、观影场所和放映设备等方面制定优惠政策，支持学校开展影视教育活动，为中小学生观看优秀影片提供服务。各地教育行政部门要探索建立中小学影视教育激励和保障机制，鼓励学校多种形式开展观影活动，丰富教育内容，并在活动安排、人员培训、经费投入等方面予以保障。

3. 加强考核评价。各地教育行政部门和宣传部门要加强中小学影视教育目标考核和效果评价，将结果作为学校教育工作考核评价的重要内容。要加强督促检查，定期对活动开展、观影条件、影片资源、放映机构及设备等开展检查，促进影视教育工作制度化、规范化、常态化开展。

4. 加强宣传引导。各地教育行政部门和宣传部门要积极探索中小学影视教育工作有效模式，充分挖掘提炼各地典型经验和做法，加强宣传推广，创新形式内容，发挥引领示范作用，为影视教育持续有效开展营造良好的环境和氛围。

2018 年 11 月 21 日

北京市教育委员会

关于认定第二批职业院校“一校一品”优秀德育品牌的通知

京教函〔2019〕160 号

各区教委，各职业院校：

为贯彻落实习近平总书记在全国高校思想政治工作会议上的重要讲话精神，进一步加强和改进我市职业院校德育工作，培育一批具有北京特色的职业院校德育品牌，营造人人皆可成才、人人尽展其才的良好环境，根据《北京市教育委员会关于印发〈提升中职学生职业素养指导意见〉的通知》（京教职成〔2016〕6 号）和《关于开展第二批职业院校德育“一校一品”创建评选活动的通知》（京教函〔2017〕579 号），市教委、市职教学会开展了北京市第二批职业院校德育“一校一品”创建评选活动。各院校高度重视此项工作，共有 13 所学校进行了申报。评审工作分初评、复评和终评三个阶段进行，专家组从建设理念与管理、内容与过程、效果与影响、队伍与保障、成果与特色等方面对各校上报项目进行了初评，推荐 8 个项目进入复评，并对进入复评的项目进行了现场考察，最终由市教委“一校一品”创评活动领导小组进行终评。经研究，认定北京戏曲艺术职业学院的“氍毹铸梦”等 8 个项目为北京市职业院校“一校一品”优秀德育品牌（三星级）。现公布如下。

学校名称	品牌名称
北京戏曲艺术职业学院	氍毹铸梦
北京交通运输职业学院	红色理论社团
北京经济管理职业学院	幸福学园
北京财贸职业学院	财贸素养
北京市经济管理学校	成长阶梯班会模式
北京市劲松职业高中	希望厨师
北京市大兴区第一职业学校	国旗·领航
北京市园林学校	园林志愿者

各区教委、各职业院校要认真落实习近平总书记 3 月 18 日在学校思想政治理论课教师座谈会上的重要讲话精神，以“八个相统一”为指导，不断增强德育工作的思想性、理论性和亲和力、针对性；要高度重视“一校一品”创评工作，切实将创评工作与推进德育工作创新、提升学生职业素养紧密结合，学习和借鉴兄弟学校好的经验和做法，精心培育具有本校特色的德育品牌。各获评学校要认真做好德育品牌的宣传和推广工作，充分利用品牌效应，带动本校教育教学各方面工作的改革与创新；要制定进一步改进和完善德育品牌的规划，积极探索品牌建设的长效机制，不断扩大品牌的覆盖面和影响力，向着创建四星级优秀德育品牌而努力，为提升我市职业院校德育工作的整体水平做出贡献。

2019 年 4 月 18 日

北京市教育委员会
北京市妇女联合会

关于在全市中小学开展2019年“重家教　树家风　传美德　共育人”系列主题教育实践活动的通知

京教基一〔2019〕4号

各区教委、妇联：

为深入学习贯彻习近平总书记关于“注重家庭、注重家教、注重家风”系列重要讲话精神，落实党的十九大精神和全国、全市教育大会精神，充分发挥家庭教育的育人作用，进一步推动家庭、学校和社会密切配合，形成育人合力，促进青少年学生健康成长和全面发展，市教委、市妇联联合在全市中小学开展2019年“重家教　树家风　传美德　共育人”系列主题教育实践活动。现将有关事项通知如下：

一、指导思想

以习近平新时代中国特色社会主义思想为指导，全面贯彻落实党的十九大精神和全国、全市教育大会精神，落实立德树人根本任务，以培育和践行社会主义核心价值观为引领，按照教育部《关于加强家庭教育工作的指导意见》（教基〔2015〕10号）和市教委、首都精神文明办、市妇联联合印发的《北京市关于进一步加强中小学家庭教育指导服务工作的实施意见》（京教基一〔2018〕11号）等文件要求，坚持“立德树人、政府主导、家长尽责、创新发展”的原则，推动家庭、学校、社会密切配合，共同培养德智体美劳全面发展的社会主义建设者和接班人。

二、重点内容

（一）开展“家庭教育大讲堂·校园行”活动

各区结合实际，充分利用北京市家庭教育专家资源库，组织家庭教育专家开展家庭教育大讲堂活动。各学校要依托家长学校每学期至少开展1次家庭教育大讲堂，大讲堂要覆盖全体学生家长。通过家庭教育大讲堂，明确家长在家庭教育中的主体责任，引导家长不断更新家庭教育观念，全面学习家庭教育知识，积极配合学校工作，减轻学生校外过重课业负担。

（二）开展“我家根脉图”绘制展示活动

小学组织学生积极参与“绘制我家根脉图”活动，引导学生和家长一同践行社会主义核心价值观，在参与活动的过程中深化家庭观念、融洽代际亲情、培育良好家风。“绘制我家根脉图”主要内容包括：

家庭根脉传承图：参照“我家根脉图”底板（见附件1），标明包括学生往上父系和母系至少三代的姓名、年龄、籍贯、亲戚关系等信息。

我家家训：家训是每个家庭成员立身处世、持家治业的教诲，组织学生了解自家家训，并书写在根脉图的相应位置。

家风故事：组织学生探访与自家家教、家训、家风有关的家庭故事，在根脉图上进行记录呈现。

各小学通过宣传栏、板报等形式展示学生的优秀作品，并通过主题班会、成果展示等形式，组织学生和家长讲述家风故事。各区教委结合实际，组织开展区级展示交流活动，并推选20幅优秀“我家根脉图”，于9月30日前将纸质版和汇总表报送至市教委基教一处。

（三）开展“祖国，我为你自豪”诗词征文诵读活动

各中学围绕中华人民共和国成立70周年，以“祖国，我为你自豪”

为主题，组织学生开展诗词征文创作诵读活动，鼓励家长参与具体指导，引导学生深入了解新中国成立 70 年来在经济、政治、社会、文化、生态等各个方面取得的伟大成就，抒发对党、对祖国的热爱之情、自豪之意。教育学生进一步坚定理想信念，厚植爱国主义情怀，把爱国情、强国志、报国行自觉融入学习和生活中。

各中学组织教师指导学生创作主题明确、语言凝练、情感充沛、意象丰富的诗词征文，并组织学生和家长开展朗诵演讲活动。各区教委结合工作实际，组织开展区级展演活动，并推选 20 篇优秀作品，于 9 月 30 日前将电子版和汇总表发至邮箱。

（四）开展“阅读悦成长”家庭亲子阅读活动

各中小学以“相伴共读 书香润德”为主题，组织学生家庭开展“阅读悦成长”家庭亲子阅读活动，引导学生和家长积极响应亲子阅读“四个一”行动（倡议书见附件 2），每天共享一段亲子阅读时间，每周进行一次家庭读书分享，每月走进一次公共文化场所，每年互写一封家书家信寄语。开展“给妈妈写一封信”主题活动，鼓励学生给妈妈写一封信，可以写给祖国母亲，也可以写给自己的母亲，抒发心中浓浓的爱国情和养育恩，涵养升华爱国爱家的家国情怀。

各学校通过主题班会、读书交流、成果展示等形式，组织学生和家长共读家书家信、分享读书心得。各区教委根据工作实际，组织开展区级展示交流活动，并推选 20 封优秀家书家信于 9 月 30 日前将家书家信纸质版报送至市教委基教一处，将汇总表发至邮箱。

（五）开展“志愿家庭护环境”家庭志愿服务活动

各中小学组织学生登录北京市中小学数字德育网，积极参与北京市网上夏令营“志愿家庭护环境”活动，引导中小学生利用假期和空余时间，和家长一起开展以家庭为单位的保护环境的志愿服务活动，如不使用塑料袋、塑料书皮等一次性生活塑料制品，分类投放垃圾，宣传环保理念等。同时，拍摄一张自己和家长参加环境保护志愿服务活动的照片，记录一篇参加志愿服务的日志，上传至北京市网上夏令营，与大家分享自己的志愿服务经历。

各学校要广泛征集学生家庭的志愿服务照片和日志，通过主题班会、成果展示等形式开展展示交流活动。

三、工作要求

（一）高度重视，加强领导

各区教委、妇联、学校要高度重视“重家教 树家风 传美德 共育人”主题教育实践活动，加强对活动的指导。相关部门之间、区校之间要加强沟通、密切配合、协同推进，按要求做好各项工作落实，形成家庭、学校和社会协同育人合力。

（二）精心组织，加强宣传

围绕活动主题，明确工作任务和进度安排，精心策划、周密组织、积极创新，不断提高活动的吸引力、感染力和影响力。充分利用电视、互联网、公众号等媒体，主动宣传，营造良好的家庭教育氛围。征集的各类获奖作品，市教委与市妇联将适时组织开展相关宣传展示交流活动。

（三）突出重点，注重实效

将社会主义核心价值观教育融入指导服务、亲子活动等家庭教育各环节，充分展现中华优秀传统文化魅力，倡导和弘扬中华传统家庭美德，重言传、重身教、重品德，帮助学生养成美好心灵，促进学生健康成长。

附件：1.“我家根脉图”底板

2. 亲子阅读“四个一”行动倡议书

3. 2019 年“重家教 树家风 传美德 共育人”系列主题教育实践活动作品汇总表（略）

2019 年 5 月 5 日

附件 1

“我家根脉图”底板

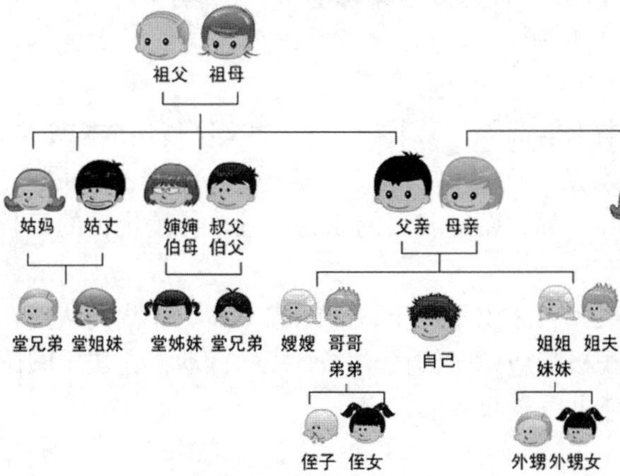

附件 2

亲子阅读在行动，书香满家筑幸福

——亲子阅读“四个一”行动倡议书

阅读是孩子最珍贵的宝藏，陪伴是孩子最好的成长礼物。亲子阅读以书为媒，以爱为伴，对于培育良好家教家风、促进儿童健康成长有着不可替代的重要作用。让我们积极响应北京市教委、市妇联发出的“亲子阅读在行动，书香满家筑幸福”的号召：

每天共享一段亲子阅读时间。坚持将亲子阅读作为家庭的基本生活方式，远离电视、手机等电子设备，共同制定亲子阅读计划，共享亲子阅读温馨时刻，养成“爱读书、多读书、读好书”的阅读习惯。

每周进行一次家庭读书分享。定期开展家庭阅读体会交流，鼓励孩子畅谈阅读感受与收获，培育浓厚的家庭阅读氛围，不断激发家人的阅读兴趣，享受读书带来的快乐与幸福，促进家庭成员共同成长。

每月走进一次公共文化场所。家长和孩子每月至少共同走进一次书店、图书馆、博物馆、展览馆等文化场所，一起沐浴书香，畅游知识海洋，不断陶冶情操，提升文化素养，在共同学习中融洽亲子关系。

每年互写一封家书家信寄语。家书抵万金，用文字传递浓浓亲情，表达对家人的感恩、对亲朋的祝福，沟通交流思想，相互鼓励叮嘱，在字里行间流露温馨与幸福，营造和谐的家庭氛围，传承优良的家教家风。

海不辞水，故能成其大；山不辞土，故能成其高。让我们从现在做起，从自身做起，积极响应亲子阅读“四个一”行动，让快乐阅读沁润美好生活，让缕缕书香筑起幸福家庭！

北京市教育委员会

关于遴选 2019 年全国中小学中华优秀文化传承学校的通知

京教体艺〔2019〕20 号

各区教委：

为深入学习贯彻习近平总书记关于教育的重要论述和全国教育大会精神，切实将中华优秀传统文化全方位融入学校教育全过程，引领青少年学生传承中华优秀传统文化，汲取中国智慧、弘扬中国精神、传播中国价值。根据《教育部办公厅关于做好2019年全国中小学中华优秀文化传承学校遴选工作的通知》（教体艺厅函〔2019〕40号），教育部决定在全国中小学校和中等职业学校开展2019年中华优秀文化传承学校（以下简称传承学校）遴选工作。现将有关事项通知如下。

一、指导思想

传承学校创建活动要以社会主义核心价值观为引领，根植中华优秀传统文化深厚土壤，坚守中华文化立场、传承中华文化基因。以立德树人为根本任务，让青少年学生在学习中华优秀传统文化，参与丰富多彩的体育美育活动的过程中，培育深厚的民族情感，增强文化自觉和文化自信。以优化育人环境为目标，进一步深化学校体育美育教学改革，全面提升学校体育美育质量，努力建设向真、向善、向美、向上的校园文化环境。

二、基本原则

（一）坚持先进文化、严把导向。弘扬和践行社会主义核心价值观，引领学生树立正确的审美观念，陶冶高尚的道德情操，用中华优秀传统文化浸润学生心灵。

（二）坚持育人为本、面向全体。遵循体育美育特点和学生成长规律，落实立德树人根本任务，让每名学生都能够接受中华优秀传统文化教育。

（三）坚持统筹兼顾、协调发展。统筹区域和城乡发展，兼顾城市和农村不同地区、不同类型、不同发展水平的学校，鼓励多种形式和特色，促进城乡中小学校协调发展。

（四）坚持因地制宜、整合资源。立足各校实际，充分挖掘和利用当地人文环境和历史文化传统等教育资源，整合多种资源，以点带面，形成“一校一品”“一校多品”局面。

三、目标任务

2019年在全国中小学校和中等职业学校遴选2000所中华优秀文化传承学校。传承项目主要包括：民族民间音乐、民族民间美术、民族民间舞蹈、戏剧、戏曲、曲艺、书法（篆刻）、传统手工技艺和民族传统体育等。

传承学校要以课程教学为基础，将传承项目纳入学校课程建设，开设校本课程，加强学科融合，深化教学改革。要以实践活动为载体，加强以传承项目为内容的学生社团建设，组织学生开展群体性、体验性、互动性的项目实践活动。要以师资队伍建设为支撑，建设一支相对稳定的传承项目专兼职教师队伍，提升项目教育教学水平。要以辐射带动为拓展，带动辐射本区中小学和社区，不断扩大传承项目的覆盖面和参与面。要以成果展示为助推，结合传统节日，因地制宜组织学生开展传承项目成果展示活动，增强学生传承中华优秀传统文化的责任感和使命感。

四、组织实施

（一）符合《中华优秀文化传承学校基本要求》（见附件 1，以下简称《基本要求》）的全日制中小学校和中等职业学校均可申报，中华优秀文化传承学校各区申报数量见附件 2。申报学校要认真填写《中华优秀文化传承学校申报书》（见附件 3，以下简称《申报书》，需加盖学校公章）。经各区教委同意后，填写《中华优秀文化传承学校推荐表》（见附件 4，以下简称《推荐表》），汇总后统一报市教委。市教委将按照《基本要求》，结合实际制定审核办法，组织专家通过材料审阅、现场抽查等方式进行审核，最终向教育部报送 60 所传承学校。2011、2019 年教育部公布的 1449 所中华优秀文化艺术传承学校不再进行申报。

（二）各区教委要指导学校积极开展创建活动。创建传承学校不搞“终身制”，采取动态管理的方式。为保证工作健康开展，各区教委要适时对传承学校创建活动进行复核检查，同时我委将对传承学校创建活动进行动态监测。教育部将组织专家不定期进行抽样检查和成果验收，对不合格的学校，取消其传承学校称号。

五、工作要求

（一）加强管理。各区教委要切实加强对传承学校创建活动的组织领导，建立工作机制，认真做实做好。要及时解决传承学校创建活动中出现的困难和问题，指导传承学校落实工作方案，确保创建活动有序深入开展。各传承学校要创造性地开展工作，精心组织实施，形成本区本校的体育美育特色和品牌。

（二）政策支持。教育部将持续支持传承学校的创建工作，对经遴选认定的学校命名为“中华优秀文化传承学校”，对开展工作确有成效的传承学校，将通过各种途径介绍和推广典型经验，并给予一定经费支持，重点向农村学校倾斜。

（三）示范引领。各区要充分发挥传承学校的示范引领作用，将典型引领与整体推进相结合，组织开展专题培训研讨、现场推进会、成果交流展示等活动，建立传承学校辐射带动其他学校的美育推进机制。要充分利用报刊、电视和新媒体，对传承学校的典型经验进行宣传报道。

请各区教委于 2019 年 7 月 12 日前，将各区推荐学校的《申报书》和《推荐表》加盖公章报送我委体卫艺处，同时将《申报书》和《推荐表》的电子版发指定邮箱。未按时间将相关材料报送我委的，我们将认为自动放弃申报权利。

附件：1. 中华优秀文化传承学校基本要求

2. 中华优秀文化传承学校各区申报数量

3. 中华优秀文化传承学校申报书（略）

4. 中华优秀文化传承学校推荐表（略）

2019 年 7 月 10 日

附件 1

中华优秀文化传承学校基本要求

为确保全国中小学中华优秀文化传承学校创建活动规范有序开展，明确各地遴选推荐传承学校的依据，特制定本要求。

一、组织管理

学校全面贯彻教育方针，将传承工作纳入学校发展规划和年度工作计划，执行有力。有校级领导分管体育美育工作，要建立健全以专任教师为主，以班主任和兼职教师为辅，全体教职员工共同参与的传承学校创建工作机制。要建立健全传承学校创建工作组织实施、教学管理、活动开展、师资队伍、条件保障、检查督导等方面的工作方案和规章制度，项目推进扎实有效。

二、教育教学

加强传承项目课堂教学，将传承项目纳入校本课程，推进教学改革，提高教学质量。面向全体学生组织开展传承项目实践活动，建立多种类型的传承项目兴趣小组、学生社团和工作坊，保证活动时间和活动效果，定期开展传承项目成果展示。加强校园文化建设，将传承项目有机融入校园文化建设中，营造向真、向善、向美、向上的校园文化环境。

三、师资队伍

建立相对稳定的传承项目专兼职师资队伍。根据本校传承项目的需要，充分发掘和利用当地资源，聘请校外专家、非物质文化遗产传承人或民间艺人担任兼职教师，切实提高该传承项目的教育教学水平。定期开展传承项目教研活动，支持教师参加各级各类培训和交流研讨，不断提高师资队伍素质。

四、条件保障

学校设有传承项目专用教室或活动室，配备持续开展传承项目教学活动所必须的设施设备和相关资料。安排一定的传承项目工作经费，确保传承项目教育教学的正常开展。教师开展传承项目教学、指导工作坊和学生社团建设、组织课外活动等计入工作量，与其他科目教师同工同酬。学校所在地教育行政部门能够切实履行工作职责，积极开展各项工作，为本地区学校创建传承学校工作提供必要的业务指导和政策支持。

附件 2

中华优秀文化传承学校各区申报数量

区	数量
东城区	4
西城区	4
朝阳区	7
丰台区	5
石景山区	2
海淀区	6
房山区（含燕山）	5
通州区	5
顺义区	3
昌平区	5
大兴区	5
门头沟区	1
怀柔区	2
平谷区	2
密云区	2
延庆区	2
总计	60

北京市教育委员会

关于印发《2019 年“圆梦蒲公英”暑期主题活动方案》的通知

京教体艺〔2019〕21 号

各区教委：

为深入学习贯彻习近平新时代中国特色社会主义思想和党的十九大精神，全面贯彻落实全国教育大会精神，落实立德树人根本任务，隆重庆祝中华人民共和国成立 70 周年，根据《教育部办公厅关于开展 2019 年“圆梦蒲公英”暑期主题活动的通知》（教基厅函〔2019〕37 号）有关要求，结合本市实际，制定了我市《2019 年“圆梦蒲公英”暑期主题活动方案》，现印发给你们，请结合本区实际认真执行。

2019 年 7 月 12 日

2019 年“圆梦蒲公英”暑期主题活动方案

为了帮助广大中小学生度过一个安全、快乐、充实而有意义的暑假，以隆重庆祝中华人民共和国成立 70 周年为契机，引导广大中小学生培育和践行社会主义核心价值观，在活动中传承和弘扬优秀传统文化、革命文化和社会主义先进文化，不断增强中小学生对祖国、民族和家乡的热爱，培养社会责任感、创新精神和实践能力，提升科学素养和科学探究水平，促进广大中小学生全面发展和健康成长，我市将围绕“圆梦蒲公英”主题举办暑期系列活动，特制定本方案。

一、活动内容

（一）“我和祖国共成长”活动。围绕隆重庆祝中华人民共和国成立70周年这一主题，积极组织区级阳光少年艺术节活动，组织中小学校开展微电影、短视频、文章、诗词、书法美术、摄影、歌曲等作品创作征集展示活动，引导广大中小学生在参与中深入了解共和国历史、传承革命精神，感受70年来特别是党的十八大以来取得的举世瞩目的巨大成就，进一步增强爱党爱国爱人民的情感。

（二）“缅怀革命先烈”活动。各区，各中小学校要结合学生暑期社会实践、夏令营等活动组织中小学生实地参观爱国主义教育基地、纪念馆等，引导学生体验革命情怀，继承革命传统。组织中小学生开展祭扫烈士墓、敬献花篮、宣读祭文、瞻仰遗物等活动，缅怀革命先烈的英勇事迹和崇高精神。开展继承先烈遗志宣誓活动，组织共青团员、少先队员重温入团入队誓词，传承红色基因。

（三）“我是劳动小能手”活动。各区，各学校要引导学生根据自身特点，选择合适的劳动项目和内容，组织学生开展以勤俭节约为主题的体验活动，各区可结合实际情况组织学生参加公益劳动与志愿服务以及农业生产劳动，鼓励学生积极参加家务劳动，树立劳动光荣的正确观念和节约意识，掌握劳动技能，养成劳动习惯。

（四）“博物馆里过暑假”活动。各区要充分挖掘和利用各类博物馆资源，组织开发丰富多样的馆校合作课程，促进中小学课堂教学、社会实践活动与博物馆教育资源有机结合，为学校利用博物馆资源开展教育教学活动创造良好条件。各中小学校要组织引导中小学生利用暑期走进博物馆，开展研究性学习。特别是要关注农村地区中小学生，要利用好少年宫、青少年活动中心以及乡村学校少年宫等校外教育机构资源，积极组织开展博物馆教育资源的流动展览、展示活动，满足农村中小学生学习需求。

（五）“美丽中国主题研学”活动。各区要充分利用全国中小学生研学实践教育基地、营地和各类青少年校外活动场所，组织开展生态文明等主题研学实践教育活动，通过广泛开展参观学习、交流互动、体验分享等活动，引导广大中小学生在活动中感受现代文明，从小树立尊重、顺应、保护自然的良好意识，倡导学生践行绿色生活方式，逐渐形成低碳环保、文明健康的生活习惯。

（六）“走进科学世界”活动。各区要依托校外教育机构、乡村少年宫、中小学科普教育社会实践基地等资源，积极参加“青少年科学调查体验活动”“全国青少年科学影像节活动”“北京学生科技节”等各类科普教育活动，帮助广大青少年在活动中了解科学知识、提高实践能力，激发他们对创新创造的兴趣，促进青少年科学素养的提高。

（七）“品味经典图书”活动。各中小学校要与家庭密切沟通合作，组织学生在假期阅读经典图书，以学校（年级、班级）或家庭为单位，开展名篇佳作赏析、读书心得讨论、读书笔记和读书报告撰写等活动。组织农村少年儿童以农家书屋为平台开展阅读实践活动，引导农村中小学生特别是农村留守儿童在阅读中享受快乐，丰富假期文化生活。

二、工作要求

（一）高度重视，统筹规划。各区要切实发挥青少年校外教育工作联席会议办公室的统筹协调职能，加强各成员单位交流合作，充分调动各系统资源，精细谋划、积极推动各项活动开展，鼓励和倡导各类公益性活动设施向青少年免费开放，为青少年就近就便参加暑期活动提供条件，形成体现校外教育内涵发展的“圆梦蒲公英”活动品牌。

（二）认真组织，注重公益。各区要结合实际，从青少年身心发展和锻炼成长的需要出发，制定本区活动方案和实施方案，要不断创新活动的形式和载体，开展形式多样的教育实践活动。要坚持公益性原则，严禁夹带商业广告和商业活动。

（三）广泛宣传，确保安全。各区在开展各项暑期活动中要使用统一的“圆梦蒲公英”暑期主题活动标志，加大宣传力度，充分利用各类媒体，开展多角度、大范围的舆论宣传工作，营造关注青少年健康成长的良好氛围。同时，要加强安全防范，制定活动安全保障方案及应急预案，落实安全措施，在活动开始前对学生进行安全教育，帮助青少年提高安全意识、自我保护意识和应急能力。

三、活动成果材料报送要求

（一）各区要做好 2019 年暑期活动的总结工作，选取暑期活动中特色突出、影响力较大的典型活动,形成“圆梦蒲公英”暑期活动成果。

（二）成果材料要文字简洁、重点突出，2000 字以内为宜。每项活动配 3 ~ 5 张有代表性的照片，以表现学生活动为主。报送的照片要有图注，文件不小于 1 兆，格式为 jpg。

（三）请各区教委于 2019 年 8 月 28 日前将本区 2019 年暑期活动的成果材料电子版发送至电子邮箱。

北　京　市　教　育　委　员　会
首都精神文明建设委员会办公室

关于认定第四批北京市中小学文明校园的通知

京教函〔2019〕635 号

各区教委、文明办：

为贯彻落实党的十九届四中全会精神和全国、全市教育大会精神，充分展示学校精神文明建设成果，激励各中小学校以习近平新时代中国特色社会主义思想为指导，积极培育和践行社会主义核心价值观，不断深化文明校园创建活动，全面落实立德树人根本任务，北京市教育委员会、首都精神文明建设委员会办公室今年组织开展了第四批北京市中小学文明校园考核认定。

经学校自主申报、各区教委及文明办联合考核推荐、北京市教育委员会及首都精神文明建设委员会办公室审核验收、社会公示等程序，现认定北京市第二十二中学等 218 所中小学校为第四批北京市中小学文明校园 (名单附后)。

希望被认定的学校，继续巩固创建成果，完善创建工作长效机制，提高创建活动实效，不断提升师生文明素养和校园文明水平，为促进首都教育现代化、办好人民满意的教育做出新贡献。各区教委、文明办要进一步做好统筹规划，强化过程管理，加强指导和监督，及时总结推广创建活动中的好经验好做法，推动文明校园创建活动深入发展。

2019 年 12 月 2 日

附件

第四批北京市中小学文明校园名单

（排名不分先后）

东城区

北京市第二十二中学
北京市第十一中学实验学校
中央工艺美术学院附属中学
北京市东城区安外三条小学
北京市东城区东四七条小学
北京市东城区宝华里小学
北京市东城区培智中心学校

西城区

北京市第三十一中学
北京市第三十五中学
北京市第一六一中学
北京市第一六一中学分校
北京师范大学实验二龙路中学
北京师范大学第二附属中学西城实验学校

朝阳区

北京工业大学附属中学双桥分校
中国传媒大学附属中学
北京市第八十中学小红门分校
北京汇文中学朝阳垂杨柳分校
中国科学院附属实验学校
中国科学院附属实验学校分校
北京化工大学附属中学
北京市朝阳区工读学校
北京市陈经纶中学劲松分校
中央美术学院附属实验学校
北京市朝阳外国语学校
北京市第一七一中学朝阳豆各庄分校
北京市朝阳区安华学校
北京市第八十中学体育运动学校

北京市陈经纶中学分校实验学校
北京市朝阳区百年实验学校
北京市朝阳区启明星双语学校
北京市朝阳区安民学校
北京市朝阳区金色摇篮全程实验学校
北京市忠德学校
北京市朝阳师范学校附属小学黄胄艺术分校
北京市朝阳区实验小学左家庄分校
中国音乐学院附属北京实验学校
北京市朝阳区白家庄小学迎曦分校
北京市朝阳师范学校附属小学和平街分校
中国人民大学附属中学朝阳实验学校
北京市朝阳区实验小学润泽分校
北京市朝阳区实验小学新源里分校
北京市朝阳实验小学南校
北京市朝阳区芳草地国际学校德贤分校
北京市第八十中学北皋分校

海淀区

北京大学附属中学
北京十一实验中学
北京市第四十七中学
北京市海淀区教师进修附属实验香山分校
北京市上庄中学
北京理工大学附属中学分校
北京大学附属中学实验学校
北京市清华育才实验学校
清华大学附属实验学校
北京市海淀外国语实验学校
北京市健翔学校
北京市海淀区尚丽外国语学校
北京市建华实验学校
北京市中关村外国语学校
北京市一零一实验学校
北京市育鸿学校
清华大学附属中学上庄学校
北京市海淀区崛起实验学校
北京海淀凯文学校
北京市海淀工读学校
北京市海淀国际学校
北京大学附属小学
北京市海淀区羊坊店第五小学
中国人民大学附属小学
北京市海淀区中关村第二小学万泉河分校
北京市海淀区中关村第四小学
北京市海淀区西苑小学
北京大学附属小学肖家河分校
北京市海淀区上地实验小学
中国人民大学附属中学航天城学校
北京市海淀区科技园小学

北京市海淀区振兴小学
北京市海淀区台头小学
北京市海淀区西二旗小学
北京市海淀区北安河中心小学
中国人民大学附属小学亮甲店分校
北京市中科启元学校
北京市海淀区行知实验学校

丰台区

北京市航天中学
中国人民大学附属中学丰台学校
北京市佟麟阁中学
北京市丰台区黄土岗中学
北京市丰台区西罗园学校
北京市丰台区南苑中学
北京教育学院附属丰台实验学校分校
北京市丰台区工读学校
北京市丰台区蒲黄榆第一小学
北京市丰台区芳星园第二小学
北京市丰台区芳群园第一小学
北京市丰台区成寿寺小学
北京市丰台区大红门第二小学
北京市丰台区西马金润小学
北京市丰台区时光小学
北京市丰台区西罗园小学
北京市丰台区南苑镇第一小学
北京市丰台区五爱屯小学
北京市丰台区槐房小学
北京市丰台区看丹小学
北京市丰台区四合庄小学
北京市丰台区黄土岗小学
北京市丰台区第八中学附属小学
北京市丰台区长安新城小学
北京市丰台区小井小学
北京市丰台区长辛店中心小学
北京市丰台区培智中心学校

石景山区

北京师范大学附属中学京西分校
首都师范大学附属苹果园中学分校
北京市京源学校莲石湖分校
北京市同文中学
北京市石景山区北辛安小学
北京市石景山区实验中学分校
北京市石景山区实验小学分校
北京市石景山区第二实验小学
北京市石景山区炮厂小学
北京市石景山区五里坨小学
北京市石景山区麻峪小学
北京市石景山外语实验小学分校
北京市石景山区海特花园小学
北京市石景山区向阳小学

燕山

北京市燕山前进第一小学
北京市房山区燕山星城第二小学

昌平区

北京市昌平区第五学校
北京市昌平区长陵学校
北京市昌平区沙河中学

北京市昌平区阳坊中学
北京市昌平区大东流中学
北京师范大学昌平附属学校
北京市昌平区上苑中学
清华大学附属中学昌平学校悦府校区
北京师范大学第二附属中学未来科技城学校
北京市昌平区南口职业学校
北京市昌平区南口学校
北京市育翔小学回龙观学校
清华大学附属小学昌平学校
北京市昌平区南邵中心小学
北京市昌平区南口中心小学
北京市昌平区沙河中心小学
北京市昌平区第四实验小学
北京市昌平区第二实验小学
北京市昌平区西贯市回民小学
北京市昌平区高崖口中心小学
北京师范大学实验小学未来科技城学校

大兴区

北京市大兴区兴海学校
北京市大兴区第一小学
北京市大兴区枣园小学
首都师范大学附属中学大兴北校区
北京市大兴区青云店镇第一中心小学
北京市大兴区采育镇第三中心小学
北京市大兴区礼贤镇第一中心小学
北京市大兴区礼贤镇第二中心小学
北京市大兴区庞各庄镇第一中心小学
北京市大兴区长子营镇第二中心小学

房山区

北京市房山区长沟中学
北京市房山区大宁学校
北京市房山区良乡第五中学
北京市房山区琉璃河中学
北京市房山区南梨园中学
北京市房山区城关第三小学
北京市房山区城关第四小学
北京市房山区佛子庄乡中心小学
北京市房山区青龙湖中心小学
北京市房山区坨里中心小学
北京市房山区张坊中心小学
北京市房山区周口店中心小学

顺义区

北京市顺义区李桥中学
北京市顺义区牛山第二中学
北京市顺义区第四学校
北京市顺义区空港小学
北京市顺义区龙湾屯中心小学
北京市顺义区沿河中心小学
北京市顺义区高丽营第二小学

北京市顺义区沙岭学校
北京市顺义区板桥中心小学
北京市顺义区赵全营中心小学
北京市顺义区牛栏山第二小学
北京市顺义区北小营中心小学
北京市顺义区大孙各庄中心小学
北京市顺义区马坡第二小学
北京市顺义区小店中心小学

怀柔区

北京市怀柔区宝山镇中心小学
北京市怀柔区北房镇中心小学
北京第二实验小学怀柔分校

密云区

北京市密云区西田各庄中学
北京市密云区新城子中学
北京市密云区十里堡中学
北京市密云区古北口中学
北京市密云区穆家峪中学
北京市密云区大城子学校
北京市密云区第一小学
北京市密云区第七小学
北京市朝阳区实验小学密云学校
北京市密云区不老屯镇中心小学
北京市密云区溪翁庄镇中心小学
北京市密云区西田各庄镇中心小学

平谷区

北京实验学校附属中学
北京市平谷区马昌营中学
北京市平谷区第五中学
北京第二外国语学院平谷附属学校
北京市东城区东交民巷小学马坊分校
北京市平谷区黄松峪中心小学
北京市平谷区山东庄中心小学
北京市平谷区熊儿寨中心小学
北京市平谷区镇罗营中心小学
北京市平谷区第六小学

延庆区

北京市延庆区八达岭中学
北京市延庆区永宁学校
北京市延庆区千家店学校
北京市延庆区四海中心小学
北京市延庆区珍珠泉中心小学
北京市延庆区康庄中心小学
北京市延庆区太平庄中心小学
北京市延庆区刘斌堡中心小学
北京市延庆区二道河中心小学
北京市延庆区姚家营中心小学

体育·卫生

北京市教育委员会文件选编

（2019）

北京市教育委员会

关于做好校园足球海外引智计划的通知

京教体艺〔2019〕4号

各区教委：

为加快推进校园足球发展，根据市教委等6部门《关于加快发展北京市青少年校园足球工作的实施意见（2016—2020年）》（京教体艺〔2016〕17号），我市将继续实施校园足球海外引智计划。现将有关事宜通知如下：

一、工作职责

（一）市教委负责校园足球海外引智计划工作的总体规划、经费保障和监督检查。

1. 每年支持每区1所学校开展校园足球海外引智计划，并拨付专项经费用于项目实施；

2. 定期组织专家对各区校园足球海外引智工作进行评估检查。

（二）各区教委负责校园足球海外引智项目的管理与协调。

1. 制定本区校园足球海外引智项目的实施方案，并提供必要保障，确保各项工作圆满完成；

2. 遴选校园足球海外引智工作的项目学校，指导学校做好外籍足球教师教学、训练、培训及生活等方面的保障工作；

3. 统筹安排外籍足球教师每月开展一次中小学体育教师足球专项

培训；

4. 定期组织外教所在学校周边中小学体育教师观摩、学习外籍足球教师的教学与训练。

（三）学校负责做好外籍足球教师的管理。

1. 聘用外籍足球教师并与其签订工作合同，代其扣缴个人所得税并缴纳社保。外籍足球教师工作时间为每年 3 月至 12 月（10 个月）；

2. 确定外籍足球教师在校工作范围、工作时间及工作绩效；

3. 对外籍足球教师进行专门培训，使其了解相关法律法规及学校日常行为规范；

4. 安排好外籍足球教师的住宿、餐饮及出行等生活保障；

5. 指定专人辅助外籍足球教师开展教学、训练、培训等工作。

二、经费保障

校园足球海外引智项目经费由市教委拨付至各区教委，每年每区 50 万元，不足部分由区级承担。市级专项经费主要用于以下方面：

1. 外籍足球教师工资费用；

2. 外籍足球教师社保费用；

3. 外籍足球教师往返国际旅费：用于支付外籍足球教师购买一次性往返本国经济舱机票的费用；

4. 一次性安家费：用于支付外籍足球教师来京后的安家费用；

5. 住宿补贴：用于支付外籍足球教师在京期间租住房屋或酒店的费用；

6. 证照手续费：用于支付外籍足球教师在公安局出入境办理工作居留许可的行政收费；

7. 签证材料翻译费：申请外籍足球教师工作签证所包含的全部材料翻译，包括学历证书及认证、教练证书及认证、无犯罪记录证明及认证、简历和工作经验证明等；

8. 签证费：用于支付外籍足球教师办理来华签证所发生的费用；

9. 体检费：用于支付外籍足球教师办理来华签证所发生的体检费用；

10. 管理费：

（1）外籍足球教师招聘（含委托中介、参加招聘会、审核人选材料、组织面试等）

（2）外籍足球教师管理培训（含岗前培训、开展调研、考核评估、总结培训等）

（3）外籍足球教师日常管理服务（含外籍足球教师接送机服务、日常联络、教学监督、生活服务、应急处理等）

（4）对中小学指导服务（含召开学校协调会议、外籍足球教师在华工作政策及技术指导、办理外籍足球教师工作手续、外籍足球教师使用和管理培训、组织交流研讨、辅助足球教学改革）

具体包括劳务费、专家咨询费、印刷费、会议费、培训费、专用材料费、市内交通费、通讯费、邮电费、委托业务费、翻译服务费、手续费。其中涉及“三公经费”、会议费、印刷费、培训费等一般性支出应严格执行市级和区有关政策规定。已包含在外籍教师薪酬的支出事项，不在管理费中重复列支。

三、工作要求

（一）高度重视。各区教委要高度重视校园足球海外引智计划的组织与实施，加强对海外引智项目的绩效管理，加大支持、指导与检查力度，将其作为全区推进校园足球工作的重要抓手推动好、落实好，充分发挥外籍足球教师在改进足球教学、训练、提升师资队伍及区域校园足球发展水平等方面的重要作用。

（二）加强管理。各区要综合考虑项目学校的足球发展现状、师资队伍、场地设施以及接待能力等方面，认真做好遴选工作，每年于1 月 25 日前将项目学校基本情况报送至市教委体卫艺处。项目学校作为用人单位，应按照国家和北京市相关法律法规通过正规渠道聘请外籍足球教师，经“外国人来华工作管理服务系统”为其办理工作手续，严格履行与外籍足球教师的合同，并做好相关服务和辅助工作，保障外籍足球教师能够顺利开展工作，并发挥应有的作用。

（三）认真总结。各区教委、各项目学校要认真做好海外引智项目的总结工作，及时发现问题、解决问题，提高项目的实际效益。请各区于每年 12 月 25 日前将本区海外引智计划工作总结报送市教委体卫艺处，电子版发送至电子邮箱。

2019 年 1 月 24 日

北 京 市 教 育 委 员 会
北京市卫生健康委员会

关于做好冬春季学校传染病防控和食品安全工作的通知

京教体艺〔2019〕9 号

各区教委、卫生健康委，各普通高校、中等专业学校，市疾控中心：

为贯彻落实国务院领导同志指示和教育部、国家卫健委有关会议决策部署，切实做好 2019 年开学后冬春季流感等传染病防控和学校食品安全工作，抓紧抓好学校食品安全管理和营养健康保障工作，维护师生健康，有效防控流感等传染病在学校发生和蔓延，现就有关事项通知如下。

一、加强流感等传染病防控工作

冬春季是流感、结核病、麻疹、流行性腮腺炎、流行性脑膜炎、水痘及诺如病毒感染等传染病高发季节。各级各类学校要在春季开学后，根据传染病发病特点做好防控工作。

（一）强化责任意识，加强组织领导。各区教委和各级各类学校要高度重视流感等传染病防控工作，严格按照《中华人民共和国传染病防治法》《学校卫生工作条例》等有关法律法规要求，切实增强做好传染病防控工作的责任感和使命感，加强组织领导，坚持属地管理、联防联控原则，主动与区卫生健康部门加强沟通和联系，明确工作职责，及时了解和掌握流感、诺如病毒性胃肠炎等传染病流行情况，落实《学校结核病防控工作规范（2017 版）》，结合教育工作实际和学校工作特点，开展经常性视导和技术指导，狠抓重点环节，切实落实学校传染病防控各项要求。

（二）落实传染病防控制度，及时发现处置疫情。各类学校要切实落实晨午检、因病缺课追踪与登记、疫情报告以及日常通风、消毒等传染病防控制度。一旦出现发热、呕吐、腹泻等聚集性疫情，要严格按照相关疫情监测报告管理规范进行报告，积极配合属地疾控机构和地段社区卫生服务中心落实各项防控措施。病例痊愈且隔离期满时，应持学校（或托幼机构）所在地段社区卫生服务中心复课证明到学校（或托幼机构）医务室或者卫生室查验后开具回班复课证明，方可进班复课，严防疫情蔓延。坚决杜绝带病上课或未达到复课标准到校上课的情况，学校要安排好在家隔离期间的补习工作。

（三）落实预防接种要求，提高人群免疫水平。各区卫健、教育部门要按照有关要求积极推进学龄前流动儿童强化查漏补种工作。学校、托幼机构要认真做好新转入学生的预防接种证查验，配合地段社区卫生服务中心做好疫苗接种、补种工作。各普通高校要不断完善外地大一新生预防接种制度，切实防止因疫苗接种落实不力导致麻疹等传染病暴发的情况发生。

（四）强化培训和宣教，提高防范意识。各区要结合本区实际，切实组织学校、托幼机构班主任、校医、保洁等相关人员开展冬春季常见传染病防治知识、疫情监测报告标准、预防控制措施等培训工作，并建立有效的培训效果评价制度，努力提高学校、托幼机构相关人员疫情发现报告、呕吐物规范处置等核心能力。各级各类学校要通过多种形式开展流感、诺如病毒急性胃肠炎等传染病防控宣传教育，帮助学生了解传染病防治基本知识，引导学生养成良好的个人卫生和生活习惯，提高防范意识。中小学校和托幼机构要不断向家长宣传常见传染病防治知识和学校传染病防控工作要求，指导家长配合学校做好传染病防控工作。

（五）加强体育锻炼，提高学生机体抗病能力。各级各类学校特别是中小学校要切实动员引导学生家长带动、督促学生积极参加体育锻炼、户外活动和社会实践活动，确保每天2小时以上体育锻炼或户外活动，切实增强体质，提高机体免疫力。

（六）清洁校园环境，保持室内通风。各级各类学校要注意维护学校环境卫生，保持环境清洁。在春季学期开学后，要加强教室、宿舍、图书馆、食堂、体育馆等人群聚集场所的通风换气，保持室内空气流通。要指导和督促学生注意个人卫生。

二、加强学校食品安全工作

（一）强化协同推进，切实联防联控。各区教委要会同市场监管部门完善食品安全防控协同机制，加强学校周边食品安全管理，督促学校切实落实食品安全主体责任，定期开展食品安全防控风险排查，及时整改隐患和风险，最大限度降低食品安全风险，保障师生健康。

（二）增强防范意识，严格安全管理。各级各类学校要做好学校食品安全风险管理工作，做好学校食品安全风险监控与报告工作。学校发现校园及周边存在食品安全风险时要及时向当地食品药品监管部门报告，并在其指导下做好应急处置，最大限度降低突发事件的影响。

（三）落实主体责任，严肃责任追究。各级各类学校要切实履行校园食品安全管理主体责任，严格落实食品安全校长负责制，严格管控食品、原材料和餐具采供渠道，定期开展食品安全隐患排查，严格加工制作、消毒清洗、留样管理等重点环节和重点岗位管理。规范食品加工制作流程和分区管理，严防食品交叉污染。积极推进学校食堂“阳光餐饮”工程，实行阳光操作和透明化管理。定期开展学校生活用水和师生饮用水水质监测，保障师生饮水安全。面向师生多途径、多形式开展食品安全宣传教育，强化食品安全科学知识和法律知识普及。

2019年2月22日

北京市教育委员会

转发教育部办公厅关于公布2019年普通高校高水平运动队技术调整结果文件的通知

京教函〔2019〕78号

各有关高等学校：

根据《教育部关于进一步加强普通高校高水平运动队建设的实施意见》（教体艺〔2017〕6号）和《教育部办公厅关于2018年高水平运动队建设项目调整有关事项的通知》（教体艺厅函〔2018〕42号）要求，经各校自我评估、省级教育行政部门审核等程序，北京大学等287所高校（北京29所）高水平运动队建设学校通过高校高水平运动队项目建设专家评估委员会技术评估，确定为2019年举办高水平运动队的学校。

现将教育部办公厅《关于公布2019年普通高校高水平运动队技术调整结果的通知》（教体艺厅函〔2019〕8号）转发给你们，请按照有关要求做好相关工作。

2019年3月1日

教育部办公厅

关于公布2019年普通高校高水平运动队技术调整结果的通知

教体艺厅函〔2019〕8号

各省、自治区、直辖市教育厅（教委），新疆生产建设兵团教育局：

根据《教育部关于进一步加强普通高校高水平运动队建设的实施意见》和《教育部办公厅关于2018年高水平运动队建设项目调整有关事项的通知》要求，按照突出重点、发挥优势、利于竞赛、动态技术调整的原则，不断优化高等学校高水平运动队建设布局。经各校自我评估、省级教育行政部门审核等程序，北京大学等287所高校高水平运动队建设学校通过高校高水平运动队项目建设专家评估委员会技术评估，确定为2019年举办高水平运动队的学校（详见附件）。现将有关事宜通知如下。

一、举办柔道、摔跤等项目的学校2019年停止相关项目高水平运动队招生；举办棋（牌）类、定向越野、龙舟、赛艇等生源不足的高水平运动队项目，有关高校要逐步停止高水平运动队招生，可向足球等国家重点发展项目、校园普及性较强和增强体质效果较好的项目进行调整，2022年前要全部停止招生或调整到位。

二、各地和有关高校要严格按照教育部普通高等学校部分特殊类型招生工作相关通知的要求，继续做好2019年高水平运动队的各项招生工作。除足球项目外，有关高校体育类专业已涉及的项目，高水平运动队不再进行招生。有关高校要加强从普通在校生中选拔培养运动队成员。各省级教育行政部门应加大普通在校生的培养和选拔力度，结合高水平运动队项目设置情况，统筹好中小学特色学校、传统校建设的合理布局，以保证高水平运动队建设的生源和质量。

三、各地要加强组织领导，合理规划设计，加大投入力度。要把高校高水平运动队建设作为加强学校体育综合改革、探索培养高水平优秀体育人才、推进竞技体育改革和建设体育强国的重要途径和有效手段进行统筹安排，不断提高高校高水平运动队建设的管理水平。教育部将严格控制高水平运动队建设高校数量，不再扩大规模，同时实行优胜劣汰的竞争机制。各地要严格加强招生管理，规范相关工作流程，加强专业师资队伍建设。从2020年起，凡连续两年不招生及违规招生的学校或项目一律停止，教育部将通过一定方式对2017—2018年连续两年未招生的学校予以通报。

附件:2019年可举办高水平运动队的高等学校及运动项目（北京）

2019年1月31日

附件

2019年可举办高水平运动队的高等学校及运动项目（北京）

北京大学

田径、篮球、足球、乒乓球、羽毛球、健美操、游泳

中国人民大学

田径、篮球、排球、足球、网球、武术

清华大学

田径、篮球、排球、游泳、射击、健美操、击剑、足球

北京交通大学

田径、篮球、排球、羽毛球、跆拳道

北京科技大学

田径、篮球、足球、羽毛球、跆拳道

中国石油大学(北京)

田径、羽毛球、游泳

北京邮电大学

乒乓球、武术

华北电力大学

田径、篮球

北京化工大学

篮球、网球、健美操

中国农业大学

田径、足球、橄榄球

北京林业大学

田径、足球

北京中医药大学

武术、健美操、女子足球

北京师范大学

田径、篮球、足球、排球、健美操

北京外国语大学

游泳

对外经济贸易大学

篮球

中央财经大学

室内排球、沙滩排球

中国政法大学

排球、乒乓球、羽毛球、足球

中央民族大学

网球、排球、足球

北京理工大学

田径、足球、武术、冰雪

北京航空航天大学

田径、排球、足球、羽毛球

北京联合大学

足球、健美操

北京工业大学

篮球、足球、排球、游泳、羽毛球

北方工业大学

棒球、垒球

首都师范大学

健美操、定向越野

首都经济贸易大学

篮球、游泳

北京石油化工学院

田径

中国地质大学(北京)

田径、攀岩、跆拳道

北京吉利学院

足球

北京舞蹈学院

冰雪

北京市教育委员会

关于深入推进“一校一品”体育教学改革试点工作的通知

京教体艺〔2019〕16号

各区教委，燕山教委：

为贯彻落实国务院办公厅《关于强化学校体育促进学生身心健康全面发展的意见》(国办发〔2016〕27号)，深入推进“一校一品”体育教学改革，经研究，市教委决定扩大“一校一品”体育改革试点，并举办试点工作成果展示活动。

现将《“一校一品”体育教学改革试验区和试点校遴选工作方案》和《“一校一品”体育教学改革试点成果展示活动方案》印发给你们，请认真贯彻落实。

2019年4月25日

“一校一品”体育教学改革试验区和试点校遴选工作方案

一、遴选“一校一品”体育教学改革试验区

（一）遴选要求

1. 区教委高度重视学校体育工作，明确以推进“一校一品”体育教学改革试验工作，作为推进全区学校体育工作的重要抓手，成立

由区教委主管领导任组长，相关部门协同参与的“一校一品”体育教学改革试验区（以下简称“试验区”）工作领导小组，加强统筹规划，明确部门职责，全面推进改革试验工作。

2. 制定试验区总体建设方案，加强区级统筹，明确改革目标，加大保障投入，强化督导评价，按照有计划、有步骤、有组织、有落实、有评价、有实效的要求，积极做好改革试验工作。

3. 2019 年申报“一校一品”体育教学改革试点学校（以下简称“试点校”）数量不少于本区学校总数量的 20%；3 ～ 5 年内实现试点校全区覆盖。

（二）遴选程序

1. 自主申报。区教委填写《北京市“一校一品”体育教学改革项目试验区申报书》（见附件 1）上报市教委。

2. 专家评审。市教委组织专家对各区申报材料进行遴选。

3. 综合认定。市教委根据各区申报材料和专家评审意见，2019 年综合认定 2 ～ 3 个试验区。

二、遴选“一校一品”体育教学改革试点校

（一）遴选要求

1. 重视体育工作，由校长直接牵头推动“一校一品”体育教学改革。

2. 体育场地、器材、设施等符合北京市中小学校办学条件标准相关要求。

3. 体育教师配备能够满足教学需求，符合相关规定。

4. 具备一项或多项全员参与的体育运动基础，并形成良好的校园体育文化氛围。

5. 能够按要求保障学生每天开展 1 小时校园体育活动。

6. 体育场地等条件如未达到相关要求，经学校提出申请，区教委可进行特别推荐（每区可特别推荐 1 ～ 3 所学校），特别推荐学校可直接参加市级遴选。

（二）遴选程序

1. 自主申报。申报学校按照有关要求填写《北京市“一校一品”体育教学改革试点学校申报书》（见附件 3），并报送至区教委；

2. 区级推荐。各区教委对学校申报材料进行审核，并填写《北京市“一校一品”体育教学改革试点学校推荐表》(附件 1)，将推荐学校排序后报送至市教委。2016 年以来，有 32 所学校（名单见附件 5）自主参与到试点工作中，并取得了良好的成效，各区在推荐试点校时可优先考虑。

3. 市级审定。市教委将组织专家对各区推荐学校进行遴选，2019 年认定 100 所左右试点校。

三、相关要求

1. 各区教委要高度重视试验区和试点校申报工作，认真组织学校积极申报试点校。市教委将成立专家组对试验区和试点校进行专门指导，协助各试验区和试点学校制定改革工作方案，并开展相关辅导和培训，帮助试验区和试点校完成改革试验和试点任务。

2. 经过市教委认定的试点区和试点校要与专家组签订改革试验和试点工作备忘录，明确改革目标，加大政策保障和经费支持力度，全面推进各项改革工作落地，为我市全面推广“一校一品”体育改革提供经验借鉴。

3. 请各区教委于 5 月 17 日（星期五）前，将附件 1、附件 2 和附件 3 报送至“一校一品”项目组，电子版发送至邮箱。

“一校一品”体育教学改革试点成果展示活动方案

为全面总结“一校一品”体育教学改革试点中取得的先进经验，集中宣传和展示各区、各学校在推动学校体育改革试点中取得的阶段性成果，定于 5 月 26 日至 27 日，举办“一校一品”体育教学改革试点工作成果展示及研讨活动。

一、活动安排

（一）展示方式：采取市、区两级“1 + 17”模式进行展示，包括现场展示和会议研讨两部分。

（二）展示时间：5月26日至27日。

（三）展示地点

1. 主会场（市级展示活动）设在国家体育场（鸟巢）；

2. 分会场（区级展示活动）设在各区。

二、市级展示及研讨活动

（一）展示活动

1. 时间：5月26日（星期日）9：00—11：30；

2. 地点：国家体育场（地址：北京市朝阳区国家体育场南路1号）；

3. 参加人员：各区教委（含燕山）体育工作分管领导、体卫科科长、中小学体育教研员、“一校一品”体育教学改革试点学校校长及体育教师代表（共约30人）；以及参加现场展示学校的教师和学生代表。

（二）研讨会

1. 时间：5月26日（星期日）14：00—16：30；

2. 地点：北京师范大学学生活动中心（暂定）；

3. 参会人员：各区“一校一品”体育教学改革试点学校校长及教师代表。

（三）其他事宜

市级主会场展示及研讨活动，相关具体组织工作将另行通知。

三、区级展示及研讨活动

请各区教委于5月27日（星期一），集中举办区级“一校一品”体育教学改革试点工作成果展示及研讨活动，具体事宜由各区自行安排。

四、相关事宜

（一）各区教委要尽快成立区级展示活动领导小组，细化工作方案，明确责任分工，做好区级展示和研讨活动的组织工作，并对承办学校给予必要的政策和经费支持。

（二）市教委“一校一品”体育教学改革试点工作专家组于2018年底，对试点学校进行了集中调研，根据各校试点情况，推荐部分学校作为区级展示活动承办单位（见附件6），请各区结合实际进行确认。

专家组将深入各区，开展相关专业技术指导和支持工作。

（三）各区教委要组织本区体育教研员，全区中小学校长、体育教师等相关人员现场观摩展示活动并参加研讨会；区级研讨会重点围绕深化“一校一品”体育教学改革工作召开，可安排试点学校校长、教师等代表进行典型发言和经验交流。

（四）请各区教委于 6 月 14 日（星期五）前，将活动总结及 10 张活动照片报送“一校一品”项目专家组，总结及照片电子版发送至邮箱。

附件：1. 北京市“一校一品”体育教学改革项目试验区申报书（略）

2. 北京市“一校一品”体育教学改革试点学校推荐表（略）

3. 北京市“一校一品”体育教学改革项目试点学校申报书（略）

4. 北京市“一校一品”体育教学改革项目试点学校名单

5. 北京市“一校一品”体育教学改革自主参与学校名单

6. 分会场承办学校推荐表（略）

附件 4

北京市“一校一品”体育教学改革试点学校名单

序号	区	学校名称
1	东城区	北京市第一零九中学小学实验部
2	东城区	北京市东城区文汇小学
3	东城区	北京市东城区东四九条小学
4	东城区	北京市东城区史家胡同小学
5	西城区	北京第二实验小学
6	西城区	北京市西城区登莱小学

续表1

序号	区	学校名称
7	朝阳区	北京师范大学三帆中学朝阳学校
8	朝阳区	北京市朝阳区芳草地国际学校富力分校
9	朝阳区	北京第二外国语学院附属中学
10	海淀区	北京师范大学实验小学
11	海淀区	北京市海淀区台头小学
12	海淀区	北京大学附属小学
13	丰台区	北京教育科学研究院丰台第二实验小学
14	丰台区	北京市丰台区扶轮小学
15	丰台区	北京市丰台区丰台第一小学
16	石景山区	北方工业大学附属学校
17	石景山区	北京教育科学研究院附属石景山实验学校
18	门头沟区	北京市门头沟区大峪第一小学
19	门头沟区	北京市门头沟区军庄中心小学
20	房山区	北京市房山区窦店镇窦店中心小学
21	房山区	北京市房山区实验中学
22	通州区	北京教育科学研究院通州区第一实验小学
23	通州区	北京市通州区梨园镇中心小学
24	顺义区	首都师范大学附属顺义实验小学
25	顺义区	北京市牛栏山一中实验学校小学部
26	大兴区	北京市大兴区庞各庄中学
27	大兴区	北京市大兴区亦庄镇第一中心小学
28	大兴区	北京市大兴区孙村学校
29	昌平区	北京农学院附属小学
30	昌平区	北京市昌平区崔村中心小学
31	平谷区	北京市平谷区放光中心小学

续表 2

序号	区	学校名称
32	平谷区	北京实验学校附属中学
33	怀柔区	北京市怀柔区雁栖学校
34	怀柔区	北京市怀柔区桥梓镇中心小学
35	密云区	北京市密云区南菜园小学
36	密云区	北京市密云区季庄小学
37	延庆区	北京市延庆区永宁学校
38	延庆区	北京市延庆区西屯中心小学

附件 5

北京市“一校一品”体育教学改革自主参与学校名单

序号	区	学校名称
1	西城区	北京师范大学附属实验中学
2	西城区	北京市第三十五中学
3	西城区	北京市西城区志成小学
4	朝阳区	北京市劲松第一中学
5	朝阳区	北京师范大学朝阳附属学校
6	海淀区	北京师范大学第三附属中学
7	海淀区	北京石油学院附属小学
8	海淀区	北京市海淀区民族小学
9	海淀区	北京市海淀区羊坊店第四小学

续表

序号	区	学校名称
10	海淀区	北京市海淀区羊坊店中心小学
11	海淀区	北京市海淀区培星小学
12	海淀区	北京市海淀区双榆树第一小学
13	海淀区	中国农业大学附属实验小学
14	丰台区	北京市西罗园学校
15	丰台区	北京市丰台区西罗园第六小学
16	丰台区	北京市丰台区东罗园小学
17	丰台区	北京市丰台区东铁匠营第一小学
18	丰台区	北京市丰台区东铁匠营第二中学
19	丰台区	北京市丰台区东高地第一小学
20	丰台区	北京市丰台区和义学校
21	丰台区	北京市丰台区长辛店学校
22	丰台区	北京市丰台区佟麟阁中学
23	通州区	北京市通州区临河里小学
24	通州区	北京市通州区张家湾镇中心小学
25	昌平区	北京市昌平区小汤山中心小学
26	昌平区	北京师范大学昌平附属学校
27	密云区	北京市密云区檀营满族蒙古族乡中心小学
28	密云区	北京市密云区第五小学（民族小学）
29	密云区	北京市密云区不老屯镇中心小学
30	密云区	北京市密云区高岭学校
31	燕山	北京市教育科学研究院燕山向阳中学
32	燕山	北京市房山区燕山星城小学

北京市教育委员会

关于认定北京市冰雪运动特色学校及奥林匹克教育示范学校的通知

京教函〔2019〕229号

各区教委：

根据《北京市关于加快冰雪运动发展重点工作分工方案》《教育部办公厅关于做好全国青少年校园冰雪运动特色学校及北京2022年冬奥会和冬残奥会奥林匹克教育示范学校遴选工作的通知》（教体艺厅函〔2018〕95号，以下简称《通知》）中有关规定，根据各区推荐并由专家组综合评议结果，经2019年第17次主任办公会审议，现认定北京市广渠门中学附属花市小学等61所学校新增为北京市冰雪运动特色学校，东城区前门小学等107所学校为北京2022年冬奥会和冬残奥会北京市奥林匹克教育示范学校。

现将北京市冰雪运动特色学校名单（截至2019年）和北京2022年冬奥会和冬残奥会北京市奥林匹克教育示范学校名单（截至2019年）印发给你们。请各区教委、各学校按照有关要求做好冰雪运动特色学校及奥林匹克教育示范学校的建设工作，进一步推进冰雪运动与奥林匹克教育在我市青少年中的广泛普及与开展。

附件：1. 北京市冰雪运动特色学校名单（截至2019年）
2. 北京2022年冬奥会和冬残奥会北京市奥林匹克教育示范学校名单（截至2019年）

2019年5月27日

附件 1

北京市冰雪运动特色学校名单

（截至 2019 年）

东城区（16 所）

北京景山学校
北京市广渠门中学
北京市东城区前门小学
北京市东城区史家胡同小学
北京市东城区府学胡同小学
北京市第六十五中学
北京市第十一中学
北京市广渠门中学附属花市小学
北京市第五十五中学
北京宏志中学
北京市东直门中学
北京市东城区史家小学分校
北京市第二十二中学
北京市东城区西中街小学
北京市第二中学分校
北京市崇文小学

西城区（9 所）

北京第二实验小学
北京市西城区黄城根小学
北京市第三中学
北京市第八中学
北京小学
北京市西城区奋斗小学
北京市正泽学校
北京市西城区自忠小学
北京师范大学附属实验中学

朝阳区（11 所）

清华大学附属小学商务中心区实验小学
北京市朝阳区芳草地国际学校
北京市陈经纶中学
北京市润丰学校
北京市朝阳区国美家园小学
对外经济贸易大学附属小学
北京市陈经纶中学嘉铭分校
北京师范大学三帆中学朝阳学校
北京市朝阳区实验小学
北京市和平街第一中学
对外经济贸易大学附属中学（北京市第九十四中学）初中部

海淀区（14 所）

北京市海淀区中关村第三小学
清华大学附属小学
北京市海淀区中关村第二小学
北京市第一〇一中学
北京市第二十中学附属实验学校

北京理工大学附属中学
北京市海淀区第二实验小学
北京市海淀区实验小学
北京市海淀区翠微小学
北京市海淀区中关村第一小学
北京师范大学实验小学
北京市海淀区羊坊店中心小学
北京市第二十中学
北京外国语大学附属外国语学校

丰台区（4所）

北京市第十八中学附属实验小学
北京市第十二中学
北京市第十八中学
北京小学丰台万年花城分校

石景山区（4所）

北京市第九中学
北京市京源学校小学部
北京景山学校远洋分校
北京大学附属中学石景山学校

门头沟区（4所）

北京市大峪中学分校
北京市门头沟区大峪第一小学
北京第二实验小学永定分校
北京市门头沟区大峪第二小学

房山区（7所）

北京小学长阳分校
黄城根小学房山分校
北京市房山区张坊中学
北京市房山区张坊镇张坊中心小学
北京市房山区大石窝镇南尚乐中心小学
北京十二中朗悦学校
北京师范大学良乡附属中学

通州区（7所）

北京小学通州分校
北京第二实验小学通州分校
北京市通州区梨园镇中心小学
北京市通州区梨园学校
北京市通州区马驹桥镇中心小学
北京市通州区潞河中学
北京市通州区永乐店中学

顺义区（6所）

首都师范大学附属顺义实验小学
北京市顺义区西辛小学
北京市顺义区第十三中学
北京市顺义区张镇中心小学校
北京市顺义区第二中学
北京市顺义区仁和中学

昌平区（9所）

北京市昌平区兴寿学校
清华大学附属小学昌平学校
北京市昌平区十三陵中心小学
北京市昌平区回龙观学校
北京育翔小学回龙观学校
北京市昌平区天通苑学校
北京市昌平区大东流中学
北京市昌平区巩华中心小学
北京市昌平区二一学校

大兴区（6所）

北京市大兴区庞各庄中学
北京市大兴区榆垡镇第一中心小学
北京市大兴区庞各庄镇第二中心小学
北京亦庄实验小学
国家教育行政学院附属实验学校
人大附中北京经济技术开发区学校

怀柔区（1所）

北京市怀柔区杨宋镇中心小学

平谷区（4所）

北京实验学校附属小学
北京实验学校附属中学
北京市平谷区第三中学
北京市平谷区第一小学

密云区（4所）

北京市密云水库中学
北京市密云区第六小学
北京市密云区季庄小学
北京市密云区第六中学

延庆区（6所）

北京市延庆区第二中学
北京市延庆区第二小学
北京市延庆区第四小学
北京市延庆区第一中学
北京市延庆区太平庄中心小学
北京市延庆区张山营学校

燕山地区（1所）

北京市燕山向阳小学

附件2

北京2022年冬奥会和冬残奥会北京市奥林匹克教育示范学校名单

（截至2019年）

东城区（10所）

北京市东城区前门小学
北京市广渠门中学
北京市第六十五中学
北京市东城区史家胡同小学
北京市东城区和平里第四小学
中央工艺美术学院附属中学
北京市东城区史家实验学校
北京市第二十五中学
北京市东城区府学胡同小学
北京宏志中学

西城区（10所）

北京市西城区黄城根小学
北京第二实验小学

北京市第八中学
北京市西城外国语学校
北京市西城区康乐里小学
北京第一实验小学
北京市第十四中学
北京市第四十四中学
北京市第三十五中学
北京市正泽学校

朝阳区（8所）

北京市朝阳区芳草地国际学校
北京市陈经纶中学
清华大学附属小学商务中心区实验小学
北京市朝阳区国美家园小学
北京市朝阳区白家庄小学
北京市润丰学校
北京市朝阳师范学校附属小学
北京市朝阳区花家地实验小学

海淀区（9所）

清华大学附属小学
北京市海淀区羊坊店中心小学
北京市第一〇一中学
北京市海淀区第二实验小学
人大附中西山学校
北京市海淀区实验小学
北京市第二十中学附属实验学校
北京市海淀区中关村第二小学
北京市海淀区中关村第三小学

丰台区（8所）

北京教育学院附属丰台实验学校
北京市丰台区丰台第七小学校
北京市第十二中学
北京市丰台区纪家庙小学
北京朝阳芳草地国际学校丽泽分校
北京市第十中学
首都经济贸易大学附属小学
北京市丰台区丰台第二中学

石景山区（6所）

北京市石景山区古城第二小学
北京市石景山区师范学校附属小学
北京市石景山区电厂路小学
北京市石景山区实验小学
北京市京源学校
首都师范大学附属苹果园中学

门头沟区（4所）

北京市门头沟区育园小学
北京市第八中学京西附属小学
北京市王平中学
北京市大峪中学

房山区（6所）

北京小学长阳分校
黄城根小学房山分校
北京市房山区大石窝镇南尚乐中心小学
北京市房山区张坊镇张坊中心小学
北京十二中朗悦学校
北京市房山区石窝中学

通州区（6所）

北京第二实验小学通州分校
北京市通州区张家湾镇中心小学
北京市史家小学通州分校
北京市通州区贡院小学
北京市通州区芙蓉小学
北京市通州区马驹桥学校

顺义区（7所）

北京市顺义区第三中学
北京市顺义区东风小学
北京市顺义区第九中学
北京市顺义区第一中学
北京市顺义区第八中学
北京市顺义区杨镇第一中学
北京市顺义牛栏山第一中学

昌平区（6所）

北京市昌平区第一中学
北京市昌平职业学校
北京市昌平区城北中心小学
北京市昌平区第二中学
北京市昌平区巩华学校
北京市第一六一中学回龙观学校

大兴区（6所）

北京市大兴区榆垡镇第一中心小学
国家教育行政学院附属实验学校
北京市大兴区兴华中学
北京市大兴区亦庄镇第一中心小学
北京市大兴区第七中学
北京市大兴区第一中学

平谷区（4所）

北京实验学校附属小学
北京市平谷区刘家河中学
北京实验学校
北京市平谷区东交民巷小学马坊分校

密云区（4所）

北京市密云区第三小学
北京市密云区第一小学
北京市密云区十里堡镇中心小学
北京市密云区高岭学校

延庆区（11所）

北京市延庆区第二小学
北京市延庆区姚家营中心小学
北京市延庆区第四小学
北京市延庆区太平庄中心小学
北京市延庆区第一中学
北京市延庆区张山营学校
北京市延庆区沈家营中心小学
北京市延庆区八达岭中心小学
北京市延庆区第二中学
北京市延庆区西屯中心小学
北京市延庆区第三小学

燕山地区（2所）

北京市燕山星城中学
北京师范大学燕化附属中学

北京市教育委员会

关于开展2019年北京市中小学生奥林匹克教育及冰雪进校园系列活动的通知

京教体艺〔2019〕18号

各区教委：

为贯彻落实《国务院办公厅关于强化学校体育促进学生身心健康全面发展的意见》（国办发〔2016〕27号），以及《北京市人民政府关于加快冰雪运动发展的意见（2016—2022年）》（京政发〔2016〕12号），进一步做好北京市校园冰雪运动的普及推广工作，我委联合北京市体育局、北京冬奥组委新闻宣传部和北京奥运城市发展促进中心，以“追梦冰雪　冬奥有我”为主题，面向全市中小学生继续深入开展2019年奥林匹克教育及冰雪进校园系列活动。

各区要高度重视此项工作，按照要求成立专门组织机构，明确责任人及其职责，狠抓落实。要形成工作机制，统筹安排，发挥区域资源优势，创造性地开展本区冰雪运动推广普及活动，积极发动所属中小学校参与各项活动，并做好安全教育，确保各项活动顺利进行。

各学校要积极参与奥林匹克教育及冰雪进校园系列活动，充分发挥主观能动性，因地制宜开展校级奥林匹克教育及冰雪运动推广普及活动。奥林匹克示范校和冰雪特色校要充分发挥示范引领作用，辐射到周边学校，引领周边学校深入挖掘冰雪运动的育人功能，加强奥林匹克教育，让学生了解奥林匹克文化，理解奥林匹克精神，激发体育运动兴趣，培养拼搏进取、团结协作的体育精神，养成健康生活习惯，促进身心健康成长。

附件：1. 2019年北京市中小学生奥林匹克教育及冰雪进校园系

列活动方案

2. 2019 年北京市中小学生奥林匹克教育及冰雪进校园系列活动列表

2019 年 6 月 12 日

附件 1

2019 年北京市中小学生奥林匹克教育及冰雪进校园系列活动方案

一、指导思想

为深入贯彻习近平新时代中国特色社会主义思想和党的十九大精神，全面落实全国教育大会精神，按照《中共中央办公厅　国务院办公厅关于以 2022 年北京冬奥会为契机大力发展冰雪运动的意见》（中办发〔2019〕19 号）和《国务院办公厅关于强化学校体育促进学生身心健康全面发展的意见》（国办发〔2016〕27 号）要求，根据《北京市人民政府关于加快冰雪运动发展的意见（2016—2022 年）》（京政发〔2016〕12 号）及《北京市教育委员会　北京市体育局　北京冬奥组委新闻宣传部关于实施北京 2022 年冬奥会和冬残奥会北京市中小学生奥林匹克教育计划的意见》（京教体艺〔2018〕15 号），进一步做好北京市中小学生奥林匹克教育及校园冰雪运动的普及推广，充分发挥北京市冰雪运动特色校和奥林匹克教育示范校的辐射引领作用，通过丰富多彩的活动，传播奥林匹克文化、弘扬奥林匹克精神，强化体育育人的功能，促进学生身心健康全面发展。

二、活动主题

“追梦冰雪　冬奥有我”

三、活动内容及形式

2019 年北京市中小学奥林匹克教育及冰雪进校园系列活动主要包括：北京市中小学生奥林匹克教育主题系列活动、北京市中小学冰雪进校园推广普及系列活动、北京市中小学奥林匹克教育和校园冰雪项目成果创编及展示三部分内容。

（一）北京市中小学生奥林匹克教育主题系列活动

主要包括7项活动：

1.“冬奥有我”2019年北京市青少年体育文化夏令营

由各区教委组队参加夏令营活动。本次文化夏令营将以冰雪技能提升、素质拓展训练、民族传统体育项目学习、优秀传统文化项目体验等多项体育、艺术及科技类实践主题活动为主要内容，增强民族荣誉感，同时激发创新思维，开阔视野，全面培养学生综合素质。

2.北京市中小学生奥林匹克冬令营（简称“冬奥营”）

由各区教委推荐学校组队参加。本次冬奥营将组织中小学生走进国家体育场鸟巢，参与雪地拔河、冰上竞技等趣味冰雪项目体验，参观北京奥运场馆，近距离感受奥林匹克文化，树立小主人翁意识。

3.北京市中小学生冬季奥林匹克体验日（简称“冬奥体验日”）

2019年冬奥体验日将在雪上展开，由各区教委推荐学校组队参加。通过组织学生走进雪场，参与趣味冰雪游戏，体验滑雪运动，近距离感受冰雪的魅力，同时通过举行“入村仪式”“火炬传递”等形式多样的以“冬奥”“冰雪”为主题的文化活动和科技体验活动，让中小学生在体验冬季奥运项目的同时，能够进一步感受奥林匹克内涵，理解奥林匹克精神，做好奥林匹克教育。

4.北京市中小学生“模拟冬奥会”暨冰雪项目旱地化体验活动

由各区教委推荐中小学校参与本次“模拟冬奥会”活动。通过在各中小学校开展以越野滑轮、旱地冰壶、旱地冰球等旱地化手段替代冰雪项目的小型运动会，让广大中小学生认识、了解奥运理念，并宣传普及冬奥知识，增加学生对冬奥会的理解、对奥林匹克文化的理解，弘扬奥林匹克精神。

5.北京市中小学生冬奥知识竞赛

冬奥知识竞赛将按照校级基层赛、区级选拔赛和市级总决赛三个阶段进行。分为小学组、初中组和高中组三个组别，每个代表队由5名学生组成。将由各区推荐各组别优胜队伍参加市级总决赛。2019年知识竞赛将以冬奥项目为侧重点，市级比赛拟增加解说冬奥项目比赛的环节。

6. 北京市中小学生“我心中的冬奥”主题演讲活动

冬奥主题演讲活动将通过校级、区级选拔赛，推选出优秀选手入围市级决赛。本次演讲活动设置小学组（四至六年级）、初中组和高中组三个组别。参加决赛的小选手将通过参与冬奥大课堂活动，走进冬奥组委、冬奥场馆和建设工地、奥运博物馆等地，深入了解冬奥会相关知识，接受来自媒体、播音等方面专家具有针对性的培训，参加最后的市级决赛。

7. 北京市中小学生冬奥知识校园宣讲系列活动

由各区教委推荐学校参与本次宣讲活动。市教委组建“奥林匹克教育宣讲团”,组织专家走进校园,开展“带你走进冬奥会‘冰雪奇缘’”系列宣讲活动，同时利用生动趣味的动画形象将冬奥运动项目普及推广到全市中小学生中，让更多的学生了解冰雪运动项目，真正参与到冰雪运动中来。

（二）北京市中小学冰雪进校园推广普及系列活动

主要内容包括 3 项活动：

1. 北京市中小学生冰雪运动嘉年华

由各区教委推荐中小学校参加本次嘉年华活动。通过组建冰雪运动的专业教练团队走进校园，指导学生正确并安全使用各项冰雪运动项目（含旱地化项目）器材，体验越野滑雪、旱地冰球等冰雪旱地化项目，熟悉冰雪运动项目规则，掌握基本技巧，感受运动乐趣。同时邀请专家及知名运动员走进学校，与中小学生近距离接触，分享与冬奥及冰雪相关的亲身经历。

2. 北京市中小学生冰雪运动冬令营（简称“冰雪冬令营”）

各区教委推荐学校组队参加冰雪冬令营，开展中小学生冰雪运动技能培训。本次冰雪冬令营以雪上项目为主，并包含部分冰上项目学习。组织学生走进滑雪场，分组学习越野滑雪、高山滑雪的滑行技巧，掌握雪上运动防护基本知识，同时开展冰雪运动基本知识及冬奥文化知识的普及，让中小学生在提升雪上运动技能的同时，感受奥林匹克文化的魅力，进一步做好冰雪运动及奥林匹克精神的推广传播。

3. 北京市中小学生花样滑冰队列滑选拔展示活动

各区教委推荐优秀学校队伍参与本次选拔展示活动。聘请经验丰富、高水平的国内外青少年培训专家和编舞团队，采用远程教学、现场指导等多种方式对优秀队伍进行集中训练。通过本次活动，扩大花样滑冰和队列滑的参加人数规模，打造青少年队花样滑冰和队列滑的样板工程，探索中外教练团队的合作模式。

（三）北京市中小学奥林匹克教育和校园冰雪项目成果创编及展示

主要内容包括 4 项：

1. 建立北京市中小学冬奥小记者站

组织全市奥林匹克教育示范学校和冰雪运动特色学校建立冬奥小记者站。通过制定校园冬奥小记者站标准工作流程、管理规范和培训制度等，构建北京市中小学校园冬奥宣传报道网络体系。聘请相关专家及资深记者，对冬奥小记者开展岗位技能培训。建立冬奥小记者档案库，选拔优秀冬奥小记者实地参与报道、解说“北京 2022”冬奥会。

2. 北京市中小学生冬奥文化艺术作品征集及展示活动

面向全市 16 个区及燕山地区的所有中小学发起艺术作品创作征集活动，主要包括绘画、征文、摄影等多种艺术表现形式，选出优秀作品进行集中展示，同时制作成册及视频集锦，赠送给北京冬奥组委和国际奥委会。

3. 北京市中小学冰雪优质课程征集及展示活动

面向全市 16 个区及燕山地区的所有中小学征集冰雪项目优质课程，拟在滑冰基础滑行、花样滑冰、冰球等 9 门课程中展开征集活动，每个学校以视频的形式参与申报。经专家组评选，每门课程有 5 个学校获得入围奖，颁发纪念证书。每个课程确定 1 名最终人选，参与最终优质课程的展示和录制。

4. 中小学奥林匹克教育及校园冰雪运动推广经验交流和研讨活动

邀请京津冀三地奥林匹克教育领域的专家学者以及一线教师分享奥林匹克教育的经验及成果，展示三地奥林匹克教育及冰雪进校园活动所取得的丰硕成果。组织召开冰雪特色校交流研讨会，邀请北京市 100 所市级冰雪特色校校长、体育工作主管主任和冰雪项目带队老师，及河北省和天津市部分冰雪特色校的领导和教师进行经验交流和研讨。

四、宣传推广

统筹协调电视台、网络及平面媒体，大力宣传我市中小学奥林匹克教育及冰雪进校园推广普及活动，同时充分利用校园网、校园电视台、自媒体等多种传媒手段，做好校园奥林匹克教育及冰雪运动的宣传普及工作，营造良好的校园冰雪文化，构建社会共同关注奥林匹克教育及校园冰雪运动的浓厚氛围。

附件 2

2019 年北京市中小学生
奥林匹克教育及冰雪进校园系列活动列表

序号	活动名称	活动内容	活动时间	活动地点
一、北京市中小学奥林匹克教育主题系列活动				
1	“冬奥有我”2019年北京市青少年体育文化夏令营	冰雪技能提升、素质拓展训练、民族传统体育项目学习、优秀传统文化项目体验等多项体育、艺术及科技类实践主题活动	7 月	待定
2	北京市中小学生奥林匹克冬令营	走进国家体育场鸟巢，参与雪地拔河、冰上竞技等趣味冰雪项目体验，参观北京奥运博物馆等奥运文化遗产	11 月至次年 1 月	鸟巢
3	北京市中小学生冬季奥林匹克体验日	走进雪场，参与趣味冰雪游戏，体验滑雪运动，举行“入村仪式”“火炬传递”等形式多样的以“冬奥”“冰雪”为主题的文化活动和科技体验活动	11 月至次年 1 月	滑雪场
4	北京市中小学生“模拟冬奥会”暨冰雪项目旱地化体验活动	开展以越野滑轮、旱地冰壶、旱地冰球等旱地化手段替代冰雪项目的小型运动会	6 月至 12 月	各中小学

续表 1

序号	活动名称	活动内容	活动时间	活动地点
5	北京市中小学生冬奥知识竞赛	按照校级基层赛、区级选拔赛和市级总决赛三个阶段进行，分为小学组、初中组和高中组三个组别，每代表队由 5 名学生组成	6 月至 12 月	各中小学、电视台
6	北京市中小学生“我心中的冬奥”主题演讲活动	设置小学组（四至六年级）、初中组和高中组三个组别，通过校级、区级选拔赛，推选出优秀选手入围市级决赛	6 月至 12 月	待定
7	北京市中小学生冬奥知识校园宣讲系列活动	组建“奥林匹克教育宣讲团”，组织专家走进校园，开展“带你走进冬奥会‘冰雪奇缘’”系列宣讲活动	6 月至 12 月	各中小学
二、北京市中小学冰雪进校园推广普及系列活动				
1	北京市中小学生冰雪运动嘉年华	组建冰雪运动的专业教练团队走进校园，指导学生正确并安全使用各项冰雪运动项目（含旱地化项目）器材，体验冰雪旱地化项目，熟悉冰雪运动项目规则，掌握基本技巧，感受运动乐趣	6 月至 12 月	各中小学
2	北京市中小学生冰雪运动冬令营	走进滑雪场，分组学习越野滑雪、高山滑雪的滑行技巧，掌握雪上运动防护基本知识，同时开展冰雪运动基本知识及冬奥文化知识的普及	11 月至次年 1 月	滑雪场
3	北京市中小学生花样滑冰队列滑选拔展示活动	聘请经验丰富、高水平的国内外青少年培训专家和编舞团队，采用远程教学、现场指导等多种方式集中训练	6 月至 12 月	待定
三、北京市中小学奥林匹克教育和校园冰雪项目成果创编及展示				
1	建立北京市中小学冬奥小记者站	制定校园冬奥小记者站标准工作流程、管理规范和培训制度等，构建北京市中小学校园冬奥宣传报道网络体系	6 月至 12 月	待定

续表 2

序号	活动名称	活动内容	活动时间	活动地点
2	北京市中小学生冬奥文化艺术作品征集及展示活动	面向全市中小学发起艺术作品创作征集活动，选出优秀作品进行集中展示，同时制作成册及视频集锦，赠送给北京冬奥组委和国际奥委会	6月至12月	待定
3	北京市中小学冰雪优质课程征集及展示活动	面向全市中小学征集冰雪项目优质课程，每个学校以视频的形式参与申报，组织专家组评选	6月至12月	待定
4	中小学奥林匹克教育及校园冰雪运动推广经验交流和研讨活动	组织京津冀三地奥林匹克教育领域的专家学者以及一线教师分享奥林匹克教育的经验及成果，召开冰雪特色校交流研讨会	6月至12月	待定

北京市教育委员会

关于转发教育部办公厅关于2019年高水平运动队建设项目调整有关事项的文件通知

京教函〔2019〕383号

各有关高等学校：

为落实《教育部关于进一步加强普通高校高水平运动队建设的实施意见》（教体艺〔2017〕6号，以下简称“6号文件”），进一步做好

2019 年高水平运动队项目的调整工作，教育部办公厅下发了《教育部办公厅关于 2019 年高水平运动队建设项目调整有关事项的通知》(教体艺厅函〔2019〕48 号),针对高水平运动队项目调整范围、原则、规模，以及申报程序提出了具体要求。

现将《教育部办公厅关于 2019 年高水平运动队建设项目调整有关事项的通知》(教体艺厅函〔2019〕48 号)转发给你们，请按照有关要求做好相关工作。

2019 年 7 月 29 日

附件

教育部办公厅

关于 2019 年高水平运动队建设项目调整有关事项的通知

教体艺厅函〔2019〕48 号

各省、自治区、直辖市教育厅(教委)，新疆生产建设兵团教育局，部属各高等学校：

为落实《教育部关于进一步加强普通高校高水平运动队建设的实施意见》(教体艺〔2017〕6 号，下简称“6 号文件”)，进一步做好 2019 年高水平运动队项目的调整工作，现将有关事项通知如下。

一、各高水平运动队建设校 2019 年可以按照“6 号文件”要求进行项目的结构优化调整。调整的项目不得超出世界大学生运动会项目和全国学生运动会项目范围。

二、项目调整应坚持突出重点、发挥优势、利于竞赛、动态调整的原则，不断优化高水平运动项目的规划布局。举办棋(牌)类、定向越野、龙舟、赛艇等生源不足的高水平运动队项目有关高校要逐步停止高水平运动队招生，可向足球等国家重点发展项目、校园普及性较强和增强体质效果较好的项目进行调整，2022年前要全部停止招生或调整到位。

三、根据“6号文件”确定的“严格控制高水平运动队建设学校的规模总量，现有高水平运动队建设学校总数原则上不再增加”的总要求，高校高水平运动队的数量不再增加，各地可以在现有规模总量内进行校际间建设学校和项目的结构调整。各校高水平运动队建设项目除足球、冰雪项目外原则上不再增加。

四、各高水平运动队建设学校如需进行调整，新调整申报学校、项目必须按照我部印发的《“新申请学校”高水平运动队建设项目评审指标体系》（教体艺〔2010〕3号）进行自我评估，并在2019年9月10日之前，将有关书面文字材料（可含省级教育行政部门的初审意见）及电子版统一报送至教育部高校高水平运动队项目建设专家评估委员会秘书处（教育部体育卫生与艺术教育司体卫处），电子版注明高校名称＋拟新增（调整）的新设项目。同时，在9月10日之后请将有关材料挂至本校体育部的网站至10月1日之前，并将有关域名（http//）一并报送，以便专家评估委员会专家查阅。教育部组织相应项目专家委员会将根据报送材料及网站的有关材料对建设该项目的必要性和可行性进行技术评估，再反馈省级教育行政部门审核。

五、各地要进一步加强和规范对建设项目的管理，教育部在严格控制高水平运动队建设高校数量的基础上，同时实行优胜劣汰的竞争机制。从2020年起，凡2018—2019年连续两年未招生的学校或项目一律停止。各地要严格加强招生管理，规范相关工作流程，加强专业师资队伍建设。各校组建高水平运动队，设置运动项目不得打“擦边球”，沙滩排球不在排球项目范围内，如需建设，须单独申报；足球项目仅指11人制室外足球项目，不再单独设其他人制的足球队；篮球项目仅指5人制篮球项目。

2019年7月11日

北　京　市　教　育　委　员　会
北京市卫生健康委员会
北　京　市　体　育　局
北　京　市　财　政　局
中共北京市委宣传部
北京市人力资源和社会保障局
北京市科学技术委员会
北京市市场监督管理局
北　京　市　广　播　电　视　局
北　京　市　妇　女　联　合　会

关于印发《北京市儿童青少年近视防控十条措施》及实施保障工作方案的通知

京教体艺〔2019〕25 号

各区人民政府：

为贯彻落实教育部等八部门《综合防控儿童青少年近视实施方案》（教体艺〔2018〕3 号）等有关文件的要求，切实加强本市儿童青少年近视防控工作，市教委会同市卫生健康委等十部门制定了《北京市儿童青少年近视防控十条措施》及实施保障工作方案，经市政府同意，现予以印发，请遵照执行。

附件：1. 北京市儿童青少年近视防控十条措施
　　　2. 北京市综合防控儿童青少年近视实施保障工作方案

2019 年 8 月 23 日

附件 1

北京市儿童青少年近视防控十条措施

一、严格控制学生使用电子产品

学生个人手机、平板电脑等电子产品严禁带入课堂，带入学校的要进行统一保管。教师使用电子屏幕开展教学时长累计不得超过教学总时长的 30%。家长要以身作则地引导孩子特别是学龄前儿童合理有度地使用电子产品；严禁 8 岁以下低幼年龄儿童玩电子游戏；孩子每天使用电子屏幕时间不得超过 1 小时。

二、切实减轻学生学业负担

学校要合理安排学生作业时间，小学一二年级严禁布置书面家庭作业。家长要引导孩子合理安排作业时间，督促孩子规范做好眼保健操。严格保障孩子睡眠时间,幼儿园和小学生每天睡眠不低于 10 小时、初中生不低于 9 小时、高中阶段学生不低于 8 个小时。

三、切实强化体育课和课外锻炼

严禁挤占体育课时和大课间，中小学生在校时体育活动时间每天不低于 1 小时。要利用课后服务时间优先安排体育活动。在正常情况下，幼儿园户外活动时间每天不得少于 2 小时，寄宿制幼儿园不得少于 3 小时，其中体育活动时间不少于 1 小时。家长要引导孩子每天进行户外活动或体育锻炼，陪同或督促孩子完成寒暑假体育作业。

四、严格落实学生作息管理

严禁中小学拖堂现象，严格落实全体中小学生每天上下午各 1 次眼保健操的要求，重点加强小学低年级学生的作息管理，学校要建立并严格执行作息制度落实情况每日检查机制。

五、大力加强学校卫生健康教育

学校要对学生、教师和家长分层开展有针对性的健康教育，每学期至少分别开展一次近视防控专题教育，必须将健康教育纳入教职员工入职和在职培训，切实将健康教育融入课堂教学、校园文化和学生日常行为规范。

六、严格落实视力日常监测

学校每学期对全体学生进行视力日常监测不得少于2次，必须建立健全健康体检数据库，学校必须建立视力不良学生健康档案并进行有针对性的干预，发现视力异常学生必须告知家长进行专业检查。

七、切实改善学校教学环境

严格落实普通中小学校、中等职业学校建设标准，学校教室照明卫生条件必须100%达标。每学期对教室、实验室、图书馆（阅览室）、宿舍、体育场馆等采光和照明条件进行一次检查和清洁，至少每月调整一次学生座位，至少每学期集中调整一次学生课桌椅高度。

八、切实加强学生视力健康日常干预

教师必须掌握“一尺、一拳、一寸”的正确读写姿势并教会学生熟练应用，监督并随时纠正学生不良读写姿势。教师发现学生出现看不清黑板、经常揉眼睛等迹象时，有义务询问其视力情况并及时提醒。

九、大力促进学生饮食健康

学校供餐必须保障学生鱼类、水果、绿色蔬菜等有益于视力健康的营养膳食。家长要引导孩子不挑食、不偏食，严格控制高糖、高油、高盐等食品饮料的摄入。

十、强化评议考核

建立本市儿童青少年近视综合防控联席会制度，统筹、指导、监督、考核全市儿童青少年近视防控工作。市政府授权市教委、市卫健委与各区人民政府签订全面加强儿童青少年近视防控工作责任书，建立并严格落实各区、学校、班级每年开展儿童青少年近视防控工作评议考核制度，每年开展各区儿童青少年近视防控工作评议考核，结果向社会公布。

附件 2

北京市综合防控儿童青少年近视实施保障工作方案

儿童青少年近视防控是一项系统工程，是政府、学校、家庭和社会的共同责任。为贯彻落实习近平总书记关于学生近视问题的重要指示精神，切实推进《北京市儿童青少年近视防控十条措施》，根据教育部等八部门制定的《综合防控儿童青少年近视实施方案》（教体艺〔2018〕3 号），结合我市实际，制定本方案。

一、工作目标

到 2023 年，力争实现我市儿童青少年总体近视率在 2018 年的基础上每年降低 1 个百分点以上。

到 2030 年，实现全市儿童青少年新发近视率明显下降，儿童青少年视力健康整体水平显著提升；6 岁儿童近视率控制在 3% 左右，小学生近视率下降到 38% 以下，初中生近视率下降到 60% 以下，高中阶段学生近视率下降到 70% 以下，学生体质健康标准达标优秀率达 25% 以上。

二、部门职责

各区人民政府承担辖区儿童青少年近视防控的主体责任，主要负责同志要亲自抓好各项防控措施的落实。教育、卫生、体育、财政、宣传、人力社保、科技、市场监管、广电、妇联等部门要切实履行部门职责、密切配合形成合力，全方位保障儿童青少年近视防控工作有效落实。

（一）市教委：进一步健全学校体育卫生体系，不断完善学校体育场地设施，加快体育与健康师资队伍建设。深化学校体育、健康教育教学改革，积极推进校园体育项目建设。推动中小学卫生保健机构建设和校医队伍建设，配足配齐卫生专业技术人员，并按要求完善相关设备配备，保证学生健康体检等项工作有效实施。相关高校加强视力健康专业人才的培养，联合专业机构加强近视防控基础和应用研究，为破解学生视力健康难题提供人才和智力支持。协调各相关部门给学生创设健康成长环境提供政策支持。建立健全将健康教育融入学校教育教学管理的支持政策。指导区教育行政部门和学校开展健康教育宣传。

会同有关部门开展儿童青少年近视综合防控试点工作，强化示范引领，逐年遴选建设市级儿童青少年近视防控示范或特色学校。将学校近视防控工作作为本市健康促进学校和星级健康促进学校创建和评定的重要评价内容，加大评价权重，有效推进学生近视防控工作的落实。教育督导部门将儿童青少年近视防控工作作为重要教育督导内容，协同区中小学卫生保健机构共同开展近视防控工作专项督导，中小学、幼儿园责任督学对学校近视防控工作开展经常性督导，检查、指导、督促学校做好学生（幼儿）近视综合防控工作，有效降低近视率，提升学生（幼儿）体质健康水平。

（二）市卫生健康委：对近视防控工作提供专业技术支持。研究确定近视防控宣传内容和干预措施。加强基层眼科医师人才的培养，为辖区儿童青少年提供科学规范的治疗、干预等服务。加强儿童青少年视力健康相关危险因素的监督监测。配合市教委、市人力社保局针对我市中小学卫生保健机构人员、学校校医的职称评定等职业发展制定支持政策。加强教室（教学场所）等重点场所的卫生条件监督检查。

（三）市体育局：根据我市实际情况开发适宜家庭户外活动的运动项目，指导家长带领孩子开展家庭户外运动；持续推动各类公共体育设施向儿童青少年免费或优惠开放。引导社会力量开展各类儿童青少年体育活动，有针对性地开展各类冬夏令营、训练营和体育赛事等，动员各级各类体育专业志愿者为广大儿童青少年参与体育锻炼提供指导。

（四）市财政局：每年安排专项经费用于中小学近视防控工作；支持防近视特色校、全国试验区建设。

（五）市人力社保局：配合市教委、市卫健委根据中小学实际工作需求，制定补充完善中小学卫生保健机构及校医队伍的支持政策，保障学校卫生专业技术人员招得来、用得上、留得住。

（六）市市场监督管理局：加强眼视光产品监管和计量监管，加大对眼镜和眼镜片的生产、销售等执法检查力度，规范眼镜片市场、防控不合格眼镜片流入市场。

（七）市科委：支持开展儿童青少年近视防治新诊疗技术、新方法和相关产品的研究。

（八）市委宣传部：探索网络游戏适龄提示制度，采取措施限制未成年人使用网络游戏的时间。

（九）市广播电视局：发挥广播电视媒体宣传优势，配合开展防控儿童青少年近视的专题宣传教育活动。

（十）市妇联：组织开展家庭教育指导服务，指导家长帮助孩子养成正确的生活方式和学习习惯。统筹协调社会资源开展形式多样的儿童教育实践活动。

三、工作保障

（一）加强组织领导

成立北京市儿童青少年近视综合防控联席会，定期召开会议研究推进儿童青少年近视防控工作。进一步发挥北京市中小学体育卫生联席会作用，统筹、指导、监督、考核全市儿童青少年近视防控工作。

建立市级儿童青少年近视防治专家组，为市级综合防控儿童青少年近视工作领导小组和行政部门提供技术支持，为全市儿童青少年近视综合防控提供技术支持。各区要结合自身实际建立区级近视综合防控组织领导、技术支撑体系。各校要建立儿童青少年近视综合防控组织。

（二）建立专门机构

建立市级儿童青少年近视防控专门机构，负责全市近视防控推动和指导工作，切实保障经费、工作人员、办公空间等基本条件。建立教师视力健康教育培训中心，负责加强对教职员工视力健康保护的健康教育。建立学生视力健康教育活动中心，组织开展学生视力健康教育活动。建立学生视力健康宣传活动中心，组织开展学校视力健康教育宣传活动。建立学生视力健康干预中心，形成市（专业医院、市疾控中心）、区（中小学卫生保健机构、疾控中心及核心医院）、学校的三级网络结构为主体的北京市中小学生眼病防控体系，共同开展学生视力健康干预。

（三）强化评议考核

市政府授权市教委、市卫健委与各区人民政府签订全面加强儿童青少年近视防控工作责任书。严禁片面以学生考试成绩和学校升学率考核教育行政部门和学校。将儿童青少年近视防控工作、总体近视率和体质健康状况纳入政府绩效考核，将视力健康纳入素质教育，将儿童青少年身心健康、课业负担等纳入国家义务教育质量监测评估体系，对儿童青少年体质健康水平连续三年下降的区政府和学校依法依规问责。依据国家儿童青少年近视防控工作评议考核工作标准，在市卫健委、市教委核实各区2018年儿童青少年近视率的基础上，从2019年起，每年开展各区儿童青少年近视防控工作评议考核，结果向社会公布。

北 京 市 教 育 委 员 会
北京市卫生健康委员会
北京市人力资源和社会保障局

转发教育部办公厅 国家卫生健康委办公厅切实加强新时代学校预防艾滋病教育工作的通知

京教函〔2019〕457号

各区教委、卫生健康委，市疾控中心，各有关普通高校、民办的其他高等教育机构、中等专业学校、技工学校：

近期，教育部办公厅、国家卫生健康委办公厅印发了《关于切实加强新时代学校预防艾滋病教育工作的通知》（教体艺厅函〔2019〕46号），现转发给你们，请遵照执行，并就有关工作提出如下要求。

一、高度重视，加强领导

各区教育、卫生健康、人力社保行政部门要认真落实党中央、国务院决策部署，牢固树立健康第一的教育理念，高度重视学校预防艾滋病教育工作，深入推进健康教育。每年要定期会商本区学校艾滋病预防工作，共同分析研究学校疫情及综合防控对策，督促学校和疾病预防控制机构落实防控措施。要根据不同学段学生特点及本地区学生艾滋病疫情形势和影响因素，研究制定符合实际的宣传教育方案，逐步将艾滋病检测咨询和综合干预服务范围扩大到中等专业学校、技工学校。各区教育、人力社保部门要加强健康教育师资队伍建设，配足配齐校医，不断提高校医能力水平。各区卫生健康部门要统筹加大学校预防艾滋病教育经费投入和技术支持，发挥专家作用，为学校提供预防艾滋病教育技术指导和专业咨询服务。

二、落实责任，提高认识

普通高等学校、民办的其他高等教育机构、普通中学、中等专业学校、技工学校要切实承担起预防艾滋病教育的主体责任，全面贯彻落实全市教育大会精神，加强组织领导，提高认识，切实做好我市学校预防艾滋病教育工作。要将培育和践行社会主义核心价值观贯穿各教学环节，开展适合青少年身心特点的健康教育，保证预防艾滋病专题教育课时，将婚恋教育、性教育内容纳入学校健康教育体系。招收外国留学生的学校要将外国留学生纳入本校艾滋病预防教育体系。普通高校、民办的其它高等教育机构要切实落实原北京市卫生和计划生育委员会、北京市教育委员会印发的《北京市高等学校艾滋病防控工作方案（试行）》（京卫疾控〔2017〕104号）各项措施。各级各类学校要安排必要的工作经费及其他保障条件，不断提高预防艾滋病教育能力。

三、加强调研，抓细抓实

教育、卫生健康和人力社保部门要加大调研力度，开展多方位交流活动，抓细抓实学校预防艾滋病教育工作，切实加强新时代学校预防艾滋病教育工作，保障学生身心健康。

2019 年 8 月 30 日

教　育　部　办　公　厅
国家卫生健康委办公厅

关于切实加强新时代学校预防艾滋病教育工作的通知

教体艺厅函〔2019〕 46 号

各省、自治区、直辖市教育厅 (教委)、卫生健康委，新疆生产建设兵团教育局、卫生健康委，部属各高等学校、部省合建各高等学校：

党的十八大以来，各地各校认真贯彻落实学校预防艾滋病教育、建立完善疫情通报制度和开展高校艾滋病防控工作试点等政策措施，青年学生防护意识有所增强，学生艾滋病疫情快速上升势头得到初步遏制，但仍存在部分地区和学校对防控工作重视不够，政策措施落实不到位，学生自我防护意识、知识、能力不足等问题。

为全面贯彻落实全国教育大会精神、全国卫生与健康大会精神，切实加强新时代学校预防艾滋病教育工作，保障学生身心健康，现就有关事项通知如下。

一、高度重视学校预防艾滋病教育工作

各级教育行政、卫生健康部门要认真落实党中央、国务院决策部署，牢固树立健康第一的教育理念，高度重视学校预防艾滋病教育工作，深化学校健康教育，帮助学生养成健康文明的行为方式和良好的生活习惯，避免和最大限度减少易感染艾滋病危险行为的发生，不断提高健康素养。学校要切实承担起预防艾滋病教育的主体责任，加强组织领导，加大工作力度，落实各项防控措施。普通高等学校应当成立校领导牵头，学生工作、宣传、教务、共青团、校医院、学生社团等相关部门和学生组织组成的学校预防艾滋病教育工作小组，明确职责，制订并实施防控方案。

招收外国留学生的学校要将外国留学生纳入本校艾滋病预防教育，与国内学生一道接受预防艾滋病宣传教育、综合干预等服务。

疾病预防控制机构要积极主动提供专业指导和技术支持。教育行政部门要会同卫生健康部门将学校预防艾滋病教育落实情况纳入教育督导内容，联合督查学校预防艾滋病教育，督促限期整改。

二、加强思想道德教育和健康教育

教育行政部门要把立德树人融入思想道德教育、文化知识教育和社会实践教育各环节，贯穿基础教育、职业教育和高等教育各领域，引导学生培育和践行社会主义核心价值观。将婚恋教育纳入普通高等学校、中等职业学校教育内容，强化学生的尊重意识，诚信意识和责任意识，引导树立文明、健康的婚恋观念。开展适合青少年身心特点的健康教育。在现有健康教育相关课程中根据不同教育阶段强化性道德、性责任、拒绝不安全性行为、拒绝新型毒品等相关内容的健康教育，引导学生树立正确的性观念，提高自我防护能力，预防、避免或最大限度减少危险行为的伤害。

三、提高学校预防艾滋病教育有效性

教育行政、卫生健康部门要根据不同教育阶段学生特点、当地学生艾滋病疫情形势和影响因素，研究制定符合实际的宣传教育方案。学校要结合教育教学实际，将艾滋病综合防治教育纳入教育计划，确保普通中学落实预防艾滋病专题教育时间，中等职业学校和普通高等学校每学年不少于1课时的预防艾滋病教育专题讲座，中等职业学校和普通高等学校在新生入学体检时发放预防艾滋病教育处方，在新生入学教育中开展不少于1课时的艾滋病综合防治知识教育。鼓励将大学生预防艾滋病教育跨校学分课程等纳入教学内容。医学类、师范类院校要在教学计划中增加艾滋病综合防治知识相关内容。疾病预防控制机构要进一步完善符合青少年学生特点的艾滋病防控核心信息和警示案例，以提高学生预防艾滋病能力为核心，为学校开展预防艾滋病教育提供支持。学校要坚持经常性与重要时间节点（“世界艾滋病日”“国际禁毒日”、寒暑假前、毕业前等）相结合，充分发挥新媒体作用，结合警示案例，全面普及预防艾滋病、禁毒、性与生殖健康等知识。

四、健全学校艾滋病疫情通报和定期会商制度

各级卫生健康、教育行政部门每年要定期召开学校艾滋病防控会商会议，共同分析学校疫情原因和影响因素，研究综合防控对策，督促学校和疾病预防控制机构落实防控措施。省级卫生健康部门每年9月和次年3月，向省级教育行政部门通报行政区域内学校上半年、全年及近4年每年新报告学生艾滋病感染、死亡情况和疫情分析（不通报感染者个人信息）。疾病预防控制机构要按照属地管理原则，加强与相关学校的沟通，向行政区域内相关学校通报本地区学校艾滋病疫情。疾病预防控制机构和抗病毒治疗定点医疗机构要依法开展学生艾滋病感染者的流行病学调查、综合干预和抗病毒治疗等工作，相关学校做好配合。疾病预防控制机构要根据学生疫情开展专题调查，了解学生感染途径和影响因素。

五、增强学校预防艾滋病综合干预服务能力

教育行政、卫生健康部门要及时总结高校艾滋病防控工作试点经验，逐步将艾滋病检测咨询和综合干预服务扩大到普通高等学校和中等职业学校。学校要探索利用“互联网＋综合干预”“互联网＋检测”等新手段，帮助学生识别易感染艾滋病危险行为、知晓寻求帮助的途径和方法。疾病预防控制机构要优化自愿咨询检测点、快检点、自助检测材料和安全套自动售卖设施布局。

六、共同营造学校预防艾滋病教育良好氛围

教育行政、卫生健康部门要加强宣传和倡导，动员全社会关心学生身心健康和成长成才，为学校预防艾滋病教育创造良好氛围。学校要激发相关学生社团、学生预防艾滋病志愿者的积极性、主动性、创造性，将学生参与预防艾滋病志愿活动纳入学生志愿服务管理和社会实践，提供必要支持。积极支持“美好青春我做主”红丝带健康大使青春校园行等活动。

七、加强学校预防艾滋病教育能力建设

发挥专家作用，为学校提供预防艾滋病教育技术指导和专业咨询服务。卫生健康部门要统筹加大学校预防艾滋病教育经费投入和技术支持。教育行政部门要加强专兼职健康教育师资队伍建设。各级各类学校要配备数量充足的校医，不断提高校医服务师生健康的能力。各级各类学校要提供必要的工作经费，通过各种渠道积极争取社会支持，提高学校开展预防艾滋病教育能力。

附件：学校艾滋病疫情通报模板（略）

2019 年 7 月 3 日

北京市教育委员会

关于做好 2019 年国家学生体质健康标准测试及监测等工作的通知

京教函〔2019〕472 号

各区教委，各高等学校、中等职业学校：

为全面贯彻国务院办公厅《关于强化学校体育促进学生身心健康全面发展的意见》（国办发〔2016〕27 号），落实教育部《国家学生体质健康标准（2014 年修订）》（以下简称《标准》）和《学生体质健康监测评价办法》（以下简称《办法》），市教委决定继续做好 2019 年《标准》测试及监测等工作。现将有关事宜通知如下：

一、完成《标准》测试及数据上报

2019 年本市普通高等学校、中等职业学校和中小学校要按照教育部的统一要求，增加视力指标的采集上报，同时，继续面向全体学生开展《标准》测试，并按照规定的时间要求和报送途径上报测试数据。具体工作内容详见附件 1。

二、开展《标准》监测

（一）监测范围。为客观评价各区、各学校学生体质健康工作质量，市教委将面向 16 区，抽取约 5 万余名中小学生开展《标准》监测。监测数据将作为评价各区学校体育工作的重要依据，也将作为被监测学生年度测试成绩直接报送市级数据库，对于监测中不及格和免体学生由区教委集中组织一次补测，补测数据由区教委汇总后直接报市教委。

（二）监测要求。各区教委和相关学校要按照《〈标准〉监测工作要求》（附件 2）及《2019 年北京市中小学生国家学生体质健康标准监测工作手册》，认真落实相关工作。

（三）鼓励开展第三方监测。2019 年 9 月至 12 月期间，各区统一组织，面向全区中小学生通过第三方开展《标准》测试工作的，可申请免于参加市级《标准》监测，相关数据将在系统中直接提取。各区申请时需填报《2019 年免于参加市级〈标准〉监测申请表》（见附件 5），连同测试方案于 9 月 20 日（星期五）前上报市教委体卫艺处。

三、完成教育部《标准》抽查复核工作

2019 年，教育部将继续组织专家组对各省、市组织实施《标准》测试情况进行抽查复核。各有关区教委、高等学校及中小学校要认真按照教育部工作组要求做好相关工作。具体工作执行《北京市教育委员会 北京市体育局 北京市卫生健康委员会 北京市财政局关于开展 2019 年北京市学生体质与健康调研及国家学生体质健康标准抽查复核工作的通知》（京教函〔2019〕441 号）有关要求。凡参加教育部抽查复核的中小学校将不再参加本年度市级《标准》监测。

四、工作要求

（一）规范测试。各区教委和学校要建立监督检查机制，组织相关人员对测试结果进行随机抽查核对，确保上报数据真实、准确。各区教委和各级各类学校要设立《标准》测试工作监督电话并向社会公开，接受社会咨询和监督。

（二）加强研究。各区教委和学校要通过监测评价，动态把握学生体质健康变化趋势，及时分析测试数据，查找影响因素，开展体质健康预警与干预，完善学生体质健康改善措施，提高学校体育工作的科学性、针对性、实效性。

（三）强化应用。学校要按要求制作《国家学生体质健康标准登记卡》，规范记录每一名学生的体质健康测试成绩及其评定等级。小学将体质健康测试情况列入学生成长记录或素质报告书，初中以上学校列入学生档案，作为学生综合素质评价和学业水平考试的重要指标和内容。高等学校要将体质健康测试情况作为学生评优评先、毕业考核的重要依据。各区教委要将学生体质健康状况作为评价学校教育质量的重要指标。

附件：1.《标准》测试及数据上报工作要求

2.《标准》监测工作要求

3. 监测点学校统计表（略）

4. 监测学生数量汇总表

5. 2019 年免于参加市级《标准》监测申请表（略）

2019 年 9 月 12 日

附件 1

《标准》测试及数据上报工作要求

一、认真组织《标准》测试工作

鼓励各区教委和各级各类学校，创造条件采取购买社会第三方测试服务的方式，开展学生《标准》测试及数据上报、分析等相关工作。

（一）制定方案。各区、各学校要认真制定年度《标准》测试与数据上报工作方案，明确《标准》测试工作的领导小组成员、工作职责以及具体工作安排。

（二）规范流程。测试工作要严格按照《标准》和《办法》的有关要求执行。区教委监督检查各学校使用的测试仪器要符合国家认证认可委员会（NSCC 认证）的标准。学校要对测试设备、场地等进行自查，避免测试数据错误，尽可能减小或规避测试误差。

（三）确保安全。安排好测试时间，避开雾霾等恶劣天气。加强学生运动安全教育，严禁学生带病参加测试，严防学生人身伤害事故的发生。因病或残疾暂缓或免予执行《标准》的学生，要按程序办理相关手续。

（四）注重统筹。2019 年 9 月 1 日后的学生体检数据可与《标准》部分项目实现数据共享，各区教委要尽量避免重复测试。

二、工作程序

学校要认真履行审查复核、家长回执、数据校正、网络上传、校园公示等程序，做到不漏报、不错报。

（一）校内公示。各级各类学校要坚持实行测试结果公示制度，按年级、班级、性别等不同类别在校内公布学生体质健康测试的总体结果。学校在公示体质健康信息时不得泄露学生个体的信息和侵犯其个人隐私。

（二）留存档案。家长回执单和校内公示单要作为学校体育工作档案留存、备查。对弄虚作假、误报、迟报者，要追究相关人员和学校的责任。

三、数据上报

（一）按时上报。各级各类学校要在 11 月 15 日至 12 月 20 日完成数据上报工作。各区教委要在 12 月 24 日（星期二）前，在教育部学生体质健康网和北京市国家学生体质健康标准服务网上完成辖区内中小学校《标准》测试数据审核确认工作。

（二）上报途径。各中小学及中等职业学校要分别向教育部中国学生体质健康网（www.csh.edu.cn）和北京市国家学生体质健康标准服务网（http://tz.bjedu.cn）报送《标准》测试数据；高等学校只向中国学生体质健康网报送数据。各级各类学校的学生视力测试有关指标只向中国学生体质健康网上报。

（三）数据更正。《标准》测试数据在北京市国家学生体质健康标准服务网完成上报后，如需更正数据者，须由学校提出申请，区教委汇总后，对需更正《标准》测试数据的学生进行统一复核测试后，填写《区体质健康标准数据补录和更正汇总表》《学校体质健康标准测试数据补录和更正申请表》《学生体质健康数据补录和更正名细汇总表》报市教委备案，由市教委委托相关部门对错误数据进行集中更正。数据更正时间为 2020 年 3 月 10 日至 4 月 10 日。

四、宣传培训

（一）加强宣传。各级各类学校在《标准》测试之前，要采取多种方式向学生宣讲测试工作的有关规定，涉及学生切身利益的关键环节和工作要求，要在校园宣传栏进行公示。

（二）下载手册。各区教委，各高等学校、中等职业学校要登录市教委体卫艺处网站（http://tmc.bjedu.gov.cn/）通知公告栏内，分别下载《2019 年中小学校国家学生体质健康标准测试数据上报工作用户手册》《2019 年普通高等学校国家学生体质健康标准测试数据上报工作用户手册》和《2019 年中等职业学校国家学生体质健康标准测试数据上报工作用户手册》并按要求完成数据上报。

（三）区级培训。各区教委要认真做好中小学学校相关人员培训工作，全面传达市教委 2019 年《标准》测试及上报工作各项要求，确保《标准》测试及数据上报工作严谨、规范、顺利开展。

附件 2

《标准》监测工作要求

一、监测时间及地点

（一）监测时间：10 月 15 日至 11 月 8 日，双休日正常进行测试。如遇空气重污染等极端天气，按照有关要求调整测试时间。

（二）监测地点：各区自定，原则上要选取具有 400 米跑道操场的学校，尽量沿用 2018 年监测点，如有变动请根据附件 3 要求报送新监测点信息。请各区教委于 9 月 20 日（星期五）参加领队会时统一上报测试点信息，并将更换测试点信息上报至电子邮箱。

二、监测内容及对象

（一）监测项目

1. 现场监测项目：《标准》中规定的各项测试项目；

2. 问卷调查：面向部分学生、教师及家长开展问卷调查。

（二）监测对象

按照各区中小学生总数按比例从 CMIS 电子学籍库中随机抽取约 52000 名中小学生，覆盖各区小学一年级至高中三年级的 12 个学段。

三、监测方式及人员

（一）监测方式

市教委经公开招标，选定同方健康科技（北京）股份有限公司（以下简称“同方公司”）作为 2019 年北京市中小学《国家学生体质健康标准》第三方监测机构，负责各区监测工作。第三方监测机构负责实施测试工作，提供现场组织、测试器材、技术支持等服务，并为各区提供监测分析报告。第三方监测机构需严格执行测试标准，并接受市、区教育行政部门和学校监督，不得随意提高或降低标准，如发现标准不统一等违规行为，将视情节轻重按违约处理。

（二）监测人员

1. 监测工作的仪器操作人员由各区教委选派，每区 35 ～ 45 人；

2. 监测工作的技术支持人员由同方公司派出。

四、抽样及领队会

（一）抽样。市教委按照各区学校及学生数量比例，抽取一定数量的学校参加监测，抽样结果将在《标准》监测前 1 周通知各区。

（二）领队会。9 月 20 日（星期五）14：00 在市教委 416 会议室召开领队会，部署监测工作，请各区教委安排 1 名负责同志参加。

五、相关要求

（一）加强组织领导。各区教委和中小学校要成立监测工作领导小组，制定监测工作实施方案，明确分工并责任到人，特别要做好医疗卫生、安全保卫、交通协调、应急处置和人员选派等保障工作。

（二）认真部署监测工作。区教委要明确各校参加监测的具体时间，有序组织学校按计划完成监测工作；第三方监测机构要做好测试场地布置等前期筹备工作，并协助区教委做好前期策划和现场组织工作。学校要面向被监测学生开展专题安全教育，详细了解学生健康状况，对于长期免体不参加体育课或患有心脏病等不适宜参加监测的学生要严格把关，避免发生安全事故。

（三）完成学籍信息同步工作。认真组织中小学校及区学籍管理部门于 10 月 10 日（星期四）前完成学生学籍数据与市教委信息中心学籍信息同步工作。各区教委要及时做好数据更新、数据同步以及学生卡（学籍 IC 卡）制发等技术支持工作，确保学籍数据的完整性和准确性，保证学生学籍号、学生照片、学生姓名等信息的准确，确保被监测学生人手两卡（学籍 IC 卡、证件卡）或新学籍卡，无卡学生要及时上报补卡。无法读取 8 位教育 ID 号的学籍卡需要提前做好升级工作。部分年级更新的新学籍卡也可以直接用于刷卡测试。

（四）按照程序反映和解决问题。在现场监测过程中，学校如有异议要按程序在现场向区教委负责人反映，不得直接与第三方监测机构交涉，由区教委统一与第三方监测机构进行协调解决。所有测试问题都需在现场进行确定，原则上学生离场后所有成绩将不得更改。

附件 4

监测学生数量汇总表

单位：人

区	小学人数	初中人数	高中人数	总人数
海淀区	2800	1500	1050	5350
朝阳区	2775	1500	1050	5325
西城区	2750	1500	1050	5300
东城区	2750	950	800	4500
丰台区	750	405	270	1425
通州区	2150	1350	900	4400
大兴区	2150	1350	900	4400
昌平区	2250	1350	800	4400
房山区	2000	1250	850	4100
其中：燕山	150	100	50	300
顺义区	2250	1350	900	4500
石景山区	650	550	400	1600
密云区	650	550	400	1600
平谷区	650	550	400	1600
怀柔区	650	550	400	1600
延庆区	650	550	400	1600
门头沟区	650	550	400	1600

北京市教育委员会

关于做好学生近视防控宣传工作的通知

京教函〔2019〕690 号

各区教委：

为贯彻落实教育部等八部门《综合防控儿童青少年近视实施方案》（教体艺〔2018〕3 号）部署，落实《北京市教育委员会等十部门关于印发〈北京市儿童青少年近视防控十条措施〉及实施保障工作方案的通知》（京教体艺〔2019〕25 号）要求，全市要广泛开展儿童青少年近视防控宣传教育工作。各区要切实做好儿童青少年近视防控政策宣讲和解读工作，倡导健康生活方式，提高学生、家长用眼护眼意识和能力，营造儿童青少年近视防控全社会共同参与、共治共享的良好局面。

各区应组织力量广泛宣传《北京市儿童青少年近视防控十条措施》，编印近视防控知识读本，并将有关宣传材料发放到每一位学生、家长手中。我委组织编辑了《北京市儿童青少年近视防控十条措施》（附件 1）和《北京市儿童青少年近视防控读本》（附件 2）宣传模板，请尚未印制或尚未向全体学生、家长发放宣传材料的区抓紧印制，并于寒假前完成发放工作。

本通知及附件可在市教委体卫艺处网站卫生栏目下载，网址：http://jw.beijing.gov.cn/tmc/ws/。

附件：1.《北京市儿童青少年近视防控十条措施》宣传折页模板

（略）

2.《北京市儿童青少年近视防控读本》宣传册模板（略）

2019 年 12 月 26 日

北京市教育委员会

关于做好冬季传染病防控工作的紧急通知

京教函〔2019〕694 号

各区教委，各普通高等学校、中等专业学校：

近日，北京大学发生诺如病毒引起的急性胃肠炎聚集性疫情，市委市政府高度关注，要求全力做好防治工作。学校在卫生、教育部门的指导下，积极采取应对措施，疫情得到了有效控制。当前，正值冬季传染病高发期，又恰逢岁末年初之际，学校相继进入考试阶段。为扎实做好冬季传染病防控工作，保障广大师生的生命健康安全和正常教学工作秩序，现将有关事宜通知如下：

一、高度重视做好传染病防控工作

各区、各学校要本着对师生健康安全高度负责的态度，切实把做好食品安全和传染病防控工作作为一项重大政治任务来抓。进一步强化红线意识和底线思维，严密防控学校食品安全和传染病风险，消除卫生疫情隐患，切实做到思想认识到位、规范管理到位和应急处置到位。

二、立即组织开展传染病防控专项检查

各区、各学校要主动自查，排查风险隐患和薄弱环节。加强对教室、食堂、宿舍等重点部位的检查力度，加强对保洁人员、食堂工作人员等重要人员的教育培训，加强对通风、消毒等重点环节的管理。市教委将会同市卫生健康委采用“四不两直”的方式进行现场检查。

三、认真做好冬季传染病防控宣传工作

各区、各学校要结合秋冬季传染病疫情形势变化，科学普及流感、诺如病毒急性胃肠炎等秋冬季传染病防治知识，强化学生、家长和教职工传染病防控意识，避免传染期患者带病上学、带病上课，或者隐匿病情，增加扩散风险和防控难度。

四、积极探索加强学校卫生防病工作的协同机制

各区要充分统筹利用区域内医疗、卫生、教育等资源优势，积极探索加强学校卫生防病工作的协同机制。学校要积极主动寻求疾控部门的专业指导，认真落实晨午检制度、因病缺勤追踪制度等，认真落实专业机构提出的预防控制措施。

五、健全完善学校疫情信息报告及应急处置机制

各校要认真落实传染病防控的法律法规和工作要求，严格按照程序要求，及时、准确上报发病情况和疫情信息，不得迟报、漏报、错报。各区要督促学校和幼儿园强化疫情发现报告意识和能力，快速、规范开展传染病疫情调查处置，及时明确感染原因，采取有力控制措施，确保广大师生健康安全。

2019 年 12 月 30 日

科学与艺术教育

北京市教育委员会文件选编

（2019）

北京市教育委员会

关于举办2019年北京阳光少年艺术节活动的通知

京教体艺〔2019〕8号

各区教委，北京学生活动管理中心：

为了进一步丰富青少年学生校外文化生活，展示校外艺术教育成果，市教委决定举办2019年北京阳光少年艺术节活动（以下简称“艺术节”）。现将有关事项通知如下：

一、指导思想

以庆祝中华人民共和国成立70周年为契机，围绕全国文化中心建设的任务落实，围绕“立德树人”的根本任务，歌颂新中国成立以来社会发展的巨大成就，展示改革开放40年以来校外教育发展成绩，积极培育和践行社会主义核心价值观，普及高雅艺术，传承和弘扬中华优秀传统文化。通过举办丰富多彩的艺术活动，将北京2022冬奥会和冬残奥会相关元素融入活动中，促进校外教育开放性、多样性、公益性发展，培养青少年学生创新精神、实践能力和社会责任感，充分满足青少年学生对校外活动的需求。

二、活动主题

活动主题为“我和我的祖国”。

三、组织机构和工作职责

市教委负责艺术节活动的宏观指导和市级展演的统筹协调工作。北京学生活动管理中心承担组委会办公室的各项工作，指导各区开展艺术节活动，组织进行工作总结。区教委负责组织本区艺术节活动并按照数额推选节目参加市级展演展示活动。

丰台区教委、西城区教委、东城区教委、朝阳区教委分别负责承担器乐、合唱、舞蹈、戏剧朗诵节目和艺术作品展市级艺术节展演的相关组织工作。

四、时间安排

第一阶段：9月底前，各区组织本区艺术节相关活动。

第二阶段：10月上旬，各区上报艺术作品类参展实物。

第三阶段：10月中旬，各区上报参加市级艺术节展演节目。

第四阶段：11月中上旬，市级艺术节展演活动。

第五阶段：12月上旬，市级艺术节作品展览及工作总结。

五、工作要求

（一）高度重视，认真组织

各区教委要在全力组织好、参与好、服务好庆祝新中国成立70周年系列活动的总体要求下，加强统筹，精心组织，切实把组织好本区艺术节作为推动校外艺术教育的重要措施认真组织实施好。把握好学生艺术活动的政治方向。制定相应的活动方案及各类安全预案，统筹力量精心组织，确保协同推进和安全实施。各承办、协办单位要加强组织管理，将承办、协办职责落细、落小、落实。展演结束后要及时总结工作经验，将书面总结及时报送到艺术节组委会办公室。

（二）广泛发动，注重实效

各区严格按照要求对参加艺术节学生的资格进行审查，对不符合要求的作品和人员取消参演（展）资格。认真执行评选标准，做到公开、公正和公平。承办单位要认真策划活动方案，要注重活动的育人过程，充分发挥校外教育的育人功能，关注青少年学生在活动中的实际获得，提高校外教育机构艺术教育水平，促进校外教育活动广泛开展。

（三）加强宣传，营造氛围

市区两级要做好宣传、组织工作，利用电视、网络、报纸等媒体，以及微信、微博等自媒体，为活动的组织实施营造良好的氛围。坚持普及与提高相结合，注重活动的公益性，每场展演都要邀请学生和家长观看，扩大校外教育活动的影响力。

（四）联动课堂，合力育人

艺术节既是校外教育机构育人的重要手段，也是校外艺术教学的延伸，还是校外教育机构文化建设的重要阵地。各区、各校外教育机构要充分利用教学、活动和校园文化的不同优势特点，在展示校外教育机构育人成果的同时，注重发挥三者综合育人的作用，注重发挥教学的主体作用，注重调动教师和学生的积极性，注重加强教育教学交流和研究，促进活动质量的提升。

六、联系方式（略）

附件：2019 年北京阳光少年艺术节活动实施细则

2019 年 2 月 25 日

附件

2019 年北京阳光少年艺术节活动实施细则

一、参加对象

北京地区所有校外教育机构的在籍学员，且年龄不得超过 18 周岁。

二、内容和形式

（一）艺术表演类节目展演

内容包括舞蹈、器乐、合唱、戏剧、朗诵等集体项目。

（二）艺术作品展览

内容包括书法、篆刻、绘画、摄影等作品。

（三）艺术教育成果展示

内容为区校外教育成果展示。

三、艺术表演类与艺术作品类要求

各区严格审查节目内容，确保内容形式符合要求。报送节目如发生著作权、意识形态等问题，由报送区承担相关责任。

（一）艺术表演类要求

1. 舞蹈：时间不超过 7 分钟，演员人数为 8 ～ 36 人，鼓励原创作品。

2. 器乐合奏：包括民乐、管乐、管弦乐、手风琴等，演奏形式为合奏。演奏两首曲目，其中一首必须为中国作品，时间为 8 ～ 15 分钟，演员人数为 26 ～ 65 人。

器乐小合奏或重奏：包括民乐（如丝竹乐、吹打乐、拉弦乐、弹拨乐等），西乐（如铜管重奏、木管重奏、弦乐重奏、手风琴重奏等），演奏不超过两首曲目，时间为 5 ～ 8 分钟，演员人数为 8 ～ 25 人，器乐齐奏及电声乐不能参加。演出场地不提供任何音响设备。器乐指挥必须是本单位在职在编教师。

3. 合唱：演唱两首曲目，其中一首必须为中国作品。演唱时间不超过 9 分钟，演员人数为 20 ～ 60 人。

小合唱：演唱两首曲目，其中一首必须为中国作品。时间不超过 8 分钟，演员人数为 8 ～ 16 人。

合唱指挥必须是本单位在职在编教师。伴奏形式为现场伴奏，伴奏人数不超过 5 人，演出场地不提供任何音响设备。

4. 戏剧：包括校园剧、儿童歌舞剧、戏曲，时间为 5 ～ 12 分钟，演员人数为 2 ～ 25 人。可现场伴奏，伴奏人数不超过 10 人。

5. 朗诵：朗诵节目形式不限，需使用普通话，时间不超过 5 分钟，演员人数为 5 ～ 20 人（含伴奏），可配乐，不得伴舞。

6. 在同一节目中，来自同一学校的参演人员比例不得超过 20%。

7. 报送数量：参加展演的校外教育机构数量在 4 个（含）以上的区报 20 个节目；参加展演的校外教育机构数量为 1 ～ 3 个，且每个机构在编一线教师均在 15 人（含）以上的区，限报 8 个节目，不符合上述条件的限报 4 个节目；北京学生活动管理中心限报 8 个节目。各阳光少年艺术团分团可直接报送 1 个节目，不占各区报送名额且不可挪用。

（二）艺术作品要求

1. 作品规格

绘画作品：国画、水彩 / 水粉画（丙烯画）、版画、油画，或其他画种；国画不超过四尺宣纸（69cm × 138cm）对开，其他画种尺寸均不超过四开（40cm × 60cm）。漫画单幅尺寸为 4 开或短篇 4 格，每格尺寸为 16 开。

书法、篆刻作品：尺寸不超过四尺宣纸（69cm × 138cm）；篆刻要有释文。

摄影作品：单张照和组照（每组不超过 4 幅，需标明顺序号）；尺寸均为 14 英寸（30.48cm × 35.56cm）；除影调处理外，不得利用电脑和暗房技术改变影像原貌。

2. 报送要求

艺术作品按规定尺寸报送，无需装裱。作品需另附纸注明作者姓名、所在机构全称、年级、组别、指导教师姓名、作品的名称和品种、尺寸大小（长 × 宽 × 高）、创作时间，与作品一同上交。作品正面不得出现有关作品、作者的任何信息。

每幅作品限 1 名作者，凡参加过历届北京市中小学生艺术节和北京学生校外艺术节的作品不得参加。

3. 报送数量

东城区、西城区、朝阳区、海淀区、丰台区各限报 40 幅作品，其他区、燕山及北京学生活动管理中心各限报 20 幅作品。

四、区级校外教育成果展示

（一）区教委根据本区校外教育特色，组织一台形式多样的综合展演活动（有条件的区可同时组织艺术作品展览），时间不超过 90 分钟，邀请学生和家长观看。办公室根据各区上报展示时间组织其他区相关人员观摩交流。

（二）区校外教育成果展示统一悬挂横幅：北京市阳光少年艺术节 ×× 区校外教育成果展演（或展示）活动。

五、奖项设立

（一）集体项目市级展演由艺术节办公室按照专家评分评定金奖、银奖和铜奖，并按参演人数颁发获奖证书。

（二）集体项目均设优秀指导教师奖，每个节目不超过 3 名；舞蹈、戏剧、朗诵设优秀节目创作奖；器乐、合唱设最佳指挥奖。

（三）艺术作品展览按照专家评分评定金奖、银奖和铜奖。设优秀指导教师奖，每幅作品 1 名。

（四）市艺术节办公室为区教委颁发优秀组织奖。凡活动有区级组织领导机构，有活动实施方案、宣传方案和安全工作方案，认真组织各阶段活动，参与面广，活动形式丰富多样、效果显著，举办区级集中展演，上报各层活动专题简报、经验、总结等书面（图片、影像）材料的区教委可获得优秀组织奖。

北京市教育委员会

关于举办首届北京市大学生文创设计大赛的通知

京教函〔2019〕308 号

各普通高等学校：

为贯彻落实《关于提升北京高校人才培养能力的意见》（京教高〔2017〕12 号）精神，积极营造有利于创新创业人才成长的文化氛围，强化实践育人，深化创新创业教育改革，市教委举办首届北京市大学生文创设计大赛，现将有关竞赛方案印发给你们，请根据学校实际情况，按照各单项竞赛要求积极组织学生报名参加。

附件：1. 首届北京市大学生文创设计大赛方案

2. 首届北京市大学生文创设计大赛组委会名单（略）

3. 北京市大学生文创设计大赛竞赛章程

4. 首届北京市大学生文创设计大赛评审委员会名单（略）

5. 首届北京市大学生文创设计大赛仲裁委员会名单（略）

6. 首届北京市大学生文创设计大赛报名表（略）
7. 首届北京市大学生文创设计大赛报名汇总表（略）
8. 作品原创性声明（略）

2019 年 7 月 2 日

附件 1

首届北京市大学生文创设计大赛方案

党的十九大报告提出了新时代文化建设的目标，坚持中国特色社会主义文化发展道路，激发全民族文化创新创造活力，建设社会主义文化强国。推进文化创意和设计服务等新型、高端服务业发展，是提升国家文化软实力和产业竞争力的重大举措。为此，决定举办首届北京市大学生文创设计大赛。本竞赛由北京市教育委员会主办，由中国地质大学（北京）承办。

一、大赛目的

依托北京丰富的历史文化资源，通过整合创新创意要素，激发北京地区高校在校大学生设计创意潜能和创新创业热情，促进学生的创新能力和实践能力的培养，搭建高校交流协作平台，并在实践的过程中促进高校创意成果转化，服务首都“四个中心建设”。

二、大赛主题与内容

大赛主题：新北京印象

大赛内容：为激发大学生投身建设美丽新北京的热情，表现古老而年轻的北京在全面建成小康社会、实现中华民族伟大复兴中国梦的生动实践中所取得的辉煌成就，本届大赛要求以“新北京印象”为主题设计文创作品。

在你的心目中，新时代下北京的形象和内涵是什么？作品应展现新时代北京城的发展与变化，讴歌中国共产党领导的伟大事业所取得的巨大成就，展示中国人民在实现中华民族伟大复兴进程中的精神面貌，抒发大学生对祖国、对人民的无限热爱之情。

三、大赛分组

围绕本次大赛“新北京印象”的主题，征集作品分为五大组别，具体如下：

1. 文旅产品类　2. 家居饰品类　3. 创意设计类

4. 工艺美术类　5. 其他类型

四、大赛规则

1. 参赛对象：北京地区普通高等学校在校本科学生均可参加。

2. 参赛单位：以高等学校为参赛单位。参赛学校负责审核参赛者的参赛资格、组织校赛，并以学校为单位统一提交参赛作品报名表（附件 6），填报汇总表（附件 7），按大赛组委会申报要求报送作品。

3. 大赛赛制：

大赛采取三级赛制：校级初赛、市级初赛和市级决赛。

（1）校级初赛：参赛作品由各高校组织初赛，校级初赛选拔出的作品由各高校统一报送大赛组委会，入围市级初赛。开设有设计专业的院校推荐的参赛作品原则上不超过 30 件（套），未开设设计专业的院校推荐的参赛作品原则上不超过 10 件（套）；同一参赛者的参赛作品不超过 2 件（套）。

（2）市级初赛：提交市级初赛的作品，由大赛评审委员会评选出入围决赛作品，并由大赛组委会颁发入围证书；

（3）市级决赛：大赛评审委员会从入围市级决赛作品中评定各类获奖作品，并由北京市教育委员会颁发获奖证书。

4. 参赛作品内容要求：

（1）作品要具有创新性，要体现知识、艺术、技术等方面的融合性，创意要符合大赛主题；

（2）参赛者须填写提交原创性声明（附件 8），不得抄袭、剽窃他人成果，保证不侵犯任何第三方知识产权或其他权利，对所提交的作品负全部责任。参赛作品不得一稿多投。如有侵犯他人版权、一稿多投等行为发生，一律取消参赛资格，并给予通报，组委会不承担任何法律责任。

5. 参赛作品的形式要求：

（1）设计作品的形式为手绘图、电脑设计效果图或实物照片。设计图尺寸为 A4（210mm×297mm）；实物照片分辨率为 300dpi，单张照片不超过 3M；

（2）须附设计说明,设计说明要包含作品制作材料的详细介绍；

（3）须提交参赛作品的缩略图、展示图用于网络展示，文件格式为 RGB 模式的 JPG 文件，缩略图大小不超过 100K，展示图大小不超过 2M；

（4）图纸或照片背景不得添加任何装饰图案、参赛人模特照等元素标记，不得标注院校、专业、姓名等信息。

五、大赛日程安排

1. 参赛报名及校级初赛

时间：2019 年 7 月至 10 月 30 日

学校组织参赛报名，参赛作品由各高校组织初赛，校级初赛选拔出的作品按组委会要求由各高校统一报名参加市级比赛。

2. 市级初赛报名并提交作品

各校推荐市级初赛的作品的参赛者均须填写《2019 年首届北京市大学生文创设计大赛报名表》（附件 6）1 份，教务处加盖公章。各参赛高校汇总后填写《首届北京市大学生文创设计大赛报名汇总表》（附件 7），与参赛作品及原创性说明（附件 8）一并报送至大赛组委会秘书处。截止时间为 2019 年 10 月 30 日。

3. 大赛评审

校级初赛决出入围市级初赛作品，2019 年 11 月初，大赛组委会公布入围名单。

市级初赛阶段评审：2019 年 11 月中旬，大赛评审委员会对入围市级初赛作品进行公正、公开的评审，评定出入围市级决赛作品；大赛组委会颁发入围证书，并下发参加作品展邀请函。

市级决赛阶段评审：2019 年 12 月中旬，大赛评审委员会从入围市级决赛作品中评定出各类奖项，启动获奖作品申请国家外观专利程序；公布获奖名单，名单公示期为 7 个工作日。

作品展：作品展拟于 2019 年 12 月中旬在中国地质大学（北京）举办，作品展的范围为入围市级决赛的作品和获奖作品，展览具体时间地点安排另行通知。

六、奖项设置

大赛设一等奖、二等奖、三等奖若干，另设优秀指导教师奖和优秀组织奖。一等奖作品的指导教师获优秀指导教师奖，优秀组织奖由大赛评审委员会综合学校参赛规模数量及作品质量确定。所有奖项颁发获奖证书或奖牌，不设奖金。

为保护参赛者的知识产权，所有获奖作品经参赛者同意后，由大赛组织申请国家外观专利，相关费用由大赛承担。

七、大赛联系人联系方式（略）

附件 3

北京市大学生文创设计大赛竞赛章程

第一章　总则

第一条　北京市大学生文创设计大赛由北京市教育委员会主办，中国地质大学（北京）承办，每年举办一次。

第二条　大赛本着“创新引领、科教融合、学生主体、社会参与”的原则组织进行，坚持大赛的公益性、非盈利性。

第三条　大赛旨在激发大学生对文创设计的兴趣与潜能，培养大学生的创新能力和实践能力，提高大学生科学素养和人文素养，促进北京高校大学生学习交流，从而进一步提高高等教育人才培养质量。

第四条　大赛立足北京市，服务于北京的文化建设。大赛主题每届重新设定。

第五条　大赛组委会组织专家对参赛作品进行评审，评选出具有创新性、科学性、实用性的优秀作品，并予以表彰。

第二章　组织机构及其职责

第六条　大赛设立组委会、评审委员会、仲裁委员会，组委会下设立秘书处。

第七条　大赛组委会设主任 1 名、副主任 5 名、委员若干。组委会成员由各学校推荐或由主办单位邀请，北京市教育委员会审定。

大赛组委会的职责如下：

1. 起草审议大赛章程、实施计划、评审规则及大赛相关的各项技术性文件；

2. 审议每届大赛的大赛主题、日程和细则；

3. 推荐大赛的评审和答辩专家，组成评审委员会；

4. 审议相关获奖名单；

5. 协商解决组织工作中的重大问题；

6. 审议秘书处提交的财务报告；

7. 议决大赛其他有关事宜。

组委会负责大赛各项制度的制定并对大赛各项事务拥有解释权和最终决定权。

第八条　大赛组委会秘书处设秘书长 1 名、副秘书长 2 名、成员若干。

秘书处的职责如下：

1. 根据大赛章程与大赛方案，整体实施大赛的各项运行工作，协调组织各个相关机构，保障大赛顺利进行；

2. 收集大赛进行过程中的意见和建议，提交组委会审议，为组委会提供决策依据；

3. 负责大赛的报名登记、发布通知公告、相关作品资料收集、推荐参赛作品、组织作品的评审等所有大赛相关事宜；

4. 提供大赛所需的网络平台，通过该网络平台完成大赛信息沟通和交流；

5. 管理组委会筹集的各项经费支出；

6. 处理大赛其他有关事宜。

第九条 大赛设评审委员会，主任 1 名、副主任 2 名、委员若干、秘书长 1 名，按届聘任。

大赛评审委员会的职责如下：

1. 评选市级初赛、市级决赛参赛作品；

2. 决定各奖项数量与获奖名单；

3. 议决大赛作品评审其他有关事宜。

第十条 大赛设仲裁委员会，作为本大赛的仲裁机构，在组委会领导下进行工作，设仲裁委员会主任 1 名、委员若干。

仲裁委员会职责如下：

1. 处理并解释竞赛过程中发生的纠纷；

2. 保证竞赛规则的正确执行。

第三章 参赛资格和作品申报

第十一条 参赛对象为北京市各高校在校本科生，专业不限。

第十二条 由北京市教育委员会发布大赛通知，各高校以学校为单位组织报名参赛，参赛高校负责审核作者的参赛资格，并统一填写和提交作品报名表。

第十三条 参赛者和参赛高校需按照大赛方案的规范和提交方法提交作品。

第四章 大赛规程和作品评审

第十四条 大赛采取校级初赛、市级初赛和市级决赛三级赛事：

1. 校级初赛：参赛作品由各校统一组织初赛，校级初赛选拔出的作品由各高校统一报送大赛组委会，入围市级初赛；

2. 市级初赛：各校入围市级初赛作品，由大赛评审委员会评选出入围决赛作品；

3. 市级决赛：入围市级决赛作品由大赛评审委员会评定获奖作品。

第十五条 评审结果实行公示制度。

第十六条 具体大赛程序：

1. 组委会讨论研究并确定大赛事宜；

2. 北京市教育委员会发布大赛通知；

3. 参赛学校组织学生初赛，并按组委会参赛数量要求推荐参赛作品；

4. 成立评审委员会；

5. 参赛学校提交参赛作品进行市级初赛；

6. 评审委员会对进入市级初赛的作品进行评审，评定出进入市级决赛的作品；

7. 评审会委员会根据决赛评审结果提出获奖名单；

8. 组委会确定获奖名单，上报北京市教育委员会公示获奖名单；

9. 北京市教育委员会公布获奖名单，颁发证书和奖牌；

10. 承办单位向组委会汇报赛事组织情况，组委会进行总结；

11. 召开参赛学校大赛工作交流研讨会。

第五章　奖励

第十七条 大赛本着“公平、公正、公开”的原则进行，评选出一、二、三等奖、优秀指导教师、优秀组织奖，颁发证书，不设奖金；获奖比例由大赛组委会及评审委员会根据大赛实际情况确定。根据每届大赛的特点，大赛组委会可增设相关特色奖项。

第六章　经费

第十八条 经费来源：大赛常规经费由北京市教育委员会拨款、承办学校筹集资助，可以接受企业赞助。

第十九条 经费使用：经费主要用于组织活动费、赛场布置及公用设备费、宣传费与专家咨询费等。每年初组委会制定预算，秘书处管理、使用，秘书处定期向组委会报告经费收支情况。

第七章　附则

第二十条　本章程解释权归本大赛组委会。

海军政治工作部
自然资源部宣传教育中心
中共北京市委教育工作委员会
首都精神文明建设委员会办公室
北京市教育委员会
中国共产主义青年团北京市委员会

关于举办2019年北京市学生海洋意识教育主题系列活动暨庆祝中华人民共和国成立70周年我爱蓝色国土主题教育系列活动的通知

京教体艺〔2019〕24号

各区教委，各高等学校，各中等职业学校：

为深入学习贯彻习近平新时代中国特色社会主义思想和党的十九

大精神，贯彻落实中央关于围绕庆祝中华人民共和国成立70周年，大力弘扬以爱国主义为核心的伟大民族精神，深入开展群众性主题宣传教育活动精神，教育引导青少年坚定理想信念，练就过硬本领，锤炼高尚品格，激发青少年爱党、爱国热情，北京市将举办2019年北京市学生海洋意识教育主题系列活动暨庆祝中华人民共和国成立70周年我爱蓝色国土主题教育系列活动（以下简称“活动”）。现将有关事项通知如下：

一、活动主题

珍爱海洋资源、探索海洋科技、维护海洋权益

二、组织机构

活动由海军政治工作部、自然资源部宣传教育中心，市委教育工委、市教委、首都文明办、团市委主办，中国海油海洋环境与生态保护公益基金会和各区教委协办。活动下设北京市学生海洋意识教育活动组委会，组委会办公室设在《现代舰船》杂志社及北京市宣武青少年科学技术馆。

三、参加对象

大中小学校、中等职业学校在校学生

四、活动内容

围绕“珍爱海洋资源、探索海洋科技、维护海洋权益”为主题，开展知识竞赛、征文、科普大讲堂活动及科普知识巡展、绘画摄影比赛、科技教师培训、海洋文化节、海洋科学营等活动（活动方案见附件）。

五、工作要求

（一）高度重视。活动是对学生进行社会主义核心价值观教育的重要手段，是落实立德树人根本任务的重要体现。各区及学校要充分认识活动的重要意义，结合庆祝中华人民共和国成立70周年相关活动认真研究制定本区、本学校的实施方案，协调配合、周密组织，引导学生积极广泛参与。

（二）认真组织。充分利用学校学生社团、兴趣小组等学生群团组织，广泛开展活动及培训，引导学生树立海洋意识，提升学生的创

新精神和动手实践能力。充分发挥金帆艺术团和金鹏科技团的示范作用，引导学校开辟与海洋科技及海洋艺术相关的活动内容。

（三）确保安全。牢固树立安全第一的宗旨，严格按照活动的相关要求，制定相应的安全措施和方案，确保活动安全、有序。

（四）加强宣传。各区及学校要重视活动的宣传工作，及时总结经验，广泛利用报纸、广播、学校网站等媒介进行宣传。各区请于 9 月 15 日前将本区负责活动宣传的信息员以及活动组织部门及联系方式上报北京市学生海洋意识教育组委会办公室。于 12 月 15 日前将本区、学校参与活动的相关情况汇总，上报组委会办公室，届时将根据上报情况评选组织工作奖项。

六、联系方式（略）

附件：2019 年北京市学生海洋意识教育主题系列活动暨庆祝中华人民共和国成立 70 周年我爱蓝色国土主题教育系列活动方案

2019 年 7 月 29 日

附件

2019 年北京市学生海洋意识教育主题系列活动暨庆祝中华人民共和国成立 70 周年我爱蓝色国土主题教育系列活动方案

一、启动仪式

（一）活动时间：2019 年 9 月。

（二）活动地点：待定。

（三）活动内容：2019 年北京学生海洋意识教育主题系列活动暨庆祝中华人民共和国成立 70 周年我爱蓝色国土主题教育系列活动。

二、科普大讲堂及科普巡展活动

（一）活动时间

2019 年 8 月至 11 月。具体时间安排根据各校申请情况和讲师情况协调后另行通知。

（二）活动对象

以校为单位，面向全市大中小学校学生。

（三）活动内容

1. 科普大讲堂

邀请 2019 年度自然资源首席科学传播专家深入学校、社区，宣传自然资源国情国策国法，普及自然资源新理念、新方法和新技术，引导全社会节约集约利用自然资源。鼓励各单位通过动画、短视频、动漫片等通俗易懂、公众喜闻乐见，且便于传播的形式，开展自然资源科学普及活动。

2. 科普巡展

科普巡展将通过图片展览、视频展播、模型展示等形式，在学校、社区普及自然资源知识。图片展内容包括海洋地质矿产图片展、海洋环保图片展等，组织学生了解、认知和探索海洋科学知识，熟悉海洋自然资源环境内容，深入体会海洋世界的奇妙。

3. 优秀科普图书推广活动

向各单位、学校、社区统一印发自然资源优秀科普图书名录，由中心校、学区、居委会申请开展自然资源优秀科普图书展览展示活动，并同期组织开展图书阅读活动。

（四）报名方式

以学校为单位报名并联系活动组委会，报名截止日期为 2019 年 9 月 30 日。

三、北京市第七届学生海洋文化节

海洋文化节活动由海洋知识竞赛、主题征文大赛、主题绘画大赛、主题摄影大赛、主题科普剧表演赛、主题创意作品赛、航海模型竞赛等七项活动组成。

（一）北京市第七届学生海洋主题知识竞赛

1. 初赛：2019 年 6 月至 10 月

在北京市教委网站设置竞赛答题网页地址，比赛以闯关形式进行，共设 3 道关卡，逐级增加难度，相关赛事试题内容将在 6 月以电子版本知识点形式发布在竞赛网站上，并以微信小知识的形式分批次普及到学生中。

参赛学生凭借学籍号登录北京市教委网站专属端口链接进行网上答题的形式答题。小学关卡每关设置 10 题，初中关卡每关设置 15 题，高中关卡每关设置 20 题，大学关卡每关设置 20 题。初赛结果将由北京市教委网站竞赛评分系统分别决选出个人成绩排名及学校整体排名后在教委网站上进行公布。

2. 决赛：2019 年 11 月

决赛以现场竞答方式进行，根据网络答题学校成绩排名，选取大学组、高中组、初中组和小学组各组排名前 8 名学校组队参加，每队限 2 名选手。形式为顺序答题、风险答题、抢答环节及现场辩论。活动拟在海洋文化节期间举办。

（二）主题征文大赛

1. 时间：2019 年 6 月至 11 月。

2. 活动对象：全市大中小学、中等职业学校学生及教师。

3. 活动内容

（1）主题

我爱蓝色国土（内容方向：自然资源科普及海洋国防）

（2）评分标准

A. 活动分为小学组、中学组、大学组、教师组。

B. 参考观看大型纪录片，如：《蓝色星球 I、II》《自然的力量》和海洋自然资源知识类图书等（限大中小学及中专学生）。向学校发放《李四光少年儿童科技奖动漫片》并组织观看。

C. 围绕自然资源管理相关知识，结合各自领域教育经验提出对自然资源意识教育工作的认识或感悟（仅限各级各类学校教师）。

（3）征文要求

A. 征文须为原创作品，每人限报 1 篇，每校限报 20 篇。统一用

A4 版面，标题为宋体二号，标题下方需注明作者＋班级＋指导教师，正文使用宋体四号。

B. 征文观点正确鲜明、立意简要深刻、文气畅达贯通、思想健康、格调高雅。

C. 题目自拟，体裁为诗歌。诗歌形式不限，如：儿童诗、散文诗等，小学、中学字数不限。教师征文体裁不限，字数不少于 1000 字。

（4）报送方式

2019 年 9 月 30 日前由学校统一收集学生（每校限报 20 篇）及教师所撰写的文章，通过电子邮件方式发送到组委会办公室邮箱。获一等奖的征文将摘选刊登在《现代舰船》杂志上。

（三）主题绘画大赛

1. 主题：我爱蓝色国土（内容方向：自然资源科普及海洋国防）。

2. 活动对象：幼儿园组、小学组、中学组（含中等职业学校）。

3. 活动截止时间：2019 年 9 月 30 日。

4. 作品要求

突出主题且有创造性。绘画种类不限，作品规格为 4 开（国画作品不超过 4 尺整纸），作品无需装裱。

5. 作品及报送要求

绘画作品每校限报送 20 件作品。参展绘画作品须填写活动长 10cm 宽 5cm 的作品表，并在作品正面右下角标粘贴（无活动作品表的作品将不予评奖）。辅导教师栏可填校内、校外辅导教师一名。同时上报活动报送表（电子版）。缺少参展信息或违反参展作品要求的，将不予评奖和展出。

6. 活动组织单位有权将入选作品用于活动宣传，大展主题画册、展览以公益宣传等活动，并不另付稿酬，参展作品一律不退。入选作品如涉及著作权、版权、肖像权、名誉权或其他合法权利的纠纷，与活动组织单位无关，均由作者本人负责。参与活动者均视为同意该条款。

7. 绘画作品报送时间及地点。报送时间：2019 年 9 月 30 日前。

报送地点：北京市宣武青少年科技馆科普组。地址：北京市西城区上斜街 36 号。

（四）“做新时代保护地球小主人”主题摄影摄像大赛

1. 活动主题：节约资源、保护环境，做新时代保护地球小主人（内容方向：节约海洋资源、保护海洋生态环境）。

2. 活动对象：小学组、中学组（含中等职业学校）。

3. 活动截止时间：2019 年 9 月 30 日。

4. 作品要求

大赛分为摄影组和摄像组，参展作品须为学生本人创作且不得抄袭和剽窃，符合拍摄主题的要求。

摄影作品黑白、彩色不限；单幅（1 张为 1 幅作品）或组照（1 组为 1 幅作品）可提供电脑创意和改变原始影像的作品。作品格式为 JPG 格式，且文件大小不小于 1MB，无需装裱。

摄像作品应为内容完整的短视频，分辨率不低于高清（像素为 1080×1920）；横屏、竖屏不限；时长在 30 秒至 120 秒之间；格式为 MOV、MP4、AVI 等常见视频格式。

5. 作品及报送要求

摄影、摄像作品以电子文件报送，每校摄影作品限报送 20 幅，摄像作品限报送 10 部。参展作品须填写活动作品表（写明作品名称、学校、年级、姓名、辅导教师等信息，摄影作品还需写明拍照时间、地点等）。辅导教师栏可填校内或校外辅导教师一名。缺少参展信息或违反参展作品要求的，将不予评奖和展出。

6. 活动组织单位有权将入选作品用于活动宣传，开展主题画册、展览以及公益宣传等活动，并不另付稿酬，参展作品一律不退。入选作品如涉及著作权、版权、肖像权、名誉权或其他合法权利的纠纷，与活动组织单位无关，均由作者本人负责。参与活动者均视为同意该条款。

7. 摄影作品报送时间及方式

报送时间：9 月 30 日；报送邮箱。

（五）海洋科普剧展演

1. 活动对象：小学组、中学组（含中等职业学校）。

2. 活动时间：2019 年 11 月；剧本提交截止时间：2019 年 9 月 30 日。

3. 报送要求：每校限报 2 组，每组 3 ～ 8 人，节目时间为 6 ～ 10 分钟。

4. 报送邮箱，剧本格式及评比要求另发。

（六）海洋主题创意作品赛

1. 活动对象：小学组、中学组（含中等职业学校）。

2. 活动时间：报名截止时间为 2019 年 9 月 30 日。

3. 报名要求：每校限报 2 组，每组 2 ～ 3 人，通过贝壳、鱼骨等海洋原材料，配合废旧物回收物品制作海洋主题创意作品，作品形式不限（平面、立体），尺寸：A3。

4. 现场赛要求：现场比赛时间为 1.5 小时，组委会提供底板纸、海洋贝壳和 3D 打印笔等基础材料，其余用品如画笔、颜料、黏合剂、废旧材料、工具等需参赛选手自备。

（七）航海模型竞赛

1. 比赛时间：2019 年 10 月。

2. 参赛选手：面向全市中小学生，组委会将在前期开展相关竞赛科技教师培训，请留意网站和微信平台通知。

3. 报名方式

（1）按航海模型各项目要求填写报名表。

（2）分组情况：为小学组、中学组（含职高及中专）。

（3）报名时间：2019 年 9 月 30 日前，报名表以电子邮件方式发至北京市学生海洋意识教育活动组委会办公室。

（4）奖励办法：获奖选手和指导老师将获得相应的奖励和证书。

4. 比赛形式

（1）环保动力船创意制作赛

可回收物资自行制作拼装舰船，提交作品。学生自由设计制作完成的航海模型，在竞赛水池使模型依靠自身动力航行，以模型的创新性、艺术性及航行的准确性和航行的时间记录成绩的竞赛。

评分标准概述：直接带完成作品评分 30 分（有评分标准：比如：

外观、创意科学性、设计理念、设计完成度等），现场航行评分 70，总分为学生最终成绩。

（2）水上足球赛

组队：每校限报两队，每队 3 人组成，男女不限。

学生根据要求制作指定竞赛船型，在现场抽签分组进行淘汰赛制，选手在竞赛水池根据规则进行淘汰赛，比赛结果以进球多一方为获胜者，平局以计时点球形式决出胜负队伍，最终决出各组冠亚军，季军为并列不进行三四名决赛，每场竞赛限时 3 分钟。

（3）智能控制航行器大赛

学生提前根据组委会所要求的材料制作完成智能控制航行器，在规定要求下，通过电脑编程和传感器设置，对于航行器进行自动控制和逻辑编程，使得船舶自动完成规定动作，按动作完成时间和动作完成的准确性记录成绩的竞赛。（具体比赛规则详见培训会内容发布）

5. 比赛工具、活动安排、实施细则另行下发，请关注蛟龙计划平台（www.jiaolongedu.org.cn）及组委会官方微信平台内容。

（八）奖项设置

1. 分为小学、中学二个组别，根据成绩，按照 10%、15%、20% 的比例分别评出一、二、三等奖。

2. 根据参与活动的学生人数占在校生比例和参与项目与全部项目的比例评选学校优秀组织奖。

3. 根据学生获得一等奖评选优秀辅导教师奖。

4. 现场类项目获奖学生对应教师可获得辅导教师奖。

5. 个别项目根据具体项目要求评奖（水上足球赛项目）。

（九）附则说明

1. 所有项目需提交电子报名表。

2. 所有的竞赛选手须以真实身份参赛，弄虚作假、重复参赛者一经查实将取消参赛资格。

3. 决赛中未按时间到达赛场的参赛者视为放弃参赛及奖励资格。

4. 未尽事宜由活动组委会办公室另行通知。

四、海洋艺术节目征集工作

（一）节目征集截止时间

2019 年 10 月 30 日前。

（二）活动对象

北京市学生海洋意识教育基地校、金帆艺术团示范校。

（三）活动内容

以海洋为主题，鼓励各参赛校设计并排练海洋主题系列合唱、交响乐、舞蹈、管乐、民族乐等五大类节目，每校限报一个节目上报组委会，组委会成立专家组进行筛选后统一安排会演，并由专家委员会根据组别评选一、二、三名及优秀节目奖，获奖节目将由市教委和组委会统一安排进行全国海洋意识教育巡回展演。

五、科技教师培训

（一）活动时间

具体时间安排另行通知。

（二）活动对象

以区、校为单位，面向全市大中小学在校科技教师、海洋竞赛项目负责人等。

（三）活动内容

1. 海洋竞赛项目讲座。
2. 海洋自然资源科普讲座。
3. 全年工作计划安排阐述。
4. 优秀团队及教师评优工作标准发布。
5. 科技主题报告及观摩巡展。
6. 全国海洋意识教育基地校建设。
7. 李四光少年儿童科技奖介绍。

（四）报名方式

以区或学校为单位报名并联系活动组委会，报名截止日期详见网站和微信公众号通知。

六、海洋科学营

（一）活动时间

2019 年 7 月、2020 年 1 月。

（二）活动地点

爱国主义教育基地、中船重工所属造船厂、海军北海舰队旅顺基地、海军南海舰队湛江基地、自然资源部所属科研院所、中海油所属生产基地、海洋类大学、沿海省份海洋教育基地等。

（三）活动对象

全国海洋意识教育系列活动各项赛事的优胜选手，全国海洋意识教育基地校师生及有意愿参加活动的学校师生。

（四）活动内容

了解海洋科技、海洋工程院系设置，与大学生互动交流；了解海军历史，深入体验海军快速发展成果；体验中国造船工业发展最新科技成果；了解爱国主义教育基地学习内容；深入沿海地区考察，深入海洋科研院所学习。具体信息将在微信平台及蛟龙计划网站公布。

北京市教育委员会

关于公布 2019 年（第十一届）北京市中小学生科学建议奖获奖名单的通知

京教函〔2019〕696 号

各区教委：

经市教委 2019 年第 39 次主任办公会研究，决定授予北京市顺义牛栏山第一中学赵玙璠等 16 名学生 2019 年度北京市中小学生科学建议奖，北京市海淀区中关村第二小学邹思颖、中关村第三小学赵紫尧等 15 名学生科学建议提名奖(名单附后)。

希望各区以科学建议奖活动为契机，加大教育宣传力度，引导广大中小学生关注社会、培养社会责任意识、提高实践创新能力，促进德智体美全面发展。

附件：第十一届北京市中小学生科学建议奖及科学建议提名奖获奖名单

2019 年 12 月 31 日

附件

第十一届北京市中小学生科学建议奖、科学建议提名奖获奖名单

一、科学建议奖获奖名单（16 名）

北京市顺义牛栏山第一中学　赵玙璠
北京市海淀区育鹰小学　蒋滂晴、刘祺一、刘师过
北京市第二十二中学　周雨娴
北京市第八十中学　刘雨鑫
北京市海淀区翠微小学　臧浩宸
北京市海淀区万泉小学　王舒阳
北京市陈经纶中学分校　吕彦欣、鲍教琛
北京师范大学附属中学　李思澈、王雪怡、王业美
北京市怀柔区第一中学　陈乐、常梓君
北京市东城区史家实验学校　刘美安

二、科学建议奖提名奖获奖名单（15 名）

北京市顺义牛栏山第一中学　梁宸菲
北京市海淀区中关村第二小学　邹思颖

北京市海淀区中关村第三小学	赵紫尧
北京景山学校远洋分校	谢润萱
北京第二实验小学	马正元、刘一石、黎曼徽
北京市第三十五中学	唐近豪
北京市海淀区第二实验小学	郭据安
中国人民大学附属中学实验小学	戈友直
北京市第一〇一中学怀柔分校	张溢格、宋相宜
北京中学	张梓哲
北京市第一六一中学	江紫涵、张晋铭

校外教育

北京市教育委员会文件选编

（2019）

北京市教育委员会

关于公布北京市校外教育“三个一”优质项目评选结果的通知

京教函〔2019〕200 号

各区教委，北京学生活动管理中心：

根据《北京市教育委员会关于在全市校外教育机构开展“三个一”活动的通知》（京教函〔2016〕230 号）和《北京市教育委员会关于开展北京市校外教育“三个一”优质项目评选活动的通知》（京教函〔2018〕162 号）要求，市教委在全市范围内开展了“三个一”优质项目评选活动，经过机构自评、区评、市评，最终从 628 个项目中遴选出优质项目 149 个，现将结果予以公布（见附件）。

请各区教委认真总结校外教育“三个一”优质项目建设及评选工作经验，面对全市中小学校推广校外教育“三个一”优质项目建设成果，并对优秀组织单位和个人给予表彰。各区要以此次活动为契机，进一步加强校外教育机构教师队伍建设，进一步优化校外教育供给结构，进一步提升校外教育供给质量，促进全市校外教育科学发展，提高育人水平。

附件：北京市校外教育“三个一”优质项目评选结果

2019 年 5 月 7 日

附件

北京市校外教育“三个一”优质项目评选结果

序号	区	单位	项目名称	核心组成员	类别
1	市属	北京学生活动管理中心	植物园气候变化教育活动	明冠华、马凯、师丽花、杨天、辛蓓、李广旺	创新
2	市属	北京学生活动管理中心	模电综合实践活动	张文龙、刘星汉、霍颖欣、张超、朱小羽、孙雷	创新
3	市属	北京学生活动管理中心	“最美宫娃娃”风采展示活动	乔超新、李然	创新
4	市属	北京学生活动管理中心	悦心书法特色活动	周洪娟	特色
5	市属	北京学生活动管理中心	英语点亮科学特色活动	马洪梅、张文龙、胡冰、孙宇、陈建江、丛岚	特色
6	市属	北京学生活动管理中心	北京市少年宫朗诵表演艺术团	李昱、王鹏	精品
7	东城	东城区少年宫	国际青少年友谊茶会	霍艳平、高佳、赵辰雪、王珊珊、王磊、郭璐璐	创新
8	东城	东城区少年宫	美绘茶香实践活动	付祎、宋卫香、霍艳平、胡晓俊	创新

续表 1

序号	区	单位	项目名称	核心组成员	类别
9	东城	东城区少年宫	摄影·美术融合教育活动	闫珉、邵雪、胡晓俊、刘毅、于庆军	创新
10	东城	东城区少年宫	“瓷言瓷语”青少年陶瓷创意活动	王山平、霍艳平、王欢	特色
11	东城	东城区少年宫	东城区少年宫民乐团	曹映雪、吕亚琼、李琴扬、王舒、刘婧尧	特色
12	东城	东城区少年宫	青藤戏剧团	马京涛、吕钦、杨钥	特色
13	东城	东城区少年宫	小茶人俱乐部	霍艳平、李美玲、刘蔚、苑吉宁、郭璐璐、王磊	精品
14	东城	东城区少年宫	东城区少年宫合唱团	马亚丽、郭璐璐、桑乃琴、刘瑾、马馨、黄京梅	精品
15	东城	东城区少年宫	东城区少年宫琼音琵琶乐团	吕亚琼、韦麟	精品
16	东城	东城区青少年科技馆	科学迷俱乐部	李学军、王磊、武健、刘士明、柳静、任立鹏	精品
17	东城	东城区崇文少年宫	崇文少年宫弹拨乐团	刘杨、刘小龙	创新
18	东城	东城区崇文少年宫	情景式创意舞蹈活动	幸梓	创新
19	东城	东城区崇文少年宫	崇文少年宫手风琴乐团	杨朔、赵楠、鞠明希	特色

续表 2

序号	区	单位	项目名称	核心组成员	类别
20	东城	东城区崇文少年宫	多元特色美术活动	王嵩、王墨琼、徐霞、杜娟	特色
21	东城	东城区崇文少年宫	语言表演艺术团	赵丹娜、张倩、李利	特色
22	东城	东城区崇文少年宫	东城区校外小记者团	谢瑜、曾姗、范凌妍、鞠明希	特色
23	东城	东城区崇文少年宫	情缘翰墨书法社团	王建民、朱海玲、张菁	精品
24	东城	东城区崇文少年宫	吟诵表演艺术团	张倩、李利、赵丹娜	精品
25	东城	东城区崇文青少年科技馆	科乐聚思注意力训练	汪小丽、郝玉林、康玮、朱庆真	创新
26	东城	东城区崇文青少年科技馆	青少年航模创意活动	周君、吴振维、汪小丽、李成兰、陈阿娜	创新
27	东城	东城区崇文青少年科技馆	青少年智能控制实践交流活动	穆晓萌	创新
28	东城	东城区崇文青少年科技馆	“知杏林·品百草”中医药教育活动	王悦、朱庆真、康玮、王佳、张一夫	创新
29	东城	东城区崇文青少年科技馆	青少年未来工程师活动	刘辰彬、商瑞莹、孟旭、王雅菊、吕文	特色
30	东城	东城区崇文青少年科技馆	农业科普体验活动	陈晓玲、郑羽佳、钟米珈、程楠、陈浣、苏永泉	特色

续表 3

序号	区	单位	项目名称	核心组成员	类别
31	东城	东城区崇文青少年科技馆	青少年创客活动	刘辰彬、郝玉林、商瑞莹、孟旭、王雅菊、吕文	精品
32	东城	东城区崇文青少年科技馆	可移动模型博物馆	周君、吴振维、汪小丽、李成兰、陈阿娜	精品
33	东城	东城区明城青少年活动中心	明城青少年影视教育系列活动	陈聪、雒子龙、刘婧玥	特色
34	东城	东城区明城青少年活动中心	新童谣系列活动	刘海初	精品
35	东城	东城区明城青少年活动中心	斌斌爱心社	朱斌斌	精品
36	东城	东城区天坛青少年活动中心	少儿京昆工作室	牛妍、曹云霞	特色
37	东城	东城区天坛青少年活动中心	吾墨书法活动	刘颖、赵崇辉、李蕊	特色
38	东城	东城区帽儿课程活动中心	青少年扎染实践活动	李姗姗、贾小如、姚芯、鲁锐、刘卓然、刀力为	创新
39	西城	西城区少年宫	青少年茶文化创意实践活动	王曦、陈婷琨、郭斌	创新
40	西城	西城区少年宫	少儿生活创意舞蹈	王梦婷、杨倩	创新
41	西城	西城区少年宫	毛毡艺术美术社团	马誉珂	创新
42	西城	西城区少年宫	童蒙养正经典文化研习活动	曹琳、郭斌、肖毅、孙浩、刘光磊、王曦	特色

续表 4

序号	区	单位	项目名称	核心组成员	类别
43	西城	西城区少年宫	和合佳音——中西器乐演奏活动	宁佳音、王奎江、唐玲、冀超、秦聪、龙祖志	特色
44	西城	西城区少年宫	砚田笔耕书法学堂	肖毅、王小慧、孙浩	精品
45	西城	西城区少年宫	创艺客美术活动	何源、马誉珂、焦东雪	精品
46	西城	宣武少年宫	少年财经学堂	王汝梅、商宏伟、魏鹏、查力	创新
47	西城	宣武少年宫	音乐感知乐园	张颖、王占莹、杜泽慧、赵梦恬、王颖辉	创新
48	西城	宣武少年宫	陶然国画苑	姜宝宏、刘然、李灿宇、张颖、王颖辉、魏鹏	特色
49	西城	宣武少年宫	雅乐弹拨乐团	谢冰、谭昕、杨小磊、李静、钟实、王汝梅	特色
50	西城	宣武少年宫	习武堂	任兴宝、张利安、李灿宇、王艳华、查力、那静乔	特色
51	西城	宣武少年宫	“童欣绘”美术特色活动	刘然、张静雯、刘金、闫会民、姜宝宏	特色
52	西城	宣武少年宫	“舞动风箱”手风琴艺术团	杜泽慧、耿丽、王占莹、张颖、王芳娜、那静乔	特色

续表 5

序号	区	单位	项目名称	核心组成员	类别
53	西城	宣武少年宫	国乐坊	谭昕、谢冰、杨小磊、李备、段嘉诚、钟实	精品
54	西城	宣武少年宫	“和合之声”阳光合唱团	王芳娜、曹乾、李静、王汝梅	精品
55	西城	西城区青少年科学技术馆	智慧少年创客活动	马兰、闫莹莹、郝冀	特色
56	西城	西城区青少年科学技术馆	科技启蒙活动	闫莹莹、刘浩然、王喆、赵溪、郝冀	特色
57	西城	西城区青少年科学技术馆	趣味鸟科学活动	李雪、马志洪、张帆、肖薇	精品
58	西城	西城区青少年科学技术馆	机器人工场	牛琦、朴红坤、王昕、樊竞英	精品
59	西城	西城区青少年科学技术馆	环境教育系列活动	赵溪、王喆、刘浩然、闫莹莹	精品
60	西城	西城区金融街少年宫	金声国乐团	兰添、任志军、王苒、李婷婷、王中丽、刘洋	精品
61	西城	西城区新街口少年宫	音乐故事会	李然、张萌、张艳	创新
62	西城	西城区德胜少年宫	德胜阳光舞蹈团	丁小棋、汤惠仪、王婷	精品

续表6

序号	区	单位	项目名称	核心组成员	类别
63	西城	宣武青少年科学技术馆	探究体验式食育活动	杨海燕、马昕奕、崔珊珊、栾云霞	创新
64	西城	宣武青少年科学技术馆	探秘北京野生动物活动	岳颖	特色
65	西城	宣武青少年科学技术馆	海洋科普特色活动	李晓丹、齐小兵、张颖、鲜颖	特色
66	西城	宣武青少年科学技术馆	博物空间·科创星活动	张俊菊	精品
67	西城	宣武青少年科学技术馆	中小学生智能控制活动	孙可、闫宗辰、刘佳、翟琨	精品
68	西城	西城区青少年美术馆	西美汉服社	周阳、王爽、曹蕊、陈雪濛、彭鑫、王育坤	创新
69	西城	西城区青少年美术馆	行为英语	刘爱荣、何静、殷畅、赵金娜、张陶	创新
70	西城	西城区青少年美术馆	传统节日主题系列活动	曹蕊、刘爱荣、周阳、赵金娜、张陶、康慨俐	特色
71	西城	西城区青少年美术馆	主题摄影实践活动	成雅飞、裴峥、周超、赵宇、康慨俐	特色
72	西城	西城区青少年美术馆	悦创美术工作室	田冬梅、冀彦、陈雪濛、殷红、金红、张垚	精品

续表 7

序号	区	单位	项目名称	核心组成员	类别
73	西城	西城区青少年美术馆	笔情墨趣美术活动	许静、王进华、陈雪濛、田冬秀	精品
74	西城	西城区椿树少年宫	家风美德系列活动	李春娜、宋军、张娟、陈红、单丹、杨乐音	特色
75	朝阳	朝阳区青少年活动中心	小设计师美术工坊	王硕华、吴蔚、陈庆、陈滨、解立新、李魏新	创新
76	朝阳	朝阳区青少年活动中心	小海棠综合能力训练营	韩静、田松、刘槟、李颖、崔雪、郝瀚	创新
77	朝阳	朝阳区青少年活动中心	身体魔方乐园	陈庆、陈滨、王硕华、马永辉、董银虎、陈倩	创新
78	朝阳	朝阳区青少年活动中心	朝阳区小学生实验技能大赛	刘宏宇、韩继彤、王芳、卜欣、禚文清	特色
79	朝阳	朝阳区青少年活动中心	幼儿道德情感培育活动	刘英杰、张雪梅、刘欣、郭兰英、孙颖	特色
80	朝阳	朝阳区青少年活动中心	青少年综合教育活动	刘欣、郭兰英、秦淼、王志红	特色
81	朝阳	朝阳区青少年活动中心	北京棋院青少年棋院	韩文利、韩开悟、吴璇、李建敏、王祥云、高梓漠	精品

续表 8

序号	区	单位	项目名称	核心组成员	类别
82	朝阳	朝阳区青少年活动中心	北京市中小学生金鹏科技论坛活动	韩继彤、王芳、禚文清、刘宏宇、卜欣	精品
83	朝阳	朝阳区青少年活动中心	朝阳区中学生生物模型系列活动	王芳、韩继彤、刘宏宇、禚文清、卜欣	精品
84	朝阳	朝阳区青少年活动中心	朝花童声合唱团	李响、戚珍珍、熊茜、张靖、王天淼、杨孟	精品
85	朝阳	朝阳区青少年活动中心	民族民间舞蹈传习活动	陈倩、陈丽、皮荃、陈庆、董思旭、周璐遥	精品
86	朝阳	朝阳区酒仙桥少年之家	朝阳区青少年影视教育活动	刘士娟、李胜龙、马俊成、周伟、邱瑾、李学民	创新
87	朝阳	朝阳区酒仙桥少年之家	学生创意美术节	李爽、刘士娟、吕鹏、张清华、王晴、周伟	特色
88	朝阳	朝阳区黑庄户教育辅助中心	传承中国鱼文化教育活动	魏建军、武学永、吴璇、车蕊、陆宏雪、闫玲	特色
89	朝阳	朝阳区香河园少年之家	心理游戏	王芳、曾女兰、绳世辉、尤艺霖、胡凯杰、俞震	精品
90	朝阳	朝阳区芳草地国际学校教育辅助中心	芳草非遗嘉年华	郝卫民、范均、高巍、王朝晖、刘淙、尹路	精品

续表 9

序号	区	单位	项目名称	核心组成员	类别
91	海淀	海淀区青少年活动管理中心	小风帆书画社团	范红伟、郭建强、胡滢、黄铁萍、张蕊、康楠楠	特色
92	海淀	海淀区青龙桥青少年活动中心	阳光少年夏令营	赵凤东、苗池、魏燕春、闫立春、谢威威、周岚	精品
93	海淀	海淀区甘家口青少年活动中心	梧桐艺术团微电影活动	张昭、骆天军、李金祥、王和平、李响	精品
94	海淀	海淀区羊坊店青少年活动中心	科艺智创少年社团	段秋晗、田丽、范瑞峰、刘刚、赵彤、彭冬来	创新
95	海淀	海淀区清河青少年活动中心	少年行营地教育实践活动	卓健忠、李伟、韦炜、冯淼、王国忠	创新
96	海淀	海淀区海淀学区教育教学辅助中心	“非遗小传人”手工艺特色活动	王越、宋晓燕、王颖、赵艳、韩玉、周家冕	特色
97	丰台	丰台区少年宫	“星之梦”微电影社团	刘建文、黄育锋、王旭、李硕、王倩（大）、王倩（小）	创新
98	丰台	丰台区少年宫	“动·空间”动漫工作室	杨松楠、冯胜男	创新
99	丰台	丰台区少年宫	“丰年舞韵”中国舞特色活动	彭少华、刘雪莹、陈亚宇、乌日娜、王萃爽、曹颜	特色

续表 10

序号	区	单位	项目名称	核心组成员	类别
100	丰台	丰台区少年宫	“面趣坊”儿童面塑工作室	王妍、孙爽、张红燕、杜玉玲、苏蓉、曾庆超	精品
101	丰台	丰台区东高地青少年科技馆	“永不消失的电波”无线电通信活动	王英、毛峰、李萌、蒋长荣、郭冬梅、罗明辉	精品
102	丰台	丰台区云岗青少年科技站	“小科学家”探究实践活动	李梦竹、许丽娟、焦翠花、王德秋、王紫梦、马骏	创新
103	丰台	丰台区云岗青少年科技站	葫芦艺术特色活动	郑亚楠、冯雅楠、张硕、王德秋、崔丽明、李连红	特色
104	石景山	石景山区青少年活动中心	石景山区青少年合唱团	王铮、闫静、李晓冉、戈桐、孙晓丰、宋玉梅	创新
105	石景山	石景山区青少年活动中心	中小学生语言与思维训练	白岩	创新
106	石景山	石景山区青少年活动中心	小荷民乐团	李勇、马里、王玉、许瑞	特色
107	石景山	石景山区青少年活动中心	石景山区青少年无线电科技活动	周宝善	精品
108	门头沟	门头沟区少年宫	二十四节气传承美术体验活动	乌日娜、李长军、杨帆、杨盈	特色

续表 11

序号	区	单位	项目名称	核心组成员	类别
109	门头沟	门头沟区少年宫	小百花舞蹈团	高卉、高玉明、郭雪莲、尤利娜、张晶雪、杨潇	精品
110	房山	房山区少年宫	房山区少年宫综合表达训练营	丛君敬、刘淑娟、徐利	创新
111	房山	房山区少年宫	房山区青少年交响管乐团	汪小力、董重捷、徐利、张建良	创新
112	房山	房山区少年宫	炫彩书画社	孙禹梅、李建伟、刘淑娟、吴丽华、王春鹏	特色
113	房山	房山区少年宫	快乐乒乓训练营	杨毅妹、马俊超、马连山、李慧燕	特色
114	房山	房山区少年宫	梦想民乐团	张行健、李昂、徐姝慧、赵春燕、王文新	特色
115	房山	房山区少年宫	房山区少年武术社团	张时海、翟秀、马俊超、杨毅妹、李慧燕、魏兴	精品
116	通州	通州区青少年活动中心	通州区青少年活动中心民乐合奏活动	陈幸妮、刘颖娟、杨旭	特色
117	通州	通州区青少年活动中心	“模型”智能控制	刘建中、黄明刚、曹敬华	特色
118	顺义	顺义区少年宫	“四季交响”美术系列活动	亢青松	特色

续表 12

序号	区	单位	项目名称	核心组成员	类别
119	顺义	顺义区少年宫	顺义区学生版画社团	左晓茹、李国英、陈林、高丽莉（牛栏山一中）、杜勇（顺义五中）	精品
120	顺义	顺义区少年宫	小黑马爵士乐团	李晓丽、乔达、王毅新、刘琳、杨丽平	精品
121	大兴	大兴区少年宫	大兴区少年宫动漫编导社团	梁雪松、宋京桐、王雷、田淑菊、李鹏云	创新
122	大兴	大兴区少年宫	大兴区少年宫知行学堂	王袁媛、袁宏利、王彤、于潇	创新
123	大兴	大兴区少年宫	创意绘本美术工作室	王雷、郭玲、梁雪松、刘硕	特色
124	大兴	大兴区少年宫	“美丽大兴我的家”主题实践活动	李洁、郑亮、兰贺、赵冬冬、李鹏云、沈秋佟	特色
125	大兴	大兴区少年宫	多彩工艺美术活动	张琦、陈树林、白建超、薛杰、王丙超、孙大峰	特色
126	大兴	大兴区少年宫	儿童声乐艺术教育苑	张建云、靳玉奎、刘璇、王晓鹏	精品
127	大兴	大兴区少年宫	大兴区少年儿童游戏节	薛杰、何颖、张淑萍、张丽、马立华、王向宗	精品

续表 13

序号	区	单位	项目名称	核心组成员	类别
128	昌平	昌平区少年宫	思维方法训练活动	刘晓兰	创新
129	昌平	昌平区少年宫	书法实践活动	王忆齐	创新
130	昌平	昌平区少年宫	“画”说十三陵	葛忆宁、史玥、郑欢武、杨大永、王忆齐	创新
131	昌平	昌平区少年宫	童画创意活动	史玥	特色
132	昌平	昌平区少年宫	“筝舞蓝天”系列活动	胡天雪、方芳、安德禄	特色
133	平谷	平谷区青少年活动中心	京鸣小提琴乐团综合活动	陈一鸣、刘玉成、马倚山、李东青、王东云	特色
134	怀柔	怀柔区学生活动管理中心	校外小记者	刘事成、李秀娥、崔冰、秦雪莲、吴颖、線东辉	创新
135	怀柔	怀柔区学生活动管理中心	怀柔区少年乒乓特色活动	冯健、刘丹丹、王海东、李利、杨旭、高宝泉	特色
136	怀柔	怀柔区学生活动管理中心	儿童写意花鸟美术活动	王海伶、李秀娥、柏静宇、刘事成、张小娟、于国菊	精品
137	密云	密云区青少年宫	“印象葡萄”教育活动	付晓红、周思源、尹玉、孔海燕、崔焕然、肖增芬	特色

续表 14

序号	区	单位	项目名称	核心组成员	类别
138	密云	密云区青少年宫	密云水文化之旅	彭秀伶、赵涵妮、刘春霞、孔海燕、兰天亮	特色
139	密云	密云区青少年宫	国学书法	郭鑫伟、忻冠男、姜华	特色
140	密云	密云区青少年宫	“唱响童年”合唱团	董丽娜、潘薏竹、赵越、冯方茗、刘春霞、姜华	精品
141	延庆	延庆区青少年活动中心	延庆区电子琴实践活动	王艳娥、周尚起、史培琴、吴慧杰	创新
142	延庆	延庆区青少年活动中心	水墨丹青国画活动	吴建革、徐记华、王海斌、苏晓敏、韩永智、吕祥	特色
143	延庆	延庆区青少年活动中心	延庆少年合唱基础团	高文娜、史培琴、周尚起	特色
144	延庆	延庆区青少年活动中心	创意素描实践活动	苏晓敏、王海斌、吴建革、徐记华、吕祥、韩永智	特色
145	延庆	延庆区青少年活动中心	延庆区少年合唱团	史培琴、周尚起、高文娜、安朝辉、张春梅、李卉	精品

续表 15

序号	区	单位	项目名称	核心组成员	类别
146	延庆	延庆区科技馆	延庆区冬奥小记者	张新华、孙晓兵、王书娟、杨芳	创新
147	延庆	延庆区科技馆	趣味软陶 DIY	王书娟、孙晓兵、康保旺、王茜	特色
148	燕山	燕山少年宫	版画俱乐部	刘婷婷、王炳霞、张婷、李莉、田彤、付秋雅	创新
149	燕山	燕山少年宫	“小羽毛”公益社	王子懿、胡耀丽、宋海英	特色

北京市教育委员会

关于公布北京市中小学生社会大课堂第七批市级资源单位名单的通知

京教函〔2019〕679号

各区教委：

为贯彻落实《北京市中小学生社会大课堂资源管理办法》（京教德〔2008〕5号）和《关于进一步加强中小学生社会大课堂工作的意见》（京教工〔2011〕68号）精神，经过资源单位申请、区社会大课堂管理办公室推荐，北京市中小学生社会大课堂管理办公室组织专家进行资格审查、资料审阅、汇报答辩和实地抽查，并召开由市委宣传部等12家社会大课堂合作建设部门参加的联席会议，研究确定了139家单位为北京市中小学生社会大课堂第七批市级资源单位（见附件），资格时间为2020年1月1日至2021年12月31日。

各区教委要加强对新加入的市级社会大课堂资源单位的培训，指导他们做好教育资源开发、课程研制和活动设计。同时，做好2021年新资源单位的培育工作，既要关注资源单位的数量，更要强调质量，突出教育性、实践性，逐步形成结构合理、类型多样、互补性强的社会大课堂资源群，服务学生成长需求和教育教学改革需要。

为充分发挥社会大课堂信息平台的作用，更好地服务于学校和学生，市级社会大课堂资源单位的名称、地址、活动项目、收费价格等均在北京市中小学生社会大课堂网站公示。未在网站公示的资源单位及活动项目，不列入中小学生社会大课堂单位及活动。

附件：北京市中小学生社会大课堂第七批市级资源单位名单

2019年12月23日

附件

北京市中小学生社会大课堂第七批市级资源单位名单

（按拼音顺序排列，排名不分先后）

艾药园中医药文化科普教学基地
爱翌安全技术服务（北京有限公司）
爱阅读（北京）文化传媒有限公司
八达岭梦幻长城球幕影院
北京安定贾尚精品种植园
北京北人文化产业发展有限公司
北京便宜坊烤鸭集团有限公司便宜坊鲜鱼口店
北京崇德堂文化传播有限公司
北京大道农业有限公司
北京稻香湖投资发展有限责任公司
北京迪生数字娱乐科技股份有限公司
北京东方芊健体育产业有限公司
北京工美集团有限责任公司
北京工艺艺嘉贸易有限责任公司
北京公共安全体验馆
北京古御道生态旅游开发有限公司
北京海鲸花养蜂专业合作社
北京涵芬楼书店有限公司
北京和园旅游有限公司
北京红泥乐现代农业有限公司
北京花儿朵朵花仙子农业有限公司
北京华源惠众环保科技有限公司
北京怀柔月亮湖现代农事体验教育园（北京桃山月亮湖种养殖专业合作社）
北京环宇兄弟国际文化传媒股份有限公司

北京极星农业有限公司
北京剑高励业体育发展有限责任公司
北京金叵罗禄存小米种植专业合作社
北京京南荣耀体育发展有限公司
北京井上添花民俗旅游专业合作社
北京军兴广达农产品产销专业合作社
北京君德益文化发展有限公司
北京科技职业学院
北京科学中心
北京喇叭沟门喜鹊登科种植专业合作社
北京喇叭沟原始森林旅游有限公司
北京力天新园科技发展有限公司（中国室内空气净化科技馆）
北京亮相传媒文化有限公司
北京六必居食品有限公司
北京六渡河旅游开发有限责任公司
北京梦想青春飞扬文化有限公司
北京密水云山旅游开发有限责任公司（仙居谷风景区）
北京清心居农庄有限公司
北京森根比亚生物工程技术有限公司
北京师范大学
北京十三陵龙膳园农家乐旅游观光园有限责任公司
北京石泰文化发展有限公司
北京市朝阳区社区青少年教育培训中心
北京市第三十五中学
北京市东城区龙潭西湖公园管理处
北京市房山区房山职业学校
北京市高两河彩绘厂
北京市海淀科技中心
北京市海淀区中科科学文化传播发展中心
北京市节约用水管理中心
北京市科技教育促进会
北京市蓝调庄园文化发展有限公司
北京市南口农场有限公司
北京市平谷区博物馆
北京市平谷区气象局
北京市平谷区山东庄镇桃棚村村民委员会
北京市气象探测中心（北京市观象台）
北京市天桥剧场
北京市自动化工程学校
北京天恒安科集团有限公司
北京天桥艺术中管理有限公司
北京同达应急救援技术培训中心
北京文旺阁木作博物馆
北京响水湖长城旅游有限公司

北京兴业富民果蔬种植专业合作社
北京尤伦斯美术馆
北京御泽翔云航空科普基地
北京御泽翔云航空模拟训练基地
北京长城和平国际文化艺术中心
北京智瑞天成文化产业发展有限公司
北京中德启锐消防安全科普教育基地
北京中宏润禾农业科技开发有限公司
城西再生水厂
东方时尚驾驶学校
东江国际艺术园
东四胡同博物馆
法晚新（北京）教育科技有限公司
飞行家北京太空体验馆
飞览天下文化发展有限公司
凤孝五育文化园
古陶文明博物馆
广誉远
国际安全防卫基地
国家图书馆
汉字文化馆
捍能国际文化（北京）有限公司
皇家建筑模型博物馆
金栗种植合作社
金中都紫砂艺术馆
京东植物工厂
康顺达生态园
雷锋农艺文化园
礼贤王庄手工艺实践教育基地
龙世博世界花卉大观园
绿得金三农教育基地
绿骑士（北京）教育咨询有限公司
南山健源农教基地
朴素生活体验馆
青山农俗文化劳动体验园
青少年航天增材制造科普教育基地
全国青少年学生法治教育实践示范基地
森沃（北京）体育文化有限公司
尚大沃联福生态亲子农场
什刹海文化展示中心
生命湖有氧乐园
世界种子科技展示中心
首钢工学院
双益发国际文创园
顺义区非物质文化遗产教育实践基地
天霸（北京）航空科技有限公司
TSC 运动中心
万般钢琴及艺术博物馆
希望田野文化旅游发展有限公司
祥瑞博雅生存安全技能实训基地
亚洲一号京东智慧物流体验基地

医疗实践基地
印像林海园艺
元源书院
越竹斋
中关村智造大街
中国海关博物馆
中国化工博物馆
中国科学院微电子研究所
中国林业科学研究院木材工业研究所
中国农业机械化科学研究院北京农机试验站
中国评剧院有限责任公司
中国少年儿童发展服务中心
中国少年儿童新闻出版总社
中国铁道科学研究院集团有限公司
《中国图片》期刊社有限责任公司
中国原子能科学研究院
中华航天博物馆
中华世纪坛艺术馆
中科编易（北京）科技有限公司
中农春雨自然学校

国防教育

北京市教育委员会

转发教育部 中央军委国防动员部关于印发《普通高等学校军事课教学大纲》文件的通知

京教体艺〔2019〕7号

各普通高校：

现将教育部、中央军委国防动员部《关于印发〈普通高等学校军事课教学大纲〉的通知》(教体艺〔2019〕1号)转发给你们。请认真贯彻执行，切实按照《大纲》落实学生军事理论教学和军事技能训练课时、内容和要求。

2019年2月18日

教　　育　　部
中央军委国防动员部

关于印发《普通高等学校军事课教学大纲》的通知

教体艺〔2019〕1 号

各省、自治区、直辖市教育厅（教委），新疆生产建设兵团教育局，各军兵种、武警部队参谋部，各省军区（卫戍区、警备区），教育部直属各高等学校、部省合建各高等学校：

根据《中华人民共和国国防法》《中华人民共和国兵役法》《中华人民共和国教育法》，为适应立德树人根本任务和强军目标根本要求，服务军民融合发展战略实施和国防后备力量建设，增强学生国防观念、国家安全意识和忧患危机意识，提高学生综合国防素质，教育部、中央军委国防动员部联合制订了《普通高等学校军事课教学大纲》（以下简称《大纲》）。现将《大纲》印发给你们，请认真学习贯彻《大纲》的内容，按照《大纲》要求，切实保障学生军事理论教学和军事技能训练课时、内容和要求的落实。《大纲》于 2019 年 8 月起在全国施行，原《大纲》（2006 年修订）废止。

2019 年 1 月 11 日

普通高等学校军事课教学大纲

依据《中华人民共和国国防法》《中华人民共和国兵役法》《中华人民共和国教育法》以及国务院、中央军委有关文件精神，结合我国高等教育发展、国防和军队建设发展的实际情况，制订《普通高等学校军事课教学大纲》（以下简称《大纲》）。

一、课程定位

军事课是普通高等学校学生的必修课程。军事课要以习近平强军思想和习近平总书记关于教育的重要论述为遵循，全面贯彻党的教育方针、新时代军事战略方针和总体国家安全观，围绕立德树人根本任务和强军目标根本要求，着眼培育和践行社会主义核心价值观，以提升学生国防意识和军事素养为重点，为实施军民融合发展战略和建设国防后备力量服务。

二、课程目标

普通高等学校通过军事课教学，让学生了解掌握军事基础知识和基本军事技能，增强国防观念、国家安全意识和忧患危机意识，弘扬爱国主义精神、传承红色基因、提高学生综合国防素质。

三、课程要求

军事课纳入普通高等学校人才培养体系，列入学校人才培养方案和教学计划，实行学分制管理，课程考核成绩记入学籍档案。

军事课由《军事理论》《军事技能》两部分组成。《军事理论》教学时数 36 学时，记 2 学分；《军事技能》训练时间 2 ～ 3 周，实际训练时间不得少于 14 天 112 学时，记 2 学分。课程内容含“必讲（必训）”内容（以“*”标识）和“选讲（选训）”内容（其他未标识者），各学校可根据本校实际情况在确保完成“必讲（必训）”内容的基础上，灵活选择“选讲（选训）”内容，但必须完成总学时。

普通高等学校要严格按纲施教、施训和考核，严禁以任何理由和方式调减、占用教学、训练内容和时数。

四、课程内容

（一）《军事理论》教学内容、教学目标与教学时数

教学内容			教学目标	建议学时	备注
中国国防	* 国防概述	国防的内涵、国防类型、国防历史与启示、现代国防观	理解国防内涵和国防历史，树立正确的国防观；了解我国国防体制、国防战略、国防政策以及国防成就，激发学生的爱国热情；熟悉国防法规、武装力量、国防动员的主要内容，增强学生国防意识	10	
	* 国防法规	国防法规体系、公民的国防权利与义务			
	* 国防建设	国防体制、国防战略、国防政策、国防成就、军民融合			
	* 武装力量	中国武装力量性质、宗旨、使命及武装力量构成，人民军队的发展历程			
	* 国防动员	国防动员内涵、国防动员主要内容及意义			
国家安全	国家安全概述	国家安全的内涵、原则、总体安全观	正确把握和认识国家安全的内涵，理解我国总体国家安全观，提升学生防间保密意识；深刻认识当前我国面临的安全形势。了解世界主要国家军事力量及战略动向，增强学生忧患意识	8	
	* 国家安全形势	我国地缘环境基本概况、地缘安全、新形势下的国家安全、新兴领域的国家安全			
	* 国际战略形势	国际战略形势现状与发展趋势、世界主要国家军事力量及战略动向			

续表 1

<table>
<tr><th colspan="3">教学内容</th><th>教学目标</th><th>建议学时</th><th>备注</th></tr>
<tr><td rowspan="4">军事思想</td><td>军事思想概述</td><td>军事思想的内涵、发展历程以及地位作用</td><td rowspan="4">了解军事思想的内涵和形成与发展历程，了解外国代表性军事思想，熟悉我国军事思想的主要内容、地位作用和现实意义，理解习近平强军思想的科学含义和主要内容，使学生树立科学的战争观和方法论</td><td rowspan="4">6</td><td rowspan="4"></td></tr>
<tr><td>外国军事思想</td><td>外国军事思想的主要内容、特点以及代表性著作</td></tr>
<tr><td>* 中国古代军事思想</td><td>中国古代军事思想的主要内容、特点以及代表性著作</td></tr>
<tr><td>* 当代中国军事思想</td><td>毛泽东军事思想、邓小平新时期军队建设思想、江泽民论国防和军队建设思想、胡锦涛关于国防和军队建设重要论述、习近平强军思想</td></tr>
<tr><td rowspan="4">现代战争</td><td>战争概述</td><td>战争的内涵、特点、发展的历程</td><td rowspan="4">了解战争内涵、特点、发展历程，理解新军事革命的内涵和发展演变，掌握机械化战争、信息化战争的形成、主要形态、特征、代表性战例和发展趋势，使学生树立打赢信息化战争的信心</td><td rowspan="4">6</td><td rowspan="4"></td></tr>
<tr><td>* 新军事革命</td><td>新军事革命的内涵、发展演变、主要内容</td></tr>
<tr><td>机械化战争</td><td>机械化战争的基本内涵、主要形态、特征和代表性战例</td></tr>
<tr><td>* 信息化战争</td><td>信息化战争的基本内涵、主要形态、特征、代表性战例，战争形态发展趋势</td></tr>
</table>

续表 2

教学内容			教学目标	建议学时	备注
信息化装备	信息化装备概述	信息化装备的内涵、分类、对现代作战的影响以及发展趋势	了解信息化装备的内涵、分类、发展及对现代作战的影响，熟悉世界主要国家信息化装备的发展情况，激发学生学习高科技的积极性，为国防科研奠定人才基础	6	
	* 信息化作战平台	各国主战飞机、坦克、军舰等信息武器装备发展趋势、战例应用			
	综合电子信息系统	指挥控制系统、预警系统、导航系统等装备电子信息系统发展趋势、战例应用			
	信息化杀伤武器	新概念、精确制导、核生化武器装备等武器装备发展趋势、战例应用			

注：带 * 的为必讲课目，其余为选讲课目。

（二）《军事技能》训练内容、教学目标与教学时数

教学内容			教学目标	建议学时	备注
共同条令教育与训练	* 共同条令教育	《内务条令》《纪律条令》《队列条令》教育	了解中国人民解放军三大条令的主要内容，掌握队列动作的基本要领，养成良好的军事素养，增强组织纪律观念，培养学生令行禁止、团结奋进、顽强拼搏的过硬作风	40 ～ 56	
	* 分队的队列动作	集合、离散，整齐、报数，出列、入列，行进、停止，方向变换			
	现地教学	走进军营，学唱军营歌曲，走进爱国主义教育基地			

续表

教学内容			教学目标	建议学时	备注
射击与战术训练	*轻武器射击	轻武器性能、构造与保养，简易射击学理，武器操作、实弹射击	了解轻武器的战斗性能，掌握射击动作要领，进行体会射击；学会单兵战术基础动作，了解战斗班组攻防的基本动作和战术原则，培养学生良好的战斗素养	20 ～ 28	在训练条件不满足时，可采取模拟训练
	*战术	单兵战术基础动作、分队战术			
防卫技能与战时防护训练	*格斗基础	格斗常识、格斗基本功，捕俘拳等	了解格斗、防护的基本知识，熟悉卫生、救护基本要领，掌握战场自救互救的技能，提高学生安全防护能力	32 ～ 48	
	*战场医疗救护	救护基本知识、个人卫生，意外伤的救护、心肺复苏，战场自救互救			
	*核生化防护	防护基本知识和技能，防护装备使用			
战备基础与应用训练	*战备规定	战备规定主要内容、要求	了解战备规定、紧急集合、徒步行军、野外生存的基本要求、方法和注意事项，学会识图用图、电磁频谱监测的基本技能，培养学生分析判断和应急处置能力，全面提升综合军事素质	20 ～ 36	
	*紧急集合	紧急集合要领、紧急集合训练			
	*行军拉练	行军拉练基本要领、方法，徒步行军实践，宿营			
	野外生存	识别和采集野生食物，寻找水源和鉴别水质，野炊			
	识图用图	地形图基本知识、地图使用训练			
	电磁频谱监测	电磁频谱监测基本知识、方法训练			

注：带*的为必训课目，其余为选训课目；训练日按每天8学时计算。

五、教师发展

军事课教师是完成军事课教学目标的具体执行者和组织者，学校应当按照教学时数和授课学生数量配备相应数量的军事课教师。军队应完善派遣军官制度，按计划派出承训力量，军地双方共同完成军事课教学任务。

军事课教师必须在政治上从严要求，努力提高自身思想素质、军事素质和业务能力，积极参加教学改革和学术研究，不断提高教学质量，开创军事课教学科研工作新局面。

各级教育行政部门、军事部门和普通高等学校应当有计划地安排军事课教师接受继续教育和培训，不断改善知识结构，提高教育教学水平以及学历、学位层次，适应现代高等教育和军事课教学科研需要。

六、教材建设

建立和完善军事课教材建设、规划、编审管理制度。加强普通高等学校军事教学指导委员会建设，规范军事课教材编写和审查。实行教材准入制度。高校应选用优质教材进行教学，确保教材的政策性、权威性和规范性。

七、教学方法

坚持课堂教学和教师面授在军事课教学中的主渠道作用，重视信息技术和慕课、微课、视频公开课等在线课程在教学中的应用和管理。

军事理论教学进入正常授课课堂，严禁以集中讲座等形式替代课堂教学。军事技能训练应坚持按纲施训、依法治训原则，积极推广仿真训练和模拟训练，严禁违规开展商业化运营和市场化运作。

八、课程考核

军事课考核包括军事理论考试和军事技能训练考核，成绩合格者计入学分。学校要建立健全军事课考核规章制度，对考核组织实施程序、方法、标准、要求等进行规范。军事理论考试由学校组织实施，考试成绩按百分制计分，根据卷面成绩、平时作业、考勤情况和课堂表现综合评定。军事技能训练考核由学校和承训教官共同组织实施，成绩分优秀、良好、及格和不及格四个等级。根据学生参训时间、现实表现、掌握程度综合评定。军事课成绩不及格者必须进行补考，补考合格后取得相应学分。

九、教学保障

学校要加强军事课教学的组织保障、经费保障、训练场地保障。军用装备器材由各省军区（卫戍区、警备区）保障；军民通用装备器材由学校保障，纳入政府年度预算和学校经费保障范畴。

十、督导评价

军事课纳入国家教育督导体系，定期组织军事课建设教育督导。各省级教育行政部门会同军事部门成立军事课教学督导机构，制定本地区的评价方案，定期组织军事课程督导评价，充分发挥教育督导评价的导向和激励作用。通过定期举办学生军事训练营等教学展示活动检验军事课教学效果。各学校要建立军事课程评价体系和管理制度，并将军事课程评价纳入学校课程评价总体框架、教学质量年度报告和学校综合办学水平评估。完善高校军事课评价体系，把军事课纳入高校人才培养工作评估体系，作为办学评价的重要指标。

十一、附则

本《大纲》是普通高等学校开展军事课教学的基本依据，也是军事课教学教材建设和教学评价的重要依据。

本《大纲》于 2019 年 8 月起在全国施行。原《普通高等学校军事课教学大纲》（2006 年修订）废止。

北京市教育委员会

转发教育部 中央军委国防动员部关于印发《普通高等学校军事课建设标准》的通知

京教函〔2019〕521号

各普通高校：

现将《教育部 中央军委国防动员部关于印发〈普通高等学校军事课建设标准〉的通知》（教体艺〔2019〕4号，以下简称《标准》）转发给你们。请各高校认真学习贯彻《标准》的内容，按照《标准》要求，进一步加强对学校军事课的宏观指导，规范组织管理、教学管理、队伍管理和学科建设，切实提升学生国防意识和军事素养，服务军民融合发展战略实施和国防后备力量建设。北京市教委将按照《标准》要求组织军事课检查督导工作。

附件：教育部 中央军委国防动员部关于印发《普通高等学校军事课建设标准》的通知

2019年10月18日

教　　育　　部
中央军委国防动员部

关于印发《普通高等学校军事课建设标准》的通知

教体艺〔2019〕4号

各省、自治区、直辖市教育厅（教委），新疆生产建设兵团教育局，各军兵种、武警部队参谋部，各省军区（卫戍区、警备区），教育部直属各高等学校、部省合建各高等学校：

根据《中华人民共和国国防法》《中华人民共和国兵役法》《中华人民共和国教育法》，为全面贯彻党的教育方针和新时代军事战略方针，适应立德树人根本任务和强军目标根本要求，服务军民融合发展战略实施和国防后备力量建设，以提升学生国防意识和军事素养为重点，进一步加强普通高等学校军事课的宏观指导，规范组织管理、教学管理、队伍管理和学科建设，教育部、中央军委国防动员部联合制订了《普通高等学校军事课建设标准》，现印发给你们，请遵照执行。

2019年9月27日

普通高等学校军事课建设标准

一级指标	二级指标	三级指标	指标类型
基本原则	党的领导	坚持党对学生军事训练工作的绝对领导，确保军事课建设的正确方向，确保我党我军优良传统和红色基因在军事课教学中赓续传承	A
	军民融合	落实军民融合深度发展国家战略，发挥军地结合优势，共建共享资源，确保军事课建设各项任务落细落小落实	A
	集约高效	遵循教育教学规律和学生成长规律，整合军地教学训练资源，创新组训模式方法，全面提高学校军事课建设质量效益	A
	依法治教	依法落实主体责任，确保按纲施教、依法治教，不断提高军事课建设规范化和科学化水平	A
组织管理	领导体制	1. 学校要把军事课建设纳入党委常委会议或校长办公会议议事日程，建立健全党委领导、校长负责、党政分工落实的军事课建设管理体制	A
		2. 学校教务、人事、财务、科研、规划、学科、学工等有关职能部门分工负责，确保军事课教学、师资、经费、科研、规划、学科建设等全面落地落实	A
	工作机制	1. 学校党委（常委）会议或校长办公会根据需要定期召开会议研究军事课建设工作，听取军事课教学科研、管理机构意见，分析军事课发展形势，解决军事课建设中出现的问题	A
		2. 军事课要纳入普通高等学校人才培养体系，列入学校人才培养方案和教学计划	A
		3. 按照教育部和中央军委国防动员部有关要求，及时呈报《军事技能》训练所需承训力量，按照教育部门和属地军事职能部门安排计划，组织做好《军事技能》训练工作	B

续表 1

一级指标	二级指标	三级指标	指标类型
组织管理	机构建设	1. 学校应明确承担学生军事训练教学科研工作的机构，配齐配强工作人员，提升教学科研质量	A
		2. 军事课教学科研和管理机构的房屋使用和设备配置等，与校内其他教学科研和管理机构同等对待。针对军事课建设的特殊性，加强军事教研室（部）图书资料室、专用教室建设	B
	经费保障	落实军事课经费，按照国家生均定额拨款要求，足额保障军事课教学、科研、训练经费	B
	组训保障	加强军事课场地和装备器材保障，场地配置和器材性能由属地军事职能部门指导把关，军民通用装备器材由学校保障	B
教学管理	课程设置	1. 军事课设《军事理论》和《军事技能》，为必修课程	A
		2. 军事课实行学分制管理。《军事理论》教学时数 36 学时，记 2 学分	A
		3.《军事技能》训练时间 2 ～ 3 周，实际训练时间不得少于 14 天 112 学时，记 2 学分	A
		4. 学校要严格按纲施教、施训和考核，严禁以任何理由和方式调减、占用教学、训练内容和时数	A
	教材使用	建立军事课教材国家准入制度，规范军事课教材编写、审查、选用。高校选用国家准入教材，确保教材的政治性、科学性	A

续表 2

一级指标	二级指标	三级指标	指标类型
教学管理	教学方式	1. 坚持课堂教学和教师面授在军事课教学中的主渠道作用，重视信息技术、多媒体技术和慕课、微课、视频公开课等在线课程应用，不得以慕课等在线形式整体代替正常的课堂授课	B
		2.《军事理论》教学进入正常授课课堂，实行小班授课，严禁以集中讲座等形式替代课堂教学	B
		3.《军事技能》训练应坚持按纲施训、依法治训原则，积极推广仿真训练和模拟训练，严禁违规开展商业化运营和市场化运作	B
		4. 结合各地爱国主义教育基地资源，组织学生现地教学	C
		5. 积极组织参加国家、省学生军事训练营、军事课教学检验等，探索建立学生军事训练营地育人长效机制	C
	教学研究	学校发布军事课教学研究计划，支持军事课教学研究，支持军事课教学研究成果申报国家、省（部）教学成果奖	B
	考核评价	1. 军事课考核成绩记入学籍档案	A
		2. 军事课建设纳入本科教学评价体系	A
队伍管理	政治方向	军事课教师具有很强的政治觉悟，思想上与党中央保持高度一致	A
	师德师风	军事课教师具有良好的职业道德和学术修养，爱国守法、爱岗敬业	A
	军事素养	军事课教师具有良好的军事知识储备，熟悉国防政策法规和军事思想，了解现代军事建设发展	A

续表 3

一级指标	二级指标	三级指标	指标类型
队伍管理	师资配备	1. 普通高等学校应当根据军事课教学任务的需要，配备相应数量的军事课教师	B
		2. 加强军事课兼职教师队伍建设，完善军事课兼职教师管理办法，落实军事课兼职教师经费	B
	培养培训	1. 对军事课教师定期进行军事知识培训，鼓励军事课教师开展军事热点问题讲座、研讨	C
		2. 军事课教师积极参加教育行政部门、军事机关组织的军事课教师研修或课程培训	B
		3. 支持军事课教师攻读相关学科或方向的博士、硕士学位，提升军事课教师学历	B
	职称待遇	1. 军事课教师职称评审纳入学校职称评审系列，根据军事课和军事课教师的特殊情况，实行分类评价，积极创造条件支持军事课教师职称晋升	A
		2. 军事课教师在职称评聘、科研课题申报、课酬计算标准、福利待遇、奖励、评优评先、进修、培训等方面享受与其他学科教师同等待遇	A
学科建设	学科点建设	根据本校学生军事教育相关学科的博士点、硕士点建设情况，在本校相关一级学科下建设学生军事教育博士、硕士二级学科点或在相关二级学科点下设立学生军事教育培养方向，加强学科建设	B
	学术研究	积极申报国家、省、市各级各类军事教学科研课题，军事教学科研课题与其他学科课题同等对待	B

续表 4

一级指标	二级指标	三级指标	指标类型
学科建设	学术交流	积极支持本校军事课教师参加全国、省、市军事课相关领域学术会议，积极进行同行专业学术交流，提升学术研究能力	B
	学术成果	在专业性期刊发表军事教学科研成果，出版论著，或向有关部门提交研究报告	B

注：

1. 指标分 A、B、C 三类。A 类为核心指标 21 项（每项 4 分），B 类为重点指标 16 项(每项 3 分),C 类为发展指标 3 项(每项 2 分),总计 40 项(138 分)。A 类指标完成 18 项（含）以上为合格。对于合格的普通高校，总分 80 分（含）～99（含）分为良好，100 分（含）以上为优秀。

2. 检查依据。校长办公会议有关文件和会议记录；教务处、人事处、科研处等有关教学文件、教学计划、师资配备、教学支持等档案和记录；专家实地考察座谈。

教学研究

北京市教育委员会文件选编

（2019）

中共北京市委教育工作委员会
北　京　市　教　育　委　员　会

关于印发北京市教育科学“十三五”规划2019年度课题指南的通知

京教策〔2019〕1号

各区教委，各高等学校，市教委直管直属单位：

2019年度课题申报工作自即日起启动，课题管理的具体工作由北京市教育科学规划领导小组办公室负责。《北京市教育科学“十三五”规划2019年度课题指南》经北京市教育科学规划领导小组审批通过，现印发给你们，并将申报工作的有关事项通知如下：

一、选题要求

（一）根据《北京市“十三五”期间教育科学研究规划纲要》规定，北京市教育科学“十三五”规划2019年度课题分为十个研究领域：

1. 教育宏观战略与政策研究
2. 教育基本理论与国际比较研究
3. 教育治理体系研究
4. 课程、教学、评价改革研究
5. 学生发展研究
6. 教育人才队伍建设研究
7. 教育资源配置与效益研究
8. 教育信息化研究
9. 传统文化教育与德育研究

10. 生态文明教育与可持续发展教育研究

（二）各领域分为“教育决策咨询研究”“教育基础理论研究”“教育教学实践研究”三个研究方向。

（三）2019 年度课题类别包括以下六种，分别为：重大课题、优先关注课题、重点课题、校本研究专项课题、青年专项课题、一般课题。

1. 重大课题实行招标制度，申请者不得更改研究题目。重大课题的研究内容应具有创新性，取得的研究成果应具有较高理论价值或实践价值。

2. 优先关注课题应以课题指南为准，申请者不得更改研究题目，可以根据自己的专长和基础，选取独特的切入点进行研究设计。

3. 校本研究专项课题用于资助中小学、幼儿园和中等职业学校的现任校（园）级领导主持的课题。该类课题是以学校（幼儿园）为基本单位，为解决与其实践紧密相关的现实问题，由教师群体参与的具有较高组织程度的课题。

4. 重点课题、青年专项课题、校本研究专项课题、一般课题的申请者可根据自己的研究兴趣和研究基础，从十个研究领域自行设计课题名称和研究内容申请课题。

申请者填写课题申请书时，需明确填写课题所属研究领域、研究方向和课题类别。

二、资助标准

北京市教育科学规划 2019 年度课题对重大课题、优先关注课题、重点课题、校本研究专项课题、青年专项课题予以经费资助。

（一）重大课题最高资助额度为 40 万元。

（二）优先关注课题最高资助额度为 20 万元。

（三）重点课题最高资助额度为 10 万元。

（四）校本研究专项课题最高资助额度为 5 万元。

（五）青年专项课题最高资助额度为 5 万元。

申请者须根据研究工作的实际需要，按照资助标准，进行合理的经费预算。实际资助经费额度以最终评审结果为准。一般课题全部为单位资助的规划课题，其研究经费由申请者单位负责。

三、申请人条件

（一）北京市教育科学规划课题申请人须具有副高级以上专业技术职务或博士学位。

（二）不具备副高级以上专业技术职务或博士学位的，须由 2 名具有副高级以上专业技术职务的同行专家推荐。

（三）申请重大课题者应具有正高级专业技术职务，有深厚的学术研究功底与学术造诣，能有效组织研究团队，调动各种资源开展研究。

（四）申请青年专项课题者（包括课题组成员）年龄不得超过 35 周岁（1983 年 12 月 31 日之后出生）。

（五）为避免重复立项，浪费资源，特作如下规定：

1. 课题负责人只能申请 1 项课题。

2. 正在承担北京市教育科学规划课题的课题负责人不能申请课题。

3. 已获得全国教育科学规划、北京市哲学社会科学规划立项的课题负责人不得以相同内容课题申请北京市教育科学规划课题。

四、完成时限

（一）教育决策咨询类课题要求在 1 ～ 2 年内完成；教育基础理论类课题、教育教学实践类课题要求在 3 ～ 4 年内完成。

（二）研究期限自课题批准立项之日起计算，课题延期或相关变更须报请北京市教育科学规划领导小组办公室批准备案。

五、课题申请要求

2019 年课题申请采取网上申请与文本申报两种形式，重大课题不进行网上申请。申请书文本要求一律用计算机填写。

（一）重大课题实行公开招标制度，评审采取课题申请、资格审查、会议答辩、领导小组审批的方式进行。申请者填写《北京市教育科学“十三五”规划重大课题申请书（2019 年度）》，签署所在单位、受托管理机构意见后，密封投标文件，提交受托管理机构报送至北京市教育科学规划领导小组办公室。

（二）其他类别课题实行网上申请与文本申报。

1. 网上申请流程参见北京市教育科学规划领导小组办公室网站相关文件。文本申报按照所在单位隶属关系，经所在单位审查盖章后，分别通过各区或各单位的科研管理机构报送至北京市教育科学规划领导小组办公室。北京市教育科学规划领导小组办公室不直接受理个人申请。

2. 网上申请网址为北京市教育科学规划网 http://www.gh.bjedu.cn。课题申请所需的各种材料，包括《北京市“十三五”期间教育科学研究规划纲要》《北京市教育科学“十三五”规划 2019 年度课题指南》《北京市教育科学规划课题管理办法（2016 年 5 月 16 日修订）》《北京市教育科学规划课题管理细则》《北京市教育科学“十三五”规划重大课题申请书（2019 年度）》等均可从该网站下载。

3. 各区一般课题的申报依据《北京市教育科学“十三五”规划 2019 年度一般课题各区申报办法》，此申报办法另行通知。

（三）本年度网上填报起止日期为 2019 年 3 月 12 日至 4 月 12 日（系统开放时间）逾期不再受理新课题申请。未参加网上申请的单位和个人不得进行文本申报。市教育规划办反馈申请书材料检查意见时间为 4 月 11 日至 4 月 14 日。

本年度课题文本申报受理时间从 4 月 18 日起至 4 月 19 日止。请各区及各单位相应的科研管理机构务必按期报送，逾期不予受理。

六、报送材料要求

（一）重大课题文本材料报送至北京市教育科学规划领导小组办公室，具体要求为：

1. 将《重大课题申请书》封皮复印 9 份，分别贴在 9 个档案袋正面，以便识别。

2. 请将《申请书》封底投标材料袋背面粘贴表的课题组成员名单复印 9 份，分别贴在 9 个档案袋背面，以便选择评审专家时回避。

3. 报送文本材料时需同时报送申请材料电子版及加盖公章的《课题申请汇总表》。

（二）其他类别课题文本材料报送至北京市教育科学规划领导小组办公室，具体要求为：

1. 审查合格的《课题申请书》原件 1 份，无需装档案袋，各单位按顺序汇总报送；各单位需同时报送加盖公章的《课题申报汇总表》。

2. 申请书要求统一用 A4 纸双面印制，左侧装订。

（三）材料报送地址为：海淀区翠微路 4 号院颐源居 3 号楼旁北京教育科学研究院崇德楼 501 会议室。

七、工作要求

（一）要将本通知及时传达到所属单位及教育科研人员和教师，认真组织好北京市教育科学“十三五”规划 2019 年度课题的申报工作。

（二）各区、各学校和各单位要加强对本年度课题申报工作的宣传、组织、管理和指导，既要积极鼓励，又要严格把关。要依据本通知的要求对申请人进行资格审查，对申请人的信誉、申请书所有栏目填写的内容、前期研究成果、课题组的研究实力和必备条件等进行认真审核，签署明确意见，确保申报工作的质量。

附件：北京市教育科学“十三五”规划 2019 年度课题指南

2019 年 1 月 30 日

附件

北京市教育科学“十三五”规划 2019 年度课题指南

为深入贯彻落实党的十九大精神，贯彻落实全国教育大会精神与北京市教育大会精神，根据《北京市“十三五”期间教育科学研究规划纲要》的部署，进一步提升首都教育现代化水平，关注首都教育发展的重大战略需求和最新改革趋势，促进首都教育科研事业的繁荣发展，特制定本年度规划课题指南。

一、重大课题

1. 中高考改革背景下北京市教学、考试、招生一体化研究

2. 新时代首都教育现代化的理论创新与实践推进策略研究

3.《首都教育现代化 2035》实施中的重大问题及推进策略研究

二、优先关注课题

（一）教育宏观战略与政策研究

1. 北京市高中考试招生制度改革实践探析

2. “城教融合”背景下职业教育转型与发展研究

3. 北京融合教育模式内涵及实践路径研究

4. 国际一流的首都教育指标体系研究

（二）教育基本理论与国际比较研究

1. 北京教育国际化趋势研究

2. 北京基础教育教研特色及发展战略研究

（三）教育治理体系研究

1. 北京市教育行政执法体系与能力建设研究

2. 北京社会力量参与教育治理的政策和实践研究

3. 规范校外培训机构管理的长效机制研究

（四）课程、教学、评价改革研究

1. 高考综合改革背景下的考试评价研究与实践

2. 德智体美劳五育并举的学校课程体系研究

3. 北京中考综合改革背景下的课程设置研究

4. 北京市中小学家、校、社共育课程开发与实施研究

5. 高中课程改革背景下学生综合素质评价研究

（五）学生发展研究

1. 北京市中小学生社会情感能力发展研究

2. 多元人才观及学生发展指导研究

3. 学生终身学习能力培养路径研究

4. 北京市实施劳动教育的实践研究

（六）教育人才队伍建设研究

1. 北京市中小幼新教师入职培养研究

2. 首都教师培养培训体系建设研究

3. 新时期教师心理健康的现状、特点与对策研究

4. 优化中小学教师评价体系研究

5. 新时代中小学校长领导力提升策略研究

（七）教育资源配置与效益研究

1. 学前教育办学体制与资源配置问题研究

2. 教育资源配置中事财匹配的体制机制研究

3. 北京市优质教育资源的辐射效应与集散化模式研究

4. 北京重点区域教育资源配置模式研究

5. 北京市学龄人口波动背景下教育资源配置的策略与路径研究

6. “互联网＋”背景下城乡优质教育资源共享的有效途径研究

（八）教育信息化研究

1. 基于虚实结合的教学改革实践研究

2. 信息社会与未来学校发展的研究

3. 数字媒体学习与传统学习效果的比较研究

（九）传统文化教育与德育研究

1. 北京市中小学传承传统文化发挥育人功能的研究

2. 学校体育美育教学改革探索研究

（十）生态文明教育与可持续发展教育研究

1. 北京中小学生生态文明素养调查研究

2. 基于“互联网＋”的生态文明课程体系建设研究

三、自由选题领域

本年度规划课题指南只列出重大课题和优先关注课题题目，重点课题、青年专项课题、一般课题、校本研究专项课题不设具体指南，研究者可自主确定研究题目，鼓励开展教育基本问题和教育难点问题研究，鼓励开展教育实验研究。

北京市教育委员会

关于公布北京市 2019 年虚拟仿真实验教学项目名单的通知

京教函〔2019〕549 号

各普通高等学校：

根据教育部高等教育司《关于开展 2019 年度国家虚拟仿真实验教学项目认定工作的通知》（教高司函〔2019〕33 号）精神，北京市教委组织专家对 38 所高校申报的 92 个项目进行了评审，评审出北京市级虚拟仿真实验教学项目 75 项，现将结果予以公布。

附件：2019 年度北京市级虚拟仿真实验教学项目名单

2019 年 11 月 5 日

附件

2019 年度北京市级虚拟仿真实验教学项目名单

序号	学校名称	实验教学项目名称	负责人	所属专业代码	大类专业名称
1	北京理工大学	反坦克聚能战斗部设计与威力性能虚拟仿真实验	王海福	082104	兵器类

续表 1

序号	学校名称	实验教学项目名称	负责人	所属专业代码	大类专业名称
2	北京理工大学	坦克装甲车辆机动性虚拟仿真实验	闫清东	082106	兵器类
3	清华大学	基于云仿真的光储微电网运行控制虚拟实验	陈颖	080601	电气类
4	北京交通大学	高速铁路牵引供电系统设计与运行虚拟仿真实验	吴命利	080601	电气类
5	华北电力大学	电网运行操作和故障处理虚拟仿真实验	张东英	080601	电气类
6	中国农业大学	牛结核病病例虚拟剖检诊断实验	刘天龙	090401	动物类
7	中国政法大学	心脏解剖检验与死因鉴定虚拟仿真实验教学项目	杨天潼	100901K	法医学类
8	首都医科大学	疑似生物恐怖袭击事件的卫生应急现场处置	郭秀花	100401K	公共卫生与预防医学类
9	清华大学	飞行攻防任务原理仿真实验	张超	082001	航空航天类
10	北京航空航天大学	飞行器空天交会运动虚拟仿真实验	陈万春	082002	航空航天类
11	北京师范大学	放射化学实验防护及应用实例	崔孟超	070301	化学类
12	北京服装学院	TiO_2 / 锶铁氧体复合纳米纤维光催化剂的制备及磁回收性能	李秀艳	070301	化学类
13	北京化工大学	罐区作业虚拟仿真系统	张东胜	070301	化学类
14	北京航空航天大学	仿生超疏水界面的探究与设计虚拟仿真实验	朱英	070301	化学类

续表 2

序号	学校名称	实验教学项目名称	负责人	所属专业代码	大类专业名称
15	北京大学	BSL–2 实验室中流感病毒分离鉴定虚拟仿真实验	彭宜红	100101	基础医学类
16	北京协和医学院	单细胞测序技术虚拟仿真实验教学项目	王利	100101K	基础医学类
17	北京工业大学	高层公共建筑疏散路线设计虚拟仿真实验教学项目	陈喆	082801	建筑类
18	清华大学	北宋少林寺初祖庵大殿补间斗拱足尺模型制作	庄惟敏	082801	建筑类
19	北京建筑大学	激光雷达技术古建筑三维精细化重构虚拟仿真实验	赵江洪	082801/ 082804T	建筑类
20	北京林业大学	低影响开发绿地循证设计和建造虚拟仿真实验	王向荣	082803	建筑类
21	北京师范大学	未来教师虚拟仿真设计能力培养实验教学项目	蔡苏	040104	教育学类
22	中国人民大学	地籍测量与管理三维虚拟仿真实验教学项目	严金明	120404	经济管理类
23	北京科技大学	多情景无时限股票交易虚拟仿真实验	王立民	020302 020204	经济管理类
24	中国传媒大学	文化产业园区场景式运营管理虚拟仿真实验项目	范周	120210	经济管理类
25	中央财经大学	国别金融对抗虚拟仿真实验——《金融统计分析》实训平台	李建军	020301K; 020302; 020310T	经济管理类
26	中央财经大学	财税业务一体化仿真场景教学实验平台	白彦锋	020202	经济管理类
27	对外经济贸易大学	期权交易虚拟仿真实验	冯建芬	020302	经济管理类

续表 3

序号	学校名称	实验教学项目名称	负责人	所属专业代码	大类专业名称
28	对外经济贸易大学	基于角色互动的公司融资案例决策虚拟仿真实验	束景虹	120204	经济管理类
29	中国政法大学	金融衍生品风控与法律监管虚拟仿真实验教学项目	田文昭	020302	经济管理类
30	华北电力大学	电力市场交易决策虚拟仿真实验项目	李彦斌	020106T	经济管理类
31	中国劳动关系学院	北京中轴线文化旅游虚拟仿真实验教学系统	许艳丽	120902	经济管理类
32	北方工业大学	大学生管理软技能开发虚拟仿真实验	赵继新	120101	经济管理类
33	对外经济贸易大学	基于 0–1 规划的物流配送任务最优决策虚拟仿真实验	丁鼎	120601	经济管理类
34	北京工业大学	基于业财税融合一体化的财务共享虚拟仿真模拟实验	刘亭立	120203	经济管理类
35	中国传媒大学	移动网络系统设计与应用仿真教学平台	孙道军	120101	经济管理类
36	北京科技大学	金属矿绿色开采膏体充填虚拟仿真实验	吴爱祥	081501	矿业类
37	中国矿业大学（北京）	综采放顶煤虚拟仿真教学实验	侯运炳	081501	矿业类
38	中国石油大学（北京）	海底油气管道输送系统流动保障虚拟仿真实验	梁永图	081504	矿业类
39	中国石油大学（北京）	石油钻采工艺及装备虚拟仿真教学实验	顾继俊	081506T	矿业类
40	中国地质大学（北京）	石油工程虚拟仿真实验	李治平	081502	矿业类

续表 4

序号	学校名称	实验教学项目名称	负责人	所属专业代码	大类专业名称
41	中国地质大学（北京）	地下油气形成聚集地质过程虚拟仿真实验	唐玄	081502	矿业类
42	北京大学	清官式大木作虚拟仿真教学实验	张剑葳	060103	历史学类
43	北京联合大学	典藏文物保护陈列环境控制虚拟仿真实验项目	叶晓	060104	历史学类
44	北京林业大学	人工林抚育采伐作业及造材控制虚拟仿真实验	李文彬	082402	林业工程类
45	北京理工大学	重走长征路——理想信念虚拟仿真实验教学	王立群	0305	马克思主义理论学
46	中国农业大学	旱地机械化耕种作业虚拟仿真实验	宋正河	082301	农业工程类
47	北京大学	身体姿态评估及运动干预虚拟仿真实验教学项目	赫忠慧	040204	体育学类
48	北京体育大学	冰雪运动防护虚拟仿真实验	钱菁华	040206T	体育学类
49	北京体育大学	足球比赛基础攻防战术虚拟仿真实验	李春满	040202K	体育学类
50	中央民族大学	民族传统体育虚拟仿真实验教学项目	宗雪飞	040201	体育学类
51	北京体育大学	动作技术的生物力学测试与评价方法实验	刘卉	040205	体育学类
52	北京交通大学	隧道典型施工工法虚拟仿真	张顶立	081001	土木类
53	中国矿业大学（北京）	深基坑内支撑体系设计分析虚拟仿真实验	朱红光	081005T	土木类

续表 5

序号	学校名称	实验教学项目名称	负责人	所属专业代码	大类专业名称
54	北京工业大学	空调风系统管网设计与调试虚拟仿真互动式实验项目	王伟	081002	土木类
55	中国人民大学	重大主题融媒体报道与公共决策支持虚拟仿真实验教学项目	胡百精	050301	文学类
56	中国传媒大学	5G 环境下移动应用产品编创虚拟仿真实验——基于“中传云创”的 APP 编创	秦瑜明	050305	文学类
57	北京语言大学	模拟联合国会议口译虚拟真实验教学项目	王立非	050261	文学类
58	首都经济贸易大学	户外广告视觉传达效果虚拟仿真实验	郭媛媛	050303	文学类
59	北京交通大学	热力学与气体动理论虚拟仿真实验	张兴华	070201	物理学类
60	北京航空航天大学	基于 AFM 的物质表面微观结构及力学性质表征仿真实验	李英姿	070201	物理学类
61	北京邮电大学	半导体物理微观载流子分布特性的虚拟仿真实验	刘玉敏	070202	物理学类
62	中国石油大学（北京）	页岩气物理吸附解吸虚拟仿真实验	邵长金	070201	物理学类
63	中国人民大学	光媒设计虚拟仿真实验教学项目	顾亚奇	130310	艺术学类
64	北京科技大学	无人驾驶车人工智能与创新设计的虚拟仿真实践教学	覃京燕	130504	艺术学类
65	中央美术学院	虚拟策展实验项目	余丁	130102T	艺术学类
66	中央民族大学	民俗婚礼虚拟仿真实验教学项目	郐新凯	130508	艺术学类

续表 6

序号	学校名称	实验教学项目名称	负责人	所属专业代码	大类专业名称
67	北京工商大学	首都古村落视觉规划设计虚拟仿真实验	刘红菊	130508	艺术学类
68	北京电影学院	影视摄影的半实物仿真教学	陈军	130311	艺术学类
69	北京电影学院	电影视觉虚拟仿真交互设计实验	刘言韬	130307	艺术学类
70	北京服装学院	动画前沿应用：虚拟时尚模特创建实践开放平台	常炜	130310	艺术学类
71	首都师范大学	被子植物传粉综合征和繁育系统虚拟仿真实验	顾垒	071001	植物类
72	北京中医药大学	基于 VR 技术的骨外伤院前急救及中医手法复位虚拟仿真教学项目	李雁	100601K	中医类
73	北京中医药大学	针刀治疗虚拟现实实训教学系统	张义	100502K	中医类
74	北京林业大学	黄土高原沟道侵蚀过程与防治虚拟仿真实验	张志强	090203	自然保护与环境生态类
75	北京师范大学	水环境生态风险预警与应急管理虚拟仿真实验教学项目	徐琳瑜	090201	自然保护与环境生态类

科研管理

北京市教育委员会文件选编

（2019）

北 京 市 教 育 委 员 会
北京市哲学社会科学规划办公室

关于对高等学校北京市哲学社会科学研究基地建设情况进行验收的通知

京教研〔2019〕1号

各有关高等学校：

根据《北京市哲学社会科学研究基地管理办法》(京社科规划文〔2015〕10号)和《北京市哲学社会科学研究基地管理细则》(京社科规划文〔2017〕46号，以下简称“管理细则”)的有关规定，北京市教育委员会(以下简称市教委)、北京市哲学社会科学规划办公室(以下简称市社科规划办)决定对建设期满的研究基地进行验收。现将有关事项通知如下：

一、验收时间

2019年3月。具体时间及日程安排另行通知。

二、验收对象

市教委、市社科规划办批准建立的16个研究基地，其中建设满一期的基地6个，建设满两期及以上的基地10个(详见附件)。

三、验收方式

研究基地建设情况的验收采取集中答辩和实地考察两种方式。建设满一期的研究基地主要采取实地考察的方式，建设满两期及以上的研究基地主要采取集中答辩的方式，连续两次验收获得优秀等级的研究基地，可申请免检，只需提交验收材料。

（一）集中答辩验收程序

1. 研究基地负责人（或首席专家）汇报（15 分钟 PPT，主要内容参考自评报告要求，须对上期验收专家反馈意见的落实及整改情况进行说明）；

2. 依托单位汇报政策支持及日常监督管理情况（5 分钟）；

3. 验收组提问、交流（20 分钟）；

4. 验收组评议、打分。

（二）实地考察验收程序

1. 现场考察办公资料用房、仪器设备、图书资料、网络信息化等科研设施（20 分钟）；

2. 研究基地负责人（或首席专家）汇报（20 分钟 PPT，主要内容参考自评报告要求）；

3. 依托单位汇报政策支持及日常监督管理情况（5 分钟）；

4. 验收组提问、交流（30 分钟）；

5. 验收组评议、打分。

四、工作要求

1. 请学校科研管理部门组织各研究基地按照《管理细则》中评估重点、主要内容、验收材料等要求，认真填写《总结报告书》和《自评报告》。

2. 2019 年 3 月 1 日前，请各研究基地将《总结报告书》和《自评报告》的电子版分别发送至市教委和市社科规划办联系人的电子信箱。

3. 有关通知及相关材料请登录首都高校科研网（http://jw.beijing.gov.cn/kyc）查阅或下载。

附件：研究基地验收名单

2019 年 1 月 9 日

附件

研究基地验收名单

建设满一期的研究基地

中国化马克思主义发展研究基地	北京大学
北京经济社会可持续发展研究基地	北京理工大学
北京对外文化传播研究基地	北京第二外国语学院
北京科技创新中心研究基地	北京航空航天大学
语言战略与政策研究基地	北京航空航天大学
北京市政治文明建设研究基地	北京联合大学

建设满两期及以上的研究基地

马克思主义研究基地	中国人民大学
北京能源发展研究基地	华北电力大学
北京新农村建设研究基地	北京农学院
北京市知识管理研究基地	北京信息科技大学
北京知识产权研究基地	北京化工大学
首都高校党建研究基地	北京航空航天大学
首都大学生思想政治教育研究基地	北京交通大学
北京现代产业新区发展研究基地	北京石油化工学院
北京中外文化交流研究基地	北京外国语大学
首都教育经济研究基地	北京师范大学

北京市教育委员会

关于公布北京高校卓越青年科学家计划项目立项名单的通知

京教函〔2019〕9 号

各有关高等学校：

现将北京高校卓越青年科学家计划项目立项名单予以公布，项目资助周期为 2019—2023 年。请各高校根据《北京高等学校卓越青年科学家计划管理办法》（京教研〔2017〕15 号）的规定，做好相关工作。

附件：北京高校卓越青年科学家计划项目立项名单

2019 年 1 月 9 日

附件

北京高校卓越青年科学家计划项目名单

（按姓氏笔画排序）

王栋（北京大学）

王伊龙（首都医科大学）

王立华（北京工业大学）

王祥科（华北电力大学）

王新强（北京大学）
文继荣（中国人民大学）
尹航（清华大学）
田轩（清华大学）
田莉（清华大学）
左建平（中国矿业大学〈北京〉）
陈彬（北京师范大学）
陈人杰（北京理工大学）
陈蓓蓓（首都师范大学）
李冬（北京工业大学）
李涛（中央财经大学）
李晴（北京大学）
李平平（北京协和医学院）
时松海（清华大学）
宋震（中央戏剧学院）
余淼杰（北京大学）
汪夏燕（北京工业大学）
吴晨（北京协和医学院）
杨莉（北京大学）
张玉玉（北京工商大学）
周武（中国科学院大学）
姚宏（北京交通大学）
秦峰（中国农业大学）
徐恪（清华大学）
徐宝锋（北京语言大学）
徐福建（北京化工大学）
黄罡（北京大学）
黄中伟（中国石油大学〈北京〉）
黄玲玲（北京理工大学）
韩红桂（北京工业大学）
雷晓光（北京大学）
翟荟（清华大学）
蔡军（北京协和医学院）
蔡茂林（北京航空航天大学）
颜学庆（北京大学）

北京市教育委员会

转发教育部关于发布教育行业标准《高等学校固定资产分类与代码》文件的通知

京教函〔2019〕63 号

各市属高等学校：

现将《教育部关于发布教育行业标准〈高等学校固定资产分类与代码〉的通知》(教高函〔2019〕2 号,以下简称《通知》) 转发给你们,请遵照执行。

2019 年 2 月 26 日

教育部

关于发布教育行业标准《高等学校固定资产分类与代码》的通知

教高函〔2019〕2 号

各省、自治区、直辖市教育厅（教委），新疆生产建设兵团教育局，有关部门（单位）教育司（局），部属各高等学校、部省合建各高等学校，有关单位：

经全国教育装备标准化技术委员会审查通过，现发布以下教育行业标准：

JY/T 0624–2018 高等学校固定资产分类与代码

该标准自发布之日起实施。

2019 年 1 月 10 日

北京市教育委员会

关于公布 2018 年度北京实验室周期评估结果的通知

京教函〔2019〕172 号

各有关高校：

依据北京市教育委员会《关于在高等学校中建设北京实验室的意见》《关于进一步加强北京实验室建设的意见》《北京实验室建设发展规划（2017—2035）》和《北京实验室建设与运行管理办法（试行）》等文件要求，我委组织专家对建设满五年的北京实验室开展了周期评估工作。根据专家意见，“新能源汽车北京实验室”等 7 个实验室通过周期评估（具体名单附后）。

请各实验室依托单位加强对北京实验室的建设与管理，进一步增强责任意识，为实验室的建设与发展创造良好条件，营造良好的学术环境和创新氛围。各实验室要按照北京实验室建设与管理相关文件要求，积极承接国家和北京市重大任务，组织高水平科学研究、支撑高水平学科建设、培养高水平创新人才、开展高层次学术合作交流，切实提升北京高校在北京加强“四个中心”建设中的作用和贡献。

附件：通过周期评估的北京实验室名单

2019 年 4 月 30 日

附件

通过周期评估的北京实验室名单

北京理工大学新能源汽车北京实验室
（联合学校：北京交通大学、北京工业大学、北京信息科技大学）
北京科技大学现代交通金属材料与加工技术北京实验室
（联合学校：北京工业大学、北京交通大学）
北京交通大学城市轨道交通北京实验室
（联合学校：北京工业大学）
中国农业大学食品质量与安全北京实验室
（联合学校：北京工商大学、北京农学院）
清华大学生物医学检测技术及仪器北京实验室
（联合学校：北京信息科技大学、首都医科大学）
北京航空航天大学通用航空技术北京实验室
（联合学校：北京建筑大学）
北京化工大学生物医用材料北京实验室
（联合学校：首都医科大学、北京大学医学部）

北　京　市　教　育　委　员　会
北京市社会科学界联合会
北京市哲学社会科学规划办公室

关于公布北京市哲学社会科学研究基地建设验收结果的通知

京教研〔2019〕7 号

有关高等学校：

为全面检查掌握北京市哲学社会科学研究基地三年周期建设的情况，根据《北京市哲学社会科学研究基地管理办法》和《北京市哲学社会科学研究基地管理细则》的规定，市教委和市社科联、市社科规划办于 2019 年 5 月组织专家组对 17 个研究基地（其中北京对外交流与外事管理研究基地为二次验收）进行了检查验收，现将验收结果予以公布（见附件）。

附件：北京市哲学社会科学研究基地建设验收结果

2019 年 8 月 26 日

附件

北京市哲学社会科学研究基地建设验收结果

优秀研究基地名单

北京中外文化交流研究基地（依托高校：北京外国语大学）

北京经济社会可持续发展研究基地（依托高校：北京理工大学）

中国化马克思主义发展研究基地（依托高校：北京大学）

北京能源发展研究基地（依托高校：华北电力大学）

合格研究基地名单

北京市政治文明建设研究基地（依托高校：北京联合大学）

北京对外文化传播研究基地（依托高校：北京第二外国语学院）

马克思主义研究基地（依托高校：中国人民大学）

首都大学生思想政治教育研究基地（依托高校：北京交通大学）

北京新农村建设研究基地（依托高校：北京农学院）

首都教育经济研究基地（依托高校：北京师范大学）

北京科技创新中心研究基地（依托高校：北京航空航天大学）

首都高校党建研究基地（依托高校：北京航空航天大学）

北京现代产业新区发展研究基地（依托高校：北京石油化工学院）

北京对外交流与外事管理研究基地（依托高校：外交学院）

免检研究基地名单

北京市知识管理研究基地（依托高校：北京信息科技大学）

不合格研究基地名单

语言战略与政策研究基地（依托高校：北京航空航天大学）

北京知识产权研究基地（依托高校：北京化工大学）

北京市教育委员会

关于下达2020年度科技计划以及社科计划资助项目的通知

京教函〔2019〕657号

各有关市属高校：

根据市教委、市财政局《北京市属高等学校提高科技创新能力建设项目管理办法（试行）》（京教研〔2013〕8号）的文件规定，经过项目申请、学校初选推荐、专家评审等项目立项工作程序，产生了2020年度北京市教育委员会科技计划（以下简称“科技计划”）和北京市教育委员会社科计划（以下简称“社科计划”）资助项目470项。科技计划资助项目283项，其中科技重点项目（市自然基金—市教委联合资助）50项，科技一般项目233项；社科计划资助项目187项，其中社科重点项目（市社科基金—市教委联合资助）30项，社科一般项目157项。现予公布（项目名单见附件）。各项目的经费额度以财政最终下达的经费额度为准。

请各有关高校加强对本计划项目的管理，提供必要的条件支持并督促项目组开展研究工作，确保科研计划的顺利实施。经项目资助的科研成果均需标注受“市教委科研计划资助和项目编号”，否则在办理结题时不予认可。

本通知可从市教委科研处网站 http://jw.beijing.gov.cn/kyc/ 下载。

附件：北京市教育委员会2020年度科技计划、社科计划批准立项项目

2019年12月13日

附件

北京市教育委员会 2020 年度科技计划、社科计划批准立项项目

北京市教育委员会 2020 年度批准立项项目分布情况表

序号	学校名称	项目数合计（项）	科技计划项目		社科计划项目	
			重点项目	一般项目	重点项目	一般项目
			项目数（项）	项目数（项）	项目数（项）	项目数（项）
1	北京工业大学	69	13	35	5	16
2	北方工业大学	26	2	13	1	10
3	北京工商大学	30	4	12	1	13
4	北京服装学院	13	1	9	0	3
5	北京印刷学院	17	4	9	0	4
6	北京建筑大学	19	1	17	1	0
7	北京石油化工学院	16	1	11	0	4
8	北京农学院	20	4	14	1	1
9	首都医科大学	58	17	32	1	8

续表 1

序号	学校名称	项目数合计（项）	科技计划项目		社科计划项目	
			重点项目	一般项目	重点项目	一般项目
			项目数（项）	项目数（项）	项目数（项）	项目数（项）
10	首都师范大学	45	2	20	6	17
11	首都体育学院	3	0	0	0	3
12	北京第二外国语学院	8	0	1	2	5
13	北京物资学院	15	0	3	2	10
14	首都经济贸易大学	19	0	2	2	15
15	中国音乐学院	1	0	1	0	0
16	中国戏曲学院	1	0	0	0	1
17	北京电影学院	5	0	1	0	4
18	北京舞蹈学院	10	0	1	0	9
19	北京工业职业技术学院	6	0	3	0	3
20	北京信息职业技术学院	2	0	1	1	0
21	北京电子科技职业学院	6	0	5	0	1
22	北京信息科技大学	34	1	23	2	8

续表 2

序号	学校名称	项目数合计（项）	科技计划项目		社科计划项目	
			重点项目	一般项目	重点项目	一般项目
			项目数（项）	项目数（项）	项目数（项）	项目数（项）
23	北京联合大学	26	0	14	1	11
24	北京城市学院	1	0	1	0	0
25	北京青年政治学院	5	0	0	1	4
26	北京农业职业学院	3	0	3	0	0
27	北京警察学院	4	0	2	0	2
28	北京经济管理职业学院	2	0	0	0	2
29	北京教育学院	2	0	0	1	1
30	北京开放大学	2	0	0	1	1
31	北京财贸职业学院	2	0	0	1	1
合计		470	50	233	30	157

北京市教育委员会 2020 年度科技计划重点项目立项一览表

项目编号	项目名称	负责人	承担单位	研究类别	成果形式	批准经费（万元）	启动时间	完成时间	合作单位
KZ202010005001	基于抗震韧性的桥梁结构新体系及设计方法	韩强	北京工业大学	基础研究	论文、报告	80	2020 年 1 月	2022 年 12 月	清华大学
KZ202010005002	基于等离激元纳腔的分子异质结激光发射特性研究	张新平	北京工业大学	基础研究	论文、报告	80	2020 年 1 月	2022 年 12 月	无
KZ202010005003	面向北京山区“煤改电”项目的空气源热泵关键问题研究	王伟	北京工业大学	基础研究	论文、报告	80	2020 年 1 月	2022 年 12 月	中国建筑科学研究院有限公司；珠海格力电器股份有限公司
KZ202010005004	基于小样本学习的晶圆表面缺陷自动光学检测方法研究	于乃功	北京工业大学	基础研究	论文、报告	80	2020 年 1 月	2022 年 12 月	无
KZ202010005005	脑胶质瘤循环肿瘤细胞及病理组织中蛋白质标志物的原位质谱定量分析	高靓	北京工业大学	基础研究	论文、报告	80	2020 年 1 月	2022 年 12 月	无

续表 1

项目编号	项目名称	负责人	承担单位	研究类别	成果形式	批准经费（万元）	启动时间	完成时间	合作单位
KZ202010005006	活体内自组装荧光 /CT 双模态增强成像与放射性治疗一体化探针设计研究	苏冬冬	北京工业大学	基础研究	论文、报告	80	2020 年 1 月	2022 年 12 月	中国科学院高能物理研究所
KZ202010005007	锂离子电池高能氧阴离子反应正极材料开发与机制研究	张旭	北京工业大学	基础研究	论文、报告	80	2020 年 1 月	2022 年 12 月	中国科学院化学研究所
KZ202010005008	连续太赫兹波新型三维层析成像方法研究	王大勇	北京工业大学	基础研究	论文、报告	80	2020 年 1 月	2022 年 12 月	无
KZ202010005009	钐钴热变形磁体的各向异性形成机理和磁硬化机理研究	张东涛	北京工业大学	基础研究	论文、报告	80	2020 年 1 月	2022 年 12 月	无
KZ202010005010	基于知识图谱的慢阻肺电子病历语义分析关键技术与应用研究	李建强	北京工业大学	基础研究	论文、报告	80	2020 年 1 月	2022 年 12 月	无
KZ202010005011	纤维增强复合材料与铝合金激光连接方法及机理研究	黄婷	北京工业大学	基础研究	论文、报告	80	2020 年 1 月	2022 年 12 月	无

续表 2

项目编号	项目名称	负责人	承担单位	研究类别	成果形式	批准经费（万元）	启动时间	完成时间	合作单位
KZ202010005012	基于价值和残损特征的北京地区木结构古建筑抗震性能评估方法研究	郭小东	北京工业大学	基础研究	论文、报告	80	2020 年 1 月	2022 年 12 月	无
KZ202010005013	低能耗体积稳定预制构件关键胶凝材料设计与水化机制	兰明章	北京工业大学	基础研究	论文、报告	80	2020 年 1 月	2022 年 12 月	无
KZ202010009014	涉及特殊加载条件和尺度效应的金属薄板微型辊式冷弯成形机理研究	王海波	北方工业大学	基础研究	论文、报告	80	2020 年 1 月	2022 年 12 月	无
KZ202010009015	先进工业机器人系统关键技术研究与试验	何广平	北方工业大学	基础研究	论文、报告	80	2020 年 1 月	2022 年 12 月	无
KZ202010011016	基于群体感应解析特定威克汉姆酵母诱导增强红曲霉 MonacolinK 合成调控机制	王成涛	北京工商大学	基础研究	论文、报告	80	2020 年 1 月	2022 年 12 月	无
KZ202010011017	绿色低粘度天然深共熔溶剂体系的设计及其在逆流色谱分离中的应用	曹学丽	北京工商大学	基础研究	论文、报告	80	2020 年 1 月	2022 年 12 月	无

续表 3

项目编号	项目名称	负责人	承担单位	研究类别	成果形式	批准经费（万元）	启动时间	完成时间	合作单位
KZ202010011018	Burkholderia pyrrocinia 合成酯类关键酶的筛选及其功能分析	滕超	北京工商大学	基础研究	论文、报告	80	2020 年 1 月	2022 年 12 月	无
KZ202010011019	具有表面微结构的柔性聚苯胺基复合毡的创制及其电磁双效损耗特性	张扬	北京工商大学	基础研究	论文、报告	80	2020 年 1 月	2022 年 12 月	无
KZ202010012020	功能化变形颗粒构筑刺激响应导电性纤维	刘继广	北京服装学院	基础研究	论文、报告	80	2020 年 1 月	2022 年 12 月	中国科学院理化技术研究所；中国科学院化学研究所
KZ202010015021	基于机器视觉的印刷辊筒表面缺陷智能识别系统研究	曹少中	北京印刷学院	基础研究	论文、报告	80	2020 年 1 月	2022 年 12 月	中国印刷科学技术研究院有限公司
KZ202010015022	等离子体增强原子层沉积制备碳化镍薄膜及其电化学析氢性能的研究	刘忠伟	北京印刷学院	基础研究	论文、报告	80	2020 年 1 月	2022 年 12 月	无
KZ202010015023	可满铺的隐形二维码防伪方法及关键技术研究	曹鹏	北京印刷学院	基础研究	论文、报告	80	2020 年 1 月	2022 年 12 月	北京交通大学；中国科学院大学

续表 4

项目编号	项目名称	负责人	承担单位	研究类别	成果形式	批准经费（万元）	启动时间	完成时间	合作单位
KZ202010015024	基于 TiO_2 /BiOCl 纳米晶的柔性神经微电极制备、界面调控和性能优化	刘儒平	北京印刷学院	基础研究	论文、报告	80	2020 年 1 月	2022 年 12 月	清华大学；北京市肿瘤防治研究所
KZ202010016025	地铁齿轮箱—轮对复合故障分量提取及智能诊断算法研究	杨建伟	北京建筑大学	基础研究	论文、报告	80	2020 年 1 月	2022 年 12 月	无
KZ202010017026	多级协同管式高通量微细气泡发生器的成泡机理与特性研究	陈家庆	北京石油化工学院	基础研究	论文、报告	80	2020 年 1 月	2022 年 12 月	清华大学
KZ202010020027	番茄保卫细胞 JA/Ca^2 +信号通路关键基因的挖掘及耐旱机制解析	王绍辉	北京农学院	基础研究	论文、报告	80	2020 年 1 月	2022 年 12 月	北京市农林科学院
KZ202010020028	多胺调控草莓节水及果实品质形成的生理与分子机制	郭家选	北京农学院	基础研究	论文、报告	80	2020 年 1 月	2022 年 12 月	无
KZ202010020029	泛素化蛋白调控奶牛无乳链球菌型乳腺炎症的分子机制研究	蒋林树	北京农学院	基础研究	论文、报告	80	2020 年 1 月	2022 年 12 月	中国农业科学院北京畜牧兽医研究所

续表 5

项目编号	项目名称	负责人	承担单位	研究类别	成果形式	批准经费（万元）	启动时间	完成时间	合作单位
KZ202010020030	中性粒细胞黏附分子表达的关键信号通路及相关中药调控研究	姜代勋	北京农学院	基础研究	论文、报告	80	2020 年 1 月	2022 年 12 月	中国食品药品检定研究院
KZ202010025031	钙超载对帕金森病模型中自噬功能的作用及机制研究	刘磊	首都医科大学	基础研究	论文、报告	80	2020 年 1 月	2022 年 12 月	无
KZ202010025032	低氧诱导因子 2α 促进血管平滑肌细胞源性泡沫细胞形成并加速动脉粥样硬化的机制研究	曲爱娟	首都医科大学	基础研究	论文、报告	80	2020 年 1 月	2022 年 12 月	无
KZ202010025033	脑出血后巨噬细胞的代谢调节加速血肿清除的机制研究	李纤	首都医科大学	基础研究	论文、报告	80	2020 年 1 月	2022 年 12 月	无
KZ202010025034	新型溶瘤病毒 ON–01 治疗恶性脑胶质瘤的机制研究	刘福生	首都医科大学	基础研究	论文、报告	80	2020 年 1 月	2022 年 12 月	无
KZ202010025035	基于 CRISPR 技术的 HBVcccDNA 检测新方法建立及其应用研究	任锋	首都医科大学	基础研究	论文、报告	80	2020 年 1 月	2022 年 12 月	无

续表 6

项目编号	项目名称	负责人	承担单位	研究类别	成果形式	批准经费（万元）	启动时间	完成时间	合作单位
KZ202010025036	肠道微生物通过调节性固有淋巴细胞对移植物急性排斥反应的作用及机制研究	胡小鹏	首都医科大学	基础研究	论文、报告	80	2020 年 1 月	2022 年 12 月	无
KZ202010025037	ASPP2 通过自噬调节肝癌干细胞的分子机制及潜在的肝癌治疗价值	陈德喜	首都医科大学	基础研究	论文、报告	80	2020 年 1 月	2022 年 12 月	无
KZ202010025038	基于整合素的力学信息传递网络在动脉压力感受器机械偶联及重调中的作用	王伟	首都医科大学	基础研究	论文、报告	80	2020 年 1 月	2022 年 12 月	无
KZ202010025039	中国儿童肥胖的风险基因和干预靶标研究	米杰	首都医科大学	基础研究	论文、报告	79	2020 年 1 月	2022 年 12 月	北京航空航天大学；Tulane University
KZ202010025040	基因 NCOA3 的 R485C 突变体在多发性硬化中的作用及机制研究	王喆	首都医科大学	基础研究	论文、报告	80	2020 年 1 月	2022 年 12 月	无

续表 7

项目编号	项目名称	负责人	承担单位	研究类别	成果形式	批准经费（万元）	启动时间	完成时间	合作单位
KZ202010025041	脓毒症二次感染时 Akt1/mTOR 通路—糖代谢途径调控中性粒细胞胞外诱捕网的机制	曾辉	首都医科大学	基础研究	论文、报告	80	2020 年 1 月	2022 年 12 月	无
KZ202010025042	PTPRZ1–MET 融合基因阴性高级别脑胶质瘤生物标记物的发现与靶向治疗研究	江涛	首都医科大学	基础研究	论文、报告	80	2020 年 1 月	2022 年 12 月	无
KZ202010025043	颅底凹陷导致下颈椎畸形的生物力学机制研究	菅凤增	首都医科大学	基础研究	论文、报告	80	2020 年 1 月	2022 年 12 月	无
KZ202010025044	基于多维度水凝胶改善冠脉搭桥术后桥血管再狭窄的新策略	于洋	首都医科大学	基础研究	论文、报告	80	2020 年 1 月	2022 年 12 月	无
KZ202010025045	经 β3AR/NOX2 介导的巨噬细胞胞葬在易损斑块形成中的作用与机制研究	吴小凡	首都医科大学	基础研究	论文、报告	80	2020 年 1 月	2022 年 12 月	无

续表 8

项目编号	项目名称	负责人	承担单位	研究类别	成果形式	批准经费（万元）	启动时间	完成时间	合作单位
KZ202010025046	LKB1 调控 NKG2D 配体表达介导肺癌抗 PD-1 免疫治疗原发耐药的分子机制研究	李晓燕	首都医科大学	基础研究	论文、报告	72	2020 年 1 月	2022 年 12 月	中国人民解放军总医院
KZ202010025047	基于深度学习 CT 影像分析的恶性肺磨玻璃结节分子分型预测模型的研究	苏强	首都医科大学	基础研究	论文、报告	77	2020 年 1 月	2022 年 12 月	北京航空航天大学
KZ202010028048	Morse 理论与椭圆型变分问题	苏加宝	首都师范大学	基础研究	论文、报告	80	2020 年 1 月	2022 年 12 月	北京化工大学；北方工业大学
KZ202010028049	植物 CNGCs 编码钙波动信号应对极端干旱的分子机制研究	李乐攻	首都师范大学	基础研究	论文、报告	80	2020 年 1 月	2022 年 12 月	无
KZ202011232050	面向年龄相关性黄斑变性早期诊断的光学弹性成像方法研究	朱疆	北京信息科技大学	基础研究	论文、报告	78	2020 年 1 月	2022 年 12 月	首都医科大学

北京市教育委员会2020年度社科计划重点项目立项一览表

项目编号	项目名称	负责人	承担单位	研究类别	成果形式	批准经费（万元）	启动时间	完成时间	合作单位
SZ202010005001	北京金漆镶嵌技艺代际传承路径与机制研究	陈亚凡	北京工业大学	基础研究	论文	20	2020年1月	2022年12月	无
SZ202010005002	老年群体护理型服装设计研究	张鹏	北京工业大学	应用研究	研究报告、论文、其他	20	2020年1月	2022年12月	《神州养老》杂志 中社社会养老产业发展基金；万谦养老运营管理股份有限公司
SZ202010005003	建筑信息模型技术在北京核心区公共设施设计中的协同优化研究	韩宇翃	北京工业大学	基础研究	论文、其他	20	2020年1月	2022年12月	北京清华同衡规划设计研究院有限公司；北京甲板智慧科技有限公司
SZ202010005004	社会融合视角下随迁子女教育模式研究	魏爽	北京工业大学	应用研究	研究报告	20	2020年1月	2022年12月	北京市东城区教委

续表 1

项目编号	项目名称	负责人	承担单位	研究类别	成果形式	批准经费（万元）	启动时间	完成时间	合作单位
SZ202010005005	“一流学科”建设高校国际化发展路径的比较研究	王超	北京工业大学	综合研究	论文	20	2020 年 1 月	2022 年 12 月	无
SZ202010009006	“一带一路”背景下国际商事法庭机制核心问题研究	田晓云	北方工业大学	综合研究	专著	20	2020 年 1 月	2022 年 12 月	中国政法大学
SZ202010011007	北京地区高校科技发展存在的问题及对策研究	孙永波	北京工商大学	应用研究	研究报告、论文、其他	20	2020 年 1 月	2022 年 12 月	无
SZ202010016008	韧性城市视角下的城市基础设施承载力研究	孙成双	北京建筑大学	综合研究	专著、研究报告、论文	20	2020 年 1 月	2022 年 12 月	无
SZ202010020009	乡村振兴背景下乡村绿道文化表达模式研究——以北京市怀柔区为例	冯丽	北京农学院	应用研究	专著、研究报告	20	2020 年 1 月	2023 年 5 月	无

续表 2

项目编号	项目名称	负责人	承担单位	研究类别	成果形式	批准经费（万元）	启动时间	完成时间	合作单位
SZ202010025010	医养结合背景下失能老年人“互联网＋延续性护理”工作模式的研究	高丽	首都医科大学	应用研究	论文	20	2020 年 1 月	2022 年 12 月	无
SZ202010028011	丝绸之路开通前欧亚大陆文明交流互鉴研究	李永斌	首都师范大学	基础研究	论文	20	2020 年 1 月	2022 年 12 月	无
SZ202010028012	明代北京文献《蓟丘集》整理与研究	王毓蔺	首都师范大学	基础研究	专著、其他	20	2020 年 1 月	2022 年 12 月	无
SZ202010028013	北京语言产业的经济贡献度及其发展策略研究	李艳	首都师范大学	综合研究	研究报告	20	2020 年 1 月	2022 年 12 月	中译语通；声望听力；商务印书馆
SZ202010028014	法兰克福学派美育思想及其当代启示研究	孙士聪	首都师范大学	基础研究	专著	20	2020 年 1 月	2022 年 12 月	浙江大学人文学院

续表 3

项目编号	项目名称	负责人	承担单位	研究类别	成果形式	批准经费（万元）	启动时间	完成时间	合作单位
SZ202010028015	小学生网络游戏的道德风险点研究	李敏	首都师范大学	综合研究	研究报告、论文	20	2020 年 1 月	2022 年 12 月	北京邮电大学；浙江师范大学
SZ202010028016	流动人口住房分层的时空特征及政策启示	刘冉	首都师范大学	应用研究	论文	20	2020 年 1 月	2022 年 12 月	中国科学院地理科学与资源研究所
SZ202010031017	文旅融合下北京旅游目的地形象的话语构建——多模态话语分析视角	武守强	北京第二外国语学院	应用研究	研究报告、论文	19	2020 年 1 月	2022 年 6 月	无
SZ202010031018	约翰·巴思的记忆书写研究	龙云	北京第二外国语学院	基础研究	专著、论文	20	2019 年 9 月	2022 年 12 月	清华大学
SZ202010037019	环首都流通圈三级配送网络集成优化研究	陈红丽	北京物资学院	应用研究	专著、论文	20	2020 年 1 月	2022 年 12 月	中国仓储与配送协会

续表 4

项目编号	项目名称	负责人	承担单位	研究类别	成果形式	批准经费（万元）	启动时间	完成时间	合作单位
SZ202010037020	促进学习效率提高的短视频学习与多元教学课堂的实践研究	梁雅琼	北京物资学院	应用研究	专著、研究报告、其他	20	2020 年 1 月	2022 年 12 月	北京师范大学
SZ202010038021	北京市中期预算引入预算绩效改革问题研究	李红霞	首都经济贸易大学	应用研究	研究报告、论文	20	2020 年 1 月	2022 年 12 月	中国财政学科研究院；北京市财政局
SZ202010038022	首都非京籍常住人口中的劳动者社会保障体系研究	江华	首都经济贸易大学	应用研究	研究报告、论文	20	2020 年 1 月	2022 年 12 月	无
SZ202010857023	北京市家庭养老支持政策与实践研究	孟凡新	北京信息职业技术学院	应用研究	研究报告、论文	12	2020 年 1 月	2022 年 12 月	无

续表 5

项目编号	项目名称	负责人	承担单位	研究类别	成果形式	批准经费（万元）	启动时间	完成时间	合作单位
SZ202011232024	基于大数据的京津冀大气污染防治跟踪审计模式研究	张莉	北京信息科技大学	综合研究	专著、研究报告、论文、其他	20	2020 年 1 月	2022 年 12 月	无
SZ202011232025	面向人工智能时代的设计伦理及其方法研究	张黎	北京信息科技大学	综合研究	论文	20	2020 年 1 月	2022 年 12 月	清华大学；北京大学
SZ202011417026	人工智能技术应用对劳动者心理影响及干预策略研究	朱晓妹	北京联合大学	综合研究	研究报告、论文、其他	20	2020 年 1 月	2022 年 12 月	无
SZ202011626027	《阳明先生文录》嘉靖间刻本集校	任文利	北京青年政治学院	基础研究	论文、其他	20	2020 年 1 月	2022 年 12 月	首都经济贸易大学文化与传播学院

续表 6

项目编号	项目名称	负责人	承担单位	研究类别	成果形式	批准经费（万元）	启动时间	完成时间	合作单位
SZ202050061028	协同创新视域下中学化学卓越教师专业素养提升研究	王春	北京教育学院	综合研究	其他	20	2019 年 7 月	2022 年 7 月	北京市大兴区“吴殿更特级教师工作室”；北京市朝阳区“张青杨特级教师工作室”；北京市朝阳区“冯清华特级教师工作室”
SZ202051160029	有意识拖延对网络学习质量的影响与干预研究	周莹	北京开放大学	应用研究	研究报告、论文	20	2020 年 1 月	2022 年 12 月	中国人民大学
SZ202051638030	北京市非物质文化遗产教育传承的实施路径研究	孙万军	北京财贸职业学院	综合研究	研究报告、论文、其他	20	2019 年 7 月	2022 年 7 月	首都师范大学；北京老字号协会；中国非物质文化遗产保护协会非遗教育研究中心

招生·考试

北京市教育委员会文件选编

（2019）

北京市教育委员会

关于2019年北京市成人中专招生工作的通知

京教职成〔2019〕2号

各区教委，各有关职业院校：

为深入贯彻北京市委第十二次党代会精神，落实《北京城市总体规划（2016年—2035年）》，开展好教育系统疏解整治促提升专项整治行动，加快推动部分高校、中职学校和一般性培训机构调减规模和向外疏解，实现首都教育的布局优化和品质提升，助力中等职业学校转型升级和内涵发展，根据《北京市教育委员会关于印发2018—2020年教育系统疏解整治促提升专项行动计划的通知》（京教计〔2017〕34号），自2019年春季招生起，市教委决定进一步规范成人中专招生工作，通知如下：

一、招生学校及对象

（一）招生学校

1. 具有成人中专招生资格的本市全日制中等职业学校（含普通中专、职业高中）；

2. 连续招生两年以上独立设置的成人中等专业学校。

（二）招生对象

1. 具有初中（及以上）学历毕业的北京市户籍生源。

2. 不得招收以下人员：

（1）本市初、高中在校生；

（2）非本市户籍生源。

二、学籍注册要求

新生注册学籍时，需交验入学新生北京市户籍证明、初中（及以上学历）毕业证书复印件。

三、工作要求

（一）提高认识。各有关区教委和学校应认真贯彻落实“疏解整治促提升”的要求，高度重视、严格执行新的成人中专新生学籍注册政策，加强规范管理。

（二）加强管理。学校主管单位要加强对所属学校领导和管理。本市各职业院校要认真做好成人中专的招生、教学和学籍管理等各项工作，严格按照本《通知》要求，认真做好招生宣传工作，对出现违反招生政策和做虚假招生宣传等违规行为的学校，要严肃追究领导责任，停止学校招生。

（三）确保落实。学校在启动成人中专招生工作开始前，要及时向上级主办单位报告成人中专最新政策。学校所在区教委及行业（企业）对举办成人中专教育有明确疏解控规任务的，要及时以书面形式向市教委报告，确保相关工作步调的一致性和政策的贯彻落实。

2019 年 1 月 16 日

北京市教育委员会

关于做好 2019 年中考体育现场考试的通知

京教函〔2019〕87 号

北京教育考试院：

2019 年我市中考体育现场考试工作继续执行《北京市教育委员

会关于做好 2017 年初中毕业升学体育考试工作的通知》(京教体艺〔2016〕23 号)及附件有关要求，请你院依据职责，做好 2019 年中考体育现场考试的组织工作。

2019 年 3 月 6 日

北京市教育委员会

关于进一步做好校额到校工作的通知

京教基二〔2019〕5 号

各区教委、燕山教委：

2016 年我市中招新增校额到校招生方式，在推进教育公平、促进小升初就近入学方面发挥了重要作用。为坚持和完善优质高中校额到校招生政策，兑现 2019—2021 年初三毕业生校额到校承诺，并提前做好2022年及以后初三毕业生校额到校计划测算工作，引导合理预期，现将有关工作通知如下。

一、兑现 2019—2021 年初三毕业生校额到校承诺

(一) 2019—2021 年初三毕业生校额到校计划已提前三年告知当年初一新生，要保障落实，不得擅自更改、减少计划。

(二) 切实扩大优质高中招生规模，科学编制统招计划，保障各类初中毕业生升入优质高中机会。

(三) 2019—2020 年参加校额到校的学生均须参加当年本市高级中等学校招生考试。中考成绩达到 500 分且在同一学校具有连续三年学籍的考生可参加校额到校招生。

招生采用校内选拔方式，按考生志愿及成绩录取。录取成绩满分仍以580分计，由中考文化课成绩、初中综合素质评价成绩和体育成绩组成，其中中考文化课和初中综合素质评价成绩满分540分，按7∶3比例计入，体育满分40分。

各区教委和初中校要做好综合素质评价工作，落实相关工作要求，保证成绩转化顺利进行，结果客观公正。

二、做好2022年及以后初三毕业生校额到校计划测算

（一）将全市优质高中50%以上的招生名额分配到一般初中校，原则上每所优质高中校额到校计划不减少。

（二）以2021年初三毕业生校额到校计划为基数，综合考虑小升初生源数量、初高中办学规模、优质资源布局、集团化办学、普通高中自主招生等因素进行微调，科学确定每所一般初中2022年及以后一段时期初三毕业生校额到校计划，保持计划稳定，不再每年测算调整，稳定家长预期。

（三）区教委于3月31日前向市教委报送今年入学、2022年毕业的初中生校额到校计划，纸质版加盖区教委公章报送至市教委基教二处，电子版发送至电子邮箱。今后因学校新建、改扩建、合并等需调整当年初一新生三年后校额到校计划的，于当年3月31日前报市教委备案。

每年4月15日前将当年初一新生三年后校额到校计划录入一般公办初中进入优质高中机会查询系统，5月至9月小学毕业生可登录查询。

三、做好扩优、教学和宣传工作

（一）持续扩大优质高中办学规模。各区要积极通过集团化办学、一体化管理、优质高中整合一般高中、高中特色发展等方式，快速扩大优质高中办学规模，采用增量推进方式，满足学生对优质教育的需求。

（二）切实做好高中教学工作。校额到校学生和统招学生统一编班，因材施教开展教育教学管理，根据学生实际学情制订针对性教学方案和辅助提升计划，加强对中招分数较低学生的学习发展指导。

（三）加强校额到校政策宣传。各区要指导中小学干部教师正确理解和宣传校额到校政策，将校额到校价值取向、政策要点、查询方式等全覆盖告知小学、初中毕业生和家长。

2019 年 3 月 22 日

北京市教育委员会

关于下达 2019 年市属普通高校优秀高职毕业生升本科招生计划的通知

京教计〔2019〕6 号

有关市属高等学校：

为贯彻落实《北京市深化高等学校考试招生制度综合改革实施方案》（京教计〔2018〕20 号）要求，进一步推进我市高等教育考试招生制度改革，拓宽优秀高职毕业生进入本科阶段继续深造的渠道，构建高等教育人才培养的“立交桥”，2019 年继续开展市属普通高校优秀高职毕业生升本科招生工作。现就相关要求和招生计划通知如下：

一、各校要不断完善推荐选拔程序，在推荐、考试和录取过程中坚持公开、公平、公正的原则，按照高校招生“阳光工程”的要求，做好优秀高职毕业生升本科相关工作。

二、各校要严格执行优秀高职毕业生升本科招生计划，未经批准，任何单位和个人不得擅自变更招生计划。未经我委核准计划录取的学生，一律不予新生学籍电子注册。

三、各校不得在招生过程中以高职升本科为名义进行虚假宣传、不实承诺、招揽生源。同时严格执行学生学费标准，不得借“专升本”名义进行高收费、乱收费的课外辅导等违规行为。

四、按照《北京市教育委员会转发教育部办公厅关于进一步做好高校学生参军入伍工作文件的通知》（京教学〔2015〕3号）的要求，未获得免试专升本资格的退役大学生参加普通专升本报名考试，实行计划单列，录取比例不低于50%。

附件：1. 2019年市属高校优秀高职毕业生升本科招生计划表

2. 2019年退役士兵升本科招生计划表

2019年4月1日

附件1

2019年市属高校优秀高职毕业生升本科招生计划表

单位：人

代码	院校名称	本校推荐	外校推荐	合计	其中：接收本校	其中：接收外校
10009	**北方工业大学**		**465**	**236**		**236**
01	法学		144	72		72
02	电子信息工程		4	2		2
03	工程管理		12	6		6
04	工商管理		39	20		20
04/05	工商管理/会计学		77	39		39
05	会计学		37	19		19
06	汉语言文学		4	2		2
07	机械设计制造及其自动化		48	24		24
07/04	机械设计制造及其自动化/工商管理		9	5		5
08	计算机科学与技术		49	25		25

续表 1

代码	院校名称	本校推荐	外校推荐	合计	其中：接收本校	其中：接收外校
09	日语		3	2		2
10	数字媒体技术		1	1		1
11	通信工程		8	4		4
12	英语		6	3		3
13	自动化		24	12		12
10016	**北京建筑大学**		**244**	**125**		**125**
01	测绘工程		10	5		5
02	车辆工程（卓越班）		35	18		18
03	给排水科学与工程		20	10		10
04	工程管理		29	15		15
05	工程造价		37	19		19
06	工商管理		28	14		14
07	环境工程		5	3		3
08	机械电子工程		13	7		7
09	计算机科学与技术		3	2		2
10	建筑电气与智能化		2	1		1
11	土木工程		62	31		31
10017	**北京石油化工学院**		**293**	**151**		**151**
01	电气工程及其自动化		5	3		3
02	公共事业管理		89	45		45
03	国际经济与贸易		9	5		5
04	会计学		33	17		17
05	机械工程		47	24		24

续表 2

代码	院校名称	本校推荐	外校推荐	合计	其中：接收本校	其中：接收外校
06	计算机科学与技术		67	34		34
07	旅游管理		17	9		9
08	市场营销		7	4		4
09	物流管理		5	3		3
10	信息管理与信息系统		14	7		7
10020	**北京农学院**	**41**	**151**	**101**	**23**	**78**
01	动物医学	9	34	22	5	17
02	园艺	5	14	10	3	7
03	园林	5	24	15	3	12
04	国际经济与贸易	4	2	3	2	1
05	工商管理	3	8	6	2	4
06	农村区域发展（规划）	5		3	3	
07	会展经济与管理（策划与设计）	6	11	9	3	6
08	旅游管理（生态旅游）	4	7	6	2	4
09	会计学		17	9		9
10	食品质量与安全		14	7		7
11	法学		4	2		2
12	计算机科学与技术		6	3		3
13	生物技术		4	2		2
14	环境设计		4	2		2
15	农林经济管理		1	1		1
16	农学（作物遗传育种）		1	1		1
10025	**首都医科大学**	**58**	**64**	**62**	**30**	**32**

续表 3

代码	院校名称	本校推荐	外校推荐	合计	其中：接收本校	其中：接收外校
01	临床医学（郊区定向）	14		7	7	
02	医学检验技术	7		4	4	
03	护理学（燕京医学院）	37	64	51	19	32
10038	**首都经济贸易大学**		**24**	**13**		**13**
01/02	财务管理 / 工商管理		10	5		5
03	国际经济与贸易		5	3		3
04	计算机科学与技术		3	2		2
05	旅游管理		6	3		3
10049	**中国戏曲学院**		**4**	**4**		**4**
01	表演（京剧表演）		1	1		1
02	表演（京剧器乐）		1	1		1
03	表演（多剧种表演）		1	1		1
04	表演（多剧种器乐）		1	1		1
10050	**北京电影学院**	**7**		**4**	**4**	
01	表演	5		3	3	
02	戏剧影视美术设计	2		1	1	
11417	**北京联合大学**	**58**	**1848**	**961**	**31**	**930**
01	表演		5	3		3
02	档案学		16	8		8
03	电气工程及其自动化		43	22		22
04	电子商务		84	42		42

续表 4

代码	院校名称	本校推荐	外校推荐	合计	其中：接收本校	其中：接收外校
05	电子信息工程	5	73	40	3	37
06	工商管理		152	76		76
07	工业工程		1	1		1
08	广告学		14	7		7
09	国际经济与贸易	6	16	11	3	8
10	会计学		219	110		110
11	机械工程		189	95		95
12	计算机科学与技术	6	162	84	3	81
13	计算机科学与技术（听力残疾生）	2		1	1	
14	金融学		114	57		57
15	酒店管理	24	8	16	12	4
16	旅游管理		65	33		33
17	人力资源管理		59	30		30
18	生物技术		24	12		12
19	市场营销		67	34		34
20	新闻学		33	17		17
21	信息管理与信息系统		88	44		44
22	学前教育		135	68		68
23	英语	5	60	33	3	30
24	音乐学		60	30		30
25	服装与服饰设计		8	4		4

续表 5

代码	院校名称	本校推荐	外校推荐	合计	其中：接收本校	其中：接收外校
26	环境设计		50	25		25
27	视觉传达设计	5	44	25	3	22
28	数字媒体艺术	5	59	33	3	30
11418	**北京城市学院**	**203**	**159**	**185**	**104**	**81**
01	车辆工程	9		5	5	
02	工商管理	12		6	6	
03	工业设计	2		1	1	
04	工艺美术	4		2	2	
05	国际经济与贸易	3		2	2	
06	护理学	57	79	69	29	40
07	会计学	8		4	4	
08	计算机科学与技术	7		4	4	
09	交通工程	4		2	2	
10	旅游管理	2		1	1	
11	食品质量与安全	15		8	8	
12	学前教育	46		23	23	
13	中药学	34	20	27	17	10
14	康复治疗学		33	17		17
15	药学		27	14		14
11232	**北京信息科技大学**		**28**	**14**		**14**
01	车辆工程		4	2		2
02	工商管理		12	6		6

续表 6

代码	院校名称	本校推荐	外校推荐	合计	其中：接收本校	其中：接收外校
03/04	工商管理 / 市场营销		4	2		2
05	行政管理		2	1		1
06	信息管理与信息系统		6	3		3
14019	**北京警察学院**	**12**		**6**	**6**	
01	交通管理工程	12		6	6	

附件 2

2019 年退役士兵升本科招生计划表

单位：人

院校代号	院校名称	推荐人数	招生计划数
合计		94	47
100028	首都师范大学	1	47
100038	首都经济贸易大学	2	
10009	北方工业大学	10	
10016	北京建筑大学	9	
10017	北京石油化工学院	7	
10020	北京农学院	8	
11232	北京信息科技大学	1	
11417	北京联合大学	55	
11418	北京城市学院	1	

北京市教育委员会

关于做好2019年北京市宏志生招生工作的通知

京教基二〔2019〕8号

各区教委：

根据市教委、市财政局、市民政局《关于印发北京市普通高中宏志奖学金和宏志班补助管理办法的通知》（京教财〔2016〕7号），结合目前本市城乡低保标准的调整意见，现将做好2019年北京宏志中学、北京市广渠门中学“宏志生”招生工作有关事项通知如下：

一、报名条件

具有本市常住户口，家庭月人均收入低于城乡低保标准（城市和农村1100元），且品学兼优、身体健康的优秀应届初中毕业生。

二、宏志生的待遇

凡被正式录取的新生，在校期间享受“四免一补”，即免交学杂费、书本费、校服费、住宿费，并享受一定数额的伙食补贴。

三、北京宏志中学报名办法

（一）各学校按报名条件推荐学生报考，被推荐的学生须填写《2019年北京宏志中学宏志生报名登记表》（见附表），推荐学校需填写推荐意见并在照片处加盖校章；各区教委统一进行审核并签署意见。

（二）7月5日、6日8：30～16：00，被推荐的学生持相关材料到北京宏志中学进行资格认定（考虑个别远郊区学生进城较远，北京宏志中学将到校进行资格认定，时间以学校与相关区约定为准）。

（三）报名时需持的相关证明材料：《2019年北京宏志中学宏志生报名登记表》；由村委会或住家居委会出具的家庭经济困难证明；学

生家庭的户口本、学生本人的学生证、各种荣誉证书原件及其复印件；一寸免冠照片 1 张；2019 年北京市高级中等学校招生体格检查表。

四、北京市广渠门中学宏志班报名办法

凡符合贫困条件的学生持相关证明、一寸免冠照片 1 张、2019 年北京市高级中等学校招生体格检查表等材料自主报名，参加北京市广渠门中学自行组织的"宏志生"资格审核及面试，时间：7 月 5 日 8：00 ～ 16：00，由北京市广渠门中学发给符合报考条件的初中毕业生《报考资格证》，学生凭《报考资格证》填报志愿。

五、有关事项

（一）各有关区教委要将此政策宣传到每所学校和每位应届学生，积极支持符合条件的学生报名，并为他们办理相关审核手续。

（二）符合报考条件者均需参加 2019 年北京市高级中等学校招生考试，并按照招生计划及成绩择优录取。

附件：2019 年北京宏志中学宏志生报名登记表（略）

2019 年 4 月 7 日

北京市教育委员会

关于做好我市 2019 年高等职业教育自主招生工作的通知

京教计〔2019〕7 号

各有关市属高等学校：

为贯彻落实《北京市深化高等学校考试招生制度综合改革实施方

案》(京教计〔2018〕20号)要求，进一步完善高职分类考试模式，促进高等职业教育健康持续发展，2019年我市继续开展高等职业教育自主招生工作(以下简称"高职自主招生")。现将高职自主招生计划下达给你们，并就做好相关工作通知如下：

一、院校及招生计划

2019年我市参加高职自主招生的院校有30所，招生总计划14335人，其中计划招收农村户籍学生7071人(分学校、分专业招生计划见附件)。

二、有关工作要求

(一)各校要按照教育部和北京市相关招生规定，依法办学，诚信办学，进一步规范招生行为，严格执行"30个不得"招生工作禁令；要高度重视此项工作，按照"严格程序、加强管理、接受监督"的原则，认真做好报名、考核、录取、公示等各个环节的工作。对有违规行为的学校，我委将按照相关规定严肃处理。

(二)各校要深入探索和健全"文化素质＋职业技能"考试招生方式。按照"条件明确化、程序规范化、招生办法公开化、录取结果公示化"的要求，注重对学生职业技能的考查，为学生接受高等职业教育提供多种入学方式和学习方式。同时，各校要根据自身情况制定详细可行的自主选拔录取方案，报我委审核通过后向社会公布，并在整个录取工作中严格认真执行。

(三)各校要严格执行招生计划，维护计划的严肃性。任何单位和个人不得擅自调整计划；对于未经批准擅自超计划招生的学校，将被核减下年度招生计划。

(四)高职自主招生计划纳入各校2019年普通高等教育招生总计划内，已录取的考生不再参加当年普通高等学校招生全国统一考试和录取。

附件：2019年高职自主招生分学校、分专业招生计划表(略)

2019年4月12日

北京市教育委员会

关于公示 2019 年具有招生资格的高级中等学校名单的通知

京教计〔2019〕14 号

各区教委：

为保障人民群众接受教育的合法权益，完善社会监督机制，维护高级中等学校考试招生工作的正常秩序，确保招生录取工作依法“公开、公平、公正”进行，坚决杜绝违规招生行为，现将我市 2019 年具有招生资格的高级中等学校向社会公示。未经公示的高级中等学校，不得擅自开展招生活动。

附件：1. 2019 年具有招生资格的普通高中学校名单

2. 2019 年具有招生资格的普通中专学校名单

3. 2019 年具有招生资格的职业高中学校名单

4. 2019 年具有招生资格的技工学校名单

5. 2019 年具有举办五年制高职资格的高职学院名单

2019 年 5 月 16 日

附件 1

2019 年具有招生资格的普通高中学校名单

东城区

北京市第二中学
北京市第五中学
北京市第十一中学
北京市第五十中学
北京市第五十五中学
北京市第一零九中学
北京市第一六六中学
北京市第一七一中学
北京市广渠门中学
北京汇文中学
北京市东直门中学
北京景山学校
北京市第一中学
北京市第二十一中学
北京市第二十二中学
北京市第二十四中学
北京市第二十五中学
北京市第二十七中学
北京市第五十中学分校
北京市第五十四中学
北京市第六十五中学
北京市第九十六中学
北京汇文实验中学
（北京市第一二五中学）
北京市第一四二中学
北京宏志中学
北京市第一六五中学
中央工艺美术学院附属中学
北京市龙潭中学
北京市崇文门中学
北京市翔宇中学
北京市阳光情学校

西城区

北京市第四中学
北京市第八中学
北京市第十三中学
北京市第十四中学
北京市第十五中学
北京市第三十五中学
北京市第六十六中学
北京市第一六一中学
北京市铁路第二中学
北京市育才学校
北京市回民学校
北京市西城外国语学校
北京师范大学附属中学
北京师范大学第二附属中学
北京师范大学附属实验中学
北京市第三中学

北京市第七中学
北京市第三十一中学
北京市第三十九中学
北京市第四十三中学
北京市第四十四中学
北京市第五十六中学
北京市第一五六中学
北京市第一五九中学
外交学院月坛中学
北京市徐悲鸿中学
北京市鲁迅中学
北京教育学院附属中学
北京市宣武外国语实验学校
北京师范大学实验华夏女子中学
北京师范大学亚太实验学校
北京启喑实验学校

朝阳区

北京市第十七中学
北京市第八十中学
对外经济贸易大学附属中学（北京市第九十四中学）
北京市日坛中学
北京市陈经纶中学
北京市三里屯一中
北京化工大学附属中学
北京市和平街第一中学
北京第二外国语学院附属中学
北京工业大学附属中学
北京中医学院附属中学
清华大学附属中学朝阳学校
中国科学院附属实验学校分校
北京汇文中学朝阳垂杨柳分校（原北京市垂杨柳中学）
中央美术学院附属实验学校
北京市团结湖第三中学
北京市东方德才学校
北京市朝阳外国语学校
北京世青国际学校
北京市私立新亚中学
北京拔萃双语学校
北京爱迪学校
北京市朝阳区爱迪外国语学校
黄冈中学北京朝阳学校
北京市力迈中美学校
北京市朝阳区人大附中朝阳分校
中国人民大学附属中学朝阳学校
华中师范大学第一附属中学朝阳学校
东北师范大学附属中学朝阳学校
北京八十学校
北京市朝阳区清华附中国际学校
北京中学
北京乐成国际学校

海淀区

中国人民大学附属中学
中国人民大学附属中学翠微学校
中国人民大学附属中学第二分校
人大附中西山学校
北京航空航天大学实验学校
北京市第一〇一中学

北京市十一学校
北京交通大学附属中学
北京交通大学附属中学东校区
北京市八一学校
北京市八一学校附属玉泉中学
北京市中关村中学
北京市中关村中学知春分校
北京市第二十中学
首都师范大学附属中学
首都师范大学第二附属中学
首都师范大学附属育新学校
清华大学附属中学
清华大学附属中学永丰学校
北京理工大学附属中学
北京大学附属中学
北京医学院附属中学
北京市育英学校
北京市第十九中学
北京市海淀区教师进修学校附属实验学校
北京市第五十七中学
北京市育英中学
北京实验学校（海淀）
中国农业大学附属中学
北京科技大学附属中学
北京石油学院附属中学
北京师范大学第三附属中学
北京市玉渊潭中学
中国矿业大学（北京）附属中学
中国地质大学附属中学
北京市海淀区教师进修附属实验香山分校（原北大附中香山学校）
北京外国语大学附属中学
北京市海淀实验中学
中央民族大学附属中学
北京中法实验学校
北京交通大学附属中学分校
北京十一实验中学
北京交通大学附属中学第二分校
人大附中航天城学校
中国人民大学附属中学分校
清华大学附属实验学校
北京理工大学附属中学分校
北京市师达中学
北京市二十一世纪国际学校
北京市清华育才实验学校
北京外国语大学附属外国语学校（原北京市北外附属外国语学校）
北京市清华志清中学
北京市建华实验学校
北京市海淀区尚丽外国语学校
北京市中关村外国语学校
北京市海淀外国语实验学校
北京市一零一实验学校
人大附中北大附小联合实验学校
北京市海淀国际学校
北京海淀凯文学校

丰台区

北京市第十二中学
北京市第十中学
北京市第十八中学
北京市丰台区丰台第二中学
北京市首都师范大学附属丽泽中学
北京师范大学实验中学丰台学校
北京市丰台区东铁匠营第一中学
首都经济贸易大学附属中学
中国教育科学研究院丰台实验学校
北京市大成学校
首都师范大学附属云岗中学
北京市航天中学
北京市丰台区长辛店第一中学
中央民族大学附属中学丰台实验学校
中国人民大学附属中学丰台学校
北京市第八中学怡海分校
北京市中桥外国语学校
北大附属实验学校
北京十二中高中分校
北京市丰华中学
北京市明德中学

石景山区

北京市京源学校
北京市古城中学
北京大学附属中学石景山学校
首都师范大学附属苹果园中学
北京市第九中学
首钢集团有限公司矿业公司职工子弟学校
北京景山学校远洋分校
北京师范大学附属中学京西分校
北京市礼文中学
北京市石景山区中杉学校

门头沟区

首都师范大学附属中学永定分校
北京市大峪中学
北京市第八中学永定实验学校
北京市第八中学京西校区

房山区

北京师范大学良乡附属中学
北京四中房山分校
北京市房山区良乡中学
北京市房山区房山中学
北京市房山区实验中学
北京市房山区周口店中学
北京市房山区坨里中学
首都师范大学附属房山学校
北京市房山区交道中学
北京市博文学校

燕山

北京师范大学燕化附属中学

昌平区

北京市昌平区第一中学
北京市昌平区第二中学
北京市昌平区第三中学
北京市昌平区实验学校

北京市昌平区前锋学校
北京市昌平区沙河中学
北京市第十五中学南口学校
首都师范大学附属回龙观育新学校
首都师范大学附属中学昌平学校
北京师范大学第二附属中学未来科技城学校
中央民族大学附属中学昌平学校
北京市私立汇佳学校
北京王府学校
北京王府外国语学校
北京昌平新东方外国语学校
北京市昌平区新学道临川学校
北京昌平凯博外国语学校
北京市昌平区佳莲学校
北京中科青云实验学校
北京市未来城学校

大兴区

北京市大兴区第一中学
北京市大兴区兴华中学
北京师范大学大兴附属中学
首都师范大学大兴附属中学
北京市大兴区第三中学
北京建筑大学附属中学
北京市第八中学大兴分校
北京市大兴区旧宫中学
北京市大兴区魏善庄中学
北京市大兴区采育中学
北京市大兴区榆垡中学
北京市私立君谊中学
人大附中北京经济技术开发区学校
北京亦庄实验中学
北京市中芯学校

通州区

北京市通州区潞河中学
北京市通州区运河中学
北京市通州区永乐店中学
北京市通州区张家湾中学
中国人民大学附属中学通州校区
首都师范大学附属中学（通州校区）
北京理工大学附属中学通州校区
北京市第二中学通州校区
北京市第五中学通州校区
北京潞河国际教育学园
北京中加学校

顺义区

北京市顺义牛栏山第一中学
北京市顺义区第一中学
北京市顺义区杨镇第一中学
北京市顺义区第二中学
北京市顺义区第九中学
北京市第四中学顺义分校
北京市牛栏山一中实验学校
北京市新英才学校
北京市顺义区君诚学校
北京市新府学外国语学校
北京市顺义区青苗学校

怀柔区

北京市怀柔区第一中学

北京市第一〇一中学怀柔分校

北京市怀柔区第二中学

首都师范大学附属红螺寺中学

平谷区

北京市平谷中学

北京市平谷区第五中学

北京师范大学附属中学平谷第一分校

北京实验学校

北京市平谷区精英未来学校

延庆区

北京市延庆区第一中学

北京市延庆区第二中学

北京市延庆区第三中学

北京市延庆区第五中学

密云区

首都师范大学附属密云中学

北京市密云区第二中学

北京师范大学密云实验中学

北京市密云区新农村中学

附件2

2019年具有招生资格的普通中专学校名单

一、北京市学校

北京水利水电学校

北京交通运输职业学院中专部

北京市自动化工程学校

北京市经济管理学校

北京市园林学校

北京金隅科技学校

北京市对外贸易学校

北京市商业学校

北京商贸学校

北京市供销学校

北京市振华旅游学校（丰台区管理）

北京铁路电气化学校

北京市海淀区卫生学校

北京市昌平卫生学校

北京体育职业学院中专部

北京市什刹海体育运动学校

北京市第三体育运动学校

首都体育学院附属竞技体育学校

北京市国际艺术学校

中国戏曲学院附属中等戏曲学校

北京舞蹈学院附属中等舞蹈学校

中国音乐学院附属中等音乐专科学校

北京戏曲艺术职业学院中专部

北京市爱莲舞蹈学校
中央芭蕾舞团舞蹈学校

二、中央部委在京学校

中央音乐学院附属中等音乐学校
中央美术学院附属中等美术学校
北京体育大学附属竞技体育学校

附件 3

2019 年具有招生资格的职业高中学校名单

东城区

北京市第一七九中学
北京现代职业教育学校
北京国际职业教育学校
北京市国际美术学校
北京市东城区古城职业高中
北京市东城区特殊教育学校
北京市东城区中央音乐学院鼎石实验学校
北京市育人中等职业学校

西城区

北京市西城职业学校
北京市外事学校
北京市财会学校
北京市实验职业学校
北京启喑实验学校

朝阳区

北京市求实职业学校
北京市劲松职业高中
北京市电气工程学校
北京市朝阳区职业技术学校

海淀区

北京市信息管理学校
北京市健翔学校
北京市海淀寄读学校
北京市盲人学校

丰台区

北京市丰台区职业教育中心学校
北京新桥外国语高中学校
北京八一艺术学校
北京市文化艺术职业学校

石景山区

北京市黄庄职业高中
北京市古城旅游职业学校

门头沟区

北京市门头沟区中等职业学校

房山区

北京市房山区第二职业高中
北京市房山区房山职业学校

燕山

北京市燕山职业学校

昌平区

北京市昌平职业学校

北京少林武术学校

大兴区

北京市大兴区第一职业学校

北京现代艺术学校

通州区

北京新城职业学校

北京市现代音乐学校

顺义区

北京市顺义区新大方职业学校

北京市音乐舞蹈学校

北京国际标准舞研修学院中专部

怀柔区

北京百汇演艺学校

平谷区

北京市平谷区职业学校

延庆区

北京市延庆区第一职业学校

密云区

北京市密云区职业学校

附件 4

2019 年具有招生资格的技工学校名单

北京市工贸技师学院

北京市仪器仪表高级技工学校

北京电子信息技师学院

北京汽车技师学院

北京市工业技师学院

北京市新媒体技师学院

北京轻工技师学院

北京科技高级技术学校

首钢技师学院

北京市应用高级技工学校

北京市工艺美术高级技工学校

北京市经贸高级技术学校

北京市公共交通高级技工学校

北京地铁技术学校

北京市城市管理高级技术学校

北京市实验技工学校

北京二七机车厂技工学校

北京市顺义区人力资源和社会保障局高级技工学校

附件5

2019年具有举办五年制高职资格的高职学院名单

北京电子科技职业学院
北京信息职业技术学院
北京工业职业技术学院
北京农业职业学院
北京政法职业学院
北京京北职业技术学院
北京体育职业学院
北京交通运输职业学院
北京劳动保障职业学院
北京卫生职业学院
北京财贸职业学院
北京第二外国语学院
北京城市学院

北京市教育委员会

关于下达2019年北京市普通高中和职业高中招生规模的通知

京教计〔2019〕20号

各区教委：

根据《北京市“十三五”时期教育改革和发展规划（2016—2020年）》和《关于做好2019年高级中等学校考试招生工作的意见》（京教计〔2019〕4号）精神，确定2019年北京市普通高中招生规模为51560人，职业高中招生规模为4358人。现将2019年北京市分区普通高中和职业高中招生规模下达给你们，并就有关招生工作提出如下要求：

一、积极贯彻落实北京市“十三五”时期教育改革和发展规划确定的目标和任务，充分发挥教育事业计划在高中阶段教育发展中的引导作用，通过认真编制和落实招生计划，统筹区域教育资源，推动高中阶段教育高质量多样化发展。

二、继续加强普通高中教育资源的统筹规划和布局调整，不断扩大优质教育资源覆盖面，满足人民群众日益增长的对优质教育资源的需求。积极引导职业高中调整优化专业结构，提高人才培养质量，适应首都经济社会发展和产业转型升级需求。

三、进一步加强计划管理工作，严格执行招生计划，维护计划工作的严肃性。未经我委批准，任何单位不得擅自增减招生计划和变更招生方式，严格依照北京教育考试院中招办备案后的新生名册为新生建立学籍。

四、各区教育部门和普通高中学校要认真做好市级统筹和校额到校等招生工作，确保此项工作公平、公正、公开进行，从而促进义务教育均衡发展、城乡教育协调发展。

附件：2019 年北京市分区普通高中和职业高中招生规模

2019 年 7 月 3 日

附件

2019 年北京市分区普通高中和职业高中招生规模

区	普通高中招生规模	职业高中招生规模
合计	51560	4358
东城	5203	150
西城	6286	200

续表

区	普通高中招生规模	职业高中招生规模
朝阳	3964	720
丰台	2484	228
石景山	1180	110
海淀	11870	800
门头沟	697	100
燕山	200	50
房山	2767	220
通州	2778	300
顺义	3295	60
昌平	2280	500
大兴	2695	300
怀柔	1205	20
平谷	1660	150
密云	1828	300
延庆	1168	150

北京市教育委员会

关于下达 2019 年市属高校研究生招生计划的通知

京教计〔2019〕21 号

有关市属高等学校：

根据《教育部关于下达 2019 年全国研究生招生计划的通知》（教发函〔2019〕63 号）精神，2019 年市属高校研究生招生计划 16972 人，其中博士生招生计划 1404 人，硕士生招生计划 15568 人。现将 2019 年北京市属高校研究生招生计划下达给你们，请遵照执行，并就有关事项通知如下：

一、以习近平新时代中国特色社会主义思想为指导，深入贯彻落实全国、全市教育大会精神，市属高校研究生招生计划管理工作要围绕落实创新发展理念和国家创新驱动发展战略纲要，坚持以服务首都“四个中心”功能建设需求、提高研究生培养质量为主线，立足内涵发展，着力优化结构，为推进世界一流大学、一流学科建设以及提升市属高校办学实力服务，为建设国际一流的和谐宜居之都提供有力的高层次人才支撑。

二、进一步改进和完善招生计划管理，建立健全动态调整机制。在安排招生计划时综合考虑学科现状、科研经费、高水平师资力量、教学科研平台和成果等因素。支持学校特色优势学科发展、高精尖创新中心建设、高水平人才队伍和创新团队建设、重大科研项目建设，以高水平科学研究支撑高质量研究生教育。

三、各校要按照教育部和我委有关要求，做好研究生招生计划落实工作。调整优化学科专业间招生结构，对科研项目和经费缺乏、培养能力明显较弱、毕业生就业压力大、社会需求不足的学科专业应限制招生规模，对生源不足的学科专业要认真分析原因，及时采取应对举措。建立招生计划联动机制，统筹考虑研究生、普通高等教育和成人高等教育协调发展。进一步改善办学条件，特别是加强研究生导师队伍建设，不断改善研究生培养所需的学习、科研、生活等条件，提高研究生教育质量。

四、认真落实各类专项招生计划。实施各类专项计划，是研究生教育落实国家各类重大战略任务的必要手段和有效方式，有关高校要按照相关文件要求，认真落实所承担的各类专项招生计划。按照《北京市教育委员会关于开展市属高校联合培养博士研究生的通知》(京教研〔2018〕3号)要求，加强博士研究生联合培养，提升相关高校博士研究生培养能力和水平。认真做好北京冬奥会和冬残奥会人才培养工作，保证办赛人才的质量，北京冬奥组委将主要面向在读研究生招收赛时实习生。各类专项招生计划均包含在各校招生总规模以内。

五、各校在招生录取过程中，要认真遵守国家有关研究生招生的政策和规定，加强招生计划安排事中事后监管，坚决维护招生计划的严肃性。未经批准，任何单位和个人不得擅自变更招生计划。

附件：1. 2019年研究生招生计划汇总表

2. 2019年联合培养博士研究生招生计划表

3. 2019年冬奥组委赛时实习生硕士研究生招生计划表

4. 2019年博士研究生分专业招生计划汇总表（略）

5. 2019年硕士研究生分专业招生计划汇总表（略）

2019年7月15日

附件 1

2019 年研究生招生计划汇总表

单位：人

单位代码	单位名称	博士生							硕士生						
		合计	全日制			非全日制			合计	全日制			非全日制		
			计	学生学位	专业学位	计	学术学位	专业学位		计	学术学位	专业学位	计	学术学位	专业学位
	高校合计	1404	1401	1030	371	3		3	15568	14087	5744	8343	1481	17	1464
10005	北京工业大学	393	393	393					2811	2363	1131	1232	448		448
10009	北方工业大学	10	10	10					879	799	351	448	80		80
10011	北京工商大学	25	25	25					1156	1090	420	670	66		66
10012	北京服装学院	12	12	12					420	420	180	240			
10015	北京印刷学院								425	425	140	285			
10016	北京建筑大学	24	24	24					825	705	247	458	120		120
10017	北京石油化工学院								200	200	30	170			
10020	北京农学院								578	486	128	358	92		92
10025	首都医科大学	519	519	165	354				1270	1270	440	830			

续表

单位代码	单位名称	博士生							硕士生						
		合计	全日制			非全日制			合计	全日制			非全日制		
			计	学生学位	专业学位	计	学术学位	专业学位		计	学术学位	专业学位	计	学术学位	专业学位
10028	首都师范大学	237	234	217	17	3		3	2450	2282	1130	1152	168		168
10029	首都体育学院	15	15	15					321	286	117	169	35		35
10031	北京第二外国语学院								609	524	252	272	85		85
10037	北京物资学院								352	312	112	200	40		40
10038	首都经济贸易大学	109	109	109					1410	1300	513	787	110	10	100
10046	中国音乐学院	30	30	30					218	195	83	112	23		23
10049	中国戏曲学院								130	125	38	87	5		5
10050	北京电影学院	30	30	30					285	215	75	140	70	7	63
10051	北京舞蹈学院								68	60	14	46	8		8
11232	北京信息科技大学								620	589	213	376	31		31
11417	北京联合大学								280	280	130	150			
11418	北京城市学院								261	161		161	100		100

附件 2

2019 年市属高校联合培养博士研究生招生计划表

单位：人

学校代码	学校名称	博士招生计划
合　　计		16
10005	北京工业大学	4
10012	北京服装学院	2
10028	首都师范大学	5
10029	首都体育学院	1
10038	首都经济贸易大学	2
10050	北京电影学院	2

附件 3

2019 年冬奥组委赛时实习生硕士研究生招生计划表

单位：人

学校代码	学校名称	硕士招生计划
合　　计		90
10005	北京工业大学	25
10012	北京服装学院	10
10025	首都医科大学	9
10028	首都师范大学	8
10029	首都体育学院	10
10031	北京第二外国语学院	18
10037	北京物资学院	10

北 京 市 教 育 委 员 会
北京市发展和改革委员会

关于下达 2019 年北京市普通中等专业学校招生规模的通知

京教计〔2019〕22 号

各有关委办局（总公司），各普通中等专业学校、有关高等职业学校：

根据《北京市人民政府关于加快发展现代职业教育的实施意见》（京政发〔2015〕57 号）和《北京市教育委员会关于做好 2019 年高级中等学校考试招生工作的意见》（京教计〔2019〕4 号）精神，为适应北京经济社会发展和产业转型升级对职业技术人才的需求，现将 2019 年本市普通中等专业学校、五年制高等职业教育试点和高端技术技能人才贯通培养试验招生规模下达给你们，请遵照执行。

一、各普通中等专业学校、五年制高职试点学校和高端技术技能人才贯通培养试验学校要牢固树立服务首都的意识，围绕首都经济建设与社会发展对职业技术人才的需要和市民对职业教育多样化的需求，通过认真落实招生计划，进一步明确办学定位，突出职业教育特色。

二、各校要进一步整合融通各级各类优质教育资源，探索优质高效育人的教育发展新模式。对接首都经济社会发展和产业转型升级需要，优化调整专业设置，全面加强校企合作，提升职业学校办学水平和教育质量，增强职业教育对首都经济社会发展的贡献力和影响力。同时，要统筹好招生、培养和就业工作，提高人才培养的适应性。

三、进一步规范学校办学行为和招生工作。各校要按照教育部和我市相关文件精神，严格按照招生计划在规定范围内开展招生工作。在招生录取过程中，要严格执行招生工作纪律，自觉维护招生工作秩序，未经批准，任何学校不得擅自到京外招生。

四、艺体类中等专业学校、北京体育职业学院从外省（市、自治区）招收的学生，须经当地教育行政部门或考试招生部门批准，报北京教育考试院核准备案后，由北京教育考试院统一将录取名单报市公安局人口管理处，学校自行办理北京市城镇集体户口手续。

五、艺体类中等专业学校的学生在校期间户口不得随意转出。应届毕业生在京报考高等学校，艺术类考生只准报考全国统一招生艺术类专业，体育类考生只准报考体育类单独招生。未被高等学校录取或未能择优录用的毕业生，其户口当年必须转回生源所在地。

北京体育职业学院招收的外地生源，在完成三年中专学段教育后，运动成绩达到入队水平，通过校内升学考试后，可升入两年制高职学段学习。未符合升学条件者颁发中等专业学校毕业证书，其户口当年必须转回生源所在地。

附件：1. 2019 年北京市普通中等专业学校在京招生规模

2. 2019 年北京市高端技术技能人才贯通培养试验招生规模

3. 2019 年北京市五年制高等职业教育试点招生规模

4. 2019 年北京市普通中等专业学校京外招生规模

2019 年 7 月 11 日

附件 1

2019 年北京市普通中等专业学校在京招生规模

招生学校与专业	学制	人数
合 计		**5735**
北京水利水电学校		**300**
给排水工程施工与运行	3＋2	30
给排水工程施工与运行	3＋2	27
给排水工程施工与运行（燃气集团培养方向）	四	15
工程测量	3＋2	15
工程造价	3＋2	25
工程造价	3＋2	23
工程造价	三	5
机电技术应用（订单培养）	3＋2	30
机电技术应用（订单培养）	四	30
建筑工程施工	3＋2	15
建筑工程施工	3＋2	15
建筑工程施工	四	5
数字影像技术	三	20
水利水电工程施工	3＋2	30
水利水电工程施工	四	15
北京市自动化工程学校		**380**
城市轨道交通车辆运用与检修	四	20

续表 1

招生学校与专业	学制	人数
城市轨道交通信号	3＋2	70
城市轨道交通运营管理	3＋2	70
城市轨道交通运营管理	四	30
机电技术应用	3＋2	20
机电技术应用	四	5
计算机网络技术	3＋2	25
计算机网络技术	四	10
数控技术应用	3＋2	20
数字媒体技术应用（虚拟现实技术应用方向）	四	5
数控技术应用	四	5
数字影像技术	3＋2	25
网络信息安全	3＋2	25
无人机操控与维护技术	3＋2	20
无人机操控与维护技术	四	5
物联网技术应用	3＋2	25
北京市经济管理学校		**500**
产品质量监督检验（食品质量监督与检验）	3＋2	30
产品质量监督检验（食品质量监督与检验）	3＋2	30
产品质量监督检验（食品质量监督与检验）	3＋2	30
产品质量监督检验（食品质量监督与检验）	3＋2	25
大数据技术应用	三	5
电子商务	3＋2	20
电子商务（跨境电子商务）	3＋2	20

续表 2

招生学校与专业	学制	人数
会计	3＋2	40
会计（金融事务方向）	3＋2	35
会计（税务事务方向）	3＋2	30
会计（云财务会计方向）	四	10
机器人技术与应用	3＋2	20
计算机平面设计	3＋2	30
计算机网络技术	3＋2	30
计算机网络技术（网络信息安全）	3＋2	30
计算机网络技术（云计算技术应用）	3＋2	30
经济信息管理	3＋2	25
食品生物工艺（食品加工技术）	三	5
数字媒体技术应用（虚拟现实方向）	3＋2	20
移动技术应用（电子竞技）	三	10
影像与影视技术	3＋2	25
北京市园林学校		**200**
宠物养护与经营	3＋2	25
宠物养护与经营（宠物养殖、宠物疾病防疫）	三	10
古建筑修缮与仿建	三	20
花艺设计与制作	三	15
景区服务与管理 （景区导游、休闲旅游服务、工农业旅游服务）	3＋2	15
文物保护技术	三	15
园林技术（园林规划设计与施工、园林工程招投标与预决算、园林建筑工程、园林工程监理）	3＋2	60

续表 3

招生学校与专业	学制	人数
园林技术（园林规划设计与施工、园林工程招投标与预决算、园林建筑工程、园林工程监理）	四	20
园林绿化（园林植物造景设计、苗木草坪生产与经营、园林植物栽培养护）	3＋2	20
北京金隅科技学校		**400**
城市轨道交通信号	3＋2	65
工程造价	3＋2	40
轨道交通机电设备安装与维修	3＋2	60
航空服务（空港地面服务方向）	四	40
计算机与数码产品维修	3＋2	30
建筑装饰	3＋2	35
楼宇智能化设备安装与运行	3＋2	35
数控技术应用	3＋2	30
无人机操控与维护技术	3＋2	20
学前教育（保育员方向）	四	45
北京市海淀区卫生学校		**360**
护理	3＋2	220
护理	3＋3	100
护理	四	40
北京市昌平卫生学校		**400**
护理	3＋2	40
护理	3＋2	154
护理	3＋3	83

续表 4

招生学校与专业	学制	人数
康复技术	3＋3	40
药剂	3＋2	43
中药	3＋2	40
北京市对外贸易学校		**650**
城市轨道交通运营管理	三	100
电子商务	3＋2	20
电子商务（商务网站维护方向）	3＋2	20
国际商务（外贸报关报检方向）	3＋2	60
国际商务（外贸单证方向）	3＋2	60
航空服务	三	75
会计（金融业会计方向）	3＋2	20
会计（企业会计方向）	3＋2	20
会展服务与管理（会展设计方向）	3＋2	20
会展服务与管理（会展营销与策划方向）	3＋2	20
民航运输	三	25
商务英语	3＋2	40
网络信息安全	3＋2	30
学前教育	3＋2	110
智能终端电子产品维护与维修	3＋2	30
北京市商业学校		**600**
城市轨道交通运营管理	3＋2	50
电子商务	3＋2	55

续表 5

招生学校与专业	学制	人数
高星级酒店服务与管理（国际酒店管理）	四	40
航空物流服务与管理	3＋2	50
互联网 IT 服务	3＋2	50
会计	3＋2	40
金融事务	3＋2	50
汽车服务与管理	3＋2	40
汽车运用与维修（新能源技术方向）	3＋2	40
商务助理	3＋2	40
学前教育	3＋2	65
眼视光与配镜	3＋2	40
珠宝玉石加工与营销	3＋2	40
北京商贸学校		**600**
产品质量监督检验（食品质量监督检验方向）	3＋2	60
电子商务	3＋2	40
动漫游戏	3＋2	70
航空服务（空港地面服务方向）	3＋2	55
会计	3＋2	45
会计	3＋2	55
会计	三	5
金融事务（证券方向）	3＋2	50
人力资源管理事务	3＋2	35
人力资源管理事务	三	5

续表 6

招生学校与专业	学制	人数
食品生物工艺（食品生物技术方向）	三	5
数字媒体技术应用	3 + 2	35
数字媒体技术应用（虚拟现实方向）	三	5
铁道运输管理	3 + 2	40
物流服务与管理（航空物流方向）	三	5
学前教育	3 + 2	50
制冷和空调设备运行与维修（冰雪运动场馆制冷和空调技术方向）	3 + 2	35
制冷和空调设备运行与维修（冰雪运动场馆制冷和空调技术方向）	三	5
北京市供销学校		**300**
大数据技术应用(数据中心运维）	三	15
电子商务	三	25
会计	3 + 2	30
计算机网络技术	3 + 2	30
交通运输类（城市轨道交通运营管理、铁道运输管理）	三	55
交通运输类（航空服务）	三	40
体育与健身类（电子竞技运动与管理）	三	15
学前教育（保育员方向）	三	60
演艺设备安装与调试（舞台灯光系统、音响调音系统安装与调试）	三	15
影像与影视技术（摄影摄像及后期制作）	三	15
中国戏曲学院附属中等戏曲学校		**80**
舞台美术（京籍班）	三	35

续表 7

招生学校与专业	学制	人数
民族器乐（京籍班）	三	5
京剧器乐（京籍班）	三	5
戏曲表演	六	15
戏曲音乐（京乐）	五～六	5
戏曲音乐（民乐）	五～六	5
戏曲舞台美术	三	10
北京舞蹈学院附属中等舞蹈学校		**25**
舞蹈表演——芭蕾舞表演	七	6
舞蹈表演——中国舞表演	六	5
舞蹈表演——国标舞表演	六	2
国标舞表演（花样滑冰实验班）	六	3
舞蹈表演——歌舞表演	六	5
歌舞表演（音乐舞蹈综合方向）	六	4
中国音乐学院附属中等音乐专科学校		**50**
管弦乐器演奏（京籍班）	三	10
键盘乐器演奏（京籍班）	三	10
声乐（京籍班）	三	10
音乐理论基础（京籍班）	三	10
中国乐器演奏（京籍班）	三	10
北京戏曲艺术职业学院中专部		**25**
戏曲表演（京剧表演）	六	6
戏曲表演（京剧音乐）	六	4

续表 8

招生学校与专业	学制	人数
戏曲表演（评剧表演）	六	3
戏曲表演（评剧音乐）	六	1
曲艺表演（鼓曲）	六	1
曲艺表演（诵说）	六	1
舞蹈表演（中国舞表演）	六	5
音乐（民乐演奏）	六	1
音乐（西洋乐演奏）	六	1
音乐（声乐演唱）	三	2
北京市振华旅游学校		**50**
航空服务	三	25
旅游服务与管理	三	25
北京市什刹海体育运动学校		**37**
运动训练	三	37
首都体育学院附属竞技体育学校		**108**
运动训练	三	108
北京市第三体育运动学校		**80**
运动训练	三	80
北京市国际艺术学校		**40**
美术绘画	四	30
戏剧表演	三	10
北京铁路电气化学校		**500**
城市轨道交通车辆运用与检修	3＋2	60

续表 9

招生学校与专业	学制	人数
城市轨道交通供电	3＋2	120
城市轨道交通信号	3＋2	35
城市轨道交通运营与管理	3＋2	110
电力机车运用与检修	3＋2	70
电气运行与控制	3＋2	35
机电技术应用	3＋2	35
机电技术应用	3＋2	35
中央美术学院附属中等美术学校		**30**
美术绘画（京籍班）	四	30
北京市爱莲舞蹈学校		**20**
舞蹈表演	三	20

附件 2

2019 年北京市高端技术技能人才贯通培养试验招生规模

招生学校与专业	学制	人数
合　计		**4020**
北京市商业学校		**320**
电子商务（与阿里巴巴集团合作培养）	3＋2＋2	30
科学教育	3＋2＋2	30

续表 1

招生学校与专业	学制	人数
小学教育	3＋2＋2	60
新能源汽车技术与市场营销（与祥龙博瑞集团合作培养）	3＋2＋2	30
学前教育	3＋2＋2	90
音乐学（师范）	3＋2＋2	30
云财务会计（与新道科技股份有限公司合作培养）	3＋2＋2	50
北京铁路电气化学校		**240**
高端贯通（轨道交通车辆运用、轨道交通设备与控制、轨道交通供电）	3＋2＋2	240
北京国际职业教育学校		**110**
文物保护与修复（与故宫博物院合作培养）	3＋2＋2	50
学前教育	3＋2＋2	60
北京市丰台区职业教育中心学校		**150**
餐饮艺术与管理（与便宜坊集团合作培养）	3＋2＋2	30
非遗传承与设计（与首创乾元有限公司合作培养）	3＋2＋2	30
学前教育	3＋2＋2	60
智能汽车技术与应用（与北汽新能源公司合作培养）	3＋2＋2	30
北京市昌平职业学校		**200**
大数据技术与应用（与联想集团合作培养）	3＋2＋2	50
人工智能技术及应用（与百度集团合作培养）	3＋2＋2	30
学前教育	3＋2＋2	90
智能汽车技术与应用（与上汽大众集团合作培养）	3＋2＋2	30

续表 2

招生学校与专业	学制	人数
北京信息职业技术学院		**240**
高端贯通（软件技术、信息安全与管理、大数据技术与应用）	5＋2	240
北京电子科技职业学院		**800**
高端贯通（高端装备与智能制造技术、智能网联汽车技术、未来网络与大数据技术、生物医药与基因工程技术、智慧电子商务技术、数字媒体艺术设计）	5＋2	800
北京农业职业学院		**180**
高端贯通（风景园林、城市花艺景观设计、宠物医师、生物应用技术、食品营养与安全、旅游管理）	5＋2	180
北京工业职业技术学院		**400**
高端贯通（智能设备应用技术、新能源汽车技术、工程造价、人工智能、无人机应用技术、大数据云计算、商务数据分析应用、会计）	5＋2	400
北京政法职业学院		**200**
高端贯通（国内安全保卫、法律文秘、司法信息安全、司法助理、法律事务）	5＋2	200
北京卫生职业学院		**70**
高端贯通（护理）	6＋2	70
北京财贸职业学院		**490**
高端贯通（管理会计、财务大数据应用、国际金融、金融投资与财富管理、智慧商业运营管理、人力资源管理、国际休闲旅游策划与管理、视觉传达与设计、室内设计、智慧建筑管理）	5＋2	400
学前教育	5＋2	90

续表 3

招生学校与专业	学制	人数
北京第二外国语学院		**200**
阿尔巴尼亚语	5＋2	25
捷克语	5＋2	25
拉脱维亚语	5＋2	25
立陶宛语	5＋2	25
英语（小学英语教育）	5＋2	50
英语（中学英语教育）	5＋2	50
北京城市学院		**180**
小学教育（德语、法语、西班牙语方向）	5＋2	90
学前教育	5＋2	90
北京劳动保障职业学院		**240**
高端贯通（智慧养老与健康管理、人力资源管理、社会保障、智慧城市设施安全管理、智能楼宇信息技术）	5＋2	240

附件 3

2019 年北京市五年制高等职业教育试点招生规模

招生学校与专业	人数
合 计	**1720**
北京京北职业技术学院	**120**
护理	40
建筑工程技术	40

续表 1

招生学校与专业	人数
学前教育	40
北京体育职业学院	**100**
运动训练	100
北京交通运输职业学院	**600**
城市轨道交通车辆技术	10
城市轨道交通车辆技术	30
城市轨道交通供配电技术	30
城市轨道交通机电技术	30
城市轨道交通通信信号技术	40
城市轨道交通运营管理	40
大数据技术与应用（交通大数据）	25
道路桥梁工程技术（市政路桥定向）	30
道路运输与路政管理（路政监察）	30
航空物流	25
民航运输（空港服务）	45
民航运输（空中乘务）	20
汽车车身维修技术（评估与定损）	40
汽车检测与维修技术（汽车机电一体化）	60
汽车营销与服务（戴姆勒奔驰铸星教育项目）	30
汽车运用与维修技术（汽车服务与管理）	30
网络营销	30
新能源汽车技术（高端新能源智能汽车）	30
智能交通技术运用（交通运行监测）	25

续表 2

招生学校与专业	人数
北京卫生职业学院	**900**
护理	410
康复治疗技术	35
口腔医学技术	35
卫生信息管理	35
药学	70
医学检验技术	70
医学影像技术	70
中药学	70
中医康复技术	70
助产	35

附件 4

2019 年北京市普通中等专业学校京外招生规模

招生学校与专业	学制	人数	招生地区
合　计		**1185**	
北京交通运输职业学院中专部		**20**	
汽车车身修复	四	20	云南省
北京市商业学校		**250**	
电子商务	三	152	云南省
汽车运用与维修（新能源技术方向）	三	38	云南省

续表 1

招生学校与专业	学制	人数	招生地区
电子商务	三	30	河北省
汽车运用与维修（新能源技术方向）	三	30	河北省
中国戏曲学院附属中等戏曲学校		**120**	**全国招生**
戏曲表演	六	45	
戏曲音乐（京乐）	五～六	25	
戏曲音乐（民乐）	五～六	20	
戏曲舞台美术	三	30	
北京舞蹈学院附属中等舞蹈学校		**135**	**全国招生**
舞蹈表演——芭蕾舞表演	七	24	
舞蹈表演——中国舞表演	六	31	
舞蹈表演——国标舞表演	六	26	
国标舞表演（花样滑冰实验班）	六	11	
舞蹈表演——歌舞表演	六	27	
歌舞表演（音乐舞蹈综合方向）	六	16	
中国音乐学院附属中等音乐专科学校		**160**	**全国招生**
中国乐器演奏	六	43	
声乐	三	32	
音乐理论基础	六	22	
键盘乐器演奏	六	20	
管弦乐器演奏	六	43	
北京戏曲艺术职业学院中专部		**140**	**全国招生**
戏曲表演（京剧表演）	六	41	
戏曲表演（京剧音乐）	六	12	
戏曲表演（评剧表演）	六	19	

续表 2

招生学校与专业	学制	人数	招生地区
戏曲表演（评剧音乐）	六	4	
曲艺表演（鼓曲）	六	3	
曲艺表演（诵说）	六	5	
舞蹈表演（中国舞表演）	六	28	
音乐（民乐演奏）	六	10	
音乐（西洋乐演奏）	六	10	
音乐（声乐演唱）	三	8	
北京市什刹海体育运动学校		**31**	全国招生
运动训练	三	31	
首都体育学院附属竞技体育学校		**40**	全国招生
运动训练	三	40	
北京市国际艺术学校		**120**	全国招生
杂技与魔术表演（杂技表演）	六	60	
舞蹈表演	六	28	
戏剧表演	三	11	
运动训练（武术）	六	21	
北京市爱莲舞蹈学校		**30**	全国招生
舞蹈表演	六	30	
中央芭蕾舞团舞蹈学校		**30**	全国招生
舞蹈表演（芭蕾舞表演方向）	六	30	
北京体育职业学院		**109**	全国招生
运动训练	五	109	

北京市教育委员会

关于做好我市高职扩招专项工作的通知

京教函〔2019〕414号

北京教育考试院，各区教委、考试中心，各有关市属高校：

为贯彻落实党中央、国务院关于高职扩招百万的重大决策部署，深入实施《国家职业教育改革实施方案》（国发〔2019〕4号），根据教育部等六部委印发的《高职扩招专项工作实施方案》（教职成〔2019〕12号）的要求，结合我市实际，现就做好高职扩招专项工作通知如下：

一、提高政治站位，认识高职扩招的重大意义

此次高职扩招专项工作是党中央、国务院的重大决策部署，是职业教育的重大发展机遇，对教育改革和经济社会发展具有重大影响，有利于缓解当前就业压力，促进社会稳定；有利于深化职业教育改革，破解当前职业教育发展遇到的难题；有利于进一步深化我市高考综合改革，实现职业教育内涵式发展。各单位和高校要认真贯彻落实党中央、国务院重大决策要求，以全国、全市教育大会精神为指导，牢牢把握首都城市战略定位，坚持面向市场、服务发展、促进就业的办学方向，加快培养首都经济社会发展急需的各类技术技能人才，适应产业升级和经济结构调整对技术技能人才的需求，为建设国际一流的和谐宜居之都发挥支撑和引领作用。

二、积极稳妥推进，落实高职扩招的各项任务

（一）做好高职扩招的补报名工作

此次高职扩招补报名工作主要面向普通高中毕业生、中职（含中专、技工学校、职业高中）毕业生、退役军人、下岗失业人员、农民工和新型职业农民等群体。补报名条件与全市高考报名条件一致，即具有北京市正式户口，符合《北京市招生考试委员会关于做好北京市2019年普通高等学校招生报名工作的通知》(京招考委〔2018〕15号)规定的条件。已经参加高考报名的考生，不能参加此次报名。为更好地满足不同群体对此次高职扩招的需求，分两次进行补报名和录取，第一次是我市高考统一考试前后，第二次是今年10月份，两次补报名和录取面向所有适合目标群体。

（二）做好高职扩招的考试工作

此次高职扩招考试工作按照我市高职自主招生模式进行。对于普通高中和中职毕业生,可采取现行的"文化素质＋职业技能"考试方式，对于退役军人、下岗失业人员、农民工和新型职业农民，可免予文化素质考试，由各高校组织与报考专业相关的职业适应性测试或职业技能测试。

（三）做好招生录取工作

此次高职扩招考试工作要严格执行高校考试招生政策规定，严肃考试招生工作纪律，严厉打击虚假宣传与不实承诺等违规行为，确保各项招生录取工作万无一失。10月份以前录取的新生，可在2019年秋季入学;10月份以后录取的新生，可在2020年春季入学。

（四）做好人才培养工作

按照"标准不降、模式多元、学制灵活"原则，提高人才培养的针对性、适应性和实效性。各高校要根据《国家职业教育改革实施方案》确定的人才培养目标，对于不同学历的学生采用不同的培养方案，对于此次扩招涉及的退役军人、下岗失业人员、农民工和新型职业农民等群体可以单独编班，编制专门的人才培养方案，不得降低教学和培养标准，确保人才培养质量；调整教学常规管理以适应不同生源、不同学习时间、不同学习方式的需要，创新教学组织、考核评价以及实践教学模式；加快学历证书和职业技能等级证书互通衔接，鼓励学生积极参与"1 + X"证书制度试点，探索通过水平测试等方式进行学历教育学分认定；探索实行工学交替、弹性学制和弹性学期制，采取适合成人、方便就学、灵活多元的教学模式。

（五）做好就业指导和服务工作

各高校要以促进就业和适应首都产业发展需要为导向，调整和优化现有专业布局，深化产教融合、校企合作，搭建人才和市场之间的有效沟通的桥梁。要分别对退役军人、下岗失业人员、农民工和新型职业农民制定有针对性的就业服务方案，提高此次高职扩招人群就业率，有效缓解社会就业压力。

三、精心组织实施，确保高职扩招的质量

（一）加强组织领导。各单位和高校要高度重视此次高职扩招工作，按照“统一认识，明确方向，质量为先，系统推进”的原则，制定本单位（学校）高职扩招工作方案，安排专人负责相关工作，确保此次高职扩招专项工作安全、平稳、有序进行。各高校要从实际出发，制定与此次高职扩招相适应的招生培养工作方案，统筹做好政策宣传、招生录取、教学管理、学生管理、后勤保障等工作。

（二）做好招生宣传服务。各单位和高校要加大高职扩招相关政策的宣传力度，及时回应社会关切，解疑释惑、凝聚共识，营造良好社会氛围。各单位要配合相关部门做好目标人群动员和补充报名工作，各高校要加大高职扩招相关政策的宣传力度，让广大考生充分知晓各项考试招生及有关政策。

（三）严肃工作纪律。各高校要严肃考试招生工作纪律，严格执行考试招生政策规定，严格多样化人才选拔标准，不因扩招工作而降低规范管理要求。要加强信息公开公示，严格执行高校招生信息十公开制度，及时公开相关信息，接受社会各界监督，维护考生合法权益。我委将加强招生环节全过程监督，对有违规招生的学校，将按照相关规定严肃处理。

2019 年 8 月 6 日

北 京 市 教 育 委 员 会
北京市发展和改革委员会

关于下达2019年市属高等学校普通高等教育招生计划的通知

京教计〔2019〕25号

各市属高等学校：

根据教育部《关于下达2019年全国分省分部门普通高等教育招生计划的通知》（教发函〔2019〕64号）的精神，现将2019年市属普通高等学校普通高等教育分校分专业招生计划下达给你们，并就有关事项通知如下：

一、各高校要以习近平新时代中国特色社会主义思想为指导，深入贯彻全国、全市教育大会精神，进一步深化高等教育综合改革，把招生结构调整放到更加突出的位置，着力提高质量，推动高校提高教学水平和创新能力，优化学科专业布局和人才培养机制。充分发挥事业计划在学校发展中的龙头作用和引导作用，通过认真编制和落实招生计划，稳定高等教育规模，促进高等教育入学机会公平，推动高等教育内涵式发展。

二、坚持市属高校内涵、特色、差异化发展的思路，统筹考虑研究生、本科、高职和中高职衔接等各种招生类型，重点满足首都经济社会发展对高层次人才需要和人民群众接受高等教育的需求。2019年安排市属高校普通高等教育招生计划总规模为74897人，其中本科招生计划46928人，高职（专科）招生计划27969人。

三、各高校要严格执行教育部“30个不得”招生工作禁令，依法办学，诚信办学，进一步规范招生行为。不得借联合办学的名义，设立分校或校外办学点，严禁中等学校挂靠高等学校举办高等教育、专科层次院校挂靠本科院校举办本科层次教育；严禁与“中介机构”或个人签署招生协议；严禁任何形式的不实招生宣传，学校法定代表人应对学校招生章程及有关宣传材料的真实性负责，继续执行录取通知书签发人制度；严禁擅自组织生源、未经省级招办核准按拟录取名单擅自寄发录取通知书。

四、严格计划执行管理，维护计划的严肃性。任何单位和个人，未经教育行政部门批准，不得擅自调整计划；对于未经批准擅自超计划招生的学校，将被核减下年度招生计划，并停止在违规招生省份投放计划；严格实行高校招生资格、招生计划与新生学籍电子注册和学历证书电子注册相挂钩的政策，未经核准计划或未经省级招办办理录取手续的学生，一律不予新生学籍电子注册。我委将对招生计划制定和执行过程进行全程监督，对违规安排和执行计划的高校，按照有关规定严肃问责学校和相关责任人。

附件：1. 2019年市属高等学校普通高等教育招生计划（总计划）
2. 2019年市属高等学校普通高等教育招生计划（分省分层次，略）
3. 2019年市属高等学校普通高等教育招生计划（分省分专业，略）
4. 2019年市属高等学校普通高等教育招生计划(国家专项、地方专项、定向计划，略）
5. 2019年市属高等学校普通高等教育招生计划（分计划类别）

2019年9月18日

附件 1

2019 年市属高等学校普通高等教育招生计划（总计划）

单位：人

院校名称及代码	总计	本科				高职				其中：		
		合计	京内计划	京外计划	不分省计划	合计	京内计划	京外计划	不分省计划	单考计划	国家专项计划	地方专项计划
合计	**74897**	**46928**	**26411**	**15705**	**4812**	**27969**	**21093**	**6876**	**0**	**503**	**680**	**400**
（10005）北京工业大学	3150	3150	2115	780	255						90	50
（10009）北方工业大学	2480	2480	1361	990	129						90	50
（10011）北京工商大学	2870	2870	1653	1150	67						80	50
（10012）北京服装学院	1530	1530	363	340	827							
（10015）北京印刷学院	1560	1560	480	670	410						20	
（10016）北京建筑大学	1754	1754	1131	542	81						90	50
（10017）北京石油化工学院	1610	1610	964	590	56							

续表 1

院校名称及代码	总计	本科				高职				其中：		
		合计	京内计划	京外计划	不分省计划	合计	京内计划	京外计划	不分省计划	单考计划	国家专项计划	地方专项计划
（10020）北京农学院	1670	1670	1154	430	86							
（10025）首都医科大学	1446	1302	798	443	61	144	144	0			30	
（10028）首都师范大学	2905	2905	2043	723	139		0				80	50
（10029）首都体育学院	870	870	575	130	165		0					
（10031）北京第二外国语学院	1600	1600	900	614	86		0					50
（10037）北京物资学院	1480	1480	870	542	68		0				20	
（10038）首都经济贸易大学	2486	2460	1676	690	94	26	26	0			90	50
（10046）中国音乐学院	365	365	50	0	315		0					
（10049）中国戏曲学院	515	515	2	8	505		0					
（10050）北京电影学院	611	561	9	26	526	50	14	36				

续表 2

院校名称及代码	总计	本科				高职				其中：		
		合计	京内计划	京外计划	不分省计划	合计	京内计划	京外计划	不分省计划	单考计划	国家专项计划	地方专项计划
（10051）北京舞蹈学院	346	346	50	2	294		0					
（11232）北京信息科技大学	2680	2680	1501	1110	69		0				90	50
（11417）北京联合大学	3550	3350	2059	1160	131	200	200	0		29		
（11418）北京城市学院	5600	5200	3920	1180	100	400	400	0				
（12802）北京吉利学院	1480	480	240	230	10	1000	450	550		20		
（13629）首都师范大学科德学院	1020	1020	226	650	144		0					
（13630）北京工商大学嘉华学院	1160	1160	462	615	83		0					
（13901）北京邮电大学世纪学院	1280	1280	498	740	42		0					
（13904）北京工业大学耿丹学院	1350	1350	550	740	60		0					
（14019）北京警察学院	560	480	480	0	0	80	80	0				

续表 3

院校名称及代码	总计	本科				高职				其中：		
		合计	京内计划	京外计划	不分省计划	合计	京内计划	京外计划	不分省计划	单考计划	国家专项计划	地方专项计划
（14201）北京第二外国语学院中瑞酒店管理学院	900	900	281	610	9		0					
（10853）北京工业职业技术学院	1450					1450	1180	270				
（10857）北京信息职业技术学院	1840					1840	1605	235		58		
（10858）北京电子科技职业学院	1150					1150	870	280				
（11090）北京京北职业技术学院	670					670	500	170				
（11097）首都经济贸易大学密云分校	520					520	520					
（11626）北京青年政治学院	730					730	630	100				
（11831）首钢工学院	1180					1180	920	260		30		

续表 4

院校名称及代码	总计	本科				高职				其中：		
		合计	京内计划	京外计划	不分省计划	合计	京内计划	京外计划	不分省计划	单考计划	国家专项计划	地方专项计划
（12448）北京农业职业学院	1420					1420	1200	220				
（12451）北京政法职业学院	1280					1280	1090	190				
（12561）北京财贸职业学院	1200					1200	1000	200		20		
（12564）北京北大方正软件职业技术学院	400					400	350	50		30		
（12565）北京经贸职业学院	790					790	465	325		20		
（12566）北京经济技术职业学院	950					950	625	325		50		
（12567）北京戏曲艺术职业学院	200					200	90	110				
（12568）北京汇佳职业学院	1170					1170	810	360		40		
（12733）北京科技经营管理学院	500					500	420	80		50		

续表 5

院校名称及代码	总计	本科				高职				其中：		
		合计	京内计划	京外计划	不分省计划	合计	京内计划	京外计划	不分省计划	单考计划	国家专项计划	地方专项计划
（13703）北京科技职业学院	770					770	515	255		60		
（13728）北京培黎职业学院	1310					1310	755	555		30		
（13910）北京交通职业技术学院	730					730	590	140				
（14073）北京经济管理职业学院	1200					1200	850	350		16		
（14075）北京劳动保障职业学院	1050					1050	940	110				
（14139）北京社会管理职业学院	1950					1950	745	1205		50		
（14140）北京艺术传媒职业学院	600					600	420	180				
（14215）北京体育职业学院	185					185	155	30				
（14279）北京交通运输职业学院	1250					1250	1060	190				
（14395）北京卫生职业学院	1074					1074	1074	0				
（14588）北京网络职业学院	500					500	400	100				

附件 5

2019年市属高等学校普通高等教育招生计划（分计划类别）

单位：人

院校	总计	普通类	保送生	少年班	二学位	职教师资单招	艺术类专业	运动训练单招	西藏班	新疆班	预科班转入	高水平艺术团	高水平运动队	自主招生	预留计划	残障考生单招	消防单招	招收中职毕业生	高校专项计划	国家专项计划	地方专项计划	综合评价	民族班	南疆单列计划	直招士官生
总计	**74897**	**62027**	**9**				**9621**	**150**	**151**	**364**	**462**		**117**	**43**	**291**	**106**		**106**	**67**	**680**	**400**		**2**	**21**	**280**
（10005）北京工业大学	3150	2495					280		12	29	21		32	43	31				67	90	50				
（10009）北方工业大学	2480	2071					163		11	20	40		10		25					90	50				
（10011）北京工商大学	2870	2496					175		14	25					28					80	50			2	
（10012）北京服装学院	1530	620					840			15	40				15										
（10015）北京印刷学院	1560	1024					466		5	10	26				9					20					
（10016）北京建筑大学	1754	1532							8	26	47									90	50			1	

续表 1

院校	总计	普通类	保送生	少年班	二学位	职教师资单招	艺术类专业	运动训练单招	西藏班	新疆班	预科班转入	高水平艺术团	高水平运动队	自主招生	预留计划	残障考生单招	消防单招	招收中职毕业生	高校专项计划	国家专项计划	地方专项计划	综合评价	民族班	南疆单列计划	直招士官生
（10017）北京石油化工学院	1610	1554								22	28		6												
（10020）北京农学院	1670	1523					60		10	24	52													1	
（10025）首都医科大学	1446	1355							15	24	15				7					30					
（10028）首都师范大学	2905	2279	2				365		30	34	30		21		13					80	50			1	
（10029）首都体育学院	870	662					50	150							8										
（10031）北京第二外国语学院	1600	1458	5						15	30	25				16						50			1	
（10037）北京物资学院	1480	1391							9	24	27				8					20				1	

续表 2

院校	总计	普通类	保送生	少年班	二学位	职教师资单招	艺术类专业	运动训练单招	西藏班	新疆班	预科班转入	高水平艺术团	高水平运动队	自主招生	预留计划	残障考生单招	消防单招	招收中职毕业生	高校专项计划	国家专项计划	地方专项计划	综合评价	民族班	南疆单列计划	直招士官生
（10038）首都经济贸易大学	2486	2251							11	30	18		25		10					90	50			1	
（10046）中国音乐学院	365	0					365																		
（10049）中国戏曲学院	515	10					505																		
（10050）北京电影学院	611	35					572				4														
（10051）北京舞蹈学院	346	0					343				1												2		
（11232）北京信息科技大学	2680	2470							11	26	32									90	50			1	
（11417）北京联合大学	3550	2883					430			25	56		20		30	106									
（11418）北京城市学院	5600	3952					1603								45										

续表 3

院校	总计	普通类	保送生	少年班	二学位	职教师资单招	艺术类专业	运动训练单招	西藏班	新疆班	预科班转入	高水平艺术团	高水平运动队	自主招生	预留计划	残障考生单招	消防单招	招收中职毕业生	高校专项计划	国家专项计划	地方专项计划	综合评价	民族班	南疆单列计划	直招士官生
（12802）北京吉利学院	1480	1218					250						3		4									5	
（13629）首都师范大学科德学院	1020	58					962																		
（13630）北京工商大学嘉华学院	1160	666					480								11									3	
（13901）北京邮电大学世纪学院	1280	1068					200								12										
（13904）北京工业大学耿丹学院	1350	881					459								10										
（14019）北京警察学院	560	558	2																						

续表 4

院校	总计	普通类	保送生	少年班	二学位	职教师资单招	艺术类专业	运动训练单招	西藏班	新疆班	预科班转入	高水平艺术团	高水平运动队	自主招生	预留计划	残障考生单招	消防单招	招收中职毕业生	高校专项计划	国家专项计划	地方专项计划	综合评价	民族班	南疆单列计划	直招士官生
（14201）北京第二外国语学院中瑞酒店管理学院	900	889													9									2	
（10853）北京工业职业技术学院	1450	1410																							40
（10857）北京信息职业技术学院	1840	1784					56																		
（10858）北京电子科技职业学院	1150	910																							240
（11090）北京京北职业技术学院	670	639					31																		

续表 5

院校	总计	普通类	保送生	少年班	二学位	职教师资单招	艺术类专业	运动训练单招	西藏班	新疆班	预科班转入	高水平艺术团	高水平运动队	自主招生	预留计划	残障考生单招	消防单招	招收中职毕业生	高校专项计划	国家专项计划	地方专项计划	综合评价	民族班	南疆单列计划	直招士官生
（11097）首都经济贸易大学密云分校	520	520																							
（11626）北京青年政治学院	730	687					43																		
（11831）首钢工学院	1180	1180																							
（12448）北京农业职业学院	1420	1420																							
（12451）北京政法职业学院	1280	1280																							
（12561）北京财贸职业学院	1200	1200																							

续表 6

院校	总计	普通类	保送生	少年班	二学位	职教师资单招	艺术类专业	运动训练单招	西藏班	新疆班	预科班转入	高水平艺术团	高水平运动队	自主招生	预留计划	残障考生单招	消防单招	招收中职毕业生	高校专项计划	国家专项计划	地方专项计划	综合评价	民族班	南疆单列计划	直招士官生
(12564)北京北大方正软件职业技术学院	400	400																							
(12565)北京经贸职业学院	790	757					33																		
(12566)北京经济技术职业学院	950	950																							
(12567)北京戏曲艺术职业学院	200	35					165																		
(12568)北京汇佳职业学院	1170	1100					70																		

续表 7

院校	总计	普通类	保送生	少年班	二学位	职教师资单招	艺术类专业	运动训练单招	西藏班	新疆班	预科班转入	高水平艺术团	高水平运动队	自主招生	预留计划	残障考生单招	消防单招	招收中职毕业生	高校专项计划	国家专项计划	地方专项计划	综合评价	民族班	南疆单列计划	直招士官生
（12733）北京科技经营管理学院	500	442					58																		
（13703）北京科技职业学院	770	726					42																	2	
（13728）北京培黎职业学院	1310	1142					112											56							
（13910）北京交通职业技术学院	730	730																							
（14073）北京经济管理职业学院	1200	1174					26																		
（14075）北京劳动保障职业学院	1050	1050																							

续表 8

院校	总计	普通类	保送生	少年班	二学位	职教师资单招	艺术类专业	运动训练单招	西藏班	新疆班	预科班转入	高水平艺术团	高水平运动队	自主招生	预留计划	残障考生单招	消防单招	招收中职毕业生	高校专项计划	国家专项计划	地方专项计划	综合评价	民族班	南疆单列计划	直招士官生
（14139）北京社会管理职业学院	1950	1900																50							
（14140）北京艺术传媒职业学院	600	183					417																		
（14215）北京体育职业学院	185	185																							
（14279）北京交通运输职业学院	1250	1250																							
（14395）北京卫生职业学院	1074	1074																							
（14588）北京网络职业学院	500	500																							

北京市教育委员会

关于下达2019年北京市属高等学校成人高等教育招生计划的通知

京教函〔2019〕564号

有关市属高等学校：

根据《教育部办公厅关于做好2019年全国成人高校招生工作的通知》(教学厅〔2019〕11号)，结合首都经济建设和社会发展对人才的需求，综合考虑学校办学条件、报名人数等因素，确定2019年市属高等学校成人高等学历教育招生计划总数为18949人，其中本科招生计划12074人，高职（专科）招生计划6875人。现将招生计划下达给你们，并就计划执行过程中的有关事项通知如下，请一并遵照执行。

一、市属高校成人高等学历教育招生计划管理工作要以习近平新时代中国特色社会主义思想为指导，贯彻落实全国、全市教育大会精神，深入落实《国务院关于深化考试招生制度改革的实施意见》，严格执行教育部和本市相关文件精神，加强对本地区、本行业成人高等教育需求分析预测，充分体现成人高等教育为在职从业人员服务、以业余学习为主的特点，严格执行脱产、业余、函授等学习形式的有关规定。贯彻落实“疏解北京非首都功能”战略方针，按照“不再扩大普通高等学校成人教育、网络教育、自考助学的面授教育规模”的要求，严格控制招生规模，优化招生专业结构，提高办学质量和水平。积极发展各种形式的非学历教育，特别是大学后继续教育和高层次岗位培训，为首都学习型城市建设和构建终身教育体系做出积极贡献。

二、独立设置成人高校要根据首都经济建设和社会发展的实际需要和本校办学条件，加快调整成人高等教育学科、专业结构，不断提高成人学历教育的培养质量。同时，积极探索社会培训等各种形式的非学历继续教育，不断拓展为社会教育服务的渠道。

三、普通高校举办成人高等学历教育，应与学校举办的研究生、普通本专科等教育事业发展相协调，统筹安排、综合利用学校各项办学条件，确保必要的办学条件，特别是专任教师的数量和质量。普通高校不得安排脱产形式招生计划。

四、各高校要依法办学，要切实加强管理，加大投入，改善条件，提高办学质量。我委将加大对高校办学条件的监测和审核力度，对基本办学条件达不到规定要求的学校，将在高等教育计划安排等方面给予适当限制，并通过媒体向社会公布。各高校要加强对招生工作人员规范管理，严格执行招生政策、严格执行招生计划、严格遵守招生纪律，参照执行普通高校招生“30个不得”工作禁令。我委将加强事前事中事后监管，对报名、考试、录取全过程监督，重点查处成人高校虚假宣传、违规承诺、通过减少培养环节降低培养成本进行生源竞争等行为。要严禁任何形式的“超前班”；严禁以“联合办学”等名义将招生计划投放到低层次学校和非高等学历教育机构。对在成人高等教育和继续教育中违规招生和违规办学的单位，将按照暂停招生或限制招生进行处理并予以公布。

五、各高校在招生录取过程中，要严格执行招生计划，维护招生计划管理的严肃性。未经批准，任何单位和个人不得擅自变更下达的招生计划。

附件：1. 2019年市属高等学校分学校成人高等教育招生来源计划总表（略）

2. 2019年市属高等学校分学校成人高等教育招生来源计划（专升本）总表（略）

3. 2019年市属高等学校分学校成人高等教育招生来源计划（高起本）总表（略）

4. 2019年市属高等学校分学校成人高等教育招生来源计划（高起专）总表（略）

5. 2019年市属高等学校分学校分专业成人高等教育招生来源计划表（略）

2019年11月8日

学生管理与就业

北京市教育委员会文件选编

（2019）

北京市教育委员会

转发教育部关于做好2019届全国普通高校毕业生就业创业工作文件的通知

京教学〔2019〕1号

各普通高校、研究生培养单位：

促进高校毕业生就业创业，既是民生，也是国计。2019年恰逢新中国成立70周年，是决胜全面建成小康社会、实施“十三五”规划的关键一年，做好高校毕业生就业创业工作意义十分重大。为深入贯彻习近平新时代中国特色社会主义思想和党的十九大精神，全面贯彻落实全国教育大会和全市教育大会精神，把“稳就业”放在更加突出的位置，促进北京地区高校毕业生实现更高质量和更充分就业，现将《教育部关于做好2019届全国普通高校毕业生就业创业工作的通知》（教学〔2018〕8号）转发给你们，并结合北京实际提出如下意见，请一并遵照执行。

一、努力实现高校毕业生更高质量和更充分就业

1.确保北京高校毕业生就业形势总体平稳。各普通高校、研究生培养单位（以下简称“各高校”）要高度重视就业创业工作，对2019届毕业生就业工作进行部署安排，多措并举，确保毕业生就业大局稳定。要进一步拓展重点地区、重点行业、重点单位就业市场，积极举办分层次、分类别、分行业的校园招聘活动，加大校园双选会的频度和广度，为毕业生提供更多优质就业岗位。

2.抓好基层就业项目任务落实和困难群体毕业生就业精准帮扶。

各高校要拓展基层就业“主战场”，加强宣传动员和教育引导，高质量完成新疆、西藏专项招录和北京市选调生、“三支一扶”招录任务；要关注困难家庭毕业生，提前摸底建档，实施一对一精准帮扶，特别是对于离校未就业的，要动态跟踪进展，持续帮扶。

3. 加强就业数据分析研究和运用。各高校要充分发挥互联网、大数据在毕业生就业状况跟踪调查与反馈中的重要作用。要将毕业生就业状况与专业设置、招生计划、经费安排等适度挂钩，要以毕业生就业反馈结果推动学校招生和人才培养改革。

二、持续推进大学生创业工作深化发展

4. 完善北京高校大学生创业园孵化体系建设。2019 年市教委将进一步优化空间布局，强化优质资源集聚共享，完善孵化服务体系，努力实现创业孵化团队数量及质量双增长。组织第三批北京高校大学生创业园高校分园遴选，继续深化北京高校大学生创业园孵化体系建设。各高校分园要强化与市级创业园资源互补、服务互享，做好辐射、服务周边其他高校大学生创业团队孵化工作，充分发挥示范引领作用。各高校要高度重视创新创业工作，做好顶层设计，指定牵头负责部门，加大统筹管理力度，加强大学生创业园和创业孵化基地建设，发挥好集成效应。

5. 加强创业指导与服务。2019 年市教委将探索建立北京高校大学生创业线上＋线下综合服务管理平台，提升大学生创业综合服务管理水平。各高校要进一步建立健全创业服务平台，为大学生创业提供项目对接、法律政策、管理咨询等深度服务。有条件的高校要积极推进设立高校毕业生就业创业基金，支持大学生创新创业。各高校要强化创新创业实践，做好创业有关数据统计与分析，进一步加强典型宣传，营造良好的创新创业氛围。

三、继续加强就业工作规范化管理

6. 保护毕业生就业权益。各高校要充分担起办学主体责任，加强校园招聘管理，严格审核用人单位信息，严密防范“培训贷”、传销等就业欺诈行为；加强毕业生就业安全教育宣传，普及有关法律法规知识，提高大学生的法律意识和维权意识。加强毕业生和用人单位诚信教育和管理，做到诚信签约、诚实履约。

7. 实行就业工作进展月报制度。为及时、准确掌握毕业生就业进展情况，市教委将定期通报各高校就业率进展情况。各高校要严格按教育部要求，定期维护全国高校毕业生就业管理系统（教育部就业监测平台），认真负责做好本校就业进展数据的填报工作，按时间节点如实上报就业数据。

8. 加强就业率监督检查力度。根据国务院大督查的工作要求，市教委将建立就业率核查通报机制，不定期开展就业率核查、行政执法检查，对发现问题的高校在全市范围内进行通报并提出整改要求。各高校要坚决落实就业统计“四不准”要求，开展就业率自查，按时、真实上报就业数据，坚决防止和杜绝弄虚作假问题。

2019 年 1 月 9 日

教育部

关于做好 2019 届全国普通高等学校毕业生就业创业工作的通知

教学〔2018〕8 号

各省、自治区、直辖市教育厅（教委），有关省、自治区人力资源社会保障厅，部属各高等学校、部省合建各高等学校：

促进高校毕业生就业创业，既是民生，也是国计，事关广大群众切身利益，事关社会和谐稳定，事关社会主义现代化建设，事关高等教育健康发展。为深入贯彻习近平新时代中国特色社会主义思想和党的十九大精神，全面贯彻落实全国教育大会精神，把“稳就业”放在更加突出的位置，努力实现高校毕业生更高质量和更充分就业，现就有关事项通知如下。

一、拓宽就业领域，着力促进高校毕业生多渠道就业

1. 引导毕业生到基层就业。各地各高校要深入贯彻落实中央《关于进一步引导和鼓励高校毕业生到基层工作的意见》，落实基层就业学费补偿贷款代偿、考研加分等优惠政策。要继续配合相关部门组织实施好“特岗计划”“大学生村官”“三支一扶”“大学生志愿服务西部计划”等基层就业项目，结合地方实际适当扩大地方基层项目的实施规模。要围绕乡村振兴战略，引导毕业生到现代农业生产、经营等领域就业创业。要发挥服务业最大就业容纳器的重要作用，鼓励毕业生到文化创意、健康养老、服务外包等现代服务业就业创业。鼓励高校毕业生到社会组织就业。

2. 促进毕业生到中小微企业就业。各地各高校要鼓励和促进高校毕业生到实体经济就业，充分发挥中小微企业吸纳毕业生就业的主渠道作用。要积极配合有关部门落实小微企业吸纳毕业生的社保补贴、培训补贴、降税减费等优惠政策。要加强与中小微企业沟通联系，广泛收集中小微企业招聘信息，积极组织中小微企业进校园招聘，进一步办好全国中小企业网上百日招聘等活动。

3. 服务国家战略开拓就业岗位。各地各高校要主动对接国家经济社会发展的人才需要，围绕“一带一路”建设、雄安新区建设、长江经济带发展、粤港澳大湾区建设、海南自贸试验区建设等，引导毕业生到重点地区、重大工程、重大项目、重要领域就业。要落实区域协调发展战略，鼓励毕业生到中西部地区、东北地区和艰苦边远地区就业创业。要加大对“三区三州”等深度贫困地区的教育脱贫攻坚力度，结合实际制定激励政策，引导毕业生到贫困地区就业创业。

4. 拓展新兴业态就业空间。各地各高校要结合学科专业特色，主动对接以技术集成和商业模式创新为特点的新业态人才需求，充分利用平台经济、众包经济、共享经济、数字经济等新业态，支持鼓励毕业生实现多元化就业。配合有关部门落实相应的社会保障政策和灵活就业、自主创业扶持政策，引导毕业生主动适应新就业形态、新用工方式。

5. 继续做好大学生征兵工作。各地各高校要深入贯彻习近平总书记给南开大学新入伍大学生回信和勉励语精神，认真落实学费资助、复学升学、就业创业等优惠政策。要密切配合兵役机关，面向毕业生、在校生、新生开展有针对性的宣传，集中播放征兵公益宣传片，发放应征入伍宣传单。落实好预订兵工作机制，为大学生入伍开辟绿色通道，鼓励更多大学生参军入伍。

6. 支持大学生到国际组织实习任职。各地各高校要加大经费资助、教育教学、升学就业等政策支持力度。高校要结合学科专业特色，加大双语种或多语种复合型国际化专业人才培养力度。将国际组织基本情况、职业发展路径等内容，纳入大学生就业指导教材和课程。进一步完善信息服务平台，及时收集发布国际组织招聘信息，开展专家讲座、政策咨询、社团活动等系列指导服务。鼓励高校与国际组织开展合作交流，进一步拓展实习任职渠道。

二、推动双创升级，着力促进高校毕业生自主创业

7. 全面深化高校创新创业教育改革。各地各高校要将创新创业教育贯穿人才培养全过程，把创新创业教育和实践课程纳入高校必修课体系，促进创新创业教育与专业教育有机结合、与思想政治教育深度融合。开展好大学生创新创业训练计划、中国“互联网+”大学生创新创业大赛和“青年红色筑梦之旅”活动，着力培养学生的创新意识、实践能力和奋斗精神。

8. 落实完善创新创业优惠政策。各地要配合有关部门深化商事制度改革，进一步完善落实税费减免、创业担保贷款、创业培训补贴等优惠政策。各高校要按照《普通高等学校学生管理规定》要求，进一步细化创新创业学分积累与转换、弹性学制管理、保留学籍休学创业、支持创新创业学生复学后转入相关专业学习等政策，允许本科生用创业成果申请学位论文答辩。

9. 加大创新创业场地和资金扶持力度。各地各高校要加强大学科技园、创业孵化基地等创新创业平台建设，为大学生创新创业提供场地支持。各高校要积极推动各类研究基地、实验室、仪器设备等教学资源向创新创业学生开放。有条件的地区要积极推进设立高校毕业生就业创业基金，高校要通过政府支持、学校自设、校外合作、风险投资等方式多渠道筹措资金，支持大学生自主创业。

10. 加强创业指导与服务。各地各高校要进一步建立健全各级各类大学生创业服务平台，为大学生创业提供项目对接、财税会计、法律政策、管理咨询等深度服务。鼓励各高校聘请行业专家、创业校友、企业家等担任大学生创业团队指导教师，鼓励专业教师、实验室老师全程指导大学生创新创业。

三、强化服务保障，着力提高就业创业指导服务水平

11. 健全精准信息服务机制。加强部省校三级就业服务体系建设，建立毕业生求职和用人单位需求数据库，运用大数据技术实现供需智能匹配，为毕业生精准推送政策、岗位和指导。要进一步发挥校园招聘市场的主体作用，鼓励组织分层次、分类别、分行业的校园招聘活动，支持举办区域性、行业性联合招聘活动。高校举办的大型校园招聘活动要向其他高校有组织开放。做好在内地（祖国大陆）高校就读的港澳台毕业生就业服务工作。

12. 提升毕业生就业能力。各地各高校要加强高校学生职业生涯发展教育，对低年级学生着重进行职业生涯启蒙，对高年级学生着重提升职业素质和求职技能。要结合就业形势和毕业生特点，帮助毕业生调整就业预期，找准职业定位。要多方搭建社会实践、实习实训、职业体验等实践平台，增强学生专业技能和职业能力。鼓励学生在取得毕业证书的同时考取行业企业认可度高的多种类型的培训（或认证）证书。

13. 强化就业困难群体帮扶。各地各高校要准确掌握建档立卡贫困家庭、少数民族、身体残疾等毕业生情况，建立帮扶台账，做到分类帮扶、精准发力。高校要建立校院领导、专业教师、辅导员等全员参与的“一对一”精准帮扶机制。充分挖掘校友、行业企业等社会资源，优先为困难群体推荐岗位。各地要积极创造条件，争取专项资金，开展就业困难毕业生专项培训，提高其就业能力。要配合有关部门落实好求职创业补贴政策，做好离校未就业毕业生的信息衔接和服务接续工作。

14. 切实保护毕业生就业权益。各地各高校要加强校园内招聘活动管理，严禁发布性别、民族、院校、学习方式（全日制和非全日制）等歧视性信息，严格审核用人单位资质、工作岗位信息，重点审核就业中介机构和境外用人单位，严密防范招聘陷阱、就业欺诈、“培训贷”、传销等不法行为。普及就业创业有关法律法规知识，提高大学生的法律意识和维权意识。加强毕业生和用人单位诚信教育和管理，做到诚信签约、诚实履约。

15. 加快高校就业创业指导队伍建设。各地各高校要加快建设一支职业化、专业化、专家化的就业创业指导队伍，在专业技术职务评聘和绩效考核中充分考虑指导教师的工作性质和工作业绩，予以适当支持。要建立高校毕业生就业创业指导教师培训机制，开展专业培训，鼓励指导教师到行业企业挂职锻炼。要定期对辅导员、班主任等就业工作人员进行集中轮训，全面提高政策水平和工作能力。

16. 积极发挥高校毕业生就业状况反馈作用。各地各高校要进一步落实高校毕业生就业质量年度报告编制发布制度，着力完善统计指标和内容，按时向社会发布高校毕业生就业质量年度报告。加快形成就业与招生计划、人才培养联动机制。各地要根据经济社会发展需要以及本地区毕业生就业总体状况，主动对接地区、行业、产业需求，进一步建立完善高校学科专业、培养层次、培养类型动态调整机制，努力实现本地区高等教育规模和结构的科学配置和布局。

四、加强组织领导，着力深化思想教育和宣传引导

17. 强化组织领导。各地各高校要认真落实就业工作“一把手”工程，切实做到“机构、场地、人员、经费”四到位。高校主要负责同志要亲自部署，分管领导要靠前指挥，院系领导要落实责任，辅导员（班主任）要密切关注毕业生就业进展情况。健全就业、招生、教学、学工、团委、科研等机构分工负责、协同推进的工作机制，千方百计促进毕业生就业创业。

18. 深化思想教育和宣传引导。各地各高校要组织大学生学习习近平总书记关于青年成长成才的重要论述，教育引导毕业生把个人理想融入国家和民族事业当中，鼓励毕业生到基层、西部、祖国最需要的地方建功立业。要广泛宣传解读国家和地方促进就业创业的政策措施，帮助毕业生知晓政策、用好政策，营造就业创业良好舆论氛围。

19. 进一步加强就业工作规范管理。各地各高校要建立就业统计工作责任制，健全毕业生参与的就业状况统计核查机制。各高校要认真落实统计工作“四不准”要求，即不准以任何方式强迫毕业生签订就业协议，不准将毕业证书、学位证书发放与签约挂钩，不准以户档托管为由劝说毕业生签订虚假协议，不准将顶岗实习、见习证明材料作为就业证明材料。各地要对高校毕业生就业工作及数据进行认真核查，对查实的弄虚作假等问题要严查严处，并进行通报。

2018 年 11 月 27 日

北京市教育委员会

转发教育部关于进一步加强高校毕业生就业动态监测工作文件的通知

京教函〔2019〕86 号

各普通高校、研究生培养单位：

党中央、国务院高度重视高校毕业生就业创业工作，促进高校毕业生就业创业，既是民生，也是国计。2019 年是新中国成立 70 周年，做好高校毕业生就业创业工作意义十分重大。各普通高校、研究生培养单位（以下简称“各高校”）要全面贯彻落实全国教育大会和全市教育大会精神，把“稳就业”放在更加突出的位置。结合 2018 年国务院第五次大督查的反馈情况和市教委对高校就业工作的摸底抽查情况，发现个别高校存在就业率不真实，就业数据上报不及时、不准确等现象。为进一步严肃就业工作纪律，现将教育部高校学生司《关于进一步加强高校毕业生就业动态监测工作的通知》（教学司函〔2019〕20号）转发给你们，并结合本市实际提出如下意见，请一并遵照执行。

一、认真贯彻落实教育部有关就业数据统计的相关要求。真实的就业数据是就业统计工作的底线，各高校要严格遵守教育部有关文件规定和工作要求，严格执行签约、统计“四不准”制度，即不准以各种方式强迫毕业生签订就业协议，不准将毕业证书发放与签约挂钩，不准以户档托管为由劝说毕业生签订假协议，不准将顶岗实习材料作为就业证明材料。

二、定期报送真实就业数据。各高校务必要按教育部文件要求准时通过“全国高校毕业生就业管理与监测系统”（以下简称“监测系统”）报送本校毕业生就业数据，确保数据的真实性，并指定专人负责就业数据信息的日常维护。根据教育部要求，各高校要于每周三17:00前，通过“监测系统”更新本校毕业生就业数据和上一周校园招聘活动场次及岗位数。对于就业率异常波动等情况，要及时向市教委报告。

三、建立毕业生就业数据及就业工作核查机制。各高校要在就业工作的关键节点对毕业生就业数据及就业工作进行全面核查，坚决防止和杜绝弄虚作假问题。要向毕业生公布本单位、市教委的举报电话和邮箱。要明确告知毕业生可在毕业当年的9月1日前，通过新职业网（www.ncss.org.cn）或学信网（www.chsi.com.cn）查询、核实本人就业去向，并对学生反馈的问题及时回复，修正有关信息，确保就业数据真实准确。

四、做好就业重要舆情信息报送工作。各高校要高度重视舆情信息报送工作，认真做好毕业生就业舆情信息的搜集和分析，重点关注传销陷阱、非法用工等各类侵害毕业生合法权益事件。要在事件或舆情发生的第一时间，通过传真、电子邮件、微信、电话等方式报送我委，并做好舆情的应对工作。

五、全面加强就业工作的监督检查。市教委将实行就业工作进展月报制度，自2019年4月1日起，根据各高校在“监测系统”上报毕业生就业数据情况，每月通报就业进展状况。不定期对学校就业工作进行执法检查，对于检查中发现的就业率弄虚作假、毕业生就业信息不实等问题在全市高校范围进行通报；对于问题严重、造成重大影响的，将把通报内容在市教委网站向社会公开。

请各高校于 3 月 15 日前将就业动态统计监测工作负责人和经办人的信息（包含姓名、职务、办公电话、手机）通过电子邮件报送我委。

2019 年 3 月 1 日

教育部高校学生司

关于进一步加强高校毕业生就业动态统计监测工作的通知

教学司函〔2019〕20 号

各省、自治区、直辖市教育厅（教委），有关省、自治区人力资源社会保障厅，部属各高等学校、部省合建各高等学校：

2019 届高校毕业生人数 834 万人，同比增加 14 万人。当前，经济面临下行压力，稳中有变、变中有忧，外部环境复杂严峻，毕业生就业形势更为复杂严峻。为及时掌握高校毕业生就业进展情况，准确研判就业形势，妥善应对毕业生就业可能出现的风险挑战，努力确保毕业生就业局势平稳顺利，现就有关事项通知如下。

一、签约进展情况报送工作。各高校要进一步做好毕业生就业签约进展情况的跟踪与上报工作，每周三 17：00 前，要通过“全国高校毕业生就业管理系统”更新本校毕业生就业进展情况，更新内容除毕业生签约进展情况外，还需填报上一周的校园招聘活动场次及岗位数。

二、就业工作情况报送工作。各地要密切关注辖区内高校毕业生的就业动向，深入分析研判就业形势，并将重点企业对毕业生的需求变化情况进行动态监测。每月10日和20日，通过“全国高校毕业生就业管理系统”填报本地就业工作情况，内容包括就业签约进展、特色工作、就业形势预判、开展招聘活动等情况，约500字。

三、就业重要舆情信息报送工作。各地各高校要高度重视舆情信息报送工作，认真做好毕业生就业舆情信息的搜集和分析，重点关注毕业生就业的突发事件和媒体关注的焦点。要在舆情发生的第一时间，通过传真、网络、电话等方式报送我司，并做好舆情的应对工作。

四、其他工作要求。各地各高校要认真落实就业工作“一把手”工程，切实重视高校毕业生就业动态监测工作，指定专人负责有关信息的统计与报送。各地负责汇总辖区内高校就业动态统计监测工作负责人和经办人的信息（包含姓名、职务、联系电话），并报送全国就业指导中心。进一步加强毕业生就业信息的核查，就业信息的更新要依据毕业生本人签字的协议书或证明材料，确保数据真实准确。

2019年2月25日

北京市教育委员会

关于公布2019年北京地区高校大学生优秀创业团队评选结果的通知

京教函〔2019〕341号

各普通高等学校及研究生培养单位：

为全面贯彻落实国家和北京市关于“大众创业、万众创新”的精神和要求，深入实施《北京高校高质量就业创业计划》，切实对高校大学生创业给予支持，树立大学生创业典型，营造良好创新创业氛围，按照《北京市教育委员会关于评选 2019 年北京地区高校大学生优秀创业团队的通知》（京教函〔2019〕153 号）要求，今年 4 月至 7 月，北京市教育委员会组织开展了 2019 年北京地区高校大学生优秀创业团队评选工作，67 所高校及研究生培养单位共推荐了 1142 支团队参加此次评选。经专家复评，遴选出 198 支团队参加现场答辩。经现场复赛、现场决赛，最终评选出 151 支优秀创业团队，其中一等奖 30 支，二等奖 50 支，三等奖 71 支（附件 1）。经公示环节无异议，现予公布。

按照评选文件要求，依据 2019 年高校获奖团队数量及成绩排序，评选出 10 所高校荣获“最佳组织奖”（附件 2）。依据 2019 年高校推荐团队数量超过推荐平均数（17.04 支）标准，评选出 19 所高校荣获“优秀组织奖”（附件 3）。其中，已获评“最佳组织奖”的高校不再重复获评“优秀组织奖”。

2019 年 7 月 15 日

附件 1

2019 年北京地区高校大学生优秀创业团队评选优秀创业团队获奖名单

序号	项目名称	所属院校	奖项
1	阿尔法智联物联网芯片	清华大学	一等奖
2	基于人工智能和工业物联网的设备故障诊断系统	北京交通大学	一等奖
3	机器人关节谐波减速器产业化	北京工业大学	一等奖

续表 1

序号	项目名称	所属院校	奖项
4	北京中农动科技术有限公司	中国农业大学	一等奖
5	原动力农机无人驾驶系统	北京理工大学	一等奖
6	千丝盈	北京中医药大学	一等奖
7	深蓝数据——基于大数据的海洋油气智能决策系统	中国石油大学（北京）	一等奖
8	秸秆生物质炭——高效又平价的吸汞剂	中国矿业大学（北京）	一等奖
9	银杉无人机工作室——专业无人机的定制化设计与制造	北京航空航天大学	一等奖
10	天津网联一生科技有限公司	清华大学	一等奖
11	笔沫手机评测	首都经济贸易大学	一等奖
12	量光新材料	中央民族大学	一等奖
13	水凝科技	中国石油大学（北京）	一等奖
14	北京太虹教育科技有限公司	北京理工大学	一等奖
15	NeuroBot	中国人民大学	一等奖
16	北邮宽广医疗团队	北京邮电大学	一等奖
17	下一代企业级移动应用安全系统（ACR）	北京理工大学	一等奖
18	淼微科技有限公司	北京工业大学	一等奖
19	蚂蚁搬车	北京电子科技职业学院	一等奖
20	智 E 通——分布式智慧用能专家	北京理工大学	一等奖
21	AI 识别大数据温存储	北京林业大学	一等奖
22	中矿定位（北京）技术有限责任公司	中国矿业大学（北京）	一等奖
23	高速流体气动外形仿真系统	北京理工大学	一等奖

续表 2

序号	项目名称	所属院校	奖项
24	基于 AI + IOT 的智能环保系统	北京理工大学	一等奖
25	维创金融教育	对外经济贸易大学	一等奖
26	生命之伞——护航绿色农业	北京联合大学	一等奖
27	图易工作室——建筑机电系统高性能设计服务	北京联合大学	一等奖
28	北京音皇时代文化发展有限公司	中国音乐学院	一等奖
29	蓝星物流技术服务公司商业计划项目	北京物资学院	一等奖
30	北京寒光冷链科技	北京物资学院	一等奖
31	sislam 导盲头盔	北京航空航天大学	二等奖
32	基于“互联网＋”和人工智能的野生动物自动监测和识别系统	北京林业大学	二等奖
33	“小蜂”室内外自主导航机器人	北京邮电大学	二等奖
34	灵动动作捕捉	中国矿业大学（北京）	二等奖
35	Light Box——面向工业 4.0 的室内位置信息采集终端	北京科技大学	二等奖
36	幻思科技	北京航空航天大学	二等奖
37	蔚蓝环保科技	北京大学	二等奖
38	北京涞澈科技发展有限公司	中国地质大学(北京)	二等奖
39	法雨科技	中国社会科学院大学	二等奖
40	Jong fei Afro-Asia	北京林业大学	二等奖
41	Dr.Capsule 薄膜智能安全系统	北京航空航天大学	二等奖
42	膜法堆肥	中国农业大学	二等奖
43	DXD 机器人有限责任公司	北京理工大学	二等奖

续表 3

序号	项目名称	所属院校	奖项
44	民航空管电子空地一体化系统 / 飞机救生系统全适航周期保障服务	北京航空航天大学	二等奖
45	Listener 聆听者——人工智能钢琴学习系统	首都经济贸易大学	二等奖
46	超声科技	北京航空航天大学	二等奖
47	北京弘治锐龙教育科技有限公司	北京交通大学	二等奖
48	北京衣话服饰有限公司	北京服装学院	二等奖
49	安权链	北京工业大学	二等奖
50	乳痛贴巴布剂	北京中医药大学	二等奖
51	网络智能反欺诈	北京信息科技大学	二等奖
52	四季田园科技有限公司创业策划——无耗材荷电水雾旋风空气净化器	北京航空航天大学	二等奖
53	粮盾——储粮害虫智能监测一体化解决方案	北京邮电大学	二等奖
54	离散制造 AGV 智能仓储一体化系统	北京理工大学	二等奖
55	基于深度学习的草莓干分拣系统	北京邮电大学	二等奖
56	氨酯汀兰（北京）科技有限公司	清华大学	二等奖
57	一粒金鼻腔喷雾	北京中医药大学	二等奖
58	智能全景记录仪	北京科技大学	二等奖
59	中药腰椎护具	北京中医药大学	二等奖
60	“互联网＋”自动化云测试	北京邮电大学	二等奖
61	范特斯智能健身有限责任公司	北京邮电大学	二等奖
62	草原牧谣——筑梦科左	北京化工大学	二等奖
63	极限汇梦（北京）网络科技有限公司	北方工业大学	二等奖

续表 4

序号	项目名称	所属院校	奖项
64	青山智云智慧矿山解决方案	中国地质大学（北京）	二等奖
65	真心悠眠“穴位磁疗＋中药蒸汽”3D眼罩	北京中医药大学	二等奖
66	去化购	首都经济贸易大学	二等奖
67	智法互动	北京理工大学	二等奖
68	北校生——学霸伴学	北京邮电大学	二等奖
69	北京澄之智能科技有限公司	北京大学	二等奖
70	海浪 Waves	对外经济贸易大学	二等奖
71	用于监测血糖的针状葡萄糖传感器制备生产	北京印刷学院	二等奖
72	“沼”亮绿水青山，助力乡村振兴	中国农业大学	二等奖
73	拍拍拍校园场景识别	北京工业大学	二等奖
74	推送家——融合 AI 自动排版服务与人工排版服务的新媒体交易平台	北京理工大学	二等奖
75	北京风华中傲教育科技有限公司	北京外国语大学	二等奖
76	易建社科技有限公司	北京经济管理职业学院	二等奖
77	维影	北京建筑大学	二等奖
78	北京京慧优教育科技有限公司	北京师范大学	二等奖
79	“环”聚温暖 “卫”泯童心	中央美术学院	二等奖
80	共享托盘	北京物资学院	二等奖
81	源起·结识	北京农学院	三等奖
82	北信慧飞	北京信息科技大学	三等奖
83	植物营养型融雪剂	北京联合大学	三等奖

续表 5

序号	项目名称	所属院校	奖项
84	Parking-man 智能停车系统	北京科技大学	三等奖
85	北冥印象文化定制	北京服装学院	三等奖
86	敕勒歌文化传播有限公司	中央民族大学	三等奖
87	优选科技——细粒物料干法分离技术引领者	中国矿业大学（北京）	三等奖
88	摩屋 Mohut	北京工商大学	三等奖
89	【艾学医系统】以人工智能为基础的中医诊断决策支持系统	对外经济贸易大学	三等奖
90	军友驿站：退役士兵就业职业能力提升平台	北京财贸职业学院	三等奖
91	重大装备及零部件运维服务平台	北京理工大学	三等奖
92	先行者——低空长航时无人机技术	北京航空航天大学	三等奖
93	海上油气田流动管理（FMS）产品及工业应用	中国石油大学（北京）	三等奖
94	北京钛电科技有限公司	北京林业大学	三等奖
95	慧林之翼——森林虫害无人机航拍监测系统	北京林业大学	三等奖
96	憨人影视文化工作室	中央戏剧学院	三等奖
97	“彝居”彝族家居产品建造工坊	北京林业大学	三等奖
98	中财繁星（北京）科技发展有限公司	中央财经大学	三等奖
99	快乐农夫——基于“互联网＋”的宣传创意推广	北京邮电大学	三等奖
100	IPRP 智能巡检模块化导轨云台	北京理工大学	三等奖
101	北京大愚智能科技有限公司	北京联合大学	三等奖
102	北京贝兹科技有限公司	北京化工大学	三等奖

续表 6

序号	项目名称	所属院校	奖项
103	儿童连续体温监测的柔性薄膜温度传感器	北京印刷学院	三等奖
104	基于唇语识别技术的语音识别辅助产品	北京航空航天大学	三等奖
105	新型低温高导导电油墨及其相关产品产业化开发	北京印刷学院	三等奖
106	易检网	中国政法大学	三等奖
107	行乐研旅	首都经济贸易大学分校	三等奖
108	新型多孔材料＋毛细管柱 =“柱”联“壁”合	首都师范大学	三等奖
109	北京宇昕未名科技有限公司	北京科技大学	三等奖
110	高性能聚氨酯混凝土绿色路面材料	北京建筑大学	三等奖
111	非遗青年“遗个盒子”计划（Plan-Ybox）	中国艺术研究院	三等奖
112	“拾艺”绘画教学公益平台	中央民族大学	三等奖
113	校园心理健康智能筛查系统	北京林业大学	三等奖
114	Angus 高端航空模型引领者	北京经济管理职业学院	三等奖
115	北京传者斐多教育科技有限公司	中国传媒大学	三等奖
116	食之有稻	华北电力大学	三等奖
117	德孜人文项目	中国人民大学	三等奖
118	阳光布谷鸟	中华女子学院	三等奖
119	diverse 带我思世界课堂	北京外国语大学	三等奖
120	路创科技——新一代绿色道路建设的领航者	北京建筑大学	三等奖
121	必杰团队	中国人民大学	三等奖

续表 7

序号	项目名称	所属院校	奖项
122	北体高科（北京）科技有限公司	北京体育大学	三等奖
123	叮咚学霸	对外经济贸易大学	三等奖
124	携长公益	中国地质大学（北京）	三等奖
125	即能营销	北京师范大学	三等奖
126	小雨伞	中国传媒大学	三等奖
127	北京骐思光伏制造有限公司	北京理工大学	三等奖
128	特定场景下的无人车系统	北方工业大学	三等奖
129	狭窄密闭空间爆燃事故瞬态灭火系统	北京理工大学	三等奖
130	云间中医芳香养生工作室	北京中医药大学	三等奖
131	北京享瞰科技有限公司	北京联合大学	三等奖
132	玉石文化	北京财贸职业学院	三等奖
133	北京看见映像影视文化传媒有限公司	中央民族大学	三等奖
134	北京建筑大学新型环境修复材料与技术课题组创新创业项目	北京建筑大学	三等奖
135	瓣柚宝小程序	北京农学院	三等奖
136	北京缘林科技有限责任公司	北京林业大学	三等奖
137	学海藏舟（北京）教育科技有限公司	北京师范大学	三等奖
138	DATA GUIDE 数据指南	北京电影学院	三等奖
139	魏氏甄品九蒸九晒芝麻丸	北京中医药大学	三等奖
140	拾闲——助力文创行业发展的 O2O 平台	北京理工大学	三等奖
141	“泥玛”环保牛粪燃料	中央民族大学	三等奖

续表 8

序号	项目名称	所属院校	奖项
142	北京弘铎教育科技有限公司	北京师范大学	三等奖
143	北京叙点文化传媒有限公司	中央民族大学	三等奖
144	24 帧中小学影视教育	北京电影学院	三等奖
145	双师网络课堂	对外经济贸易大学	三等奖
146	蜡染工具再智造：恒温绘蜡笔	北京工业大学	三等奖
147	基于非物质文化遗产传承的平台建设——《薪火》	北京印刷学院	三等奖
148	新型自启动的马格努斯风力机——“候风”	北京航空航天大学	三等奖
149	水绣集	北京邮电大学	三等奖
150	安徽怀远石榴的深度开发与综合利用	中国农业大学	三等奖
151	小麦订制专家	首都师范大学	三等奖

附件 2

2019 年北京地区高校大学生优秀创业团队评选“最佳组织奖”获奖高校名单

（10 所　按代码排序）

北京工业大学　　　　北京航空航天大学
北京理工大学　　　　北京邮电大学
北京林业大学　　　　北京中医药大学
对外经济贸易大学　　中央民族大学
中国矿业大学（北京）　北京联合大学

北京市教育委员会

关于同意曹静等823名专科入伍退役后复学学生免试升入本科学习的通知

京教函〔2019〕377号

各有关高等学校、北京教育考试院：

按照《北京市教育委员会、北京市人民政府征兵办公室关于进一步做好专科学生退役后专升本工作的通知》(京教学〔2015〕7号)和《北京市教育委员会北京市人民政府征兵办公室关于做好2019年专科学生退役后专升本工作的通知》(京教学〔2018〕5号)的有关要求，经审核，现有北京交通大学曹静等48所高校的823名专科入伍退役后复学学生符合免试升本相关要求。经研究，我委同意这批学生免试升入本科，请按照有关规定办理相关手续。

附件：曹静等823名学生基本情况（略）

2019年7月26日

北京市教育委员会

关于继续深化北京高校大学生创业园孵化体系建设工作的通知

京教学〔2019〕2号

各普通高等学校：

为贯彻落实党中央、国务院和市委市政府关于做好高校毕业生就业创业工作的部署和要求，深入实施《北京高校高质量就业创业计划》，充分发挥高校学科领域及地理位置优势，进一步扩大北京地区高校市级大学生创业园辐射能力，为大学生提供高质量、全方位创业指导与孵化服务，2017年至2018年，市教委共遴选出16所高校大学生创业园纳入“一街三园多点”北京高校大学生创业园孵化体系。按照工作计划，2019年继续开展深化北京高校大学生创业园孵化体系建设工作，拟遴选10个左右大学生创业园高校分园。现将有关事宜通知如下：

一、指导思想

深入贯彻落实国家和市委市政府关于做好高校大学生就业创业工作的部署，本着“优势突出、市校互补、合理布局、资源共享”的原则，分步骤、分层次、分批次，遴选出一批特色鲜明、功能完善、承载力强的校级大学生创业园或孵化基地，将其纳入市级创业园体系，在市教委统一引导和支持下，进一步发挥高校学科领域及地理位置优势，有序推进北京地区高校大学生创业园高校分园建设，拓展市级创业园孵化体系纵深发展，为北京地区高校大学生提供便捷高效、内涵丰富的创业指导与服务，促进大学生实现高质量就业创业。

二、申请基本条件

1. 体制机制完善。创业园目标、定位、发展方向明确，特色鲜明；具备科学规范的创业团队进入退出、考核评价、安全卫生等园区管理制度；拥有较强业务水平的专职管理服务团队，统一综合管理和配套服务。

2. 基本条件完备。具有不少于500平方米的可自主支配的专门用于大学生创业孵化场地；配套基础设施较完备，环境良好；具备维持创业园正常运转的经费。

3. 服务功能健全。园区建立专业的创业服务机制，能为大学生创业提供较完善的政策咨询、资金扶持、导师指导、法律咨询、人力资源等创业孵化服务。

4. 具备辐射能力。能发挥学科领域内示范引领效应及地域优势，在保障本校大学生创业基本需求的基础上，愿意共享部分园区场地，接纳符合园区定位及发展要求的其他高校大学生创业团队入驻孵化，辐射、服务其他高校大学生创新创业。

5. 工作实效显著。成为大学生创新创业实践教育，高校创新型人才培养的重要平台；大学生创新创意交流、创新创业大赛、创业培训等活动丰富；积极发掘和扶持优秀大学生创业团队，日常在孵化基地办公的学生创业团队数量不少于20支；创业团队成员创业能力明显提升，在孵团队满意度较高。

三、工作程序

（一）申请

1. 申报材料：申报高校要如实填写申请表（附件1）及名册（附件2），结合申请基本条件，撰写申报材料（4000字以内），并准备支撑材料备查。通知电子版下载邮箱。

2. 材料报送：申请表、名册及申报材料（均一式8份，加盖学校公章），支撑材料（1份，可参考附件3），纸质材料报送至市教委高校学生处（北京市西城区前门西大街109号市教委604室），同时发送申请表、名册及申报材料电子版至电子邮箱（支撑材料电子版可不发）。

3. 申请截止日期：2019 年 9 月 18 日下班前。

（二）遴选

1. 遴选机制。市教委成立由主管委领导及相关处室参加的工作领导小组，聘请高校及社会有关专家组成评审组，坚持“公平、公正、公开”的原则开展遴选工作。工作领导小组办公室设在市教委高校学生处，负责遴选工作的具体事宜。

2. 遴选办法。采取审阅高校申报材料、专家集中评议推选和工作领导小组决议相结合的方式进行遴选，并确定初选结果。

（三）结果确定

初选结果经工作领导小组审议后，在北京地区高校范围内进行公示,公示无异议即确定为“北京高校大学生创业园高校分园”,纳入“一街三园多点”市级大学生创业园孵化体系，共享市级园创业孵化资源，并按照市财政经费相关要求给予一定的支持。

四、有关要求

1. 纳入北京地区高校大学生创业园孵化体系的高校分园将由市教委统一引导，分园具体运营维护。分园在自身特色建设基础上，应完善与市级创业园的联动，做好辐射、服务周边其他高校大学生创业团队孵化工作。市教委将定期组织对分园进行考核，对考核不合格的分园将停止享受扶持政策。

2.“一街三园多点”北京高校大学生创业园孵化体系建设工作是市教委支持大学生创业的重要举措。各高校要高度重视，积极申报，遵循实事求是、公开透明的原则，严禁弄虚作假。

附件：1. 北京高校大学生创业园孵化体系建设高校分园申请表（略）

2. 2018 年 9 月至今学校大学生创业园或创业孵化基地创业团队孵化名册（略）

3. 北京高校大学生创业园孵化体系建设高校分园申请支撑材料清单（略）

2019 年 8 月 31 日

北京市教育委员会

转发教育部关于改革完善高校毕业生就业统计工作的通知

京教函〔2019〕522号

各普通高校、研究生培养单位：

近日，教育部印发了《关于改革完善高校毕业生就业统计工作的通知》(教学司函〔2019〕106号)，并召开了就业统计工作视频会，对就业统计评价指标体系、报送方式、核查机制等提出了新的工作要求。为进一步做好此项工作，现将文件转发给你们，并结合北京实际明确或强调以下事项，请一并遵照执行。

一、就业统计工作的基本规范

按照教育部要求和“全国高校毕业生就业管理系统”分类情况，毕业去向按照“已就业”“深造”“未就业”三种类别统计，各项细分界定参照教育部释义。毕业生就业信息发生变动时，学校应及时对毕业生就业信息进行调整变更。学生未能按期毕业的，高校应及时撤销，并重新在实际毕业年度上报该生就业信息。

按照教育部要求，从2020年起，市教委和各高校的就业质量年度报告数据统计节点为每年的8月1日。市教委2019年北京高校毕业生就业质量年度报告数据统计节点仍为10月31日。

二、就业统计工作的主要内容

（一）精准统计毕业去向

各高校、研究生培养单位要指定专人负责就业数据信息的日常维护，通过“全国高校毕业生就业管理系统”报送就业进展数据，做到毕业生去向确定一个、录入一个。2019 年起，每年 11 月至次年 2 月数据要月清，3—8 月数据要周清。市教委继续按月适时通报各高校在教育部就业管理系统的进展情况。

（二）动态掌握就业意向

考虑到毕业生就业规律，为及时掌握毕业生就业进展情况，从 2019 年起，各高校按照教育部时间节点向市教委报送就业意向率，即每年 11 月至次年 2 月月报、3—8 月周报（具体要求见“附件 2”）。

（三）研究构建多维评价指标

各高校要深入研究就业状况评价的新要求、新内涵，从宏观、中观、微观不同层次，按照“毕业生发展成长度”“高校对社会贡献度”、“用人单位满意度”等多个维度，采用高校自查和第三方核查相结合的方式，探索构建既能够科学回应社会人才需求，又能够客观反映学校人才培养特点的评价指标体系。

三、就业统计工作的监督检查

（一）压实工作责任

就业统计工作是高校毕业生就业工作的重要内容。各高校是责任主体，要发挥就业工作领导小组作用，按照分类更精细、结果更准确、呈现更及时、评价更科学的要求，完善工作体制，明确责任分工，用好信息手段，确保就业统计工作再上新台阶。

（二）加强工作核查

各高校要引导毕业生登录“学信网”对本人就业去向进行核实，对毕业生反映的问题要逐条核查、及时反馈。市教委将在每年 8 月份开展就业信息专项核查，并将核查结果反馈各高校，对核查中发现问题的高校将进行约谈或通报。

（三）接受社会监督

各高校要向学校和社会公布本单位、市教委的举报电话和邮箱，接受学生和社会监督。市教委举报电话：66074439，举报邮箱：jw_xsc@jw.beijing.gov.cn。

附件：1. 教育部高校学生司《关于改革完善高校毕业生就业统计工作的通知》
2. 北京高校毕业生就业意向率统计报表（略）

2019年10月17日

教育部高校学生司

关于改革完善高校毕业生就业统计工作的通知

教学司函〔2019〕106号

各省、自治区、直辖市教育厅（教委），有关省、自治区人力资源社会保障厅：

就业统计是高校毕业生就业工作的重要内容，对掌握毕业生就业进展、服务政府宏观调控、优化高等教育学科专业结构等具有重要作用。近年来，各地不断规范就业统计，取得了积极进展，但随着就业形势不断发展变化，就业统计出现了一些不相适应的地方，特别是少数高校存在就业统计失真、数据“注水”等问题。为更加精准、更加科学、更加及时地统计高校毕业生就业状况，加快改革完善高校毕业生就业统计工作，现通知如下。

一、 改革完善就业统计评价指标。建立更加系统全面、科学合理的就业统计评价指标体系。

（一）精准统计毕业去向。对已就业的毕业生进一步精准统计就业形式，包括签订就业协议、签订劳动合同、科研助理、应征义务兵、国家基层项目、地方基层项目、自主创业、自由职业、其他录用形式等。对深造的毕业生，分类统计升学和出国（出境）。对未就业的毕业生，分类统计待就业（指有就业意愿尚未就业）和暂不就业（指不就业拟升学或其他暂不就业）。

（二）构建多维度就业状况评价指标。改变过去单纯以“就业率”评价就业状况的做法，研究从毕业生发展成长度（含毕业生职业发展、职位变化等情况）、高校对社会贡献度（含毕业生到国家重点领域、中西部地区、基层就业等情况）、用人单位满意度（含用人单位对毕业生政治素养、专业水平、职业能力评价等情况）等方面，系统性、综合评价高校毕业生就业质量。

二、改革创新就业统计报送方式。主要采取逐级上报、抽样调查、布点监测三种方式开展就业状况统计。三种方式统计数据要互相补充、相互印证、科学使用，客观、真实、灵敏地反映毕业生就业进展情况。

（一）逐级上报方式。各地各高校通过高校毕业生就业管理系统开展就业状况统计报送工作。高校要将本校就业数据及时汇总并导入该系统，院系要逐条核查就业数据信息，辅导员、班主任要逐人掌握就业进展，做到毕业生去向确定一个、录入一个。从2019年起，每年11月至次年3月实行月报制度，3—8月实行周报制度，分别在每月底和每周三前完成报送工作。

（二）抽样调查方式。教育部通过“学信网”和“新职业网”开展毕业生就业实名抽样调查。高校要积极动员毕业生参与网上调查，进一步扩大抽样调查规模。

（三）布点监测方式。教育部综合考虑高校类型、层次、学科专业结构等因素，选取部分高校进行就业状况监测布点，通过布点高校反映整体情况。有关高校要高度重视、抓好落实。

三、不断健全就业统计核查机制。多种方式开展就业统计核查，确保就业数据真实、准确。

（一）建立第三方核查机制。每年8月，各省级就业工作部门要商请省级统计部门，对本地应届高校毕业生就业状况开展就业统计专项核查，向毕业生本人及用人单位核实就业情况，将核查数据与全口径统计数据进行比对，并将核查结果反馈高校。

（二）建立毕业生为主体的反馈核查机制。教育部“学信网”已开通“毕业去向查询反馈”功能，各省级就业工作部门和各高校要积极引导毕业生对本人毕业去向信息进行核实，对学生反馈有问题的信息，要建立台账，逐条核查。对发现弄虚作假的情况，要发现一起、纠正一起、查处一起，依法依规对相关责任人员予以问责并进行通报。

四、切实压实高校毕业生就业统计工作责任。各地各校是责任主体，要统筹做好本地本校毕业生就业统计工作。高校要充分发挥就业工作领导小组作用，主要负责同志亲自部署，分管领导靠前指挥，院系和有关部门具体负责，把就业统计工作摆上重要议事日程。教育部门在就业评估工作中要对就业统计作假者实行“一票否决”。

2019 年 9 月 6 日

北京市教育委员会

关于公布 2019 年北京地区高校大学生创业园高校分园名单的通知

京教函〔2019〕519 号

各普通高等学校：

按照《北京市教育委员会关于继续深化北京高校大学生创业园孵化体系建设工作的通知》（京教学〔2019〕2 号）要求，10 月，市教委组织开展了第三批北京地区高校大学生创业园高校分园遴选工作，14 所高校创业园申报参加遴选。本着“公平、公正、公开”的原则，通过集中审阅材料、专家评议、主管领导审议、公示等环节，最终遴选出 9 所高校创业园纳入“一街三园多点”北京地区高校大学生创业园孵化体系，确定为“北京地区高校大学生创业园高校分园”。

各高校分园要充分发挥学科领域内示范引领效应及地理位置优势，强化与市级创业园联动互补，做好辐射、服务周边其他高校大学生创业团队孵化工作，整体提升北京地区高校大学生创业指导与服务水平，促进大学生实现高质量就业创业。

附件：2019 年北京地区高校大学生创业园高校分园名单

2019 年 10 月 18 日

附件

2019 年北京地区高校大学生创业园高校分园名单

清华大学大学生创业园

北京交大大学生创业园

北方工业大学大学生创新创业基地

北京化工大学大学生创业园

北邮创新创业中心

北京农学院大学生创业园

北京林业大学众创空间

北京工业职业技术学院大学生创业孵化中心

中国石油大学（北京）石创空间

北　京　市　教　育　委　员　会
北京市人民政府征兵办公室

关于做好 2020 年专科学生退役后专升本工作的通知

京教学〔2019〕3 号

各有关高校、区人民政府征兵办公室：

为做好 2020 年普通高校全日制专科（高职）学生（以下简称“专科学生”）退役后专升本工作，按照《北京市教育委员会、北京市人民政府征兵办公室关于进一步明确专科学生退役后专升本工作的通知》（京教学〔2015〕7 号，以下简称“通知”）要求，现就有关事项通知如下：

一、符合免试专升本的条件及手续办理

（一）符合以下条件的，可以申请免试专升本

1. 2013 年（含）后专科应届毕业生从本市应征入伍，2019 年、2020 年退出现役或 2013 年（含）后在校生从本市应征入伍，且退役后复学并按照学校有关规定完成专科（高职）学业，2020 年取得毕业证书或入伍期间取得毕业证书的。其中，2020 年退出现役的，既可选择参加 2020 年免试专升本，也可选择退役后免试专升本，但只可享受一次专升本政策。上述人员在服役期间综合表现良好，服役期满并被评为“优秀义务兵（士官）”一次（含）以上的（进藏兵不受限制）。

2. 在校生 2013 年（不含）前从本市应征入伍，且退役复学并按照学校有关规定完成专科（高职）学业，2020 年取得毕业证书的，须

满足服役期满荣立三等功（含）或被评为“优秀义务兵（士官）”两次（含）以上的（进藏兵不受限制）。

（二）免试专升本手续的办理

1. 符合退役后免试专升本条件的专科学生，北京生源京外高校学生必须在退出现役两个月内，向入伍所在区征兵办公室提出免试专升本申请；北京高校学生必须在退出现役两个月内，向原就读学校提出免试专升本申请，原就读学校撤销的，向托管院校或市教育主管部门提出免试专升本申请，（2020年退出现役的，须在2020年3月1前向所属机构提出免试专升本申请）相关部门按有关规定收集材料并进行审核。

2. 2020年4月1日前，高校将相关材料报市教委，区征兵办公室将相关材料报市征兵办公室，由市征兵办统一汇总至市教委。

3. 2020年6月，经市教委核准后，根据专科（高职）升本科的有关规定，由北京教育考试院，协调安排本科学校，为学生办理免试专升本录取手续。

（三）免试专升本的相关材料

1. 学生本人“专升本”书面申请。

2. 学生本人所获奖励证明材料：优秀义务兵（士官）及以上奖励登记表复印件、优秀义务兵（士官）证书或立功证书原件及复印件。

3. 学生本人退出现役登记证原件及复印件（2020年退出现役的需提供团以上政治部门同意免试专升本的证明）。

4. 学校行校文向市教委报送专升本请示（盖学校章）及《退役大学生士兵免试专升本名册》（见附件1）。

5. 区征兵办向市征兵办报送专升本请示（盖章）及《退役大学生士兵免试专升本名册》（见附件1）。

6. 学校及区征兵办认为有必要提供的材料。

二、符合考试专升本的条件及手续办理

（一）符合下列条件的可直接报名参加专升本考试

1. 2013年（含）后专科应届毕业生从本市应征入伍，2019年、2020年服役期满退出现役的。其中2020年退出现役的，既可选择参加2020年专升本考试，也可选择退役后专升本考试，但只可享受一次专升本政策。

2. 在校生从北京市入伍，退役后复学完成学业且于2020年取得毕业证书或2013年（含）后入伍，在部队期间取得毕业证书的。

（二）考试专升本手续的办理

1. 北京生源京外高校学生必须在退出现役两个月内，向入伍所在区征兵办公室提出专升本考试申请并报名；北京高校学生必须在退出现役两个月内，向原就读学校提出专升本考试申请并报名，原就读学校撤销的，向托管院校或市教育主管部门提出申请（2020年退出现役的，须在2019年12月15前向所属机构提出考试专升本申请），相关部门按有关规定收集材料并进行审核。

2. 2020年1月10日前，高校将相关材料报市教委，区征兵办公室将相关材料报市征兵办公室，由市征兵办统一汇总至市教委。

3. 2020年2月底前，经市教委核准后，由北京教育考试院为学生办理专升本考试手续。

4. 退役大学生士兵专升本考试计划单列，根据考试成绩，单独划线，按照不低于50%计划比例进行录取。

（三）考试专升本的相关材料

1. 学生本人参加“专升本”考试书面申请。

2. 学生本人退出现役登记证原件及复印件（2020年退出现役的需提供团以上政治部门同意考试专升本的证明）。

3. 学校行校文向市教委报送专升本请示（盖学校章）及《退役大学生士兵考试专升本人员名册》（见附件2）。

4. 区征兵办向市征兵办报送专升本请示（盖章）及《退役大学生士兵考试专升本人员名册》（见附件2）。

5. 学校及区征兵办认为有必要提供的材料。

三、材料报送的时间及地点

（一）专升本申请人须登录首都征兵网“专升本报名系统”进行报名并下载打印相关表格，与其他材料一并提交所在学校或入伍所在区征兵办审核，网上电子数据内容必须与报送纸质材料数据相一致。

（二）各高校在规定期限内，前往北京高校毕业生就业指导中心学籍就业工作服务部报送有关材料。

（三）各区人民政府征兵办公室在规定期限内，前往北京市人民政府征兵办公室报送材料。

附件：1. 退役大学生士兵免试专升本人员名册（略）

2. 退役大学生士兵考试专升本人员名册（略）

2019 年 11 月 7 日

北京市教育委员会
北　京　市　财　政　局

关于转发教育部 财政部本专科生国家奖学金评审办法的通知

京教函〔2019〕700 号

各市、区属高等学校：

为进一步规范本专科生国家奖学金评审，确保评审工作公平、公正、公开，现将教育部 财政部《本专科生国家奖学金评审办法》（以下简称《评审办法》）（教财函〔2019〕105 号）转发给你们，并提出如下要求，请一并遵照执行。

一、各高校要按照文件要求制定校内本专科生国家奖学金评审实施方案。已制定实施方案，与《评审办法》要求不一致的，要及时修订。报市学生资助事务管理中心备案。

二、各高校于每年 9 月底将国家奖学金初评材料报市学生资助事务管理中心进行预审；10 月 15 日前将国家奖学金评审结果报市学生资助事务管理中心审核、汇总，经市教委同意后于11月10日前统一报教育部审批。

三、市教委、市财政局委托市学生资助事务管理中心加强对国家奖学金的管理。

特此通知。

2019年12月25日

教育部
财政部

关于印发《本专科生国家奖学金评审办法》的通知

教财函〔2019〕105号

各省、自治区、直辖市教育厅（教委）、财政厅（局），各计划单列市教育局、财政局，新疆生产建设兵团教育局、财政局，有关部门（单位）教育司（局）、财务司（局），中央部门所属各高等学校：

为进一步规范本专科生国家奖学金评审工作，确保评审工作公平、公正、公开，根据学生资助管理有关规定，教育部、财政部研究制定了《本专科生国家奖学金评审办法》，现印发给你们，请遵照执行。

2019年9月18日

本专科生国家奖学金评审办法

第一条 为规范本专科生国家奖学金评审工作，保证评审工作的公正、公平、公开，根据学生资助管理有关规定，制定本办法。

第二条 教育部、财政部成立评审领导小组，设立评审委员会。评审领导小组由教育部、财政部有关负责人组成，全面领导评审工作，研究决定有关评审工作的重大事项，负责聘请评审委员会组成人员，批准评审委员会提交的本专科生国家奖学金评审意见。

评审委员会由具有代表性的管理人员、专家学者和学生代表组成，负责组织评审工作，向评审领导小组提出本专科生国家奖学金评审意见。根据评审工作需要，评审委员会下可设立若干评审工作小组，负责具体评审工作。

第三条 评审工作按下列程序进行：

（一）召开预备会。评审领导小组主持预备会，向评审委员会介绍有关情况，提出评审工作要求。

（二）开展评审工作。评审委员会组织评审工作小组对各单位上报的评审材料进行书面审查，提出评审意见。

（三）形成评审报告。评审工作小组完成评审工作后，由评审委员会汇总各评审工作小组的评审意见，讨论形成评审报告。

（四）审定评审报告。评审报告经评审委员会主任委员签字同意，报评审领导小组审定。

（五）公布评审结果。评审领导小组审定同意后，由教育部公告获奖学生名单。

第四条 评审的内容主要包括：

（一）材料的完整性。主要是指上报的材料是否及时、齐全、完备。

（二）程序的规范性。主要是指本专科生国家奖学金初评和审核工作是否符合规定程序。

（三）条件的相符性。主要是指入选学生的综合表现是否符合申请条件。

第五条 国家奖学金评审坚持公平、公正、公开、择优的原则，实行等额评审，每学年评审一次。

第六条 申请国家奖学金的基本条件：

（一）具有中华人民共和国国籍；

（二）热爱社会主义祖国，拥护中国共产党的领导；

（三）遵守宪法和法律，遵守学校规章制度；

（四）诚实守信，道德品质优良；

（五）在校期间学习成绩优异，创新能力、社会实践、综合素质等方面特别突出。

第七条 在符合基本条件的前提下，申请人还应满足以下具体条件：

（一）年级要求：二年级及以上年级本专科学生方可申请本专科生国家奖学金。特殊学制的学生，根据当年所修课程层次确定参与相应学段的国家奖学金评定，原则上从入学第六年开始不再具备本专科生国家奖学金申请资格。

（二）成绩要求：学习成绩排名与综合考评成绩排名均位于前10%（含10%）的学生，可以申请本专科生国家奖学金。学习成绩排名和综合考评成绩排名没有进入前10%，但达到前30%（含30%）的学生，如在其他方面表现非常突出，也可申请本专科生国家奖学金，但需提交详细的证明材料，证明材料须经学校审核盖章确认。

其他方面表现非常突出是指在道德风尚、学术研究、学科竞赛、创新发明、社会实践、社会工作、体育竞赛、艺术展演等某一方面表现特别优秀。具体是指：

1. 在社会主义精神文明建设中表现突出，具有见义勇为、助人为乐、奉献爱心、服务社会、自立自强的实际行动，在本校、本地区产生重大影响，在全国产生较大影响，有助于树立良好的社会风尚。

2. 在学术研究上取得显著成绩，以第一作者发表的通过专家鉴定的高水平论文，以第一、二作者出版的通过专家鉴定的学术专著。

3. 在学科竞赛方面取得显著成绩，在国际和全国性专业学科竞赛、课外学术科技竞赛、中国“互联网＋”大学生创新创业大赛、全国职业院校技能大赛等竞赛中获一等奖（或金奖）及以上奖励。

4. 在创新发明方面取得显著成绩，科研成果获省、部级以上奖励或获得通过专家鉴定的国家专利（不包括实用新型专利、外观设计专利）。

5. 在体育竞赛中取得显著成绩，为国家争得荣誉。非体育专业学生参加省级以上体育比赛获得个人项目前三名，集体项目前二名；高水平运动员参加国际和全国性体育比赛获得个人项目前三名、集体项目前二名。集体项目应为上场主力队员。

6. 在艺术展演方面取得显著成绩，参加全国大学生艺术展演获得一、二等奖，参加省级艺术展演获得一等奖；艺术类专业学生参加国际和全国性比赛获得前三名。集体项目应为主要演员。

7. 获全国十大杰出青年、中国青年五四奖章、中国大学生年度人物等全国性荣誉称号。

8. 其他应当认定为表现非常突出的情形。

第八条　各地各校要根据本办法，制定评审实施方案，成立本专科生国家奖学金评审领导小组，设立评审委员会。本专科生国家奖学金评审领导小组由各单位分管领导任组长，相关部门负责人为成员，全面领导评审工作。评审委员会由具有代表性的管理人员、专家学者和学生代表组成，具体负责评审工作，向评审领导小组提出本专科生国家奖学金评审意见。评审领导小组和评审委员会可根据本单位具体情况合并设立。

第九条　高校学生资助管理机构具体负责组织评审工作，提出本校当年本专科生国家奖学金获奖学生建议名单，报学校评审领导小组审定后，在校内进行不少于 5 个工作日的公示。

公示无异议后，每年 10 月 31 日前，中央高校将评审结果报中央主管部门，同时抄送全国学生资助管理中心。地方高校将评审结果逐级报至省级教育行政部门。中央主管部门和省级教育行政部门审核、汇总后，于当年 11 月 10 日前统一报教育部审批。

第十条 本办法由教育部、财政部负责解释。

第十一条 本办法自印发之日起施行。《教育部 财政部关于印发〈国家奖学金评审办法〉的通知》（教财〔2007〕24号）、《教育部办公厅关于进一步规范普通高校国家奖学金评审与材料填报工作的通知》（教财厅函〔2010〕16号）同时废止。

北京市教育委员会

关于加强北京高校大学生创新创业训练计划实施及规范管理的通知

京教函〔2019〕693号

各普通本科高校：

为深入贯彻全国、北京市教育大会和新时代全国高等学校本科教育工作会议精神，落实《国务院办公厅关于深化高等学校创新创业教育改革的实施意见》（国办发〔2015〕36号）、《教育部关于印发〈国家级大学生创新创业训练计划管理办法〉的通知》（教高函〔2019〕13号）、《中共北京市委 北京市人民政府印发关于统筹推进北京高等教育改革发展的若干意见的通知》（京发〔2018〕12号）、《北京市教育委员会 北京市财政局关于印发提升北京高校人才培养能力意见的通知》（京教高〔2017〕12号）等有关文件要求，进一步深化北京高校创新创业教育改革，结合北京高校大学生创新创业训练计划（以下简称大创计划）实施和管理实际，具体通知如下：

一、提高认识，锐意改革，深化学生创新创业能力培养

1. 大创计划是高校创新创业教育体系的重要组成部分，实施大创计划是深化高校创新创业教育改革的重要举措，更是培养大学生创新创业能力的重要途径。各高校应以实施大创计划为载体，深入贯彻落实高校立德树人根本任务，引导学生努力增强服务国家经济社会发展、服务北京“四个中心”建设的意识和本领。

2. 实施大创计划要坚持以学生为中心的理念，遵循“兴趣驱动、自主实践、重在过程”原则，通过资助大学生参加项目式训练，促进教育思想观念转变、人才培养模式改革、创新创业教育与专业教育有机融合，强化学生创新创业实践，培养学生创新精神、创业意识和创造能力。

二、重点培育、规范管理，建立三级项目实施体系

1. 大创计划实行项目式管理。大创计划项目分创新训练项目、创业训练项目和创业实践项目三类，实施校、市、国家逐级遴选推荐制度，形成以国家大学生创新创业训练计划项目（以下简称国创项目）为龙头、北京市级大学生创新创业训练计划项目（以下简称市创项目）为骨干、校级大学生创新创业训练计划项目（以下简称校创项目）为基础的三级大创计划项目实施体系。

2. 大创计划项目立项要求。项目申请人应为我市高校全日制本科生，鼓励学生跨学校、跨院系、跨专业、跨年级组建团队，团队人数原则上不超过 5 人 / 项。按照教育部要求，国创项目应从市创项目中遴选不超过 1/3 的优秀项目推荐。为保证北京地区推荐国创、市创项目的质量和基础，原则上各高校推荐市级以上项目的数量应不超过本校当年立项项目总数的 1/2。

3. 明确大创计划项目管理职责。北京市教委负责指导、规范北京地区大创计划项目运行和管理，组织国创项目和市创项目的立项申报、过程监管、结题验收等工作，并按要求向教育部报送相关材料。

各高校是大创计划项目实施和管理的主体，负责制定本校大学生创新创业训练计划项目管理办法；负责本校三级大创计划项目实施，开展各级项目立项、遴选推荐、信息变更、中期检查、结题验收、年度总结、数据上报等具体工作；同时负责为参与项目的学生提供技术、场地、实验设备等条件支持和创业孵化服务。

4. 规范项目结题验收与数据材料报送。大创计划项目实施完成后均应结题验收。项目结题验收工作由所在学校组织，验收结果各高校按市教委统一安排上报市教委审核备案。市教委按年度向教育部报送国创项目验收结果，同时公布各高校市创项目验收结果。国创项目的验收结果由教育部审核并发布。

大创计划项目的实施期限原则上为一年，项目学校每年应向市教委报告本校大创计划项目立项、进展、验收等实施情况，并梳理典型作品、优秀案例等实施成果，形成年度总结报送市教委。总结报送的时间、内容、报送形式等具体安排由市教委在每年项目立项和结题工作通知中发布。

5. 加强项目经费管理。各高校应做好大创计划项目实施经费的统筹安排与执行监管，确保专款专用。学生要在相关教师指导下，严格执行现行相关财务管理规定。

三、持续深化、重点培育，提升项目实施质量

1. 推动大创计划项目和学科竞赛一体化建设。鼓励推荐大创计划项目参加高水平的学科竞赛，鼓励选拔大创计划项目成果和作品参加互联网＋等创新创业类、科技作品类竞赛以及“青年红色筑梦之旅”等社会服务活动，以此促进项目质量提升。

2. 推进大创计划项目实施向纵深发展。促进创新训练项目数量质量双提升，促进创新训练项目向创业训练项目，创业训练项目向创业实践项目持续转化，强化创新引领创业，创业促进就业。

3. 深化产教融合、产学合作、协同育人。汇聚企业资源支持高校创新创业教育改革，组织参加教育部高等教育司每年组织有关企业与高校共同实施的产学合作创新创业联合基金项目，进一步深入实施大创计划项目。

四、理顺机制、强化激励，推进项目有效实施

1. 加强工作交流。市教委定期组织全市创新创业教育交流会，评选、展示优秀大创项目成果，营造良好的创新创业文化氛围。

2. 加强协调组织。各校要由校领导负责，教务部门牵头，成立学工、团委、科研、财务、设备等相关职能部门参与的校级组织协调机构，协调落实条件保障，制定管理办法和相关配套政策，加强日常管理。

3. 完善激励政策。鼓励学生参加项目，对通过结题验收的学生，根据学校有关规定认定相应学分，对参与项目表现优秀的学生给予奖励；鼓励教师指导学生项目，根据大创项目完成质量，对指导教师认定相应的教学工作量，在专业技术职务晋升、考核、评优中向优秀指导教师倾斜。

2019 年 12 月 26 日

师资建设

北京市教育委员会文件选编

（2019）

北京市教育委员会

关于做好教育部“国培计划”名校长名师领航工程名校长名师工作室建设的通知

京教人〔2019〕4号

各区委教育工委，各区教委，各有关学校：

根据《教育部教师工作司关于组织实施“国培计划”——中小学名师名校长领航工程的通知》，我市5名校长被遴选为第二期“国培计划”中小学名校长领航工程学员、4名教师被遴选为首期“国培计划”中小学名师领航工程学员。为充分发挥教育部“国培计划”名校长名师领航工程的示范引领作用，进一步加强全市干部教师队伍建设，现就做好名校长名师工作室建设有关事宜通知如下：

一、建设目标

认真贯彻落实《中共中央国务院关于全面深化新时代教师队伍建设改革的意见》《教育部等五部门印发〈关于教师教育振兴行动计划（2018—2022年）〉的通知》等文件精神，充分发挥名校长名师在干部教师队伍建设中的辐射、引领和示范作用，以全面提高中小学干部教师队伍素质为目标，以培养高层次人才为重点，以构建专业成才平台为依托，积极探索名校长名师培养和辐射带动作用的长效机制，把工作室建设成为基础教育领军人才成长的摇篮，着力培养、带动、造就一批坚守教育情怀、具有先进理念、富于创新精神、体现首都教育特色的骨干力量，促进全市干部教师队伍整体素质提升。

二、人员组成及办公条件

（一）工作室成员组成

工作室主持人由我市入选国培计划的名校长名师领航工程的校长（园长）和教师担任，全面负责工作室的建设、管理和运行；每个工作室配备学员 10 人左右，向远郊区倾斜。

（二）办公条件

名校长工作室设在主持人所在学校（幼儿园），有固定的工作场所和必要的办公条件，包括信息化办公的设备和系统，有健全的工作制度，确保工作室活动规范开展。工作室由主持人牵头负责日常工作，主持人所在学校（幼儿园）要配备 1 ～ 2 名工作助理协助主持人完成日常管理工作。

名师工作室设在首都师范大学，纳入首都师范大学特级教师工作室项目，统一建设管理。首都师范大学要积极支持配合工作室主持人的工作安排，提供必要的工作场所，并为每个工作室配备 1 名工作助理，保障工作室活动的正常开展。

三、命名与授牌

按照教育部项目办的要求和我市工作实际，2019 年 3 月中旬组织我市名校长名师工作室集中授牌。

四、工作室任务

名校长工作室建设周期为三年，主要任务是：

1. 领航学校发展。开展学校管理改革项目研究，力争在三年内形成较为突出的办学治校、教书育人成果，包括课程研发成果、教育创新成果、竞赛成果、科研成果等。

2. 着力培养新人。通过工作室成员间的相互学习、交流、研究、合作，使工作室成为名校长、农村校长、青年骨干校长切磋办学经验、管理智慧的舞台，促进工作室团队成员快速成长。

3. 注重示范引领。帮助工作室成员总结教科研成果和办学经验，从而形成具有先进性和引领性的教育主张、管理风格、办学范式，在本区乃至全市范围内发挥示范引领作用。

4. 促进共同提高。运用多种形式开展教育扶贫，积极开展跨区对口支援、协作帮扶等社会服务，帮助农村地区、薄弱学校快速提高教育教学水平，促进教育公平发展。

5. 积极建言献策。各工作室要发挥资源优势，加强学习研究，紧密结合当前教育改革发展形势，积极开展教育教学课题研究，为各级教育行政部门决策和教育教学改革提供具有前瞻性、针对性和建设性的合理建议。

名师工作室建设周期为三年，主要任务是：

1. 注重示范引领，指导工作室成员教育教学，通过名师带徒，课题研究，成果推广等方式，传播先进的教学理念，传授精良的教学经验，培养一批名师，使其在本区乃至全市、全国范围内发挥示范引领作用。

2. 着力培养新人。通过工作室成员间的相互学习、交流、研究、合作，使工作室成为名师、青年骨干教师的学习共同体和成长共同体，促进工作室团队成员成长。

3. 形成一批成果。工作室主持人引导工作室成员总结教学、教研成果，形成名师工作室的教育教学成果，以论文、讲座、公开课、研讨会、报告会、名师论坛、观摩指导等形式在全市范围内介绍、推广。

4. 促进共同提高。运用多种形式开展教育扶贫，加强本区对口支援、协作帮扶等社会服务，帮助农村地区、薄弱学校提高教育教学水平，促进教育公平发展。

五、工作室成员遴选条件

名校长工作室学员的遴选条件是：

1. 全面贯彻党的教育方针，热爱教育事业，以立德树人为己任，思想政治素质过硬，师德高尚，具有坚定的教育理想和教育家情怀；

2. 具有先进的办学理念及教育主张，办学成效显著，在本区有较大影响；

3. 具有比较扎实的教育教学理论功底、丰富的教育管理经验，具有较大的发展潜力；

4. 具有强烈的自我发展需求和较强的教育研究能力，积极开展和引领学校的教改实验和课题研究，善于把研究成果转化为学校办学实践探索；

5. 担任中小学正职校长或幼儿园正职园长，年龄原则上在 45 岁左右，身心健康，能够坚持正常的工作和学习。

名师工作室学员的遴选条件是：

1. 师德高尚，热爱教育事业，教书育人，为人师表，爱岗敬业，事业心强，模范履行教师职责，有较强的奉献精神和开拓创新精神；

2. 具有一线教学经历 10 年（含）以上，年龄原则上在 45 岁以下；

3. 中学教师应具有高级教师专业技术职务，小学、幼儿园的教师应具有一级教师及以上专业技术职务；

4. 具有较为扎实的教育教学理论功底和较为丰富的教育教学经验，人文社科知识比较丰富；

5. 具备发展潜质，有强烈的进取心和学习愿望，愿意进行团队合作研究与实践，并能确保学习时间。

六、工作要求

一是要认清重要意义。名校长名师工作室的建设是“国培计划”——中小学名校长名师领航工程的重要内容，是着力加强中小学（幼儿园）干部教师队伍建设，引领基础教育改革发展的重要举措，各区教育行政部门一定要切实提高工作站位，加强统筹协调，提供支持保障，营造良好环境，支持工作室及其成员开展各项活动。

二是要加强选拔培养。各区教育行政部门要按照标准条件，坚持优中选优，积极推荐符合条件、有发展潜力的学员进入工作室，并根据名额分配（附件 2），填写报名表，于 2019 年 2 月 28 日前报送至市教委人事处。要注重过程培养，通过基地研修、岗位锻炼、挂职培养等多种形式，对参训学员进行多渠道、有针对性的培养，努力造就一批具有较大社会影响力、能够在基础教育领域发挥示范引领作用的领军人才。

三是要强化组织保障。为保障名校长名师领航项目的顺利进行，中央财政专项拨款支持，按照每位参训校长教师 10 万元的标准拨付培养基地，市级财政按照 1 ∶ 2 的比例，为每位入选领航工程的校长教师设立 20 万元配套经费，3 年建设周期按 3 ∶ 3 ∶ 4 的比例拨付，用于保障入选校长教师建立工作室、开展对口帮扶、带动区域发展等有关活动。各区教育行政部门也要采取多种措施，筹措各方资源，支持保障工作室的正常运转和各项活动的顺利进行。各工作室要加强规范管理，制订工作室发展规划和年度工作计划，编制和执行工作经费预算，按计划组织开展各项活动。

四是要充分发挥作用。要以工作室为载体，努力营造示范引领、团队合作、共同发展的良好环境，把名校长名师工作室建设成优秀人才培养、教育管理研究和办学成果推广示范的重要基地。名校长名师要自觉发挥示范引领作用，通过送教下乡、支教讲学、结对帮扶等多种方式，带动和帮助其他地区、薄弱学校的校长教师共同发展，逐步实现全市中小学（幼儿园）干部教师队伍能力素质的整体跃升。

附件：1. 教育部“国培计划”名校长名师领航工程名单

2. 各区名额分配

3. 教育部“国培计划”名校长名师领航工程名校长名师工作室报名表（略）

2019 年 2 月 25 日

附件 1

教育部“国培计划”名校长领航工程名单

区	姓名	性别	工作单位	职务
海淀	翟小宁	男	中国人民大学附属中学	校长
东城	王　蕾	女	北京市第一六六中学	校长
朝阳	陈立华	女	北京市朝阳区实验小学	校长
大兴	张文风	女	北京小学翡翠城分校	校长
东城	刘金玉	女	北京市第一幼儿园	园长

教育部“国培计划”名师领航工程名单

区	姓名	性别	工作单位	任教学科
丰台	蒋炎富	女	北京市第十二中学	高中英语
海淀	杨冬香	女	北京中法实验学校	高中数学
西城	周京昱	男	北京教育学院宣武分院	高中语文
怀柔	王长青	男	怀柔区第五中学	初中数学

附件 2

名校长工作室名额分配

姓名	学校	东城	西城	朝阳	海淀	丰台	石景山	门头沟	昌平	大兴	房山	通州	顺义	怀柔	密云	平谷	延庆	合计
翟小宁	中国人民大学附属中学					1	1	1	1	1	1	1	1	1	1	1	1	12
王蕾	北京市第一六六中学					1	1	1	1	1	1	1	1	1	1	1	1	12
陈立华	北京市朝阳区实验小学							1	1	1	1	1	1	1	1	1	1	10
张文凤	北京小学翡翠城分校							1	1	1	1	1	1	1	1	1	1	10
刘金玉	北京市第一幼儿园							1	1	1	1	1	1	1	1	1	1	10

名师工作室名额分配

姓名	学校	东城	西城	朝阳	海淀	丰台	石景山	门头沟	昌平	大兴	房山	通州	顺义	怀柔	密云	平谷	延庆	合计
蒋炎富	北京市第十二中学						1	1	1	1	1	1	1	1	1	1	1	11
杨冬香	北京中法实验学校							1	1	1	1	1	1	1	1	1	1	10
周京昱	北京教育学院宣武分院						1	1	1	1	1	1	1	1	1	1	1	11
王长青	怀柔区第五中学							1	1	1	1	1	1	1	1	1	1	10

北京市教育委员会

关于做好 2019 年春季北京地区高等学校教师资格认定工作的通知

京教函〔2019〕151 号

各高等学校：

2019 年春季高校教师资格认定工作即将开始。为了保证此项工作的顺利进行，现将有关事项通知如下：

一、认定范围

北京地区高等学校中专门从事教学工作、拟受聘于高校教师职务的在编在岗教师。

二、时间安排

5 月 7 日至 13 日，申请人登录 www.jszg.edu.cn（中国教师资格网）进行网上申报；

5 月 14 日至 27 日期间，各高校对本校申请人员进行 7 天公示；

5 月 27 日前，授权委托认定高校完成对申请人员的公示、体检、认定材料审核、教育教学能力测试、专家审查委员会表决等相关工作；

5 月 28 日至 29 日，授权委托认定高校报送申请人员材料；

5 月 30 日至 31 日，非授权委托认定高校报送申请人员材料；

6 月 6 日起，非授权委托认定高校须参加教育教学能力测试人员登录北京市教师资格网（http://www.bjtcc.org.cn）下载打印准考证；

6 月 15 日至 16 日，非授权委托认定高校申请人员参加教育教学能力测试（以准考证上测试时间为准）；

6 月 21 日，非授权委托认定高校参加教育教学能力测试人员登录北京市教师资格网（http://www.bjtcc.org.cn）查询成绩；

7 月 8 日起，发放教师资格证书。

三、报送材料要求

（一）授权委托认定高校

1.《北京市申请认定高等学校教师资格人员情况汇总表》1 份（见附件 1），按姓名拼音升序排序；

2.《申请认定高等学校教师资格人员公示名单》1 份（见附件 2）；

3.《申请认定高等学校教师资格人员公示结果》1 份（见附件 3）；

4. 标准一寸证件照 1 张（制作证书时携带）。

（二）非授权委托认定高校

1. 修学高等教育学、高等教育心理学证明原件及复印件；

2.《北京市教师资格认定体格检查表》原件及原件的封面、个人信息页、结论页复印件；

3. 标准一寸证件照1张，背面注明申请人姓名，本单位所有照片统一放入1个信封；

4.《北京市申请认定高等学校教师资格人员情况汇总表》1份（见附件1），按姓名拼音升序排序；

5. 公办校提供申请人北京市事业单位聘用合同书原件及复印件，民办高校和独立学院提供申请人劳动合同书原件及复印件，如聘用合同或劳动合同中未体现教师岗位名称，还需提供其他相关有效力的证明材料的原件及复印件；

民办高校和独立学院另需提供申请人的人事档案关系存档证明。该存档证明由本市有存档权的正规存档机构（人才服务中心）出具，证明格式依该存档机构规定而定，证明应明示申请人人事档案存放于该机构；

6.《申请认定高等学校教师资格人员公示名单》1份（见附件2）；

7.《申请认定高等学校教师资格人员公示结果》1份（见附件3）；

补发、换发证书的相关要求详见北京市教师资格网（http://www.bjtcc.org.cn），相关材料于春季报送申请认定材料时一并报送。

四、工作要求

（一）教师资格认定作为教育行政许可事项，程序合法性、办结时效性强，各高校要高度重视，加强组织领导，要确定专人负责，严格按照全市统一部署精心组织，周密安排，积极做好相关政策的宣传和解释工作，对申请人员进行必要的教育教学能力测试指导，保证质量，确保认定工作的顺利开展。

（二）各授权委托高校要严格按照教师资格认定工作程序，制定本年度的教师资格认定工作方案，做好本校申请人员的申请与受理、面试与试讲、审核与认定等相关工作。各类表格填报内容真实，信息完整。

（三）各非授权委托高校要做好信息发布、人员组织管理、申请资格审查、材料收集及初审等各项工作，掌握各时间节点，加强对本校需要参加教育教学能力测试人员的测试辅导，并做好后期测试结果的反馈。

（四）各高校应安排专人作为网络系统管理员负责核实和确认本校申请人员的网报信息。按要求规范操作，核实和确认本校申请人员网报信息的真实性以及与报送的《教师资格认定申请表》内容的一致性。妥善保管登录账户和密码，确保申请人信息安全。

（五）各高校要做好申请人申请认定资料整理归档工作，及时将《教师资格认定申请表》归入个人人事档案。

（六）各高校在开展教师资格认定工作中，须严肃纪律、依法实施，对申请人是否具备申请资格进行严格审查，严禁弄虚作假。对违反规定，损害申请人利益、甚至影响教师资格制度依法实施，并造成严重后果的，将按照相关法律、法规追究有关人员的责任。对授权委托高校弄虚作假，违反政策规定的，将按照《教师资格条例》和《〈教师资格条例〉实施办法》取消其授权委托资格。

（七）教师资格认定的相关政策请查询北京市教师资格网（http://www.bjtcc.org.cn）。

五、联系方式

北京市教师资格认定事务中心

附件：1. 北京市申请认定高等学校教师资格人员情况汇总表（略）

2. 申请认定高等学校教师资格人员公示名单（样表，略）

3. 申请认定高等学校教师资格人员公示结果（公示无异议模板，略）

2019年4月15日

北京市教育委员会

关于做好 2019 年秋季北京地区高等学校教师资格认定工作的通知

京教函〔2019〕470 号

各高等学校：

2019 年秋季高校教师资格认定工作即将开始。为了保证此项工作的顺利进行，现将有关事项通知如下：

一、认定范围

在北京地区高等学校专门从事教学工作、拟受聘于高校教师职务（已在教师职务岗位任职）的教师。

二、时间安排

10 月 10 日至 16 日（周四至周三），申请人登录“中国教师资格网”（http://www.jszg.edu.cn）进行网上申报；

10 月 17 日至 27 日（周四至周日）期间，各高校对本校申请人员进行 7 天公示；

10 月 27 日（周日）前，授权委托认定的高校完成对申请人员的公示、体检、认定材料审核、教育教学能力测试、专家审查委员会表决等相关工作；

10 月 28 日至 29 日（周一至周二），授权委托认定的高校现场提交申请材料；

10 月 29 日至 30 日（周二至周三），非授权委托认定的高校现场提交申请材料；

11 月 7 日（周四）起，北京市教师资格网（http://www.bjtcc.org.cn）公布非授权委托认定高校教育教学能力测试准考证；

11 月 16 日至 17 日（周六至周日），进行非授权委托认定的高校教育教学能力测试（具体时间以准考证上测试时间为准）；

11 月 20 日（周三）起，北京市教师资格网（http://www.bjtcc.org.cn）公布非授权委托认定的高校申请人教育教学能力测试结果；

发放教师资格证书时间另行通知。

三、报送材料要求

（一）授权委托认定高校

1.《北京市申请认定高等学校教师资格人员情况汇总表》1 份（见附件 1），按“报名号”升序排序；

2.《申请认定高等学校教师资格人员公示名单》1 份（见附件 2）；

3.《申请认定高等学校教师资格人员公示结果》1 份（见附件 3）；

4. 教师资格专家审查委员会专业评议组对参加教育教学能力测试申请人的评议结果；

5. 教师资格专家审查委员会对参加教育教学能力测试申请人的表决结果；

6. 每名申请人的标准一寸证件照 1 张用于制作证书，报送时间另行通知。

（二）非授权委托认定高校

1. 申请人与其所在高校签订的事业单位聘用合同或劳动合同原件和复印件；

如聘用合同或劳动合同中未体现教师岗位名称，还需提供其他相关有效力的证明材料的原件及复印件；

复印件仅包含合同首页、申请人个人信息页、岗位信息页和合同签署页即可。

2. 申请人毕业证书原件；

申请人学历在网上报名系统比对成功的，无需提供毕业证书原件；

申请人持有 2002 年之后在高校学生学历信息管理系统相关数据

库中注册的高等教育学历证书，但在网报系统中信息没有比对成功的，应当提供毕业证书原件和在“学信网”（https://www.chsi.com.cn）下载打印的《教育部学历证书电子注册备案表》；

申请人持有2002年以前的高等教育学历证书，或者2002年之后未在高校学生学历信息管理系统相关数据库中注册的高等教育学历证书的，应当提供毕业证书原件和由全国高等学校学生信息咨询与就业指导中心出具的《中国高等教育学历认证报告》（全国高等学校学生信息咨询与就业指导中心认证服务处）原件；

申请人持有军队院校学历的，除中国人民解放军第二、第三、第四军医大学和解放军艺术学院外，应当提供毕业证书原件和由全国高等学校学生信息咨询与就业指导中心出具的《中国高等教育学历认证报告》原件；

申请人持有香港、澳门、台湾地区高等学校毕业证书，须经教育部留学服务中心认证，应当提供毕业证书原件和由教育部留学服务中心出具的“港澳台地区学历学位认证书”（教育部留学服务中心港澳台地区学历学位认证系统网址：http://renzheng.cscse.edu.cn）原件；

申请人持有国外高等学校毕业证书，须经教育部留学服务中心认证，应当提供毕业证书原件和由教育部留学服务中心出具的“国外学历学位认证书”（教育部留学服务中心国外学历学位认证系统网址：http://renzheng.cscse.edu.cn）原件；

博士毕业申请人申请直接认定教师资格的，应当提供博士学位证书原件。

3. 申请人普通话水平测试等级证书原件；

申请人普通话水平测试等级证书信息在网上报名系统比对成功的，以及博士毕业申请人、副教授以上专业技术职务申请人申请直接认定教师资格的，无需提供普通话水平测试等级证书原件。

4. 申请人岗前培训合格证书原件和复印件；

博士毕业申请人和副教授以上专业技术职务申请人申请直接认定高校教师资格的，无需提供岗前培训合格证书原件和复印件；

全日制本科师范类毕业的申请人申请直接认定高校教师资格的，

无需提供岗前培训合格证书原件和复印件；应当提供本人人事档案中就读本科师范类院校期间的由学籍管理部门出具的全部成绩单复印件（复印件上应加盖人事档案管理机构或部门的公章）；如成绩单上没有“教育实习”成绩则还应当提交本人人事档案中就读师范类院校期间的由学籍管理部门出具的《实习鉴定表》复印件（复印件上应加盖人事档案管理机构或部门的公章）。

5.《北京市教师资格认定体格检查表》原件；

6. 申请人标准一寸证件照 1 张，背面注明申请人姓名，本单位所有申请人照片统一放入 1 个信封；

7.《北京市申请认定高等学校教师资格人员情况汇总表》1 份（见附件 1），按报名号升序排序；

8.《申请认定高等学校教师资格人员公示名单》1 份（见附件 2）；

9.《申请认定高等学校教师资格人员公示结果》1 份（见附件 3）。

补发、换发证书的相关要求详见北京市教师资格网（http://www.bjtcc.org.cn），相关材料于秋季报送申请认定材料时一并报送。

四、工作要求

（一）各高校应全面落实《教师法》和《教师资格条例》，严格实施教师资格制度，积极组织专任教师参加高校教师资格认定，坚决杜绝高校教师未持证上岗情况的发生。

（二）教师资格认定作为教育行政许可事项，程序合法性、办结时效性强，各高校要高度重视，加强组织领导，要确定专人负责，严格按照全市统一部署精心组织，周密安排，积极做好相关政策的宣传和解释工作，对申请人员进行必要的教育教学能力测试指导，保证质量，确保认定工作的顺利开展。

（三）各授权委托高校要严格按照教师资格认定工作程序，制定本年度的教师资格认定工作方案，做好本校申请人员的申请与受理、面试与试讲、审核与认定等相关工作。各类表格填报内容真实，信息完整。

（四）各非授权委托高校要做好信息发布、人员组织管理、申请资格审查、材料收集及初审等各项工作，掌握各时间节点，加强对本校需要参加教育教学能力测试人员的测试辅导，并做好后期测试结果的反馈运用。

（五）各高校应安排专人作为网络系统管理员，负责核实、确认本校申请人员网报信息的真实性以及与报送的《教师资格认定申请表》内容的一致性。按要求规范操作，妥善保管登录账户和密码，确保申请人信息安全。

（六）各高校要做好申请人申请认定资料整理归档工作，及时将《教师资格认定申请表》归入个人人事档案。

（七）各高校在开展教师资格认定工作中，须严肃纪律、依法实施，对申请人是否具备申请资格进行严格审查。对于违反规定，疏于开展认定工作、损害申请人利益，或发现申请人弄虚作假骗取教师资格未及时上报，以及协助申请人弄虚作假，以致影响教师资格制度依法实施的高校，将按照相关法律、法规追究有关单位及人员的责任。如发现授权委托高校存在上述违法行为，将按照《教师资格条例》和《〈教师资格条例〉实施办法》取消其授权委托资格。

（八）教师资格认定的相关政策请查询北京市教师资格网（http://www.bjtcc.org.cn）。

附件：1. 北京市申请认定高等学校教师资格人员情况汇总表（略）

2. 申请认定高等学校教师资格人员公示名单（样表，略）

3. 申请认定高等学校教师资格人员公示结果（公示无异议模板，略）

2019 年 9 月 11 日

北京市教育委员会

关于做好北京市中小学教师资格考试（笔试）工作的通知

京教函〔2019〕480号

各相关区教委：

教师资格考试是评价申请教师资格人员是否具备从事教师职业所必需的教育教学基本素质与能力的考试，是“法律规定的国家考试”，实行全国统一考试。为贯彻落实教育部《关于印发〈中小学教师资格考试暂行办法〉〈中小学教师资格定期注册暂行办法〉的通知》（教师〔2013〕9号）、教育部考试中心《关于印发中小学教师资格考试考务工作规定等文件的通知》（教试中心函〔2013〕157号）和北京市教育委员会《关于北京市中小学教师资格考试改革试点工作的意见》（京教人〔2014〕13号）文件精神，规范中小学教师资格考试（以下简称“教师资格考试”）考务工作，提高考务工作制度化、信息化和科学化水平，确保考试质量，加强教师资格考试标准化考点考场的使用和管理，现将有关事项通知如下：

一、北京市教委委托北京教育考试院负责北京地区的教师资格考试（笔试）考务组织和有关考务工作。随着教育部教师资格考试政策的调整，北京地区参加教师资格考试人数不断增加，原有考点、考场已经不能满足考试需要。经研究，决定在东城区等9个区增设教师资格考试（笔试）的考点、考场。设立教师资格考试（笔试）考点的相关区教委要高度重视此项工作，配合北京教育考试院做好北京地区教师资格考试（笔试）相关工作。

二、各相关区教委要把教师资格考试（笔试）工作列入工作计划，明确工作职责，积极配合，周密部署，选择符合要求的考点、考场，选聘负责任的监考教师，协助北京教育考试院完成我市教师资格考试的组考工作。组考经费由北京教育考试院划拨相关区教委。

三、各相关区教委在保障中小学教育教学活动正常进行的前提下，依法加强教师资格考试保密管理，充分发挥我市现有的标准化考点、考场等教育考试资源的作用，确保考试工作的安全、顺利开展。

请相关区教委填写教师资格考试（笔试）考点信息汇总表，于 9 月 18 日前报送至北京教育考试院社会考试办公室。

附件：北京市中小学教师资格考试（笔试）考点信息填报表（略）

2019 年 9 月 16 日

北京市教育委员会

关于开展 2019 年“北京高校优秀本科育人团队”和“北京高校优秀本科教学管理人员”评选工作的通知

京教函〔2019〕533 号

各有关高等学校：

为落实立德树人根本任务，巩固人才培养中心地位，深化教育教学改革，提升教师团队教学能力和管理能力，按照中共北京市委、北京市人民政府《关于统筹推进北京高等教育改革发展的若干意见》（京发〔2018〕12号）要求，决定开展2019年“北京高校优秀本科育人团队”和“北京高校优秀本科教学管理人员”评选工作。现将相关事宜通知如下：

一、评选范围

“北京高校优秀本科育人团队”评选范围，为北京地区普通本科高等学校负责本科人才培养的教研室、研究所、实验室、教学基地、实训基地等基层教学组织。“北京高校优秀本科教学管理人员”评选范围，为北京地区普通本科高校自2015年9月1日至2019年7月31日期间在本科教学管理岗位上工作的教学管理人员。

二、评选名额

2019年将评选表彰30个左右“北京高校优秀本科育人团队”、30名左右“北京高校优秀本科教学管理人员”。

三、评选条件

（一）“北京高校优秀本科育人团队”

育人效果显著。团队能够落实立德树人根本任务，人才培养契合国家和北京市经济社会发展需求，教学理念和手段先进，教学内容完善，教学方法科学，重视实践创新教育，能够引导学生进行研究性学习和创新性实践，培养学生发现、分析和解决问题的兴趣和能力，学生受益面广。团队能够深入开展本科教育教学改革，不断提升人才培养质量，改革成果已经显现，成果经验具有可推广性。

团队结构合理。团队带头人应为本专业领域在职教授，长期从事本科生教学工作，具有先进的教育理念，师德高尚、治学严谨，课程思政建设成效显著，具有很好的教育教学能力和组织领导能力。团队全体成员应爱岗敬业、关爱学生，整体育人效果突出。团队应具有明确的发展目标、良好的合作精神和梯队结构，年龄、职称和知识结构合理，在指导和激励中青年教师提高专业素质和业务水平方面成效显著。

（二）“北京高校优秀本科教学管理人员”

热爱教育事业，具有先进的教学理念，注重理论学习，熟悉本科教学管理业务，甘于奉献、廉洁自律，在开展专业课程教材建设、推动本科生实践创新能力培养、组织各项教学活动中成绩突出，有较强的服务意识，能够创新性地组织开展教育教学改革并取得明显成效。

四、申报评选方式

根据上述评选条件，每校原则上推荐 1 个“北京高校优秀本科育人团队”候选团队和 1 位“北京高校优秀本科教学管理人员”候选人，经学校遴选并公示后向市教委推荐。市教委将组织专家对候选团队和候选人进行评选，经市教委审定并公示后，正式公布结果。

市教委将对“北京高校优秀本科育人团队”和“北京高校优秀本科教学管理人员”进行表彰，并予以相应政策支持，鼓励团队和管理人员强化本科教学改革，提高育人水平。

五、申报要求

各校组织填报《“北京高校优秀本科育人团队”申报书》和《“北京高校优秀本科教学管理人员”申报书》，于 2019 年 11 月 25 日前将纸质材料（汇总表一份，申报书一式五份〈含一份原件〉）报送至北京市教育委员会高等教育处（西城区前门西大街 109 号 608 房间），电子版发送至邮箱。

附件：1. 2019 年北京高校优秀本科育人团队推荐汇总表（略）

2. 2019 年北京高校优秀本科教学管理人员推荐汇总表（略）

3. 2019 年北京高校优秀本科育人团队申报书（略）

4. 2019 年北京高校优秀本科教学管理人员申报书（略）

2019 年 11 月 5 日

中共北京市委教育工作委员会
北　京　市　教　育　委　员　会

关于开展2019年中小学校长职级评审和认定工作的通知

京教函〔2019〕558号

各区委教育工委、区教委：

为落实市委组织部、市委教育工委、市教委、市人力社保局、市财政局等部门《关于印发〈关于北京市推行中小学校长职级制度的实施意见（试行）〉的通知》（京教工〔2019〕61号）文件要求，市委教育工委、市教委将于2019年开展首批中小学校长职级评审和认定工作。现将有关事项通知如下。

一、范围与对象

北京市全日制中小学校（含特教学校和工读学校、大学附中附小和民办中小学校）、幼儿园（含其他性质公办园和民办园）、职业高中学校（以下统称“中小学”）中，2019年12月31日前在岗尚未到达退休年龄或按规定已办理延长退休手续（提供延长退休审批表），在职在岗的正职校（园）长（含党组织书记）（以下统称“中小学校长”）。

非区教委所属中小学按照属地原则，组织中小学校长申报、评审和认定工作。

二、职级设置与结构比例

校长职级设置特级、高级、中级、初级四级，其中高级、中级分别设置1、2、3等。特级、高级、中级、初级校长结构比例控制为：0.5 ：4 ：4.5 ：1。

各区要根据本区中小学校长总人数测算出高级、中级和初级校长评审的指标结构，建议各区高级指标首评使用60% ～ 70%，预留出每年的晋升空间；市教委将根据全市中小学校长总人数测算出特级校长的总指标数，市级将首评特级校长指标控制在特级校长总指标的50%—60%，预留出每两年的晋升空间。

三、申报、认定和评审工作

（一）申报和审核。中小学校长要根据申报及评审、认定条件，精细测算出拟申报职级（等次）所需的职级年限，依据《中小学校长职级申报、评审和认定的具体条件》综合分析拟申报职级（等次）所规定条件的达成度，由申报人按规定填写申报表（附件1、2），并提交本人工作述职报告和履行职责的情况及有关证明，述职报告按评定标准进行写实性汇报。

由区委教育工委、区教委按规定对申报人的材料进行审核，确保每一名申报人达到所需的基本条件。

（二）述职和评议。述职和评议可结合校长年度考核，由申报人向学校教职工代表大会或党员大会（或党员代表大会）述职。每位教职工代表（或党员）填写民主测评表和教师问卷，并由区委教育工委、区教委负责汇总测评结果。在首评过程中，此项程序可结合申报人最近一次向学校教职工代表大会或党员大会（或党员代表大会）述职及测评结果完成。

（三）考核与评鉴。区委教育工委、区教委在听取申报人述职和广泛听取意见的基础上，汇总有关材料，写出考核、评鉴意见。区委教育工委、区教委按照规范程序和要求对申报人所在单位或个人作出的督导、考评（鉴定）意见，包括获奖证书等，可作为评定校长职级的依据，供评审专家在评审时参考。在首评过程中，此项程序可结合区委教育工委、区教委最近一次对申报人做出的考评（鉴定）意见完成。

（四）认定、评审与推荐。申报初级校长职级的，由区委教育工委、区教委按照任职资格条件、组织原则和工作程序审核并予以认定。区委教育工委、区教委须按照相关校长评定标准对申报中级及以上校长职级的人员进行评审和面试答辩。在首评过程中，对申报中级校长的人员可以结合本区的实际情况进行申报材料评审。

各区在完成高级校长评审的基础上推荐特级校长候选人。被推荐人应达到高级（一等）条件，且考核成绩优秀，并按照所分配的推荐指标（附件3），提出推荐意见，排序后报市教委人事处。须将评定结果（含特级校长推荐人选）公示5个工作日。

（五）备案。各区评审认定的高级及以下校长职级的人员名单，报市教委人事处备案。

四、特级校长的评审

北京市中小学校长职级制评审委员会对各区推荐的特级校长人选进行评审，评审结果须在北京市教委网站公示5个工作日。特级校长评审每两年一次。

五、时间安排

2019年10月中下旬，召开专题会议，部署安排相关工作。

2019年11月5日前，各区组建完成中小学校长职级制度改革协调小组、区职级办和中小学校长职级制评审委员会，评审委员会组成人员名单报市教委人事处。

2019年11月30日前，各区完成高级及以下校长职级制评审认定工作，并报市教委人事处备案。

2019年12月6日前，各区完成特级校长候选人推荐、公示等相关工作，并将特级校长候选人名单和有关材料报市教委人事处。

2019年12月31日前，完成特级校长的评审工作。

六、强化组织领导

今年是北京市首次组织中小学校长职级评审和认定工作，

群众关注度高，社会影响面大，涉及校长队伍切身利益，各区委教育工委、区教委要高度重视、严密组织、规范程序、严格标准，确保首评工作平稳、有序。

各区要按照党政领导、名校长、专家各三分之一，名校长和专家人数的二分之一须聘请外区人员的要求，组成中小学校长职级制评审委员会，负责对校长职级进行评审工作，并邀请纪检监察部门全程监督。

有关表格可在北京市教育委员会官网下载，用A4纸打印。

附件：1. 北京市中小学校长职级申报表（略）

2. 北京市中小学特级校长申报表（略）

3. 北京市中小学特级校长指标分配表

2019年11月7日

附件3

特级校长指标分配方案

序号	区	推荐指标
1	东城区	6
2	西城区	9
3	朝阳区	22
4	丰台区	15
5	石景山区	5
6	海淀区	15
7	房山区	8
8	燕山	1
9	通州区	7
10	顺义区	7
11	昌平区	10

续表

序号	区	推荐指标
12	大兴区	15
13	门头沟区	2
14	怀柔区	5
15	平谷区	4
16	密云区	4
17	延庆区	3
总计		138

注：市教委直属学校指标单列

北京市教育委员会

关于公布2019年北京市中小学教师教育基地学校入选名单的通知

京教函〔2019〕571号

各区教委、燕山教委，各有关单位：

根据《北京市教育委员会关于遴选北京市中小学教师教育基地学校的通知》（京教函〔2019〕62号）要求，经学校申报、区教委推荐，市教委组织专家综合评审，2019年北京市教育委员会第30次主任办公会通过，确定了入选2019年北京市中小学教师教育基地学校105

所（含特殊学校），现予以公布。

各区教委及有关单位要充分发挥教师教育基地在课程与教学改革、教育教学改革、教师专业发展方面的突出优势和示范引领作用，促进各级各类学校共同发展，以教师教育基地建设为载体，探索更具活力、更贴实际的教师教育方式，逐步形成高质量、有特色的教师教育实践体系，促进教师队伍专业化发展。

附件：2019 年北京市中小学教师教育基地学校入选名单

2019 年 11 月 12 日

附件

2019 年北京市中小学教师教育基地学校入选名单

序号	区	类型	学校名称
1	东城	小学	北京市东城区史家胡同小学
2	东城	小学	北京市东城区府学胡同小学
3	东城	小学	北京市东城区和平里第四小学
4	东城	小学	北京市崇文小学
5	东城	小学	北京第一师范学校附属小学
6	东城	小学	北京市东城区灯市口小学
7	东城	小学	北京光明小学
8	东城	小学	北京市东城区西中街小学
9	东城	中学	北京市第一六六中学
10	东城	中学	北京市第二中学
11	东城	中学	北京市第二中学分校
12	东城	中学	北京市第一七一中学

续表 1

序号	区	类型	学校名称
13	东城	中学	北京市广渠门中学
14	东城	中学	北京汇文中学
15	东城	中学	北京市第十一中学
16	东城	中学	北京市第五中学
17	西城	小学	北京小学
18	西城	小学	西城区师范学校附属小学
19	西城	小学	北京第一实验小学
20	西城	小学	北京市西城区黄城根小学
21	西城	小学	北京市西城区登莱小学
22	西城	小学	北京市西城区育民小学
23	西城	中学	北京市第八中学
24	西城	中学	北京第十三中学
25	西城	中学	北京市第十五中学
26	西城	中学	北京市第一六一中学
27	西城	中学	北京市育才学校
28	朝阳	小学	北京市朝阳区芳草地国际学校
29	朝阳	小学	北京市朝阳区实验小学
30	朝阳	小学	北京市朝阳区白家庄小学
31	朝阳	小学	北京市朝阳区花家地实验小学
32	朝阳	小学	北京市朝阳区垂杨柳中心小学
33	朝阳	小学	北京市朝阳师范学校附属小学
34	朝阳	小学	清华附小商务中心区实验小学

续表 2

序号	区	类型	学校名称
35	朝阳	中学	北京市第八十中学
36	朝阳	中学	北京陈经纶中学
37	朝阳	中学	中国人民大学附属中学朝阳学校
38	朝阳	中学	北京工业大学附属中学
39	朝阳	中学	北京市日坛中学
40	朝阳	中学	清华大学附属中学朝阳学校
41	朝阳	中学	北京市和平街第一中学
42	海淀	小学	北京石油学院附属小学
43	海淀	小学	北京市海淀区中关村第一小学
44	海淀	小学	清华大学附属小学
45	海淀	小学	北京市海淀区中关村第三小学
46	海淀	小学	北京市海淀区实验小学
47	海淀	小学	北京市海淀区中关村第二小学
48	海淀	特殊	北京市海淀工读学校
49	海淀	特殊	北京市健翔学校（人大校区）
50	海淀	中学	北京市十一学校
51	海淀	中学	北京市海淀区教师进修学校附属实验学校
52	海淀	中学	北京市育英学校
53	海淀	中学	北京理工大学附属中学
54	海淀	中学	中国人民大学附属中学
55	海淀	中学	北京市第二十中学
56	海淀	中学	北京交通大学附属中学

续表 3

序号	区	类型	学校名称
57	海淀	中学	首都师范大学附属中学
58	海淀	中学	北京市八一学校
59	丰台	小学	北京市丰台区丰台第五小学
60	丰台	小学	北京市丰台区丰台第一小学
61	丰台	中学	北京市第十二中学
62	丰台	中学	北京市首都师范大学附属丽泽中学
63	丰台	中学	北京教育学院附属丰台实验学校
64	石景山	小学	北京市石景山区实验小学
65	石景山	中学	北京市第九中学
66	石景山	中学	北京大学附属中学石景山学校
67	石景山	中学	北京市京源学校
68	门头沟	小学	北京市门头沟区大峪第一小学
69	门头沟	小学	北京市门头沟区大峪第二小学
70	房山	小学	北京市房山区良乡小学
71	房山	小学	北京市房山区城关小学
72	房山	中学	北京师范大学良乡附属中学
73	房山	中学	北京市房山区良乡第二中学
74	通州	小学	北京小学通州分校
75	通州	小学	北京教育科学研究院通州区第一实验小学
76	通州	小学	北京市通州区贡院小学
77	通州	小学	北京市通州区张家湾镇中心小学
78	通州	小学	北京市通州区漷县镇中心小学

续表 4

序号	区	类型	学校名称
79	通州	中学	北京市通州区潞河中学
80	通州	中学	北京市通州区运河中学
81	通州	中学	北京市通州区永乐店中学
82	通州	中学	北京市通州区第六中学
83	顺义	小学	北京市顺义区西辛小学教育集团
84	顺义	小学	北京市顺义区光明小学
85	昌平	小学	北京市昌平区昌盛园小学
86	昌平	小学	北京市昌平区城北中心小学
87	昌平	中学	北京市昌平区第一中学
88	大兴	小学	北京小学翡翠城分校
89	大兴	小学	北京小学大兴分校
90	大兴	中学	北京市大兴区兴华中学
91	平谷	小学	北京第二实验小学平谷分校
92	平谷	中学	北京市平谷中学
93	平谷	中学	北京师范大学附属中学平谷第一学校
94	怀柔	小学	北京市怀柔区实验小学
95	怀柔	小学	北京府学胡同小学怀柔分校
96	怀柔	中学	北京市怀柔区第一中学
97	怀柔	中学	北京市怀柔区第五中学
98	密云	小学	北京市密云区第二小学
99	密云	小学	北京市密云区季庄小学
100	密云	中学	首都师范大学附属密云中学

续表 5

序号	区	类型	学校名称
101	密云	中学	北京市密云区第三中学
102	延庆	小学	北京市延庆区第二小学
103	延庆	中学	北京市延庆区第一中学
104	燕山	中学	北京师范大学燕化附属中学
105	市属	特殊	北京市盲人学校

北京市教育委员会

关于公布北京市中小学法治教育名师工作室组成人员的通知

京教函〔2019〕573 号

各区教委、燕山教委：

为全面贯彻《中共中央 国务院关于全面深化新时代教师队伍建设改革的意见》精神，落实全国和全市教育大会、教育法治工作会要求，实施“七五”法治教育名师培育计划，全面提升全市中小学法治教育师资质量，建设一支高素质专业化的法治教育教师队伍，经市教委主任办公会研究决定，今年 6 月，启动了全市中小学法治教育名师工作室建设项目。按照《北京市中小学法治教育名师工作室建设项目管理办法》，在辖区教委推荐基础上，经专家组评审、遴选、公示，最终郭志滨等 12 位教师入选北京市中小学法治教育名师工作室实践导师，王丹等50位教师入选北京市中小学法治教育名师工作室成员，并成立了12个以实践导师姓名命名的工作室。现予以公布。

希望各位入选教师，以学修身，认真学习法治基础知识和最新教学方法；学研并进，导师带领成员共谋课堂教研建设，共建课程资源开发；学践并举，发挥“种子”教师辐射作用，带动本校、本区和全市法治教育教师法治素养和教学水平的整体提升，教育、引导广大学生尊法、学法、守法、用法。请各区教委、工作室人员所在单位，关心和支持教师们参与工作室建设，为其研修学习、教学改革、教育科研创造更加有利的条件，确保顺利完成工作室建设的各项任务和目标，为建设一支优秀专业的法治名师队伍打下坚实基础，促进全市青少年法治教育工作再上新台阶。

附件：1. 北京市小学法治教育名师工作室组成人员名单

2. 北京市中学法治教育名师工作室组成人员名单

2019年11月14日

附件1

北京市小学法治教育名师工作室组成人员名单

实践导师（5人）

郭志滨　史家胡同小学

樊雪红　西城区教育研修学院

姚春平　北京教育学院丰台分院

钟亚利　朝阳区垂杨柳中心小学

艾艳敏　门头沟区教师进修学校

成员（20人）

王丹　史家胡同小学

秦莉　西城区阜成门外第一小学

谷悦　西城区师范学校附属小学

秦翠华　朝阳区呼家楼中心小学

王婧　海淀区中关村第二小学

代养兵　清华大学附属小学

冯乐　首都师范大学实验小学

董昊妍　北京市赵登禹学校

孟学文　丰台区时光小学

薛宝卫　中国传媒大学附属小学

董玉华　朝阳区垂杨柳中心小学

张梦初　房山区进修学校
叶武跃　昌平区第二实验小学
张羽华　昌平区回龙观第二小学
郝春云　昌平区教师进修学校
贾春英　平谷区教育研修中心
石长英　平谷区第三小学
崔海砚　怀柔区教科研中心
徐桂凤　怀柔区教科研中心
王艳军　密云区教师研修学院

附件2

北京市中学法治教育名师工作室组成人员名单

实践导师（7人）

李婉华　东城区教师研修中心
杨灵　西城区教师研修学院
范小江　朝阳区北京中学
刘梅　北京十一学校
张璇　北京教育学院丰台分院
王精华　平谷区第五中学
闫凤云　延庆区教科研中心

成员（30人）

宫英杰　东城区教师研修中心
王文彦　北京第五中学分校
郑亚男　北京汇文中学
陈昭　北京师范大学第二附属中学
邢维维　北京一五六中学
康靖　北京第八中学
梅立苹　北京日坛中学
于姣　北京工业大学附属中学
杨海晔　北京陈经纶中学
王霖　北京市电气工程学校
王莹莹　中国人民大学附属中学
黄悦　北京理工大学附中
刘静　北京十一学校
李颖　海淀实验中学
周杨　首都师范大学附属中学
童艳　北师大实验中学丰台学校
刘莹莹　北京京源学校
蒋开界　北大附中石景山学校
邓金海　门头沟区工读学校
芦红丽　房山区长阳中学
杨江燕　北京师范大学燕化附属中学
周龙　人大附中通州校区
尹利平　昌平区教师进修学校
陈亚兰　昌平实验中学
沈海英　昌平区前锋学校
王梦頔　北京师范大学昌平附属学校

刘海静	大兴区教师进修学校	赵宁育	育英学校密云分校
郭丽娟	大兴区兴华中学	付亚辉	延庆区第一中学

北京市教育委员会

关于公布第十五届北京市高等学校教学名师奖和第三届北京市高等学校青年教学名师奖获奖名单的通知

京教函〔2019〕634 号

各本科高等学校：

根据《北京市教育委员会关于开展 2019 年度北京市高等学校教学名师奖评选工作的通知》（京教函〔2019〕271 号），经学校推荐、现场教学观摩课评价、评审专家组评议、评审委员会投票、市教委审核并公示，决定授予清华大学邓俊辉等 76 名教师第十五届北京市高等学校教学名师奖、北京大学车浩等 70 名教师第三届北京市高等学校青年教学名师奖，并将获奖名单予以公布。

各高校要进一步加强师资队伍建设，不断完善体现教学岗位特点的激励约束机制，积极发挥教学名师奖及青年教学名师奖获得者的示范引领作用，调动和增强各级各类教师参与教学、投身育人的积极性和主动性，不断提升教师个人及团队人才培养能力。

附件：1. 第十五届北京市高等学校教学名师奖获奖名单

2. 第三届北京市高等学校青年教学名师奖获奖名单

2019 年 12 月 9 日

附件1

第十五届北京市高等学校
教学名师奖获奖名单

序号	学校	姓名
1	清华大学	邓俊辉
2	清华大学	朱桂萍
3	清华大学	张留碗
4	北京大学	张卫光
5	北京大学	孙蚌珠
6	北京大学	陈保亚
7	北京大学	顾红雅
8	北京大学	李文新
9	中国人民大学	冯仕政
10	中国人民大学	徐经长
11	北京交通大学	修乃华
12	北京交通大学	聂 磊
13	北京航空航天大学	高小鹏
14	北京航空航天大学	王 俊
15	北京航空航天大学	杨义川
16	北京航空航天大学	洪 杰
17	北京理工大学	李 晖
18	北京理工大学	史庆藩

续表 1

序号	学校	姓名
19	北京科技大学	姚 琳
20	北京科技大学	范慧俐
21	北京化工大学	李大字
22	北京邮电大学	尹长川
23	北京邮电大学	张洪欣
24	中国农业大学	郭仰东
25	中国农业大学	宋正河
26	北京林业大学	南宫梅芳
27	北京林业大学	张 帆
28	北京中医药大学	闫永红
29	北京中医药大学	刘春生
30	北京师范大学	王 磊
31	北京师范大学	葛岳静
32	北京师范大学	刘全儒
33	北京语言大学	陈戎女
34	中国传媒大学	曾祥敏
35	中国传媒大学	赵 俐
36	对外经济贸易大学	史兴松
37	中国人民公安大学	李春雷
38	北京体育大学	李春满
39	北京体育大学	刘 昕
40	中央音乐学院	王次炤

续表 2

序号	学校	姓名
41	中央美术学院	邱志杰
42	中央戏剧学院	孙大庆
43	中央民族大学	杨桂萍
44	中国政法大学	杨秀清
45	华北电力大学	杨世关
46	华北电力大学	刘向杰
47	中国矿业大学（北京）	刘钦甫
48	中国石油大学（北京）	王智广
49	中国石油大学（北京）	韩国庆
50	中国地质大学（北京）	吕建国
51	中国地质大学（北京）	赵志丹
52	北京工业大学	叶红玲
53	北京工业大学	王 丹
54	北方工业大学	宋瑞霞
55	北京工商大学	刘红艳
56	北京服装学院	王群山
57	北京印刷学院	刘秀伟
58	北京建筑大学	杨建伟
59	北京石油化工学院	陈 飞
60	北京石油化工学院	张晓明
61	北京农学院	王文和
62	首都医科大学	龚慕辛

续表 3

序号	学校	姓名
63	首都师范大学	晏绍祥
64	首都师范大学	张玉榛
65	首都体育学院	王子朴
66	北京第二外国语学院	龙 云
67	首都经济贸易大学	李百兴
68	中国音乐学院	沈 诚
69	北京电影学院	童 雷
70	北京舞蹈学院	黄奕华
71	国家开放大学	张 遐
72	北京市崇文区职工大学	张淑娟
73	北京宣武红旗业余大学	任心燕
74	北京市朝阳区职工大学	林 群
75	北京教育学院	余 新
76	北京开放大学	贾红霞

附件 2

第三届北京市高等学校青年教学名师奖获奖名单

序号	学校	姓名
1	北京大学	车 浩
2	北京大学	穆良柱

续表 1

序号	学校	姓名
3	清华大学	吴 昊
4	清华大学	冯务中
5	中国人民大学	胡百精
6	中国人民大学	周 华
7	中国人民大学	柯媛元
8	北京交通大学	景 云
9	北京交通大学	陶 丹
10	北京航空航天大学	徐华平
11	北京理工大学	嵩 天
12	北京理工大学	刘新刚
13	北京科技大学	李 娜
14	北京科技大学	石志国
15	北京化工大学	涂建华
16	北京邮电大学	张钫炜
17	北京邮电大学	袁健华
18	北京电子科技学院	傅 强
19	中国农业大学	董玉兰
20	北京林业大学	王云琦
21	北京协和医学院	吴 东
22	北京中医药大学	陈子杰
23	北京师范大学	徐琳瑜
24	北京师范大学	金 蛟

续表 2

序号	学校	姓名
25	北京外国语大学	董希骁
26	北京语言大学	黄 悦
27	中国传媒大学	曹培鑫
28	中央财经大学	章 宁
29	对外经济贸易大学	祝继高
30	对外经济贸易大学	冯 辉
31	外交学院	石 毅
32	中国人民公安大学	刘晶晶
33	中央音乐学院	温 泉
34	中央美术学院	张战地
35	中央戏剧学院	王 鑫
36	中国石油大学（北京）	陈冬霞
37	中国地质大学（北京）	刘 豪
38	中国劳动关系学院	王多吉
39	中国科学院大学	张玉军
40	中国社会科学院大学	黄敬宝
41	北京工业大学	崔有为
42	北京工业大学	高国华
43	北方工业大学	王 湘
44	北京工商大学	何玉润
45	北京服装学院	彭 璐
46	北京印刷学院	张晓东

续表 3

序号	学校	姓名
47	北京建筑大学	王崇臣
48	北京石油化工学院	刘学君
49	首都师范大学	钱益汇
50	首都体育学院	兰 馨
51	北京第二外国语学院	魏启荣
52	北京物资学院	鞠红梅
53	首都经济贸易大学	范合君
54	首都经济贸易大学	詹 婧
55	中国音乐学院	刘 蔓
56	中国戏曲学院	张艳红
57	北京电影学院	刘言韬
58	北京舞蹈学院	宋海芳
59	北京联合大学	徐 鲲
60	北京联合大学	江 静
61	北京联合大学	玄祖兴
62	北京警察学院	顾 明
63	北京城市学院	孙巧云
64	北京邮电大学世纪学院	刘 冰
65	国家开放大学	孙志娟
66	北京市东城区职工业余大学	巩玉环
67	北京市石景山区业余大学	吴 琳
68	北京医药集团职工大学	胡晓静

续表 4

序号	学校	姓名
69	北京教育学院	赵灵萍
70	北京开放大学	赵春荣

北京市教育委员会

关于公布 2019 年“北京高校优秀本科育人团队”和“北京高校优秀本科教学管理人员”评选结果的通知

京教函〔2019〕681 号

各本科高等学校：

根据《北京市教育委员会关于开展 2019 年“北京高校优秀本科育人团队”和“北京高校优秀本科教学管理人员”评选工作的通知》（京教函〔2019〕533 号），我委组织了北京高校优秀本科育人团队和本科教学管理人员的申报和评选工作，现将评选结果予以公布。

各高校要进一步加强教师和教学管理人员队伍建设，发挥好优秀本科育人团队和优秀本科教学管理人员的示范作用，调动和增强教师参与教学、投身育人的积极性和主动性，强化本科教学改革，提高育人水平。

附件：1. 2019 年北京高校优秀本科育人团队名单

2. 2019 年北京高校优秀本科教学管理人员名单

2019 年 12 月 30 日

附件 1

2019 年北京高校优秀本科育人团队名单

序号	团队名称	带头人姓名	所在学校
1	北京大学物理学院数学物理方法教学团队	马伯强	北京大学
2	经济学——数学（双学位）实验班项目育人团队	刘守英、龙永红、谢富胜	中国人民大学
3	电路原理课程教学团队	于歆杰	清华大学
4	轨道交通控制研究所教学团队	戴胜华	北京交通大学
5	“航空航天概论”本科育人团队	杨超、贾玉红	北京航空航天大学
6	飞行器综合设计本科育人团队	刘莉	北京理工大学
7	北京科技大学数学教研工作室——本科育人团队	申亚男、郑连存	北京科技大学
8	新工科工程专业认知与创新素质培养育人团队	纪阳	北京邮电大学
9	作物遗传育种教学团队	刘庆昌	中国农业大学
10	面向临床的解剖与组胚创新教学团队	马超	北京协和医学院
11	中外古史比较研究育人团队	杨共乐	北京师范大学
12	来华留学生汉语言专业本科育人团队	张浩	北京语言大学
13	广播电视学育人团队	高晓虹	中国传媒大学
14	财政学专业本科育人团队	马海涛	中央财经大学
15	会计学与公司治理本科育人团队	陈德球	对外经济贸易大学
16	诉讼法学教学团队	白俊华	中国人民公安大学

续表 1

序号	团队名称	带头人姓名	所在学校
17	大学英语本科育人团队	王文华	国际关系学院
18	北京体育大学运动生理学本科育人团队	汪军	北京体育大学
19	雕塑专业教学育人团队	吕品昌	中央美术学院
20	“从实求知、美美与共”的孝通班优秀教学共同体	麻国庆	中央民族大学
21	中国政法大学民法本科育人团队	李永军	中国政法大学
22	电力系统分析教学育人团队	李庚银	华北电力大学
23	学前教育专业本科育人团队	王练	中华女子学院
24	采矿工程专业育人团队	周宏伟、王家臣	中国矿业大学（北京）
25	地质学育人团队	颜丹平、王根厚	中国地质大学（北京）
26	劳动法和社会保障法教学育人团队	姜颖	中国劳动关系学院
27	中国科学院大学原子物理教学团队	郑阳恒	中国科学院大学
28	刑事法本科育人团队	王新清、林维	中国社会科学院大学
29	生态环境材料与生命周期工程本科育人团队	聂祚仁	北京工业大学
30	公共数学教学本科育人团队	邹杰涛、李沍岸、刘喜波、段利霞	北方工业大学
31	基于设计责任感培养的环境设计系本科育人团队	陈六汀、李瑞君、李政、金岩	北京服装学院
32	建筑设计本科育人团队	欧阳文	北京建筑大学

续表 2

序号	团队名称	带头人姓名	所在学校
33	机械工程基础教学育人团队	蔡晓君	北京石油化工学院
34	农科特色国际经济与贸易专业育人团队	刘芳	北京农学院
35	世界史育人团队	刘城	首都师范大学
36	阿汉高级翻译本科育人团队	魏启荣	北京第二外国语学院
37	经济学拔尖创新型人才培养育人团队	王军	首都经济贸易大学
38	声音创作与工程中心本科育人团队	童雷	北京电影学院
39	机械设计制造及其自动化专业育人团队	黄民、米洁	北京信息科技大学
40	人文地理与城乡规划专业本科育人团队	张宝秀、张景秋	北京联合大学

附件 2

2019 年北京高校优秀本科教学管理人员名单

序号	姓 名	所在学校
1	付志明	北京大学
2	蒋香仙	中国人民大学
3	苏 芃	清华大学
4	史红梅	北京交通大学
5	李 擎	北京科技大学
6	王 敏	北京航空航天大学
7	苏海佳	北京化工大学

续表 1

序号	姓 名	所在学校
8	盛亚男	北京邮电大学
9	杨 静	北京电子科技学院
10	韦 笑	中国农业大学
11	黄国华	北京林业大学
12	闫永红	北京中医药大学
13	马东瑶	北京师范大学
14	李莉文	北京外国语大学
15	王晓红	中国传媒大学
16	聂建峰	中央财经大学
17	李爱军	对外经济贸易大学
18	李雪娇	外交学院
19	凌小林	中央音乐学院
20	张庆山	中央戏剧学院
21	马映君	中央民族大学
22	宋婧博	中国政法大学
23	沈庆宁	中国石油大学（北京）
24	王英滨	中国地质大学（北京）
25	熊水和	中国社会科学院大学
26	郜 枫	北京工业大学
27	王 侃	北方工业大学
28	杨 超	北京工商大学
29	李 琼	北京印刷学院

续表 2

序号	姓 名	所在学校
30	冯萃敏	北京建筑大学
31	王 腾	北京石油化工学院
32	武 艳	首都医科大学
33	邝向雄	首都师范大学
34	高 天	首都体育学院
35	张旭凤	北京物资学院
36	张文振	中国戏曲学院
37	倪 洁	北京电影学院
38	焦艳丽	北京舞蹈学院
39	李学华	北京信息科技大学
40	王淑荣	北京警察学院

教育信息化

北京市教育委员会文件选编
（2019）

北京市教育委员会

关于成立北京市教育大数据工作推进小组的通知

京教信〔2019〕1号

各处室，各直属单位：

为深入贯彻市委市政府关于北京市大数据工作的决策部署，落实《北京教育信息化三年行动计划（2018—2020）》，推进全市教育大数据的汇聚、管理、共享、开放和应用，切实发挥大数据对教育治理与教育教学模式创新的支撑引领作用，决定成立北京市教育大数据工作推进小组。现就有关事项通知如下：

一、北京市教育大数据工作推进小组成员

组　长：刘宇辉　主任

副组长：李奕　副主任

黄侃　副主任

王定东　巡视员

张永凯　副巡视员

冯洪荣　副巡视员

葛巨众　副巡视员

冯义国　市政府教育督导室副主任

成　员：相关处室、信息中心主要负责同志。

北京市教育大数据工作推进小组下设办公室（以下简称“推进小组办公室”），设在教育信息化处，负责教育大数据日常工作，推进小组办公室主任由教育信息化处处长兼任。

二、北京市教育大数据工作推进小组职责

贯彻执行市委市政关于大数据工作的重要部署，统筹协调教育大数据建设与管理，推进教育数据汇聚与共享应用。研究审议教育大数据工作计划、规章制度、规范标准、重大问题、建设项目等。

三、推进小组办公室职责

推进小组办公室下设教育大数据工作专班，工作专班由推进小组办公室牵头负责，由专家咨询组、总体组、目录组、平台建设组构成。建立各组工作机制及议事规则。

（一）专家咨询组。专家咨询组拟聘请知名信息化专家、教育领域信息化专家、教育业务专家、市经信局大数据平台相关专家参加。（成员：邀请约 10 位专家）

（二）总体组。遴选专业咨询团队，联合市大数据局、国内知名信息化服务商，共同组成总体组，为教育大数据工作推进提供顶层规划、总体设计、任务分解、标准规范制定等服务。（成员：教育信息化处、咨询服务团队、教育网络和信息中心）

（三）目录组。目录组由信息化处、相关处室、信息中心业务骨干组成，负责按照市经信局关于数据资源目录梳理的要求开展目录与业务系统数据梳理。（成员：教育信息化处、相关处室、教育网络和信息中心、市经信局资源中心）

（四）平台建设组。严格执行政府采购要求，遴选优秀信息化团队开展市教育大数据平台建设。（成员：专家团队、信息化处、教育网络和信息中心、教育大数据平台项目中标承建单位）

四、各成员单位职责

各成员单位要认真贯彻北京市教育大数据工作推进小组关于大数据工作的决策，认真履行与大数据相关的职责，做好目录编制、系统整合、数据汇交等工作。结合工作实际，提出大数据应用需求。各成员单位要密切配合，团结协作，共同推进教育大数据工作。

五、工作机制

（一）组织季度例行会议。听取教育大数据工作进展，研究审议相关工作推进计划。

（二）召开专题研讨会议。及时对教育大数据建设中的重要环节、重大任务进行研究。

2019 年 7 月 3 日

北京市教育委员会

关于公布 2019 年北京市教育信息化融合创新“双百”示范行动项目入选名单的通知

京教函〔2019〕682 号

各区教委，各市属高校，各相关单位：

按照《北京市教育委员会关于开展教育信息化融合创新“双百”示范行动的通知》（京教函〔2019〕270 号）要求，经各单位推荐，市教委组织专家初选、会议评审和公示等程序，共有 74 个智慧校园融合应用示范基地（简称“示范基地”，见附件 1）、58 个“信息技术与课堂应用融合创新课题”（简称“创新课题”，见附件 2）入选 2019 年北京市教育信息化融合创新“双百”示范行动项目，现予以公布。

请各区教委、市属高校按照要求在政策、人员、资金等方面加大对入选项目的支持力度，指导项目实施，督促成果落地，提炼先进做法。项目实施单位要紧密围绕教育教学实践，坚持需求导向，编制建设任务书（附件 3），细化工作方案，进行重点突破，总结实际成效，主动向主管部门报告进展情况，确保高质量完成各项任务。

请各区教委、市属高校于 2019 年 12 月 30 日前将“双百”示范行动工作通讯录（附件 4）加盖公章后，纸质版交至市教委 205 室，电子版发联系人邮箱。

附件：1. 2019 年“双百”示范行动示范基地入选名单
2. 2019 年“双百”示范行动创新课题入选名单
3. “双百”示范项目建设任务书（略）
4. “双百”示范行动工作通讯录（略）

2019 年 12 月 23 日

附件 1

2019 年“双百”行动示范基地入选名单

序号	区县	申报单位	基地名称
1	东城	中央工艺美术学院附属中学	基于数字教育资源在美术教育中的应用改革示范基地
2	东城	北京市第二中学	人工智能课程建设及应用示范基地
3	东城	北京市第一七一中学	171 中学教育集团大数据精准教学教研中心
4	东城	北京市第二十二中学	智慧校园互动反馈系统在智慧课堂中提高教育教学的新技术、新模式的融合创新应用
5	东城	北京市第五中学	基于大数据理念的成绩分析、数据融通、精准教学
6	东城	北京第一师范学校附属小学	人工智能教育示范基地
7	东城	北京市第六十五中学	“人工智能”背景下的创新人才融合培养基地建设

续表 1

序号	区县	申报单位	基地名称
8	东城	北京市第一六六中学	基于蓝牙 Mesh 的校园物联网管理示范基地
9	东城	北京市第十一中学	大数据精准教学应用示范基地
10	西城	北京师范大学附属实验中学	人工智能创新教育课程探索与人才培养示范基地
11	西城	北京市第四中学	基于新技术应用的综合实践活动课程建设创新示范基地
12	西城	北京市第一六一中学	人工智能促进创新人才培养示范基地
13	朝阳	北京市陈经纶中学	依托“智慧校园”推进集团化办学一体管理的实践研究
14	朝阳	北京中学	基于大数据课程改革的学生生涯教育示范基地
15	朝阳	北京师范大学朝阳附属学校	智能阅卷应用示范基地
16	朝阳	北京市第八十中学	人工智能教学应用示范基地
17	朝阳	北京市朝阳区芳草地国际学校	基于智慧校园平台中师生评价系统的数据分析探索大数据在清晰学情师情、精准教学、决策支撑等方向的作用
18	海淀	北京市海淀区教育科学研究院	基于大数据的个性化学习研究示范基地
19	海淀	上地实验小学	虚拟现实技术与教育融合应用示范基地
20	海淀	北京市海淀区教育科学研究院	优质数字教育资源创新应用与服务推广示范基地
21	海淀	北京交通大学附属小学	中小学生体质健康监测管理示范基地
22	海淀	人大附中西山学校	个性化学习与评价创新应用示范基地

续表 2

序号	区县	申报单位	基地名称
23	海淀	北京市第二十中学	跨系统数据智能分析智慧校园应用示范基地
24	海淀	海淀区上庄科技园区幼儿园	“智慧校园”融合应用示范基地
25	海淀	北京市海淀区第二实验小学	多校区同步课堂示范基地
26	丰台	北京市丰台区芳庄第二幼儿园	新媒体新技术助力幼儿园教育教学变革的实践研究
27	丰台	北京市丰台区丰台第五小学	人工智能课程与创新实验室建设示范基地
28	丰台	北京市第十中学	基于生物实验室的信息化互动改造项目
29	丰台	北京市第十八中学	数字教育资源在教育教学中的创新应用与开放共享示范
30	丰台	首都师范大学附属云岗中学	虚拟现实技术教学应用示范基地
31	丰台	首都经济贸易大学附属小学	个性化学习应用示范基地
32	石景山	北京市京源学校	人工智能创新教学探索基地
33	石景山	北方工业大学附属学校	基于优质教育资源的“AI ＋智慧课堂”
34	门头沟	东辛房小学	人工智能实践与探究基地
35	门头沟	三家店铁路中学	人工智能教育教学应用示范基地
36	房山	首都师范大学附属房山中学	新模式的天文科普教学创新应用示范基地
37	通州	北京市第二中学通州校区	人工智能技术下的教学管理与创新课堂探索实践基地
38	顺义	顺义区西辛小学	以计算机思维培养为核心的学校人工智能特色课程体系建设

续表 3

序号	区县	申报单位	基地名称
39	顺义	顺义区杨镇中心小学校	小学英语听说兴趣与能力培养示范基地
40	顺义	顺义区杨镇第一中学	基于纸笔手写的智慧课堂教学模式示范
41	昌平	首都师范大学附属回龙观育新学校	基于大数据和人工智能的精准教学应用示范基地
42	昌平	首都师范大学附属中学昌平校区	基于人工智能和大数据的精准教学应用示范基地
43	昌平	昌平区第一中学	大数据精准教学示范基地
44	昌平	昌平区南口镇小学	基于大数据的小学个性化课堂教学
45	昌平	昌平区二毛学校	教学模式创新与小学生自主学习培养
46	大兴	进修学校	基于大数据市区两级数据共享融通促进区域“智慧校园”深入发展实践研究基地
47	大兴	北京小学大兴分校	跨学校同步课堂应用示范基地
48	平谷	北京市平谷区第五中学	精准个性化学习与评价示范基地
49	怀柔	怀柔区实验小学	“人工智能+教育”的生态系统下教育变革及模式构建示范基地
50	怀柔	怀柔区第一小学	虚拟现实教育教学应用示范基地
51	怀柔	首都师范大学附属红螺寺中学	基于智慧校园物联网融合示范基地
52	密云	密云区教育信息中心	依托教育云推进区域教育协同发展的基地建设
53	密云	密云区巨各庄镇中心小学	借助人工智能技术助推葡萄树教育品牌校建设

续表4

序号	区县	申报单位	基地名称
54	密云	首都师范大学附属密云中学	基于人工智能和大数据的精准教学应用示范基地
55	密云	密云区第四小学	以骨干教师工作室为支点撬动智慧校园建设
56	密云	北京师范大学密云实验中学	基于数据分析的高效课堂——创新教学示范基地
57	延庆	北京市延庆区第三中学	网络环境下混合式教学示范基础
58	延庆	北京市延庆区第二小学	智能机器人教育与人才培养示范基地
59	延庆	北京市延庆区第三幼儿园	基于大数据和领域教学知识打造运动特色幼儿园的应用示范基地
60	延庆	北京市延庆区西屯中心小学	智能园艺校本课程建设实验基地
61	燕山	北京师范大学燕化附属中学	开放式石化科技教育资源示范基地
62	附中	首都师范大学附属中学	基于大数据的精准教学与个性化学习应用示范基地
63	附中	中国人民大学附属中学	5G技术支撑的基础教育前沿交叉技术创新实验基地
64	附中	首都师范大学附属育新学校	基于新一代智能技术的未来课堂应用示范基地
65	高校	北方工业大学	基于多元异构大数据信息平台的新工科创新人才培养基地建设
66	高校	北京工商大学	北京工商大学教育大数据建设示范基地
67	高校	北京建筑大学	基于大数据的校园数据治理与应用示范基地
68	高校	首都体育学院	虚拟现实运动仿真教学研究示范基地
69	高校	中国音乐学院	中国音乐传统文化展示基地
70	高校	中国戏曲学院	数字档案系统建设、管理与应用示范基地

续表 5

序号	区县	申报单位	基地名称
71	高校	北京电子科技职业学院	高职数字化资源创新应用与共建共享基地——以传统文化数字化资源创新建设为例
72	高校	北京信息科技大学	物联网建设应用示范基地
73	高校	北京信息职业技术学院	建设优质数字资源，打造数字资源开放共享新生态
74	高校	北京开放大学	首都终身教育资源开放共享示范基地

附件 2

2019 年“双百”示范行动创新课题入选名单

序号	区县	申报单位	课题名称
1	东城	北京第一师范学校附属小学	信息化背景下学习方式研究
2	东城	北京市第一四二中学	基于数字教育资源的新型课堂教学模式研究
3	东城	北京市东城区教育研修学院	创新课题：数字化环境下教与学方式系统变革研究
4	东城	北京市第一七一中学	语音识别技术在语言学科中的深层应用
5	东城	北京汇文中学	人工智能创新教育与基地大数据的教学管理
6	西城	北京师范大学第二附属中学	基于大数据与人工智能技术的语文个性化学习实践研究
7	西城	北京市第八中学	基于微信平台的“交互式”整本书阅读教学策略研究
8	西城	北京市第三十五中学	学情数据驱动下的精准教学和校本研修体系建构

续表 1

序号	区县	申报单位	课题名称
9	西城	北京市西城区西单小学	虚拟现实技术在教育教学中的应用与实践研究
10	西城	北京市第四十四中学	基于知识图谱和学情大数据的个性化学习探究
11	朝阳	北京工业大学实验学校	基于数字图书馆资源的阅读教学研究
12	朝阳	北京市陈经纶中学分校望京实验学校	信息技术支持下“学科大课”模式实践研究
13	朝阳	北京市陈经纶中学团结湖分校	应用校本研修平台促进教师信息化教学实践能力的提升研究
14	朝阳	北京市朝阳师范学校附属小学	AR 技术在课堂教学中的应用研究——以语文和科学学科为例
15	朝阳	北京教育学院朝阳分院	基于移动互联网的教师自主学习模式构建研究
16	海淀	清华大学附属小学	基于大数据的学生综合素质相关性分析研究
17	海淀	北京市十一学校	初高中信息技术科学系列课程的开发研究
18	海淀	北京市育英学校	应用信息技术促进学生对核心概念理解的实践案例研究
19	海淀	北京市十一学校龙樾实验中学	基于大数据下的核心素养提升与信息技术融于研究性阅读实践研究
20	海淀	中国农业大学附属中学	基于教育大数据的教师评价模式研究
21	丰台	北京市丰台区丰台第一幼儿园	运用数字化学习环境，提高幼儿早期阅读能力的研究
22	丰台	北京市第十二中学	基于知识图谱技术下的个性化学习模式研究
23	石景山	北京市京源学校莲石湖分校	依托区域环境利用水下机器人开展跨学科 STEM 教育研究
24	石景山	北京大学附属小学石景山学校	手持移动终端与小学课堂教学有效融合的实践研究
25	门头沟	教师进修学校	信息技术提升课堂教学的有效性

续表 2

序号	区县	申报单位	课题名称
26	门头沟	龙泉小学	基于疑探教学的信息技术与学科深度融合策略的研究
27	房山	房山教育信息与现代教育技术中心	教育信息化建设项目管理模式的研究
28	房山	河北中心校	小小信息博物馆助力山区学生研究性学习初探
29	房山	北京四中房山分校	信息化建设打造立体学习
30	通州	通州区东方小学	互联网环境下小学新型教学模式的研究
31	顺义	顺义区李桥中学	网络教学平台助推教学模式创新的实践研究
32	昌平	昌平区南口镇小学	移动平台下以学为中心的小学中高年级传统节日课程开放课堂教学模式研究
33	昌平	昌平区第二中学	基于手持技术的互动教学实验探究
34	昌平	昌平区城关小学	利用 PAD 互动手段提升小学生语文学科素养的研究
35	昌平	昌平区教师进修学校	区域化 " 互联网＋教学 " 研究实践整体推进模式的研究
36	大兴	北京教育科学研究院旧宫实验小学	基于电子书包资源的自主探究学习模式实践研究
37	大兴	北京市大兴区教师进修学校	大兴区中小学体育综合管理系统建设和体育大数据应用研究
38	大兴	北京市大兴区亦庄镇第一中心小学	积木构建和编程在 STEAM 课程中的应用与创新
39	平谷	北京市平谷区第二幼儿园	以信息技术为载体提升区域活动有效性的指导策略
40	怀柔	怀柔区第一中学	混合式教学模式在高中教学中应用探究
41	密云	密云区第四小学	基于密云教育平台，有效应用数字教育资源创新教学模式的研究
42	密云	密云区教育信息中心	区域数字教育资源建设与创新学习方式的研究

续表 3

序号	区县	申报单位	课题名称
43	延庆	北京市延庆区第四中学	人工智能技术在初中英语听说教学中的应用模式研究
44	延庆	延庆区教育信息中心 延庆区教育科学研究中心	基于互动反馈信息的智慧生态课堂建设研究
45	高校	北京工业大学	混合式教学创新模型及其应用的实践探索
46	高校	北京印刷学院	基于移动云教学的商科新型课堂教学模式与实践研究
47	高校	北京石油化工学院	基于信息技术的教学过程数据采集和教学效果评价研究
48	高校	北京农学院	北京农学院食品学院“虚拟仿真”实验教学资源的建设及其在食品科学与工程类专业实验教学中应用实践研究
49	高校	首都师范大学	信息化背景下教师职前培养与职后研修协同发展的模式研究
50	高校	北京第二外国语学院	大数据环境下的校园学风学情分析
51	高校	北京物资学院	基于智慧管理会计教学变革的创新研究
52	高校	北京舞蹈学院	中国民族民间舞学科虚拟博物馆
53	高校	北京电子科技职业学院	融合互联网教学和应用虚拟现实技术的现场教学方式研究——以新能源汽车技术课程为例
54	高校	北京电子科技职业学院	基于大数据的学校内部质量保证体系构建
55	高校	北京联合大学	基于 OBE 理念以数字资源为载体的“情境＋”教学模式的研究与实践
56	高校	北京经济管理职业学院	基于商务数据集成分析与应用的创新创业课程建设
57	高校	北京信息职业技术学院	基于数字教育资源的新型课堂教学模式研究
58	高校	北京财贸职业学院	数字化逆向工程技术与 3D 打印技术在教学与双创教育中的运用探索

财　务

北京市教育委员会
北 京 市 财 政 局

关于扩大义务教育学校生活补助范围的通知

京教函〔2019〕456 号

各区教委、财政局，燕山教委、财政分局：

为贯彻落实财政部、教育部《关于下达 2019 年城乡义务教育补助经费预算的通知》（财科教〔2019〕30 号）要求，进一步缓解我市城乡家庭经济困难学生家庭负担压力，现通知如下。

一、扩大义务教育学校生活补助范围

自 2019 年秋季学期起，在我市九年义务教育学校就读的四类家庭经济困难非寄宿学生享受生活补助，补助标准为小学每人每月 150 元，初中为每人每月 180 元，每年按 10 个月计发。补助对象包括：

1. 具有本市学籍的建档立卡学生。

2. 具有本市学籍的在我市特殊学校就读和在普通中小学随班就读的残疾非寄宿学生。

3. 具有本市学籍的城乡低保家庭学生。

4. 具有本市学籍的特困救助供养学生。

二、资金来源及相关要求

家庭经济困难非寄宿生生活补助全部由市级财政保障。各区应严格落实责任制，强化财务管理，组织学校做好家庭经济困难学生认定、补助发放工作，确保应助尽助。

特此通知。

2019 年 8 月 30 日

北京市教育委员会
北京市财政局

关于印发《北京市教育委员会政府购买服务指导性目录》的通知

京教函〔2019〕475号

各市属高等学校、中等职业学校，各直属单位，各处室：

为进一步推进我委政府购买服务改革规范有序进行，按照市财政局《关于做好部门政府购买服务指导性目录修订工作的通知》（京财综〔2019〕1320号）要求，我委修订了《北京市教育委员会政府购买服务指导性目录》，现印发给你们，并将有关事项通知如下。

一、指导性目录是支撑政府购买服务改革的基础性重要文件，反映了政府购买服务的种类、性质和内容，是部门填报政府购买服务项目支出需求、组织实施政府购买服务项目的依据。

二、保持指导性目录的严肃性，凡列入本部门指导性目录的政府购买服务事项，原则上应当实施政府购买服务。未列入本部门政府购买服务指导性目录的事项，原则上不得购买。随着经济社会发展、政府职能转变和公共服务需求的变化，对于暂时未纳入指导性目录，又确有必要采取政府购买服务的事项，应向我委提出申请，我委会同财政部门对指导性目录进行调整后实施。

三、2019年度部门预算执行沿用修订前目录，从编制2020年度部门预算起，应依据和使用新的指导性目录。

执行中如有问题，请及时向我委反馈。

2019年9月26日

北京市教育委员会政府购买服务指导性目录

代码	一级目录	二级目录	三级目录
014A	基本公共服务		
014A01		教育	
014A0101			特色教育教学课程开发、引入与实施
014A0102			学生体育、艺术等校外竞赛和活动的组织和实施
014A0103			教育政策、宣传与推广
014A0104			教育交流活动的组织和实施
014A0105			学生就业创业服务
014A0106			公益性教育活动组织和实施
014A0107			其他适宜由社会力量承担的公共教育服务事项
014C	行业管理与协调性服务		
014C02		行业规范	
014C0201			教育督导评估监测服务
014C0202			教育网络及信息系统安全检测服务
014C0203			其他教育教学管理等监测、检测服务
014C04		行业规划	
014C0401			教育事业发展中长期规划服务
014C0402			其他教育事业发展研究规划服务

续表 1

代码	一级目录	二级目录	三级目录
014C06		行业统计分析	
014C0601			教育经费统计分析服务
014C0602			其他教育教学管理等统计分析服务
014E	政府履职所需辅助性服务		
014E01		法律服务	
014E0101			法治宣传教育服务
014E0102			行政诉讼代理应诉法律服务
014E0103			法律顾问服务
014E0104			法律咨询服务
014E0105			其他法律服务
014E02		课题研究和社会调查	
014E0201			教育教学管理等课题研究服务
014E0202			教育教学管理等调查服务
014E0203			其他课题研究和调查服务
014E03		财务会计审计服务	
014E0301			预算执行与决算审计
014E0302			经济责任审计
014E0303			基建修缮工程审计
014E0304			内部控制审计
014E0305			专项审计和审计调查
014E0306			其他会计审计服务

续表 2

代码	一级目录	二级目录	三级目录
014E04		会议和展览	
014E0401			会议活动的组织和实施服务
014E0402			展览活动的组织、策划等服务
014E0403			展览活动组展设计、施工、实施、宣传和推广服务
014E0404			其他会议和展览服务
014E05		监督检查	
014E0501			财务预决算、国有资产、政府采购、政府购买服务、内部控制、教育收费管理等专项监督检查服务
014E0502			其他监督检查工作服务
014E06		工程服务	
014E0601			工程规划服务
014E0602			工程可行性研究报告草拟辅助服务
014E0603			工程安全监管辅助服务
014E0604			工程的概（预）、结（决）算审核服务
014E0605			工程评价服务
014E0606			其他工程服务

续表 3

代码	一级目录	二级目录	三级目录
014E07		项目评审评估	
014E0701			基建项目评审评估服务
014E0702			货物和服务项目评审评估服务
014E0703			重大事项第三方评审服务
014E0704			教育合法合规性评估服务
014E0705			相关技术性标准专业评估服务
014E0706			其他项目评审评估服务
014E08		绩效评价	
014E0801			资金使用绩效评价服务
014E0802			项目实施绩效评价服务
014E0803			其他绩效评价服务
014E09		咨询	
014E0901			教育咨询服务
014E0902			教育信用体系咨询服务
014E0903			其他咨询服务

续表 4

代码	一级目录	二级目录	三级目录
014E10		技术业务培训	
014E1001			教育业务培训服务
014E1002			教学业务培训服务
014E1003			教育管理培训服务
014E1004			其他业务培训服务
014E11		机关信息系统建设与维护	
014E1101			教育教学等网站建设与维护服务
014E1102			学生管理等网站建设与维护服务
014E1103			办公自动化建设与维护服务
014E1104			其他信息化服务
014E12		后勤服务	
014E1201			办公设备维修保养服务
014E1202			物业服务
014E1203			安全服务
014E1204			印刷服务
014E1205			餐饮服务
014E1206			其他
014F	其他服务	其他适宜由社会力量承担的服务事项	其他适宜由社会力量承担的服务事项

北京市教育委员会
北京市财政局
北京市统计局
北京市发展和改革委员会
北京市科学技术委员会

关于本市2018年教育经费执行情况的公告

京教财〔2019〕11号

《中华人民共和国教育法》第五十五条规定："全国各级财政支出总额中教育经费所占比例应当随着国民经济的发展逐步提高"，第五十六条规定："各级人民政府教育财政拨款的增长应当高于财政经常性收入的增长，并使按在校学生人数平均的教育费用逐步增长，保证教师工资和学生人均公用经费逐步增长"。现将2018年北京市教育经费执行情况公告如下：

一、教育经费执行总体情况

本市地方各级政府一般公共预算教育经费（包括教育事业费、基建经费、教育费附加）1020.72亿元，比上年增长6.80%。财政部于2004年1月印发了《关于统一界定地方经常性收入口径的意见》（财预〔2004〕20号），对财政经常性收入口径做出了界定，按此口径调整2018年财政经常性收入5034.79亿元，比上年增长6.72%，一般公共预算教育经费增长比例高于财政经常性收入增长比例0.08个百分点。

2018 年本市一般公共预算支出 7471.43 亿元，一般公共预算教育经费占一般公共预算支出的比例为 13.66%，比上年降低了 0.34 个百分点。

二、各级教育生均一般公共预算教育事业费支出增长情况

2018 年全市幼儿园、普通小学、普通初中、普通高中、中等职业学校、普通高等学校生均一般公共预算教育事业费支出情况是：

（一）全市幼儿园为 36841.48 元，比上年的 32012.80 元增长 15.08%。

（二）全市普通小学为 31375.64 元，比上年的 30016.78 元增长 4.53%。

（三）全市普通初中为 59768.35 元，比上年的 57636.12 元增长 3.70%。

（四）全市普通高中为 66083.69 元，比上年的 61409.06 元增长 7.61%。

（五）全市中等职业学校为 53861.27 元，比上年的 53256.01 元增长 1.14%。

（六）全市普通高等学校为 58805.03 元，比上年的 63805.40 元降低 7.84%。

三、各级教育生均一般公共预算公用经费支出增长情况

2018 年全市幼儿园、普通小学、普通初中、普通高中、中等职业学校、普通高等学校生均一般公共预算公用经费支出情况是：

（一）全市幼儿园为 15488.29 元，比上年的 13159.54 元增长 17.70%。

（二）全市普通小学为 11092.22 元，比上年的 10855.08 元增长 2.18%。

（三）全市普通初中为 21603.57 元，比上年的 21282.49 元增长 1.51%。

（四）全市普通高中为 22721.41 元，比上年的 21677.24 元增长 4.82%。

（五）全市中等职业学校为 21712.91 元，比上年的 25370.60 元降低 14.42%。

（六）全市普通高等学校为 26795.81 元，比上年的 32126.86 元降低 16.59%。

特此公告。

附件：2018 年北京市教育经费执行情况统计表

注：公告中的 2018 年本市一般公共预算支出 7471.43 亿元来源于《北京市 2018 年决算报告》。

2019 年 11 月 8 日

附件

2018 年北京市教育经费执行情况统计表

表一　一般公共预算教育经费增长情况

地区	一般公共预算教育经费（亿元）	一般公共预算教育经费占一般公共预算支出的比例（%）	一般公共预算教育经费本年比上年增长（%）	财政经常性收入本年比上年增长（%）	一般公共预算教育经费增长与财政经常性收入增长幅度比较（百分点）
东城区	65.48	26.03	3.00	2.80	0.20
西城区	57.67	13.42	–1.48	–3.90	2.42
朝阳区	96.65	17.16	0.45	0.10	0.35
丰台区	45.20	18.25	23.02	7.50	15.52
石景山区	17.15	13.77	6.57	5.85	0.72
海淀区	115.86	17.57	10.44	10.12	0.32
门头沟区	15.54	14.62	–5.63	3.80	–9.43

续表

地区	一般公共预算教育经费（亿元）	一般公共预算教育经费占一般公共预算支出的比例（%）	一般公共预算教育经费本年比上年增长（%）	财政经常性收入本年比上年增长（%）	一般公共预算教育经费增长与财政经常性收入增长幅度比较（百分点）
房山区	45.54	17.60	18.79	3.23	15.56
通州区	36.80	9.08	4.29	8.03	–3.74
顺义区	42.91	13.62	8.44	6.78	1.66
昌平区	38.39	19.99	10.15	12.62	–2.47
大兴区	42.56	16.37	16.55	5.34	11.21
怀柔区	21.96	14.32	18.09	–2.42	20.51
平谷区	21.79	16.47	6.33	3.17	3.16
密云区	23.36	12.93	13.65	6.00	7.65
延庆区	20.36	14.53	–14.51	3.78	–18.29

表二 (1)　各级教育生均一般公共预算教育事业费支出增长情况

单位：元

地区	幼儿园			普通小学		
	上年	本年	增减（%）	上年	本年	增减（%）
东城区	53,051.49	51,041.06	–3.79	35,563.86	34,138.87	–4.01
西城区	38,818.57	41,397.74	6.64	21,615.61	23,086.65	6.81
朝阳区	25,795.22	33,182.93	28.64	31,065.67	29,247.85	–5.85
丰台区	21,447.66	27,571.80	28.55	22,890.62	25,675.47	12.17
石景山区	36,094.30	42,438.08	17.58	28,931.69	27,835.27	–3.79

续表

地区	幼儿园			普通小学		
	上年	本年	增减（%）	上年	本年	增减（%）
海淀区	36,478.14	40,167.00	10.11	29,766.82	31,308.00	5.18
门头沟区	50,494.02	61,514.92	21.83	48,633.54	40,919.76	–15.86
房山区	32,955.49	46,186.62	40.15	27,019.39	29,634.66	9.68
通州区	25,855.92	26,168.71	1.21	22,507.34	23,504.22	4.43
顺义区	28,366.79	33,481.82	18.03	28,014.63	33,518.71	19.65
昌平区	38,120.20	42,154.41	10.58	30,697.43	32,687.71	6.48
大兴区	25,191.10	29,052.65	15.33	26,362.80	30,469.14	15.58
怀柔区	38,317.97	47,097.82	22.91	41,638.95	41,165.61	–1.14
平谷区	27,930.39	19,855.55	–28.91	46,422.13	46,844.45	0.91
密云区	41,015.84	46V547.30	13.49	31,268.39	39,084.52	25.00
延庆区	35,396.20	41,474.23	17.17	50,920.48	55,679.51	9.35

表二(1)　各级教育生均一般公共预算教育事业费支出增长情况（续）

单位：元

地区	普通初中			普通高中		
	上年	本年	增减（%）	上年	本年	增减（%）
东城区	61,001.30	62,077.55	1.76	78,721.43	79,189.02	0.59
西城区	43,913.54	45,119.98	2.75	58,132.20	78,070.22	34.30
朝阳区	59,690.04	55,321.96	–7.32	69,549.46	65,992.96	–5.11
丰台区	46,916.88	61,744.45	31.60	60,682.71	62,134.10	2.39

续表

地区	普通初中			普通高中		
	上年	本年	增减（%）	上年	本年	增减（%）
石景山区	55,433.19	56,263.05	1.50	50,641.06	52,803.68	4.27
海淀区	49,787.97	52,479.64	5.41	54,357.97	57,841.77	6.41
门头沟区	90,151.68	71,605.87	–20.57	75,952.26	59,735.95	–21.35
房山区	63,452.15	66,836.41	5.33	41,239.82	49,580.55	20.22
通州区	53,427.06	47,688.09	–10.74	68,651.74	57,236.29	–16.63
顺义区	61,537.34	71,213.68	15.72	69,404.97	76,896.37	10.79
昌平区	56,932.15	58,282.51	2.37	58,158.15	65,662.53	12.90
大兴区	54,108.75	60,258.73	11.37	51,233.98	55,687.85	8.69
怀柔区	81,959.66	90,527.88	10.45	60,353.03	74,353.01	23.20
平谷区	95,216.59	91,250.02	–4.17	56,197.54	56,717.38	0.93
密云区	59,077.21	66,774.38	13.03	51,445.36	56,225.02	9.29
延庆区	80,396.88	88,311.33	9.84	55,644.72	69,722.46	25.30

表二（2）　各级教育生均一般公共预算公用经费支出增长情况

单位：元

地区	幼儿园			普通小学		
	上年	本年	增减（%）	上年	本年	增减（%）
东城区	16,818.24	11,674.82	–30.58	12,593.41	9,067.88	–28.00
西城区	16,348.84	17,478.36	6.91	7,476.37	7,942.84	6.24
朝阳区	12,229.41	20,782.81	69.94	11,069.46	9,568.76	–13.56

续表

地区	幼儿园			普通小学		
	上年	本年	增减（%）	上年	本年	增减（%）
丰台区	12,331.42	11,276.49	–8.55	6,703.48	7,845.98	17.04
石景山区	14,746.22	20,107.19	36.35	6,754.78	6,762.34	0.11
海淀区	19,857.60	19,871.57	0.07	13,310.06	13,313.79	0.03
门头沟区	17,476.49	29,227.90	67.24	22,725.34	15,562.42	–31.52
房山区	10,135.85	18,281.62	80.37	7,837.09	10,505.67	34.05
通州区	11,544.93	11,337.93	–1.79	8,378.04	9,431.77	12.58
顺义区	8,853.85	11,787.33	33.13	6,278.71	7,544.69	20.16
昌平区	17,815.94	17,868.60	0.30	10,128.23	10,194.77	0.66
大兴区	8,313.63	9,867.42	18.69	8,279.80	9,606.79	16.03
怀柔区	10,024.63	16,989.78	69.48	10,686.96	14,690.18	37.46
平谷区	16,593.45	9,298.40	–43.96	10,030.03	10,415.76	3.85
密云区	17,983.16	19,036.30	5.86	13,250.61	16,438.16	24.06
延庆区	9,858.12	10,828.79	9.85	17,249.29	17,285.50	0.21

表二（2） 各级教育生均一般公共预算公用经费支出增长情况（续）

单位：元

地区	普通初中			普通高中		
	上年	本年	增减（%）	上年	本年	增减（%）
东城区	22,605.17	17,466.13	–22.73	25,685.57	17,225.65	–32.94
西城区	16,534.66	15,525.14	–6.11	20,850.76	35,731.37	71.37

续表

地区	普通初中			普通高中		
	上年	本年	增减（%）	上年	本年	增减（%）
朝阳区	24,853.39	21,286.09	–14.35	30,621.88	25,894.30	–15.44
丰台区	13,750.82	25,325.74	84.18	23,972.06	25,593.88	6.77
石景山区	15,792.13	15,793.27	0.01	13,173.93	13,206.52	0.25
海淀区	20,149.36	21,063.42	4.54	20,826.41	21,956.58	5.43
门头沟区	43,611.14	26,736.59	–38.69	41,321.55	26,682.14	–35.43
房山区	27,223.31	28,905.33	6.18	8,951.20	14,422.30	61.12
通州区	25,278.45	19,374.56	–23.36	35,740.59	24,636.86	–31.07
顺义区	16,230.33	16,270.40	0.25	12,184.16	15,659.73	28.53
昌平区	18,746.94	18,819.53	0.39	22,955.74	24,138.56	5.15
大兴区	16,226.25	20,556.31	26.69	14,584.33	15,083.71	3.42
怀柔区	19,500.08	34,131.47	75.03	14,630.68	29,378.44	100.80
平谷区	21,212.43	23,807.93	12.24	14,062.27	11,250.53	–19.99
密云区	21,596.78	25,791.86	19.42	20,639.54	22,962.58	11.26
延庆区	27,074.34	27,230.99	0.58	15,503.57	22,183.98	43.09

北京市教育委员会
北 京 市 财 政 局

关于规范中小学高端实验室等教学设施规划建设与使用管理工作的通知

京教函〔2019〕596 号

各区教委、财政局，燕山教委、财政分局：

为落实市领导批示精神，按照勤俭办学原则，进一步规范中小学实验室等教学设施规划建设与使用管理，现就有关工作通知如下。

一、当前现状

中小学高端实验室为超出办学条件标准建设，整体费用超过 70 万元或单件仪器设备价格超过 10 万元的实验室，主要用于超出课程标准开展实验教学和探究活动。根据今年 7 月份的摸底排查，我市现有 87 所学校（见附件）建有 188 个高端实验室，部分学校高端实验室不同程度存在促进创新教育不够、开放共享不够、刺激超标建设教育教学设施等情况。

二、规范内容与工作要求

（一）严控建设成本，创新管理推动资源共享开放

一是各区今后严控学校高端实验室建设，计划建设的一律停止、正在建设的严控成本、新建学校的高端实验室要聘请专家团队进行充分评估，视评估结果商定。二是各区对现有的学校高端实验室要开展绩效评估，对于使用率低的学校，所在区可将仪器设备无偿调拨到其他有条件的学校使用。三是各区要积极推进各校高端实验室开放共享，

结合学区化、集团化办学在更大范围内发挥作用。四是各区要充分挖掘高等学校、科研机构和科博场馆等外部资源，不求所有，但求所用，有效推进创新教育开展。五是对于使用效果好，开放共享程度高，有效开展创新教育的高端实验室，要推广管理经验。

（二）加强项目预算管理，推进全成本预算绩效改革

各区要将中小学高端实验室建设纳入项目预算管理，牢固树立过“紧日子”思想，立足政府托底责任，要尊重教育规律，重点投入要与财力水平相匹配。同时，要强化全成本预算绩效管理，将绩效理念融入预算管理全过程，做到“事前有评估、事中有监督、事后有评价”，提高资金使用效益。

（三）举一反三，杜绝超标建设中小学教学设施

坚持教育规律，各区要从教育教学实际出发规划建设和管理学校。坚持勤俭办学，从社会主义初级阶段基本国情出发，严格按照中小学办学条件标准建设学校，不得脱离实际超标准、超规模建设校园校舍，配备不必要高端仪器设备。坚持绩效管理，加强事后项目绩效评价，评价结果与预算单位以后年度预算编制挂钩、与负责人年度考核挂钩。

（四）积极推进教育教学创新

一是创新教学方式。积极探索互动式、启发式、探究式、体验式等课堂教学。二是推进“教育＋互联网”发展。融合运用传统与现代技术手段，精准分析学情，重视差异化教学和个别化指导。三是推进校内外合作育人。将中小学创新教育与高校、科研院所及科博场馆资源整合转化，形成系列创新课程和活动，面向全体学生提供服务。四是建立以发展素质教育为导向的评价体系。利用人工智能和大数据技术创新评价工具，构建精准化评价体系。强化教育评价对提升学校办学水平、促进学生全面发展的重要导向作用。

三、工作安排

（一）区级工作安排（2019 年 11 月下旬—12 月上旬）

各区教委、区财政局成立联合工作专班，对号入座、建立台账、一校一案推进中小学高端实验室问题整改；要自查中小学教育教学设

施建设与配备中的超标、浪费、攀比问题，根据所处规划、建设、使用的不同阶段分类整改处理；要按照育人为本、勤俭办学的原则规范中小学建设，形成制度机制，杜绝攀比、超标规划建设。要深化教育教学创新、积极推进中小学校内涵发展。

（二）市级工作安排（2019 年 12 月中旬—12 月下旬）

市教委、市财政局将于 12 月中下旬，对各区情况进行抽查，查看各区整改情况，并督促各区全面落实有关工作要求。

（三）形成长效机制

市级将根据实际情况，推进我市中小学办学条件标准的修订与完善，并指导各区有效落实，切实规范中小学学校建设工作。

四、其他事项

各区教委、区财政局各确定一名工作负责人，于 11 月 28 日（周四）前报送市教委、市财政局。各区自查工作报告由区教委、区财政局联合发文，纸质版加盖单位公章于 12 月 12 日（周四）前提交市教委、市财政局，电子版请分别发至联系人邮箱。

附件：北京市中小学高端实验室学校名单

2019 年 11 月 19 日

附件

北京市中小学高端实验室学校名单

（共 87 校）

东城区（13 校）

北京市东直门中学、北京市第二中学、北京景山学校、北京市第一六六中学、北京市第五中学、北京市第十一中学、北京汇文中学、北京市第六十五中学、北京市第一零九中学、北京市第一七一中学、北京市广渠门中学、北京市第二十二中学、北京市龙潭中学

西城区（12 校）

北京市第三十五中学、北京市第八中学、北京市第四中学、北京市育才学校、北京师范大学附属中学、北京市第十三中学、北京师范大学附属实验中学、北京市第十五中学、北京市第一六一中学、北京师范大学附属第二中学、北京市第十四中学、西城区外国语学校

朝阳区（4 校）

北京市第八十中学、北京市陈经纶中学、对外经济贸易大学附属中学（北京市第九十四中学）、北京市日坛中学

海淀区（12 校）

清华大学附属中学、中国人民大学附属中学、北京市十一学校、北京理工大学附属中学、首都师范大学附属中学、北京市第一〇一中学、北京大学附属中学、北京航空航天大学附属中学、北京交通大学附属中学、中央民族大学附属中学、北京市第二十中学、北京市八一学校

石景山区（4 校）

北京市京源学校、北京市第九中学、北京市古城中学、北京师范大学附属中学京西分校

丰台区（4 校）

北京市第十二中学、北京丰台第二中学、北京市第十八中学、北京市第十中学

顺义区（2 校）

顺义牛栏山第一中学、顺义区杨镇第一中学

通州区（7 校）

通州区潞河中学、北京理工大学附属中学通州校区、人大附中通州校区、通州区第二中学、北京市通州区张家湾中学、北京市通州区永乐店中学、北京二中通州校区

昌平区（3 校）

昌平区第一中学、昌平区第二中学、北京市昌平区回龙观学校

大兴区（7 校）

大兴区第一中学、大兴区兴华中学、北京市大兴区第七中学、北京师范大学大兴附属中学、大兴区庞各庄中学、首都师范大学大兴附

属中学、人大附中北京经济技术开发区学校

房山区（5校）

北京师范大学附属良乡中学、北京市房山区实验中学、北京市房山区坨里中学、首都师范大学附属房山中学、北京市房山区昊天学校

怀柔区（1校）

怀柔区第一中学

延庆区（4校）

北京市延庆区第一中学、北京市延庆区第二中学、北京市延庆区旧县中学、北京市延庆区第五中学

门头沟区（2校）

北京市大峪中学、首都师范大学附中永定分校

密云区（5校）

密云区第二中学、首都师范大学附属密云中学、北京师范大学密云实验中学、北方交通大学附属中学密云分校、密云区第六中学

平谷区（1校）

北京市平谷中学

燕山（1校）

北京师范大学燕化附属中学

学校后勤

北京市教育委员会文件选编

（2019）

北京市教育委员会

关于做好 2019 年岁末年初及寒假开学安全工作的通知

京教勤〔2019〕4 号

各区教委，各高等学校、中等职业学校，各直属单位：

临近岁末年初，我市接连发生了 2018 年 12 月 26 日北京交通大学实验室爆炸事故和 2019 年 1 月 8 日西城区宣武师范学校附属第一小学校园伤害事件，影响恶劣、教训深刻，表现出我们的校园安全管理仍然存在漏洞和不足，水平还有待提高。为切实维护全市教育系统安全稳定局面，坚决遏制校园安全事故发生，现将有关事项和要求通知如下：

一、加强组织领导，落实安全责任，有效防范事故发生

寒假和春节期间，学生旅游探亲、外出游玩机会增加，同时受低温、雨雪、冰冻、寒潮等季节气候影响，诱发事故因素增加。各区教委和各学校要进一步提高抓好校园安全工作极端重要性的认识，强化红线意识和底线思维，严格按照“党政同责、一岗双责、齐抓共管、失职追责”和“管行业必须管安全、管业务必须管安全、管生产经营必须管安全”的要求，落实行业监管和学校主体责任，认真研判安全工作形势，盯紧薄弱环节，解决突出问题。各级领导要亲自抓、上一线，带头采取“四不两直”方式深入检查，将责任层层落实到岗位、落实到人员、贯穿到各个环节，对责任不落实、措施不到位的部门和人员要严肃问责。坚决把安全责任挺在前面、把风险防控挺在前面、把隐患排查治理挺在前面，有效防范校园安全事故发生。

二、深入推进“平安校园”建设和开展“护校安园”专项行动

各区各校要以“平安校园”建设统领各项校园安全工作，严格按照市和区平安校园建设规划的各项要求，落实平安校园建设标准。与属地公安部门联动配合，开展“护校安园”专项行动，加强校园及周边治安综合治理工作。加快推进校园“雪亮工程”建设，特别是确保幼儿园视频监控设备正常有效运行。加强校园门卫管理和校园安全巡逻密度，严防校园学生伤害案件发生。有效防范遏制欺凌事件发生，建立中小学生欺凌防治长效工作机制。结合学生欺凌防治和校园周边综合治理工作，深入开展扫黑除恶专项斗争，积极开展扫黄打非工作。

三、巩固排查成果，加大投入改造，确保隐患整改到位

各区各校要利用放假前和假期有利时机，对校内全部安全隐患进行认真彻底的排查整改，开展校内人员矛盾排查调处，区教委做好检查和督查。按照全市教育系统安全隐患治理三年行动实施方案，重点做好实验室危化品和人员密集场所的隐患排查整治。同时紧盯消防、交通（校车、班车）、校舍及设施设备、食品及饮用水、传染病防控、特种设备等的安全隐患排查整改。各区各校对排查出的安全隐患要建立健全挂账销账制度，提出整改意见，确定整改责任人，明确整改时限，限时整改到位，防患于未然。对于已经整改完成的安全隐患要再次进行验收，确保整改到位。形成隐患排查整改长效机制，做到排查、整改、验收闭环管理。盯死一时难以整改到位的重大安全隐患，采取有效措施，坚决防止整改期间发生安全事故。

四、盯紧重点工作，积极主动预防，确保校园安全稳定

（一）加强今冬明春火灾防控工作。各区各校要认真落实《市教委关于印发 2018 年今冬明春火灾防控工作实施方案的通知》（京教勤〔2018〕42 号）和市防安办《关于切实加强市“两会”期间社会面火灾防控工作的通知》（防安办字〔2019〕1 号）要求。落实消防安全主体责任，严密责任链条，织密责任网络，加强对校内二级单位、重大危险源、人员密集场所、实验室、图书馆、博物馆、文物建筑、老旧住宅、地下空间、配电间、锅炉房等重点场所和部位的消防安全管理。要根据冬季火灾易发多发特点，开展消防设施维护保养、电气线路检测、消防安全隐患排查等整治工作。加强电动车管理，规范电动车充放电行为。落实市防安办《关于开展可燃物清理工作的通知》（防安办字〔2019〕2号）的工作要求，定期组织可燃易燃物清理，室内区域要以清理走廊、楼道、电缆井、管道井等公共区域以及配电柜，电表箱等处可燃物为主；室外区域要以清理屋顶、阳台、窗口、停车场、垃圾站、园林绿地的杂物、垃圾和枯草落叶等可燃物为主。

（二）加强学校治安管理工作。岁末年初是治安案（事）件的高发期，各学校要严密防范，特别是寒假期间，学生放假离校，学校安全管理力量薄弱，增加了治安案（事）件发生的概率。要提高警惕，加强校门管理，加大校园巡逻巡查密度，加强与属地公安以及校园周边治安综合治理相关部门的配合联动。

（三）加强学校安全生产工作。学校安全生产工作涉及水、电、气、热运行和校内建设工地安全管理。各区要指导和督促学校对水、电、气、热的安全使用和施工现场管理提出要求，加大检查，加强管理，落实责任。对施工现场要督促施工单位按照安全生产的相关规定和施工程序进行。检查施工现场围挡，派专人加强对校内工地周边的监管，让非施工人员特别是学生远离施工工地。在水、电、气的检修过程中要杜绝中毒、触电等人身伤亡事故。

（四）加强烟花爆竹安全管理工作。贯彻《市教委关于印发全市教育系统2019年烟花爆竹安全管理工作实施方案等三个文件的通知》（京教勤〔2019〕3号）工作要求，于放假前采取师生喜闻乐见的形式，教育师生遵守烟花爆竹禁放和燃放相关规定。开展隐患排查整治，落实禁放看护责任，制定应急处置预案，成立处置队伍，配备应急器材，具备突发火情先期处置能力。

（五）加强预防煤气中毒工作。按照《北京市2018至2019年度预防煤气中毒工作方案》要求，预防煤气中毒工作至2019年3月底结束，要围绕全市预防煤气中毒“温暖一号”行动，开展调查摸底，建立预防煤气中毒基础台账和明细表；开展全覆盖、无死角的宣传检查工作；使用煤火取暖做到正确使用风斗和一氧化碳报警器；规范加强督导检查、严盯隐患整改；不发生煤气中毒群死群伤责任事故。

五、开展安全教育，增强安全意识，提升师生防范能力

各区各校要在学生寒假集中离校前、开学返校后和全国“两会”召开前等重要时机，对师生开展安全教育，通过班会、安全教育课、宣传栏、校园广播、微信网络、发放安全知识手册、安全演练、家长会、致学生家长信等途径，加强冬季用火用电用气用热、消防、交通出行、防滑冰溺水、防控传染病、防食物中毒、防拥挤踩踏、防欺凌暴力、防网络电信诈骗、防实习实训伤害、铁路护路、森林防火等安全知识教育和逃生自救等技能教育，进一步教授师生安全知识，强化师生安全防范意识，增强逃生避险、自救互救技能。对节日和假期期间返乡探亲、出外游玩的学生，要摸底登记，假期结束，要及时核对人员，对未按时返校的学生要抓紧查明原因。对寒假留守学校的师生，提供必要的后勤保障，并做好安全宣传教育和管理。

六、完善应急预案，强化值班管理，及时报送相关信息

各区各校要按照平安校园标准，建设安全突发事件应急处置体系，利用假期完善应急预案，开学后开展各种应急演练。关注预警，提高应急响应能力。各区教委和学校要加强日常值班和应急值守，严格执行领导干部到岗带班值班制度。遇有突发事件和重要紧急情况，及时按要求报送信息。

2019 年 1 月 18 日

北京市教育委员会

关于切实做好 2019 年学校食品安全管理工作的通知

京教勤〔2019〕8 号

各区教委，各高等学校、中等职业学校：

学校食品安全是维系广大师生身体健康和生命安全的重要基础，直接关系到首都教育健康发展和安全稳定大局。抓好学校食品安全管理工作，提高学校食品安全管理工作水平，是坚持以师生为中心，办好人民满意教育的重要内容和根本保证。为扎实做好 2019 年学校（幼儿园）食品安全管理工作，切实保障广大师生用餐安全，严防食品安全事故发生，现就有关工作提出以下要求。

一、指导思想

深入学习贯彻党的十九大会议精神，以习近平新时代中国特色社会主义思想为指导，坚持把广大师生的健康安全放在第一位，牢牢把握食品安全是重大政治任务的基本要求，贯彻落实党中央、国务院和市委市政府有关食品安全的部署安排，严格按照党政同责和“四个最严”要求，认真履行属地管理责任和学校主体责任，健全科学完善的食品安全治理体系，扎实推进学校食品安全各方面工作，进一步提升学校食品安全管理工作水平，为广大师生的学习生活提供坚强有力保障。

二、工作目标

牢固树立首善标准，切实提高政治站位，以“四个中心”建设要求为遵循，通过扎实有效的工作，进一步强化红线意识和底线思维，提高广大师生和从业人员的食品安全意识，健全学校食品安全责任体系，完善学校食品安全管理制度，提升学校食品安全风险防范和应急处置能力，坚决防止学校食品安全责任事故的发生。

三、重点工作

（一）要切实强化各级各类各项责任落实

各区各学校要按照党政同责、标本兼治、严控风险的原则要求，切实肩负起食品安全主体责任，层层压紧压实责任链条，形成严密的食品安全责任体系，切实提高履职尽责能力。

各区教委要严格督促学校落实食品安全校长（园长）负责制，督促学校配备专（兼）职食品安全管理人员,与行政区域内中小学校（幼儿园）、供餐企业签订食品安全责任书，明确食品安全主体责任。要建立学校食堂、供餐企业食品安全监管信用档案，记录食品安全监管信用信息，将食品安全列为学校年度考核的关键指标。要强化学校食品安全的全过程监管，建立健全食品安全责任追究机制，加强对学校食品安全工作的目标考核，着力推进各项管理措施落到实处。

各学校要严格履行食品安全管理的主体责任，认真落实食品安全校长（园长）负责制，建立以学校校长（园长）为第一责任人、分管领导为直接责任人的学校食品安全责任体系。要明确食品安全管理人员和每个环节、每个岗位从业人员的安全职责，层层签订食品安全责任书。要健全工作机制，将食品安全作为学校管理工作的重要内容，纳入“平安校园”建设，列入学校重要议事日程，每学期进行专题研究部署。要扎实组织开展安全隐患排查，严格落实有关管理制度和工作要求。

（二）要全面加强学校食品安全管理

各区各学校要严格落实“四个最严”要求，强化属地管理责任，全面加强对供餐企业、自建食堂和生活饮用水的管理。

1. 严格加强供餐企业监督管理。采用外送餐供餐的学校，要严格供餐企业准入管理。供餐企业必须通过区教委统一组织招标，要把食品安全作为遴选供餐企业的重要标准，签订食品安全责任书。学校签订供餐合同后，应当向区教委和区食品药品监督管理局报告或者备案合同副本。供餐企业必须取得食品经营许可，必须具备相应的供餐条件和能力，必须落实食品安全主体责任，健全食品安全管理制度和机构，配备专职食品安全管理人员，强化从业人员培训，严格落实原料采购、加工制作、清洗消毒、成品分装和配送运输等关键环节的控制要求，确保供餐食品安全。

各区教委要加大对供餐企业的监督管理力度，要督促供餐企业严格落实食品安全主体责任，指导督促学校对供餐企业的日常工作把关，关注配送车辆、配送路程、用餐时长等有可能引发食品安全风险的问题，规范校内分餐操作流程和行为。

学校外购集中用餐应当为当餐加工，不得采购冷食类、生食类、裱花糕点以及四季豆等高风险食品。

2. 严格加强学校自建食堂日常管理。各学校要切实加强对自建自管食堂食品安全的日常管理。要建立健全食堂食品安全管理制度，制定完善场所设施设备管理、食品经营全过程控制、餐饮具清洗消毒、食品安全自检自查、餐厨废弃物处置、食品添加剂使用、场所安全保卫、食品留样、饮用水安全等与食品安全相关的管理制度。要加大对食堂从业人员的培训力度，全面提升从业人员的专业技能和职业素养。要建立食堂食品安全追溯体系，严格落实食品采购索证索票、进货查验和采购记录制度，坚决做到食品安全“来源可查、去向可追、过程可控、责任可究”。严禁采购、宰杀活禽，坚决杜绝不合格食品进入校园，确保食品原材料安全。要建立食堂从业人员健康管理档案，确保学校食堂从业人员100%持健康体检证明上岗。要严格落实从业人员晨午检等卫生制度，食堂从业人员及集体用餐分餐人员在出现腹泻、发热、呕吐等症状时，应立即脱离工作岗位，待查明病因、排除有碍食品卫生的病症或治愈后，方可重新上岗。

中小学、幼儿园的食堂原则上不得制售冷食类、生食类、裱花糕点以及四季豆等高风险食品。根据需求必须制售的，应当按照有关要求设置专间或者专用操作区。

3. 严格加强学校生活饮用水管理。各学校要依据《北京市生活饮用水卫生管理条例》，加强学校生活饮用水的自身管理。要建立学校饮用水卫生管理制度，制定饮用水污染事故和水源性传染病应急处理预案，供管水人员每年必须要进行健康体检。特别是远郊区实行自备井供水的学校须取得生活饮用水卫生许可证，并由专人负责管理。供学生使用的饮水机和净水器要有生活饮用水卫生许可批件，并按照说明书进行水质净化设备滤芯的更换与清洗消毒工作。有条件的学校可委托相关检测机构定期对饮用水水质进行检测，确保饮用水卫生安全的各项措施落实到位，确保学校不发生生活饮用水污染事故。

（三）要积极加强学校食品安全宣传教育引导

各区教委要督促学校广泛开展食品安全教育。各学校要将食品安全、健康饮食纳入教育教学内容。每学期组织开展食品安全专题教育，并将食品安全与主题班会、课外实践等活动紧密结合，开展经常性教育。要通过宣传栏、宣传册等途径和形式开展经常性的宣传教育活动，定期向师生、从业员工发布食品安全信息，实现教育对象的全覆盖。要充分利用“阳光餐饮”建设成果，采取举办“学校食堂开放日”“食品安全宣传周”和“食品安全知识进校园”等活动，普及相关科学常识，有效提升师生和从业人员食品安全意识和防范能力。

各区各学校要高度重视家校信息沟通工作，建立、畅通家长与学校的信息沟通渠道。中小学、幼儿园应当建立集中用餐陪餐制度，安排学校相关负责人每顿饭与学生一同用餐，做好陪餐记录，及时发现和解决供餐过程中存在的问题。要组织学生代表或者家长代表参与食品安全监督，注重听取家长委员会、学生代表大会和教职工代表大会的意见建议。要及时核查处置媒体和师生反映的学校食品安全问题，避免食品和饮用水安全领域信息不实报道的传播，最大限度凝聚共识，营造共同推进学校食品安全管理工作的良好氛围。

（四）要严格食品安全法律法规和规章制度落实

各区各学校要对标新要求和师生的新需求，切实履行学校食品安全管理职责，深入学习贯彻落实《食品安全法》《学校食品安全与营养健康管理规定》《北京市中小学食堂管理办法（试行）》《北京市中小学校外供餐管理办法（试行）》等法律法规和规章制度要求。要根据学校工作实际，将食品安全法律法规和规章制度细化分解，坚决做到刚性落实。要遵循各项要求组织学习培训，要根据各项要求抓好日常管理，要依据各项要求组织对照检查，确保各项法律法规和规章制度落到实处，有效维护广大师生身体健康和生命安全。

（五）要有效组织开展学校食品安全隐患整治

各区教委要督促学校完善食品安全管理工作机制，明确管理职责，落实管理责任，全面加强对学校食品安全的日常管理。要加大对学校食品安全的检查力度，每年重要时间节点和春、秋季开学后对学生食堂和供餐企业开展专项检查。要主动争取属地专业监管部门的大力支持和积极配合，建立顺畅有效的工作机制，共同排查学校食品安全问题和隐患，有效防控安全风险。

各学校要建立食品安全状况自查自评制度，全面梳理学校食品安全管理薄弱环节，切实加强对学校食堂的管理和供餐设施设备的检查。每学期要组织开展学校食品安全自查，彻底排查食品安全隐患，重点在春秋季开学和中高考前、夏季以及重大节假日、重大活动、重要时期、季节交替期对学校食堂、供餐企业进行全面排查，狠抓重点领域和薄弱环节的治理整顿。

各区各学校对检查排查出的隐患和问题要逐项建立台账，逐一制定整治措施，明确解决时限。对于一时无法整治或需要多部门联合整治的问题及时报告上级主管单位，积极协调相关部门合力整治，坚决消除各类食品安全隐患。

（六）要高标准完成“阳光餐饮”工程建设

各区各学校要按照首都“四个中心”建设要求，高度重视学校食堂“阳光餐饮”工程建设，切实提高工作标准。要认真贯彻落实市政府《关于在全市餐饮服务业推进“阳光餐饮”工程的工作方案》和市教委关于《北京市教育系统推进“阳光餐饮”工程实施方案》《北京高校推进“阳光餐饮”工程实施方案》的通知要求，积极协调人力财力物力进行重点倾斜保障，按照时间节点高标准完成“阳光餐饮”工程建设，不断提高学校的餐饮设施保障水平。同时要积极利用“阳光餐饮”有利条件，加强对师生、家长和食堂从业人员的宣传教育引导，充分发挥“阳光餐饮”工程的作用和功效。

（七）要扎实做好学校食品安全突发事件应急准备

各区教委要加强部门沟通与协同，会同区食品药品监管、卫生等部门完善工作机制，定期通报情况，加强信息共享，及时研判形势，动态调整属地学校食品安全工作措施。

各学校要建立健全食品安全事件应急管理处置机制，制定学校食品安全风险清单，做好风险防范和隐患化解前置工作。要密切关注教育领域食品安全动态，结合学校食品安全工作实际，不断完善学校食品安全突发事件应急预案，增强预案的针对性和可操作性。要严格落实人员职责，组织开展应急演练，确保遇有紧急突发事件发生，立即启动应急预案，正确、果断进行处置。

四、工作要求

（一）要加强组织领导

各区各学校要高度重视学校食品安全管理工作，进一步完善统筹协调工作机制，严格按照通知要求，研究制定本地、本校、本年度推进学校食品安全工作的具体措施。要细化工作任务，落实责任分工，健全管理制度，明确工作要求，凝聚工作合力。要加强工作统筹，形成各负其责、密切协作、齐抓共管的工作格局，切实确保学校食品安全。要加强后勤队伍建设和食堂员工管理，关心关注他们的工作生活，掌握他们的思想状况，及时开展矛盾纠纷排查调处，解决他们工作中的实际困难和问题。

（二）要严格责任落实

各区各学校要认真贯彻落实习近平总书记关于食品安全要坚持党政同责、标本兼治的重要指示精神，严格按照《食品安全法》等有关法规制度要求，切实强化学校食品安全责任落实，加强学校食品安全工作目标考核。要利用“平安校园”创建契机，将食品安全相关内容纳入其中，建立健全食品安全责任追究机制。对有关责任人因不履行管理责任或履行不到位导致学校发生重大食物中毒事故、造成恶劣社会影响的，依法依纪追究相关人员的责任。

（三）要注重督促检查

各区各学校要将学校食品安全工作纳入食品安全年度考核指标和

校园及周边治安综合治理工作的重要考核内容，完善党政同责督查工作机制，建立学校食品安全督查整改验收销号制度。要按照食品安全工作标准化、规范化、精细化要求，加强督促检查，落实整治措施，防控安全风险，确保各项工作不留盲点、不留死角。

2019 年 2 月 11 日

北 京 市 教 育 委 员 会
北京市市场监督管理局
北京市卫生健康委员会

关于转发《学校食品安全与营养健康管理规定》的通知

京教勤〔2019〕17 号

各区教委、市场（食药）监管局、卫生健康（卫生计生）委，各高等学校、中等职业学校，相关直属单位：

为深入贯彻落实习近平总书记关于食品安全“四个最严”的指示要求，进一步规范学校食品安全与营养健康工作，有效防范学校食品安全事故风险，保障广大师生的生命安全和身体健康。教育部、国家市场监督管理总局、国家卫生健康委员会联合制定并发布了《学校食品安全与营养健康管理规定》（中华人民共和国教育部、中华人民共和国国家市场监督管理总局、中华人民共和国国家卫生健康委员会令第 45 号，以下简称《规定》），现转发给你们，请按照以下要求抓好贯彻落实：

一是要切实提高政治站位，充分认清抓好学校食品安全工作的极端重要性。学校食品安全事关学生身体健康，事关亿万家庭幸福，事关社会和谐稳定。各级要切实提高思想认识，切实把校园食品安全工作作为一项重大的政治任务来抓，真正把思想和行动统一到以习近平同志为核心的党中央决策部署上来，树牢“四个意识”，做到“两个维护”，坚持以人民为中心，切实抓紧抓好学校食品安全与营养健康工作，让家长放心，让社会满意。

二是要强化组织领导，认真对标对表严格抓好贯彻落实。要根据《地方党政领导干部食品安全责任制规定》，按照首善标准要求，切实加强组织领导，坚持“党政同责、一岗双责，权责一致、齐抓共管，失职追责、尽职免责”原则，严格落实学校食品安全责任制，严防严管严控食品安全风险。要以学习贯彻落实《规定》为契机，把《规定》当作规范做好学校食品安全和营养健康工作的重要抓手，紧密结合工作实际，与《规定》内容对标对表，细化具体落实方案。要针对不同部门、不同岗位、不同人员特点，及时开展宣传培训，将《规定》内容传达到各级负责人、管理人员、从业人员和全体师生员工，做到师生员工周知并监督执行。

三是要创新工作机制，加强沟通协调形成工作合力。学校食品安全与营养健康工作，涉及部门众多，风险点位分散，专业要求较高，要加强对这项工作的组织协调，建立顺畅高效的工作机制。市教委、市市场监督管理局、市卫生健康委已经建立了部门联动工作机制，各区、各部门、各学校要积极创新工作，建立相应工作机制，以《规定》为依据，以《北京市中小学生健康膳食指引》为指导，进一步加强学校食品安全和营养健康管理；实施明厨亮灶，加大社会监督；实施校园食品安全智慧监管，探索校园食品安全信用监管和联合惩戒机制，形成工作合力，努力提升学校食品安全保障水平。

四是要狠抓督促检查，确保《规定》各项要求落地见效。各区各单位要按照《规定》明确的工作分工和职责要求，严格落实学校食品安全主体责任、教育行政部门的管理责任、市场监管等部门的监管责任、地方党委政府属地管理责任，压紧压实责任链条，特别是要结合市教委《关于切实做好2019年学校食品安全管理工作的通知》（京教勤〔2019〕8号）和市市场监督管理局、市教委、市卫生健康委《关于印发深入开展校园及周边食品安全专项整治工作方案的通知》（京市监发〔2019〕20号）要求，全面排查校园食堂及周边食品安全风险隐患，及时发现并解决存在的问题，排查情况要及时上报。要切实加强学生食品安全教育，强化学校食品安全督导检查，严肃食品安全管理问责。要紧密结合当前首都的形势任务和各项要求，进一步强化红线意识和底线思维，严密防控学校食品安全风险，确保不发生重大校园食品安全责任事故。

2019年3月21日

中华人民共和国教育部
中华人民共和国国家市场监督管理总局 令
中华人民共和国国家卫生健康委员会

第45号

《学校食品安全与营养健康管理规定》已经2018年8月20日教育部第20次部务会议、2018年12月18日国家市场监督管理总局第9次局务会议和2019年2月2日国家卫生健康委员会第12次委主任会议审议通过，现予公布，自2019年4月1日起施行。

教育部部长　陈宝生
国家市场监督管理总局局长　张　茅
国家卫生健康委员会主任　马晓伟
2019年2月20日

学校食品安全与营养健康管理规定

第一章　总则

第一条　为保障学生和教职工在校集中用餐的食品安全与营养健康，加强监督管理，根据《中华人民共和国食品安全法》（以下简称食品安全法）《中华人民共和国教育法》《中华人民共和国食品安全法实施条例》等法律法规，制定本规定。

第二条　实施学历教育的各级各类学校、幼儿园（以下统称学校）集中用餐的食品安全与营养健康管理，适用本规定。

本规定所称集中用餐是指学校通过食堂供餐或者外购食品（包括从供餐单位订餐）等形式，集中向学生和教职工提供食品的行为。

第三条　学校集中用餐实行预防为主、全程监控、属地管理、学校落实的原则，建立教育、食品安全监督管理、卫生健康等部门分工负责的工作机制。

第四条　学校集中用餐应当坚持公益便利的原则，围绕采购、贮存、加工、配送、供餐等关键环节，健全学校食品安全风险防控体系，保障食品安全，促进营养健康。

第五条　学校应当按照食品安全法律法规规定和健康中国战略要求，建立健全相关制度，落实校园食品安全责任，开展食品安全与营养健康的宣传教育。

第二章　管理体制

第六条　县级以上地方人民政府依法统一领导、组织、协调学校食品安全监督管理工作以及食品安全突发事故应对工作，将学校食品安全纳入本地区食品安全事故应急预案和学校安全风险防控体系建设。

第七条　教育部门应当指导和督促学校建立健全食品安全与营养

健康相关管理制度，将学校食品安全与营养健康管理工作作为学校落实安全风险防控职责、推进健康教育的重要内容，加强评价考核；指导、监督学校加强食品安全教育和日常管理，降低食品安全风险，及时消除食品安全隐患，提升营养健康水平，积极协助相关部门开展工作。

第八条 食品安全监督管理部门应当加强学校集中用餐食品安全监督管理，依法查处涉及学校的食品安全违法行为；建立学校食堂食品安全信用档案，及时向教育部门通报学校食品安全相关信息；对学校食堂食品安全管理人员进行抽查考核，指导学校做好食品安全管理和宣传教育；依法会同有关部门开展学校食品安全事故调查处理。

第九条 卫生健康主管部门应当组织开展校园食品安全风险和营养健康监测，对学校提供营养指导，倡导健康饮食理念，开展适应学校需求的营养健康专业人员培训；指导学校开展食源性疾病预防和营养健康的知识教育，依法开展相关疫情防控处置工作；组织医疗机构救治因学校食品安全事故导致人身伤害的人员。

第十条 区域性的中小学卫生保健机构、妇幼保健机构、疾病预防控制机构，根据职责或者相关主管部门要求，组织开展区域内学校食品安全与营养健康监测、技术培训和业务指导等工作。

鼓励有条件的地区成立学生营养健康专业指导机构，根据不同年龄阶段学生的膳食营养指南和健康教育的相关规定，指导学校开展学生营养健康相关活动，引导合理搭配饮食。

第十一条 食品安全监督管理部门应当将学校校园及周边地区作为监督检查的重点，定期对学校食堂、供餐单位和校园内及周边食品经营者开展检查；每学期应当会同教育部门对本行政区域内学校开展食品安全专项检查，督促指导学校落实食品安全责任。

第三章 学校职责

第十二条 学校食品安全实行校长（园长）负责制。

学校应当将食品安全作为学校安全工作的重要内容，建立健全并落实有关食品安全管理制度和工作要求，定期组织开展食品安全隐患排查。

第十三条 中小学、幼儿园应当建立集中用餐陪餐制度，每餐均应当有学校相关负责人与学生共同用餐，做好陪餐记录，及时发现和解决用餐过程中存在的问题。

有条件的中小学、幼儿园应当建立家长陪餐制度，健全相应工作机制，对陪餐家长在学校食品安全与营养健康等方面提出的意见建议及时进行研究反馈。

第十四条 学校应当配备专（兼）职食品安全管理人员和营养健康管理人员，建立并落实集中用餐岗位责任制度，明确食品安全与营养健康管理相关责任。

有条件的地方应当为中小学、幼儿园配备营养专业人员或者支持学校聘请营养专业人员，对膳食营养均衡等进行咨询指导，推广科学配餐、膳食营养等理念。

第十五条 学校食品安全与营养健康管理相关工作人员应当按照有关要求，定期接受培训与考核，学习食品安全与营养健康相关法律、法规、规章、标准和其他相关专业知识。

第十六条 学校应当建立集中用餐信息公开制度，利用公共信息平台等方式及时向师生家长公开食品进货来源、供餐单位等信息，组织师生家长代表参与食品安全与营养健康的管理和监督。

第十七条 学校应当根据卫生健康主管部门发布的学生餐营养指南等标准，针对不同年龄段在校学生营养健康需求，因地制宜引导学生科学营养用餐。

有条件的中小学、幼儿园应当每周公布学生餐带量食谱和营养素供给量。

第十八条 学校应当加强食品安全与营养健康的宣传教育，在全国食品安全宣传周、全民营养周、中国学生营养日、全国碘缺乏病防治日等重要时间节点，开展相关科学知识普及和宣传教育活动。

学校应当将食品安全与营养健康相关知识纳入健康教育教学内容，通过主题班会、课外实践等形式开展经常性宣传教育活动。

第十九条 中小学、幼儿园应当培养学生健康的饮食习惯，加强对学生营养不良与超重、肥胖的监测、评价和干预，利用家长学校等方式对学生家长进行食品安全与营养健康相关知识的宣传教育。

第二十条 中小学、幼儿园一般不得在校内设置小卖部、超市等食品经营场所，确有需要设置的，应当依法取得许可，并避免售卖高盐、高糖及高脂食品。

第二十一条 学校在食品采购、食堂管理、供餐单位选择等涉及学校集中用餐的重大事项上，应当以适当方式听取家长委员会或者学生代表大会、教职工代表大会意见，保障师生家长的知情权、参与权、选择权、监督权。

学校应当畅通食品安全投诉渠道，听取师生家长对食堂、外购食品以及其他有关食品安全的意见、建议。

第二十二条 鼓励学校参加食品安全责任保险。

第四章 食堂管理

第二十三条 有条件的学校应当根据需要设置食堂，为学生和教职工提供服务。

学校自主经营的食堂应当坚持公益性原则，不以营利为目的。实施营养改善计划的农村义务教育学校食堂不得对外承包或者委托经营。

引入社会力量承包或者委托经营学校食堂的，应当以招投标等方式公开选择依法取得食品经营许可、能承担食品安全责任、社会信誉良好的餐饮服务单位或者符合条件的餐饮管理单位。

学校应当与承包方或者受委托经营方依法签订合同，明确双方在食品安全与营养健康方面的权利和义务，承担管理责任，督促其落实食品安全管理制度、履行食品安全与营养健康责任。承包方或者受委托经营方应当依照法律、法规、规章、食品安全标准以及合同约定进行经营，对食品安全负责，并接受委托方的监督。

第二十四条 学校食堂应当依法取得食品经营许可证，严格按照食品经营许可证载明的经营项目进行经营，并在食堂显著位置悬挂或者摆放许可证。

第二十五条 学校食堂应当建立食品安全与营养健康状况自查制

度。经营条件发生变化，不再符合食品安全要求的，学校食堂应当立即整改；有发生食品安全事故潜在风险的，应当立即停止食品经营活动，并及时向所在地食品安全监督管理部门和教育部门报告。

第二十六条 学校食堂应当建立健全并落实食品安全管理制度，按照规定制定并执行场所及设施设备清洗消毒、维修保养校验、原料采购至供餐全过程控制管理、餐具饮具清洗消毒、食品添加剂使用管理等食品安全管理制度。

第二十七条 学校食堂应当建立并执行从业人员健康管理制度和培训制度。患有国家卫生健康委规定的有碍食品安全疾病的人员，不得从事接触直接入口食品的工作。从事接触直接入口食品工作的从业人员应当每年进行健康检查，取得健康证明后方可上岗工作，必要时应当进行临时健康检查。

学校食堂从业人员的健康证明应当在学校食堂显著位置进行统一公示。

学校食堂从业人员应当养成良好的个人卫生习惯，加工操作直接入口食品前应当洗手消毒，进入工作岗位前应当穿戴清洁的工作衣帽。

学校食堂从业人员不得有在食堂内吸烟等行为。

第二十八条 学校食堂应当建立食品安全追溯体系，如实、准确、完整记录并保存食品进货查验等信息，保证食品可追溯。鼓励食堂采用信息化手段采集、留存食品经营信息。

第二十九条 学校食堂应当具有与所经营的食品品种、数量、供餐人数相适应的场所并保持环境整洁，与有毒、有害场所以及其他污染源保持规定的距离。

第三十条 学校食堂应当根据所经营的食品品种、数量、供餐人数，配备相应的设施设备，并配备消毒、更衣、盥洗、采光、照明、通风、防腐、防尘、防蝇、防鼠、防虫、洗涤以及处理废水、存放垃圾和废弃物的设备或者设施。就餐区或者就餐区附近应当设置供用餐者清洗手部以及餐具、饮具的用水设施。

食品加工、贮存、陈列、转运等设施设备应当定期维护、清洗、消毒；保温设施及冷藏冷冻设施应当定期清洗、校验。

第三十一条 学校食堂应当具有合理的设备布局和工艺流程，防止待加工食品与直接入口食品、原料与成品或者半成品交叉污染，避免食品接触有毒物、不洁物。制售冷食类食品、生食类食品、裱花蛋糕、现榨果蔬汁等，应当按照有关要求设置专间或者专用操作区，专间应当在加工制作前进行消毒，并由专人加工操作。

第三十二条 学校食堂采购食品及原料应当遵循安全、健康、符合营养需要的原则。有条件的地方或者学校应当实行大宗食品公开招标、集中定点采购制度，签订采购合同时应当明确供货者食品安全责任和义务，保证食品安全。

第三十三条 学校食堂应当建立食品、食品添加剂和食品相关产品进货查验记录制度，如实准确记录名称、规格、数量、生产日期或者生产批号、保质期、进货日期以及供货者名称、地址、联系方式等内容，并保留载有上述信息的相关凭证。

进货查验记录和相关凭证保存期限不得少于产品保质期满后六个月；没有明确保质期的，保存期限不得少于二年。食用农产品的记录和凭证保存期限不得少于六个月。

第三十四条 学校食堂采购食品及原料，应当按照以下要求查验许可相关文件，并留存加盖公章（或者签字）的复印件或者其他凭证：

（一）从食品生产者采购食品的，应当查验其食品生产许可证和产品合格证明文件等；

（二）从食品经营者（商场、超市、便利店等）采购食品的，应当查验其食品经营许可证等；

（三）从食用农产品生产者直接采购的，应当查验并留存其社会信用代码或者身份证复印件；

（四）从集中交易市场采购食用农产品的，应当索取并留存由市场开办者或者经营者加盖公章（或者负责人签字）的购货凭证；

（五）采购肉类的应当查验肉类产品的检疫合格证明；采购肉类制品的应当查验肉类制品的检验合格证明。

第三十五条 学校食堂禁止采购、使用下列食品、食品添加剂、食品相关产品：

（一）超过保质期的食品、食品添加剂；

（二）腐败变质、油脂酸败、霉变生虫、污秽不洁、混有异物、掺假掺杂或者感官性状异常的食品、食品添加剂；

（三）未按规定进行检疫或者检疫不合格的肉类，或者未经检验或者检验不合格的肉类制品；

（四）不符合食品安全标准的食品原料、食品添加剂以及消毒剂、洗涤剂等食品相关产品；

（五）法律、法规、规章规定的其他禁止生产经营或者不符合食品安全标准的食品、食品添加剂、食品相关产品。

学校食堂在加工前应当检查待加工的食品及原料，发现有前款规定情形的，不得加工或者使用。

第三十六条　学校食堂提供蔬菜、水果以及按照国际惯例或者民族习惯需要提供的食品应当符合食品安全要求。

学校食堂不得采购、贮存、使用亚硝酸盐（包括亚硝酸钠、亚硝酸钾）。

中小学、幼儿园食堂不得制售冷荤类食品、生食类食品、裱花蛋糕，不得加工制作四季豆、鲜黄花菜、野生蘑菇、发芽土豆等高风险食品。省、自治区、直辖市食品安全监督管理部门可以结合实际制定本地区中小学、幼儿园集中用餐不得制售的高风险食品目录。

第三十七条　学校食堂应当按照保证食品安全的要求贮存食品，做到通风换气、分区分架分类、离墙离地存放、防蝇防鼠防虫设施完好，并定期检查库存，及时清理变质或者超过保质期的食品。

贮存散装食品，应当在贮存位置标明食品的名称、生产日期或者生产批号、保质期、生产者名称以及联系方式等内容。用于保存食品的冷藏冷冻设备，应当贴有标识，原料、半成品和成品应当分柜存放。

食品库房不得存放有毒、有害物品。

第三十八条　学校食堂应当设置专用的备餐间或者专用操作区，制定并在显著位置公示人员操作规范；备餐操作时应当避免食品受到污染。食品添加剂应当专人专柜（位）保管，按照有关规定做到标识清晰、计量使用、专册记录。

学校食堂制作的食品在烹饪后应当尽量当餐用完，需要熟制的食品应当烧熟煮透。需要再次利用的，应当按照相关规范采取热藏或者冷藏方式存放，并在确认没有腐败变质的情况下，对需要加热的食品经高温彻底加热后食用。

第三十九条 学校食堂用于加工动物性食品原料、植物性食品原料、水产品原料、半成品或者成品等的容器、工具应当从形状、材质、颜色、标识上明显区分，做到分开使用，固定存放，用后洗净并保持清洁。

学校食堂的餐具、饮具和盛放或者接触直接入口食品的容器、工具，使用前应当洗净、消毒。

第四十条 中小学、幼儿园食堂应当对每餐次加工制作的每种食品成品进行留样，每个品种留样量应当满足检验需要，不得少于125克，并记录留样食品名称、留样量、留样时间、留样人员等。留样食品应当由专柜冷藏保存48小时以上。

高等学校食堂加工制作的大型活动集体用餐，批量制售的热食、非即做即售的热食、冷食类食品、生食类食品、裱花蛋糕应当按照前款规定留样，其他加工食品根据相关规定留样。

第四十一条 学校食堂用水应当符合国家规定的生活饮用水卫生标准。

第四十二条 学校食堂产生的餐厨废弃物应当在餐后及时清除，并按照环保要求分类处理。

食堂应当设置专门的餐厨废弃物收集设施并明显标识，按照规定收集、存放餐厨废弃物，建立相关制度及台账，按照规定交由符合要求的生活垃圾运输单位或者餐厨垃圾处理单位处理。

第四十三条 学校食堂应当建立安全保卫制度，采取措施，禁止非食堂从业人员未经允许进入食品处理区。

学校在校园安全信息化建设中，应当优先在食堂食品库房、烹饪间、备餐间、专间、留样间、餐具饮具清洗消毒间等重点场所实现视频监控全覆盖。

第四十四条 有条件的学校食堂应当做到明厨亮灶，通过视频或者透明玻璃窗、玻璃墙等方式，公开食品加工过程。鼓励运用互联网等信息化手段，加强对食品来源、采购、加工制作全过程的监督。

第五章　外购食品管理

第四十五条　学校从供餐单位订餐的，应当建立健全校外供餐管理制度，选择取得食品经营许可、能承担食品安全责任、社会信誉良好的供餐单位。

学校应当与供餐单位签订供餐合同（或者协议），明确双方食品安全与营养健康权利和义务，存档备查。

第四十六条　供餐单位应当严格遵守法律、法规和食品安全标准，当餐加工，并遵守本规定的要求，确保食品安全。

第四十七条　学校应当对供餐单位提供的食品随机进行外观查验和必要检验，并在供餐合同（或者协议）中明确约定不合格食品的处理方式。

第四十八条　学校需要现场分餐的，应当建立分餐管理制度。在教室分餐的，应当保障分餐环境卫生整洁。

第四十九条　学校外购食品的，应当索取相关凭证，查验产品包装标签，查看生产日期、保质期和保存条件。不能即时分发的，应当按照保证食品安全的要求贮存。

第六章　食品安全事故调查与应急处置

第五十条　学校应当建立集中用餐食品安全应急管理和突发事故报告制度，制定食品安全事故处置方案。发生集中用餐食品安全事故或者疑似食品安全事故时，应当立即采取以下措施：

（一）积极协助医疗机构进行救治；

（二）停止供餐，并按照规定向所在地教育、食品安全监督管理、卫生健康等部门报告；

（三）封存导致或者可能导致食品安全事故的食品及其原料、工具、用具、设备设施和现场，并按照食品安全监督管理部门要求采取控制措施；

（四）配合食品安全监管部门进行现场调查处理；

（五）配合相关部门对用餐师生进行调查，加强与师生家长联系，通报情况，做好沟通引导工作。

第五十一条　教育部门接到学校食品安全事故报告后，应当立即赶往现场协助相关部门进行调查处理，督促学校采取有效措施，防止事故扩大，并向上级人民政府教育部门报告。

学校发生食品安全事故需要启动应急预案的，教育部门应当立即向同级人民政府以及上一级教育部门报告，按照规定进行处置。

第五十二条　食品安全监督管理部门会同卫生健康、教育等部门依法对食品安全事故进行调查处理。

县级以上疾病预防控制机构接到报告后应当对事故现场进行卫生处理，并对与事故有关的因素开展流行病学调查，及时向同级食品安全监督管理、卫生健康等部门提交流行病学调查报告。

学校食品安全事故的性质、后果及其调查处理情况由食品安全监督管理部门会同卫生健康、教育等部门依法发布和解释。

第五十三条　教育部门和学校应当按照国家食品安全信息统一公布制度的规定建立健全学校食品安全信息公布机制，主动关注涉及本地本校食品安全舆情，除由相关部门统一公布的食品安全信息外，应当准确、及时、客观地向社会发布相关工作信息，回应社会关切。

第七章　责任追究

第五十四条　违反本规定第二十五条、第二十六条、第二十七条第一款，第三十三条，以及第三十四条第（一）项、第（二）项、第（五）项，学校食堂（或者供餐单位）未按规定建立食品安全管理制度，或者未按规定制定、实施餐饮服务经营过程控制要求的，由县级以上人民政府食品安全监督管理部门依照食品安全法第一百二十六条第一款的规定处罚。

违反本规定第三十四条第（三）项、第（四）项，学校食堂（或者供餐单位）未查验或者留存食用农产品生产者、集中交易市场开办者或者经营者的社会信用代码或者身份证复印件或者购货凭证、合格证明文件的，由县级以上人民政府食品安全监督管理部门责令改正；拒不改正的，给予警告，并处 5000 元以上 3 万元以下罚款。

第五十五条 违反本规定第三十六条第二款，学校食堂（或者供餐单位）采购、贮存亚硝酸盐（包括亚硝酸钠、亚硝酸钾）的，由县级以上人民政府食品安全监督管理部门责令改正，给予警告，并处 5000 元以上 3 万元以下罚款。

违反本规定第三十六条第三款，中小学、幼儿园食堂（或者供餐单位）制售冷荤类食品、生食类食品、裱花蛋糕，或者加工制作四季豆、鲜黄花菜、野生蘑菇、发芽土豆等高风险食品的，由县级以上人民政府食品安全监督管理部门责令改正；拒不改正的，给予警告，并处 5000 元以上 3 万元以下罚款。

第五十六条 违反本规定第四十条，学校食堂（或者供餐单位）未按要求留样的，由县级以上人民政府食品安全监督管理部门责令改正，给予警告；拒不改正的，处 5000 元以上 3 万元以下罚款。

第五十七条 有食品安全法以及本规定的违法情形，学校未履行食品安全管理责任，由县级以上人民政府食品安全管理部门会同教育部门对学校主要负责人进行约谈，由学校主管教育部门视情节对学校直接负责的主管人员和其他直接责任人员给予相应的处分。

实施营养改善计划的学校违反食品安全法律法规以及本规定的，应当从重处理。

第五十八条 学校食品安全的相关工作人员、相关负责人有下列行为之一的，由学校主管教育部门给予警告或者记过处分；情节较重的，应当给予降低岗位等级或者撤职处分；情节严重的，应当给予开除处分；构成犯罪的，依法移送司法机关处理：

（一）知道或者应当知道食品、食品原料劣质或者不合格而采购的，或者利用工作之便以其他方式谋取不正当利益的；

（二）在招投标和物资采购工作中违反有关规定，造成不良影响或者损失的；

（三）怠于履行职责或者工作不负责任、态度恶劣，造成不良影响的；

（四）违规操作致使师生人身遭受损害的；

（五）发生食品安全事故，擅离职守或者不按规定报告、不采取措施处置或者处置不力的；

（六）其他违反本规定要求的行为。

第五十九条 学校食品安全管理直接负责的主管人员和其他直接责任人员有下列情形之一的，由学校主管教育部门会同有关部门视情节给予相应的处分；构成犯罪的，依法移送司法机关处理：

（一）隐瞒、谎报、缓报食品安全事故的；

（二）隐匿、伪造、毁灭、转移不合格食品或者有关证据，逃避检查、使调查难以进行或责任难以追究的；

（三）发生食品安全事故，未采取有效控制措施、组织抢救工作致使食物中毒事态扩大，或者未配合有关部门进行食物中毒调查、保留现场的；

（四）其他违反食品安全相关法律法规规定的行为。

第六十条 对于出现重大以上学校食品安全事故的地区，由国务院教育督导机构或者省级人民政府教育督导机构对县级以上地方人民政府相关负责人进行约谈，并依法提请有关部门予以追责。

第六十一条 县级以上人民政府食品安全监督管理、卫生健康、教育等部门未按照食品安全法等法律法规以及本规定要求履行监督管理职责，造成所辖区域内学校集中用餐发生食品安全事故的，应当依据食品安全法和相关规定，对直接负责的主管人员和其他直接责任人员，给予相应的处分；构成犯罪的，依法移送司法机关处理。

第八章 附则

第六十二条 本规定下列用语的含义：

学校食堂，指学校为学生和教职工提供就餐服务，具有相对独立的原料存放、食品加工制作、食品供应及就餐空间的餐饮服务提供者。

供餐单位，指根据服务对象订购要求，集中加工、分送食品但不提供就餐场所的食品经营者。

学校食堂从业人员，指食堂中从事食品采购、加工制作、供餐、餐饮具清洗消毒等与餐饮服务有关的工作人员。

现榨果蔬汁，指以新鲜水果、蔬菜为主要原料，经压榨、粉碎等方法现场加工制作的供消费者直接饮用的果蔬汁饮品，不包括采用浓浆、浓缩汁、果蔬粉调配成的饮料。

冷食类食品、生食类食品、裱花蛋糕的定义适用《食品经营许可管理办法》的有关规定。

第六十三条　供餐人数较少，难以建立食堂的学校，以及以简单加工学生自带粮食、蔬菜或者以为学生热饭为主的小规模农村学校的食品安全，可以参照食品安全法第三十六条的规定实施管理。

对提供用餐服务的教育培训机构，可以参照本规定管理。

第六十四条　本规定自 2019 年 4 月 1 日起施行，2002 年 9 月 20 日教育部、原卫生部发布的《学校食堂与学生集体用餐卫生管理规定》同时废止。

北京市教育委员会

关于印发《“三自活动”专项工作实施方案》的通知

京教勤〔2019〕20 号

各区教委，各高等学校，各直属单位：

根据北京市防火安全委员会办公室《关于印发“三自”活动专

项工作方案的通知》（防安办字〔2019〕6号）精神，结合我市教育系统实际，为全力保障新中国成立70周年庆祝活动消防安全，全面防范和化解火灾风险隐患，我委制定了《火灾风险隐患排查治理“三自活动”专项工作实施方案》，现印发给你们，请结合实际，认真抓好贯彻落实。

附件：1. 火灾风险隐患排查治理“三自活动”专项工作实施方案

2. 火灾风险隐患指南（试行）

3. “三自活动”月工作小结（模板，略）

4. “三自活动”专项工作情况统计表（略）

5. “三自活动”专项工作联络表（略）

2019年4月3日

附件1

火灾风险隐患排查治理
“三自活动”专项工作实施方案

为深入贯彻落实习近平总书记在省部级主要领导干部坚持底线思维着力防范化解重大风险专题研讨班和视察北京时的重要讲话精神，以及蔡奇书记、陈吉宁市长重要讲话要求，全力维护首都安全稳定，保障新中国成立70周年庆祝活动消防安全，按照上级有关部门的工作部署要求，着眼提升全市教育系统火灾风险防范意识和整改能力，自即日起在全市教育系统开展火灾风险隐患“自知、自查、自改”活动，即“三自活动”专项工作。特制定工作实施方案如下：

一、指导思想和工作目标

以习近平新时代中国特色社会主义思想为指导，深刻认识和准确把握教育系统面临的新情况、新问题、新挑战，增强“四个意识”、坚定“四个自信”、做到“两个维护”，牢固树立“以生为本、安全第

一、生命至上”的安全理念。坚持问题导向、底线思维、风险防控，坚持关口前移、综合治理、群防群治，全面深化“平安校园”建设，教育系统安全隐患治理三年行动，电气火灾综合治理三年行动等，深入开展火灾风险隐患“三自活动”，提升全体师生的火灾风险防范意识，提高火灾防控工作能力，夯实火灾防控基础，切实维护教育系统消防安全形势稳定。

火灾风险隐患“三自活动”要坚持以国庆70周年庆祝活动安保为纲，聚焦“不起火、不亡人、不扩大”火灾防控“三道防线”，抓好社会自查、条块排查、重点抽查“三项检查”，用好约谈承诺、挂牌督办、联合惩戒“三项手段”，建好调度督办、评估会商、风险管控“三项机制”，对标社会化、常态化、精细化“三化标准”，做到家庭生活、单位场所、行业系统火灾风险隐患“三个摸清”，实现火灾风险隐患自我认知意识、自我检查能力、自我整改水平“三个提升”，力争“三个不发生、两个压减”，即全市不发生重特大火灾事故，重点要害部位不发生有较大影响火灾事故，重大活动期间核心区域点位不发生起火冒烟事故，全力压减火灾总量和亡人数量。

二、组织领导

成立国庆70周年火灾风险隐患“自知、自查、自改”专项行动领导小组，由市教委分管安全工作的委领导任组长。领导小组办公室设在市教委学校后勤处，具体负责“三自活动”组织协调工作。各区教委，各高校等学校，各直属单位要结合本区、本单位、本部门实际，加强组织领导，组建工作专班，统筹各项重点工作部署和专项整治行动，制定实施方案，明确责任、细化任务、落实措施。

三、工作原则

（一）坚持风险防范、关口前移。不断提高师生的火灾风险防范意识，将“人人都是安全员、人人都要保安全”成为单位和个人的自觉和习惯，立足发现在早、控制在小、消除在前，前移风险防范关口最末梢。

（二）坚持党政统领、部门联动。各级党委要主动作为，借鉴“枫桥经验”，整合各种资源、凝聚各种力量，深入开展“三自活动”，形成党政统揽、部门联动、齐抓共管的整体合力。

（三）坚持条块结合、单位主责。按照“行业牵动、属地为主”的原则，各单位要细化建账、排查、管控等工作标准，将主体责任压实到单位和个人自身，实名制明确到网格和岗位人员。

（四）坚持常态整治、严管严控。将“三自活动”贯穿全年目标任务，常态化开展宣传教育、隐患排查、风险管控，做到风险隐患“边学、边查、边改、边防”，落实不放心、不托底、不把牢场所“一事一策”管控措施，实现常态整治、严管严控。

（五）坚持问题导向，突出重点。深入分析研判消防安全现状，找准火灾隐患风险，针对人员密集、高层地下、用火用电频繁、消防基础薄弱的场所部位，要坚持最高标准、最严要求、最实措施，确保消防安全万无一失。

四、排查范围和重点任务

排查范围覆盖全市教育系统每个单位，以区教委、各单位机关为牵动，以单位、学校为主体，引导发动教职员工、师生全员参与、主动参与，开展火灾风险隐患“三自活动”。聚焦“不起火、不亡人、不扩大”火灾防控“三道防线”，对照《火灾风险隐患指南（试行）》（附件2），自查自改各单位消防安全隐患。

（一）强化宣传教育，做到风险隐患人人皆知。通过宣传教育，引导师生认识火灾危害，查改身边火灾隐患，学习消防常识和逃生技能。有针对性开展提示警示宣传，提示火灾隐患风险，剖析典型火灾案例。要组织消防安全责任人和管理人、重点岗位人员、微型消防站队员及内部员工开展培训。

（二）强化督导检查，做到风险隐患全面自查。各单位要明确工作责任、量化任务指标、逐级分解任务，定期对工作进展情况进行检查考评。市教委将联合市消防总队等部门，采取“四不两直”的方式，进行明察暗访，对发现工作不落实情况、违规违纪行为，将进行工作通报。各区教委领导要分片包干、靠前指挥，跟踪问效，狠抓督导，确保组织领导到位、责任落实到位，人员部署到位、措施落实到位、检查督导到位。

（三）强化责任落实，做到风险隐患全力自改。各单位要采取清单管理、绩效管控、平安校园创建等方式，引导师生自觉整改身边风险隐患。对单位一时自改不了的风险隐患，要加强监管，采取有效措施进行防范，确保不出现问题。对成因复杂、跨区域跨部门的重大风险隐患，要主动上报属地政府和上级有关业务部门，由属地政府和上级部门综合协调、条块联动、因情施策，平稳有序地抓好隐患的整改落实工作。

五、工作措施

（一）大力开展约谈承诺。开展大约谈活动，各区教委要集中约谈一次直属单位，各高校和各直属单位要集中约谈一次下属单位和直属部门，要签订承诺书、保证书。

（二）实行“一事一策”管控。各区教委、各高校和各直属单位要分析研判本区、本学校、本单位消防安全现状，找准危险源、风险点和薄弱环节，针对不放心的“六小”单位、物流寄递、厂房库房、易燃易爆、彩钢板建筑、出租房屋、施工现场、城乡接合部、餐饮场所和单位厨房、电动自行车充电停放等人员密集、用火用电频繁、消防基础薄弱的场所和部位，落实“一场所一预案、一隐患一措施”，切实采取严管严控、死看死守措施，确保消防安全。

（三）实行群防群治防控。充分发挥体制、机制和制度优势，深度整合各种资源，凝聚各种力量，最大限度发动师生参与火灾防控工作。要逐个院落、逐个楼门开展防火巡查、夜间巡更、视频巡控，确保每栋建筑有人看，每个单位有人管。

（四）实行关口前移布控。落实指挥前置，完善指挥调度体系，扁平化指挥，确保无缝衔接、全面覆盖。落实力量前置，组织群防群治力量开展不间断巡逻防控。落实装备前置，重点部位和不放心点位配备灭火器、消防桶等简易灭火器材，真正做到前移关口，打早灭小。

（五）严格依法履责。严格落实《消防法》等法律法规要求，加强消防组织制度、管理体系建设，确保领导干部身心到位、检查到位、执法沟通到位、督办落实到位。坚持“党政同责、一岗双责”，党员领导干部要分片包干，每月带头下基层，了解实际情况，提供支撑帮助，现场办公、综合协调解决整改难度大、火灾风险高、基层推不动的重点难点问题。

六、实施步骤

第一阶段：部署培训（即日起至4月初）。各单位要层层召开部署会议，结合本单位实际特点，制定实施方案，发布火灾风险隐患指南，启动火灾风险隐患“三自活动”专项工作。4月5日前，各单位上报实施方案、动员部署和宣贯培训情况。

第二阶段：自查自改（4月上旬至6月中旬）。全面组织火灾风险隐患查改活动，广泛开展自查自改活动。无法自行整改的风险隐患要上报属地街乡镇、上级单位。每月20日前，各单位上报当月工作小结、情况统计表（附件3、4）。

第三阶段：核查督改（6月下旬至8月中旬）。各单位要组织开展集中排查、随机抽查、重点核查，全面整改问题隐患，及时查漏补缺，建立机制、细化措施，有效防范化解风险。

第四阶段：评估管控（8月下旬至国庆安保结束）。各单位要组织对隐患摸排、风险化解工作开展情况做出专门的分析研判报告，对重大隐患及不放心、不托底、不把牢场所进行细致评估，严格关停取缔、搬离拆除、死看死守等严管严控措施，确保消防安全万无一失。9月10日前，各单位上报挂账隐患的销账情况和严管严控措施落实情况。国庆节期间，实名制落实全过程全链条巡查看护工作。

七、工作要求

（一）明确专人负责、强化信息反馈。各单位要加强组织领导，明确主管领导、责任部门和联络员，具体负责专项工作的协调部署、调度推进和信息反馈工作。4月5日前，各单位请将专项工作联络表（附件5）反馈至市教委学校后勤处。

（二）创新方法手段，强化技防应用。要加强管理创新，有条件的单位可采取政府购买服务的方式，引入第三方机构开展教育培训，依托信息化手段强化风险隐患动态预警、消防远程监控、电气火灾监控、独立火灾报警等智慧消防管理，提升安全水平。

（三）严格督导检查、强化措施落实。各单位要开展专项督导检查，提高工作针对性、实效性，确保各项措施落地见效。

附件 2

火灾风险隐患指南（试行）

为进一步提升全民安全隐患防范意识，提高市民识别、发现、化解安全隐患的能力和水平，营造全民参与、群防群治火灾防控浓厚氛围，消防部门从火灾成因、日常工作等方面入手，研究制定了《火灾风险隐患指南（试行）》，供广大市民、社会单位参考借鉴。

一、三种行为风险隐患

（一）用火行为

1. 卧床吸烟、酒后吸烟，随意丢弃烟头。

2. 打火机、火柴等点火器具随意放置，在阳光或高温物体周边长时间暴晒和热辐射，小孩随意拿取点火玩耍。

3. 室内点蜡烛、焚香、烧纸以及农村室外烧荒等使用明火行为。

4. 烧炕取暖、点蚊香驱蚊等行为。

5. 在禁止的区域、场所内燃放烟花爆竹，施放孔明灯。

6. 宾馆、饭店、商场、集贸市场、体育馆以及公共娱乐场所等公共聚集场所营业期间动用明火施工作业。

7. 在没有安全防护的情况下进行切割、焊接、防水施工等动火作业。

8. 明火作业人员超过规定时间和范围动用明火。

9. 明火作业人员无证操作或违反操作规程。

（二）用电行为

1. 选用和购买非正规厂家生产或没有质量合格认证的插座、充电器、电线、电褥子、电动自行车、电暖气、电炉子等电器产品。

2. 除冰箱等必须通电的电器外，在人员长时间离开时未进行关机断电，使其长时间通电过热或发生故障；手机、充电宝等电子设备长时间充电或边充电、边使用的行为。

3. 超过额定功率、超负荷安装使用电器设备；空调等大功率电器设备未单独供电，电线未独立敷设。

4. 高温灯具、大功率电器等用电设备安装在可燃易燃物上或与可燃物距离过近。

5. 电源插头与电源插座接触不实，固定插座松动；移动式插座老化或者串接、超负荷使用。

6. 拆装、改造电动自行车、三轮车、摩托车等电动车，扩大电容，增加续航里程；在室内为电动车或其蓄电池充电，从室内拉“飞线”充电，将带有蓄电池的电动车停放在建筑内；使用不匹配或质量不合格的充电器为电动车或其蓄电池充电。

7. 配电箱（柜）、弱电井、强电井内强电与弱电线路交织一起，堆放易燃可燃杂物。

8. 电线未做穿管保护直接穿过或敷设在易燃可燃物上以及炉灶、烟囱等高温部位周边；电气线路老化、绝缘层破损出现漏电、短路、过热等情况。

9. 电气线路乱接乱拉，以及使用麻花线、铰接方式连接或将不同型号、规格的电线连接等情况。

10. 自行或聘请不具有专业资质人员维修、改造电气线路、维修保养电器产品。

11. 设有的UPS电源及蓄电池等备用电源更换不及时、保养检测不到位，易发生短路等故障。

（三）用油用气行为

1. 液化石油气罐存放在住人的房间、办公室和人员稠密的公共场所。

2. 超量储存液化石油气罐。

3. 液化石油气罐与其他火源同室布置。

4. 液化石油气设在地下室、半地下室或通风不良的场所。

5. 液化石油气罐总重量超过100公斤或钢瓶总数超过30瓶的未

设置独立气瓶间。

6. 气瓶间与厨房有连通的门、窗、洞口。

7. 气瓶间未设置可燃气体浓度报警装置，未使用防爆型电器设备，开关安装在室内。

8. 燃气管道明设时，距离热源较近或敷设在灶具正上方。

9. 擅自更改燃气管道线路。

10. 燃气管线、连接软管、灶具老化，生锈，超出使用年限，未定期检测维护。

二、三类场所风险隐患

（一）居住场所

1. 在走廊、楼道、地下室等公共区域使用液化石油气罐生火做饭。

2. 生火做饭、烧水和使用微波炉期间无人看守，外出时未关火断气。

3. 空调、电风扇、饮水机、电热水器、照明灯具、电脑、插座等电气设备超负荷使用、超年限使用，以及长时间通电、不断电。

4. 使用电驱蚊器、电热毯、电热器、“小太阳”等电器设备驱蚊、取暖；将衣物、鞋袜放置在电暖器、“小太阳”等取暖设备上或周边烘烤。

5. 电线、移动式插座在被褥上或周边拉设、放置；电吹风、卷发棒、电熨斗使用后未冷却直接放在衣物、床面等可燃物上。

6. 楼道、阳台、窗外、床铺下堆积存放衣物、纸张、报刊、书籍等易燃可燃物品，以及存放汽油、烟花爆竹、大量酒精等易燃易爆物品。

7. 燃气灶具、液化石油气罐质量不合格及软管、阀门等配件老化脱落引发气体泄漏。

8. 室内为电动车及其蓄电池充电，或将带有蓄电池的电动车停放在室内。

9. 集体宿舍内使用液化石油气罐、电磁炉、电饭煲、微波炉、热得快等生火做饭、热饭、热水。

10. 出租房屋要按照《北京市房屋租赁管理若干规定》和《村民宅基地出租房消防安全管理导则（试行）》等法律规定，落实房东和租户的安全责任，并以签订合同合约、承诺书、保证书等方式作出具体的明确。

（二）办公场所

1. 电脑、打印机、传真机、扫描机、照明、网络路由器、空调、空气净化器、微波炉、饮水机等电器设备超负荷使用、超年限使用以及下班不断电，长时间通电使用。

2. 移动式插座长距离串接，插座负荷与所供电器设备功率不匹配。

3. 使用电热坐垫、“小太阳”、加热器、加湿器、风扇等电器设备，增加场所用电负荷。

4. 办公用纸大量堆积存放，废弃纸张随意丢弃。

5. 人员工作岗位或办公座位调整频繁，电气线路多次拉设、挤压易出现绝缘层破损漏电，固定插座松动等情况。

6. 纸张、报刊、书籍等易燃、可燃材料距离电气设备较近或与之直接接触。

（三）餐厅厨房

1. 厨房油烟道、烤炉内油渍堆积过多，清洗不干净或未按照规定及时清洗，遇有做饭明火或高温烟气引发火灾。

2. 厨房做饭油锅过热，干锅、油质溢出锅外等做饭操作不当；动火做饭期间人员离开。

3. 蒸箱、烤箱、微波炉、搅拌机、绞肉机等大功率电器长时间运行或故障发热等情况。

4. 排风机、抽油烟机等电器设备油渍、灰尘附着，长时间高负荷使用，设备老化快易发生电气故障。

5. 冷库、冷藏室内采用易燃材料作为保温装饰材料，电气线路直接敷设或穿越保温材料，且电气线路常年通电运行，损耗较大，老化较快，故障率较高易引发火灾。

6. 燃气控制阀门损坏漏气，生火做饭结束后未及时关闭燃气所有控制阀门。

7. 超量储存油料等易燃、可燃材料。

8. 燃气表间燃气泄漏，遇明火发生爆炸；餐厅、食堂内电子显示屏超负荷使用、超年限使用以及长时间通电。

三、特定场所风险隐患

下列特定场所在存在上述三种行为和三类场所风险隐患的同时，还存在以下风险隐患。

（一）学校教育场所

1. 教学楼、体育馆、礼堂、游泳馆、俱乐部等学生活动场所内使用的音响、投影仪、空调、冬季辅助加热器等电器设备超负荷使用、超年限使用，以及长时间通电，使用后未断电。

2. 实验室、危化品仓库等未按规定贮存实验用剂，实验用剂混存，相互反应起火爆炸；危化品库房未采用防爆灯。

3. 实验时违反操作规程等行为。

4. 图书馆内电气线路、电子阅览设备、固定插座、移动式插座等通电物品与书籍、报纸、杂志、书柜等易燃可燃物品直接接触或距离较近。

5. 学生宿舍大量使用热得快大功率电器等，学生卧床吸烟和在床上使用台灯、蜡烛看书等行为。

6. 学生宿舍断电后未关闭用电设备电源。

（二）文物古建

1. 焚香、觐香、点蜡、长明灯区周边堆放杂物，与其他区域未做有效隔离，或将焚香、觐香、点蜡、长明灯器具直接放置在可燃易燃物上。

2. 文物建筑被居民占用，在文物木质本体结构中，使用明火做饭的行为。

3. 游客或工作人员携带打火机、火柴、香烟进入古建内，烟头、火柴梗未全部熄灭。

4. 照明、展览背景灯光长时间通电，超年限使用，未进行及时更换和检查。

5. 电气线路未穿管保护，直接敷设在文物木质结构本体上。

6. 文物修缮使用电气焊、防水修护等明火作业行为。

7. 文物建筑内使用卤钨灯等高温照明灯具和电炉等电加热器具。

（三）医疗养老机构

1. 医疗用电设备长时间通电或超负荷、超年限使用易发生电气故障。

2. 医用易燃、易爆药剂受到阳光辐射、周边热辐射发生自燃；医用蓄电池故障或蓄电池充电故障现象。

3. 高压氧仓内电气线路和设备未定期维护保养、出入人员未采取防静电措施、日常设备消毒清洗管理不当等；供氧设备设施管理使用不当，供氧线路与电气线路混敷等情况，易引发火灾。

4. 中草药库内的中草药未定期检查晾干，易发潮、发热引发自燃。

5. 医疗实验室、制药室、供氧站内未按规定剂量贮存乙醇、甲醇、丙酮、苯等易燃化学试剂，实验时违反操作规定等行为。

6. 药品未按照其化学性质、特点分类储存，在日晒、高温、遇潮、相互作用等情况下发生自燃、氧化放热等情况。

7. 病房区供病人使用的微波炉、热水器长时间使用。

（四）商场市场

1. 在经营区、库房区设置员工宿舍或值班宿舍，俗称“三合一”现象。

2. 设置的店铺前店后库，店铺存货间内使用电磁炉、热水器、微波炉、咖啡机、电饭煲等电器；在存货间内为电池充电；货物摆放较多且与照明灯、内部敷设的电气线路距离近或直接接触。

3. 儿童游乐场、游艺场所内设置的使用蓄电池驱动的游戏机、骑行（乘坐）玩具等娱乐设施，蓄电池短路、充电等故障情况直接引燃外部包裹或装饰的可燃材料。

4. 设置的培训、早教等机构，房间采用泡沫、海绵等易燃材料装饰，遇明火或房间内电气故障极易引发火灾。

5. 冷库、冷藏室内采用易燃材料作为保温装饰材料，电气线路存在直接敷设或穿越保温材料，且电气线路常年运行，损耗较大，老化较快，故障率较高，极易引发火灾。

6. 节庆、店庆等活动期间的临时装饰物（氢气球、易燃可燃物挂件、仿真圣诞树等）直接布置在电气线路、高温电器设备等处，易引发火灾。

7. 外卖骑手在店铺内为电动自行车蓄电池充电；商场内大量安装

广告 LED 屏、霓虹灯和灯箱等，缺乏管理、年久失修易引发火灾；在橱窗和柜台内安装大量的照明灯具，私拉乱接电气线路、违规使用插线板、超负荷用电等，易引发火灾。

（五）宾馆饭店

1. 布草间内堆放大量换洗被褥，床单、毛巾等易燃可燃生活用品，与照明灯具距离过近；保洁人员在布草间内吸烟、为手机充电、使用存放电饭煲、热得快、热水器、咖啡机等情况易引发火灾。

2. 洗衣房内洗衣机长时间高负荷运行，洗衣机供电线路上覆盖或近距离接触待洗被褥；高温蒸洗的床单、被褥堆放时可能发生阴燃。

3. 客人酒后卧床吸烟，手机、充电宝、游戏机、电脑等电子产品长时间充电等情况易引发火灾。

4. 客房、走道的地毯、墙面采用易燃、可燃材料装饰，遇未灭烟头、电气线路故障易引发火灾。

5. 冷库、冷藏室内采用易燃材料作为保温装饰材料，电气线路存在直接敷设或穿越保温材料，且电气线路常年运行，损耗较大，老化较快，故障率较高易引发火灾。

6. 设置的会议厅，承办会议、婚庆、公司年会等活动，增加用电设备，增大用电负荷，造成电气线路高负荷过热和故障引发火灾。

（六）公共娱乐场所

1. 灯光、音响等用电设备较多，功率较大，有的灯具表面温度可达 500℃～700℃，与幕布、背景等可燃材料靠近和接触极易引发火灾。

2. 场所内包间、走道、墙壁、座椅采用泡沫、海绵、毛毯、木板等易燃可燃材料装饰，遇明火或电气故障引发火灾。

3. 客人举办庆祝活动点蜡烛、采用特殊灯光易引燃周边可燃物；节庆、店庆等活动期间的临时装饰物（氢气球、易燃可燃物挂件、圣诞树等）直接布置在电气线路、高温电器设备等处，易引发火灾。

4. 娱乐设施长时间通电运行，临时增加大功率用电设备等行为，易引发火灾。

5. 空气清新剂、杀虫剂等储存不当，在高温作用下易发生爆炸。

6. 物品库房内超量存放高度酒、易燃可燃物品，因管理不当、电气故障或贴近灯具高温部位易引发火灾。

（七）易燃易爆场所

1. 未采用防爆型电器设备，违规设置移动照明灯具。

2. 易产生静电的生产设备和装置未设置导除静电设施。

3. 携带火种进入易燃易爆场所，遗留或弥散的危险物品或粉尘未及时清理。

4. 动火、设备检修、临时用电等作业管理不规范；进入的人、车、物未落实防静电、防车辆高温尾气等措施或落实不到位。

5. 未按操作规程改装或修理，导致机械火星、摩擦生热、电火花和静电放电产生明火。

6. 易燃易爆物品未设置专用库房、货场或其他专用储存设施，未根据化学性质或不同的灭火方法进行分类、分项、分库储存。

（八）厂房库房

1. 厂房、库房焊割作业时周边易燃可燃物未清理，焊割设备故障、焊割易燃易爆设备或装置等行为。

2. 机械设施缺乏维护保养、供油系统故障导致摩擦发热；厂房内烘烤设备不严密、烘烤物距火源近、超过额度温度运行等行为；厂房冷却系统、压力系统故障，新出高温产品直接接触易燃可燃材料。

3. 人、车、物进入存有甲、乙类易燃易爆厂房、库房时未做防静电、车辆尾气未做防护处理等情况，易因静电产生火花、车辆尾气火种或高温烟气引发火灾爆炸。

4. 厂房、库房内生产原料、货物未按照其化学性质、特点分类储存，在日晒、高温、遇潮等情况下发生自燃、氧化放热等情况，或者相互反应引发火灾。

5. 专用冷库内采用易燃材料作为保温装饰材料，电气线路直接敷设或穿越保温材料，且电气线路常年运行，损耗较大，老化较快，故障率较高，极易引发火灾。

6. 厂房、库房内电瓶铲车、装卸车停放和充电。

7. 库房内堆放物品与照明灯具之间距离较近。

（九）施工现场

1. 切割、焊接、防水施工等明火作业未清理作业点及其周边和下方易燃、可燃杂物，未封堵周边孔洞。

2. 钢筋、板材切割、加工、压缩等作业未清理作业点及其周边易燃、可燃杂物。

3. 动火、动焊与铺设保温材料等交叉作业。

4. 乙炔、汽油等易燃易爆物品未设置专库存放，未单独分类存储，因存储环境发生化学反应引发火灾。

5. 物料堆场遇外来火源或人员吸烟等遗留火种引发火灾。

6. 在施建筑内违规设置库房存放易燃、可燃材料，施工现场调配油漆、稀料等行为。

7. 民工宿舍使用“小太阳”、电暖气、电磁炉等电器设备取暖、做饭以及烘干衣物；手机、充电宝等电器产品无人看管充电或放置在被褥上充电；未使用安全电压，电气线路未穿管保护。

（十）垃圾和废品回收场所

1. 办公，住宿，垃圾、废品加工分类、处理、贮存等在同一建筑或空间内，“人货混居”，俗称“三合一”现象。

2. 使用液化石油气、电磁炉、碳烤火炉、废旧可燃材料等生活做饭、取暖。

3. 以焚烧的方式处理垃圾、废品等行为。

4. 收集的燃放后烟花爆竹等垃圾可能未完全熄灭，存在复燃等情况。

5. 可燃易燃垃圾、废品长期大量堆积通风不畅发生阴燃；废品中夹杂的打火机、蓄电池等物品高温辐射、自身故障引发火灾。

6. 使用明火烧毁电线塑料绝缘层、电器设备获取金属导线、物质，以及使用乙炔、氧气进行废品切割等加工、处理的行为。

7. 电气线路乱接乱拉，未做穿管保护，直接穿越、搭设在易燃可燃废品堆垛上或距离堆垛过近。

8. 照明灯具较多且长期使用，距离废品距离过近；室外电气线路风吹日晒、碾压、老鼠啃咬破损漏电、短路故障；露天废品堆垛遇烟头、焊渣等外来火源。

（十一）轨道交通

1. 防排烟系统、空调系统、照明系统、FAS 系统、BAS 系统等系统的电器设备及配电线路过热、过载、短路等。

2. 蓄电池、变电站中的电器元件及配电线路以及铁轨电位接地电缆等过载、过热、短路等故障易引发火灾。

3. 车辆在停车场段检修期间，动火作业或者喷漆作业操作不当；停车场段内维修车、装卸车等车辆的停放和充电。

4. 停车场段和车站内易燃易爆物品未设置专库存放，为单独分类存储，因存储温度、湿度、通风等环境影响发生化学反应引发火灾。易燃易爆危险品品质变化、包装破损、渗漏、稳定剂短缺等情况。

5. 车站及停车场段的值班室、宿舍区、设备间、地面管理区等部位堆积的可燃物，由于外界火源引燃发生火灾，如自动扶梯内油污毛絮被烟头引燃、地面风亭及冷塔周边落叶被火源引燃等。

6. 乘客、员工在站台卫生间吸烟，随意丢弃烟头引燃垃圾等。

7. 乘客运行地铁上利用充电宝长时间给手机充电易引发火灾。

8. 运营车站内为电动自行车及其蓄电池充电，乘客携带有蓄电池的电动车乘坐地铁易引发火灾。

9. 运营车站内使用热得快、微波炉、电暖气等大功率电器易引发火灾。

10. 运营车站内广告灯箱和 LED 屏等，年久维护不及时易引发火灾。

北京市教育委员会
北京市应急管理局
北京市消防救援总队
北京市市场监督管理局

关于组织开展全市幼儿园安全隐患专项清理整治行动的通知

京教勤〔2019〕23号

各区教委、应急管理局、消防救援支队、市场（食药）监督管理局：

按照《昨日市情》特刊第205期陈吉宁市长指示精神和市政府督查室第264号督查通知单工作要求，为进一步落实“防风险保平安迎大庆”工作部署，消除幼儿园安全隐患，确保全市幼儿园安全，市教委、市应急管理局、市消防救援总队、市市场监督管理局决定自即日起至5月底，在全市范围内开展幼儿园安全隐患专项清理整治行动，现将有关事项通知如下：

一、专项清理整治对象

各类幼儿园（点）

二、专项清理整治重点内容

（一）安全主体责任落实。重点排查各类幼儿园安全主体责任落实、安全制度落实、安全机构设置、安全管理责任划分、安全管理措施落实、安全保卫管理等情况。

（二）用电安全情况。重点排查电气线路敷设、电器设备使用管理、大功率电器使用管理、电动自行车存放和充电管理情况。

（三）消防安全落实情况。重点排查消防中控室管理、制度落实和专人值守情况；消防设施器材配置及消防设施、电气设施检测、维护保养情况；可燃物堆积情况；消防通道使用管理情况；“三合一”场所使用管理情况。

（四）视频监控安全管理情况。重点排查幼儿园公共活动区域内视频监控全覆盖情况、视频监控专人管理情况、视频监控保留期限（不少于30天）等。

（五）应急演练情况。重点排查应急预案和应急疏散演练等情况。

（六）食品和饮用水安全情况。重点排查食品经营全过程控制情况；餐饮具清洗消毒、食品留样、饮用水安全等管理制度落实情况；从业人员持健康体检证明上岗情况；晨午检卫生制度落实情况；家长与学校的信息沟通情况；集中用餐陪餐落实情况；食品安全自查和隐患排查落实情况；“阳光餐饮”工程建设落实情况；学校食品安全风险清单和应急预案落实情况。

（七）矛盾隐患排查情况。重点排查各类幼儿园（点）重点人管理、矛盾纠纷解决情况和劳务用工使用管理情况等。

（八）其他安全情况。排查幼儿园可能存在的其他各类安全隐患。

三、专项清理整治工作安排

（一）各类幼儿园开展自查。请各类幼儿园（点）按照《通知》要求开展自查，梳理问题，建立台账清单，及时逐项解决。

（二）区级开展工作检查。各区教委按照《通知》要求，充分发挥学前教育专职督查队伍作用，主动会同区应急、消防救援、市场监管等部门组织开展幼儿园安全隐患专项工作排查，及时发现、消除各类安全隐患。

（三）市级开展工作督导抽查。5月20日后，市教委将会同市应急管理局、市消防救援总队、市市场监督管理局等有关部门，对各区、各类幼儿园（点）开展的专项清理整治行动开展工作抽查。

（四）报告工作开展情况。各区将每所幼儿园形成的隐患排查整治报告汇总齐全。同时，各区教委在自查和检查基础上，形成幼儿园安全隐患专项清理整治行动工作总结。以上两项材料于5月25日前报送市教委。

四、工作要求

（一）思想高度重视。各单位要清醒认识幼儿园安全隐患专项清理整治行动的重要性和艰巨性，充分认识幼儿园面临的严峻形势，切实增强责任意识，从严从紧从实抓好幼儿园安全隐患专项清理整治工作落实。

（二）务求整治实效。各幼儿园（点）要根据八项整治内容，自查自改存在的隐患问题，确保安全。对排查出的问题隐患建立台账分类整治，能立即整改的就地整改，不能立即整改的明确整改时限和责任人限时整改，确保问题归零。对不符合办学条件且整改不力的坚决关停并妥善做好幼儿分流入园工作。

（三）加强联合执法力度。各级相关部门要加大联合检查和执法力度，形成整治合力。各级教育、应急、消防救援、市场监管等部门要依照各自职责，建立定期信息沟通和联合执法机制，互相通报专项行动工作进展情况，有针对性的采取措施，合力推进专项检查行动。

（四）加强应急处置演练。各幼儿园（点）要根据实际修订应急处置预案，与所在小区物业、属地消防救援队（站）建立联动机制，定期组织安全消防和突发事件应急处置演练，提高突发事件处置能力水平。

（五）广泛开展宣传教育。各单位要采取微信微博公众号推送、板报橱窗宣传、致家长信、横幅标语、漫画故事等方式广泛宣传安全和应急知识，强化幼儿园师生安全意识，普及安全常识，提升安全应急能力。

2019年5月14日

北 京 市 教 育 委 员 会
北 京 市 公 安 局
北 京 市 交 通 委 员 会
北 京 市 卫 生 健 康 委 员 会
北 京 市 应 急 管 理 局
北 京 市 市 场 监 督 管 理 局
北京市城市管理综合行政执法局
北 京 市 消 防 救 援 总 队

关于印发《北京市中小学幼儿园校园安全联合检查工作方案》的通知

京教勤〔2019〕24 号

各区教委、区公安分局、区交通委、区卫生健康委、区应急管理局、区市场监督管理局、区城管执法局、区消防救援支队：

为贯彻落实《中共中央办公厅关于统筹规范督查检查考核工作的通知》《市委办公厅关于统筹规范督查检查考核工作的若干措施》精神和市领导指示要求，加强对校园安全检查工作的统筹，建立校园安全联合检查制度，避免发生检查工作名目繁多、频率过高、多头重复等问题，形成相关部门分工明确、任务清晰、协调一致、齐抓共管的校园及周边安全联合检查的格局。结合本市实际，市教委会同市公安局、市交通委、市卫生健康委、市应急管理局、市市场监督管理局、市城管执法局、市消防救援总队制定了《北京市中小学幼儿园校园安全联合检查工作方案》，现印发给你们，请认真贯彻落实。

2019 年 5 月 15 日

北京市中小学幼儿园
校园安全联合检查工作方案

为贯彻落实《中共中央办公厅关于统筹规范督查检查考核工作的通知》《市委办公厅关于统筹规范督查检查考核工作的若干措施》精神和市领导指示要求，加强对校园安全检查工作的统筹，建立校园安全联合检查制度，避免发生检查工作名目繁多、频率过高、多头重复等问题，形成相关部门分工明确、任务清晰、协调一致、齐抓共管的校园及周边安全联合检查的格局。特制定本方案。

一、检查组组成

在市政府统一领导下，由分管副市长、副秘书长带队，市教委、市公安局、市交通委、市卫生健康委、市应急管理局、市市场监督管理局、市城管执法局、市消防救援总队等部门共同参加，组成校园安全联合检查组，区级参照市级相应建立区级检查组。

二、检查范围及时间

在春、秋季开学前后，对各区教育主管部门及所属中小学幼儿园，开展安全工作联合检查。遇有特殊需要，涉及的相关部门要协同联动，开展相应检查工作。

三、检查内容

“平安校园”建设，校园治安，校园防火，校园交通安全，安全生产，安全教育，校园及周边治安和交通综合治理，校园及周边食品安全，学校实验室危险化学品使用安全，防治中小学生欺凌和暴力，扫黑除恶专项斗争情况，安全隐患排查整治和矛盾排查调处情况，应急管理和突发事件处置，卫生防疫及传染病防控等工作落实情况。

四、市、区、校安全检查职责任务

（一）市级抽查。市级检查组采取“四不两直”方式，以实地检查、核查资料、问询访谈为主，对区教育行政部门及所属学校进行随机抽查。

（二）区级普查。区领导带队对区教委及所属中小学幼儿园进行抽查，区教委对所属中小学幼儿园做到全覆盖式检查。

（三）学校自查。各中小学幼儿园要结合自身实际，根据本方案提出具体内容，研究制定本校隐患排查实施方案，全面开展自查，做到全覆盖、无死角。

五、职责分工

（一）市教委

负责检查学校日常安全管理、安全宣传教育培训、预防学生欺凌、扫黑除恶专项斗争、在校就餐浪费、矛盾排查调处，突发事件处置等方面工作。

（二）市公安局

1. 内保局

负责检查学校校园治安、校园及周边治安综合治理、重点人员排查、保安及相关人员背景审查、高峰勤务落实情况等方面工作。

2. 交管局

负责检查学校校园交通安全制度落实、校园周边交通综合治理等方面工作。

（三）市交通委

负责督促、协调各区交通行政主管部门和属地街乡镇，做好学校校园及周边交通综合治理等方面工作。

（四）市卫生健康委

负责检查学校饮水安全、传染性疾病防控等方面工作。

（五）市应急管理局

负责督促指导做好学校安全管理和应急管理方面检查工作。

（六）市市场监督管理局

负责检查学校食堂，校园周边食品销售和餐饮服务单位，为学校和培训机构供餐的送餐企业食品安全相关方面工作。

（七）市城管执法局

负责检查校园周边环境卫生、违法建设、违法占路、商户占道经营等方面工作。

（八）市消防救援总队

负责督促指导做好学校校园防火、消防安全宣传教育培训、消防设备设施、制度及应急疏散预案等方面工作。

六、工作要求

各单位要按照分工认真履行职责，牢固树立隐患就是事故的意识，将检查工作做细做实，确保校园安全联合检查工作取得成效。针对检查中发现的问题，各单位统一汇总到市教委，由市教委下发整改通知书，督促整改并在系统内进行通报，对重大安全隐患有关部门要现场执法，严格处罚。

北京市教育委员会

关于印发《教育系统贯彻落实〈进一步加强首都养犬管理工作方案〉实施方案》的通知

京教勤〔2019〕25 号

各区教委，各高校，有关直属单位：

现将《教育系统贯彻落实〈进一步加强首都养犬管理工作方案〉

实施方案》印发给你们，请认真遵照执行。

2019年5月30日

教育系统贯彻落实《进一步加强首都养犬管理工作方案》实施方案

近日，本市有学校发生流浪犬在校园咬伤学生事件。根据2019年2月20日市养犬管理工作联席会议、5月10日全市养犬管理工作部署会议和《北京市养犬管理工作联席会议办公室关于印发进一步加强首都养犬管理工作方案的通知》（犬管字〔2019〕4号）精神，为进一步加强依法文明养犬的宣传教育，切实保护师生健康安全，结合首都教育系统实际，特制定如下实施方案。

一、指导思想

坚持以习近平新时代中国特色社会主义思想为指导，深入贯彻落实党的十九大精神、全国和全市教育大会精神，以服务保障新中国成立70周年庆祝活动等安保任务为主线，认真落实市委、市政府总体部署，全面推进“平安校园”建设，夯实安全工作基础，深化安全教育和管理，确保教育系统安全稳定。

二、工作目标

按照《北京市养犬管理工作联席会议办公室关于印发进一步加强首都养犬管管理工作方案的通知》（犬管字〔2019〕4号）要求，进一步规范全市养犬管理工作，以强化宣传教育与加强执法处罚相统一、各部门综合施策与社会力量广泛参与相结合、完善法制建设与科技信息化应用为保障。从维护首都社会安全稳定和谐的高度出发，切实保障师生健康安全，确保校园内不发生犬只伤害师生事件。

三、工作内容

（一）加强依法文明养犬的宣传教育

各区、各学校要发挥学校教育主阵地作用，通过校内广播、宣传栏、板报等多种形式持续加强对文明规范养犬、养犬法律法规及狂犬病防治知识等内容的宣传教育，教育师生不要对流浪犬喂食，以防引来其他流浪犬进入校园，给师生健康安全带来隐患。提高师生依法规范养犬、文明养犬意识，积极营造依法文明养犬的社会氛围。

（二）加强校园安全管理

以“平安校园”建设为总抓手，各区、各学校进一步明确校园中禁止养犬，中小学幼儿园严格落实封闭式管理，校园内有家属区的高校要严禁教职工及家属进入教学区遛狗。同时加大安保人员巡逻和值守力度，发现流浪犬进入校园要及时向属地公安部门报告，做到随发现、随报告、随处理。

（三）加大校园安全督查检查力度

各区、各学校要将规范校园犬只管理工作纳入校园安全检查和隐患排查工作中，进一步加强校园安全检查和隐患排查力度，严防流浪犬从各种途径进入校园。市教委将规范校内犬只管理工作纳入校园安全督查、检查中，适时开展抽查。

四、工作要求

（一）提高认识，加强领导

各单位要进一步提高政治站位，坚持首善标准，将加强养犬管理工作与“平安校园”建设、扫黑除恶专项斗争等工作有机结合，明确分管领导和主责部门，加强对此项工作的领导。将服务保障新中国成立70周年庆祝活动等安保任务作为首要政治任务，牢固树立底线思维和红线意识，切实维护好师生安全，保障教育系统安全稳定。

（二）周密部署，狠抓落实

各单位要按照全市统一部署及本方案要求，研究制定本区、本校工作方案，明确职责，细化分工，加强组织，专人负责。创新工作方法，完善工作措施，狠抓工作落实，确保工作取得实效。各单位要加强与属地公安治安部门联系，主动开展工作，形成工作合力。市养犬管理工作联席会议办公室已将养犬管理工作纳入“平安北京”建设工作考核。

（三）加强宣传，营造氛围

各单位要结合自身实际和工作需求，充分利用广播、板报、宣传栏、班队会等多种形式，广泛进行宣传教育，营造浓厚氛围。开展多渠道、多层次、多形式的宣传教育，提高广大师生依法、文明养犬意识。

北京市教育委员会

关于开展2019年“应急宣传进万家”和“安全生产月”活动的通知

京教勤〔2019〕30号

各区教委，各高等学校，市教委直属单位：

根据北京市突发事件应急委员会办公室、安全生产委员会办公室《关于印发2019年北京市“应急宣传进万家”系列活动工作方案的通知》（京应急办发〔2019〕6号）和教育部办公厅《关于开展2019年教育系统“安全生产月”和“安全生产万里行”活动的通知》（教发厅函〔2019〕65号）要求，市教委决定在全市教育系统开展2019年“应急宣传进万家”和“安全生产月”活动。现将有关事项通知如下：

一、指导思想

以习近平新时代中国特色社会主义思想为指导，深入贯彻党的十九大和十九届二中、三中全会精神，落实习近平总书记关于安全生产工作的重要思想和党中央、国务院、市委、市政府关于安全生产工作的重大决策部署，牢固树立风险管理和安全发展理念，弘扬生命至上、安全第一的思想，以危险化学品安全为重点，以“防风险、除隐患、遏事故”为主题，通过开展宣教教育活动，着力提升师生校园安全意识和素质，促进校园安全水平稳步提升，安全形势持续好转，有效防范和遏制校园重特大事故发生，为庆祝建国70周年营造良好的校园安全环境。

二、主要内容

（一）开展校园安全主题宣讲活动。发挥各区教委和各级各类学校宣传阵地的作用，以师生喜闻乐见的方式，积极开展形式多样、内容丰富的“校园安全大讲堂”“安全形势公开课”“平安校园”等宣讲活动，推动党中央、国务院、市委、市政府关于安全生产工作的系列决策部署和重要指示精神进学校。组织召开校园安全专题讲座、座谈会以及举办安全诊断等活动；组织安全负责人、安全员以志愿服务的方式向广大师生员工以“微课程”形式大力宣传安全生产法律法规和知识技能，面对面交流安全管理心得体会。

（二）开展全国安全宣传咨询日活动。6月16日是全国安全生产宣传咨询日，各区教委和各级各类学校要鼓励广大师生积极参与有关部门组织的安全生产宣传咨询日活动，要充分发挥学生社团及志愿者作用，在学校内发放宣传品，开展演讲比赛、知识竞赛等活动，用通俗易懂的方式为广大师生提供学校安全生产规章制度和校园安全常识的咨询服务。

（三）开展重点领域安全专项整治。持续组织《电气火灾综合治理》《消防安全隐患攻坚整治行动》《火灾风险隐患三自活动》《防风险保平安迎大庆消防安全检查专项行动》等活动，切实加强对校内重大危险源、人员密集场所、“三合一”场所和高风险出租房、高层建筑、有限空间、地下空间及其他消防重点部位的消防安全管理，提高学校发现和消除电气火灾隐患的能力。持续开展危险化学品安全专项整治，重点开展对剧毒、易制毒、易制爆试剂采购、储存、使用、废弃物处置等环节的专项整治。

（四）开展应急方案预案的专题演练活动。各区教委和各级各类学校要坚持贴近实战、注重实效的原则，按照《高等学校消防安全管理规定》《中小学幼儿园应急疏散演练指南》等文件要求，开展多部门、多层次参与的联合安全应急演练活动，通过演练优化应急预案，完善应急准备。在演练中强调标准化、规范化的操作，提高演练的针对性和科学性，防止在演练中发生安全事故。

（五）开展安全警示教育活动。各区教委和各级各类学校要因地制宜，剖析预防溺水、交通安全、校车安全、食品安全、消防安全、拥挤踩踏、学生欺凌、电信诈骗、网络沉迷等校园安全典型事故案例；组织观看相关安全警示教育片、警示教育展；举行安全教育大讨论，开设安全科普专栏，播放安全提示等。深刻吸取教训，不断完善措施，防范类似事故发生。鼓励师生员工主动走进安全应急教育体验馆，以更加直观的体验式教育提升自身的应急意识和安全素养。

三、工作要求

（一）提高认识，严密部署。各单位要强化“四个意识”，充分认识到开展“应急宣传进万家”和“安全生产月”对普及安全知识、强化安全意识、提升安全素质、营造安全氛围所起到的重要作用，要加强活动的组织领导，科学谋划，明确责任，狠抓落实，切实有效地推进此次活动的开展；要及时制定活动方案，认真动员部署，真正将活动做实、做细、落到实处。

（二）搞好统筹，注重实效。各单位要加强活动的统筹力度，做到安全管理工作与业务工作和阶段性重点工作同谋划、同部署、同督导、同落实。要在总结以往活动经验的基础上，努力创新活动方式和宣传形式，提高活动的针对性和有效性。要紧紧围绕活动主题，坚持贴近实际、贴近生活、贴近师生，增强活动的趣味性、吸引力和感染力，营造浓厚的活动氛围，扎实深入开展工作。

（三）及时总结，按时报送。各单位要加强对活动的信息跟踪，掌握相关动态，认真做好活动有关文字、影音资料的收集整理工作。请各区教委、高校、直属单位 6 月 18 日前报送联络员推荐表（见附件 1），6 月份每周四 18:00 时报送本周活动开展的视频、图片和文字等电子版材料。7 月 2 日前报送活动总结（包括活动图片、文字材料等）

和统计表（见附件 2）。

附件：1.“安全生产月”活动联络员推荐表（略）

2.“安全生产月”活动活动情况统计表（略）

2019 年 6 月 13 日

北京市教育委员会
北京市公安局
北京市交通委员会

关于印发《2019 年北京市中小学校周边交通综合治理工作方案》的通知

京教勤〔2019〕31 号

各区教委、交通行政主管部门、公安交通支队、公安分局内保部门：

根据市政府交通综合治理整体部署，为进一步落实市教委、市公安局、市交通委联合制定的《中小学校周边交通综合治理工作方案》，推进学校周边交通综合治理取得实效，市教委、市公安局、市交通委共同制定了《2019 年北京市中小学校周边交通综合治理工作方案》（以下简称《方案》），现印发给你们，请遵照执行，并按以下要求报送相关工作进展情况：

1. 请各区教委于 7 月 10 日前，以电子邮件方式将以下材料报市教委：各区教委（含燕山）“一区一案”治理方案；本文附件所列学校“一校一策”工作方案；除城六区外每区 2 所试点校的名单及两校“一校一策”工作方案。

2. 请各区教委于8月、10月、12月每月1日前，以电子邮件方式将前两个月本区学校周边交通综合治理进展情况报市教委。12月30日前，报送全年工作总结。

附件：1. 2019年北京市中小学校周边交通综合治理工作方案

2. 2019年校园周边交通综合治理试点校（共18校）

3. 城六区拥堵排名前30名学校

2019年7月2日

附件1

2019年北京市中小学校周边交通综合治理工作方案

为贯彻市政府关于加强学校周边交通综合治理整体部署，落实市交通综合治理领导小组第五次会议精神和领导小组办公室《关于进一步加强学校医院周边交通综合治理工作的通知》（京交综治办函〔2019〕3号）工作安排，深入推进实施市教委、市公安局、市交通委关于《中小学校周边交通综合治理工作方案》，结合工作实际，制定本工作方案。

一、扩大重点治理范围

（一）在首批城五区每区1所试点学校的基础上，东城、西城、朝阳、海淀、丰台每区再增加2所学校，石景山增加3所学校，作为2019年城六区学校周边交通综合治理试点学校（共18所，学校名单见附件2）。其他区（含燕山）由各区选择2所学校作为本区交通综合治理试点学校。

（二）将市交通综合治理领导小组办公室对全市中小学校交通监测中拥堵排名前30的学校，作为2019年学校周边交通综合治理的重点学校（学校名单见附件3），列为市政府重点督查对象。

二、工作任务安排

（一）工作部署（6月上旬）

由市教委牵头会同市交通委、市公安交管局联合召开2019年全市中小学校周边交通综合治理工作会议，专题部署综合治理工作。

（二）制定落实方案（6月中旬至下旬）

1. 各区教委督促指导本区堵点学校，开展学生出行方式调查，统计分析步行、乘坐公交、私家车接送等上下学的学生数量和占比，形成基础数据台账，在对基础数据和交通拥堵情况科学分析的基础上，“一区一案”“一校一策”制定完善堵点学校周边交通综合治理工作实施方案，并将需要解决的问题上报属地街乡镇，由各街乡镇组织属地有关部门，按照分工各负其责，共同落实学校周边交通综合治理相关工作。

2. 各区交通综合治理领导小组要指导各街乡镇，对学校周边交通拥堵情况开展排查，列出堵点清单，制定有效措施。

（三）组织实施（6月至11月）

1. 落实各区属地责任

各区要统筹发挥本区交通综合治理领导体制机制作用，加强组织领导，压实区属各部门、各街乡镇属地责任，针对区域内堵点学校的特点和需求，按照“街乡吹哨、部门报到”工作原则，组织属地教育、公安、交通、城管等部门形成治理合力，扎实推进学校周边交通综合治理工作。

2. 发挥学校主体作用

各区教委要督促指导学校发挥自身教育优势，各校校长要认真落实《中小学校周边交通综合治理工作方案》相关任务要求，进一步转变观念，从立德树人的角度，推行绿色出行。采取重点加强学生公德教育、加强学生日常行为规范管理、加强对家长的交通文明引导教育、鼓励有条件的学校实行错峰上下学、完善义务教育阶段就近入学、加强校门值班管理、坚持小黄帽路队制等措施，切实将学生上下学交通出行组织工作做实做细，对学生和家长宣传教育深入到位。

3. 整治交通秩序

各区交通、交管部门要加强学校周边停车管理。协调学校周边停车设施与学校共享，科学合理规范机动车临时停放和自行车、电动自行车等非机动车的停放，禁止机动车和非机动车在学校门前随意占道停车。

4. 加大执法力度

各区交管部门要结合学校交通实际，加大执法管控力度，通过采取定点值守和巡逻管控相结合的方式，重点治理学校门前车辆乱停乱放，严格交通执法。

5. 完善交通设施

各区交通、交管部门要结合具体情况，完善下列交通设施：一是在学校门前施划黄色网格线；二是在学校门前道路设置过街人行横道线；三是在有条件的学校门前道路研究设置单行线；四是在学校门前安装摄像头进行违法停车抓拍；五是对学校门前道路进行限速，并在醒目位置设置限速、禁鸣、禁停、注意行人等交通标识标志。

（四）督查考核（12 月）

各区各部门要加强对学校周边交通综合治理工作的督促检查。各区交通综合治理领导小组要按照“一校一策”的工作内容及时组织检查，并对治理效果进行评估，开展考核，形成“双月报告”和“年度报告”，报送市交通综合治理领导小组办公室。今年，市政府督查室已将学校周边交通综合治理工作纳入市政府专项督查考核。市教委将按照《中小学校周边交通综合治理工作方案》要求，督促检查各项工作落实情况，并按照本方案工作任务安排对各单位、各区政府落实情况进行督查考评。

三、工作要求

（一）加强组织领导

各区交通综合治理领导小组要充分发挥协调、督促、检查作用，明确责任部门和责任人。各街乡镇负责具体组织实施，细化工作方案，完善工作架构。

（二）加强工作统筹

各区有关部门要加强政策研究，跟进检查指导，推动工作有效开展。各区教委要指导做好《中小学校周边交通综合治理工作方案》落实工作。各区交通部门要指导做好交通设施和停车管理工作。各区公安交管部门要指导做好学校周边交通组织和交通违法行为处罚工作。

（三）健全长效机制

各区按照党建引领“街乡吹哨、部门报到”改革实施方案和加强城市精细化管理工作的意见，充分发挥党建引领作用，用好各方力量，落实精治共治法制要求，不断提高学校周边交通综合治理水平，增强学生安全感和群众获得感。

（四）抓好典型推广

各区各部门在全面推进中小学校周边交通综合治理工作的基础上，要重点组织开展好试点工作，不断总结典型经验，通过召开工作推进会、现场会、观摩会、经验交流会等形式，加以推广运用。

附件 2

2019 年校园周边交通综合治理试点校

（共 18 校）

行政区	校名	试点批次
东城	北京市汇文第一小学	第一批
	东城区史家胡同小学	第二批
	北京市第二中学	第二批
西城	北京小学天宁寺分校	第一批
	北京第一实验小学	第二批
	北京市第十五中学	第二批

续表

行政区	校名	试点批次
朝阳	朝阳区芳草地国际学校	第一批
	北京市日坛中学初中部	第二批
	北京市陈经纶中学珠江帝景分校	第二批
海淀	海淀区教师进修学院附属实验学校	第一批
	北京中法实验学校（小学）	第二批
	海淀区翠微小学	第二批
丰台	丰台区第五小学	第一批
	北京小学万年花城分校	第二批
	北京教育学院附属丰台实验学校	第二批
石景山	石景山区爱乐实验小学	第二批
	石景山区实验中学	第二批
	北京景山学校远洋分校	第二批

附件 3

城六区拥堵排名前 30 名学校

排名	学校名称	所属	交通指数
1	北京市第二中学	东城区	6.61
2	北京小学本部	西城区	6.54
3	石景山区师范学校附属小学	石景山区	6.23

续表 1

排名	学校名称	所属	交通指数
4	北京教育学院附属丰台实验学校	丰台区	5.76
5	北京文汇中学	东城区	5.67
6	北京市日坛中学初中部	朝阳区	5.45
7	石景山区金顶街第二小学	石景山区	5.44
8	东城区史家胡同小学	东城区	5.40
9	北京教育学院附属海淀实验小学	海淀区	5.39
10	西城区五路通小学	西城区	5.37
11	北京第一实验小学	西城区	5.26
12	石景山区外语实验小学	石景山区	5.14
13	北京市京源学校小学部	石景山区	5.13
14	北京景山学校远洋分校	石景山区	5.11
15	海淀区翠微小学	海淀区	5.00
16	朝阳外国语学校小学部	朝阳区	4.95
17	石景山区实验中学	石景山区	4.94
18	石景山区实验小学	石景山区	4.93
19	北京陈经纶中学嘉铭分校	朝阳区	4.91
20	海淀区五一小学	海淀区	4.86
21	丰台区看丹小学	丰台区	4.81
22	海淀区中关村第三小学	海淀区	4.79
23	石景山区古城第二小学	石景山区	4.76
24	中国人民大学附属中学实验小学	海淀区	4.72

续表 2

排名	学校名称	所属	交通指数
25	朝阳区芳草地国际学校	朝阳区	4.71
26	北京中法实验学校（小学）	海淀区	4.71
27	北京景山学校	东城区	4.69
28	北京市京源学校莲石湖分校	石景山区	4.68
29	海淀区中关村第一小学	海淀区	4.65
30	丰台区第二中学	丰台区	4.59

北京市教育委员会
北京市市场监督管理局
北京市卫生健康委员会

关于切实做好学校食品安全和传染病防控工作的通知

京教勤〔2019〕34 号

各区教委、市场监管局、卫生健康委，各普通高等学校、中等职业学校，各学生餐配送企业：

上半年以来，各区各部门、各级各类学校高度重视学校食品安全和传染病防控工作，积极主动作为，密切联防联控，有力维护了学校良好的教育教学秩序。秋季正值全市各级各类学校开学，首都大事多，喜事多，社会关注度高。为进一步落实学校食品安全和传染病防控主体责任，切实做好学校食品安全监管和传染病防控工作，保障广大师生的身体健康和生命安全。现将有关事宜通知如下：

一、对象范围

全市范围内各级各类学校食堂、为学校供餐的集体用餐配送单位、校园周边餐饮单位和食品流通环节（含食品市场）、学校生活饮用水及传染病防控等方面。

二、职责分工

请教育行政部门、市场监管部门和卫生健康部门按照《中华人民共和国食品安全法》和三部委联合下发的《学校食品安全与营养健康管理规定》（45号令）有关要求，在各自的职责范围内开展学校食品安全和传染病防控监管指导工作。

（一）教育行政部门职责

指导和督促学校建立健全食品安全与营养健康相关管理制度，将学校食品安全与营养健康管理工作作为学校落实安全风险防控职责、推进健康教育的重要内容，加强评价考核；指导、监督学校加强食品安全教育和日常管理，降低食品安全风险，及时消除食品安全隐患，提升营养健康水平，积极协助相关部门开展工作。

（二）市场监管部门职责

加强学校集中用餐食品安全监督管理，依法查处涉及学校的食品安全违法行为；掌握学校食堂和学生餐配送企业具体情况，及时向教育部门通报学校食品安全相关信息；对学校食堂食品安全管理人员进行抽查考核，指导学校做好食品安全管理和宣传教育；依法会同有关部门开展学校食品安全事故调查处理。

（三）卫生健康部门职责

组织开展校园食品安全风险和营养健康监测，对学校提供营养指导，倡导健康饮食理念，根据学校需求开展营养健康专业人员培训；指导学校开展食源性疾病预防和营养健康的知识教育，依法开展诺如病毒等传染病疫情防控处置工作；组织医疗机构救治因学校食品安全事故导致人身伤害的人员。

三、重点内容

（一）各级各类学校食堂

各区教育行政部门、各级各类学校要严格按照职责要求，对照食品安全状况自查自评制度，全面梳理学校食品安全管理薄弱环节，全力防控食品安全风险。

1. 学校要切实履行食品安全主体责任，严格落实食品安全校长（园长）负责制；建立科学完备的学校食品安全责任体系；将食品安全作为学校安全工作的重要内容；定期组织开展风险隐患排查；建立食品安全管理机构，配备食品安全专（兼）职管理人员；加大从业人员培训力度。

2. 学校要建立健全食品安全管理制度和责任制度；食品安全管理制度要符合《食品安全法》《学校食品安全与营养健康管理规定》（部令第 45 号）等食品安全法律法规的规定；要明确每个岗位的食品安全责任和要求；建立健全食品安全事故应急处置预案并及时更新。

3. 学校食堂要持有有效的食品经营许可证；按要求悬挂或摆放；不得出现转让、涂改、出借、出租等行为；不出现超范围经营或违规经营现象。

4. 学校食堂要建立从业人员健康管理制度和健康档案；接触直接入口食品的操作人员 100% 具有健康体检证明；按要求进行年度体检和岗前体检；在岗从业人员的个人卫生符合要求，严格落实每日晨检等食品安全管理制度；从业人员必须在食品安全培训考核合格后方能上岗，加工制作行为符合规范。

5. 学校食堂所用食品原材料要来源于正规渠道；按要求进行进货登记，按要求索取供应商相应资质和票据，建立原材料进货和使用台账；严格检查购入原材料的感官性状和保质期；食堂食品安全追溯体系运转情况正常。

6. 学校食堂的食品加工场所内外环境要保持整洁；配备老鼠、蟑螂、苍蝇和其他病媒生物防治设置；配备足够的通风和排烟装置；操作间台面和地面保持清洁；配备与就餐人数相匹配的设备设施；冷藏冷冻、加热保温、清洗消毒等设施设备正常运转；有维修保养和清洗消毒记录；食堂要建立安全保卫制度，重要区域的安全保卫措施落实到位。

7. 学校食堂加工过程使用的容器、工用具和冷藏设施要做到生熟分开，避免交叉污染；严禁使用腐败变质和过期食品加工餐食的行为；学校食堂不得违规加工四季豆、发芽土豆等高风险食品，不得违规制作冷食类、生食类菜品；严格按要求进行食品留样。

8. 学校食堂分餐和备餐操作要有专用的操作间或操作区域；配备专人进行分餐备餐操作；待分餐或备餐的食品能够保持操作规范要求的温度。

9. 学校食堂要按照餐用具数量配备足够的消毒设施；清洗消毒过程和消毒液配比符合操作规范要求；按要求使用物理方法消毒餐具；消毒后的餐具有专门的区域或设施存放。

10. 学校食堂要将证照信息、量化分级信息、主要原材料进货信息在用餐区域显著位置进行公示；后厨加工制作的重点部位和关键环节能够通过透明橱窗或视频监控进行展示；视频监控和展示设备正常运转；符合“阳光餐饮”工程建设标准，确保100%落实达标。

11. 学校要建立畅通有效的家校沟通渠道和工作机制；中小学、幼儿园要建立并落实集中用餐陪餐制度，每餐有学校相关负责人与学生共同用餐，并做好陪餐记录；鼓励有条件的中小学、幼儿园建立家长陪餐制度。

（二）为学校供餐的集体用餐配送单位

各区市场监管部门要落实属地监管责任，掌握辖区内为学校供餐的集体用餐配送单位供餐和配送情况，督促学生餐配送企业严格落实食品安全主体责任，确保学生外送餐食品安全。

1. 学校要健全校外供餐管理制度；优先选择餐饮服务食品安全量化等级A级3星的供餐企业，对集体用餐配送单位提供的食品随机进行外观查验和必要检验；定期对集体用餐配送单位的食品安全状况进行核验；需要现场分餐的，要建立分餐管理制度，分餐环境做到卫生整洁。学校及时对达不到要求的校外供餐单位进行更换并将相关信息报告属地教育行政部门和市场监管部门。

2. 学生集体用餐配送单位要持有有效的食品经营许可证；严禁转让、涂改、出借、出租等行为；严禁超范围经营或违规经营行为；严禁转包或者二次分包等行为。

3. 学生集体用餐配送单位所用食品原材料要来源于正规渠道；按要求进行进货登记，按要求索取供应商相应资质和票据，建立原材料进货和使用台账；感官性状正常并处于保质期内。

4. 学生集体用餐配送单位的食品加工场所内外环境要保持整洁；配备老鼠、蟑螂、苍蝇和其他病媒生物防治设置；配备足够的通风和排烟装置；操作间台面和地面保持清洁；加工数量与加工能力相匹配。

5. 学生集体用餐配送单位加工过程使用的容器、工用具和冷藏设施要做到生熟分开，避免交叉污染；严禁使用腐败变质和过期食品加工餐食的行为；不得违规加工四季豆、发芽土豆等高风险食品；严格按要求进行食品留样。

6. 学生集体用餐配送单位要在专用的分餐间内进行分餐操作；分餐间内空调和空气消毒装置运转正常；分餐间内有加热或保温设施保证待分餐食品的温度。

7. 学生集体用餐配送单位要按照餐用具数量配备足够的消毒设施；清洗消毒过程和消毒液配比符合操作规范要求；按要求使用物理方法消毒学生餐具；消毒后的餐具有专门的区域或设施存放；消毒设备定期进行维护保养并有记录。

8. 学生集体用餐配送单位要记录每日学生餐配送信息；配送车辆符合食品配送要求；定期清洗消毒并如实记录；能满足运输过程中食品的温度控制；配送时间和配送距离符合操作规范要求。

（三）校园周边食品经营单位

各区市场监管部门要加大对校园周边餐饮服务单位、食品销售单位以及食品市场的检查力度，切实准确掌握底数，彻底消除校园周边食品安全风险隐患。

1. 校园周边餐饮单位的食品经营和餐饮服务许可资质情况、从业人员健康状况、原材料进货查验情况、食品加工制作过程、冷食类和生食类食品制作条件以及食品库房使用等情况要符合要求。

2. 严格落实食品经营者主体责任，校园周边儿童食品销售者资质、从业人员健康管理、经营过程控制、进货查验结果、食品贮存、标签和说明书等要符合规定。

3. 针对销售“辣条”类“五毛食品”、冷冻饮品、自制饮品及其他类儿童食品的小超市、小食杂店、批发市场、零售市场进行重点检查，并将预包装奶茶、冷冻饮品、糕点、肉制品等容易出现问题和社会关注度较高的产品纳入抽检范围。

4. 经营自制饮品，必须在专用操作场所内制作，不得使用、添加非食品原料，严格落实原材料的进货查验，原材料及成品的贮存要符合环境、温度等要求。奶茶、果蔬汁等饮品的公示信息和广告宣传内容应当真实合法，不得存在虚假内容。

（四）学校生活饮用水

各级各类学校要严格落实生活饮用水管理主体责任，各区卫生健康部门要对属地学校饮用水情况进行监督检查，确保学校不发生生活饮用水污染事故。

1. 学校要建立饮用水卫生管理制度，制定饮用水污染事故和水源性传染病应急处理预案。

2. 学校供管水人员每年必须按要求进行健康体检。

3. 远郊区实行自备井供水的学校要取得生活饮用水卫生许可证并由专人负责管理。

4. 学校供学生使用的饮水设备必须持有有效的涉及饮用水卫生安全产品的卫生许可批准文件。饮水设备的卫生管理符合《学校及托幼机构饮水设备使用维护规范》（DB11/ T1497–2017）的有关要求。

5. 学校要定期对生活饮用水水质进行检测。

（五）校园内传染病防控

1. 各区卫生健康部门要做好校园内诺如病毒等传染病的防控指导工作，及时发布风险提示和宣传信息，强化疫情监测预警与处置。当出现疑似传染病疫情时，负责组织开展流行病学调查工作，及时反馈突发事件采样检测信息，做好传染病疫情控制和技术指导。各区卫生健康、教育部门要健全工作机制，加强对传染病防控的定期督导、定期会商、定期通报和信息共享，每学期至少开展一次联合督导、一次疫情会商或通报。

2. 各区教育行政部门要督促各级各类学校加强学生就餐的卫生防控，配合卫生健康部门开展诺如病毒等传染病的防控工作。要将传染病日常防控工作纳入学校整体管理体系，建立动态考核机制。准确掌握辖区内学校的文艺表演、队列彩排、集中演练等活动的信息，与辖区卫生健康部门共同制定大型活动保障期间传染病应对措施、并督促落实。

3. 各区市场监管部门要全面加强学校食堂后厨及用餐环境的监督检查，要求学校食堂和送餐企业严格落实从业人员健康检查和每日晨午检制度，防控诺如病毒经食物传播的风险。

4. 学校要建立传染病防控工作网络，成立工作领导小组，强化校（园）长是传染病防控工作第一责任人意识，明确主管领导和疫情责任报告人，并按照相关要求配备相应数量的校（园）医。

5. 学校要健全工作制度，建立健全传染病和突发公共卫生事件应急预案，制定并落实日常通风消毒制度、免疫规划管理制度、晨午检和因病缺课登记、追访制度、传染病监测和疫情报告制度、复课证明查验制度，定期开展传染病防治知识培训和健康教育，掌握呕吐物处置等应急处置技能。

6. 学校要建立学校食堂从业人员健康监测制度，一旦出现腹泻、发热、呕吐等症状，应立即脱离工作岗位，待查明病因、排除有碍食品卫生的病症或治愈后，方可重新上岗。

7. 学校要建立保洁人员岗前培训制度，配置一定数量的消毒剂、消毒器械和必要的防护用品，指导保洁人员掌握正确使用方法。

四、相关要求

（一）要切实提高思想认识。秋季是学校食品安全和传染病风险高发的重要敏感时期，学校食品安全和传染病防控工作容不得有丝毫闪失和懈怠。各区各部门、各级各类学校要切实提高思想认识，充分认识做好学校食品安全和传染病防控工作的极端重要性，紧密结合当前首都的形势任务和各项要求，进一步强化红线意识和底线思维，切实把校园食品安全和传染病防控工作作为一项重大的政治任务来抓，真正把思想和行动统一到以习近平同志为核心的党中央决策部署上来，严密防控学校食品安全和传染病风险，确保不发生重大校园食品安全和公共卫生责任事故。

（二）要切实加强组织领导。各区各部门、各级各类学校要按照首善标准要求，切实加强组织领导，坚持“党政同责、一岗双责，权责一致、齐抓共管，失职追责、尽职免责”原则，按照工作分工和职责要求，严格落实学校食品安全和传染病防控主体责任、教育行政部门的管理责任、市场监管和卫生健康等部门的监管责任，压紧压实责任链条，确保学校食品安全和传染病防控工作各项要求落到实处。要加强工作的沟通协调，建立顺畅高效的联合工作机制，合力排查学校食品安全和传染病防控风险隐患，及时发现并解决存在的问题。

（三）要切实强化督促检查。各区教委、市场监管局、卫生健康委要按照各自职责，对各级各类学校食堂、为学校供餐的集体用餐配送单位、校园周边餐饮单位和食品流通环节、学校生活饮用水、传染病防控等开展监督检查，确保属地检查对象全覆盖。市级层面的联合检查和分组督查工作将结合 2019 年全市教育系统校园安全和秋季开学工作大检查一并组织进行，同时根据实际情况，采取“四不两直”的方式，对学校食品安全和传染病防控工作开展情况进行抽查检查，进一步推动工作落实。

2019 年 8 月 24 日

北京市教育委员会

关于做好2019—2020学年度校方责任保险及附加无过失责任保险工作的通知

京教函〔2019〕502号

各区教委，各中等专业学校：

为贯彻落实《国务院办公厅关于加强中小学幼儿园安全风险防控体系建设的意见》（国办发〔2017〕35号）、《教育部 财政部 中国保险监督管理委员会关于推行校方责任保险完善校园伤害事故风险管理机制的通知》（教体艺〔2008〕2号）、《教育部等五部门关于完善安全事故处理机制维护学校教育教学秩序的意见》（教政法〔2019〕11号）、《北京市中小学生人身伤害事故预防与处理条例》和《北京市中小学校幼儿园安全管理规定（试行）》有关要求，进一步加强学校风险管理，现将2019—2020学年度校方责任保险及附加无过失责任保险工作有关事项通知如下：

经公开招标，2018—2021学年度校方责任保险及附加无过失责任保险由中国人民财产保险股份有限公司（以下简称“人保财险”）和中国太平洋财产保险股份有限公司（以下简称“太平洋财险”）承保。其中东城区、朝阳区、丰台区、石景山区、门头沟区、房山区、顺义区、延庆区及中等专业学校由人保财险承保；西城区、海淀区、通州区、昌平区、大兴区、平谷区、怀柔区、密云区、燕山地区由太平洋财险承保。

一、投保程序

（一）中小学、幼儿园投保校方责任保险所需材料

1. 区教委所属中小学、幼儿园

（1）加盖区教委公章的区教委所辖中小学、幼儿园校方责任保险名册（在册学生人数截止到9月30日）；

（2）投保单（加盖区教委公章）；

（3）区教委与确定的承保机构签订的协议书（一式4份）；

（4）保费（5元/生）。

2. 经各区教委批准办学的社会力量举办的中小学、幼儿园

（1）加盖学校公章的中小学、幼儿园校方责任保险名册（在册学生人数截止到9月30日）；

（2）投保单（加盖学校公章）；

（3）学校与确定的承保机构签订的协议书（一式4份）；

（4）保费（5元/生）。

（二）中小学投保附加无过失责任保险所需材料

1. 区教委所属中小学

（1）加盖区教委公章的区教委所辖中小学附加无过失责任保险名册（在册学生人数截止到9月30日）；

（2）投保单（加盖区教委公章）；

（3）区教委与确定的承保机构签订的协议书（一式4份）；

（4）保费（5元/生）。

2. 经各区教委批准办学的社会力量举办的中小学

（1）加盖学校公章的中小学附加无过失责任保险名册（在册学生人数截止到9月30日）；

（2）投保单（加盖学校公章）；

（3）学校与确定的承保机构签订的协议书（一式4份）；

（4）保费（5元/生）。

（三）中等专业学校投保校方责任保险及附加无过失责任保险所需材料

（1）加盖学校公章的北京市中等专业学校校方责任保险名册（在

册学生人数截止到9月30日）；

（2）投保单（加盖学校公章）；

（3）学校与确定的承保机构签订的协议书（一式4份）；

（4）保费（校方责任保险5元/生，附加无过失责任保险5元/生）。

二、有关事项

（一）按照市教委、市财政局《关于调整北京市基础教育公用经费定额标准的通知》（京财教育〔2015〕2044号）规定，区教委所辖中小学、幼儿园校方责任保险及附加无过失责任保险费用在基础教育公用经费中列支，由各区教委负责统一支付。

（二）中等专业学校保险费用由中等专业学校承担。经各区教委批准办学的社会力量举办的中小学、幼儿园，保险费用由举办者承担。

（三）按照《政府采购法》等有关法律规定，各区教委、各中等专业学校和经各区教委批准办学的社会力量举办的中小学、幼儿园在协议期内应与负责本区、本学校中标的承保机构签订校方责任保险及附加无过失责任保险协议并及时投保。

三、工作要求

（一）投保校方责任保险及附加无过失责任保险是完善校园风险防控体系、保障学校及学生合法权益的一项重要措施，是落实《北京市中小学校幼儿园安全管理规定（试行）》的一项重要内容。各区教委、中等专业学校、中小学和幼儿园要进一步加强对此项工作的领导，明确部门职责，加强监督，严肃纪律，认真组织好投保工作，及时总结工作经验和分析存在的问题，不断提高服务保障水平。

（二）各区教委、各中等专业学校要进一步加强对校方责任保险的宣传，宣讲校方责任保险的目的意义，解读校方责任保险的政策条款，让每所学校都知晓校方责任保险及附加无过失责任保险，进一步增强学校的责任意识、风险防范意识和保险意识，会合理利用保险手段化解办学风险。

（三）各区教委、中等专业学校、中小学和幼儿园要坚持积极预防的原则，进一步落实校园安全管理责任，加强平安校园建设，有效预防学生人身伤害事故的发生；进一步加强对学生的安全教育，不断提升安全教育的针对性和有效性，切实提高学生的安全意识和防范能力。

（四）为及时有效发挥校方责任保险及附加无过失责任保险的作用，保障学校和学生合法权益，各区教委、各学校要确保按时足额缴纳保费，原则上应在10月31日前完成本区、本校校方责任保险及附加无过失责任保险的投保工作。

（五）各区教委应在投保工作结束后，认真总结本区工作开展情况，就本区已投保学校数量（含社会力量办学）、学生数量、投保金额，未投保学校情况（含社会力量办学）及原因分析，政策宣传覆盖情况，典型案例及分析，问题建议等内容，形成总结分析报告。于11月10日前，报送北京学校后勤事务中心。

2019年9月26日

北京市教育委员会

关于印发《致全市中小学生家长的一封信》的通知

京教函〔2019〕698号

各区教委：

寒假即将来临，节庆活动相对集中，同时受低温、雨雪、冰冻等天气影响，诱发安全事故的因素增多，为加强中小学生寒假期间的安全教育，让广大中小学生度过一个安全、充实而有意义的假期，提醒家长认真履行好监护人责任，教育督促孩子做好安全防范工作，现将《致全市中小学生家长的一封信》印发给你们，请于寒假前发放至每一位中小学生家长手中。

附件：致全市中小学生家长的一封信

2019 年 12 月 30 日

致全市中小学生家长的一封信

尊敬的家长朋友：

您好！

寒假将至，新春佳节即将来临。在此，北京市教委向您及家人致以新春的祝愿，并对过去一年您对我们工作的理解支持表示衷心的感谢！

孩子是国家的希望、民族的未来，孩子的健康安全涉及千万家庭的幸福安宁，也关系全市教育系统和全社会的和谐稳定。保障孩子们健康成长是我们共同的目标和责任。9 月 1 日，市政府施行《北京市中小学校幼儿园安全管理规定（试行）》（详见 http://jw.beijing.gov.cn/xxgk/fgwj/201912/t20191205_866816.html），是我市适应教育安全工作新形势、新情况、新要求，全面加强校园安全管理的一项重要举措，体现了市委、市政府对学校安全工作的重视和对学生健康安全的关心，将对学校安全工作的规范化管理起到重要的促进作用。同时《规定》也强调了家长对孩子的依法监护责任，加强对孩子良好品德和行为习惯的养成教育，希望各位家长给予关注。寒假即将来临，节庆活动相对集中，同时受低温、雨雪、冰冻等天气影响，诱发安全事故的因素增多，为了让孩子度过一个安全、充实而有意义的假期，希望家长积极发挥好孩子“第一任老师”作用，认真履行好监护人责任，教育督促孩子做好安全防范工作：

一、遵守交通法规，自觉抵制交通违法行为，不闯红灯、不翻越隔离栏，不乘坐非法运营车辆，未满12周岁不骑自行车上路，未满16周岁不驾驶电动车上路，行走或骑车时不看手机，不在马路边或停放的车辆周围玩耍、打闹。

二、注意防火安全，不玩火、不携带火种进山，不在野外点燃火种，在家注意用电、用气安全，熟悉家电使用方法，以防触电和煤气中毒。发现火情及时报警或报告大人，牢记各种报警和急救电话，在发生意外时能及时获取紧急救助。

三、注意饮食安全，规律、合理膳食，不暴饮暴食。不吃变质食品，防止病从口入、食物中毒。养成良好的卫生习惯，预防肠道寄生虫病的传播和其他流行病毒传染。

四、树立环保意识，保护环境、爱护蓝天，不在禁放区燃放，不违反限放规定，尽量不燃放烟花爆竹，如燃放烟花爆竹应在家长看护下燃放，注意安全、防止受伤。

五、注意外出活动安全，节假日期间游人较多，要注意远离人员密集场所，避免拥挤和踩踏事件发生。遵纪守法，不出入网吧、游戏厅等禁止未成年人进入的场所。

亲爱的家长朋友，安全无小事，做好学生安全工作离不开学校、家庭、社会和政府的共同努力，让我们携起手来，在孩子的心中筑牢一道安全防线，共同呵护孩子们健康快乐成长。

最后，祝您及家人新春愉快、幸福平安！

2019年12月30日

合作交流

北京市教育委员会

转发教育部等六部门关于印发普通高等学校招收和培养香港特别行政区、澳门特别行政区及台湾地区学生的规定文件的通知

京教外〔2019〕3号

各市属高校，北京教育考试院：

现将教育部、公安部、财政部、人力资源社会保障部、国务院台湾事务办公室、国务院港澳事务办公室《关于印发〈普通高等学校招收和培养香港特别行政区、澳门特别行政区及台湾地区学生的规定〉的通知》（教港澳台〔2016〕96号）转发给你们，请遵照执行。

2019年2月13日

教　　　育　　　部
公　　　安　　　部
财　　　政　　　部
人力资源社会保障部
国务院台湾事务办公室
国务院港澳事务办公室

关于印发《普通高等学校招收和培养香港特别行政区、澳门特别行政区及台湾地区学生的规定》的通知

教港澳台〔2016〕96号

各省、自治区、直辖市教育厅（教委）、公安厅（局）、财政厅（局）、人力资源社会保障厅（局）、港澳事务办公室、台湾事务办公室，教育部直属各高等学校：

为进一步促进内地（祖国大陆）与香港特别行政区、澳门特别行政区以及台湾地区（以下简称港澳台）高等教育交流与合作，规范内地（祖国大陆）普通高等学校对港澳台学生的招生、教学、生活管理和服务，保证培养质量，保障港澳台学生合法权益，根据国家相关法律法规，在1999年发布的《关于普通高等学校招收和培养香港特别行政区、澳门地区及台湾省学生的暂行规定》基础上，制定《普通高等学校招收和培养香港特别行政区、澳门特别行政区及台湾地区学生的规定》，现印发给你们，请遵照执行。

2016年10月12日

普通高等学校招收和培养香港特别行政区、澳门特别行政区及台湾地区学生的规定

第一章　总则

第一条　为进一步促进内地（祖国大陆）与香港特别行政区、澳门特别行政区以及台湾地区（以下简称港澳台）高等教育交流与合作，规范内地（祖国大陆）普通高等学校对港澳台学生的招生、教学、生活管理和服务，保证培养质量，依法维护港澳台学生合法权益，根据国家相关法律法规，制定本规定。

第二条　内地（祖国大陆）普通高等学校招收和培养港澳台学生工作适用本规定。

本规定所称普通高等学校（以下简称高校），是指内地（祖国大陆）实施专科以上学历教育的高等学校和经批准承担研究生教育任务的科研机构。

本规定所称港澳台学生，是指报考或入读高校的具有香港或澳门居民身份证和《港澳居民来往内地通行证》的学生，或具有在台湾居住的有效身份证明和《台湾居民来往大陆通行证》的学生。

第三条　高校和相关部门应当坚持“保证质量、一视同仁、适当照顾”的原则，按照内地（祖国大陆）法律法规和国家政策招收、培养、管理和服务港澳台学生。

第四条　教育部按照国家有关法律法规，统筹管理高校招收和培养港澳台学生工作。其职责是：

（一）制定招收和培养港澳台学生政策、规章；

（二）指导和监督高校招收、培养港澳台学生工作，举办高校联合招收港澳台学生考试；

（三）统筹涉及港澳台学生相关事务。

第五条 国务院港澳事务办公室、国务院台湾事务办公室、公安部等部门按照各自职责，参与港澳台学生招收、培养、管理和服务工作。

第六条 省级教育行政部门、教育招生考试机构负责本行政区域内港澳台学生招收、培养、管理和服务工作。其职责是：

（一）贯彻执行国家关于招收、培养港澳台学生政策和管理规定，建立健全本行政区域内港澳台学生招收、培养、管理和服务制度；

（二）监督、评估本行政区域内高校招收和培养港澳台学生工作；

（三）协调本行政区域内港澳台学生其他相关事务。

第七条 招收港澳台学生的高校应当完善培养、管理和服务机制，明确港澳台学生管理机构，归口统筹，建立健全学校相关规章制度。

第八条 中央或省级财政安排财政补助，用于开展对港澳台学生的招生、培养、管理、服务等工作。

第二章 招生

第九条 高校可以在国家下达的招生计划之外，根据自身办学条件，自主确定招收港澳台学生的数量或比例。高校应当将招生情况报教育部备案。

第十条 教育部设立高校联合招收港澳台学生办公室，组织联合招生宣传考试和录取相关工作。

第十一条 高校应主动开展港澳台学生招生宣传工作，及时公开本校招生信息，确保信息真实、有效。

第十二条 符合报考条件的港澳台学生，通过面向港澳台地区的联合招生考试；或者参加内地（祖国大陆）统一高考、研究生招生考试合格；或者通过香港中学文凭考试、台湾地区学科能力测试等统一考试达到同等高校入学标准；或者通过教育部批准的其他入学方式，经内地（祖国大陆）高校录取，取得入学资格。

第十三条　对未达到本科录取条件但经过一定阶段培养可以达到入学要求的港澳台学生，高校可以按相关要求招收为预科生。预科生学习满一年经学校考核合格后，可转为本科生。

高校招收预科生的条件和标准，应当报省级教育行政部门备案。高校可自行招收港澳台进修生、交换生和旁听生。

第十四条　已获得大专以上学历或在内地（祖国大陆）以外的大学就读本科专业的港澳台学生，可向内地（祖国大陆）高校申请插入就读与原所学专业相同或相近的本科课程，试读一年。试读期满，经所在试读学校考核合格，可转为正式本科生，并升入高一年级就读，报学校所在省级教育行政部门备案。

第三章　培养

第十五条　高校应保证港澳台学生的培养质量，将港澳台学生教学纳入学校总体教学计划。港澳台学生应与内地（祖国大陆）学生执行统一的毕业标准。

第十六条　对港澳台学生教学事务应趋同内地（祖国大陆）学生，由高校指定部门归口管理。在保证相同教学质量前提下，高校应根据港澳台学生学力情况和心理、文化特点，开设特色课程，有针对性地组织和开展教学工作。政治课和军训课学分可以其他国情类课程学分替代。

第十七条　高校应对港澳台学生开展入学教育，帮助其适应生活环境和学业要求。

第十八条　高校可为港澳台学生适应学业安排课业辅导。

第十九条　高校应当按照教学计划组织港澳台学生参加教学实习和社会实践，适当考虑港澳台学生特点和需求。

第二十条　高校根据有关规定为港澳台学生颁发毕业证书（结业证书、肄业证书）或者写实性学业证明，为符合学位授予条件的港澳台学生颁发学位证书。

第二十一条　国家为港澳台学生设立专项奖学金，地方政府、高校、企事业单位、社会团体及其他组织和公民个人可依法设立面向港澳台学生的奖学金和助学金。

第四章　管理和服务

第二十二条　高校应当制定、完善港澳台学生校内管理的各项规章制度，将港澳台学生的管理和服务纳入本校学生工作整体框架，统一规划部署，统筹实施。根据实际情况配置港澳台学生辅导员岗位，加强管理人员队伍的培训。

港澳台学生应当遵守法律、法规和学校的规章制度。

第二十三条　高校应根据有关规定，按时为港澳台学生注册学籍，统一管理学籍。港澳台学生转专业、转学、退学、休学、复学等事宜应参照内地（祖国大陆）学生的相关规定。

第二十四条　高校应当为港澳台学生建立档案，妥善保管其报考、入学申请及在校期间学习、科研、奖惩等情况资料。

第二十五条　高校应当按照国家有关规定向港澳台学生收取学费及其他费用。高校应公开本校收费项目和标准，对港澳台学生执行与内地（祖国大陆）同类学生相同的收费标准。

第二十六条　高校参照内地（祖国大陆）学生相关政策批准成立、指导和管理港澳台学生社团，并为其活动提供便利。鼓励港澳台学生参加学校学生组织、社团，参与各类积极健康的学生活动，引导港澳台学生与内地（祖国大陆）学生交流融合。

第二十七条　高校应参照内地（祖国大陆）学生的相关政策，为港澳台学生在学期间参加勤工助学、志愿服务、创新创业活动提供服务。

第二十八条　高校应当为港澳台学生提供必要生活服务。港澳台学生与内地（祖国大陆）学生同等住宿条件下，住宿费标准应当一致。高校应当建立健全港澳台学生校内外居住管理制度，按照有关规定做好居住登记手续。

第二十九条　在内地（祖国大陆）就读的港澳台学生与内地（祖

国大陆）学生执行同等医疗保障政策，按规定参加高校所在地城镇居民基本医疗保险并享受有关待遇。

第三十条 高校应做好港澳台学生的就业指导工作，完善就业信息渠道建设，提供就业便利。

第三十一条 高校应做好港澳台校友工作，完善工作机制，推进校友组织建设和发展。

第三十二条 高校制定并完善本校港澳台学生突发事件的应急预案。

第三十三条 对在招收培养港澳台学生过程中出现违法违规行为的高校，主管教育行政部门应当责令其限期改正，对于情节严重、造成恶劣影响的，依据国家有关规定追究有关负责人的责任。

第五章 附则

第三十四条 本规定由教育部负责解释。

第三十五条 本规定自发布之日起施行。《关于高校招收和培养香港特别行政区、澳门地区及台湾省学生的暂行规定》（教外港〔1999〕22号）同时废止。

北京市教育委员会

关于做好2019年国家建设高水平大学公派研究生项目等选拔工作的通知

京教函〔2019〕65号

各有关单位：

2019年国家建设高水平大学研究生项目、艺术类人才特别培养项目等受理工作即将开始，为保障选拔工作顺利进行，现就北京市教育委员会受理的有关项目通知如下：

一、主要项目

1. 国家建设高水平大学研究生项目

2. 艺术类人才特别培养项目

3. 国家区域问题研究及外语高层次人才培养项目

4. 国际组织人才培养项目

5. 国外合作项目

6. 与有关国家互换奖学金项目

二、各项目网上报名及受理材料时间

1. 国家建设高水平大学研究生项目网上报名时间：2019年3月10日—31日；受理材料时间：2019年4月2日前。

2. 艺术类人才特别培养项目网上报名时间：2019年3月20日—4月5日；受理材料时间：2019年4月8日前。

3. 国家区域问题研究及外语高层次人才培养项目网上报名时间：2019年3月20日—30日；受理材料时间：2019年4月1日前。

4. 国际组织人才培养项目（国际组织实习项目）

（1）国际组织实习项目中通过单位或个人渠道联系国际组织派出的申请人可随时登录国家公派留学信息管理系统进行网上报名，各单位将申请人材料按项目要求整理好后随时提交。

（2）国家留学基金委与有关国际组织合作项目：按照各个项目的时间要求进行网上报名和提交材料。

5. 国外合作项目和与有关国家互换奖学金项目：按照各个项目的时间要求进行网上报名和提交材料。

三、工作要求

1. 请各推选单位按各项目要求认真审核申请人的申报条件，对申请人进行政治把关，对其综合素质、发展潜力、国际交流能力、品德修养、身心健康情况等方面进行严格审核并在《出国留学申请单位推荐意见表》中出具有针对性的推荐意见。

2. 请各单位做好宣传、指导、咨询工作，并按照各项目受理材料时间提交申请材料。

提示：今年国家建设高水平大学研究生项目通过“所在单位或个人合作渠道”赴国外高校或科研院所攻读博士学位人员，不提供学费资助。

3. 请各单位提醒申请人在各项目报名期间登录国家公派留学信息管理系统（http://apply.csc.edu.cn）进行网上报名并提交纸质材料。

四、文件查阅

2019 年国家留学基金资助出国留学人员各项目选派办法

可登录国家留学基金委网（http://www.csc.edu.cn）查阅。

2019 年 2 月 22 日

中共北京市委教育工作委员会
北 京 市 教 育 委 员 会
北 京 市 财 政 局

关于对教学科研人员出国经费进行分类管理的通知

京教外〔2019〕27 号

有关市属高校，科研院所：

为更好地服务北京国际交往中心和科技创新中心建设发展的新要求，结合我市工作实际，我市将对教育领域有关市属高校和科研院所教学科研人员的出国经费进行分类管理，单独列示，相关因公出国（境）费用不纳入“三公”经费统计范围。

一、适用对象范围

北京教育系统通过市政府外办联审纳入教学科研人员管理的高校和科研单位的教学科研人员执行学术交流任务的出国团组。

学术交流合作主要包括开展教育教学活动、科学研究、学术访问、出席重要国际学术会议及执行国际学术组织履职任务等。

教学科研人员包括：从事教学科研工作的人员（含离退休返聘人员），其中“双肩挑”人员需非担任正职校级领导职务。如有特殊情况，经市教委、市财政局批准，也可予以支持。

二、实施分类管理

（一）对我市高校和科研院所的科研人员因承担科研任务而支出

的出国经费进行分类管理，相关因公出国（境）费用不纳入“三公”经费统计范围，不受零增长限制，不按“三公”经费管理。

（二）对教学人员承担教育教学任务而支出的出国经费进行分类管理，不纳入“三公”经费统计范围，不受零增长限制，不按“三公”经费管理。

三、落实管理要求

（一）主体明确、权责统一。高等学校和科研院所应对本单位教学科研人员因公出国（境）工作严格把关，单位法人（校长）负主要责任。单位应根据外办批准的教学科研人员赴国外执行学术交流任务的团组情况，确定教学科研人员出国经费额度，纳入教学科研经费预算。

（二）规范管理、区别对待。高等学校和科研院所申报预算时，教学科研人员出国开展学术交流要与其他性质的出访有所区别，并单独标注。在经济分类科目选择时，教学人员出国经费，需选择“教学类出国（境）费用”科目；科研人员出国经费，需选择“科研类出国（境）费用”科目；一般因公出国需选择“因公出国（境）费用”科目。

（三）绩效优先、服务大局。高等学校和科研院所应切实加强教学科研人员出国开展学术交流合作经费的预算管理，结合单位实际，确定教学科研任务，制定相应教学科研项目管理办法，落实教学科研人员执行因公临时出国经费先行审核制度，由高等学校和科研院所经费审批部门和任务审批部门实行审批联动。

（四）公开公示、接收监督。高等学校和科研院所应对教学科研出国相关项目申报和审批结果及经费使用情况履行校内公开公示程序，主动接收监督，保证项目信息公开透明。

四、加强监督检查

（一）市教委不定期对经费使用情况进行检查或抽查，推进出国经费使用合法、合规、高效。

（二）高等学校和科研院所对教学科研人员出国经费分类管理负有主体责任，单位法人是第一责任人。要从加强党风廉政建设的高度，进一步强化纪律意识和责任意识，按照权责一致的原则，建立完善监督检查和责任追究机制。高等学校和科研院所纪检监察机构要负起监督责任。

附件：通过市政府外办联审纳入教学科研人员管理的高校和科研单位名单

2019 年 12 月 13 日

附件

通过市政府外办联审纳入教学科研人员管理的高校和科研单位名单

北京工业大学、北方工业大学、北京工商大学、北京服装学院、北京印刷学院、北京建筑大学、北京石油化工学院、北京舞蹈学院、首都医科大学、首都师范大学、首都体育学院、北京第二外国语学院、首都经济贸易大学、中国音乐学院、中国戏曲学院、北京电影学院、北京信息科技大学、北京联合大学、北京青年政治学院、北京工业职业技术学院、北京农业职业学院、北京财贸职业学院、北京电子科技职业学院、北京经济管理职业学院、北京政法职业学院、北京农学院、北京物资学院、北京交通运输职业学院、北京卫生职业学院、北京交通职业技术学院、北京劳动保障职业学院、北京市总工会职工大学、北京教育学院、北京开放大学、北京市海淀区职工大学、北京行政学院、北京教育科学研究院、北京教育考试院、北京警察学院、北京信息职业技术学院、首钢工学院

北京市教育委员会

关于公布2020年度北京市高等学校菁英奖学金项目入选名单的通知

京教函〔2019〕686号

各有关院校：

根据《北京市高等学校菁英奖学金项目管理办法（试行）》（京教外〔2019〕22号），我委组织开展了2020年度北京市高等学校菁英奖学金项目的申报评审工作。经学校申报、专家评审、我委审核等程序，最终认定26个学校的26个项目（名单详见附件）入选。现予以公布，并将有关事项通知如下：

一、各院校要贯彻国家和北京市关于做好教育对外开放的有关精神，通过项目开展推进高校人才培养、相关学科专业建设和科学研究水平提升，推进"一流大学"和"一流学科"建设。

二、入选的菁英奖学金项目为2020年度项目，市教委将对入选高校自我验收情况进行抽查，并对各校奖学金项目执行情况进行二级验收。

三、入选高校要负责本校项目经费执行情况验收并列入学校的绩效管理范围，制定本校管理办法，做好选派学生公示、学习效果评估等相关工作。

请各院校严格按照项目管理办法，做好项目实施工作。

附件：2020年北京市高等学校菁英奖学金项目入选名单

2019年12月25日

附件

2020 年北京市高等学校菁英奖学金项目入选名单

序号	学校名称	子项目名称
1	北方工业大学	北方工业大学欧美新工科国际交流菁英奖学金
2	北京第二外国语学院	一带一路语种专业国际化人才提升计划奖学金
3	北京电影学院	动画学院阿达实验班
		摄影系工作坊
		表演学院镜头前表演教学交流项目
		罗德岛设计学院交流项目
		公派境外学习项目
		公派境外学习项目
		公派境外学习项目
		公派境外学习项目
		公派境外学习项目
4	北京服装学院	北京服装学院与意大利米兰理工大学校际交流项目
		北京服装学院与英国伦敦艺术大学校际交流项目
		北京服装学院与美国罗德岛设计学院校际交流项目
		北京服装学院与日本文化学园大学校际交流项目
		北京服装学院法国西班牙时尚工作营
		北京服装学院意大利比利时时尚工作营

续表 1

序号	学校名称	子项目名称
5	首都体育学院	芬兰学生项目
		伍斯特大学学生项目
		卢布尔雅那大学学生项目
		UBC 暑期夏令营项目
6	北京工商大学	北京工商大学自费公派菁英学生奖学金项目
7	北京工业大学	北京工业大学菁英奖学金
8	北京联合大学	喀山联邦大学交换生项目
		全俄对外经贸学院交换生项目
		雅盖隆大学交换生项目
		布达佩斯商学院交换生项目
		下戈里察大学交换生项目
		日本大学文理学部学生交流项目
		建国大学交换生项目
		明尼苏达大学研究生交换项目
		埃斯特哈奇卡洛里大学暑期项目
		白俄罗斯维捷布斯克（马舍洛夫）国立大学工业设计工作坊项目
		英国威尔士三一圣大卫大学暑期项目
9	北京农学院	北京农学院菁英奖学金项目
10	北京石油化工学院	研究生长期出国菁英奖学金项目
		本科生长期出国菁英奖学金项目
		本科生短期出国菁英奖学金项目

续表 2

序号	学校名称	子项目名称
11	北京舞蹈学院	与新西兰 Unitec 国立理工学院本科生联合培养项目
		与美国纽约州立大学珀切斯校学生交换项目
		与意大利国家舞蹈学院学生交换项目
		与波兰克拉科夫国家戏剧艺术学院学生交换项目
		与英国密德萨斯大学学生交换项目
		与马来西亚马来亚大学学生交换项目
		与罗马尼亚锡比乌国际戏剧节志愿服务项目
		与奥地利萨尔斯堡大学学生交换项目
12	北京物资学院	北京物资学院—加州大学河滨分校全球商业领导人课程
		北京物资学院—日本流大短期物流专项研学项目
13	北京信息科技大学	Robocup 机器人足球世界杯竞赛项目
		“卓越工程师培养计划”大类本科生“德国制造与工业 4.0”创新实践拓展项目
		“一流专业”本科生赴美研修项目
		研究生“引领学科”科研创新与实践项目
		“信息＋”类学科“数据挖掘与商业智能”研究生人才培养项目
14	首都经济贸易大学	加州大学伯克利学期交流项目
		加州大学圣巴巴拉学期交流项目
		波士顿大学本科生学期交流项目

续表 3

序号	学校名称	子项目名称
14	首都经济贸易大学	波士顿大学暑期学分项目
		波士顿大学研究生双学位项目
		都柏林城市大学学期交流项目
		天普大学学年交流项目
		天普大学 3 + 2 项目
		美国克利夫兰州立大学学年交流项目
		美国德州农工大学经济学院互换交流项目
		美国罗格斯大学 3 + 1 + 1 项目
		都柏林城市大学 3 + 1 + 1 项目
		南安普顿大学交换项目
		马来西亚双威大学 2 + 2 项目
		日本爱媛大学交换项目
		阿斯隆理工学院交换项目
		加州大学洛杉矶分校暑期项目
		蒙特利尔大学暑期项目
		意大利罗马第二大学双学位项目
		法国布列塔尼布雷斯特高等商学院双学位项目
		法国克莱蒙费朗高等商学院双学位项目
		法国勃艮第高等商学院 – 第戎学期交流项目
		法国克莱蒙费朗高等商学院学期交流项目
		法国雷恩第一大学企业管理学院学期交流项目

续表 4

序号	学校名称	子项目名称
14	首都经济贸易大学	德国富特旺根应用科学大学学期交流项目
		芬兰哈格—赫利尔应用科学大学学期交流项目
		芬兰塞那约克应用科学大学学期交流项目
		美国乔治城大学暑期交流项目
		乔治·华盛顿大学暑期交流项目
		美国伊利诺伊大学芝加哥分校保研直通车项目
		法国图卢兹二大保研直通车项目
		美国密歇根州立大学学期交流项目
		美国加州大学圣芭芭拉分校学期交流项目
		新西兰坎特伯雷大学 2.5 ＋ 1 学位项目
		英国威斯敏斯特大学学期交流项目
		英国南安普顿大学 1 ＋ 1 ＋ 1 硕士学位项目
		哈萨克斯坦 KIMEP 大学博士交流项目
		格里菲斯大学 2 ＋ 2 项目
		格里菲斯大学交换项目
		都柏林城市大学 3 ＋ 2 项目
		都柏林城市大学商学院交换项目
		斯克兰顿大学交换项目
		名城大学交换项目
		圣路易斯华盛顿大学项目
		天普大学项目

续表 5

序号	学校名称	子项目名称
14	首都经济贸易大学	圣约翰大学项目
		罗格斯大学 3 + 2 本硕连读
		罗格斯大学 1 + 1 + 1 硕士双学位
		新墨西哥大学一学期 / 一学年交流访学项目
		法国国立电信管理学院 1 + 1 + 1 硕士双学位
		法国国立电信管理学院 3 + 2 本硕连读
		法国国立电信管理学院暑期学期创新夏令营项目
		新西兰坎特伯雷大学学期交流
		爱尔兰都柏林城市大学学期交流
		魁北克大学蒙特利尔分校学期交流
		加州大学伯克利分校暑期学分交流项目
		纽约州立大学宾汉姆顿分校 3.5 + 1.5 学生联合培养项目
		纽约州立大学宾汉姆顿分校校际合作
		乌普萨拉大学学期交流项目
		密歇根大学安娜堡分校暑期培训项目
		新墨西哥大学 2 + 2 本科双学位项目
		悉尼科技大学 2 + 2 本科双学位项目
		佛罗里达州立大学 3 + 1 + 1 本硕连读项目
		亚利桑那州立大学 3 + 1 + 1 本硕连读项目
		3 + 1 + 1 本硕连读项目
		新墨西哥大学交换生项目

续表 6

序号	学校名称	子项目名称
14	首都经济贸易大学	蒙大拿州立大学比灵斯分校交换生项目
		巴登符腾堡应用技术大学交换生项目
		方提斯应用技术大学交换生项目
		坎特伯雷大学多学位联合培养项目
		堪萨斯大学暑期学术项目
		巴黎七大学期交流项目
		北科罗拉多学期交流项目
15	首都师范大学	日本山口大学学分项目
		日本法政大学学分项目
		瑞士弗莱堡大学学分项目
		德国不莱梅大学学分项目
		俄罗斯圣彼得堡大学
		法国兰斯大学学学分项目
		西班牙布尔戈斯大学学分项目
		日本中央大学学分项目
		日本广岛大学双学位项目
		剑桥、牛津大学寒暑期课程项目
		日本创价大学短期游学项目
		美国纽约州立大学布法罗分校交换生项目
		美国纽约州立大学科特兰分校交换生项目
		美国纽约州立大学奥斯威戈分校交换生项目

续表 7

序号	学校名称	子项目名称
15	首都师范大学	美国明尼苏达大学莫里斯分校交换生项目
		美国北卡罗来纳大学威尔明顿分校交换生项目
		美国纽约州立大学布法罗州立学院 3 + 2 本硕连读项目
		意大利威尼斯大学交换生项目
		波兰华沙社会科学及人文学院交换生项目
		挪威奥斯陆大学学院交换生项目
		瑞典林雪平大学交换生项目
		澳大利亚阿德莱德大学翻译和跨文化交际硕士（1 + 1 + 1）双学位项目
		韩国中央大学交换生项目
		韩国世宗大学交换生项目
		韩国祥明大学交换生项目
		韩国济州国立大学交换生项目
		韩国首尔市立大学交换生项目
16	首都医科大学	基础医学长期项目
		护理学长期项目
		预防医学长期项目
		生物医学工程长期项目
		临床见习项目——卡迪夫
		临床见习项目——昆士兰
		临床、护理见习项目——内布拉斯加
		临床见习项目 – 根特

续表 8

序号	学校名称	子项目名称
16	首都医科大学	临床见习项目——首尔
		口腔见习项目
		基础医学暑期学习项目
		预防医学暑期学习项目
		生物医学工程暑期学习项目
17	北京印刷学院	印刷专业本硕培养国际交流支助项目
		哥白尼 3 + 1 + 2 本硕连读项目
		北京印刷学院 MPACC（一带一路方向）短期交流项目
18	北京建筑大学	美国加州大学伯克利分校暑期学分项目
		美国华盛顿大学暑期学分项目
		英国剑桥大学“人工智能与工程科学”暑期学分项目
		英国伦敦大学学院语言文化暑期学分项目
		韩国成均馆大学暑期学分项目
		美国奥本大学联合培养项目
		英国南威尔士大学联合培养项目
		乌迪内大学“现代机电一体化”暑期项目
		意大利马尔凯理工大学交换生项目
19	北京财贸职业学院	菁英奖学金资助赴海外学习项目
		菁英奖学金资助赴海外学习项目
20	北京电子科技职业学院	北京电子科技职业学院赴奥地利学生交流项目

续表 9

序号	学校名称	子项目名称
21	北京工业职业技术学院	2020 优秀学生国际化视野提升项目
22	北京农业职业技术学院	新型职业农民学历提升工程赴荷兰现代都市农业学习交流项目
		农业专业学生赴德国现代农业实践技能训练项目
		高职学生赴韩国富川大学交换生项目
23	北京信息职业技术学院	20 名优秀学生赴我校的埃及分校交流项目
		20 名优秀学生赴新加坡南洋理工学院交流项目
		20 名优秀学生赴新加坡南洋理工学院交流项目
24	北京劳动保障职业学院	选派学生赴澳大利亚开展健康养老专业交流学习
		选派学生赴澳大利亚开展城市安全管理专业交流学习
25	北京城市学院	中法校企挑战赛
		“德语＋”国际化应用型人才培养奖学金项目
		墨西哥瓜达拉哈拉大学学年学习奖学金项目
		美国密苏里大学教育专业学年学习奖学金项目
		美国加州大学洛杉矶分校暑期传媒工作室奖学金项目
		基于老龄化问题的芬兰萨塔昆塔应用科学大学护理康复学年奖学金项目
		英国赫尔大学会计学 ACCA 课程学年学习奖学金项目
26	北京培黎职业学院	爱黎菁英奖学金

北京市教育委员会

关于公布2020年度京港澳高校交流项目入选名单的通知

京教函〔2019〕687号

各有关院校：

根据《京港澳高校交流项目管理办法（试行）》（京教外〔2019〕23号），我委组织开展了2020年度京港澳高校交流项目的申报和评审工作。经学校申报、专家评审、我委审核等程序，最终认定24所学校的52个项目（名单详见附件）入选。现予以公布，并将有关事项通知如下：

一、各院校要贯彻中央港澳工作会议精神和我市有关要求，进一步深化与港澳高等教育合作。通过开展京港澳高校交流项目，增进京港澳三地青年的相互理解和认知，共商教育发展理念，共享优质教育资源与人才，推动互利共赢。

二、此次入选的京港澳高校交流项目为2020年度项目，市教委将对实施高校的验收情况进行抽查，对项目的总体效益和有关项目的实施情况进行评估。

三、入选高校要负责本校项目经费执行情况验收并列入学校的绩效管理范围，制定本校管理办法，做好参加项目师生管理和服务、校内公示、教育培训、风险管理等相关工作。

请各院校严格按照项目管理办法，做好项目实施工作。

附件：2020年京港澳高校交流项目入选名单

2019年12月25日

附件

2020 年度京港澳高校交流项目入选名单

序号	学校名称	项目名称
1	北京大学	青年和平使命：区域安全与发展研习营
2	北京大学	京港大学联盟暑期 MOOC 翻转课堂
3	北京大学	京港大学联盟龙舟邀请赛
4	清华大学	新时代·丝路——京港陇精英大学生三地文化考察项目
5	清华大学	艺术与创意：在绘画与书写之间
6	清华大学	京港大学联盟龙舟邀请赛
7	中国人民大学	中国人民大学统计学院赴港交流知行计划
8	中国人民大学	鉴往知来，共观古今——京港学子读史知行计划
9	中国人民大学	京港大学联盟龙舟邀请赛
10	北京师范大学	京港大学联盟龙舟邀请赛
11	北京交通大学	北京交通大学与澳门大学学生教育管理工作交流访问项目
12	北京交通大学	香港名校名企实践交流项目
13	北京交通大学	香港铁路专业精英培训课程
14	北京邮电大学	2020 年北邮“智能医学工程”澳门大学暑期学校
15	北京外国语大学	京港大学联盟龙舟邀请赛
16	中央音乐学院	2020 京港澳青年音乐节（邀请澳门理工学院来京参加音乐节）
17	中央音乐学院	2020 京港澳青年音乐节（邀请香港演艺学院来京参加音乐节）

续表 1

序号	学校名称	项目名称
18	中央音乐学院	北京—香港青年演奏家联合演出交流活动
19	中央音乐学院	北京—澳门青年演奏家联合演出交流活动
20	中央戏剧学院	话剧《白蛇》片段赴香港演艺学院演出及学术交流活动
21	中央戏剧学院	数字京剧展演展示与交流合作项目
22	中央戏剧学院	香港演艺学院舞蹈专家工作坊
23	中国政法大学	法大—中大法学教育交流营
24	中国地质大学（北京）	京港澳地质环境示范基地与周边历史文化研习营
25	北京航空航天大学	京港高校质量与可靠性及安全工程专业本研学生暑期学术交流
26	北京理工大学	聚集诱导发光牵引核酸药物研究的学术交流
27	北京理工大学	高功率密度、高性能永磁电机合作研究
28	北京理工大学	超表面抑制高超声速边界层转捩研究
29	北京理工大学	高隐私保护的移动网络安全合作研究
30	北京理工大学	京港大学联盟龙舟邀请赛
31	北京理工大学	可燃气体爆轰研究学术交流
32	中央民族大学	“锦绣中华·魅力民大”艺术团赴澳门演出
33	中国科学院大学	粤港澳大湾区国际科技创新中心建设
34	中国科学院大学	中国科学院大学—香港科技大学信息与系统安全学术交流
35	中国科学院大学	大数据，管理及风险研究
36	中国科学院大学	京港大学联盟龙舟邀请赛

续表 2

序号	学校名称	项目名称
37	中国社会科学院大学	中国社会科学院大学赴香港岭南大学访学团项目
38	中国社会科学院大学	香港岭南大学赴中国社会科学院大学访学团项目
39	中国社会科学院大学	中国社会科学院大学 MPA 师生访问香港浸会大学
40	中国社会科学院大学	香港浸会大学 MPA 师生访问中国社会科学院大学
41	中国社会科学院大学	香港社会工作实务学习
42	北京工业大学	京港大学联盟龙舟邀请赛
43	北京工业大学	北京工业大学赴香港高校创新人才培养项目
44	北京印刷学院	创想大湾区文创设计工作坊
45	北京建筑大学	北京澳门设计学专业师生学术交流暨明清官式建筑彩画研究成果展
46	北京建筑大学	京港城市交通创新发展与高校教学交流
47	首都医科大学	京港医学教育交流项目
48	北京第二外国语学院	港澳大学学术文化交流项目
49	首都经济贸易大学	京港大学联盟龙舟邀请赛
50	北京联合大学	新工科体验式学习创新人才培养教育模式交流项目回访
51	北京联合大学	管理学院与澳门城市大学博士研究生联合培养项目
52	北京城市学院	城市文化传播工作坊 2

北京市教育委员会

关于做好2020年国家留学基金资助出国留学选拔工作的通知

京教函〔2019〕697号

各有关单位：

2020年国家留学基金资助出国留学各个项目选拔工作陆续开始，为保障选拔工作顺利进行，现将有关事宜通知如下：

一、选拔条件

在符合《2020年国家留学基金资助出国留学人员选拔简章》要求的情况下按照各个项目的申请条件推选申请人。

二、选拔时间

请关注国家留学基金委网站出国留学遴选通知，并按照各个项目的时间要求进行网上报名和提交材料。

三、工作要求

（一）请各单位做好宣传、指导、咨询工作，并按照各项目受理材料时间提交申请材料。

（二）推选单位应对申请人的政治信念、道德品行、身心健康情况、学术发展潜力、出国留学必要性、留学计划可行性等进行严格把关，在《单位推荐意见表》中对上述内容逐项做出认定；对其出国留学提出明确考核要求；对申请材料进行认真审核并在《出国留学申请单位推荐意见表》中出具有针对性的推荐意见后将申请材料统一提交至北京市国际教育交流中心。

四、2020年国家公派高级研究学者、访问学者、博士后项目

2020年国家公派高级研究学者、访问学者、博士后项目选派办法见附件或在国家留学基金委网站上查询。

（一）选拔条件

1. 符合《2020年国家留学基金资助出国留学人员选派简章》及《2020年国家公派高级研究学者、访问学者、博士后项目选派办法》中规定的申请条件。

2. 各单位在咨询中提醒申请人注意申请时须提交拟留学单位的正式邀请函。

3. 外语水平应符合国家留学基金资助出国留学外语条件及拟留学国家、留学单位的语言要求。

申请时外语水平未达到派出要求者，如所在单位重点推荐，亦可申请，但须提供可反映其外语水平的考试证明，如往年WSK/TOEFL/IELTS等考试成绩单。此类人员如通过评审被录取，须参加教育部指定出国留学人员培训部相关语种培训或自行报考WSK/TOEFL/IELTS等考试，达到外语条件后方可派出。同等条件下，优先录取申请时外语水平合格者。

4. 选拔申请人时，请注意暂不受理以下人员的申请：

（1）已获得国外全额奖学金资助。

（2）已获得国家公派留学资格且在有效期内。

（3）已申报国家公派出国留学项目尚未公布录取结果。

（4）曾获得国家公派留学资格，未经国家留学基金委批准擅自放弃且时间在五年以内，或经国家留学基金委批准放弃且时间在两年以内。

（5）曾享受国家留学基金资助留学、回国服务不满两年。项目有特殊规定的，按相关规定执行。

（二）申报时间

2020年国家公派高级研究学者、访问学者、博士后项目的网上报名时间为1月1日—1月10日。申请人在此期限内登录国家公派留学管理信息平台（http://apply.csc.edu.cn）进行网上报名，按照《2020年国家公派高级研究学者、访问学者、博士后项目申请材料及说明》准

备申请材料并提交所在单位审核。如申请的国家留学基金委与国外高校/机构合作奖学金对申请材料有特殊要求，则根据具体合作渠道的相关规定执行。

请各个单位于 2020 年 1 月 10 日前将申请人材料交到北京市国际教育交流中心。

五、文件查阅

2020 年国家留学基金资助出国留学人员各项目选派办法可登录国家留学基金委网（http://www.csc.edu.cn）查阅。

附件：2020 年国家公派高级研究学者、访问学者、博士后项目选派办法

2019 年 12 月 30 日

附件

2020 年国家公派高级研究学者、访问学者、博士后项目选派办法

第一章　总则

第一条　为做好国家公派高级研究学者、访问学者、博士后项目选派工作，制定本办法。

第二条　国家留学基金管理委员会（以下简称国家留学基金委）负责本项目的组织实施工作。

第二章　选派计划

第三条　2020 年计划选派高级研究学者、访问学者及博士后 3500 人。

第四条 高级研究学者的留学期限为3—6个月，访问学者的留学期限为3—12个月，博士后的留学期限为6—24个月。

第五条 支持各学科领域围绕国家战略选派，重点资助应用基础研究、国家重大科技项目、关键共性技术、前沿引领技术、现代工程技术、颠覆性技术创新等领域。

第六条 留学人员主要派往教育、科技发达国家的知名院校、科研院所、实验室等机构。

第七条 留学人员主要通过国内推选单位或个人渠道联系国外留学单位派出，也可利用国家留学基金委与国外教育、科研机构合作协议派出。

第八条 国家留学基金为留学人员提供一次往返国际旅费和资助期限内的国家公派留学人员奖学金。国家公派留学人员奖学金是指用于资助国家公派出国留学人员在外学习生活的经费，包括：伙食费、住宿费、注册费、板凳费（bench fee）、交通费、电话费、书籍资料费、医疗保险费、交际费、一次性安置费、签证延长费、零用费、手续费和学术活动补助费等。具体资助方式、资助标准等以录取文件为准。

第三章 申请条件

第九条 符合《2020年国家留学基金资助出国留学人员选派简章》规定的申请条件。

第十条 拥护中国共产党的领导和中国特色社会主义道路，热爱祖国，具有良好的思想品德和政治素质，无违法违纪记录。德才兼备，业务精良，具有良好专业基础和发展潜力，具有服务国家服务人民的社会责任感和端正的世界观、人生观、价值观。

第十一条 具有中华人民共和国国籍，不具有国外永久居留权。身体健康，心理健康。

第十二条 须为国内高等学校、企业事业单位、行政机关、科研机构的正式工作人员。申请人原则上应主持或参与研究项目、课题，出国研修计划应紧密结合在研项目、课题、所在单位重点工作。

第十三条 高级研究学者申请人应符合以下条件：申请时年龄不超过55周岁（1964年1月1日以后出生）。教学科研人员应为教授或博士生导师。此外，还应至少具备以下条件之一：

（一）国家重点实验室、教育部重点实验室、国家工程（技术）研究中心骨干。

（二）两院院士、“国家高层次人才特殊支持计划”杰出人才或领军人才入选者、长江学者特聘教授、其他国家级人才计划入选者。

（三）中央国家机关、地方行政管理部门、国有大中型企业高级行政管理人员，须具有或相当于副司局级（含）以上行政职务。

第十四条 访问学者申请人应符合以下条件：年龄不超过50周岁（1969年1月1日以后出生），本科毕业后应有5年以上工作经历，硕士毕业后应有2年以上工作经历。对博士毕业的申请人无工作年限要求。

第十五条 博士后申请人应符合以下条件：年龄不超过40周岁（1979年1月1日以后出生），应为国内高等学校或科研单位具有博士学位、具体从事教学或科研工作的优秀在职青年教师或科研人员。申请时距其博士毕业时间应在3年以内。

第十六条 申请时须提交拟留学单位的正式邀请函。

第十七条 外语水平应符合国家留学基金资助出国留学外语条件及拟留学国家、留学单位的语言要求。

申请时外语水平未达到派出要求者，如所在单位重点推荐，亦可申请，但须提供可反映其外语水平的考试证明，如往年WSK/TOEFL/IELTS等考试成绩单。此类人员如通过评审被录取，须参加教育部指定出国留学人员培训部相关语种培训或自行报考WSK/TOEFL/IELTS等考试，达到外语条件后方可派出。

同等条件下，优先录取申请时外语水平合格者。

第十八条 暂不受理以下人员的申请

（一）已获得国外全额奖学金资助。

（二）已获得国家公派留学资格且在有效期内。

（三）已申报国家公派出国留学项目尚未公布录取结果。

（四）曾获得国家公派留学资格，未经国家留学基金委批准擅自放弃且时间在 5 年以内，或经国家留学基金委批准放弃且时间在 2 年以内。

（五）曾享受国家留学基金资助留学、回国服务不满两年。项目有特殊规定的，按相关规定执行。

第四章　选拔办法

第十九条　遵循“公开、公平、公正”的原则，采取“个人申请，单位推荐，专家评审，择优录取”的方式。重点依托国家重大工程、重点学科和研究基地、重大科研项目以及国际学术交流合作进行选拔。

第二十条　2020 年的网上报名及申请受理时间为 1 月 1 日—1 月 10 日。申请人应在此期限内登录国家公派留学管理信息平台（http://apply.csc.edu.cn）进行网上报名，按照《2020 年国家公派高级研究学者、访问学者、博士后项目申请材料及说明》准备申请材料并提交所在单位审核。如申请的国家留学基金委与国外高校 / 机构合作奖学金对申请材料有特殊要求，则根据具体合作渠道的相关规定执行。

第二十一条　推选单位应对申请人的政治信念、道德品行、身心健康情况、学术发展潜力、出国留学必要性、留学计划可行性等进行严格把关，在单位推荐意见表中对上述内容逐项做出认定；对其出国留学提出明确考核要求；对申请材料进行认真审核后，将申请材料统一提交至相关受理单位，由其提交至国家留学基金委。

第二十二条　国家留学基金委委托相关单位（详见国家留学网受理单位通讯录）负责申请材料受理工作，不直接受理个人申请。

第二十三条　受理单位应在 1 月 15 日前将书面公函及推荐人选名单提交至国家留学基金委，并通过信息平台提交申请人的电子材料。申请人的书面材料由受理单位留存，留存期限为 2 年。

第二十四条 国家留学基金委对申请人材料进行审核，组织专家评审，确定录取结果。评审工作主要从以下几方面进行考察：

（一）申请人的道德品行、综合素质及发展潜力；

（二）申请人的主要业绩及获奖情况；

（三）出国研修学科专业及方向的需要程度、国内和国际发展水平的差距；

（四）出国留学的必要性、研修计划的可行性及留学目标的应用前景；

（五）留学目的国、机构及合作学者在所选学科专业领域的发展水平、是否具备接待申请者所需科研条件；

（六）申请人所在单位在该学科专业领域的水平、为申请者留学回国后提供发展条件的可能性以及推荐态度等。

第二十五条 录取结果于 2020 年 3 月下旬公布。申请人可登录国家公派留学管理信息平台（http://apply.csc.edu.cn）查询录取结果。录取通知及录取材料将邮寄至申请人所在单位。

第五章 派出与管理

第二十六条 被录取人员的留学资格保留至 2021 年 12 月 31 日。凡未按期派出者，留学资格自动取消。

如无特殊情况，国家留学基金委原则上不受理变更留学国别、变更留学单位、变更留学期限及延期派出的申请。

第二十七条 留学人员在办理签证、预订机票等派出手续前，须登录国家公派留学管理信息平台（http://apply.csc.edu.cn?）查阅是否需要提交补充材料。如遇问题，请按录取国别或地区咨询国家留学基金委欧亚非事务部、美大事务部。

第二十八条 对留学人员的管理实行“签约派出、违约赔偿”的办法。派出前，留学人员须按要求签订《国家公派出国留学协议书》（以下简称协议书），办理护照、签证、《国际旅行健康证书》，通过教育部留学服务中心、教育部出国人员上海集训部、广州留学人员服务中心办理预订机票等派出手续（具体请查阅《出国留学人员须知》）。

留学人员派出前须办理国家公派留学奖学金专用银行卡（详见 https://www.csc.edu.cn/chuguo/s/1552）。

第二十九条 在为留学人员办理派出手续时，推选单位及留学服务机构应按要求认真审核其留学国别、留学单位、留学期限等信息。

第三十条 按照《国家公派出国留学协议书》规定，留学人员自抵达留学所在国后十日内凭《国家留学基金资助出国留学资格证书》等材料向中国驻留学所在国使（领）馆办理报到手续后方可享受国家留学基金资助。

第三十一条 留学人员在国外留学期间，应遵守所在国法律法规、国家留学基金资助出国留学人员的有关规定及《国家公派出国留学协议书》的有关约定，自觉接受国内推选单位和驻外使（领）馆的指导和管理，定期向国内推选单位和驻外使（领）馆提交研修报告及国外合作者鉴定。

第三十二条 留学人员应按协议约定完成所制定的研修计划及国内推选单位提出的任务和要求，按期回国履行回国服务义务，回国后向推选单位汇报留学成果，并须在回国之日起 3 个月内在国家公派留学管理信息平台登记回国信息。

第三十三条 推选单位应制定本单位国家公派访问学者出国留学管理办法，统筹考虑"选拔、派出、管理、回国"各环节，对留学人员加强目标和过程管理，具体工作应有专门机构和人员负责。

（一）在留学人员录取后，及时了解其思想政治动向，对存在问题的人员不予派出；合理安排其工作，督促并保证其按期派出；及时将未派出人员名单及原因函告国家留学基金委。

（二）在留学人员派出前，应开展行前教育，将思想政治教育和爱国主义教育纳入培训内容；对留学人员国外研修计划提出明确要求，确保留学效益；指导、协助其办理出国手续。

（三）在留学人员派出后，应加强对其指导和检查，保持定期联系，对留学人员所提交的研修报告进行认真审核，协助国家留学基金委和驻外使（领）馆做好在外管理和按期回国工作。

（四）在留学人员回国后，应进行考核，确保留学效益。

第三十四条 推选单位应定期对本单位派出在外管理和回国情况以及取得的公派留学效益等情况进行总结，于每年12月底前将总结报告连同典型事例等材料提交至国家留学基金委。国家留学基金委将对各单位研修报告提交和审核情况进行抽查。

第三十五条 留学人员与获得资助有关的论文、研究项目或科研成果在成文、发表、公开时，应注明“本研究/成果/论文得到中国国家留学基金资助”。

语言文字

北京市教育委员会文件选编
（2019）

北京市教育委员会
北京市语言文字工作委员会

关于2018年语言文字工作规范化达标建设学校认定的通知

京教语〔2019〕1号

各区教委、语委：

为落实《教育部 国家语委关于进一步加强学校语言文字工作的意见》(教语用〔2017〕1号)、《国务院教育督导委员会办公室关于印发〈对省级人民政府履行教育职责的评价办法〉实施细则的通知》(国教督办〔2018〕2号)及《市教委 市语委关于开展2018年学校语言文字工作规范化达标建设工作的通知》(京教语〔2018〕3号),要求截至2018年末,各区辖区内中小学、幼儿园(含中等职业学校)累计完成预定的语言文字工作规范化达标建设的任务。市语委、市政府教育督导室于11月13日至11月28日，联合开展了2018年北京市学校语言文字工作规范化达标建设检查调研。

通过听取各区语委和36所中小学、幼儿园(含中等职业学校)语言文字工作规范化达标创建汇报，实地考察16所中小学、幼儿园语言文字工作，进行听课、考察校园语言文化环境、查阅档案、座谈交流等环节的检查。通过调研工作达到了提高认识、总结经验、促进建设的目的,各区教委、语委对学校达标建设工作高度重视、精心组织，基层学校扎实工作，各有特色。检查调研组对各区各学校的工作有针对性地提出了指导意见：如加强新入职教师的普通话应用水平的提升培训；正确处理推广国家通用语言和保护方言文化的关系；正确处理涉及繁体字使用的书法文化教育和国家规范汉字书写教学的关系；广泛开展富有特色的校园语言文化活动，打造语言文化景观鲜明的主题校园；抓住 2022 年冬奥会举办、城市副中心建设、京津冀一体化战略实施等契机，优化美化净化语言文化环境，提升语言服务能力，深化京津冀语言文化交流，拓展语言文字工作格局，丰富语言文字工作内涵；适应中考、高考改革强化语文教育、阅读教学、写字教学的趋势和中华优秀传统文化传承发展的大势，语言文字工作要担当使命、顺势而为、大有作为。

现将北京市第一七一中学等 36 所语言文字工作规范化达标建设优秀学校名单（附件 1）、北京市东交民巷小学等 1007 所语言文字工作规范化达标建设学校名单（附件 2）公布如下。截至目前已有两批 1380 所学校、园所语言文字工作规范化建设全面达标，各区教委、语委继续推进其他学校的语言文字工作规范化达标建设工作，面向全社会发挥学校语言文字工作的示范标杆作用。希望你们认真学习贯彻习近平新时代中国特色社会主义思想和党的十九大精神，全面落实中共中央办公厅、国务院办公厅《关于实施中华优秀传统文化传承发展工程的意见》，学习宣传贯彻全国教育大会及全市教育大会精神，进一步推动新时代首都语言文化事业的科学发展。

附件：1. 北京市语言文字工作规范化达标建设优秀学校名单（第二批,36 所）

2. 北京市语言文字工作规范化达标建设学校名单（第二批,1007 所）

2019 年 1 月 15 日

附件1

北京市语言文字工作规范化达标建设优秀学校名单（第二批）

（共计36所）

东城区

北京市第一七一中学

北京市东城区黑芝麻胡同小学

西城区

北京市西城区登莱小学

北京市实美职业学校

朝阳区

首都师范大学附属实验学校

北京市朝阳区呼家楼中心小学

清华大学附属小学商务中心区实验小学

海淀区

北京市海淀区万泉小学

中国人民大学附属小学

北京市第一〇一中学

丰台区

北京教育科学研究院丰台实验小学

北京市第十二中学附属实验小学

北京市丰台区丰台第二幼儿园

石景山区

北京市京源学校莲石湖分校

石景山区爱乐实验小学

门头沟区

北京市第八中学京西附属小学

北京市大峪中学分校

房山区

北京市房山区琉璃河水泥厂学校

北京市房山区琉璃河中学

通州区

北京市通州区玉桥中学

北京教育科学研究院通州区第一实验小学

顺义区

北京市顺义区杨镇中心小学校

北京市顺义区南法信中心幼儿园

昌平区

北京市昌平区霍营中心小学

清华大学附属小学昌平学校

大兴区

北京小学大兴分校

人大附中北京经济技术开发区学校

北京市大兴区安定镇中心小学

平谷区

北京市平谷区黄松峪中学

北京市平谷区放光中心小学

怀柔区

北京市怀柔区实验小学

北京市怀柔区桥梓中学

密云区

北京市密云区东邵渠镇中心小学

北京市密云区第六中学

延庆区

北京市延庆区旧县中学

北京市延庆区永宁幼儿园

附件 2

北京市语言文字工作规范化达标建设学校名单（第二批）

（共计 1007 所）

东城区（58 所）

北京市东城区东交民巷小学

北京市东城区精忠街小学

北京市东城区回民小学

北京市东城区地坛小学

北京市东城区景泰小学

北京光明小学

北京市第十一中学

北京市第十一中学实验学校

北京市东城区前门小学

北京市第六十五中学

北京市东城区革新里小学

北京第一师范学校附属小学

北京市第一六六中学

北京市东城区春江小学

北京市东城区师范学校附属小学

北京市东城区和平里第四小学

北京市东城区和平里第二小学

北京市第五中学

北京市第一中学

北京市国子监中学

北京市第五中学分校

北京市第五中学分校附属方家胡同小学

北京市东城区东四十四条小学

北京市崇文小学

北京市东城区新景小学

北京市东城区北锣鼓巷小学

北京市第二十一中学

北京市第二十二中学

北京市东城区史家胡同小学
北京市东城区史家小学分校
北京市东城区东四七条小学
北京市东城区西总布小学
北京市东城区遂安伯小学
北京市东城区史家实验学校
北京市东城区织染局小学
北京现代职业学校
北京市崇文门中学
北京市第十一中学分校
北京市第二十五中学
北京市第二十七中学
北京市国际职业教育学校
北京市东城区培新小学
北京市东城区回民实验小学
北京市东城区和平里第九小学
北京市东城区和平里第三小学
北京市第五十五中学
北京市东城区安外三条小学
北京市第二中学
北京市第二中学分校
北京市第二十四中学
北京市东城区新鲜胡同小学
北京市东城区新开路东总布小学
北京市东城区分司厅小学
北京市东城区和平里第一小学
北京市第一七一中学附属青年湖小学
北京市第一六六中学附属校尉胡同小学
北京市东城区织染局小学
北京市东城区宝华里小学

西城区（66所）

北京市西城区香厂路小学
北京市西城区青年湖小学
北京市第八中学附属小学
北京市西城区师范学校附属小学
北京市西城区三里河第三小学
北京市第十五中学附属小学
北京市宣武师范学校附属第一小学
北京市西城区椿树馆小学
北京小学
北京小学红山分校
北京市第十三中学附属小学
北京市西城区顺城街第一小学
北京市西城区鸦儿胡同小学
北京市西城区什刹海小学
北京第二实验小学白云路分校
北京市西城区西什库小学
北京建筑大学附属小学
北京市西城区雷锋小学
北京市西城区志成小学
北京第二实验小学玉桃园分校
北京市西城区进步小学
北京市西城区宏庙小学
北京市西城区复兴门外第一小学
北京市西城区展览路第一小学
北京市西城区康乐里小学
北京市西城区奋斗小学

北京市西城区育翔小学
北京市西城区黄城根小学
北京第二实验小学
北京市北海幼儿园
北京市第六幼儿园
北京市西城区西四北幼儿园
北京市西城区名苑幼儿园
北京市西城区和平门幼儿园
北京市第四幼儿园
北京市西城区马连道幼儿园
北京市西城区长安幼儿园
北京市西城区棉花胡同幼儿园
北京市西城区洁民幼儿园
北京市西城区长椿街幼儿园
北京市西城区槐柏幼儿园
北京市西城区小百合幼儿园
北京市宣武回民幼儿园
北京市西城区三义里第一幼儿园
北京市西城区三义里第二幼儿园
北京市西城区信和幼儿园
北京市西城区红山幼儿园
北京市西城区广安幼儿园
北京市西城区华新幼儿园
北京市第三中学
北京市第七中学
北京市第四十四中学
北京市徐悲鸿中学
北京市鲁迅中学
北京市第三十五中学
北京市育才学校
北京师范大学第二附属中学西城实验学校
北京市第十五中学
北京市第四中学
北京市第一六一中学
北京市三帆中学
北京市回民学校
北京师范大学亚太实验学校
北京市外事学校
北京市财会学校
北京市实验职业学校

朝阳区（117 所）

北京市朝阳区黄胄艺术实验小学
北京市朝阳区三里屯小学
北京市朝阳区呼家楼中心小学青青分校
北京市朝阳区新源里第四小学
北京市朝阳区实验小学新源里分校
北京市朝阳区实验小学左家庄分校
北京市朝阳师范学校附属小学和平街分校
对外经济贸易大学附属小学
北京市朝阳区芳草地国际学校甘露园分校
北京市朝阳区垂杨柳中心小学金都分校
北京市朝阳区日坛小学
北京市朝阳区团结湖第二小学

北京市朝阳区团结湖小学
北京市朝阳区八里庄中心小学
北京市朝阳区垂杨柳中心小学
北京市朝阳区国美家园小学
北京市朝阳区劲松第三小学
北京市朝阳区劲松第四小学
北京市朝阳区南磨房中心小学
北京市朝阳区楼梓庄小学
北京市朝阳区北马各庄小学
北京市朝阳区平房小学
北京市朝阳区大山子第二小学
北京市朝阳区将台路小学
北京市朝阳区酒仙桥第二小学
北京市朝阳区酒仙桥中心小学
北京明远教育书院实验小学
北京市朝阳区高家园小学
北京市朝阳区北皋中心小学
北京市朝阳区奶子房小学
北京市朝阳区上辛堡小学
北京市朝阳区苇沟小学
北京第二外国学院附属小学定福分校
中国传媒大学附属小学
北京市朝阳区高碑店中心小学
北京第二外国学院附属小学
北京市朝阳区康乐园小学
北京市朝阳区石佛营小学
北京市朝阳区官庄小学
北京市朝阳区黑庄户中心小学
北京市朝阳区双桥第二小学
北京市朝阳区万子营民族小学
北京市朝阳区王四营中心小学
北京市朝阳区于家围小学
北京市朝阳区定辛庄小学
北京市朝阳区老君堂小学
北京市朝阳区牌坊小学
北京市朝阳区祁庄小学
北京市朝阳区十八里店小学
北京市朝阳区西直河小学
北京市朝阳区小武基小学
北京市朝阳区新升小学
北京市朝阳区十八里店小学南校
北京市朝阳区芳草地国际学校
北京市朝阳区芳草地国际学校世纪小学
北京市朝阳区将台洼小学
北京市朝阳区兴隆小学
北京市朝阳区半壁店小学
北京市朝阳区柏阳学校
北京市朝阳区孛罗营小学
北京市朝阳区豆各庄中心小学
北京市朝阳师范学校附属小学
北京市朝阳区花家地实验小学
北京师范大学朝阳附属学校
府学胡同小学朝阳学校
北京第二实验小学朝阳学校
北京市第八十中学实验学校康营分校
北京市朝阳区芳草地国际学校远洋小学

北京市朝阳区白家庄小学
北京市朝阳区实验小学
北京市朝阳区实验小学润泽分校
北京市朝阳区实验小学罗马嘉园分校
北京师范大学奥林匹克花园实验小学
北京市朝阳区星河实验小学
北京市朝阳区第二实验小学
北京市朝阳区实验小学南校
中国音乐学院北京实验学校
首都师范大学附属朝阳实验小学
中国人民大学附属中学朝阳实验学校
北京市陈经纶中学
北京市润丰学校
北京市第九十四中学朝阳新城分校
北京市朝阳区芳草地国际学校富力分校
北京市三里屯一中
北京师范大学三帆中学朝阳学校
北京市和平街第一中学
北京市陈经纶中学新教育实验学校
北京市日坛中学
北京市樱花园实验学校
清华大学附属中学朝阳学校
北京市日坛中学实验学校
北京化工大学附属中学
北京市第五中学朝阳双合分校
北京市东方德才学校
北京工业大学附属中学
北京青年政治学院附属中学
中国科学院附属实验学校
北京市朝阳外国语学校
北京市陈经纶中学嘉铭分校
北京第二外国学院附属中学
北京市景山学校朝阳分校
中国人民大学附属中学朝阳学校
北京市陈经纶中学分校
北京中学
北京市第八十中学枣营分校
北京教育学院朝阳分院附属学校
北京中央商务区实验学校
北京市第九十四中学机场分校
中国教育科学研究院朝阳实验学校
北京市第八十中学体育运动学校
北京市陈经纶中学劲松分校
北京市望京实验学校
北京市朝阳外国语学校北苑分校
北京市陈经纶中学民族分校
北京市陈经纶中学崇实分校
北京市金盏学校
北京市第八十中学管庄分校

海淀区（108所）

北京外国语大学附属小学
北京理工大学附属小学
北京市海淀区花园村第二小学

首都师范大学实验小学
北京外国语大学附属中学
中央民族大学附属中学
北京市海淀区西苑小学
北京市海淀区东北旺中心小学
中国农业大学附属小学
北京市海淀区六郎庄小学
清华大学附属中学上地学校
北京市八一学校附属玉泉中学
人大附中西山学校
北京市海淀区教师进修学校附属实验小学
北京市海淀区四王府小学
北京市海淀区香山小学
北京市海淀区玉泉小学
北京教育学院附属海淀实验小学
北京市海淀区中关村第一小学
北京市海淀区中关村第四小学
北京市海淀区双榆树第一小学
中国人民大学附属中学实验小学
北京市中关村中学知春分校
北京市中科启元学校
北京大学附属中学
北京市海淀区太平路小学
北京市十一学校一分校
北京市育英学校
北京十一实验中学
北京市海淀区第二实验小学
北京市海淀区西二旗小学
北京石油学院附属第二实验小学
北京市海淀区育鹰小学
北京市海淀区清河第四小学
北京市海淀区永泰小学
北京市海淀区枫丹实验小学
北京市第二十中学附属实验学校
北京市十一学校龙樾实验中学
清华大学附属中学上地小学
清华大学附属中学
北京市海淀区七一小学
北京市海淀区羊坊店中心小学
北京市海淀区羊坊店第五小学
北京市海淀区翠微小学
北京市育鸿学校
北京市第五十七中学
中国人民大学附属中学翠微学校
北京市海淀区定慧里小学
北京市海淀区六一小学
北京市海淀区八里庄小学
中国人民大学附属中学第二分校
首都师范大学附属中学
北京市海淀区西颐小学
北京市海淀区万泉河小学
北京市八一学校
北京市海淀区中关村第三小学
中国农业大学附属实验小学
北京市海淀区第三实验小学
北京市海淀区清华东路小学
北京林业大学附属小学
北京科技大学附属小学
北京市海淀区东升实验小学

中国矿业大学（北京）附属中学
北京市海淀区星火小学
北京邮电大学附属小学
北京市海淀区学院路小学
北京师范大学实验小学
北方交通大学附属小学
北京交通大学附属中学
北京交通大学附属中学分校
北京交通大学附属中学第二分校
北京师范大学第三附属中学
北京航空航天大学实验学校分校
北京市海淀区前进小学
北京市海淀区民族小学
北京医科大学附属小学
北京航空航天大学实验学校
北京市海淀区永丰中心小学
北京市海淀区上庄中心小学
北京市海淀区科技园小学
北京市上庄中学
北京市上庄第二中学
北京市海淀区台头小学
北京市海淀区北安河中心小学
北京市海淀区苏家坨中心小学
北京市海淀北部新区实验学校
北京中法实验学校
北京市第四十七中学
北京市信息管理学校
北京市海淀区实验小学
北京科技大学附属中学
北京市十一学校
北京石油学院附属中学
北京市海淀实验中学
北京市海淀区五一小学
北京市第十九中学
北京市海淀区红英小学
北京市海淀区双榆树中心小学
北京市中关村中学
中国人民大学附属中学
北京市海淀外国语学校
北大附中香山学校
北京大学附属小学
清华大学附属小学
中国人民大学附属中学分校
北京实验学校（海淀）
北京二十一世纪国际学校
中国人民大学附属中学航天城学校

丰台区（85所）

首都医科大学附属小学
北京市丰台区玉林小学
北京舞蹈学院附中丰台实验小学
北京市丰台区太平桥第二小学校
北京市海淀区实验小学丰台分校
北京市丰台区西罗园小学
北京市丰台区西罗园第五小学
北京市丰台区角门小学
北京市丰台区西马金润小学
北京市丰台区丰体时代小学
北京市丰台区丰台第一小学
北京市丰台区丰台第二小学

北京市丰台区师范学校附属小学
北京市丰台区丰台第五小学
北京市丰台区丰台第六小学
北京市丰台区丰台第七小学
北京铁路分局北京铁路职工子弟第十一小学
北京市丰台区丰台第八小学
北京市丰台区丰台第五小学万柳分校
北京市丰台区长辛店第一小学
北京市丰台区长辛店第二小学
北京市丰台区长辛店第七小学
北京市丰台区丰台第一小学长辛店分校
北京市丰台区扶轮小学
首都师范大学附属云岗小学
北京市丰台区卢沟桥第一小学
北京市丰台区卢沟桥第二小学校
北京市丰台区长辛店中心小学
北京大学附属小学丰台分校
北京市丰台区万泉寺小学
北京市丰台区小井小学
北京市丰台区靛厂小学
北京市丰台区长安新城小学
北京市丰台区草桥小学
北京市丰台区黄土岗小学
北京市丰台区新发地小学
北京市丰台第八中学附属小学
北京市丰台区看丹小学
北京市丰台区阳春小学
首都经济贸易大学附属小学
北京市丰台区纪家庙小学
北京市丰台区四合庄小学
北京市丰台区人民村小学
北京小学丰台万年花城分校
北京朝阳芳草地国际学校丽泽分校
北京市丰台区丰台第二中学附属实验小学
北京市丰台区丰台第一小学丰益分校
北京市丰台区丰台第一小学远洋校区
北京市丰台区丰台第五小学鸿业校区
北京市丰台区丰台第五小学银地校区
北京市丰台区丰台第五小学京铁校区
北京市丰台区和义学校(小学部)
北京市大成学校（小学部）
中国教育科学研究院丰台实验学校（小学部）
北京市赵登禹学校（小学部）
北京市右安门外国语学校
北京教育学院附属丰台实验学校分校
北京市丰台第七中学
北京市丰台第八中学
北京市丰台区看丹中学

北京市丰台区槐树岭学校
北京市丰台区卢沟桥中学
北京市丰台区黄土岗中学
北京市西罗园学校
北京市第十二中学洋桥学校
北京市赵登禹学校
中央民族大学附属中学丰台实验学校
北京市丰台区长辛店学校
北京教育学院丰台分院附属学校
北京四中璞瑅学校
北京教育学院附属丰台实验学校
清华大学附属中学丰台学校
北京教育科学研究院丰台学校
北京师范大学第四附属中学
北京市第十二中学
首都经济贸易大学附属中学
北京市丰台区丰台第二中学
北京市首都师范大学附属丽泽中学
北京市第十中学
首都师范大学附属云岗中学
北京市丰台区长辛店第一中学
北京市大成学校
中国教育科学研究院丰台实验学校
中国人民大学附属中学丰台学校
北京市丰台区群英幼儿园

石景山区（35所）

石景山区海特花园小学
石景山区先锋小学
石景山区红旗小学
北京市石景山学校
北京市实验中学
北京市实验中学分校
北京市第九中学
北京教科院附属石景山实验学校
北京市高井中学
石景山区幼儿园
石景山区师范附属幼儿园
石景山区京源幼儿园
石景山区八角北路幼儿园
石景山区幼儿园分园
石景山区师范附属幼儿园分园
石景山外语实验小学分校
石景山区实验小学分校
石景山区师范附属小学
北京市京源学校
石景山区苹果园第二小学
北京九中分校
北方工业大学附属学校
石景山区古城第二小学分校
石景山区电厂路小学
石景山区古城第二小学
石景山区银河小学
首都师范大学附属苹果园中学
北京市同文中学
北京大学附属中学石景山学校
北京景山学校远洋分校
石景山区实验小学

石景山区第三幼儿园
石景山区实验幼儿园
石景山区八角幼儿园
石景山外语实验小学

门头沟区（35所）

北京第二实验小学永定分校
北京市门头沟区妙峰山民族学校
北京市门头沟区第二幼儿园
北京市三家店铁路中学
北京市门头沟区付家台中学小学
北京市门头沟区军庄中心小学
北京市门头沟区大峪第二小学
北京市门头沟区大台中心小学
北京市门头沟区城子小学
北京市大峪中学
北京市门头沟区新桥路中学
北京市门头沟区琉璃渠小学
北京市门头沟区王平村中心小学
中国人民大学附属小学京西分校
北京市门头沟区东辛房小学
北京市门头沟区三家店小学
北京市门头沟区大峪第一小学
北京市门头沟区京师实验中学
北京市门头沟区龙泉雾小学
北京市门头沟区黑山小学
北京市门头沟区京师实验小学
北京市门头沟区龙泉小学
北京市门头沟区第一幼儿园
北京市门头沟区中等职业学校
北京市门头沟区斋堂中心小学
北京市门头沟区清水学校
北京市门头沟区第三幼儿园
北京市第八中学京西校区
北京市王平中学
北京市门头沟区军响中心小学
北京市门头沟区军庄中学
北京市门头沟区潭柘寺中心小学
北京市门头沟区斋堂中学
首都师范大学附属中学永定分校
北京市门头沟区潭柘寺中学

房山区（75所）

北京四中房山分校
北京十二中朗悦学校
北京市燕山向阳中学
北京市燕山东风中学
北京市燕山星城中学
北京市房山区南召中学
北京市房山区良乡中学
北京市房山区坨里中学
北京市房山区石窝中学
北京市房山区晨曦中学
北京市房山区交道中学
北京市房山区岳各庄中学
北京市房山区周口店中学
北京市房山区南尚乐中学
北京市房山区南梨园中学
北京市房山区四〇一学校
北京市房山区良乡第五中学
北京市房山区房山第五中学
北京市房山区房山第三中学

北京市房山区房山职业学校
北京师范大学良乡附属中学
北京市房山区良乡第四中学
北京师范大学燕化附属中学
北京小学长阳分校
黄城根小学房山分校
北京市燕山东风小学
北京市房山区行宫园学校
北京市房山区城关第四小学
北京市房山区城关第二小学
北京市房山区良乡第二小学
北京市房山区良乡第四小学
北京市房山区官道中心小学
北京市房山区十渡中心小学
首都师范大学附属房山小学
北京市房山区南召中心小学
北京市燕山前进第二小学
北京市房山区燕山羊耳峪小学
北京市房山区佛子庄乡中心小学
北京市房山区窦店镇交道中心小学
北京市房山区长沟镇长沟中心小学
北京市房山区河北镇河北中心小学
北京市房山区石楼镇石楼中心小学
北京市房山区长阳镇长阳中心小学
北京市房山区张坊镇张坊中心小学
北京市房山区史家营乡史家营中心小学
北京市房山区霞云岭乡霞云岭中心小学
北京市房山区韩村河镇韩村河中心小学
北京市房山区周口店地区周口店中心小学
北京市燕山幼儿园
北京市房山区房山幼儿园
北京市第四幼儿园长阳分园
中国原子能科学研究院幼儿园
北京市房山区长阳第二幼儿园
北京市房山区良乡第四幼儿园
北京市房山区燕山东风幼儿园
北京市房山区燕山星城幼儿园
北京市房山区燕山向阳幼儿园
北京市房山区窦店镇中心幼儿园
北京市房山区张坊镇中心幼儿园
北京市房山区良乡镇中心幼儿园
北京市房山区南窖乡中心幼儿园
北京市房山区十渡镇中心幼儿园
北京市房山区长阳镇中心幼儿园
北京市房山区河北镇中心幼儿园
北京市房山区史家营乡中心幼儿园
北京市房山区霞云岭乡中心幼儿园
北京市房山区佛子庄乡中心幼

儿园
北京市房山区长阳镇葫芦垡幼儿园
北京市房山区琉璃河镇中心幼儿园
北京市房山区韩村河镇中心幼儿园
北京市房山区燕山小天使幼儿园
北京市房山区韩村河镇岳各庄幼儿园
北京市房山区良乡镇官道中心幼儿园
北京市房山区城关街道办事处中心幼儿园
北京市房山区西潞街道办事处中心幼儿园

通州区（50所）

北京市通州区第六中学
北京市通州区北苑小学
北京市通州区运河中学
北京市通州区马驹桥镇中心小学
北京市通州区台湖学校
北京市通州区甘棠中学
北京市通州区小务中学
北京市通州区觅子店中学
北京市通州区牛堡屯学校
北京市通州区后南仓小学
北京市通州区临河里小学
北京市通州区永顺小学
北京市通州区运河小学
北京市通州区南关小学
北京市通州区永乐店镇中心小学
北京市通州区漷县镇中心小学
北京市通州区于家务乡中心小学
北京市通州区新城东里幼儿园
北京市通州区新通幼儿园
北京市通州区临河里幼儿园
北京市通州区马驹桥镇大杜社中心幼儿园
北京市通州区张家湾镇牛堡屯中心幼儿园
北京市通州区漷县镇漷县中心幼儿园
北京市通州区梨园镇新城嘉园中心幼儿园
北京市通州区台湖镇定海园幼儿园
北京市通州区新华学校
北京市通州区张家湾中学
北京市育才学校通州分校
北京市通州区柴厂屯中学
北京市通州区于家务中学
北京市通州区漷县中学
北京市通州区大杜社中学
北京市通州区次渠中学
北京市通州区官园小学
北京市通州区玉桥小学
北京市通州区中山街小学
北京市通州区培智学校
北京市通州区民族小学

北京市史家小学通州分校
北京市通州区梨园镇中心小学
北京市通州区张家湾镇中心小学
北京市通州区台湖镇中心小学
北京市通州区于家务回族乡中心幼儿园
北京市通州区潞城镇甘棠中心幼儿园
北京市通州区马驹桥镇马驹桥中心幼儿园
北京市通州区宋庄镇徐辛庄中心幼儿园
北京市通州区永乐店镇中心幼儿园
北京市通州区台湖镇次渠家园幼儿园
北京市通州区民族幼儿园
北京市通州区如意中心幼儿园

顺义区（94 所）

北京市顺义区第一中学
北京市顺义区天竺中学
北京市顺义区南法信中学
北京市顺义区李桥中学
北京市顺义区杨镇第二中学
北京市顺义区北务中学
北京市顺义区第十一中学
北京市顺义区张镇中学
北京市顺义区沿河中学
北京市顺义区高丽营学校
北京市顺义区第十五中学
北京市顺义区牛山第二中学
北京市顺义区仁和中学
北京市顺义区赵全营中学
北京市顺义区第十三中学
北京市顺义区第四中学（体育运动学校）
北京市顺义区第十二中学
北京市牛栏山一中实验学校
北京市顺义区港馨小学
北京市顺义区空港小学
北京市顺义区裕龙小学
北京市顺义区高丽营第二小学
北京市顺义区李桥中心小学校
北京市顺义区河南村中心小学校
北京市顺义区牛栏山第一小学
北京市顺义区大孙各庄中心小学校
北京市顺义区明德小学
北京市顺义区仇家店中心小学校
北京市顺义区赵全营中心小学校
北京市顺义区李各庄学校
北京市顺义区板桥中心小学校
北京市顺义区张镇中心小学校
北京市顺义区南法信中心小学校
北京市顺义区沿河中心小学校
北京市顺义区龙湾屯中心小学校
北京市顺义区仁和中心小学
北京市顺义区北小营中心小学校
北京市顺义区建新小学
北京市顺义区空港第二小学

北京市顺义区南彩第一小学
首都师范大学附属顺义实验小学
北京市顺义区天竺第二小学
北京市顺义区沙岭学校
北京市顺义区第一中学附属小学
北京市顺义区裕达隆小学
北京市顺义区牛栏山第二小学
北京市顺义区南彩第二小学
北京市顺义区马坡第二小学
北京市顺义区仓上小学
北京市顺义区北石槽中心小学校
北京市顺义区小店中心小学校
北京市顺义区北务中心小学校
北京市顺义区李遂中心小学校
北京市顺义区牛栏山第三小学
北京市顺义区特殊教育学校
北京市顺义区建北幼儿园
北京市顺义区义宾幼儿园
北京市顺义区滨河幼儿园
北京市顺义区裕龙幼儿园
北京市顺义区东兴幼儿园
北京市顺义区石园幼儿园
北京市顺义区旺泉幼儿园
北京市顺义区澜西园四区幼儿园
北京市顺义区港馨东区幼儿园
北京市顺义区马坡第一幼儿园
北京市顺义区马坡第二幼儿园
北京市顺义区马坡第三幼儿园
北京市顺义区北小营中心幼儿园
北京市顺义区北小营第二幼儿园
北京市顺义区牛栏山第一幼儿园
北京市顺义区吉祥幼儿园
北京市顺义区天竺中心幼儿园
北京市顺义区高丽营第一幼儿园
北京市顺义区高丽营第二幼儿园
北京市顺义区馨港幼儿园
北京市顺义区李遂中心幼儿园
北京市顺义区南彩第一幼儿园
北京市顺义区南彩第二幼儿园
北京市顺义区木林中心幼儿园
北京市顺义区尹家府中心幼儿园
北京市顺义区裕龙二区幼儿园
北京市顺义区仁和花园一区幼儿园
北京市顺义区澜西园二区幼儿园
北京市顺义区顺和花园幼儿园
北京市顺义区双丰第一幼儿园
北京市顺义区香悦四季幼儿园
北京市顺义区空港第一幼儿园
北京市顺义区高丽营第三幼儿园
北京市顺义区杨镇第三幼儿园
北京市顺义区赵全营中心幼儿园
北京市顺义区北务中心幼儿园
北京市顺义区张镇中心幼儿园
北京市顺义区龙湾屯中心幼儿园
北京市顺义区北石槽中心幼儿园

昌平区（58所）

首都师范大学附属中学昌平学校
北京师范大学第二附属中学未来科学城学校

北京师范大学昌平附属学校
北京师范大学实验小学未来科学城学校
北京育翔小学回龙观学校
北京市昌平区燕丹学校
北京市昌平区马池口中学
首都师范大学附属回龙观育新学校
北京市昌平区天通苑学校
北京市昌平区兴寿学校
北京市昌平区长陵学校
北京市昌平区桃洼学校
北京市昌平区二一学校
北京市昌平区下庄学校
北京市昌平区黑山寨学校
北京市昌平区西府冠华学校
北京市昌平区南口铁道北小学
北京市昌平区平西府中心小学
北京市昌平区流村中心小学
北京市昌平区高崖口中心小学
北京市昌平区老峪沟中心小学
北京市昌平区南邵中心小学
北京市昌平区阳坊中心小学
北京市昌平区东小口中心小学
北京市昌平第三实验小学
北京市昌平区史各庄中心小学
北京市昌平区天通苑小学
北京市昌平区城南中心小学
北京市昌平区昌盛园小学
北京市昌平区大东流中心小学
北京市昌平区七里渠中心小学
北京市昌平区崔村中学
北京市昌平区南口铁道北中学
北京市昌平区昌平第六中学
北京市昌平区小汤山镇中心幼儿园
北京市昌平区兴寿镇中心幼儿园
北京市昌平区十三陵镇中心幼儿园
北京市昌平区北七家镇中心幼儿园
北京市昌平区流村镇中心幼儿园
北京市昌平区阳坊镇中心幼儿园
北京市昌平区百善镇中心幼儿园
北京市昌平区财贸幼儿园
北京市昌平区南口镇中心幼儿园
首都师范大学附属回龙观幼儿园
北京市昌平区城关小学
北京市昌平实验小学
北京市昌平区二毛学校
北京市昌平第二实验小学
北京市昌平区西贯市回民小学
北京市昌平区小汤山中学
北京市昌平区南邵中学
北京市昌平区百善学校
北京市昌平区回龙观中心小学
北京市昌平区回龙观第二小学
首都市昌平区崔村中心小学
北京市昌平区亭自庄学校
北京市昌平区前锋学校

北京市昌平区城北中心小学

大兴区（92所）

北京市大兴区第一小学
北京市大兴区第三小学
北京市大兴区第五小学
北京市大兴区第六小学
北京市大兴区第七小学
北京市大兴区第八小学
北京市大兴区第九小学
北京教育科学研究院大兴实验小学
北京教育学院附属大兴实验小学
北京印刷学院附属小学
北京市大兴区团河小学
北京市大兴区滨河小学
北京市大兴区枣园小学
北京市育才学校大兴分校
北京市大兴区黄村镇第一中心小学
北京市大兴区黄村镇第二中心小学
北京市大兴区旧宫镇第一中心小学
北京教育科学研究院旧宫实验小学
北京市大兴区青云店镇第二中心小学
北京市大兴区采育镇第一中心小学
北京市大兴区采育镇第二中心小学
北京市大兴区礼贤镇第一中心小学
北京市大兴区礼贤镇第二中心小学
北京市大兴区榆垡镇第二中心小学
北京市大兴区北臧村镇中心小学
北京市大兴区魏善庄镇第一中心小学
北京市大兴区魏善庄镇第二中心小学
中国教育科学研究院北京大兴实验学校
北京市大兴区亦庄镇第二中心小学
北京亦庄实验小学
北京第二实验小学大兴实验学校
北京小学大兴分校亦庄学校
北京市大兴区第四中学
北京市大兴区第六中学
北京市大兴区第七中学
北京市大兴区垡上中学
北京市大兴区大辛庄中学
北京市大兴区狼垡中学
北京市大兴区长子营学校
北京市第十四中学大兴安定分校
北京景山学校大兴实验学校
北京市大兴区金海学校
北京市大兴区兴海学校

国家教育行政学院附属实验学校
北京市大兴区永华实验学校
北京八中亦庄分校
北京亦庄实验中学
北京建筑大学附属中学
北京市第八中学大兴分校
北京市大兴区旧宫中学
首都师范大学大兴附属中学
北京市大兴区采育中学
首都师范大学附属中学大兴北校区
北京市大兴区榆垡中学
北京市大兴区第一职业学校
北京市大兴区第一幼儿园
北京市大兴区第二幼儿园
北京市大兴区第三幼儿园
北京市大兴区第四幼儿园
北京市大兴区第五幼儿园
北京市大兴区第六幼儿园
北京市大兴区第七幼儿园
北京市大兴区第八幼儿园
北京市大兴区第九幼儿园
北京市大兴区第十幼儿园
北京市大兴区第十一幼儿园
北京市大兴区第十二幼儿园
北京市大兴区民族幼儿园
北京市大兴区联港嘉园幼儿园
北京市大兴区黄村镇第一中心幼儿园
北京市大兴区黄村镇第二中心幼儿园
北京市大兴区黄村第三幼儿园
北京市大兴区旧宫镇第一中心幼儿园
北京市大兴区青云店镇第二中心幼儿园
北京市大兴区采育镇第一中心幼儿园
北京市大兴区采育镇第二中心幼儿园
北京市大兴区安定镇中心幼儿园
北京市大兴区礼贤镇中心幼儿园
北京市大兴区榆垡镇第一中心幼儿园
北京市大兴区榆垡镇第二中心幼儿园
北京市大兴区北臧村镇中心幼儿园
北京市大兴区魏善庄镇第一中心幼儿园
北京市大兴区魏善庄第二中心幼儿园
北京市大兴区长子营镇中心幼儿园
北京市大兴区瀛海镇第一中心幼儿园
北京市大兴区瀛海镇第二中心幼儿园
北京市大兴区亦庄镇中心幼儿园
北京市大兴区西红门双语幼儿园

首都师范大学学前教育学院附属幼儿园
北京市大兴区亦庄第五幼儿园
北京市大兴区亦庄第三幼儿园
北京市大兴区亦庄第四幼儿园

平谷区（38 所）

北京市平谷区第七中学
北京绿谷小香玉艺术学校
北京市平谷区夏各庄联办中学
北京市平谷区峪口中学
北京师范大学附属中学平谷第一分校
北京市平谷区山东庄中学
北京市平谷区大华山中学
北京市平谷区马昌营中学
北京市平谷区门楼庄中学
北京市平谷区刘家河中学
北京市平谷区第七小学
北京市平谷区夏各庄中心小学
北京市平谷区大兴庄中心小学
北京第二外国语学院平谷附属学校
北京第一师范学校附属小学平谷分校
北京市平谷区马坊中心小学
北京市平谷区东交民巷小学马坊分校
北京市平谷区峪口中心小学
北京市平谷区南独乐河中心小学
北京市平谷区山东庄中心小学
北京市平谷区金海湖学校
北京市平谷区大华山中心小学
北京市平谷区马昌营中心小学
北京市平谷区门楼中心小学
北京市平谷区靠山集中心小学
北京市平谷区北杨桥中心小学
北京市平谷区黄松峪中心小学
北京市平谷区镇罗营中心小学
北京市平谷区熊儿寨中心小学
北京市平谷区刘家店中心小学
北京市平谷区第三幼儿园
北京市平谷区第四幼儿园
北京实验学校附属幼儿园
北京市平谷区大兴庄幼儿园
北京市平谷区南独乐河幼儿园
北京市平谷区大华山幼儿园
北京市平谷区职业学校
北京市平谷区聋人学校

怀柔区（27 所）

北京市怀柔区第一中学
北京市怀柔区第二中学
北京市怀柔区张各长中学
北京市怀柔区杨宋中学
北京市怀柔区第六小学
北京市怀柔区怀柔镇中心小学
北京市怀柔区北房镇中心小学
北京市怀柔区琉璃庙镇中心小学
北京市怀柔区宝山镇中心小学
北京市怀柔区第四幼儿园
北京市怀柔区怀柔镇中心幼儿园

北京市怀柔区怀北镇中心幼儿园
北京市怀柔区庙城学校
北京市怀柔区培智学校
北京市怀柔区九渡河镇中心幼儿园
北京市怀柔区职业学校
北京市怀柔区北房中学
北京市怀柔区渤海中学
北京市怀柔区杨宋镇中心小学
北京市怀柔区桥梓镇中心小学
北京市怀柔区茶坞铁路小学
北京市怀柔区九渡河镇中心小学
北京市怀柔区庙城镇中心幼儿园
北京市怀柔区雁栖镇中心幼儿园
北京市怀柔区北房镇中心幼儿园
北京市怀柔区杨宋镇中心幼儿园
北京市怀柔区渤海镇中心幼儿园

密云区（36所）

北京市密云区十里堡中学
北京市密云区穆家峪中学
北京市密云区新城子中学
北京市密云区古北口中学
北京市密云区高岭学校
北京市密云水库中学
北京市密云区第三中学
北京市密云区第五中学
北京市密云区十里堡镇中心小学
北京市密云区巨各庄镇中心小学
北京市密云区北庄镇中心小学
北京市密云区太师屯镇中心小学
北京市密云区不老屯镇中心小学
北京市朝阳区实验小学密云学校
北京市密云区檀营满族蒙古族乡中心小学
北京市密云区第一小学
北京市密云区第二小学
北京市密云区第五小学
北京市密云区第六幼儿园
北京市密云区第九幼儿园
北京市密云区新农村中学
北京市密云区巨各庄中学
北京市密云区大城子学校
北京市密云区北庄中学
北京市密云区太师庄中学
北京市育英学校密云分校
北京市密云区第二中学
北京市密云区西田各庄镇中心小学
北京市密云区河南寨镇中心小学
北京市密云区穆家峪镇中心小学
北京市密云区新城子镇中心小学
北京市密云区第三小学
北京市密云区季庄小学
北京市密云区第四幼儿园
北京市密云区第七幼儿园
北京市密云区第八幼儿园

延庆区（33所）

北京市延庆区八达岭中学
北京市延庆区沈家营中学
北京市延庆区大榆树中学

北京市延庆区八达岭中心小学
北京市延庆区小丰营中心小学
北京市延庆区西二道河中心小学
北京市延庆区旧县中心小学
北京市延庆区井家庄中心小学
北京市延庆区康庄幼儿园
北京市延庆区第五幼儿园
北京市延庆区张山营学校
北京市延庆区体育运动学校
北京市延庆区太平庄中心小学
北京市延庆区珍珠泉中心小学
北京市延庆区第六幼儿园
北京市延庆区下屯中心小学
北京市延庆区靳家堡中心小学
北京市延庆区第一小学
北京市延庆区第二小学
北京市延庆区第三小学
北京市延庆区西屯中心小学
北京市延庆区八里庄中心小学
北京市延庆区大榆树中心小学
北京市延庆区沈家营中心小学
北京市延庆区特殊教育中心
北京市延庆区第一幼儿园
北京市延庆区第二幼儿园
北京市延庆区第三幼儿园
北京市延庆区第一中学
北京市延庆区第二中学
北京市延庆区十一学校
北京市延庆区第五中学
北京市延庆区第八中学

北 京 市 教 育 委 员 会
北京市语言文字工作委员会

转发教育部　国家语委关于印发《中华经典诵读工程实施方案》文件的通知

京教语〔2019〕2 号

各区教委、语委，各市属高校：

现将教育部、国家语委《关于印发〈中华经典诵读工程实施方案〉的通知》（教语用〔2018〕3 号）转发给你们，请各单位将贯彻落实情况及时报送北京市语言文字工作委员会办公室。

2019 年 1 月 15 日

教 育 部
国家语委

关于印发《中华经典诵读工程实施方案》的通知

教语用〔2018〕3 号

各省、自治区、直辖市教育厅（教委）、语委，各计划单列市教育局、语委，新疆生产建设兵团教育局、语委，部属各高等学校、部省合建各高等学校，部内各司局、各直属单位：

为深入贯彻习近平新时代中国特色社会主义思想和党的十九大精神，落实中共中央办公厅、国务院办公厅印发的《关于实施中华优秀传统文化传承发展工程的意见》，学习贯彻全国教育大会精神，切实发挥语言文字在传承发展中华优秀传统文化、革命文化和社会主义先进文化中的重要作用，教育部、国家语委研究制定了《中华经典诵读工程实施方案》。现印发给你们，请认真贯彻执行。

2018 年 9 月 25 日

中华经典诵读工程实施方案

为深入贯彻习近平新时代中国特色社会主义思想和党的十九大精神，落实中共中央办公厅、国务院办公厅印发的《关于实施中华优秀传统文化传承发展工程的意见》，教育部、国家语委组织实施中华经典诵读工程，通过开展经典诵读、书写、讲解等文化实践活动，挖掘与诠释中华经典文化的内涵及现实意义，引领社会大众特别是广大青少年更好地熟悉诗词歌赋、亲近中华经典，更加广泛深入地领悟中华思想理念、传承中华传统美德、弘扬中华人文精神，特制定本实施方案。

一、总体要求

（一）指导思想

“普通话诵经典，规范字书中华”。中华经典诵读工程以立德树人、培育社会主义核心价值观为根本任务，以传承弘扬中华优秀传统文化、革命文化和社会主义先进文化为核心内容，以诵读、书写、讲解等文化实践活动为主要形式，以课程教材、资源平台及人才培养建设为基础支撑，以广大青少年、教师、家长和中华文化爱好者为基本对象，充分发挥语言文字在传承发展中华优秀文化中的重要作用，为青少年的美好人生打下鲜明中国底色，为增强人民群众的文化自信提供有力支撑。

（二）工作目标

到 2025 年，使社会大众尤其是青少年更加热爱中华经典，语文素养和语言文字应用能力显著提升，具有较强的国家通用语言文字规范意识和自觉传承弘扬中华优秀传统文化的意识，普遍具有高度的语言自信和文化自信，国家通用语言文字普及率进一步提升；学校和社会中华经典诵读活动广泛开展，成为品牌，形成长效机制；贯穿大中小幼的中华经典教育体系基本完善，中华优秀传统文化蕴含的思想观念、人文精神、道德规范得到进一步挖掘诠释，展现出永久魅力和时代风采，中华经典教育、诵读、书写、讲解资源基本满足全社会的学习需求；中华优秀语言文化的国际传播更加广泛，全球中文学习者大幅增加，以语言通促进民心通，助力“一带一路”建设，用中国声音讲好中国故事、传播中国思想理念，为增强国家文化软实力打下坚实语言基础，建成与综合国力相适应的语言文化强国。

二、基本原则

（一）坚持中央统筹与地方落实并重。在国家统筹基础上，充分发挥地方教育（语言文字）部门的主管作用，切实把中华经典诵读工程的实施摆上重要日程，协调有关行业主管部门、语委成员单位，充分调动各方面积极性，共同实施好工程的各项任务。

（二）坚持基础建设与创新发展并重。加强中华传统经典诵读教材、读本等基础资源建设，便于社会大众尤其是青少年知道“读什么”“怎么读”,学习领悟中华经典精髓;重视对中华经典的研究阐发，推动中华优秀传统文化、革命文化和社会主义先进文化创造性转化、创新性发展，不断丰富中华经典的内容和传播方式。

（三）坚持学校教育与社会参与并重。坚持以学校为主阵地，以课堂教学和学校活动为主渠道，为学生从小打下中国文化底色；注重发挥学校的辐射带动作用，发挥朗诵、书法、诗词等文化名家以及播音员主持人等的示范引领作用，激发社会大众学习中华经典的热情和参与经典诵读活动的积极性。

（四）坚持活动引领与机制建设并重。开展诵读、书写、讲解、诗词创作等实践活动，在全社会营造“亲近经典、承续传统”的良好氛围；通过课程教材建设、基地平台支撑等长效机制，保证中华经典诵读教育实践活动长期开展，使之成为每一个中国人不可或缺的生活方式。

（五）坚持传承普及与传播交流并重。要使社会大众特别是青少年更好地熟悉诗词歌赋，传承中华人文精神、普及中华传统美德，又要加强与海外的交流合作，通过人文交流机制、语言年、孔子学院、大型国际会议等平台，宣传中国思想理念，为世界和平与人类发展贡献中国智慧。

三、重点任务

（一）实践活动引领

1. 举办全国性大型活动。举办中华经典诵写讲大赛，通过赛事和诵读、书写、演讲、写作、诗词歌赋创作等展示活动营造氛围，激发社会大众尤其是学校师生参与诵读活动的积极性与热情。结合“全民阅读”以及“少年传承中华传统美德”系列教育活动、全国高校“礼敬中华优秀传统文化”系列活动等，广泛开展中华经典诵读。继续支持举办“中国诗词大会”等品牌节目，并扶持开发相关原创语言文化类品牌节目。

2. 建设校园诵读品牌。引导支持各级各类学校举办或定期开展推广普通话宣传周、阅读节、汉字文化节、诗歌节、读书会等形式多样的语言文化活动，建设“中华诵”“经典伴我成长”“最美诵读”等一批校园诵读品牌，并形成长效机制。以经典诵读、书写、研读、诗词创作、汉字艺术交流等为主题，与综合实践活动相结合，举办中华经典诵写讲夏令营活动。

3. 组织“送经典下基层”活动。鼓励和组织诵读、书法、诗词等名家进校园活动，推动经典诵读文化实践活动入社区、下基层、进部队。实施经典诵读教育志愿者计划。组织高校、媒体、文化社团等与周边社区和边远、民族地区县乡“结对子”，将优质师资、展览、文化作品、经典学习资源等送到基层。

4. 开展中国节庆日诵读活动。以中国传统节日和新中国重大节庆日、纪念日等为契机，指导、推动、组织举办中华经典诵读活动，创新活动形式，突出思想内涵，强化教育功能，丰实文化厚度，进一步增强中国节庆日的影响力和吸引力。

（二）平台基地支撑

5. 打造多媒体传播平台。充分发挥现代信息技术优势，创新“互联网＋语言文化”，开拓经典诵读新媒体传播渠道，活化经典、活态传播。打造集中华经典研究、展示、学习、培训、评价、交流等多功能于一体的多媒体传播平台。支持各级电台、电视台、主流平面媒体开设中华经典诵读专题节目、栏目，鼓励开发朗诵配音、诗词创作、成语游戏、汉字学习等公众号、客户端、小程序等多媒体资源，寓学于乐、寓读于乐。

6. 建设中华经典诵写讲基地。在全社会遴选建设中华经典诵写讲基地，依托基地开展丰富多彩的诵读、书写、讲解、演讲、吟诵、创作、展示等活动，加强中华经典的研究阐释、教育传承及创新传播，集中展示、宣传、传播中华优秀语言文化。鼓励支持学校和社会各界建立完善各种经典诵写讲社团和组织，充分利用好地方图书馆、书店、自媒体等学习场所和工具，弘扬中华优秀语言文化，营造全社会诵读经典的文化氛围。

（三）基础资源保障

7. 加强诵写讲师资队伍建设。实施中小学和幼儿园教师经典诵写讲教育培训计划，丰富培训形式，并着力向农村、边远和民族地区倾斜。各级教育（语言文字）部门应根据需要组织中小学及幼儿园在岗教师参加经典诵写讲教育专项培训；中小学语文、历史、道德与法治（或思想政治）、综合实践活动等课程教师应参加脱产或在线培训。实施名师英才成长计划，培养造就一批学生和社会喜爱的语言文化代表人物。

8. 构建经典诵读课程和教材体系。在中小学语文等学科中丰富、充实有关中华经典诵读内容，支持各地开发中华经典地方课程、校本课程，开展诵写讲特色项目研究、实践。指导编写不同学段的中华经典分级诵读本，建设“中小学语文示范诵读库”。支持高校面向全体学生开设大学语文、中华优秀传统文化等必修和选修课程，编写中华经典大学教材。举办中华经典诵读优秀读本展示活动。

9. 建设中华经典优质学习资源。发挥知名专家学者的影响力，建设“中华经典资源库”并加强宣传推广。编写中华经典读本盲文版和手语版，帮助残障人士学习中华经典。建设少数民族语言文字和汉语方言经典资源，科学保护传承各民族语言文化。研究制定基于普通话语音系统的《中华通韵》，编撰《中华韵典》。做好甲骨文、汉字溯源及简化字来源整理研究，支持编写语言文化大众读本，普及汉字知识，传承汉字文化。推进中华经典音乐化、视听化作品开发创作，支持开展吟诵研究和研讨交流。

（四）合作交流传播

10. 加强港澳台地区语言文化交流合作。深化内地与港澳、大陆与台湾地区语言文化交流合作，组织内地高校师生赴港澳台地区开展“中华经典诵读展演交流”，港澳台地区学生到内地（大陆）开展语言文化交流活动。支持港澳台地区学生参加中华经典诵写讲大赛、中国诗词大会等全国性活动。支持香港、澳门开展中小学教师普通话和中华经典诵写讲研修活动。

11. 加强中华优秀语言文化海外传播。支持开展海外中文教师中华经典诵写讲研修活动，选译中华思想文化术语，编写中国经典诗词名家选释与翻译丛书、中华经典诗词中外语言对照学习读本等海外传播精品内容。用好联合国中文日、语言年、世界读书日、双边教育文化交流、中外人文交流机制、孔子学院等平台，开展中华经典诵写讲巡演、巡展等活动。

四、组织实施

（一）加强组织领导。地方教育（语言文字）部门要将中华经典诵读工程作为传承发展中华优秀传统文化、提升文化自信的重要工作和贯彻落实全国教育大会的重要举措，加强统筹规划，结合本地区实际情况制定具体措施，确保工程各项活动广泛开展。

（二）发挥专家力量。建立由资深学者、文化名家、诵读名人、书法名家等各界人士构成的核心专家团队，在工程实施过程中积极参与项目策划落实、促进活动传播推广。

（三）整合社会资源。充分调动社会各方面力量，发挥机关的引领作用、学校的基础作用、媒体的示范作用、社区的普及作用，广泛动员和吸引企业等社会组织积极参与，形成合力，多方联动，共同促进。

（四）保障必要经费。中华经典诵读工程作为中华优秀传统文化传承发展工程的重点项目、国家级工程，要加大中央财政经费支持力度，各地政府和相关部门应保障本地经典诵读工程实施的必要经费，同时积极引导和鼓励社会各方力量参与工程建设实施，献智献力，共同推动各项任务落到实处。

北 京 市 教 育 委 员 会
北京市语言文字工作委员会

转发国家语言文字工作委员会关于印发《国家语言文字推广基地管理办法（试行）》文件的通知

京教语〔2019〕3号

各区教委、语委，各市属高校：

现将《国家语言文字工作委员会关于印发〈国家语言文字推广基地管理办法（试行）〉的通知》转发你们，请结合工作实际，认真遵照执行。

2019年3月7日

国家语言文字工作委员会

关于印发《国家语言文字推广基地管理办法（试行）》的通知

国语〔2018〕3号

各省、自治区、直辖市教育厅（教委）、语委，新疆生产建设兵团教育局、语委，部属各高等学校、部省合建各高等学校：

为落实《国家语言文字事业“十三五”发展规划》和《中华经典诵读工程实施方案》要求，加强国家语言文字推广基地的建设和管理，规范基地日常管理和考核，在总结前期工作经验和广泛征求各方面意见的基础上，特制定《国家语言文字推广基地管理办法（试行）》，现印发给你们，请遵照执行。

附件：国家语言文字推广基地管理办法（试行）

2018年10月1日

国家语言文字推广基地管理办法（试行）

第一章　总则

第一条　为落实《国家语言文字事业“十三五”发展规划》和《中华经典诵读工程实施方案》要求，加强国家语言文字推广基地（以下简称基地）的建设，规范基地管理，充分发挥其在人才培养、智力支持、活动支撑、合作交流等方面的作用，特制定本办法。

第二条 基地是发挥特色优势、示范引领国家通用语言文字工作的基础阵地，是整合人才资源、传承弘扬中华优秀语言文化的重要平台。学校、科研院所、新闻媒体、文化场馆及其他教育文化类相关企事业单位均可申报国家语言文字推广基地。

第三条 基地的主要任务是开展语言文字应用研究、活动推广、会议培训、合作交流等工作，宣传推广国家通用语言文字，深入实施中华经典诵读工程，开展丰富多彩的经典诵写讲实践活动，加强语言文字和中华经典的研究阐释、教育传承及创新传播，完成国家和省级语言文字工作部门交办或委托的任务。

第二章　管理体制

第四条 基地由国家语委和省级部门共建共管，属地化管理。实行“自主申报、择优建设、定期评估、动态管理”的管理模式。由国家语委统筹管理，教育部语言文字应用管理司（国家语委办公室）具体负责，省级语言文字工作部门负责日常管理。

第五条 国家语委的主要职责是：

（一）制定宏观的基地建设规划和规章制度。

（二）评审、认定、监管、考核基地的建设及运行。

（三）为基地提供政策、项目或经费支持。

第六条 省级语言文字工作部门的主要职责是：

（一）负责本省份申报单位的材料初审、实地考察、遴选上报等工作。

（二）审定基地的具体建设计划，并负责检查、落实。

（三）负责本省份基地的日常管理、年度核查等工作，定期向国家语委报告本省份基地的工作开展情况。

（四）为本省份基地提供配套政策、项目和经费支持。

（五）接受国家语委委托，组织开展基地的考查评估等工作。

第七条 基地的主要职责是：

（一）负责全面实施国家语委制定的基地建设规划，执行规章制度。组织制定本基地具体建设规划，制定内部管理规章制度。

（二）根据本单位地域、学科及专业等特色优势制定工作计划，组建业务团队，提供良好工作条件和基本运行经费，自主开展相关语言文字工作。

（三）积极申报并承接国家和省级语言文字工作部门委托的语言文字活动推广、会议培训、研究应用、合作交流等工作项目。

（四）定期向国家语委和省级语言文字工作部门汇报工作，按时上报年度计划、工作总结等材料，接受国家语委组织的定期考评。

第三章　申报与评审

第八条　申报条件

一般应是具有独立法人资格的实体性机构。能够认真贯彻执行国家语言文字方针政策；有团结协作、管理能力强的领导班子；有年龄与知识结构合理、善于创新的优秀团队；有在本地区、本行业、本领域创新性开展语言文字工作的特色优势；有支持基地持续运行所需稳定的人员、经费、场所等条件保障。

第九条　申报程序

（一）申报单位填报《国家语言文字推广基地申报表》，并保证填报内容的真实性和准确性。内容包括基地基本情况、申请理由、前期工作基础、近期发展规划和辅助证明材料等，并以附件形式提供图表、音视频、书籍等相关材料。

（二）省级语言文字工作部门在遴选审核后，将申报单位材料加盖公章，并行文报送教育部语言文字应用管理司（国家语委办公室）。

每年 7 月为统一申报期，每省每年申报不超过 5 个。

第十条　评审程序

（一）国家语言文字推广基地申报工作由国家语委组织专家评审。评审工作在每年 8—12 月间完成。

（二）形式审查。依据本办法相关规定对申报材料进行形式审查。

（三）实地考查。对申报单位进行实地评审，确定其是否符合条件。

（四）结果公示。考查结果进行为期一周的公示。无异议后经国家语委认定并公布结果，基地正式运行。

第四章　考核与奖惩

第十一条　基地实行动态管理，以五年为一个周期。通过年度考核、中期检查和周期评定对基地进行新一轮资格认可。

第十二条　考核程序

（一）年度报告。省级语言文字工作部门应于每年 1 月 30 日前，将本省份基地上一年度的工作进展情况总结、本年度工作计划统一报送教育部语言文字应用管理司（国家语委办公室）进行年度考核。

（二）中期检查。教育部语言文字应用管理司（国家语委办公室）在每个评定周期的第 3 年委托相关部门、专家对基地进行中期检查。

（三）周期评定。在年度报告和中期检查的基础上，国家语委每 5 年对基地进行周期评定和新一轮资格认可。

第十三条　检查评定的重点是基地在人员、设施、经费、政策等方面的落实情况；按照工作计划自主开展工作的情况；承担国家和省级语言文字部门相关工作项目的落实情况；在本地区、本领域创新性开展工作，示范引领国家通用语言文字推广普及工作、传承弘扬中华优秀传统文化等情况。检查评定要特别注重考查基地服务国家和社会的贡献度以及取得重要成果的情况。

第十四条　根据考核情况（优秀、合格、不合格），国家和省级语言文字工作部门对基地予以经费和项目等方面的相应调整。对考核优秀的基地，将加大经费和项目支持力度。对中期检查不合格的基地，将予以警告并要求整改。对周期评定结果为合格及以上的基地，可进入下一个建设周期；对未通过周期评定的基地，撤销其资格。通过周期评定的基地名单，由国家语委公布。

第五章 附则

第十五条 省级语言文字工作部门可结合本地区实际，参照本办法，制定相应实施细则和配套政策，开展省级语言文字推广基地的命名和建设工作。

第十六条 本办法由教育部语言文字应用管理司（国家语委办公室）负责解释，自 2019 年 1 月 1 日起施行。

附表：国家语言文字推广基地申报表（略）

北京市语言文字工作委员会办公室

关于印发 2019 年工作要点的通知

京语办〔2019〕1 号

各区教委、语委，各高等学校，有关单位：

现将《北京市语言文字工作委员会 2019 年工作要点》印发给你们，请结合实际，认真贯彻落实。

2019 年 4 月 10 日

北京市语言文字工作委员会 2019年工作要点

2019年北京市语言文字工作坚持以习近平新时代中国特色社会主义思想为指导，全面贯彻党的教育方针，深入学习贯彻习近平总书记关于教育的重要论述，深入贯彻落实全国和全市教育大会精神，紧密围绕首都城市战略定位，坚持稳中求进，服务“四个中心”，全面落实《北京市语言文字事业“十三五”发展规划》，提高语言文字社会应用能力，以优异成绩迎接新中国成立70周年。

一、抓住重点，确保各项工作落实到位

1. 积极推进学校语言文字工作规范化达标建设。落实《关于实施中华优秀传统文化传承发展工程的意见》《北京市语言文字事业“十三五”发展规划》《关于进一步加强学校语言文字工作的意见》。巩固工作成果，继续推进学校语言文字工作规范化达标建设。

2. 全面推进中华经典诵读工程。依托中小学生语言能力提升专项开展经典诵读活动，以诵读为入口，弘扬优秀传统文化，践行社会主义核心价值观，提升中小学生国家通用语言文字应用能力。开展中小学生系列语言文化活动，通过课程、活动与评测，有效地训练和培养学生的诵读、演讲、辩论等口语交际表达能力。

3. 持续开展北京市民语言文化大讲堂。继续做好北京市民语言文化大讲堂专项，通过培训、宣传活动，开展以《国家通用语言文字法》为主要内容的宣传和普及课程，有效推动包括北京地方语言文化在内的中华优秀语言文化的市民普及。

4. 深入开展推广普通话宣传周工作。精心组织第22届全国推广普通话宣传周相关活动，发动各方面参与宣传，进一步创新宣传教育形式，丰富宣传教育手段，拓展宣传教育渠道，提高推普实效。

5. 扎实开展县域普通话普及情况调查工作。按照教育部语言文字应用管理司统一部署，组织北京市县域普通话普及情况调查员培训，开展普通话普及情况县域调查工作，按要求完成调查任务。

二、做好常规，不断提升工作质量和实效

6. 继续开展语言文字测试工作。指导北京市语言文字测试中心完成全年 7 万人次普通话水平测试工作，加强对各测试分中心及测试员的管理、指导与培训，保证普通话测试质量，更好地服务考生。

7. 充分利用信息化手段加强语言文字工作。加强北京语言文字网的维护和北京市教委政务网的语言文字工作信息发布工作。结合中小学中华传统文化和一体化德育体系资源建设，在中小学开展线上国学诵读推广活动。

8. 结合教育重点任务开展语言文字工作。与有关部门配合，结合社会主义核心价值观教育，体现立德树人的育人目标，落实全国和全市教育大会精神，结合教育中心工作，形成工作合力，共同开展语言文字工作，不断提升语言文字工作的实效。

三、加强协作，促进语言文字事业发展

9. 深入开展推普脱贫攻坚对口支援工作。贯彻落实《推普脱贫攻坚行动计划（2018—2020 年）》，开展对口支援地区语言文化教育支援工作。组织对口支援地区的语言文字工作人员、教师的语言文字能力提升培训和大学生推普脱贫志愿者活动。

10. 坚持加强京津冀三地交流合作。落实京津冀语言文字事业协同发展战略协议，依托中小学生语言能力提升项目，加强京津冀三地合作，推进京津冀语言文字工作的协同发展。

四、夯实基础，加强语言文字工作能力建设

11. 支持语言文字工作相关组织建设。大力支持语言文字社团、协会等社会组织和研究基地开展语言文字相关工作。逐步开展国家语言文字推广基地申报工作，加强日常工作管理、检查，为基地提供相关支持。

12. 加强语言文字干部队伍自身能力建设。开展语言文字工作人员继续教育，参加语言文字工作专项督导培训，不断提高专兼职工作人员的业务水平和依法行政能力，为本市开展语言文字工作专项督导奠定基础。积极选派人员参加教育部、国家语委举办的其他各项培训。

教育督导

北京市教育委员会文件选编

（2019）

北 京 市 教 育 委 员 会
北京市人民政府教育督导室

转发教育部办公厅关于进一步加强中小学（幼儿园）预防性侵害学生工作文件的通知

京教督〔2019〕1 号

各区教委、区政府教育督导室：

根据《中华人民共和国最高人民检察院检察建议书》的有关建议，教育部办公厅印发《关于进一步加强中小学（幼儿园）预防性侵害学生工作的通知》（教督厅函〔2018〕9 号），要求进一步加强学校安全管理，保障学生安全，有效预防性侵害学生违法犯罪的发生。现将通知转发给你们，请结合本区实际，认真贯彻执行，并切实做好以下几方面工作。

一、进一步明确工作职责

各区教委、教育督导室要加强工作统筹，压实工作任务，形成工作合力。要按照“谁主管、谁负责，谁开办、谁负责”的原则，严格落实中小学校长、幼儿园园长校园安全管理和学生保护第一责任人责任。要与各方力量加强合作，加大学校及周边安全隐患排查和整治，协助相关部门开展重点人员排查工作，积极构筑学校、家庭、社区有效衔接的保护网络，努力营造全社会共同关心、关爱学生健康成长的良好氛围。

二、扎实推进工作落实

各区要结合“七五”普法工作，将预防性侵害教育落实到每所学校、每位教职员工、每名学生。要结合中小学养成教育行动计划，通过多种主题教育宣传活动，强化学生健康安全行为习惯，提升学生自护意识和自救能力。要扎实推进中小学（幼儿园）平安校园建设工作，全面落实学校日常管理制度，严格执行校园安全管理规定，持续强化学校安全督导检查。要严格按照教育部要求，加强教职员工队伍管理，把好入口关，加强品行考核，落实管理职责。要认真落实《北京市关于进一步加强中小学家庭教育指导服务工作的实施意见》，组织开展家庭教育指导和培训，引导家长履行监护责任。

三、切实加强应急管理和处置

各区要进一步建立完善中小学（幼儿园）性侵害案件或线索及时报告制度，明确中小学（幼儿园）所有工作人员都有报警、报告的责任和义务，按要求及时上报案件或线索，严格保护学生隐私，并向相关学生及其家人提供帮助。对因各级工作人员失职渎职造成案件发生的，或者瞒报、谎报案件的，要依法依规予以处分或移送有关部门查处。

2019年1月23日

教育部办公厅

关于进一步加强中小学（幼儿园）预防性侵害学生工作的通知

教督厅函〔2018〕9号

各省、自治区、直辖市教育厅（教委），新疆生产建设兵团教育局：

为进一步加强学校安全管理、保障学生安全，有效预防性侵害学生违法犯罪的发生，根据《中华人民共和国最高人民检察院检察建议书》(高检建〔2018〕1号)的有关建议，现就有关工作通知如下：

一、深入开展预防性侵安全教育

各地教育行政部门和学校要从性侵害学生案件中吸取教训，把预防性侵害教育工作作为重中之重，通过课堂教学、讲座、班会、主题活动、编发手册、微博、微信、宣传栏等多种形式开展性知识教育、预防性侵害教育。要通过案例加强警示教育，提高学生自护意识和自救能力。教育学生特别是女生提高警觉，离家时告知父母出行情况，尽量避免外出独行；牢记父母电话和报警电话，掌握基本安全常识，主动远离危险环境。要确保预防性侵害教育落实到每一位学生、每一位家长，重点对小学学生、留守学生、寄宿学生、乡镇农村学校学生及其家长加强宣传教育。

二、切实加强教职员工队伍管理

各地教育行政部门和学校要严格落实有关教师管理法规和制度要求，进一步完善教师准入制度，强化对拟招录人员品德、心理的前置考察，联合公安部门建立性侵害违法犯罪信息库和入职查询制度。落实对校长、教师和职工从业资格的有关规定，加强对临时聘用人员的准入审查，坚决清理和杜绝不合格人员进入学校工作岗位，严禁聘用受到剥夺政治权利或者故意犯罪受到有期徒刑以上刑事处罚人员担任教职员工。要将师德教育、法治教育纳入教职员工培训内容及考核范围。要加强对教职员工的品行考核，与当地公安、检察机关建立协调配合机制，对于实施性骚扰、性侵害学生行为的教职员工，及时依法予以处理。

三、严格执行校园安全管理规定

各地教育行政部门和学校要严格落实《国务院办公厅关于加强中小学幼儿园安全风险防控体系建设的意见》和《关于做好预防少年儿童遭受性侵工作的意见》等文件要求。按照“谁主管、谁负责，谁开办、谁负责”的原则，严格落实中小学校长、幼儿园园长作为校园安全管理和学生保护第一责任人责任。要定期进行安全隐患排查，特别关注学生有无学习成绩突然下滑、精神恍惚、无故旷课等异常表现。全面落实日常管理制度，重点加强寄宿制学校规范管理，从严管理女生宿舍。中小学（幼儿园）所有工作人员对性侵害案件或线索都有报警、报告的义务和责任，一旦发现学生遭受性侵害，学校、家长要立即报警并彼此相告，同时学校要及时向上级部门报告。

四、不断完善预防性侵协同机制

各地教育行政部门和学校要与检察机关、公安机关、共青团、妇联、家庭、社会构建一体化的保护中小学（幼儿园）学生工作机制，做到安全监管全覆盖。各地教育部门要与公安机关积极协作，加强校园周边巡逻防控，防止发生社会人员性侵害在校学生案件。各地教育部门要协调有关部门进一步加强对学生保护工作的正面宣传引导，防止媒体过度渲染报道性侵害学生案件。学校要与家长保持密切联系，要通过开展家访、召开家长会等方式，提醒家长切实履行对孩子的监护责任，特别是做好学生离校后的监管看护教育工作。家校双方要及时掌握孩子情况，特别是发现孩子有异常表现时，双方要及时沟通，采取应对措施。

五、持续强化学校安全督导检查

各地教育督导部门要按照《中小学（幼儿园）安全工作专项督导暂行办法》要求，以预防性侵害工作为重点，开展学校安全工作专项督导，督促、指导中小学（幼儿园）及时消除安全隐患，对发现的性侵害线索和苗头要认真核实，及时依法处理。加强对地方政府及各有关部门、学校落实安全工作职责的督导检查，督促相关工作人员切实履行校园安全管理责任。对学校安全事故频发的地区，要采取约谈、通报、挂牌督办等方式督促其限期整改。对于教育行政部门工作人员、学校管理人员失职渎职造成性侵害学生案件发生的，或者发现性侵害学生案件瞒报、谎报的，要依法依规予以处分或者移送有关部门查处。

2018 年 12 月 12 日

北京市人民政府教育督导委员会办公室

关于印发《2019年北京市人民政府履行教育职责自查自评工作方案》的通知

京教督办〔2019〕4号

各成员单位：

2018年国家对北京市人民政府履行教育职责情况进行了督导评价，各部门高质量完成了迎检任务，北京市人民政府履行教育职责情况整体评价结果为优秀。

2019年6月，国务院教育督导委员会办公室印发《2019年对省级人民政府履行教育职责评价方案的通知》（国教督办〔2019〕3号），启动2019年对省级人民政府履行教育职责情况评价工作，要求各省积极开展自查自评，做好迎接实地核查工作。根据《北京市落实国务院教育督导委员会办公室对省级人民政府履行教育职责督导评价工作实施方案》（京教督办〔2018〕6号）相关工作机制，按照家明同志要求，现将《2019年北京市人民政府履行教育职责自查自评工作方案》（以下简称《工作方案》）印发给你们，请按照要求，认真做好本单位履行教育职责自查自评相关工作。

附件：2019年北京市人民政府履行教育职责自查自评工作方案

2019年7月9日

附件

2019年北京市人民政府履行教育职责自查自评工作方案

2019年6月，国务院教育督导委员会办公室印发《2019年对省级人民政府履行教育职责评价方案的通知》（国教督办〔2019〕3号），启动2019年对省级人民政府履行教育情况评价工作，要求各省对照通知开展自查自评，做好迎接实地核查工作。按照市领导批示精神及评价工作有关要求，依照《北京市落实国务院教育督导委员会办公室对省级人民政府履行教育职责督导评价工作实施方案》（京教督办〔2018〕6号）工作机制，为做好我市政府履行教育职责自查自评工作，特制定本方案。

一、组织领导

为贯彻落实国家对省级人民政府履行教育职责评价各项工作要求，成立"北京市迎接国家对省级人民政府履行教育职责评价工作协调小组"（以下简称"协调小组"）和"北京市迎接国家对省级人民政府履行教育职责评价工作协调小组办公室"（以下简称"协调小组办公室"），强化相关工作的组织领导和统筹指导。

（一）协调小组

组　长：副市长　张家明

副组长：市政府副秘书长　韩耕

成　员：市委教育工委、市委编办、市发展改革委、市教委、市民族宗教委、市公安局、市财政局、市人力社保局、市城市管理委、市交通委、市卫生健康委、市市场监督管理局主管领导

（二）协调小组办公室

设在市政府教育督导委员会办公室（市教委），统筹协调各项具体工作的落实。

协调小组办公室主任：市委教育工委常务副书记、市教委主任

协调小组办公室副主任：市委教育工委、市教委领导班子成员

协调小组办公室成员：市委教育工委办公室、市教委办公室、市教委政策研究与法制工作处、市教委督政处

二、协调工作机制

建立市政府办公厅指导协调、协调小组办公室牵头组织、相关部门协同配合的工作机制。协调小组办公室负责自评、迎检工作的整体统筹、部署安排和协调落实。

建立自评、迎检联络机制，协调小组办公室各成员部门要明确具体负责人，保障各项工作有序开展。

三、自查自评工作内容

2019年对省级人民政府履行教育职责评价的主要内容为各省级人民政府2018年履行教育职责情况、2019年相关重点工作进展落实情况和2017年履行教育职责评价发现问题的整改落实情况。

重点评价以下15项教育职责的履行情况：全面加强党对教育工作的领导和教育系统党的建设；健全德智体美劳全面发展育人机制；出台落实国家教育法律、法规及重大项目的相关配套政策措施；推动学前教育公益普惠发展；巩固提高义务教育发展水平；提高高中阶段教育普及水平；提高职业院校办学能力与水平；提升高等教育内涵发展水平；促进和规范民办教育发展；加快发展民族教育；优化特殊教育资源；建立“落实教育优先发展”工作机制；保障教育财政投入；加强教师队伍建设；建立健全学校安全管理常态化监管长效机制。

四、工作安排

（一）工作部署（7月10日前）

制定工作方案，部署自查自评工作，明确目标、分解任务、落实责任。

1. 负责领导：市政府副秘书长、市委教育工委常务副书记、市教委主任

2. 牵头部门：市政府办公厅、市委教育工委办公室、市教委办公室

配合部门：市委教育工委、市教委各相关处室

负责统筹协调自查自评工作，与国务院督导委员会办公室协调、沟通相关工作事宜。市教委督政处配合市教委办公室制定自查自评工作方案，安排部署自查自评工作。

（二）开展自查自评（7月10日—7月19日）

请相关部门参照《2019年对省级人民政府履行教育职责评价的指标体系任务分解》(以下简称《任务分解》)，根据各自的职责和任务，就本年度国家评价内容，做好自评工作。

1. 负责领导：市委教育工委常务副书记、市教委主任

2. 牵头部门：市委教育工委办公室、市教委办公室

配合部门：市政府有关部门，市委教育工委、市教委各相关处室

3. 职责任务

负责统筹和组织自查自评工作。市政府相关部门、市委教育工委和市教委各相关处室对照评价指标进行自评、整理支撑性材料，及时报送并按国务院教育督导委员会办公室要求上传至相关网络平台。

（三）形成自评报告（7月20日—7月31日）

协调小组办公室在汇总各相关部门自查自评材料的基础上，组织撰写《2019年北京市人民政府履行教育职责情况自查自评报告》，并于8月1日前报市政府审定。

1. 负责领导：市委教育工委常务副书记、市教委主任

2. 牵头部门：市教委政策研究与法制工作处

配合部门：市委教育工委办公室、市教委办公室、
市教委督政处

3. 职责任务

负责汇总各部门自评材料，并按照工作要求起草市政府履行教育职责情况自查自评报告。

（四）公示并上报自查自评报告（8月1日—8月12日）

完成自评报告的公示和上报工作。

1. 负责领导：市政府副秘书长

2. 牵头部门：市政府办公厅

配合部门：市教委办公室、市教委督政处

3. 职责任务

报经主管市领导批示后，将自评报告公示并上报国务院教育督导委员会办公室。

五、工作要求

（一）高度重视，加强组织领导。请各单位根据本工作方案部署，落实职责任务，严格按照时限要求，认真做好相关工作。

（二）加强协作，落实联络员制度。请各单位确定一名处级干部作为联络员，并于7月15日（周一）前将联络员信息（姓名、职务、联系电话、邮箱）通过电子邮件报至市教委督政处。

（三）对照指标，形成自评报告。请各单位对照《任务分解》，总结本单位履行教育职责相关工作举措和工作成效（重点梳理2018年工作内容），形成自查自评报告，并提供相关支撑性材料（如政策文件、经验材料等）。相关文件电子版可到公共邮箱下载。

请各单位于7月19日（周五）前，将报告及相关材料纸质版（加盖单位公章）通过机要交换至市教委督政处，电子版同时发送至指定邮箱。

附件 1. 2019年对省级人民政府履行教育职责评价的指标体系任务分解

2. 国务院教育督导委员会办公室印发《2019年对省级人民政府履行教育职责评价方案的通知》

附件 1

2019 年对省级人民政府履行教育职责评价的指标体系任务分解

一级指标	二级指标	三级指标	任务分解（委办局）
一、贯彻执行党的教育方针情况	（一）全面加强党对教育工作的领导和教育系统党的建设	1. 建立健全省级党委、政府领导联系学校制度，“领导干部上讲台”制度化、常态化，学校思想政治工作得到加强，党对学校意识形态工作的领导权得到保证，教育系统树牢“四个意识”，坚定“四个自信”，坚决做到“两个维护”	市委教育工委、市教委
		2. 各级各类学校党组织全覆盖，“三会一课”等制度扎实有效落实，党建工作评估考核制度化	市委教育工委
	（二）健全德智体美劳全面发展育人机制	3. 把习近平新时代中国特色社会主义思想贯穿落实立德树人根本任务全过程，配套政策和具体措施健全，评价体系和工作机制完善，学校思政课扎实有效，各级各类学校体育、美育、劳动教育得到加强	市委教育工委、市教委
二、落实国家教育法律、法规、规章和政策情况	（三）出台落实国家教育法律、法规及重大项目的相关配套政策措施	4. 贯彻落实深化教育体制机制改革、推进教育现代化、依法治教、教育信息化、教育脱贫攻坚等国家重大教育政策、项目，制定地方具体措施，建立工作推进机制	市委教育工委、市教委

续表 1

一级指标	二级指标	三级指标	任务分解（委办局）
三、各级各类教育发展情况	（四）推动学前教育公益普惠发展	5. 普惠性幼儿园覆盖率达到省定目标	市教委、市发展改革委、市财政局
		6. 建有一所及以上公办中心幼儿园的乡镇比例达到 100%	市教委、市发展改革委
	（五）巩固提高义务教育发展水平	7. 义务教育巩固率达到省定要求，年辍学率超过控制线的县（市、区）数量比上一年度有下降	市教委
		8. 政府依法履行义务教育主体责任情况。按计划通过义务教育发展基本均衡县（市、区）国家认定，积极推动优质均衡县创建工作	市教委
	（六）提高高中阶段教育普及水平	9. 高中阶段教育毛入学率不断提升，省定目标按时实现	市教委
		10. 职普招生比大体相当	市教委
	（七）提高职业院校办学能力与水平	11. 高职扩招部门协同联动机制健全，本省承担的高职院校扩招计划落实到位，基本办学条件和专业建设符合“扩规模与保质量并重”要求	市教委

续表 2

一级指标	二级指标	三级指标	任务分解（委办局）
三、各级各类教育发展情况	（八）提升高等教育内涵发展水平	12. 提高高校本科教学水平，“双一流”建设以及高水平大学和优势学科建设取得明显进展	市教委
	（九）促进和规范民办教育发展	13. 校外培训机构办学日常监管机制运行有力，年检年报制度、信息公开制度得到有效落实，各级民办学校违规办学行为得到及时查处	市教委
	（十）加快发展民族教育	14. 民族地区推普脱贫攻坚措施得力，组织开展青壮年农牧民普通话培训，各级各类学校教师普通话水平达到国家规定的等级标准，加强对口地区语言文字工作支援	市教委、市民族宗教委
	（十一）优化特殊教育资源	15. 辖区内所有市（地）和 30 万人口以上的县（市）均独立设置特殊教育学校，人口不足 30 万的设置有特殊教育资源中心，所有招收 5 人以上残疾学生的普通学校设有特殊教育资源教室	市教委、市财政局

续表 3

一级指标	二级指标	三级指标	任务分解（委办局）
四、统筹推进教育工作情况	（十二）建立“落实教育优先发展”工作机制	16. 建立省级政府教育工作统筹规划、科学决策、部门协同、推动落实的机制	市发展改革委、市财政局、市教委
		17. 乡村小规模学校和乡镇寄宿制学校规划建设得到加强，省域内义务教育阶段 66 人及以上超大班额基本消除，普通高中大班额比例逐年下降	市教委、市发展改革委
		18. 完善教育督导体制机制，依法设置各级教育督导机构，加强教育督导队伍建设，强化教育督导工作	市教委
五、加强教育保障情况	（十三）保障教育财政投入	19. 一般公共财政预算教育支出比上年增长，按在校学生人数平均的一般公共预算教育支出比上年增长	市财政局
		20. 制定各级各类教育生均公用经费或生均财政拨款标准，并足额及时拨付到位	市财政局

续表 4

一级指标	二级指标	三级指标	任务分解（委办局）
五、加强教育保障情况	（十四）加强教师队伍建设	21. 创新和规范中小学教师编制配备，加强省级统筹力度，为教职工编制统筹配置和跨区域调整提供政策支持	市人力社保局、市委编办、市教委
		22. 落实中小学教师平均工资收入水平不低于当地公务员平均工资收入水平	市人力社保局、市财政局、市教委
		23. 拓展乡村教师补充渠道，多种途径和方式推动城镇优秀教师向乡村学校流动，提高乡村教师培训实效，县域内交流轮岗的教师比例不低于符合交流条件教师总数的 10%，其中骨干教师不低于交流总数的 20%	市教委
		24. 师德师风建设取得明显成效	市委教育工委、市教委
六、学校规范办学行为情况	（十五）建立健全学校安全管理常态化监管长效机制	25. 建立由政府有关部门共同参与的学校安全风险防控体系，学生欺凌防治、校园安全保障、校园周边治理、校车安全保障等工作责任明确、机制健全、管理到位、预警及时、处置得力，师生安全得到保障	市委教育工委、市教委、市公安局、市交通委、市市场监督管理局、市卫生健康委、市城市管理委

附件 2

国务院教育督导委员会办公室

关于印发《2019 年对省级人民政府履行教育职责评价方案》的通知

国教督办〔2019〕3 号

各省、自治区、直辖市人民政府办公厅，新疆生产建设兵团办公厅：

根据《国务院办公厅关于印发对省级人民政府履行教育职责的评价办法的通知》(国办发〔2017〕49 号)规定，我办制定了《2019 年对省级人民政府履行教育职责的评价方案》，现印发给你们，请遵照执行。

2019 年 6 月 21 日

2019 年对省级人民政府履行教育职责的评价方案

教育是国之大计、党之大计。为深入学习贯彻习近平总书记关于教育的重要论述和全国教育大会精神，全面贯彻落实党的教育方针，确保教育优先发展，切实维护教育法律法规的权威性和严肃性，依据《国务院办公厅关于印发对省级人民政府履行教育职责的评价办法的通知》(国办发〔2017〕49 号)，制定本方案。

一、总体要求

以习近平新时代中国特色社会主义思想为指导，落实中央领导关于教育督导“长牙齿”的要求，按照依法依规、突出重点、客观公正、注重实效的原则，增强科学性、可操作性和有效性，聚焦查找问题、研判问题和解决问题，推动省级人民政府切实履行教育工作相关职责。

二、评价重点

2019 年对省级人民政府履行教育职责评价工作主要评价各省级人民政府 2018 年履行教育职责情况、2019 年相关重点工作进展落实情况和 2017 年履行教育职责评价发现问题的整改落实情况。重点评价以下 15 项教育职责的履行情况：全面加强党对教育工作的领导和教育系统党的建设；健全德智体美劳全面发展育人机制；出台落实国家教育法律、法规及重大项目的相关配套政策措施；推动学前教育公益普惠发展；巩固提高义务教育发展水平；提高高中阶段教育普及水平；提高职业院校办学能力与水平；提升高等教育内涵发展水平；促进和规范民办教育发展；加快发展民族教育；优化特殊教育资源；建立“落实教育优先发展”工作机制；保障教育财政投入；加强教师队伍建设；建立健全学校安全管理常态化监管长效机制。

三、评价实施

评价组织实施工作主要包括印发通知、自查自评、监测评估和实地抽查等环节。

1. 印发通知。国务院教育督导委员会办公室于 6 月份以书面通知形式向各地印发《2019 年对省级人民政府履行教育职责的评价方案》。

2. 自查自评。各地按照通知要求，紧紧围绕评价指标和自身实际，对省级人民政府履行教育职责情况进行全面自查自评，要有针对性地自查自评本省域教育发展面临的突出问题及解决情况，形成自评报告，在当地政府门户网站公示后，于 8 月 15 日前通过评价工作网上报送系统（8 月 1 日开通）报国务院教育督导委员会办公室。自评报告应包括自查情况、工作成效、经验做法、存在问题及改进措施，并附相关佐证材料。自评报告要客观准确、数据翔实、内容全面、事例具体，字数不超过 5000 字，由省级人民政府办公厅报送。

3. 监测评估。国务院教育督导委员会办公室委托第三方专业机构，运用评价工作监测平台，根据评价指标，利用国家统计数据和调查获得的系统数据，对省级人民政府履行教育职责情况进行监测评估。采用“互联网＋调查”方式，面向社会开展满意度调查，获取问题线索，了解教育政策措施落实情况。8月份根据监测情况，分省列出问题清单。

4. 实地抽查。国务院教育督导委员会办公室根据省级人民政府履行教育职责中存在的问题和薄弱环节，于9月份随机抽取8个省份，开展为期2～3周驻地式督查。督查前向社会发布公告，重点针对2～3项突出问题进行专项督查督办，具体方式包括听取政府汇报、重点人员座谈、查阅记录文件、现场抽查考核、延伸下沉督查和学校随机访谈等，形成实地督查报告。

四、评价结果

1. 形成意见。国务院教育督导委员会办公室根据自评报告、监测情况和实地督查报告形成对受检省级人民政府履行教育职责评价意见，报国务院教育督导委员会审议。

2. 反馈意见。国务院教育督导委员会办公室采取“一对一”方式向受检省份反馈评价意见，意见抄送省委省政府主要负责人。

3. 整改落实。受检省份按照评价意见的问题清单和督查意见制定整改方案，明确整改措施和时限，落实整改任务，形成整改报告。整改报告要报经省委省政府主要负责人同意，并在当地政府门户网站公开，于11月底前由省级人民政府办公厅报送国务院教育督导委员会办公室。

4. 督查“回头看”。国务院教育督导委员会办公室视受检省份整改情况组织“回头看”，重点督查整改落实到位情况。

5. 发布报告。国务院教育督导委员会办公室综合省级自评、监测评估、实地督查和整改复查等情况，委托第三方专业机构分析研究，形成国家评价年度总报告，报国务院教育督导委员会审议，于2019年12月底前印发各地并向社会公开发布。

五、评价方法

1. 定性评价与定量评价相结合。定性评价重点评价各省级人民政府2018年履行教育职责中建立制度、出台措施及工作成效，同时兼顾2019年落实党中央、国务院新政策新部署新要求及上一轮评价的整改落实情况。定量评价重点评价各省级人民政府统筹推进本省域各级各类教育发展的具体目标实现情况。

2. 发展性评价与结果性评价相结合。充分考虑各地发展水平上的差异，着重评价各省级人民政府 2018 年履行教育职责的努力程度，量化指标重点对各省 2018 年相比 2017 年的变化进行评价，不作省域间的比较评价。

3. 正面引导与问题导向相结合。挖掘各省级人民政府在履行教育职责过程中的好做法和典型经验并加以推广。重点查找各省级人民政府履行教育职责中存在的问题和不足，提出整改要求和问责建议，切实把评价结果作为对地方人民政府及有关部门和领导干部考核、奖惩以及教育系统内省级教育资源配置的重要依据。

六、工作要求

1. 加强组织领导。各省（自治区、直辖市）要高度重视，积极配合国务院教育督导委员会办公室开展对省级人民政府履行教育职责评价，并组织实施对市、县级人民政府履行教育职责的评价，层层传导压力，压实各级政府优先发展教育事业的责任。

2. 严禁弄虚作假。各省级人民政府要及时开展自查自评，准确提供相关数据，积极配合组织开展社会、教师和学生满意度调查，确保文件档案材料和数据客观真实，严禁数据造假和伪造有关材料。

附件：2019 年对省级人民政府履行教育职责评价的指标体系

附件

2019年对省级人民政府履行教育职责评价的指标体系

一级指标	二级指标	三级指标
一、贯彻执行党的教育方针情况	（一）全面加强党对教育工作的领导和教育系统党的建设"	1. 建立健全省级党委、政府领导联系学校制度，“领导干部上讲台”制度化、常态化，学校思想政治工作得到加强，党对学校意识形态工作的领导权得到保证，教育系统树牢“四个意识”，坚定“四个自信”，坚决做到“两个维护” 2. 各级各类学校党组织全覆盖，“三会一课”等制度扎实有效落实，党建工作评估考核制度化
	（二）健全德智体美劳全面发展育人机制	3. 把习近平新时代中国特色社会主义思想贯穿落实立德树人根本任务全过程，配套政策和具体措施健全，评价体系和工作机制完善，学校思政课扎实有效，各级各类学校体育、美育、劳动教育得到加强
二、落实国家教育法律、法规、规章和政策情况	（三）出台落实国家教育法律、法规及重大项目的相关配套政策措施	4. 贯彻落实深化教育体制机制改革、推进教育现代化、依法治教、教育信息化、教育脱贫攻坚等国家重大教育政策、项目，制定地方具体措施，建立工作推进机制

续表1

一级指标	二级指标	三级指标
三、各级各类教育发展情况	（四）推动学前教育公益普惠发展	5. 普惠性幼儿园覆盖率达到省定目标 6. 建有一所及以上公办中心幼儿园的乡镇比例达到100%
	（五）巩固提高义务教育发展水平	7. 义务教育巩固率达到省定要求，年辍学率超过控制线的县（市、区）数量比上一年度有下降 8. 政府依法履行义务教育主体责任情况。按计划通过义务教育发展基本均衡县（市、区）国家认定，积极推动优质均衡县创建工作
	（六）提高高中阶段教育普及水平	9. 高中阶段教育毛入学率不断提升，省定目标按时实现 10. 职普招生比大体相当
	（七）提高职业院校办学能力与水平	11. 高职扩招部门协同联动机制健全，本省承担的高职院校扩招计划落实到位，基本办学条件和专业建设符合“扩规模与保质量并重”要求
	（八）提升高等教育内涵发展水平	12. 提高高校本科教学水平，“双一流”建设以及高水平大学和优势学科建设取得明显进展
	（九）促进和规范民办教育发展	13. 校外培训机构办学日常监管机制运行有力，年检年报制度、信息公开制度得到有效落实，各级民办学校违规办学行为得到及时查处

续表 2

一级指标	二级指标	三级指标
三、各级各类教育发展情况	（十）加快发展民族教育	14. 民族地区推普脱贫攻坚措施得力，组织开展青壮年农牧民普通话培训，各级各类学校教师普通话水平达到国家规定的等级标准，加强对口地区语言文字工作支援
	（十一）优化特殊教育资源	15. 辖区内所有市（地）和 30 万人口以上的县（市）均独立设置特殊教育学校，人口不足 30 万的设置有特殊教育资源中心，所有招收 5 人以上残疾学生的普通学校设有特殊教育资源教室
四、统筹推进教育工作情况	（十二）建立“落实教育优先发展”工作机制	16. 建立省级政府教育工作统筹规划、科学决策、部门协同、推动落实的机制 17. 乡村小规模学校和乡镇寄宿制学校规划建设得到加强，省域内义务教育阶段 66 人及以上超大班额基本消除，普通高中大班额比例逐年下降 18. 完善教育督导体制机制，依法设置各级教育督导机构，加强教育督导队伍建设，强化教育督导工作

续表 3

一级指标	二级指标	三级指标
五、加强教育保障情况	（十三）保障教育财政投入	19. 一般公共财政预算教育支出比上年增长，按在校学生人数平均的一般公共预算教育支出比上年增长 20. 制定各级各类教育生均公用经费或生均财政拨款标准，并足额及时拨付到位
	（十四）加强教师队伍建设	21. 创新和规范中小学教师编制配备，加强省级统筹力度，为教职工编制统筹配置和跨区域调整提供政策支持 22. 落实中小学教师平均工资收入水平不低于当地公务员平均工资收入水平 23. 拓展乡村教师补充渠道，多种途径和方式推动城镇优秀教师向乡村学校流动，提高乡村教师培训实效，县域内交流轮岗的教师比例不低于符合交流条件教师总数的 10%，其中骨干教师不低于交流总数的 20% 24. 师德师风建设取得明显成效
六、学校规范办学行为情况	（十五）建立健全学校安全管理常态化监管长效机制	25. 建立由政府有关部门共同参与的学校安全风险防控体系，学生欺凌防治、校园安全保障、校园周边治理、校车安全保障等工作责任明确、机制健全、管理到位、预警及时、处置得力，师生安全得到保障

北京市人民政府教育督导委员会办公室

关于聘任北京市第十一届督学的决定

京教督办〔2019〕6号

为贯彻落实国务院《教育督导条例》(国务院令第624号)、《教育部关于印发〈督学管理暂行办法〉的通知》(教督〔2016〕2号)、《北京市人民政府教育督导室关于印发〈北京市督学管理暂行办法〉的通知》(京督导〔2016〕34号)等文件精神，有效履行教育督导职能，建设数量充足、结构合理、责任心强、业务精湛的高素质专业化督学队伍，我市按照“公正公开、择优遴选、分类聘任”的原则，开展第十一届市督学聘任工作。市政府教育督导委员会各成员单位、市教委有关处室和直属单位、各区教委等根据督学聘任条件组织推荐，市政府教育督导委员会办公室对推荐人选进行资格审查和遴选，初步确定第十一届市督学拟聘人员。经市教委主任办公会研究，报市政府教育督导委员会主任批准，决定聘任于兆旺等191名同志为北京市第十一届督学。聘期为2019年10月至2022年10月。

附件：北京市第十一届督学名单

2019年10月14日

附件

北京市第十一届督学名单

（191名，按姓氏笔画排序）

于兆旺	于秀云	于渊莘	于黎明	马虹	王大庆	王小兵
王方	王书忠	王世元	王东芳	王华明	王兴芬	王宏波

王贤鑫	王京红	王泽旭	王学军	王宝珊	王建	王建军
王茜	王树林	王俊成	王俊杰	王晓	王恩成	王家兵
王雪莹	王淑霞	王福胜	王德文	王燕华	牛春萍	仇鸿伟
尹圆	孔德龙	邓旭	石凤玲	石英德	石威	龙华东
龙梅	卢春龙	申键	田宜	田洁	史东辉	史怀远
史晓鹤	付葵	冯义国	成勇	师会芳	吕世彦	乔键
任志梅	刘中阁	刘立国	刘宇辉	刘红	刘金玉	刘建宾
刘显洋	刘钧	刘秋君	刘亮	刘振凤	刘晓袒	刘继忠
刘磊	关国珍	汝涛	许美琳	许培军	孙卫刚	孙治荣
孙茜	孙颖	麦峰	苏凤兰	苏寄宛	苏婧	李少杰
李壬戌	李光辉	李庆元	李秀兰	李张	李国荣	李明新
李怡民	李建平	李建丽	李显峰	李莉	李瑞	李碧
李磊	李蕾	杨华利	杨兴瑞	杨丽群	杨林	杨彩红
杨雅清	肖汶	吴田荣	吴丽雯	吴晓哲	何成文	何建红
何智	邸小宝	邹平	沈柳莺	宋玫	宋健	宋继东
迟尚诚	张士佐	张凤华	张凤玲	张玉玲	张永俊	张秀丽
张宝兰	张宝超	张荣波	张威	张洋	张晓玲	张爱军
张蓉	张燕	陆云泉	陈汉龙	陈江锋	武马群	武玉章
武艳	武捷	林卫民	尚金森	周天	周玉玲	周晓燕
周靖合	周静梅	郑世永	单增安	孟春燕	赵旭山	赵志群
赵爱芹	赵智红	赵蓬欣	赵璐玫	胡靖	柳茹	段福生
姜广峰	姚军	聂福来	贾文红	顾成强	钱正秒	徐华
徐淑松	殷晓松	高东	高传霞	高建来	高增波	郭旭东
崔德跃	彭迎春	蒋楠	韩梅	程良	程素萍	鲁燕明
游向红	谢春风	雷海燕	裴艳萍	管杰	滕亚杰	潘嘉
薛丽霞	穆英					

文件字拼音索引

说明：本索引依据文件字第一个拼音字母，按汉语拼音字母顺序排列（相同文件字以编号为序）。文件字后用“/”隔开标明该文件所在的页码。

后 记

《北京市教育委员会文件选编》为各级各类教育机构从事教育教学活动及行政管理提供政策指导，也为北京教育系统史志部门存史修志工作提供重要资料信息。

本书编纂工作由北京市教育委员会主持，市教委办公室负责文件的搜集、筛选和终审；北京教育志编纂委员会办公室负责编辑并协调出版和发行。参加2019卷文件选编组稿、编审、编校、索引等工作的有刘新军、钱进军、许鸿弘、赵长顺、张晓兰及北京教育志编纂委员会办公室的有关同志。

本书入选文件范围广、数量多，在文件核对过程中难免有疏漏和错误的地方，敬请使用单位和读者原谅，并提出宝贵意见。

《北京市教育委员会文件选编》编写组

2020年12月

声　明

本书如有印刷、装订等质量问题，请与《北京市教育委员会文件选编》编写组联系调换。

编写组地址：北京市东城区夕照寺街

东玖大厦 B 座 802 室

邮政编码：100061

电　　话：87194371

传　　真：87194370